Deutschland in frühen Farbfotografien

Peter Walther

DEUTSCHLAND IN FRÜHEN FARBFOTOGRAFIEN

KOMET

Text: Peter Walther
www.komet-verlag.de
Gesamtherstellung: KOMET Verlag GmbH, Köln

ISBN 978-3-89836-918-3

Inhalt

EINLEITUNG

Der erste Farbbildband – ein Sammelalbum

Im Winter 1904 wurden die Kunden der Firma Stollwerck mit einer technikgeschichtlichen Neuigkeit für ihre Treue belohnt: In jeder Schokoladentafel fand sich ein Sammelbild mit einem Foto, auf dem eine Sehenswürdigkeit im Farbfoto abgebildet war, so etwa der damals noch im Bau befindliche Berliner Dom, die Seebrücke von Heringsdorf, das Parlament in Wien oder die Münchner Propyläen. Dabei handelte es sich nicht um nachkolorierte Schwarzweißaufnahmen, sondern im Druck vervielfältigte „echte Farbfotos". Eingesteckt werden konnten die

Der erste Band mit Farbfotografien: Das Stollwerck-Sammelalbum von 1904

Bildchen in das Album „Aus Deutschlands Gauen. Die schönsten Punkte der Lande deutscher Zunge. Photographische Wiedergabe nach Naturfarbenaufnahmen. System Prof. Miethe". Ohne große Aufmerksamkeit zu erregen, war auf diese Weise das erste Farbfotobuch der Welt entstanden. Wenig später erschienen, teilweise mit denselben Bildern, unter dem Titel „Die Welt in Farben" drei Fotomappen mit großformatigen Farbaufnahmen.

Auf den Erfolg dieser frühen Publikationen gründete der Carl Weller Verlag sein von 1912 bis 1929 realisiertes Vorhaben, die deutschen Landschaften systematisch in Farbe fotografieren zu lassen und die Fotos, versehen mit landeskundlichen Erläuterungen, als Bücher herauszubringen. Die im vorliegenden Band größtenteils zum ersten Mal wieder publizierten Bilder stellen, ergänzt um andere Vorlagen, eine Auswahl aus diesen Farbfoto-Büchern des Weller Verlags dar.

Dass es so frühzeitig bereits Farbfotos gegeben hat, mag vielfach verwundern, da unsere historische Wahrnehmung bis in die sechziger Jahre des 20. Jahrhunderts hinein an die bildliche Überlieferung in Schwarz-Weiß gebunden ist. Der Übergang von der Schwarzweiß-Fotografie zur Farbe hat ein gutes Jahrhundert gedauert, und die Nachwehen dieser Entwicklung mit all ihren kulturgeschichtlichen und ästhetischen Empfindlichkeiten reichen bis an unsere Tage heran, wenn man bedenkt, dass sich die wichtigste deutsche Tageszeitung erst vor wenigen Jahren dazu durchringen konnte, auch Farbfotos zu drucken. Doch was ist eigentlich ein Farbfoto?

Licht und Farbe: Wie die Farbe ins Foto kommt

Folgen wir unserer Alltagserfahrung, ist ein Farbfoto eben kein Schwarzweißfoto, sondern ein Papierbild in Farbe. Wer in den Familienalben blättert, findet erste Exemplare zumeist in den sechziger oder siebziger Jahren des vergangenen Jahrhunderts. Dabei gab es bereits zu Beginn des 20. Jahrhunderts Versuche, Papierabzüge in Farbe herzustellen. Das sogenannte Utocolor-Papier (ab 1906) oder die Uvatypie blieben jedoch eine technikgeschichtliche Episode – vor allem wegen des hohen Aufwands (acht Laborstunden für ein Papierbild) und wegen der hohen

Salutierende Frauen: Kodacolor-Print vom September 1942

Sommer 1939 in Bad Saarow, ein Agfacolor-Dia

Kosten – noch 1942 kostete eine einzige 13x18-Papiervergrößerung im Duxochrom-Verfahren zehn Reichsmark, ein Durchschnittsverdiener hätte sich von seinem Monatslohn gerade einmal 15 Vergrößerungen leisten können, ohne dann noch die Miete bezahlen oder etwas zu essen kaufen zu können.

Die Situation änderte sich auch nicht, nachdem ab 1940 das Agfacolor-Papier serienreif geworden war. Man versprach die Serienproduktion für die Zeit nach dem Krieg und belieferte lediglich die Propagandakompanien und die Filmproduzenten, die vom Kriegselend mit bunten Bildern ablenken sollten. Erst 1949 wurde in Ost wie West das farbige Papierbild eingeführt. Dagegen konnte man in den USA bereits seit 1941 seine Farbbilder ausbelichten lassen, als Bildträger diente ein kleines Kunststoffplättchen (Minicolor Prints), ab 1942 wurden auch Papierbilder in Farbe möglich, deren Farben allerdings wenig alterungsbeständig waren.

Es gab jedoch Alternativen: Über Jahrzehnte hinweg wurde auf Diafilm fotografiert. Das farbige Durchsichtsbild, anfänglich in Form von Autochromplatten, später als Dia im Kleinbildformat, gehört zu den frühesten Formen der Farbfotografie. Schon vor der Wende zum 20. Jahrhundert gab es erste Bilder, und das erste Farbfoto überhaupt war ein projiziertes Bild. Der farbige Diafilm, 1936 nahezu zeitgleich als Kodachrome und Agfacolor erhältlich, war auch das erste massentaugliche Mittel der Farbfotografie. Zum ersten Mal konnten nun auch Momentaufnahmen vom privaten Alltag farbig auf Film gebannt werden.

Eine dritte Verbreitungsform und die am Anfang häufigste ist die des gedruckten Farbbilds in Büchern und Zeitschriften, wie es die Vorlage für die hier versammelten Bilder bildet. Alle drei Erscheinungsweisen der Farbfotografie haben ihre eigene Geschichte, weswegen sich nicht leicht sagen lässt, wie alt die Farbfotografie eigentlich ist. Alle haben jedoch auch mit demselben Grundproblem zu tun: Wie lassen sich farbenrichtige Bilder aufnehmen und wiedergeben?

Ohne auf Details einzugehen, lässt sich festhalten, dass Farbfotos letztlich durch die Synthese dreier Schwarzweißfotos entstehen. Anders gesagt: Auch ein Farbfilm (wie heute noch der Sensor einer Digitalkamera) speichert Farben lediglich als Helligkeitswerte. Da sich mit den Grundfarben Rot, Grün und Blau sämtliche andere Farben darstellen lassen, werden die jeweiligen Anteile des Lichts aus dem Spektrum herausgefiltert und in ihrer entsprechenden Intensität räumlich getrennt voneinander abgelegt. Dabei entstehen immer drei Teilbilder, die je nach Verfahren nebeneinander oder übereinander liegen, gleichzeitig oder nacheinander fotografiert werden.

Das früheste Farbfotoverfahren bestand darin, nacheinander drei Aufnahmen vom selben Objekt zu machen, wobei durch entsprechende Filter die unterschiedlichen Bereiche der Platte einmal nur durch die roten Anteile des Lichts belichtet wurden, dann durch die grünen und dann durch die blauen. Nach der Entwicklung entstanden drei Schwarzweißpositive als Farbauszüge, die, mit entsprechenden Farbfiltern übereinanderprojiziert, durch die Mischung der drei Teilbilder ein farbenrichtiges Bild ergaben.

Die Summe der drei Lichtfarben Rot-Grün-Blau ergibt Weiß

Daneben gab es sogenannte Farbrasterverfahren, hier lagen, wenn man so will, die drei farbigen Bilder nebeneinander, und im Abstand der Betrachtung ergab sich ein farbiges Bild. Winzig kleine Stärkepartikel, unregelmäßig auf die lichtempfindliche Emulsion gebracht, wirkten wie Filter in den drei Grundfarben, sodass mit nur einer Aufnahme farbige Bilder in einer wunderbar körnigen Struktur entstanden. Alternativ zum Kornraster versuchte man auch ein Linienraster. Kommerziell erfolgreich wurden vor allem die sogenannten Autochrome der Brüder Lumière (ab 1907), ab 1916 auch die dann schon etwas empfindlicheren Agfa-Farbenplatten.

Anders als in Frankreich spielte die Farbraster-Fotografie in Deutschland im professionellen Bereich kaum eine Rolle, war es doch vor allem dem Erfinder- und dem Unternehmergeist von Adolf Miethe zu verdanken, dass die damals einzig massenkompatible Form der Farbfotografie, das gedruckte Farbbild, bereits seit 1902 Verbreitung fand. Wer war dieser Professor Miethe, nach dessen System Farbfotos hergestellt und verbreitet wurden – Jahre bevor die Brüder Lumière aus Lyon mit ihren Autochromplatten eine erste Welle der Euphorie unter Farbfoto-Amateuren auslösten?

Erfinder, Publizist und Unternehmer: Adolf Miethe

Adolf Miethe wurde 1862 als Sohn des Stadtrats und Schokoladenfabrikanten Albert Miethe und der Gelegenheits-Schriftstellerin Caroline Miethe in Potsdam geboren. Sein Großvater, der Pfefferküchlermeister Johann Friedrich Miethe, hatte 1828 die erste Schokoladenfabrik in Deutschland in Betrieb genommen, die eine Dampfmaschine in der Produktion benutzte, weshalb man im Zeichen der Zeit das Erzeugnis unter dem Namen „Dampfschokolade" vertrieb. Miethes Mutter publizierte hin und wieder in der „Gartenlaube" und hatte eine Novelle geschrieben, die 1894 bei Reimer in Berlin erschienen war. Für Adolf Miethe trifft zu, was Goethe über sich selbst gesagt – und auch Thomas Mann für sich in Anspruch genommen hat:

Vom Vater hab ich die Statur,
Des Lebens ernstes Führen,
Vom Mütterchen die Frohnatur
Und Lust zu fabulieren.

Miethes „Statur" hat sich in seiner Forschung bewährt, in seiner Position im Wissenschaftsbetrieb als Rektor der Technischen Hochschule in Charlottenburg (der heutigen TU Berlin) und als Herausgeber mehrerer Fachzeitschriften; seiner Lust zu fabulieren dagegen konnte er in den zahlreichen populärwissenschaftlichen Büchern und Expeditionsberichten nachgehen, die er veröffentlichte. Die Fotografie stand dabei schon relativ früh im Zentrum seiner Interessen: Bereits der sechzehnjährige Schüler des Potsdamer Victoria-Gymnasiums fühlte sich vom fotografischen „Verfahren selbst mit seinem geheimnisvollen, schwarzkünstlerischen Schimmer" angezogen, wie er sich später erinnerte. 1878 bestand Miethes Fotoausrüstung aus einer aus dem Holz einer Zigarrenkiste gefertigten Kamera. Weiter heißt es in seinen Lebenserinnerungen:

„Eine Flasche Kollodium war das Kostbarste dieser Ausrüstung und meine Linse war nach vielen Versuchen aus einem alten Opernglas entstanden und gut genug."

Ab 1883 studierte Miethe Physik, Astronomie und Chemie in Berlin und Göttingen. Er interessierte sich besonders für Optik und Fotochemie und lernte in Berlin Hermann-Wilhelm Vogel kennen, damals Vorsitzender des „Vereins zur Förderung der Photographie". Auch der Wissenschaftler Johannes Gaedicke gehörte zu den Berliner Bekannten Miethes. Mit ihm gemeinsam erfand er 1887 das Magnesiumblitzlicht. Er konstruierte zwei Jahre später eine Magnesiumblitzlampe und erprobte deren Funktionsweise im Freien – sehr zum Ärger der Meteorologen, die von „seltenen Wintergewittern" ausgingen. Entsprechende Eintragungen des Potsdamer Astrophysikalischen Instituts mussten durch den Vermerk „Unfug Miethe" ersetzt werden.

1889 promovierte Miethe in Göttingen zu einem astronomisch-fotografischen Thema. Seit dieser Zeit wissenschaftlicher Mitarbeiter der Mikroskop-Fabrik Hartnack in Potsdam, konstruierte er als einer der ersten mit Jenaer Gläsern die sogenannten Anastigmate. Nach dem Tod Hartnacks arbeitete Miethe seit 1891 bei der optischen Anstalt Schulze und Bartels in Rathenow. Hier, in Rathenow, wurde seine Tochter geboren, die später als Kinderbuchautorin bekannt gewordene Käthe Miethe, die auch eine Reihe von Büchern zur Ostseelandschaft veröffentlicht hat. Miethe blieb nur drei Jahre in Rathenow und wechselte dann nach Braunschweig, wo er zunächst Mitarbeiter, dann Direktor bei Voigtländer wurde. Von hier aus wurde er 1899 nach Charlottenburg berufen, wo er die Nachfolge des schon erwähnten Hermann-Wilhelm Vogel als Professor für Photochemie an der Königlichen Technischen Hochschule antrat.

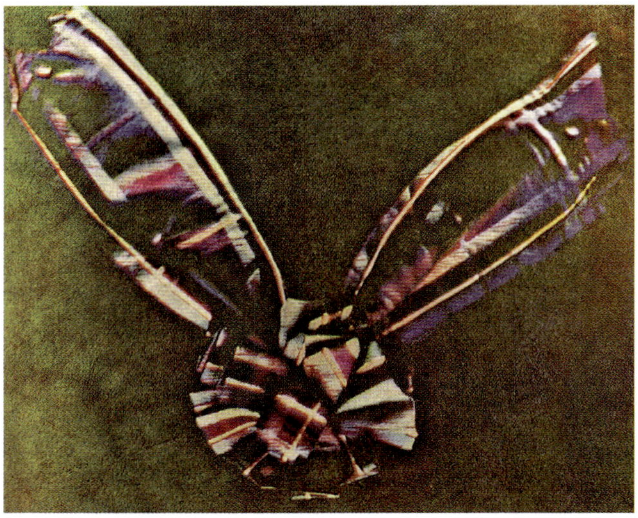

Frühestes bekanntes Farbfoto der Welt, 1861 projiziert und 1930 nach den originalen Vorlagen im Vivex-Verfahren kopiert

Als Miethe Professor in Charlottenburg wurde, war das Augenmerk der internationalen Forschung auf die Entwicklung praxistauglicher Verfahren der Farbfotografie gerichtet. Die theoretischen Grundlagen standen längst fest: Wie eingangs beschrieben, lässt sich prinzipiell jede beliebige Farbe auf der Grundlage der drei Grundfarben darstellen. Die Addition der Lichtfarben Rot, Grün und

Adolf Miethe

Blau ergibt Weiß, wie bereits Newton nachgewiesen hatte – ebenso wie die Addition der Körperfarben Cyan, Magenta und Gelb – Schwarz ergibt, was für die subtraktive Farbmischung im Mehrschichtenfilm und beim Farbfotopapier von Bedeutung ist.

Auf diese Beobachtung bauend, hatte bereits der schottische Forscher James Clerk Maxwell 1861 ein Bild projiziert, das als erstes Farbfoto überhaupt gilt: Nacheinander sind drei Aufnahmen desselben Gegenstands entstanden, eines Ordensbandes mit Streifenmuster: einmal durch einen blauen, dann durch einen grünen und einen roten Filter fotografiert. Dabei wurde die Platte jeweils nur dort belichtet, wo der Gegenstand rotes Licht reflektierte bzw. grünes oder blaues. Die jeweiligen Farbanteile des Lichtspektrums wurden also als Helligkeitswerte kodiert: Wo das Negativ dunkel wurde, geschah dies durch starke Farbeindrücke, wo es weniger dunkel wurde, durch schwächere. Wenn man ein einzelnes solcher Teilbilder entwickelt, etwa das durch den blauen Filter fotografierte, sind all jene Stellen belichtet, die blaues Licht pur oder anteilig reflektiert haben, so dass sie den Blaufilter passieren können und nicht absorbiert werden. Man kann diesen Effekt nachvollziehen: Wenn man durch eine blaue Folie auf einen blauen Gegenstand blickt, erscheint dieser weiß. Nach Umkehrentwicklung der sogenannten Farbauszüge wurden nun die drei schwarz-weißen Teilbilder, wiederum mit den entsprechenden Filtern versehen, übereinanderprojiziert, was ein annähernd farbiges Bild ergab.

Soweit die Theorie. Dass die Versuchsanordnung bei Maxwell einigermaßen funktionierte, war jedoch eher verschiedenen Zufällen geschuldet, denn eine wesentliche Vorbedingung für die Belastbarkeit der Dreifarbentheorie in der Praxis war damals noch gar nicht gegeben, nämlich eine Fotoplatte, die auf alle Anteile des Lichtspektrums gleichermaßen empfindlich ist. Bis hinein ins frühe 20. Jahrhundert reagierten die Fotoplatten im wesentlichen nur auf den Blauanteil des Lichts, waren also „farbenblind". Deshalb waren die Bemühungen der Forscher in den Jahrzehnten vor der Jahrhundertwende darauf gerichtet, die Fotoplatte auch auf die anderen Farbanteile des Spektrums zu sensibilisieren. Wesentliche Erfolge erzielten hierbei der Vorgänger von Miethe auf dem Charlottenburger Lehrstuhl, Hermann-Wilhelm Vogel, der die Platten für Grün und Gelb empfindlich machte, sowie Miethe selbst, der 1902 gemeinsam mit seinem Studenten und Mitarbeiter Arthur Traube die Rot- und Orange-Sensibilisierung der Fotoplatte verbesserte.

Bis zu diesem Zeitpunkt bemühten sich Forscher in Frankreich, den USA und Deutschland mit mäßigem Erfolg, die bekannten theoretischen Grundlagen der Farbfotografie mit Farbauszügen apparatetechnisch umzusetzen. Gebraucht wurden zum einen Kameras, die das umständliche Verfahren der sukzessiven Aufnahme von drei Fotos desselben Motivs möglichst einfach bewältigen, zum andern Geräte, die das zusammengefügte Bild in der Durchsicht oder Projektion überhaupt erst sichtbar machen konnten.

Als Adolf Miethe nach seiner Berufung an die Technische Hochschule in Charlottenburg begann, sich für Theorie und Praxis der Farbfotografie zu interessieren, zeitigte das relativ rasch Ergebnisse. Um 1900 baute der bekannte Berliner Kameratischler Bermpohl nach Entwürfen Miethes das Modell einer Wechselschlittenkamera, das den Wissenschaftler fortan bei seiner farbfotografischen Praxis begleitete. Die Miethe-Farbenkamera wurde über drei Jahrzehnte hinweg hergestellt und war im deutschsprachigen Raum die am weitesten verbreitete Wechselschlittenkamera.

1904 fertigte Miethe das Modell einer Strahlenteilerkamera, deren Prinzip seit

Wechselschlittenkamera (um 1900)

etwa 1894 bekannt war. Auch diese Kamera wurde von Bermpohl gebaut und Stück für Stück weiterentwickelt. Der als „Bermpohl-Naturfarben-Kamera" bekannt gewordene Apparat war bis 1955 das gebräuchlichste Farbkameramodell in Deutschland, er wurde auch von Berufsfotografen im Ausland geschätzt, besonders in den USA, und überlebte die Einführung von Kodachrome und Agfacolor um über zwei Jahrzehnte. Aber nicht nur für beide Kameratypen kamen die entscheidenden praktischen Impulse von Miethe, sondern auch für einen Dreifarbenprojektor, der 1903 von der optischen Anstalt Goerz in Berlin gebaut wurde. Entscheidend für den Fortschritt in der Farbfotografie waren jedoch nicht Miethes Verdienste in der Apparatetechnik. Den Durchbruch zu praxistauglichen Lösungen brachte vielmehr die verbesserte Sensibilisierung der Fotoemulsion, wie sie Miethe und Traube 1902 gefunden hatten. In Miethes Erinnerungen klingt das so:

„Die Beschäftigung mit den damaligen Farbenbildverfahren, besonders den ersten noch recht schlechten Farbrasterverfahren, hatte ich schon begonnen. Aber sie hatte mich belehrt, dass auf diesem Wege das, was ich in der Farbenphotographie suchte, nicht zu erreichen war. Bestenfalls konnten leidliche bunte Bilder, denen bei der Unvollkommenheit der Farbenwiedergabe und den durch die Technik bedingten Eigenarten jeder künstlerische Reiz fehlte, erzielt werden. Was hauptsächlich fehlte, um die sogenannte additive Synthese Maxwells zu einem brauchbaren Verfahren auszubilden, waren zwei Dinge: eine für alle Farben genügend empfindliche Aufnahmeplatte und ein vollkommener Bildwerfer, durch den die auf der Farbplatte gegebene Analyse zu einer vollkommenen Synthese gestaltet werden konnte. So stellten wir denn im Laboratorium zunächst einige Farbstoffe neu dar, reinigten sie sorgfältig, und schon beim ersten Versuch konnte ich mich überzeugen, dass ich hier Stoffe in der Hand hielt, die in ganz unerwartet vollkommener Weise für meine Zwecke geeignet waren. Sie machten nämlich die Platte gleichzeitig mit Ausnahme des äußersten praktisch ganz bedeutungslosen Rot für alle Farben hochgradig empfindlich und beeinflussten bei genügender Reinheit weder die technische Güte der damit behandelten Aufnahmeplatte noch ihre Haltbarkeit erheblich, alles Erfordernisse, die für den Erfolg zusammentreffen mussten.

Eine zweckmäßige Aufnahmekammer, mittels derer wie mit einer gewöhnlichen Kammer gearbeitet werden konnte, zu bauen, machte nun keine Schwierigkeiten mehr, und so konnte ich im Winter und Sommer 1902 bereits mit meinem neuen Gerät die erste Sammlung von farbigen Naturaufnahmen herstellen, die alles bis dahin Erzeugte tatsächlich tief in den Schatten stellte. Auch ein vorzüglicher Farbenbildwerfer war bald gebaut, und die ersten Farbenbilder begeisterten nicht nur mich, sondern gewannen auch das mir unendlich wertvolle herzliche Lob von Künstlern wie Menzel und Thoma. Beide alte Herren haben gemeinsam eines Tages auf einer Bank in meinem Hörsaal gesessen und haben andächtig und mit rührender Begeisterung meine Farbenbilder angesehen, und Thoma sagte: ‚Als ich noch ein kleiner Junge war und die Schafe hütete, da habe ich von dem geträumt, was ich als alter Mann jetzt hier mit meinen Augen wahrhaftig und leibhaft vor mir sehe.'

Frau mit rotem Schirm.
Foto: Adolf Miethe (1902)

Auch das kaiserliche Haus ließ sich meine Farbenbilder mehrfach vorführen. Der Kaiser war begeistert von deren Naturschönheit und sprach über den Einfluss, den diese Lichtbilder vielleicht auch auf die Künstler haben würden. Er gab dabei der Meinung Ausdruck, dass gewisse Auswüchse der Farbgebung der jüngsten Malerschulen an diesen echten Farben gesunden könnten.

So begann dann eine eifrige Sammelarbeit von Farbenbildern aus allen deutschen Gauen, zu deren Herstellung vor allen Dingen Sommer und Herbst 1903 zur Verfügung standen, und die ich selbst zum größten Teil anfertigte. Ich reiste mit meinem neuen Gerät in deutsche Ur- und Kunstwälder, besuchte die staatlichen Weinberge an der herrlichen Mosel und am Rhein, sammelte Bilder von Burgen, Stadtansichten und besonders eigenartige Landschaftsformen, arbeitete in der Heide, im Moor, in den Laubwäldern des Mittelgebirges, in den süddeutschen Flusstälern der Altmühl, der Donau, der Isar und des Oberrheins und schaffte so in kurzer Zeit eine einzigartige Sammlung von Bildern deutscher Landschaften und Wirtschaftsformen, wobei ich selbst mit vollen Zügen die Schönheiten dieser richtigen Künstlerreisen genoss.

Vom Jahre 1902 an war die Kamera meine stete Begleiterin. Ich schilderte mit ihr nicht nur die geliebte Heimat, in ihren wunderbaren mannigfaltigen Stimmungen, sondern nahm sie auch auf alle Reisen, zum Sommeraufenthalt nach Althagen, zur Frühjahrsreise an den Gardasee und nach der Mittelmeerküste mit. Ein volles Jahrzehnt habe ich so gesammelt und Tausende gelungener Farbenaufnahmen aus aller Welt zusammengebracht."

Soweit Miethe. Hier schließt sich ein wenig beleuchtetes Kapitel der Farbfoto-Geschichte an, nämlich jenes der Reproduktion farbiger Aufnahmen im Druck. Während der zweiten Hälfte des 19. Jahrhunderts hatte die Reproduktionstechnik Schritt gehalten mit dem fotografischen Fortschritt oder war ihm sogar vorausgeeilt. Bereits im 18. Jahrhundert war der Dreifarbendruck möglich geworden. Im späten 19. Jahrhundert kamen sogenannte Photochrome in Umlauf, wobei drei Teilbilder vom gleichen Negativ unterschiedlich eingefärbt und übereinandergedruckt wurden. Das Ergebnis waren schon einigermaßen natürliche Farben, aber verwandt ist das Verfahren eher dem Kolorieren als der Farbfotografie. 1874 fertigte Joseph Albert erste Drucke auf der Grundlage von Farbnegativauszügen an. Doch blieb es bei aufwändig präparierten Einzelproben. Der Routinedruck echter Farbfotoaufnahmen, wobei sich das Prädikat „echt" auf die Abbildung tatsächlicher Farbwerte nach der Natur bezieht, ist erst mit dem Verfahren von Miethe möglich geworden. Ein erstes Probebild wurde im April 1902 in der „Zeitschrift für Reproduktionstechnik" vorgestellt.

Miethe war ein Praktiker. So sehr seine Entdeckungen auch der Theorie bedurften, sowenig verlor er den Blick für die Verwendbarkeit seiner Forschungsergebnisse. Für das von ihm zur Praxistauglichkeit vorangetriebene Verfahren der Dreifarbenfotografie baute er eine kleine Verwertungskette auf: Publiziert wurden die Bilder nicht nur zu Tausenden als Postkarten, heute begehrte Sammlerobjekte, die gleichen Motive wurden auch, wie eingangs erwähnt, als Schokoladen-Sammelbildchen und – in deutlich besserer Qualität – als Illustrationen in dem ab 1906 erscheinenden dreibändigen Werk „Die Welt in Farbe" von Johannes Emmer sowie in Nachfolge-Publikationen des Carl-Weller-Verlags verwendet. Außerdem finden sich Miethe-Fotos in zahlreichen Publikumszeitschriften wie etwa in Westermanns Monatsheften, in der Illustrierten Wochenschrift „Prometheus" oder in Velhagen und Klasings Monatsheften. Auch diverse „Kleinalben" wurden vertrieben. Einzelne Fotos wurden über Jahre hinweg mehrfach gedruckt; manche Farbaufnahmen, die sich auf die früheste Serie von Farbfotos von 1902 zurückführen lassen, sind noch 1919 publiziert worden.

Das 1904 im Verlag der Gebrüder Stollwerck erschienene Album versammelt jene Fotos, von denen Miethe in seinen Erinnerungen spricht. Ein Vergleich der Bilder aus dem Stollwerck-Album mit Motiven, für deren Druck dieselben Vorlagen zu einem späteren Zeitpunkt genutzt wurden, lässt die dürftige Reproduktionsqualität dieser ersten Bilder erkennen, zugleich aber auch die schnellen Fortschritte in der Drucktechnik.

Bereits 1906 hatte der russische Fotograf Prokudin-Gorskii aus Petersburg einige Zeit bei Adolf Miethe in Charlottenburg verbracht. In den Jahren 1907 bis 1915 durchquert er mit einer Dreifarbenkamera, die er nach dem Modell der Miethe-Naturfarbenkamera anfertigen ließ, das Zarenreich und fotografiert – ab 1909 auch mit Unterstützung des Zaren – auf zahlreichen Expeditionen Land, Leute und Architektur in Russland. Glücklicherweise konnte Prokudin-Gorskii bei seiner Flucht 1918 über 2000 Glaspositive mitnehmen, die nach seinem Tod von der Congress Library in Washington angekauft und vor einigen Jahren digital rekonstruiert worden sind. Die Ergebnisse dieser Rekonstruktion sind heute im Internet zu bestaunen.

Miethe selbst war der erste Fotograf, der die Farbkamera auf Reisen benutzte, zunächst in Deutschland, Österreich und Italien, vielfach auch an seinem Urlaubsort Ahrenshoop, wo er für sich und später auch für seine Tochter ein Haus erworben hatte. 1908 unternahm er eine Expedition nach Ägypten, und bereits im Folgejahr erschien das populärwissenschaftliche Reisebuch „Unter der Sonne Ober-Ägyptens" mit 45 Dreifarbenbildern. Dieses Buch erlebte eine Neuauflage mit dem Untertitel „Neben den Pfaden der Wissenschaft". Zur Verwertungskette gehörte die Nutzung der Farbfotografien in einem Buch von Miethes Tochter Käthe, das 1923 unter dem Titel „Die Smaragde des Pharao. Eine Abenteurerfahrt vom Nil zum Roten Meer" erschien. 1910 nahm Adolf Miethe an einer Expedition nach Spitzbergen teil. Im Jahr darauf erschien ein

Trajans-Tempel auf Philae. Foto: Adolf Miethe (1908)

Bericht von der Expedition in Buchform, wiederum mit zahlreichen Farbfotos von Miethe illustriert. Auch diese Fotos werden in verschiedenen Büchern weiterverwendet, so wiederum auch in dem Abenteuerbuch Käthe Miethes „In das Eismeer verschlagen", das 1925 erschien. Miethe war es übrigens auch, der 1906 das erste Farbfoto vom Ballon aus in 450 m Höhe aufnahm und der sechs Jahre später die erste Farbaufnahme vom Mond fertigte.

Die kommerzielle Einführung der Autochrom-Photographie 1907 bildete im Hinblick auf die professionelle Farbfotografie in Deutschland zunächst keinen Einschnitt. Das Verfahren der Brüder Lumière, dessen Etablierung heute häufig als Geburtsstunde der Farbfotografie gesehen wird, vereinfachte die Handhabung der farbigen Aufnahmen wesentlich, indem nur noch eine Platte notwendig war. Die Autochromie verbreitete sich vor allem bei Amateuren, denen die Handhabung der Dreifarbenfotografie zu umständlich und zu teuer war. Ansonsten griff man in Deutschland nach wie vor auf das von Miethe zur Praxisreife geführte Verfahren der Fotografie mit Farbauszügen zurück. Dies hatte vor allem zwei Gründe: Autochrome mussten nach dem Stand der Technik als Druckvorlage zunächst erst wieder in Farbauszüge gewandelt werden, während die Dreifarbenfotografie bereits brauchbare Druckvorlagen lieferte. Zum andern waren die Autochrome nicht nur deutlich lichtschwächer als die Platten, die Farbauszüge lieferten (man rechnete für eine Autochrom-Aufnahme das Vierzigfache der Belichtungszeit, wie sie für eine normale Schwarz-Weiß-Aufnahme nötig gewesen wäre), auch der Raster, der durch die Farbpartikel gebildet wurde, war viel gröber als das Korn der hinter Filtern aufgenommenen Farbauszüge.

Die in der Breite wahrgenommene Farbfotografie in Deutschland vor Einführung des modernen Agfacolor Farbfilms 1936 – also die gedruckten Farbaufnahmen in den Büchern des Weller-Verlags und die Postkartenserien – war somit vom Farbauszugs-Verfahren geprägt. Natürlich spielten die Autochrome und ihr deutsches Pendant, die Agfa-Farbenplatte, an deren Entwicklung wiederum Adolf Miethe Anteil hatte, eine große Rolle in der Amateur-Fotografie. Die Crux aller des Verfahrens war jedoch die fehlende Möglichkeit, Papierbilder für den privaten Gebrauch herzustellen. Private Reproduktionsmöglichkeiten bot auch das Farbauszugs-Verfahren nicht. Es war jedoch bei der Reproduktion im Druck längst eingespielt und bot zudem den Vorteil, in größeren Formaten als die Autochrom-Fotografie verfügbar zu sein.

Miethe hatte einen Großteil dieser Entwicklungen selbst noch erlebt. Seinen eigenen Anteil daran hat er weder aufgebauscht noch kleingeredet. In seinen späteren Jahren beschäftigt sich Miethe mit technischen Problemen der Kinematographie und mit Versuchen, durch elektrische Entladungen Quecksilber zum Zerfall zu bringen und so Gold zu erzeugen – letzteres, wie man weiß, leider erfolglos. Noch ein Jahr vor seinem Tod bestritt er 1926 eine Vortragsreihe in der Berliner Funkstunde zu den Fragen der Farbfotografie, deren Manuskripte erhalten sind. In der historischen Erinnerung hebt er die Leistungen seiner Vorgänger und Mitstreiter hervor und bettet die eigenen darin ein. Drei Jahrzehnte zuvor hatte er in der Zeitschrift „Atelier des Photographen" seine von den geschichtlichen Verheerungen des 20. Jahrhunderts noch ungetrübte pragmatische Haltung beschrieben: „Es handelt sich für den Mann der Praxis um weiter nichts als um das Bestreben, aus dem Fortschritt den größtmöglichen Nutzen zu ziehen." – Dies ist ihm, wie sich im Rückblick sagen lässt, eindrucksvoll gelungen.

Deutschland in Farbe – der Carl Weller Verlag

In den Jahren ab 1906 erschienen in kurzer Folge Bildbände mit Farbaufnahmen, die teilweise bereits im Stollwerck-Album zu sehen waren. Die fast 250 Fotos, die in den drei Bänden veröffentlicht wurden, sind mit der Wechselschlittenkamera von Miethe aufgenommen worden, wie der Beschreibung des Verfahrens in einem Prospekt zu entnehmen ist, das die Bücher vor deren Erscheinen ankündigte. Auch sind einige der bei Weller erschienenen Fotos von Miethe-Vorlagen reproduziert worden. Die Bücher sind sogenannte Mappenwerke, d. h. die Bilder liegen einzeln auf schwarzer oder grauer Pappe kaschiert und durch Seidenpapier vor Abrieb geschützt in der Mappe, und ein ebenfalls mit Farbbildern illustriertes Begleitheft liefert die landeskundlichen Erläuterungen.

Die Frühgeschichte des Carl Weller Verlags ist einigermaßen verwirrend. Veröffentlichungen des Berliner Verlags „C. A. Weller" tauchen zuerst 1902 auf. Vorher schon gab es in Kahla in Thüringen einen „A. Weller's Verlag". Das oben erwähnte Werk ist in einem Prospekt von 1905/06 zunächst als Produkt der „Kunsthandlung für Farbenphotographie Franz Feil, Berlin-Schöneberg, Stubenrauchstr. 6a" angekündigt worden, erschien aber ab 1906 unter drei verschiedenen Labels, unter dem des „Internationalen Welt-Verlags", des „Verlags für Österreich und Ungarn" und der „Verlagsanstalt für Farbenphotographie Carl Weller" (ab 1907/08). In welcher Beziehung die unterschiedlichen Unternehmungen zueinander standen, ob es sich um verschiedene Namen für denselben Verlag, um Filialen oder um eigenständige Einrichtungen handelte, bleibt im Dunkeln. Für drei Bände in der Zeit 1912–1918 wird ein Teilhaber namens Hüttich in den Verlagstitel des Carl Weller Verlags aufgenommen, der aus dem Verlagsnamen späterer Publikationen jedoch wieder verschwindet.

Bereits 1910 erschienen als zweites Großvorhaben nach der „Welt in Farben" zwei großformatige Bände mit Farbfotos aus den deutschen Kolonien. Der kulturgeschichtli-

Hereros. Foto aus dem Band „Die Deutschen Kolonien in Farbenphotographie" (1910)

che Wert dieser Aufnahmen lässt sich heute nicht hoch genug einschätzen. Es handelt sich durchweg um die frühesten Farbfotos der abgebildeten Ortschaften, aufgenommen zu einer Zeit, als farbige Reproduktionen in Europa noch Pioniercharakter besaßen. Gezeigt werden aber auch Trachten, Porträts von Einheimischen, Gebäude, technische Einrichtungen und Momentaufnahmen des kolonialen Alltags in Farbe, wie sie sonst vereinzelt nur auf den etwas später entstandenen Autochromen überliefert sind, die im Auftrag des französischen Bankiers Albert Kahn entstanden.

Der Weller Verlag betrieb hohen Aufwand, indem er mehrere Expeditionen ausrüstete, die in Afrika und im Fernen Osten Farbfotos aufnahmen, von denen 250 für die Buchausgabe ausgewählt wurden. Doch machte sich das große finanzielle Risiko für den Verlag bezahlt. Die 1910 erschienene Ausgabe des Werks fand zum sagenhaften Preis von 220 Reichsmark Absatz (das durchschnittliche Einkommen eines Industriearbeiters lag um diese Zeit bei 120 RM im Monat). Im Jahr darauf erschien eine preiswerte Volksausgabe mit einer Auswahl von achtzig Farbfotos aus dem Mappenwerk und erläuternden Texten. Bereits 1914 kam dieses Buch in zweiter Auflage (20.-60. Tausend) heraus, gleichzeitig brachte der Verlag Sammelalben, Postkarten sowie in Papiertaschen zusammengefasste kleinformatige Einzelblätter heraus. Nach dem endgültigen Verlust der Kolonien wurde 1924 mit einer „Jubiläumsausgabe" (was sich auf die vierzigjährige Wiederkehr des „Kolonialfiebers" von 1884 bezog) die „Nationalausgabe" von 1910 neu aufgelegt. Ein weiterer Auswahlband erschien 1937 und schließlich 1941, diesmal mit dem Vorwort eines Nazi-Funktionärs.

Während das ökonomische Kalkül des Verlags aufging und der technischen und ästhetischen Leistung der Fotografen bis heute Achtung gebührt, sind die volkspädagogischen Ansichten des Werks in seiner unterschiedlichen Textgestalt nur noch von ideologiegeschichtlichem Interesse. Doch weder die in der Volksausgabe mitgeteilte Beobachtung, der „Togoneger" sei „um Jahrtausende" hinter der „weißen wie hinter der gelben Rasse zurück", noch die Revanchegelüste, die in den Ausgaben aus der Zwischenkriegszeit Raum greifen, vermögen den dokumentarischen Wert der Farbaufnahmen zu schmälern.

Seine dritte Großunternehmung eröffnete der Carl Weller Verlag mit dem Band „Die Mark Brandenburg in Farbenphotographie". Verteilt auf dreizehn Bände erschienen in den Jahren bis 1930 Bände mit Fotos aus vielen Teilen Deutschlands, wobei der nordöstliche und östliche Teil (Mecklenburg, Pommern und Ostpreußen) ausgespart blieb. Bis zum Ende des Ersten Weltkriegs erschienen nach dem Brandenburg-Band noch Bücher mit Farbfotos über Schwaben, Sachsen und Bayern, es folgten Aufnahmen vom Rheinland (in einer sehr großzügigen geographischen Auslegung), von Schlesien, den Hansestädten Hamburg, Lübeck und Bremen und von Thüringen.

Die den Bildern beigegebenen Texte mit landeskundlichen und historischen Inhalten sind von Fachleuten verfasst worden und sollen einen Überblick über Geschichte und Gegenwart des jeweiligen Landes bieten. In der Mehrzahl sind diese Beiträge heute noch lesbar, auch wenn sich vielfach der nationalistische Grundton der Zeit eingeschlichen hat. Dass die Grenzen zwischen Patriotismus, zwischen Heimatliebe und Nationalismus fließend sind, lässt

Rudolf Hacke, Selbstbildnis, Kupferstich (1950)

sich gut an den verschiedenen Vorworten ablesen. Für den Verlag war es ein günstiger Umstand, dass der erste Band nach dem Kriegsende, geplant bereits seit spätestens 1916, Bilder vom Rheinland brachte. Hier ließ sich gut auf der nationalistischen Empörungswelle schwimmen, die die französische Besetzung des Rheinlands ausgelöst hatte.

Auffallend wenig Wert wird in den Einzelbänden auf Angaben zu den Fotografen gelegt. So wird die Autorenschaft einzelner Bilder nicht nachgewiesen. Mit Ausnahme des Graphikers Rudolf Hacke (1881–1952), der anteilig Fotos zu den Bänden „Berlin/Brandenburg", „Schwaben" und „Sachsen" beigesteuert hat, ist über die Lebenswege der Fotografen wenig bekannt. Erkennbar ist jedoch das Prinzip, dem Künstler, dem man die Komposition der Aufnahme anvertrauen konnte, einen Fotochemiker zur Seite zu stellen, der für den technischen Aspekt der Aufnahme prädestiniert war. So hält es der Verlag auch bei dem Band über die deutschen Kolonien, wo der Part des Künstlers vom Maler Bruno Marquardt (1878-1916) übernommen wurde.

Bezogen auf die 13 Bände der Deutschland-Reihe wurden die meisten Fotos von Julius Hollos und Rudolf Hacke aufgenommen. Julius Hollos blieb dem Unternehmen „Deutschland in Farbenphotographie" am längsten treu. Er war an acht Bänden mit Fotos beteiligt, darunter am ersten (1912) und am letzten (1930).Rudolf Hacke (1881–1953), Landschaft-, Porträtmaler und Graphiker, war Schüler an der Berliner Akademie und ging später nach Dresden. 1918 heiratete er die Tochter eines Gutsbesitzers in Seitendorf in Schlesien und schuf hier, in der Abgeschiedenheit des Bober-Katzbachgebirges, in den Jahren bis zur Vertreibung sein künstlerisches Hauptwerk. Nachdem er bereits seit 1910 auf größeren Kunstausstellungen in Berlin und Dresden vertreten war, stellten sich in den zwanziger Jahren erste Erfolge ein: die Berliner Nationalgalerie und die Albertina in Wien kauften Werke des Malers an. 1935 wurde er mit der Medaille der Stadt Breslau ausgezeichnet, 1937 erhielt er den Niederschlesischen Kunstpreis. Anerkennung fand Hacke daneben mit seinen graphischen Arbeiten, vor allem mit seinen Kupferstichen. In seiner neuen Heimat Schleswig-Holstein konnte der damals schon über sechzigjährige Maler keine Wurzeln mehr fassen. Ausstellungen und neue Anerkennung – 1951 fand eine große Personalausstellung im Städtischen Museum in Flensburg statt – konnten den Verlust eines Großteils seines Werkes in den Wirren der letzten Kriegswochen nicht wettmachen. Im heute polnischen Schlesien ist der Künstler in jüngster Zeit wiederentdeckt und mit einer Ausstellung geehrt worden.

Im Hinblick auf die Gestaltungsmöglichkeiten hatte die Farbe im Foto zunächst ihren Preis in der eingeschränkten Beweglichkeit – sowohl des Fotografen wie auch der Motive. Die Miethe-Naturfarbenkamera des bekannten Berliner Kameratischlers Bermpohl konnte es mit Zubehör und Platten auf ein Gewicht von über einem Zentner bringen. Als ebenso folgenreich für die Aufnahmen selbst wirkte sich der Umstand aus, dass vom selben Motiv nacheinander drei Aufnahmen gemacht werden mussten. Richtig gut ging das nur bei unbeweglichen Motiven. Über diese Schwierigkeiten schreibt der Thüringer Denkmalpfleger Fritz Koch, der den Fotografen Julius Hollos auf seinen Fotoreisen gelegentlich begleitet hat, im Vorwort zum „Thüringen"-Band 1930:

„Wer draußen im Freien Landschaften photographiert, weiß ja, welche Geduld oft zu einer einzigen Aufnahme gehört, bis Wind und Wetter dem Photographen hold sind! Wer aber noch keine Aufnahmen mit den Dreifarbenfiltern mitgemacht hat, wie sie unsere Bilder erfordern, der kann sich gar keinen Begriff davon machen, welche Schwierigkeiten zu überwinden sind! Eine besondere Erschwerung besteht schon darin, dass durchaus nicht alle Bilder, die in Schwarzphotographie wirken, für die Farbenphotographie ebenso gut sind, weil sie gewisse lebhafte Farben voraussetzt, und weil außerdem störende Dinge, wie z. B. Telegraphenmaste und Leitungen, die der Schwarzphotograph häufig durch geringfügige Retusche unschädlich machen kann, nicht beseitigt werden können. Von den Schwierigkeiten der Aufnahme kann man sich vielleicht einen kleinen Begriff machen, wenn man bedenkt, dass hintereinander drei Platten durch einen

Gelb-, einen Rot- und einen Blaufilter belichtet werden müssen, mit ganz verschiedener Belichtungszeit, die manchmal sich über viele, viele Sekunden oder gar Minuten ausdehnt. Dabei darf aber bei allen drei Aufnahmen der Gegenstand sich nicht ändern; es dürfen deshalb keine bewegten Gegenstände im Bilde sein, keine Fußgänger oder windgeschüttelten Bäume. Die schönste Wolkenstimmung, über die der Schwarzphotograph begeistert sein würde, kann dem Farbenphotographen verderblich werden. Er kann schnellfliegende Wolken nicht gebrauchen, die bei der Aufnahme durch den gelben Filter an der einen, durch den roten und den blauen Filter wieder an anderen Stellen des Himmels wären, denn sie würden auf dem farbigen Bilde nicht als weiße Wolken, sondern als bunte Farbflecke am Himmel erscheinen. Auch die Beleuchtung des Gegenstandes darf sich bei den drei Aufnahmen nicht ändern; es müssen alle drei Aufnahmen entweder mit oder ohne Sonne gemacht werden. Man sieht, es gibt eine Fülle von Schwierigkeiten für die Farbenphotographie, und Momentaufnahmen sind zum Beispiel gänzlich unmöglich!"

Eine technische Alternative wäre die Strahlenteilerkamera gewesen, die mit einem komplizierten Spiegelsystem zeitgleich drei Teile derselben Fotoplatte belichtete, aber jeweils auch nur ein Drittel des Lichts durchließ, was wiederum zu abenteuerlich langen Belichtungszeiten führte. Mit dem gleichen Makel waren die Lumière'schen Autochromplatten behaftet, die seit 1907 erhältlich waren. Typische Artefakte in den Farbbildern lassen den Schluss zu, dass die Fotografen des Weller Verlags mit einer Dreifarben-Kamera ausgerüstet gewesen sein müssen. Noch im letzten Band der Reihe „Deutschland in Farbenphotographie", der 1930 erschien, beschreibt der Fotograf Julius Hollos das Verfahren der sukzessiven Aufnahme von drei Teilbildern. Die anfangs erprobte Technik scheint also bis zuletzt angewendet worden zu sein.

Der Verlag von Carl Weller lebte nach 1945 nicht wieder auf – nicht nur deshalb, weil er sich politisch diskreditiert hatte, dies haben andere Verlage ohne größeren Schaden für ihre Zukunft auch –, sondern weil seine Zeit abgelaufen war. Weller verlegte in den Jahrzehnten von 1906 bis zum Jahr 1938, als die ersten Bücher mit Agfacolor- und Kodachrom-Fotos herauskamen, nahezu ausschließlich Farbbildbände. Einige Verlage versuchten sich als Trittbrettfahrer beim Farbbild-Band-Geschäft, jedoch mit mäßigem Erfolg oder mit nur regionaler Ausstrahlung. Aber die Spezialisierung hatte für den Weller Verlag ihren Preis. Seitdem die Farbfotografie mit Einführung der modernen Mehrschichtenfilme ein Massenprodukt in den Händen der Amateure geworden war, schwand der Markt für die aufwändig hergestellten Bände des Weller Verlags. Dass der technische Umbruch mit einem allgemeinen gesellschaftlichen zusammenfiel, mag den Verfall des Verlags beschleunigt haben.

Zwei Pioniere der Farbfotografie: Hans Hildenbrand und Arthur Traube

Wenn die Reproduktion nach Autochromen in Deutschland auch eher ein Nebenschauplatz blieb (gedruckt wurden sie in Reiseführern, vereinzelt als Bildbeilagen in Büchern und vor allem als Postkarten), gab es doch eine große Gemeinde von Amateuren wie auch einige professionelle Fotografen, die das neue Medium in ihre fotografische Praxis aufnahmen. 1912 erschien im Leipziger Seemann Verlag in zwölf Heften eine erste Zeitschrift, die sich der Farbenphotographie mit Autochromen als neuer Bewegung annahm. Über 3000 Einsendungen erfolgten auf die Aufforderung des Herausgebers, sich mit fotografischen Beiträgen an dem Unternehmen zu beteiligen. Davon wurden etwas mehr als 100 Fotos nach Autochromen abgedruckt, mit beeindruckenden Ergebnissen.

Bei den professionellen Fotografen war es vor allem der Stuttgarter Fotograf Hans Hildenbrand (1870–1957), der seit 1911 unter dem Label der „Farbenphotographischen Gesellschaft" Ansichtskarten, aber auch Kleinalben mit Autochrom-Aufnahmen aus fast allen deutschen Landesteilen, später auch aus dem Mittelmeerraum und dem Nahen Osten vertrieb. Als württembergischer Hofphotograph gehörte er ab August 1914 zu den nicht einmal zwei Dutzend offiziell akkreditierten Kriegsberichterstattern. Er war auf deutscher Seite der einzige, der das Geschehen im Ersten Weltkrieg auf Farbfotos festhielt. Das gesamte Archiv von Hildenbrand ist 1944 bei einem alliierten Bombenangriff auf Stuttgart untergegangen, einige Original-

Hans Hildenbrand

Arthur Traube

platten haben sich in Sammlerhand erhalten, eine größere Anzahl findet sich im Archiv der „National Geographic".

Ansonsten sind die Fotos in Gestalt von Postkarten überliefert, als gedruckte Fotos in Büchern und Zeitschriften sowie als sogenannte Chromoplast-Bilder. Letzteres waren farbfotografische Stereokarten, die für die Betrachtung durch ein spezielles Gerät gedacht waren, was bereits seit Ende des 19. Jahrhunderts ein beliebtes Vergnügen in bürgerlichen Haushalten war. Selbst von der Front des Ersten Weltkriegs gibt es beschauliche Farbfotos in Stereo.

Hildenbrands Farbenphotographische Gesellschaft, die seit 1911 bestand, ging nach dem Krieg 1919 in einer neuen Gesellschaft auf, die vom dem einstigen Studenten Adolf Miethes, Arthur Traube (1878–1948), gegründet worden war. Traube hatte die Methode zur Reproduktion von Farbaufnahmen im Druck und als Aufsichtsbild verbessert und verbreitete diese Erfindungen erfolgreich unter seinem Namen: Traube heißt lateinisch Uva, und das Verfahren der Uvachrom-Gesellschaft für Farbenphotographie nannte sich „Uvachromie". Nach dieser Methode wurden in den 20er und 30er Jahren die meisten farbfotografischen Ansichtskarten in Deutschland gedruckt. So wie schon ihre Vorgängerin, die Farbenphotographische Gesellschaft, nutzte die Uvachrom-Gesellschaft die verbleibende Marktlücke, die der Verlag von Carl Weller auf dem Gebiet gedruckter Farbaufnahmen ließ. Allerdings arbeitete die Uvachromie nicht mit Kornrastermaterial, sondern mit dem Farbauszugsverfahren, wie es Miethe und Traube zur Praxisreife geführt hatten. Traube kooperierte mit dem Martin Herpich Kunstverlag, der eine Reihe von illustrierten Heften mit farbigen Aufnahmen von Kurorten und anderen Zielen des Fremdenverkehrs herausbrachte. 1925 erschien ein opulenter Band mit Uvachrom-Aufnahmen von Rom, publiziert im Eigenverlag der Uvachrom-Gesellschaft. Traube musste als Jude nach 1933 Deutschland verlassen, sein Verfahren wurde, um die Erinnerung an ihn auszulöschen, 1937 in „Vitacolor" umbenannt, es hatte sich zu diesem Zeitpunkt durch die Einführung von Agfacolor allerdings schon überholt.

Hans Hildenbrand war, soweit es sich ermitteln lässt, nicht für die Uvachrom-Gesellschaft tätig, fotografierte aber weiter mit Kornrastermaterial. Er gehörte nach dem Ersten Weltkrieg zu den wichtigsten Beiträgern von Farbaufnahmen für das amerikanischen Magazin „National Geographic". Zuletzt veröffentlichte er dort 1937 Farbfotos für den Beitrag „Changing Berlin", der aus US-amerikanischer Perspektive die Entwicklung Berlins unter dem NS-Regime reflektiert. Die Firma „Photo-Hildenbrand" in Stuttgart bestand bis 1997.

Gedruckte Farbfoto bis 1936 – eine Bilanz

Was die frühen Publikationen mit Farbfotografien in Deutschland angeht, war die Szenerie überschaubar. Dominiert wurde sie bei den Büchern bis zur Einführung von Agfacolor (1936) vom Carl Weller Verlag, bei den Ansichtskarten bis zum Ende des Ersten Weltkriegs von Hans Hildenbrand, danach von der Uvachrom-Gesellschaft für Farbenphotographie. Doch neben diesen Veröffentlichungen gab es noch eine Reihe von Broschüren, die zumeist im Selbstverlag von Fremdenverkehrsämtern entstanden. Auch machte man sich in Fachbüchern die neuen farbigen Abbildungsmöglichkeiten zunutze: vom Buch über Gartengestaltung bis zum Kochbuch. Überdies wurde die Farbfotografie zur Reproduktion von Kunstwerken genutzt.

Ansichtskarten mit Farbfotos wurden seit spätestens 1903 produziert, die Vorlagen sind zunächst nach dem Dreifarbenverfahren von Miethe hergestellt worden. Neben den Großserien von Hans Hildenbrand (ab 1909 nach Autochrom-Aufnahmen) und der Uvachrom-Gesellschaft (ab 1920) gab es zumeist regional agierende Fotografen, die von Autochrom-Aufnahmen Ansichtskarten herstellen ließen. Im größeren Umfang hat in den zwanziger Jahren in Dresden A. P. Walther Ansichtskarten mit Farbfotos publiziert. Ungeklärt ist, in welchem Verhältnis die Farbenphotographische Gesellschaft in Kassel, die gleichfalls Lumière-Aufnahmen als Ansichtskarten vertrieb, zu der gleichnamigen Gesellschaft in Stuttgart stand.
Beim Blick auf die Publikationen mit frühen Farbfotos fällt auf, dass man sich unbedenklich aus einem Pool von vorhandenen Vorlagen bediente und dabei teilweise bereits Jahre zuvor veröffentlichte Bilder im neuen Zusammenhang publizierte, und zwar in der Regel ohne Angabe des Bildautors. Einzelne Fotos „wandern" durch Publikationen, wie etwa einige der frühen Miethe-Fotos, die seit 1902 entstanden sind, 1904 im Stollwerck-Album ein erstes Mal veröffentlicht werden, in besserer Qualität in „Die

Welt in Farben" (1906) auftauchen, parallel als Postkarten gedruckt werden und schließlich noch 1919 im Bayern-Band des Carl Weller Verlags Verwendung finden. In den Bänden von „Deutschland in Farbenphotographie" finden sich wiederum zahlreiche Aufnahmen, die, ohne Nennung des Autors, von Hans Hildenbrand übernommen wurden. Die Reihe speist sich aber auch aus Vorlagen, die zuvor bereits in anderen Büchern und Broschüren gedruckt worden waren, etwa in dem Band „Der Schwarzwald in Farbenphotographie" (1910 im C. A. Wagner Verlag erschienen) oder in der ca. 1908 erschienenen Broschüre „Badner Land". Selbst aus der Zeitschrift „Farbenphotographie" (1912), in der Aufnahmen von Amateuren gedruckt worden waren, wird ein Foto übernommen.

Nicht nur die Anzahl der Akteure auf dem Gebiet der Farbfotografie in Deutschland war bis 1936 überschaubar, sondern auch das Reservoir an gedruckten Farbfotos in Büchern, Broschüren und Zeitschriften – es dürfte bis dahin die Zahl von viertausend gedruckten Aufnahmen kaum überschritten haben; etwa noch einmal soviel Fotos sind bis zu dieser Zeit als Ansichtskarten und in Form sonstiger Kleindrucke erschienen. Einen Schub gab es nach Einführung von Kodachrome und Agfacolor, der farbigen Mehrschichtfilme zur Dia-Fotografie, die beinahe gleichzeitig 1936 auf den Markt kamen. Nunmehr galt wirklich, womit die Hersteller seit Beginn des Jahrhunderts bei

Eingang zu Schloss Sanssouci.
Foto aus dem Band „Die Mark Brandenburg in Farbenphotographie" (1912)

jeder kleinen Verbesserung geworben hatten: Fotoamateure und professionelle Fotografen konnten im Kleinbildformat auf vergleichbar einfache Weise wie zuvor schwarz-weiße Bilder nun auch Farbfotos aufnehmen. Innerhalb kurzer Zeit erschien ein halbes Dutzend Ratgeber und ein Mehrfaches an Farbfoto-Bildbänden. Selbst wenn es später kriegsbedingt Engpässe bei der Versorgung mit Farbmaterial gab, war die Farbfotografie nun wirklich beim Laien angekommen.

Bunt oder farbig? Der Wert der Farbe im Foto

Obwohl die Versuche, Farbe ins Foto zu bekommen, beinahe so alt sind wie die Geschichte der Fotografie selbst, stellte sich bei Einführung der Farbfotografie zu Beginn des 20. Jahrhunderts heraus, dass sechzig Jahre Schwarzweiß-Fotografie inzwischen einen ästhetischen Standard etabliert hatten. Das Fehlen der Farbwerte wurde nur anfänglich als Unzulänglichkeit begriffen, ansonsten hatte man sich bald in den technischen Begrenzungen eingerichtet und alle gestalterischen Mittel auf sie ausgerichtet. So mag es nicht verwundern, dass das Aufkommen der Dreifarbenfotografie von verschiedenen Seiten mit Skepsis begleitet wurde. Einige Bedenken hat der Afrika-Reisende Gustav Fritsch (1838–1927) im ersten Teil des „Kolonien"-Farbfotobands von 1910 in seinem Geleitwort angesprochen:

„Es ist hier nicht der Ort, über die heute in der wissenschaftlichen Welt fast allgemein anerkannte Berechtigung der zu Grunde liegenden Dreifarbentheorie zu verhandeln, oder den Versuch zu wagen, die dem Verfahren feindseligen Elemente zu bekehren. Dagegen ist es wohl angezeigt, einige Worte über die wesentlichen Schwierigkeiten bei der Beurteilung derartiger Aufnahmen beizufügen.

Der Hauptwert des Verfahrens liegt offenbar darin, dass es ein mechanisch-wirkendes ist und gerade dadurch bei richtiger Anwendung eine gewisse Garantie für die Richtigkeit der Grundfarben bietet. Der Illuminator hat es dagegen natürlich ganz in der Hand, in einem farblosen Bilde beispielsweise einem Rock eine rote oder blaue Farbe zu geben. Gleichwohl wird gerade die Naturwahrheit der Farben vielfach bezweifelt, wobei nachweislich von ganz verschiedenen Gesichtspunkten ausgegangen wird.

Die heftigsten Gegner des Verfahrens sind wohl unter den Malern zu finden, was dem inneren Wesen der Sache nach begreiflich genug ist. Doch sollten diese Gegner nicht den Vorwurf der ‚unnatürlichen Farben' erheben, denn tatsächlich sind gerade ihnen die Farben zu natürlich. Der Maler verlangt von einem ‚Bilde' außer den Lokaltönen auch ‚Stimmung', das heißt die Unterordnung der Lokaltöne unter eine auf einen bestimmten Effekt berechnete, allgemeine Färbung. Es ist bekannt genug, wie leider die Sezessionisten sich nicht selten durch den Missbrauch dieser berechtigten Forderung an der Natur versündigt haben.

Eine ordnungsgemäße Ausführung der Dreifarbentheorie, welche die Grundfarben richtig gegeneinander abwägt, gibt allerdings keine ‚sezessionistischen' Bilder, sie unterdrückt vielmehr, wie man zugeben muss, sehr häufig die ‚Stimmung' überhaupt. Aber es fehlt nicht an Beispielen, die beweisen, dass darin kein Grundfehler der Dreifarbentheorie liegt, sondern dass eine sichere und sachgemäße Handhabung des Verfahrens auch vortreffli-

Julius Hollos: 1888 – nach 1943

che Stimmungsbilder erzeugt, wie solche in unserer Zeit besonders durch Herrn Miethe vielfach vorgeführt wurden. Hierbei muss eben der photographische Künstler dem mechanischen Verfahren verständnisvoll entgegenkommen."

Dass die Farbfotografie im Mutterland des Idealismus sich nicht auf ihre dokumentarische Funktion beschränken würde, wurde schnell deutlich. Die Aufnahmen lassen die Absicht erkennen, das Wesenhafte einfangen zu wollen – *das Dorf* oder *die Landschaft* – jenseits störender Zufälligkeiten, wie sie die moderne Zivilisation hervorbringt. Auf den frühen Bildern ist kaum einmal ein rauchender Schornstein, ein Bahnhof oder eine Elektroleitung zu sehen – die Aufnahmen wirken wie Genrebilder aus dem 19. Jahrhundert. Festgehalten werden sollte das „Überzeitliche", ein gültiges Abbild von Landschaft und Leuten – neuzeitliche Urbanität störte in diesem Konzept. Sicher geht man nicht fehl, diese Romantisierung als Reflex auf die industrielle Umgestaltung der Lebenswelt in der Gründerzeit zu sehen.

Auch wenn in den Bänden des Carl Weller Verlags das Deutschland des frühen 20. Jahrhunderts als musealer Schauplatz abgelichtet wurde, besitzen die farbigen Fotos für uns heute einen hohen dokumentarischen Wert. Der besteht nicht nur darin, dass auf ihnen Gebäude und Kunstwerke abgebildet sind, die durch die Kriegszerstörung unwiederbringlich verlorengegangen sind, sondern auch im eher zufällig auf das Bild Geratenen: Die bunte Werbung in der Peterstaße in Leipzig oder die bröckelnden Fassaden der Hamburger Altstadt, die Kleidung der Kinder, die am Merkurbrunnen in Augsburg posieren, der Hunde-Karren in Freiberg, die Autos mit den gelben und roten Speichen vor dem Münchner Rathaus oder die Wäsche, die im Wind weht auf der Wiese vor dem Kloster Arnstein. Doch nicht nur das Inventar, sondern auch das Bild der Städte im ganzen hat sich durch Kriegszerstörung und Wiederaufbau gravierend verändert. Betroffen sind weniger die kunsthistorisch wichtigen Gebäude, sie sind in ihrer Mehrzahl wieder hergerichtet worden, sondern ganze Stadtviertel mit alter Wohnbebauung, die in Jahrhunderten kleinteilig gewachsen war. Auf den frühen Farbfotos erscheint das alte Bild der Städte in befremdlicher Nähe.

Kein anderer als Kurt Tucholsky hat, als zu Beginn des Jahres 1912 in Einzellieferungen der erste Band von „Deutschland in Farbenphotographie" erschien, in einer kurzen Rezension im „Vorwärts" (22.3.1912) das Verhältnis von künstlerischem und dokumentarischen Anspruch der damals noch jungen Farbfotografie für die Zeitgenossen auf den Punkt gebracht und dabei den Wert fixiert, den die Bilder jenseits ihrer dokumentarischen Funktion heute noch für uns haben:

„Ein wunderschönes Werk beginnt soeben zu erscheinen: In 20 Lieferungen à 1,25 M. bringt die Verlagsanstalt für Farbenphotographie Naturaufnahmen aus der Mark heraus. Um die Mängel vorwegzunehmen: Der Text scheint – nach der ersten Lieferung und den Namen der professoralen Mitarbeiter (Bodo Eberhardt, Voß, Richard Nordhausen) zu schließen – nichts zu taugen. Auch „gereicht es zur besonderen Ehre, mitteilen zu dürfen, dass Ihre Majestät, die Kaiserin und Königin Auguste Viktoria geruht hat, die Widmung dieses Werkes entgegenzunehmen".

Aber das Werk ist trotzdem gut. Unter Leitung des Direktors Franz Goerke (Urania) werden die Blätter ausgewählt. Gleich in der ersten Lieferung gibt es prachtvolle Aufnahmen. Schloss Rheinsberg, der Werbellinsee, Eingang zu Schloss Sanssouci ... Zum Greifen scharf, noch ein klein wenig zu bunt vielleicht – aber nun das Wichtigste: Wie verhält sich diese fast naturgetreue Wiedergabe zur Malerei? – Gar nicht! – Es sind inkommensurable Größen. Aber diese Fotografie geht bereits ihre eigenen Wege. Sie ist, im Gegensatz zur Malerei, ganz objektiv, nur anschaulich – aber eben dadurch erreicht sie, was der trockne, kitschige Begleittext nicht kann: sie regt an, du musst so ein Bild lange ansehen, du wirst das tun, was sonst der Maler tat –: ergänzen, umfassen, zu verstehen suchen. Wolken siehst du, weiße, wattige Sonnenwolken, kurzes Gras und immer wieder diese unendlich schöne, stille, geschwungene Uferlinie des Sees. Und Rheinsberg ... du musst, wenn du das Bild siehst, weiter denken, an den lauen Sommerwind, an ein Rascheln, es ist reichlich warm, das Sonnenlicht zwinkerte durch alte Bäume – aber ferne, auf den Hügeln, lag es ausgegossen – und neben dir stand die, die du nie vergessen wirst. So lassen dich diese Bilder schwer atmen: Heraus aus der Stadt! Heraus! – Du beginnst, die innere Schönheit einer jungen Birke zu verstehen, eines Schattens, du wirst eins mit der Natur und weißt plötzlich, was das ist: Frühling! –"

Peter Walther

Schleswig-Holstein

Holstentor in Lübeck
(1912)

Marktplatz in Lübeck
Foto: Julius Hollos (1928)

Lübeck. Portal Fischstraße 27 und Blick in die Einhäuschenquerstraße
Foto: Julius Hollos (1928)

Diele des Buddenbrook-Hauses in Lübeck
Foto: Julius Hollos (1928)

Blick aus der Glockengießerstraße auf die Katharinenkirche in Lübeck
Foto: Julius Hollos (1928)

Lübeck. Blick gegen den Dom von der Obertrave aus
Foto: Julius Hollos (1928)

Blick auf die Lübecker Marienkirche
(1906)

Lübeck. Blick auf Stadt und Hafen von Westen mit Burgtor und Jakobikirche
Foto: Julius Hollos (1928)

Travemünde
Foto: Julius Hollos (1928)

Fischerdorf Gothmund an der Trave
Foto: Julius Hollos (1928)

Winter am Ostseestrand bei Travemünde
Foto: Julius Hollos (1928)

Lübecker Hafen im Winter
Foto: Julius Hollos (1928)

Die Untertrave bei Schlutup
Foto: Julius Hollos (1928)

Israelsdorf
Foto: Julius Hollos
(1928)

Helgoland
Foto: Julius Hollos (1927)

Helgoland vom Südhorn aus
Foto: Merkwitz (1912)

Strandweg in Kiel
Foto: Hans Hildenbrand (1912)

Kiel. Kaiserlicher Nachtclub
Foto: Adolf Miethe (1904)

MECKLENBURG-VORPOMMERN

Stralsund
Foto: Kurt Peter Karfeld (um 1939)

Sassnitz auf Rügen
Foto: Adolf Miethe (1904)

Sommer in Ahrenshoop
Foto: Adolf Miethe (um 1905)

Waldweg auf Rügen
(1906)

Genreszene in
Ahrenshoop
Foto: Adolf Miethe
(1903)

Sonniger Ostseestrand
Foto: Adolf Miethe
(1903) ◄

Kinder am
Ostseestrand
Foto: Adolf Miethe
(1903) ►

Treptower Tor in
Neubrandenburg
Foto: Erich Retzlaff
(1939) ►

Rostock. Steintor
(um 1939)

Fischerhafen in Warnemünde
(ca. 1939)

Rostock. Markt und Marienkirche
(ca. 1939)

Nikolaikirche in Wismar
Foto: Kurt Peter Karfeld (um 1939)

Schloss in Schwerin
(1906)

Aus dem Schweriner Park
(1906)

HAMBURG

Das Geburtshaus von Johannes Brahms
Es wurde beim Bombenangriff 1943 zerstört. Foto: Julius Hollos (1927)

Ellerntorsbrücke zwischen Hamburg und Altona
Während die umliegende Bebauung nach dem Zweiten Weltkrieg vollständig erneuert wurde, konnte die nur leicht zerstörte Brücke erhalten werden.
Foto: Julius Hollos (1927)

Alt-Hamburg.
Abbruchgebiet des Niedernstraßen-Viertels.
Foto: Julius Hollos (1927)

Nikolaifleet.
Foto: Julius Hollos (1927)

Hof in der Steinstraße
Foto: Julius Hollos (1927)

Steckelhörnfleet
mit Nikolaikirche
Die Kirche wurde bei dem Bombenangriff von 1943 zerstört und erinnert heute als Ruine an die Schrecken des Krieges.
Foto: Julius Hollos (1927)

Gemüsemarkt
Foto: Julius Hollos (1927)

Das Chilehaus
Das Haus wurde 1924 fertiggestellt. Der Bauherr hatte sein Vermögen durch Handel mit Salpeter aus Chile erworben. Foto: Julius Hollos (1927)

Hauptbahnhof in Hamburg
Der Bahnhof war im Krieg stark beschädigt worden, so dass ein Abriss erwogen wurde. Man entschloss sich jedoch zum Wiederaufbau.
Foto: Julius Hollos (1927)

Mönckebergstraße
Foto: Julius Hollos (1927)

St. Pauli-Landungsbrücken
Foto: Julius Hollos (1927)

Das 1911 eingeweihte Hauptgebäude der Universität
Foto: Julius Hollos (1927)

Außenalster an der Rabenstraße
Foto: Julius Hollos (1927)

Jungfernstieg
Foto: Julius Hollos
(1927) ▲

In Finkenwerder
Foto: Julius Hollos
(1927) ▸

Werft Blohm + Voß
Foto: Julius Hollos (1927)

Hamburg, Krahnhöft
Foto: Julius Hollos (1927)

BREMEN

Bremen. Martinikirche mit der Schlachte (Weserpromenade) von der Herrlichkeit aus
Foto: Julius Hollos (1929)

Bremen. Der Marktplatz vom Südwesten mit Rathaus, Dom und Börse
Foto: Julius Hollos (1929)

Der Roland in Bremen
Foto: Julius Hollos (1929)

Blumenhändlerinnen an der Liebfrauenkirche
Foto: Julius Hollos (1929)

Kornhaus
Das Gebäude wurde bei einem Luftangriff im Oktober 1944 zerstört und nicht wieder aufgebaut.
Foto: Julius Hollos (1929)

Böttcherstraße in Bremen
Foto: Julius Hollos (1929)

Der Schnoor, das mittelalterliche Gängeviertel in der Bremer Altstadt
Foto: Julius Hollos (1929)

Vorderer Lichthof des Städtischen Museums in Bremen (heute Übersee-Museum)
Foto: Julius Hollos (1929)

Blick auf die St. Johann-Kirche
Foto: Julius Hollos (1929)

Packhäuser
an der Weser
Foto: Julius Hollos
(1929) ▸

Freihafen II (Übersee-
hafen) in Bremerhaven
Foto: Julius Hollos
(1929) ▾

Gesellschaftsraum des Lloyddampfers „Columbus“.
Der Dampfer war 1924 fertiggestellt worden. Im Dezember 1939 ließ die Besatzung das Schiff im Atlantik untergehen, um es nicht dem britischen Kriegsgegner überlassen zu müssen. Foto: Julius Hollos (1929) ▼

Die Rolandmühle.
Die Mühle entging der Zerstörung im Krieg, wurde 1979 durch eine Mehlstaubexplosion zerstört und später neu wieder aufgebaut.
Foto: Julius Hollos (1929)

Bauernhaus in St. Magnus
Foto: Julius Hollos (1929)

NIEDERSACHSEN

Cuxhaven
Foto: Julius Hollos (1927)

Emden am Delft
Foto: Adam Kraft (1941)

Kurhaus auf Norderney
Foto: Adolf Miethe
(um 1905)

Abendstimmung in der Lüneburger Heide
(1906)

In der Lüneburger Heide
Foto: Hans Hildenbrand
(um 1912)

Alte Straße in Lüneburg *(1906)* ◂

Lüneburg
Foto: Adolf Miethe (1904) ▾

Alter Hof in Lüneburg
Foto: Adolf Miethe
(1904) ▸

Aus dem Maschpark
in Hannover *(1906)* ▾

Schloss Hämelschenburg bei Hameln
Foto: Erich Retzlaff (1939)

Dorfkirche Idensen bei Hannover
Foto: Erich Retzlaff (1939)

Hildesheim. Kunstgewerbehaus
Foto: Hans Hildenbrand (1912)

Hildesheim, der Zuckerhut
Foto: Hans Hildenbrand (1912)

Goslar. Das Brusttuch
Foto: Hans Hildenbrand (1913)

Braunschweig
(um 1939)

Braunschweig
Foto: Hans Hildenbrand
(um 1930)

Gildehaus in Braunschweig
(um 1939)

Braunschweig. Eulenspiegelbrunnen
(um 1939)

Sachsen-Anhalt

Halle (Saale). Marktplatz
(um 1930)

Halle (Saale). Riebeckplatz mit Hotel „Goldene Kugel"
(um 1939)

Halle (Saale). Hauptpost
(um 1939)

Dorfstraße bei Halle (Saale)
Foto: W. Thiem (1912)

Magdeburg. Kaiser-Wilhelm-Platz (heute Universitätsplatz) *(um 1939)*

Magdeburg. Rathaus *(um 1939)*

Magdeburg. Panorama an der Elbe *(um 1939)*

Havelberg
Foto: Rudolf Hacke, Julius Hollos (1913)

Stendal. Rathaus
und Marienkirche
Foto: Hans Hildenbrand
(um 1912)

Bauhaus in Dessau
Während der Nazi-Zeit wurde das Gebäude als „Gauschule"
für politische Schulungen von NS-Kadern genutzt (um 1939).

Rathausportal in Quedlinburg
Foto: Erich Retzlaff (1939)

Quedlinburg. Blick über Dom und Schloss
Foto: Klaus Peter Karfeld (1939)

Rathaus in
Wernigerode
*Foto: Adolf Miethe
(1904)*

Blankenburg im Harz. Blick vom Schlossberg
Foto: Hans Hildenbrand (um 1912)

Bad Kösen.
Kurmittelhaus
Foto: Georg Walther (1926)

BRANDENBURG

Bauernhaus in Mödlich
Foto: Rudolf Hacke, Juilus Hollos (1913) ◄

Der Roland
in Perleberg
Foto: Rudolf Hacke, Juilus Hollos (1913) ▼

Theodor-Fontane-Denkmal in Neuruppin
Foto: Rudolf Hacke, Juilus Hollos (1913) ▸

Schloss Rheinsberg
Foto: Rudolf Hacke, Juilus Hollos (1913) ▾

Schloss Schwedt
an der Oder
Das Schloss wurde im Frühjahr 1945 stark zerstört und 1962 vollständig abgebrochen.
Foto: Rudolf Hacke, Juilus Hollos (1913) ▲

Frankfurt (Oder) – Abendstimmung
Foto: Rudolf Hacke, Juilus Hollos (1913) ▸

Blühender Flieder
am Kloster Zehdenick
Foto: Rudolf Hacke,
Juilus Hollos (1913) ▲

Brandenburg an der Havel. Blick auf den Dom
Foto: Rudolf Hacke, Juilus Hollos (1913)

Baumblüte in Werder
Foto: Rudolf Hacke, Juilus Hollos (1913)

Straße in Belzig
Foto: Rudolf Hacke, Juilus Hollos (1913)

Stadtschloss in Potsdam

Das kriegsbeschädigte Gebäude wurde 1959 aus ideologischen Gründen abgetragen. Ein Neubau mit historischer Fassade wird ab 2012 den Landtag von Brandenburg beherbergen.

Foto: Rudolf Hacke, Juilus Hollos (1913)

Schloss Sanssouci
Foto: Adolf Miethe (um 1904)

Garnisonkirche in Potsdam
Das durch Kriegseinwirkung beschädigte Gebäude wurde als „Hort des preußischen Militarismus" 1968 gesprengt. Bis 2017 soll die Kirche wieder aufgebaut werden. Foto: Max Baur (um 1938)

Konzertsaal Friedrichs des Großen im Schloss Sanssouci
Foto: Hermann Boll (1912)

Cottbus. Blick auf die Oberkirche St. Nikolai
Foto: Rudolf Hacke, Juilus Hollos (1913)

Aus Jüterbog
Foto: Rudolf Hacke, Juilus Hollos (1913)

Kloster Zinna bei Jüterbog
Foto: Rudolf Hacke, Juilus Hollos (1913)

BERLIN

Der Dom in Berlin
Foto: E. Bieber (1911)

Das Berliner Stadtschloss
Foto: Rudolf Hacke (1913) ▼

Der Rittersaal im Berliner Schloss, erbaut um 1700 von Andreas Schlüter *(um 1928)* ▲

Schauspielhaus am Gendarmenmarkt *(um 1928)* ◄

Bode-Museum
Ehemals Kaiser-Friedrich-Museum
(um 1939)

Zeughaus und Schlossbrücke
(um 1939) ▸

Universitätsgebäude
Unter den Linden
(um 1939) ▲

Brandenburger Tor
(um 1939)

Siegesallee
im Tiergarten
Foto: Adolf Miethe
(um 1904)

Berlin. Ost-West-Achse
(um 1939)

Siegessäule
(um 1939)

Kaiser-Wilhelm-Gedächtniskirche
Die Ruine blieb als Kriegsdenkmal erhalten.

Alt-Berlin. Am Krögel
Die mittelalterliche Bebauung fiel bereits 1935 dem Bau der Reichsmünze zum Opfer. Foto: Adolf Miethe (1904) ▲

Aus Spandau
Foto: Rudolf Hacke (1913) ▸

Das Ausflugsrestaurant Hundekehle im Grunewald
Foto: Adolf Miethe (1904)

Das große Fenster an der Havel bei Wannsee
Foto: Rudolf Hacke (1913)

NORDRHEIN-WESTFALEN

Emmerich mit Münsterkirche
Foto: J. Henne, J. Bahr (1921) ▲

Die Schwanenburg in Kleve
Foto: J. Henne, J. Bahr (1921) ◀

Dom zu Xanten
Foto: J. Henne, J. Bahr (1921) ▲

Rathaus in Kalkar
Foto: J. Henne, J. Bahr (1921) ▸

Duisburg. Im Industriehafen
Foto: Hans Hildenbrand (1931) ▲

Hausgarten in Essen
Foto: J. Henne, J. Bahr (1921) ◄

Die Zeche Thyssen
in Essen
Foto: J. Henne, J. Bahr
(1921) ▲

Rathaus in Düsseldorf
(um 1930) ▸

Düsseldorfer Rochuskirche.
Nach der Zerstörung im Zweiten Weltkrieg blieb lediglich der Turm erhalten, das Langhaus wurde durch einen modernen Kuppelbau ersetzt.
Foto: J. Henne, J. Bahr (1921)

Blick auf die Königsallee in Düsseldorf
Foto: J. Henne, J. Bahr (1921)

Schloss Jägerhof, heute Goethe-Museum
Foto: J. Henne, J. Bahr (1921)

Düsselschlösschen, Lambertusturm und Schlossturm.
Das 1941 zerstörte Düsselschlösschen wurde nicht wieder aufgebaut.
Foto: J. Henne, J. Bahr (1921) ▸

Kinderbrunnen im Düsseldorfer Hofgarten
Foto: J. Henne, J. Bahr (1921) ▾

Schloss Benrath
Foto: J. Henne, J. Bahr (1921) ◄

Düsseldorfer Hafen
Foto: J. Henne, J. Bahr (1921) ▼

Wuppertal-Barmen
(um 1939)

Stadttheater Barmen, das heutige Opernhaus Wuppertal
(um 1939)
Das Gebäude wurde 1943 durch Bomben zerstört und ist bis 1956 in sachlichem Stil wiederaufgebaut worden.

Schwebebahn bei Elberfeld
Foto: J. Henne, J. Bahr (1921) ▸

Das Mannesmann'sche Haus zu Remscheid
Das Haus wurde Mitte der 1970er Jahre ins Rheinische Freilichtmuseum Kommern/ Eifel versetzt, wo es heute noch steht.
Foto: J. Henne, J. Bahr (1921) ▾

Eckenhagen
Foto: J. Henne, J. Bahr (1921)

Die Müngstener Brücke von 1897
Mit 107 Metern Höhe ist sie auch heute noch die höchste Stahlgitterbrücke Deutschlands. Foto: J. Henne, J. Bahr (1921)

Bellinghoven (heute zu Erkelenz)
Foto: J. Henne, J. Bahr (1921)

Wassermühle in Gustorf (bei Grevenbroich)
Ein Großteil der Gebäude ging bei einem Brand 1961 verloren.
Foto: J. Henne, J. Bahr (1921)

Zollturm von Zons
Foto: J. Henne, J. Bahr (1921)

Der Kölner Dom mit Groß-S. Martin und Rathausturm
Foto: J. Henne, J. Bahr (1921) ▸

St. Gereon zu Köln
Der Wiederaufbau der Kirche nach der Kriegszerstörung wurde erst 1984 abgeschlossen.
Foto: J. Henne, J. Bahr (1921)

Filzengraben in Köln mit Fassbinder-Zunfthaus
Foto: J. Henne, J. Bahr (1921)

Blick auf das
Kölner Rathaus
Foto: J. Henne, J. Bahr (1921)

Köln. Blick vom Rathausturm aus auf Groß-St. Martin und die alten Giebelhäuser am Alten Markt
Während die Kirche nach ihrer Zerstörung im Krieg wiederaufgebaut wurde, ist die historische Wohnbebauung vollständig vernichtet worden.
Foto: J. Henne, J. Bahr (1921)

Brühl. Treppenhaus des Schlosses
Foto: J. Henne, J. Bahr (1921)

Aachener Münster und Rathaus
Foto: J. Henne, J. Bahr (1921)

Das Rathaus in Aachen
Foto: J. Henne, J. Bahr (1921)

Universität in Bonn
Foto: J. Henne, J. Bahr (1921) ▲

Beethovens Geburtshaus in Bonn (seit 1893 Museum)
Foto: J. Henne, J. Bahr (1921) ▸

Das Bonner Rathaus
Foto: J. Henne, J. Bahr (1921)

Doppelkirche St. Maria und St. Clemens in Schwarzrheindorf
Foto: J. Henne, J. Bahr (1921)

Landhaus mit Garten in Hillegossen, heute Stadtteil von Bielefeld
Foto: G. Koppmann (1912)

HESSEN

Kassel. Rathaus
(um 1912)

Wilhelmshöhe
(Kassel)
Partie im Park (1906)

Wilhelmshöhe
Herkules und Kaskaden
(1906)

Wahlebach in Kassel
Foto: Fritz Bruns
(1912)

Marburg
Foto: Hans Hildenbrand
(1931)

Lohmühle bei Marburg
Foto: Georg Mylius (1912)

Der Dom in Wetzlar
an der Lahn
Foto: J. Henne, J. Bahr (1922) ▸

Der Dom in Limburg an der Lahn
Foto: J. Henne, J. Bahr (1922) ▾

Limburg an der Lahn
Foto: Hans Hildenbrand (1913)

Wiesbaden
Foto: Hans Hildenbrand (1912)

Kurhaus in Wiesbaden
Foto: J. Henne, J. Bahr (1922)

Wiesbaden, Hoftheater
Foto: J. Henne, J. Bahr (1922)

Darmstadt.
Hochzeitsturm und Griechische Kirche
(um 1920)

Der Römer in Frankfurt
Foto: Hans Hildenbrand (1912)

Justitiabrunnen auf dem Römerberg mit Nikolaikirche
Foto: Philipp Diehl (1939)

Blick vom Alten Markt auf das Rathaus
Foto: Philipp Diehl (1939)

Blick vom Römerberg auf den Dom
Foto: Hans Hildenbrand (1931)

Treppenturm im Römer
(um 1922)

Blick auf den Turm der Paulskirche und die Innnenstadt
Foto: Philipp Diehl (1939)

Schauspielhaus in Frankfurt
(um 1929)

Blick auf die Stadt vom Eisernen Steg
(um 1929)

Goethe-Haus im Großen Hirschgraben
(um 1939)

Der Römer
Nach der Zerstörung am 22. März 1944

Blick vom Römer über die zerstörte Altstadt zum Dom
(1944)

THÜRINGEN

Erfurt. Dom und Severikirche
Foto: Georg Walther (1926)

Weimar. Schloss Belvedere
Foto: Georg Walther (1926)

Weimar. Haus
der Frau von Stein
Foto: Georg Walther
(1926)

Gotha. Marktplatz
Foto: Georg Walther
(1926)

Arnstadt. Das Riedtor
Foto: Georg Walther (1926)

Alte Gasse in Dörrberg (Gräfenroda)
Foto: Georg Walther (1926)

Bad Salzungen
Foto: Julius Hollos
(1930) ▲

Friedrichroda
Foto: Georg Walther
(1926) ◄

Die Wartburg
Foto: Georg Walther (1926)

Eisenach. Blick von der Wartburg
Foto: Georg Walther (1926)

Ettenhausen
Foto: Georg Walther (1926)

Meiningen
Foto: Georg Walther (1926)

Bauernhof
in Thüringen
Foto: Georg Walther
(1926) ▸

Suhl
Foto: Adolf Miethe
(1904) ▾

Eisfeld
Foto: Julius Hollos (1930) ◂

Dorfstraße in Milz bei Römhild
Foto: Julius Hollos (1930) ▾

Oberhof
Foto: Georg Walther (1926)

Burg Ranis
bei Pößneck
Foto: Georg Walther (1926)

Paulinzella
Foto: Georg Walther (1926)

Saalfeld
Foto: Georg Walther (1926)

Jena.
Das Zentrum der Universitätsstadt wurde im Zweiten Weltkrieg stark beschädigt. Foto: Georg Walther (1926)

Die Leuchtenburg
an der Saale.
*Die Burg diente über
150 Jahre lang als
Zuchthaus.
Foto: Georg Walther
(1926)*

Das Schloss in Greiz
*Foto: Julius Hollos
(1930)*

Ronneburg
Foto: Julius Hollos
(1930) ▲

Schlosskirche
in Altenburg
Foto: Georg Walther
(1926)

SACHSEN

Altes Rathaus
in Leipzig
Foto: Franz de Grousilliers, Rudolf Hacke (1916) ▸

Augustaplatz mit
Universität und
Paulinerkirche in
Leipzig
(um 1922) ▾

Neues Rathaus in Leipzig
(um 1939)

Leipzig. Neues Theater
mit Mendebrunnen
(um 1939) ▲

Peterstraße in Leipzig
zur Messezeit
*Foto: Franz de
Grousilliers,
Rudolf Hacke (1916)* ▸

Der Dom in Wurzen
Foto: Franz de Grousilliers, Rudolf Hacke (1916) ◄

Winterhafen in Riesa
Foto: Franz de Grousilliers, Rudolf Hacke (1916) ▼

Blick auf den Meißner Dom und die Albrechtsburg
Foto: Franz de Grousilliers, Rudolf Hacke (1916)

Schloss Strehla
Foto: Franz de Grousilliers, Rudolf Hacke (1916)

An der Fischerpforte in Bautzen
Foto: Franz de Grousilliers, Rudolf Hacke (1916)

Kamenz
Foto: Franz de Grousilliers, Rudolf Hacke (1916) ▲

Dresden. Schloss und Hofkirche *Foto: Franz de Grousilliers, Rudolf Hacke (1916)* ▲

Dresden. Dampferanlegestelle *(um 1939)* ◂

Dresden. Frauenkirche
und Rathausturm
*Foto: Franz de
Grousilliers,
Rudolf Hacke (1916)*

Der Zwinger
in Dresden
*Foto: Franz de
Grousilliers,
Rudolf Hacke (1916)*

Kugelhaus in Dresden
1928 als „erstes Kugelhaus der Welt" zur Jahresschau „Die Technische Stadt" errichtet und bereits 1938 wieder abgerissen (1930)

Pirna mit Sonnenstein
Foto: Franz de Grousilliers, Rudolf Hacke (1916)

Ratswaage und
Herkulesbrunnen
in Zittau
Foto:
Franz de Grousilliers,
Rudolf Hacke (1916) ▲

Blick auf Chemnitz
vom Schlossberg aus
Foto:
Franz de Grousilliers,
Rudolf Hacke (1916) ▶

Mühlgraben
in Freiberg
Foto: Franz de Grousilliers, Rudolf Hacke (1916) ▲

Frohnauer Hammer
bei Annaberg-Buchholz
Foto: Franz de Grousilliers, Rudolf Hacke (1916) ◄

Das Schloss in Plauen
Foto: Franz de Grousilliers, Rudolf Hacke (1916) ▶

Zwickau. Sonnenuntergang
Foto: Franz de Grousilliers, Rudolf Hacke (1916) ▼

SAARLAND

Ludwigskirche in Saarbrücken
Foto: J. Henne, J. Bahr (1922)

Am Schlossplatz in Saarbrücken
Foto: J. Henne, J. Bahr (1922)

Blick auf die Burbacher Hütte bei Saarbrücken
Foto: J. Henne, J. Bahr (1922)

Die Völklingerhütte bei Saarbrücken
Foto: J. Henne, J. Bahr (1922)

Der Marktplatz in Saarlouis
Foto: J. Henne, J. Bahr (1922)

Die Abtei in Mettlach a. d. Saar
Foto: J. Henne, J. Bahr (1922)

Am Hunnenring
bei Otzenhausen
(Hunsrück)
Foto: J. Henne, J. Bahr (1922) ▸

An den Spicherer
Höhen
Foto: J. Henne, J. Bahr (1922) ▾

RHEINLAND-PFALZ

Andernach
Foto: J. Henne, J. Bahr (1921) ▲

Die Abteikirche von Maria Laach
Foto: J. Henne, J. Bahr (1921) ◄

Koblenz
Foto: Hans Hildenbrand (um 1912) ▲

Der Plan in Koblenz mit Blick auf die Liebfrauenkirche
Foto: J. Henne, J. Bahr (1922) ▸

Das Schloss in Koblenz
Foto: J. Henne, J. Bahr (1922) ▸

Koblenz. St. Kastor und das Deutsche Eck
Foto: J. Henne, J. Bahr (1922) ▾

Cochem und Cochemer Burg
Foto: J. Henne, J. Bahr (1922)

Enkirch an der Mosel
Foto: J. Henne, J. Bahr (1922)

Am Marktplatz
in Bernkastel
Foto: J. Henne, J. Bahr (1921)

Trier. Blick vom
linken Moselufer
Foto: J. Henne, J. Bahr (1921)

Trier. Dom und Liebfrauen
Foto: J. Henne, J. Bahr (1921)

Marktplatz in Trier
Foto: J. Henne, J. Bahr (1921)

Porta Nigra
Foto: J. Henne, J. Bahr (1921)

Ruinen des Kaiserpalastes in Trier
Foto: J. Henne, J. Bahr (1921)

Kloster Arnstein
Foto: J. Henne, J. Bahr (1921)

Bad Ems an der Lahn
Foto: J. Henne, J. Bahr (1921)

Der Marktplatz mit Rathaus in Rhens am Rhein
Foto: J. Henne, J. Bahr (1922)

Kloster Ravengiersburg
auf dem Hunsrück
Foto: J. Henne, J. Bahr (1922)

Das Alte Haus
in Bacharach
Foto: J. Henne, J. Bahr (1922)

Bad Kreuznach
an der Nahe
Foto: J. Henne, J. Bahr (1922) ▲

Bingen am Rhein.
Das Nahe-Ufer mit Pfarrkirche und Burg Klopp
Foto: J. Henne, J. Bahr (1922) ◂

Blick auf Mainz
und den Dom
Foto: J. Henne, J. Bahr (1922) ▲

Mainz. Hof im Wirtshaus „Zum König von England"
Mozart logierte hier im August 1763. Das Haus brannte 1942 nieder und wurde nicht wieder aufgebaut.
Foto: J. Henne, J. Bahr (1922) ◂

St. Peter in Mainz
Die Kirche wurde durch Bomben im Februar 1945 fast vollständig zerstört, ein Großteil der Innenausstattung ging verloren.
Foto: J. Henne, J. Bahr (1922) ▲

Worms mit Ernst-Ludwig-Brücke
Die Brücke wurde im März 1945 von der Wehrmacht gesprengt. An ihrer Stelle steht heute die Nibelungenbrücke.
(Foto um 1920) ▸

Der Dom zu Speyer
(vor 1924) ▸

Landau in der Pfalz
Foto:
Franz de Grousilliers,
J. Bahr (1919) ▾

BADEN-WÜRTTEMBERG

Schwäbisch Hall
(1911)

Schwäbisch Gmünd
Foto: Rudolf Hacke, Julius Hollos (1914)

Hafen in Mannheim
(um 1920) ▸

Das Heidelberger
Schloss
(1906) ▾

Der Schlosshof in Heidelberg
(1906)

Das Schloss in Baden Baden
(1910)

Baden Baden
(1910)

Karlsruhe
(1910)

Rathaus in Karlsruhe
Foto: Hans Hildenbrand (um 1912)

Neckarsulm
Foto: Rudolf Hacke, Julius Hollos (1914)

Heilbronn
Foto: Rudolf Hacke, Julius Hollos (1914) ▲

Schillers Geburtshaus in Marbach
(1911) ◄

Schloss Ludwigsburg
Foto: Rudolf Hacke, Julius Hollos (1914) ◂

Stuttgart
Foto: Hans Hildenbrand (1931) ▾

Stuttgart.
Schloss Solitude
Foto: Rudolf Hacke, Julius Hollos (1914) ▸

Stuttgart
(um 1914) ▾

Stuttgart. Altes Schloss
(um 1914)

Schlossplatz in Stuttgart
(um 1911)

Esslingen am Neckar
Foto: Rudolf Hacke, Julius Hollos (1914)

Offenburg
(1911)

Schloss Lichtenstein
Foto: Rudolf Hacke, Julius Hollos (1914)

Tübingen
Foto: Rudolf Hacke, Julius Hollos (1914) ▸

Reutlingen
Foto: Rudolf Hacke, Julius Hollos (1914) ▾

Ulm
Foto: Rudolf Hacke, Julius Hollos (1914)

Ulm an der Donau
Foto: Rudolf Hacke, Julius Hollos (1914)

Schloss Sigmaringen
Foto: Rudolf Hacke, Julius Hollos (1914)

Villingen
(1910)

Freiburg im Breisgau
(1906) ▲

Freiburg, Kaufhaus aus dem 15. Jahrhundert
Foto: Hans Hildenbrand (um 1912) ◄

Konstanz
(1906) ▲

Badenweiler
(1911) ▸

Friedrichshafen am Bodensee *(1911)* ▸

Ravensburg
Foto: Rudolf Hacke, Julius Hollos (1914) ▾

BAYERN

Bad Kissingen
Foto: Hans Hildenbrand (um 1912)

Schweinfurt
Foto: Franz de Grousilliers, J. Bahr (1919)

Würzburg
Foto: Franz de Grousilliers, J. Bahr (1919)

Dinkelsbühl
Foto: Franz de Grousilliers, J. Bahr (1919) ◄

Ochsenfurt am Main
Foto: Franz de Grousilliers, J. Bahr (1919) ▼

Bayerischer
Landpostwagen
Foto: Alfred Ziegler
(1912) ▲

Bamberg
Foto: Franz de
Grousilliers, J. Bahr
(1919) ▸

Kulmbach mit der Plassenburg
Foto: Franz de Grousilliers, J. Bahr (1919) ▸

Der Schöne Brunnen auf dem Marktplatz in Nürnberg
Foto: Hans Hildenbrand (um 1912)

Nürnberg. Häuser an der Pegnitz
Foto: Franz de Grousilliers, J. Bahr (1919) ▶

Ansbach
Foto: Franz de Grousilliers, J. Bahr (1919) ▼

Rothenburg ob der Tauber
Foto: Franz de Grousilliers, J. Bahr (1919)

Regensburg.
Portal des Doms
Foto: Franz de Grousilliers, J. Bahr (1919) ◂

Regensburg
Foto: Franz de Grousilliers, J. Bahr (1919) ▾

Passau
Foto: Franz de Grousilliers, J. Bahr (1919) ◂

Straubing
Foto: Franz de Grousilliers, J. Bahr (1919) ▾

Augsburg.
St. Ulrichskirche
Foto: Franz de Grousilliers, J. Bahr (1919) ▸

Merkurbrunnen in Augsburg
Foto: Franz de Grousilliers, J. Bahr (1919) ▾

Blick auf München
Foto: Franz de Grousilliers, J. Bahr (1919)

Hofbräuhaus
(um 1923)

München. Rathaus
Foto: Hans Hildenbrand (1919)

München. Feldherrnhalle und Theatinerkirche
Foto: Franz de Grousilliers, J. Bahr (1919)

Hafen in Lindau
am Bodensee
Foto: Franz de Grousilliers, J. Bahr (1919) ▲

Schloss Linderhof
Foto: Franz de Grousilliers, J. Bahr (1919) ▸

Bad Tölz
Foto: Franz de Grousilliers, J. Bahr (1919)

An der Rotwand bei Schliersee
Foto: Franz de Grousilliers, J. Bahr (1919)

Bad Reichenhall
Foto: Franz de Grousilliers, J. Bahr (1919)

Traunstein
Foto: Franz de Grousilliers, J. Bahr (1919)

Herrenchiemsee
Foto: Franz de Grousilliers, J. Bahr (1919)

Bayerisch-Österreichische Landesgrenze bei Berchtesgaden
Foto: Gregor Weiß (um 1910)

Hinweis

Die Angabe der Jahreszahl in den Bildunterschriften bezieht sich nicht auf den Zeitpunkt der Entstehung, der in den meisten Fällen nicht genau zu ermitteln ist, sondern auf das Jahr der Veröffentlichung.

Weiterführende Literatur zum Thema „Geschichte der Farbfotografie" (Auswahl):

Louis Walton Sipley, A half century of color, New York 1951

Brian Coe, Farbphotographie und ihre Verfahren. Die ersten hundert Jahre in natürlichen Farben 1840-1940, München 1979

Roger Bellone, Luc Fellot, Histoire mondiale de la photographie en couleures, Paris 1981

Gert Koshofer, Farbfotografie. Bd. 1: Alte Verfahren, Bd. 2: Moderne Verfahren, Bd. 3: Lexikon der Verfahren, Geräte und Materialien, München 1981

Farbe im Foto. Die Geschichte der Farbphotographie von 1861 bis 1981. Katalog zur Ausstellung in der Josef Haubricht-Kunsthalle, Köln 1981

Winfried Mönch, Un regard allemand sur le front français. In: Couleurs de guerre. Autochromes 1914-1918. Reims & La Marne 2006, S. 47-62

Helmut Seibt, Damals in Althagen. Der Geheimrat Adolf Miethe mit seiner Familie in der Sommerfrische 1901 bis 1927, Briefwechsel und gesammelte Texte, Ahrenshoop 2007

Pamela Roberts, 100 Jahre Farbfotografie, Berlin 2007

Bildnachweis

Max Baur: 86; E. Bieber: 90; Hermann Boll: 87; Fritz Bruns: 124; Philipp Diehl: 131, 132, 135; Franz de Grousilliers und Rudolf Hacke: 154, 156-166; Franz de Grousilliers und J. Bahr: 188, 208-211, 213-218, 220-223; Rudolf Hacke: 14; Rudolf Hacke und Julius Hollos: 17, 73, 80-85, 87, 88, 90, 97, 98, 147, 190, 194-197, 199-203, 206, 212; Hans Hildenbrand: 30, 61, 65-67, 74, 78, 102, 124, 127, 128, 130, 133, 175, 193, 196, 204, 208, 219; J. Henne, J. Bahr: 100-107, 109-120, 126, 128, 129, 168-172, 174-187; Julius Hollos: 21-23, 25-29, 40-48, 50-58, 143, 151, 152; Kurt Peter Karfeld: 32, 37, 76; Adam Kraft: S. 60; G. Koppmann: 120; Merkwitz: 29; Adolf Miethe: 10, 11, 30, 33-35, 61-63, 77, 86, 94, 97, 98, 146; Georg Mylius: 125; Erich Retzlaff, Münchner Stadtmuseum, Sammlung Fotografie: 35, 64, 75; W. Thiem: 71; Georg Walther: 78, 140-146, 148-152; Slg. P. Walther: 6, 7; Alfred Ziegler: 210

The Encyclopedia of AROMATHERAPY MASSAGE AND YOGA

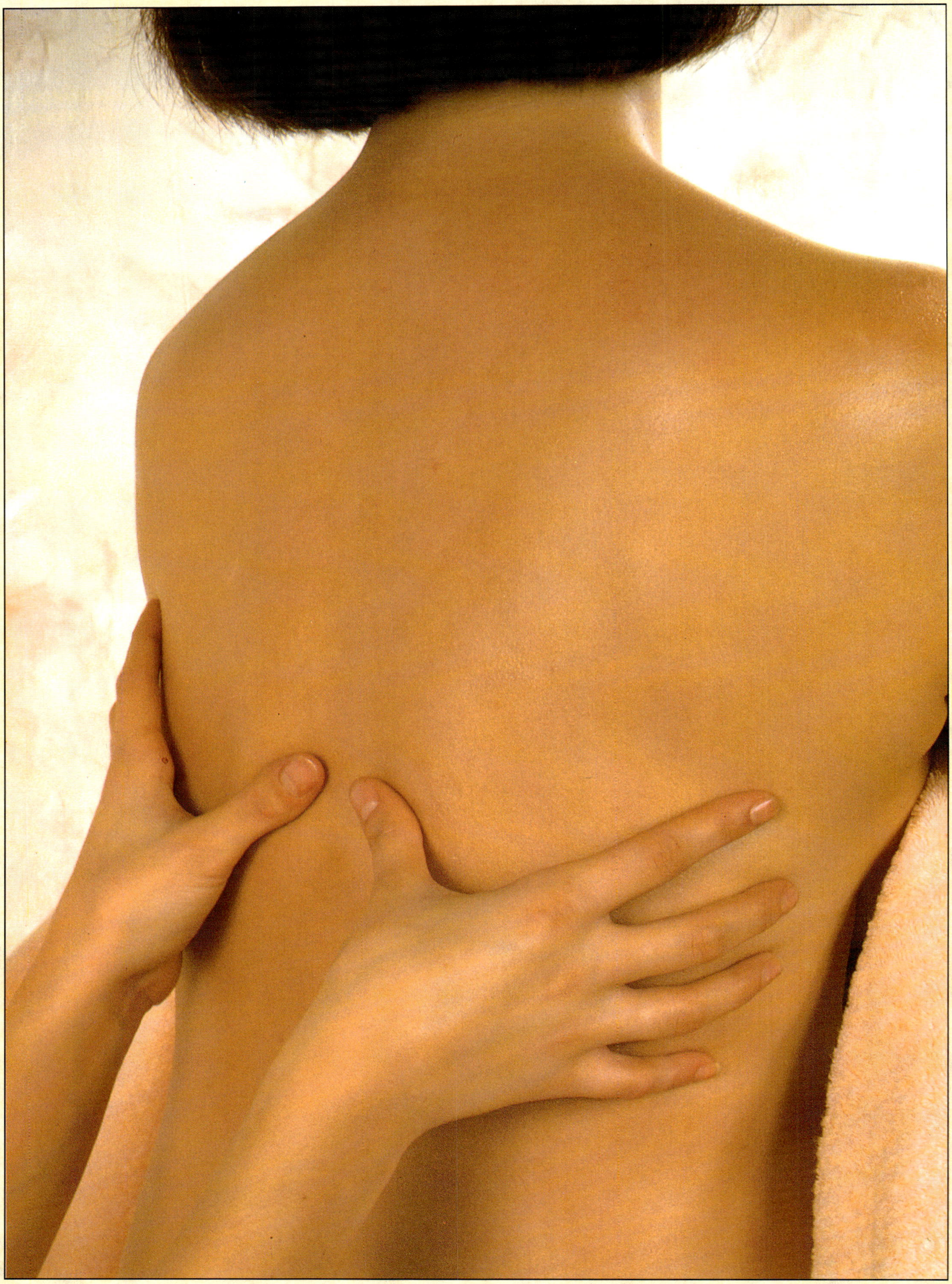

The Encyclopedia of

AROMATHERAPY MASSAGE AND YOGA

CAROLE McGILVERY, JIMI REED
MIRA MEHTA & SILVA MEHTA

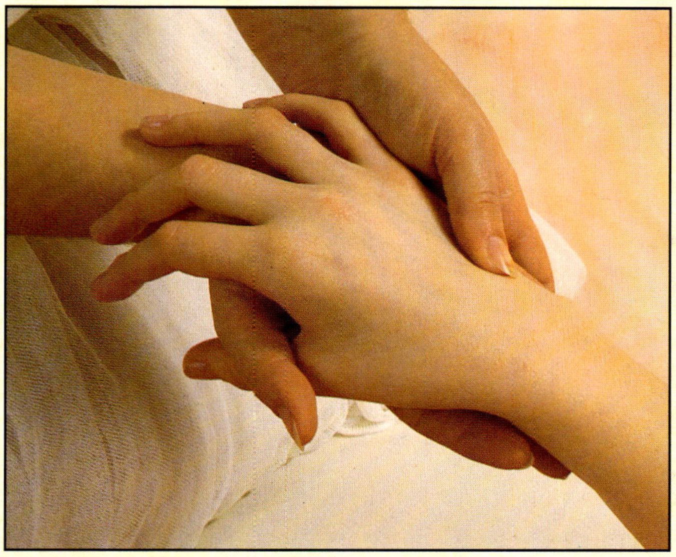

Photography by
SUE ATKINSON

LORENZ BOOKS

Paperback edition published by Lorenz Books
an imprint of
Anness Publishing Limited
Hermes House
88-89 Blackfriars Road
London SE1 8HA

The publishers recognize Mira Mehta to be the originator
of the yoga section of this volume (pages 170-255).

ISBN 1-85967-842-4

Publisher: Joanna Lorenz
Project Editor: Elaine Collins
Photographic Assistant: Kirsty Wilson
Designer: Kit Johnson
Additional layouts: David Rowley, Lillian Lindblom
and Ian Sandom
Jacket design: Ian Sandom
Artwork: Raymond Turvey, King & King
Illustrations on pages 162 and 163 by Michael Shoebridge

Typeset by Dorchester Typesetting Group Ltd

Printed and bound in Singapore

3 5 7 9 10 8 6 4

ACKNOWLEDGEMENTS

The authors and publishers would like to thank the following for
their valuable contributions to the book:

Nina Ashby, Andrea Ashley, Richard Good, Angela Inverso,
Clive Ives, BKS Iyengar, Kay Kiernan, Lisa Myhill, Rachel Stewart,
Eve Taylor, Karin Weisensel and Janice Welch for advice and
contributions to the text.

Michaeljohn, The Bluestone Clinic, The Iyengar Yoga Institute,
Clarins, The Ragdale Clinic, Henlow Grange and Grayshott Hall for
providing advice, expertise and personnel.

Avalon Aromatic Candles, The Body Shop, Boutique Descampes,
Clarins, Cosmetics to Go, Culpeper, Decleor Ltd, Futon,
Gore Booker, Knickerbox, Kobashi, Nice Irma's,
Pineapple Dance Studio and Purves and Purves
for providing equipment, clothes and products.

Juliet Algie, Andrea Ashley, Mary Atkinson, Alison Barry, Nichola
Clare, Paula Clark, Laura Cream, Max Collins Wolff, Karen Flynn,
Richard Good, Eric Haines, Angela Inverso,
Clive Ives, Tabitha Jackson, Maya Jacobson, Maria Johnson, Colette
Keogh, Kerry Le Surf, Sophie Marks, Mira Mehta,
Lisa Myhill, Maria Nuccio, Sue Paterson-Jones, Anna Rand, Glenys
Shepherd, Rachel Stewart, Michelle Thomas,
David Tierney, Ormond Uren, Karin Weisensel, Janice Welch and
Karen Wilding for appearing in the photographs.

PICTURE CREDITS

The Bridgeman Art Library: p.8 top and below.
Picturepoint Limited: pp.9 and 10-11.
French Picture Library: p.11, inset below.
The Ancient Art and Architecture Collection: pp.11, inset top,
100 and 101.
Gerry Clist Photography: pp.172 and 173.

Contents

AROMATHERAPY

The pure essences of aromatic plants have been prized for thousands of years for their health-giving properties and heady scents. Discover the ancient art of aromatherapy, refined over the centuries, and learn how to harness the therapeutic powers of essential oils in a relaxing, restorative massage that combines the sense of smell with the healing value of touch. Use the beneficial properties of the oils to treat common ailments, promote good health and emotional well being, and to enhance every aspect of your life. These potent, volatile essences are nature's gift to mind and body.

AN ANCIENT ART

The value of natural plant oils has been recognized for more than 6000 years, for their healing, cleansing, preservative and mood-enhancing properties, as well as for the sheer pleasure of their fragrances. Today, these properties are being rediscovered as we look to the wisdom of past eras and civilizations to restore the balance that has been lost in modern-day life. Stress, pollution, unhealthy diet, hectic but sedentary lifestyles – all these factors have adverse effects on our bodies and spirits. The art of aromatherapy harnesses the potent pure essences of aromatic plants, flowers and resins, to work on the most powerful of senses – smell and touch – to restore the harmony of body and mind.

SECRETS OF THE OILS DISCOVERED

The origins of aromatherapy can be traced through the religious, medical and social practices of all the major civilizations. It is likely that the Chinese were the first to discover the remarkable medicinal powers of plants around 4500 BC. However, it is the Egyptians who must take the credit for recognizing and fully exploiting the physical and spiritual properties of aromatic essences. From hieroglyphs and paintings we know that aromatic preparations were used as offerings to the gods. Furthermore the natural antiseptic and antibacterial properties of essential oils and resins, particularly cedarwood and frankincense, made them ideal for the purpose of preserving corpses in preparation for the next world. The discovery of remarkably well-preserved mummies up to 5000 years after their preparation is a tribute to the embalmer's art.

By around 3000 BC priests who had been using the oils in religious ceremonies and embalming rites became aware of the usefulness of their properties for the living, too. Closely guarding their secrets, they became the healers of their time, mixing and prescribing "magic" medicinal potions. Use of essential oils gradually permeated all levels of society as cosmetics and perfumes became widespread.

From Hippocrates we know the Greeks had some awareness of the therapeutic properties of the oils and their value as sedatives and stimulants was certainly recognized. The Greeks and Romans used aromatics widely in rituals and ceremonies and the oils played an important role in the rise in popularity of baths and massage and body-culture generally. However, with the fall of the Roman Empire the use of essential oils died out in Europe.

Left: The personal use of perfume was widespread in ancient Greece and Rome. The Roman girl in this portrait (from around AD 350) carries a small pot of aromatics.

Right: From the tomb of the Noble Senedjem, ancient Egypt. The cones of unguent worn on the heads melted in the heat, waxing and scenting the hair and body.

This Milesian container for perfumed oils is fashioned in the form of a Siren, a sea nymph of Greek mythology. It dates from around 525 BC, when Miletus was one of the principal Ionian seaports.

The art flourished elsewhere, though, particularly in Arabia, where Avicenna was the first to distill rose essence around AD 1000. Arabia became the world's centre for production of perfume, importing raw materials from Egypt, India, Tibet and China, and trading their products internationally.

With the Crusaders the art of perfumery was reintroduced to Europe around the twelfth century. Records show that aromatics were used as protection against the plague and the lower incidence of death among perfumiers suggests they were to some degree effective. The fifteenth century saw the rise of the great European perfumiers, and their wares were widely used to disguise body smells and ward off sickness. By the seventeenth century the aphrodisiac properties were certainly well recognized, and with the work of the great herbalists, such as Culpeper, the therapeutic properties also started to be recorded, laying the foundation for modern-day aromatherapy.

The Modern Renaissance

The term "Aromathérapie" was first used in 1928 by a French chemist, René-Maurice Gattefossé, to describe the therapeutic action of aromatic plant essences. His work was taken up by Dr Jean Valnet who found the essences' remarkable regenerative and antiseptic properties effective for healing the wounds of World War II soldiers.

The application of aromatherapy to beauty therapy and health care was pioneered by Marguerite Maury in her influential book, *The Secret of Life and Youth.* She also developed the method of applying the oils through massage.

Today there is a world-wide revival in the art of aromatherapy and contemporary research is beginning to understand the scientific foundations of the oils' properties and applications, discovered by trial and error over thousands of years.

ESSENTIAL OILS

The vital element in any aromatherapy treatment is the pure essential oil. These oils are very different from the heavy oils we use for cooking; they are concentrated essences, much lighter than water and highly flammable. They evaporate quickly, so they are usually mixed with other ingredients to trap their effectiveness. Because they are so concentrated, essential oils are measured in drops.

ESSENCE

This is a natural living substance: the "living" element of a plant which is captured and capsuled. It is a delicate operation. For instance, certain petals and leaves must be picked at exactly the right moment, or the quality of the oil is affected. Only the purest essences are used in aromatherapy so that the therapeutic properties are maximized and the effects are predictable.

Essential oils are extracted from an array of plant sources – petals, leaves, seeds, nut kernels, bark, stalks, flower heads and gums and resins from trees. Apart from their sensuous vapours, which provide the fragrance in many perfumes, they can be used in the bath, smoothed over the body, and used in the myriad ways described in this book.

Because of their small molecular structure, essential oils can penetrate the skin more effectively than vegetable oils, which only lie on the surface. Used medicinally over the centuries, essential oils have now become an established "alternative" natural therapy which can assist in the treatment of almost every type of ache and pain, as well as smoothing away the stress and strains of modern life.

HOW THEY WORK

Essential oils are composed of tiny molecules which are easily dissolved in alcohol, emulsifiers and, particularly, fats. This allows them to penetrate the skin easily and work into the body by mixing with the fatty tissue.

As these highly volatile essences evaporate they are also inhaled, thus entering the body via the millions of sensitive cells that line the nasal passages. These send messages straight to the brain, and affect the emotions by working on the limbic system, which also controls the major functions of the body. Thus in an aromatherapy treatment the essential oils are able to enhance both your physical and psychological well-being at the same time.

Each oil has a distinct chemical composition which determines its fragrance, colour, volatility and, of course, the ways in which it affects the system, giving each oil its unique set of beneficial properties.

METHODS OF EXTRACTION

Distillation

The Egyptians stored their raw materials in large clay or alabaster pots. Water was added and the pots

Main picture: Field of lavender, Drome, southern France. French lavender produces the finest quality oil, with a fruitier and sweeter aroma than English lavender, which has a camphorous undertone. It takes one ton (one tonne) of plants to yield about 20 lb (9 kg) of essential oil.

Inset top: Egyptian relief showing perfume-making, from the fourth century BC. The large alabaster pot (a "linge") was filled with flowers, herbs and water, and then heated. The aromatic vapours would saturate a cloth stretched across the pot's opening.

Inset below: Art meets science in the skills of the perfumier, blending a subtle new fragrance from the hundreds of essential oils at his disposal.

heated so that steam rose and was pushed through a cotton cloth in the neck of the jar. This soaked up the essential oil which was then squeezed and pressed out into a collection vessel. The same principle remains in use today as high-pressure steam is passed over the leaves or flowers in a sophisticated still often using a vacuum, so that the essential oils within them vaporize. When the steam carrying the essential oil passes through a cooling system, the oil condenses and can be separated easily from the water.

Maceration
Flowers are soaked in hot oil to break down the cells, releasing their fragrance into the oil which is then purified and the aromatics extracted.

Enfleurage
This is the method by which flower essences, such as jasmine, neroli and rose, which are more delicate and difficult to obtain, are extracted. Flowers or petals are crushed between wooden-framed, glass trays smeared with a greasy animal fat until the fat is saturated with their perfume.

Pressing
This is a simple method of squeezing out, literally, essential oils from the rinds and peel of ripe fruit, such as orange and lemon, into a sponge.

QUALITY CONTROL

Once the flowers and plants are harvested they are usually processed and stored quickly to preserve the freshness. Climate, soil and altitude can all affect the character of an oil. French lavender, for example, is famous for its rich aroma but, like wine, the quality can vary from year to year.

Always buy pure and natural essential oils as synthetic clones or adulterated oils do not act on the body in the same way and many of the beneficial properties are lost. The best quality oils may be expensive but they are always worth the extra cost.

USING ESSENTIAL OILS

You can soak and splash in them, feed your skin, sensually smooth them all over, or simply breathe in their wonderful aromas. The pleasure and versatility of aromatic oils make them one of nature's kindest gifts. Essential oils contain the active ingredients of a plant in a highly concentrated and potent form. They therefore need to be treated with care and should never be applied directly to the skin undiluted. However, there are many ways of dispersing their fragrance and utilizing their therapeutic properties, and most methods do not require any special equipment.

Inhalation
Steam inhalation is an excellent method for treating respiratory problems, colds and so forth, but should not be used by asthmatics. Add 6–12 drops to a bowl of steaming hot water. Place a towel over your head and breathe deeply. This is also a great way of deep-cleansing the face.

Therapeutic Massage
This is the classic aromatherapy treatment, triggering the body's natural healing process by using lymphatic massage and essential oils to stimulate the flow of blood and lymph fluid. The aromas also act upon the emotional centre in the brain (the "limbic" system) which governs the way we feel.

For massage use a 1–3 per cent solution of essential oil to base oil.

Fragrancers
These attractive pots, also known as diffusers or vaporizers, are simple to use. Fill the top china bowl with water and add a few drops of essential oil on to the surface. The candle in the pot underneath heats the water, slowly releasing the natural fragrance of the oil into the room.

Stand the burner on a plate or tile, not on plastic surfaces.

Decorative fragancers for diffusing essential oils.

3–6 drops of essential oil are sufficient, depending on the size of the room. It is also possible to buy battery-driven fan vaporizers which blow air through oil-impregnated pads, which can be changed to suit the mood.

Baths
Run hand-hot water and then add 5–10 drops of the essential oil to suit your mood. Close the door, keep in the vapours, and soak for 15 minutes. For sensitive skin it is better to dilute the oil in a base oil first, like sweet almond, apricot or peach kernel. Essential oils can mark plastic baths if they are not dispersed thoroughly. Wipe the bath straight after use.

Foot Bath
Refresh tired feet by adding 4–5 drops of peppermint, rosemary and thyme to a large bowl of hot water. Soothe with lavender.

Hand Bath
Soothe chapped skin by soaking in bowl of warm water (not hot) with 3–4 drops of patchouli or comfrey before a manicure.

Shower
After soaping or gelling, rinse well. Dip a wet sponge in an oil mix of your choice, squeeze and rub over your whole body while under a warm jet spray.

Sauna
Add two drops of eucalyptus or pine oil per $^1/_2$ pint (330 ml) of water and throw over the coals to evaporate. These are great cleansers and detoxifiers.

Jacuzzi or Hot Tub
Relax by adding 10–15 drops of sandalwood, geranium or ylang-ylang, or simply bubble over with the stimulating effects of pine, rosemary and neroli.

Room Sprays
To make a room spray blend ten drops of essential oil in seven tablespoons of water. One tablespoon of vodka or pure alcohol added to the solution will act as a preservative but this is optional. Shake well before filling the sprayer.

Pillow Talk
Perfume your pillow with 2–3 drops of oil. Choose a relaxing oil to unwind or one for insomnia if you have sleep problems. For a different mood, try an aphrodisiac like ylang-ylang or be extravagant and use rose or jasmine, the two most expensive pure oils.

Perfumes
The finest perfumes are traditionally blended from pure essential oils, particularly the flower extracts, though these days synthetic aromas tend to be used, particularly for cheaper perfumes. The art of the perfumier is subtle and skilled, and difficult to emulate at home as it is hard to find a medium to use as a substitute for alcohol. If you have a favourite oil or blend of essences you can use it all over in a body oil (three per cent solution), or make a very concentrated blend (25 per cent) to dab behind ears, knees and on wrists and temples.

Pomanders
Hang porous corked bottles in the wardrobe. The essential oil is absorbed by the clay and released slowly. Fill with the fragrance of your choice: try melissa or bergamot, or cedarwood to keep away moths.

Pot Pourri
Add a few drops of an appropriate flowery or spicy essential oil to refresh tired pot pourri, or make your own.

Handkerchief
The most portable way of using essential oils. Add 3–4 drops to a handkerchief and inhale. Useful for treating colds or headaches, or for clearing your head at work.

Shoe Rack
Freshen the cupboard with lemongrass. Deodorize shoes with two drops of pine or parsley oil.

From the top: perfume bottle, pot pourri and oil lamp.

Humidifiers
You can add your favourite oil to the water of a humidifier or improvize by adding five drops of essential oil to a small bowl of water placed on top of a radiator.

Ring Burners
Use the heat from light bulbs to release perfumed oils. Small ring burners, usually made of porcelain or aluminium, sit over the top of the bulb. Add a few drops of essential oil, and the heat from the bulb will gently vaporize the essential oil.

Wood Fires
Sprinkle drops of cypress, cedarwood, pine or sandalwood over the logs to be used about an hour before lighting the fire and then burn them to release your favourite aroma.

Scented Candles
Wax candles can be bought ready-impregnated with essential oils and are a delightful way of fragrancing a room. Or you can add a few drops of essential oil to an oil lamp for the same effect.

Compresses
Soak a clean cotton cloth (such as a face flannel, handkerchief or small towel) in 1/4 pint (160 ml) warm water with 5–10 drops of essential oil. Squeeze out and lay across the area to be treated. Cover and leave until cold. A useful method for sprains, bruising, headaches (place the compress across the forehead) and hot flushes.

Body and Facial Oils
These can be used on a daily basis to nourish the skin. Use a one per cent blend of essential oil to carrier oil for the face and a three per cent blend for the body.

BLENDING AND STORING

Essential oils are the basis for all traditional aromatherapy. Each one has a particular fragrance and properties and the art of blending them harmoniously combines the skills of the perfumier and the pharmacist. Although two essences may have a similar smell or property they may not necessarily mix well together. One essence can overpower the other. For example, frankincense and ginger, both heavy smelling essences, give an overpowering, unpleasant smell when combined, whereas lavender and rosemary happily marry together. In general it is best to use a maximum of three oils in a blend so there is less chance of detracting from their individual qualities.

Assemble bottles of different sizes for storing appropriate quantities of blended oils. Funnels and droppers ensure accurate measurements and help prevent spillages.

THE ART OF BLENDING

Essential oils are highly volatile substances which should be handled, mixed and stored with care and used sparingly. Spillage of one particular oil can overpower a whole room and adversely affect young children and animals.

The power of aromatics is quite subtle. Never try to sniff or smell a pure essential oil straight from the bottle. Place a drop on the side of a glass and become a connoisseur: sniff, consider and take notes if you wish.

MIXING

Base oils play an important role in carrying and diluting highly concentrated essential oils, which are only used in small quantities measured in drops. These base oils dilute the pure essentials, inhibiting the evaporation rate and – since they spread evenly and easily over skin – encouraging quick absorption of the therapeutic oils into the skin.

When mixing, use a glass, porcelain or aluminium bottle and check that you have the correct amount of vegetable carrier oil before adding the recommended drops of essentials with a dropper or pipette for accurate measurements. Mix well and label the bottles clearly.

If you accidentally spill any, wipe up instantly with a paper tissue and dispose of it outside as the smell will be overpowering.

STORING

Dark glass bottles with stoppered caps are used to store essential oils. At home, keep them in a cool dark place, stand them upright, and always out of sight and touch of children. Never store essential oils in plastic bottles: both the oil and the bottle will perish. Oils will keep for at least a year if properly stored, although citrus oils may have a shorter life.

CARRIER OILS

Base oils are normally extracted from nuts or seeds and each has its own particular quality. Sweet almond oil is probably the best all-purpose carrier oil because it is neutral and non-allergenic. It can even be used for massaging babies. Walnut acts as a co-ordinator and balances the nervous system; sesame is ideal for stretch marks; apricot kernel, peach kernel and evening primrose oils are all good for cell regeneration. Walnut and evening primrose oil help alleviate menstrual problems including pre-menstrual tension. Wheatgerm acts as an anti-oxidant and will help preserve a mixture.

These oils are all rich in nutrients, and are ideal for most dry and sensitive skin types. The most important thing when buying these basics is to check that they have been naturally processed and not chemically treated. Cold-pressed is best.

AROMATICS

Aromatic oils extracted from flowers, fruits, leaves, barks, resins and roots have been used throughout the centuries for their healing properties and marvellous fragrances. Hundreds of essential oils are used today in such industries as food, cosmetics, pharmaceuticals and perfumery. Modern-day aromatherapy uses a much smaller selection, but the range of aromas and applications is nonetheless remarkable. This section is a connoisseurs' guide to thirty-five of the most popular, versatile and safe oils. Get to know their individual characters, their origins, their therapeutic values and discover your own favourites. Lavender, geranium and rosemary are excellent all-round oils and provide a good basis for any collection. Rose, though expensive, is also well worth the investment if you would like to explore the benefits and delights of aromatherapy.

BASIL

Ocimum basilicum

Origins Basil was used in baths and body massage by ancient Greek nobles for its fragrant perfume. The Egyptians used the aromatic fragrance in their offerings to the gods and also mixed it with essences of myrrh and incense to embalm bodies. In India it is believed to offer protection to the soul and is sacred to the Hindu gods Krishna and Vishnu.

Description Native of Africa and the Seychelles and now grown as a popular culinary herb in Europe, it can grow up to three feet (90 cm) in height and has small white flowers. The essence is distilled from the leaves and is a light greenish-yellow with sweet green overtones.

Therapeutic effects Ideal as a nerve tonic, to lift fatigue, anxiety and depression. Also good for bronchitis, colds, fever, gout and indigestion, and reputed to soothe snake bites.

Uses Inhalation, baths and massage. It has both hot and cold qualities. When used in the bath or smoothed over the body it has an invigorating effect – great for sluggish skin and pepping up circulation. Combined with other oils such as thyme it also acts as a powerful antiseptic.

Cautionary note A powerful depressant if over-used. Also best to avoid during pregnancy.

Bay

Pimenta racemosa

Origins Roman emperors wore sprigs of bay, known as *Laurus nobilis* (Roman laurel), not only as a sign of wealth, but to ward off evil spirits. Greek priestesses chewed the leaves for their soporific effect, and after gastronomic banquets it was chewed as a breath freshener.

Description Popular as a culinary herb, bay is an attractive evergreen shrub whose shiny leathery leaves produce clusters of yellowish-green flowers in spring. The spicy-smelling oil is extracted from the leaves and is yellowish-brown in colour.

Therapeutic effects As a pulmonary antiseptic, it helps relieve bronchitis, colds and flu. Also used to aid digestion and sleep, to soothe rheumatic aches and pains, and as a general tonic.

Uses Inhalation, baths and massage. Widely used in perfume and exotic bath essences for its uplifting effects.

Benzoin

Styrax benzoin

Origins In the Far East the gum from the benzoin tree was one of the main ingredients used in incense to drive away evil spirits. The compound tincture is highly potent, pharmaceutically used in friar's balsam and as a fixative in perfume.

Description The benzoin tree is cultivated in Borneo, Java, Malaysia, Sumatra and Thailand. Like the rubber tree, its gum is taken from the bark by making a deep incision in the trunk. The gum is dark, with reddish-brown coloured streaks. These pigments contain the fatty oils which exude a delicious aroma similar to vanilla.

Therapeutic effects Valuable for treating urinary infections, it has a warming, relaxing, action suitable for respiratory conditions such as bronchitis, coughs and colds. Also effective for relieving skin conditions, and for gout.

Uses Inhalation, massage and in cough medicines. This is an energizing oil which can be used in one of two forms: simple tincture or compound – the former is not so toxic and is preferable for skin conditions.

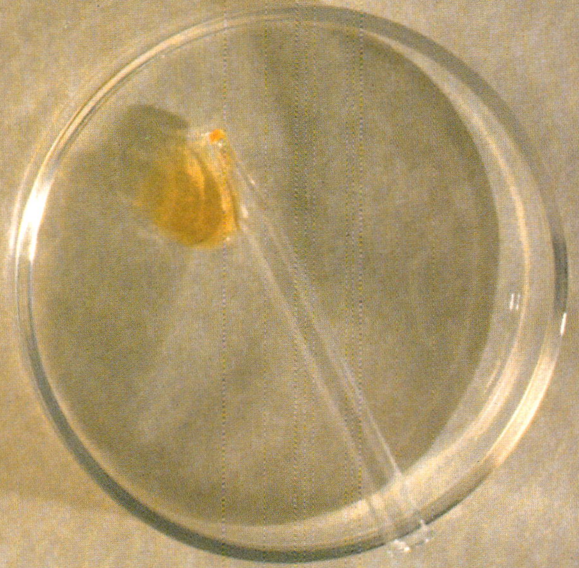

Bergamot

Citrus bergamia

Origins Native to Morocco, it wasn't until bergamot rooted in Italy that its essential properties were recognized.

Description The bergamot tree belongs to the same family as the orange tree and the essential oil, as in most citrus varieties, is expressed from the fresh peel of the fruit. The oil is emerald green in colour, and smells spicier than lemon but with a similar, citrus quality. The odour is familiar from its use as a flavouring in Earl Grey tea.

Therapeutic effects Has a powerful uplifting and refreshing action. As an antiseptic it has proved effective in the treatment of mouth and skin infections, and sore throats. Can lower fever, and help with bronchitis and indigestion.

Uses Bergamot blends well with most essences and is a popular top note in perfumery. Along with neroli and lavender it is a main ingredient in eau-de-Cologne and is commonly used in toiletries to refresh and relax. In massage it can stimulate or soothe depending on the oils with which it is mixed.

Cautionary note In concentrations above one per cent it can irritate the skin. Also, even though it is sometimes added to commercial suntan agents to stimulate melanin production, it must never be used in home mixtures for tanning purposes.

Cedarwood

Juniperus virginiana

Origins Cedarwood oil, similar to sandalwood, was used by the Egyptians in the embalming process. It was highly prized for its antiseptic properties and so became an important ingredient in cosmetics. Originally it was made from the beautiful Lebanon cedar, but, over-felled for furniture, this is now very scarce, and the red cedar is primarily used in its place.

Description The cedar is grown in North Africa and the USA for its highly valued, fragrant wood. The clear, syrupy essential oil is extracted by steam distillation of waste woods. The odour of the oil is reminiscent of wooden pencils.

Therapeutic effects Used for skin complaints such as acne, alopecia, dandruff and eczema, and respiratory problems, especially bronchitis and catarrh. Also acts as a diuretic for help in urinary infections.

Uses Inhalation and massage. Increases sexual response. Blends well with cypress, juniper and rose.

Cautionary note Will irritate the skin in high concentrations.

Chamomile

Alternative spelling: Camomile

Anthemis nobilis

Origins The Egyptians thought this was a sacred flower and dedicated it to the Sun God. It was used in ritual ceremonies and medicinally to stop fits and fevers.

Description Chamomile species grow throughout Europe, North Africa and are often found growing wild. They have fine, feathery leaves with tiny white or yellow-centred daisy-like flowers. The pale blue oil is extracted from the flower and has a slightly apple fragrance which blends well with rose, geranium and lavender.

Therapeutic effects Particularly noted for its anti-inflammatory and sedative properties, it is excellent for childhood ailments (whether in children or adults!) from peevishness to earache. Also used for allergies, anaemia, burns, dermatitis, diarrhoea, fever, indigestion, insomnia, menstrual and menopausal problems, rheumatism, toothache and ulcers.

Uses Certain chamomile species are used for herbal infusions, but the oil is used in body, bath and hair products for its anti-allergenic properties. Use in dilute form for children.

Cinnamon

Cinnamomum zeylanicum

Origins The Chinese believed that no remedy or treatment was complete without cinnamon. It is one of the oldest spices known – used by the Egyptians, Romans and Greeks, and it was also mentioned in the Old Testament.

Description Grown in the Far East, East Indies, and China, cinnamon has a distinctive hot, peppery aroma and taste. The twigs and leaves are picked and distilled to produce a sweet, pungent and bitter aromatic oil, which is a dark yellow-brown in colour. Its warm, spicy essence is often used in perfumery.

Therapeutic effects Useful for fatigue and depression, it is also a tonic for the respiratory and digestive systems, especially useful for coughs, colds, flu, stomach ache and diarrhoea. An aphrodisiac, it may also help impotence.

Uses Inhalation and massage. Burn to prevent the spread of flu virus, or add bark or oil to spice up a pot pourri. To relieve muscular spasms use in a compress or massage.

Cautionary note Use only in very low concentrations or under professional advice.

Comfrey

Symphtum officinale

Origins Herbalist Nicholas Culpeper wrote in his medicinal scripts in the seventeenth century that this herb 'helpeth those that spit blood or make a bloody urine'. The root boiled in water or wine was drunk to help solve all internal problems, inwardly healing wounds, ulcers of the lungs and to help the flow of blood.

Description Normally grows wild near damp watersides. Comfrey has large hairy leaves which can irritate the skin if touched. The stalk grows to three feet (90 cm) high with pale purplish flowers. The leaves and roots are used in herbal decoctions but the oil is extracted from the leaves and stalks.

Therapeutic effects Containing allantoin, a cell regenerator, comfrey oil is particularly valuable for the treatment of wounds and skin disorders, including eczema, psoriasis, athlete's foot and torn muscles. Helpful, too, in treating stretch marks and for menopausal and menstrual problems.

Uses Massage and compresses.

Cypress

Cupressus sempervirens

Origins Egyptians used this wood to adorn their stone coffins along with using the oil for its medicinal properties. In France it is traditionally planted in graveyards.

Description A tall, conical, evergreen tree, it originated in the East but is popularly grown throughout the Mediterranean area, especially in Algeria and southern France. The essence is obtained by the distillation of the leaves, twigs and cones of the tree. Clear, pale yellow or green, it has a refreshing, spicy fragrance, reminiscent of pine-needles.

Therapeutic effects Most noted for its astringent and antispasmodic qualities, it can be used for circulatory conditions, colds, coughs, flu, haemorrhoids, menstrual and menopausal problems, varicose veins and whooping cough. It also acts as a sedative to soothe nervous tension.

Uses Inhalation, baths and massage. Use in compresses for swelling or rheumatism or in the bath as a muscular tonic. Its astringent properties make it suitable for use in cleansers for oily skin.

Cautionary note Not to be used by anyone who suffers from high blood pressure.

Eucalyptus

Eucalyptus globulus

Origins One of the tallest trees in the world, it originated in Australia and later grew in Tasmania, China, USA, Brazil and the Mediterranean. There are something like 200 species. The Aborigines may have been the first to use it medicinally.

Description The silvery, blue–green leaves produce a pale yellow oil which has a cool, camphorous smell. The fresh leaves give a rich yield of highly potent essence, one of the most versatile in aromatherapy.

Therapeutic effects The principal constituent of the oil is the antiseptic eucalyptol. Combined with its anti-inflammatory properties, eucalyptus oil is particularly helpful for asthma, bronchitis, flu, sinusitis, skin infections, rheumatism and sores. It can also reduce fever, is a strong diuretic, and its head-clearing qualities are well-known.

Uses Baths, inhalation and massage. It has a cooling effect on body temperature, reduces fever and is also a remedy for muscular/rheumatic aches and pains. It is widely used in cold and cough medicines and rubs. Use in the bath to relieve cystitis or on a handkerchief to clear the head.

Fennel

Foeniculum vulgare

Origins The ancient Greeks and Romans advocated the strongly flavoured fennel seeds to give them strength, to ward off evil spirits, kill fleas, and sweeten the breath.

Description These graceful perennial plants are found in Europe, often by the sea, and have delicate bright green feathery foliage. Their bright tufts of yellow flowers attract the bees. As a herb, the fresh leaves are particularly valued for fish dishes whereas the seeds, which smell like aniseed, are used in liquorice. The sweet oil, which has a similar smell, is extracted from the crushed seeds.

Therapeutic effects Noted as a diuretic, and a mild laxative, fennel has been found effective for colic, constipation, digestive problems, kidney stones, menopausal problems, nausea and obesity. It is also often helpful for increasing milk yield during breast feeding.

Uses Massage. The sweet aromatic oil is mainly used for flavouring medicines to help flatulence and indigestion. It is a constituent of gripe water, and can be infused in teas.

Frankincense

Boswellia thurifera

Origins Frankincense (also known as olibanum) and myrrh were the first tree resins used as incense by the Egyptians. They were burned to clear the air in sickrooms and during religious ceremonies to drive away evil spirits. They ranked alongside precious stones as a valuable commodity and, according to the Bible, were offered by the three Kings to celebrate the birth of Jesus Christ. The gum comes from a small tree grown in Arabia, Africa, and China. It was first brought to Europe in the late seventeenth century.

Description To make the gum a deep incision is made in the tree trunk where the resin exudes in tear-shaped globules which harden on contact with air. The essence is spicy, with camphor undertones, but becomes lemony when mixed with myrrh.

Therapeutic effects Has an uplifting effect and aids concentration. Helpful as an expectorant in cases of bronchitis, coughs, colds and laryngitis. Reputed to preserve a youthful skin, eradicating wrinkles.

Uses Inhalation, baths and massage. Inhale to release catarrh, or relax with a few drops in a bath or body massage oil to warm, relax and meditate. It is often combined with myrrh, and blends well with essences such as basil and sandalwood.

Geranium

Pelargonium adorantissimum

Origins The geranium originates in Africa and was not brought into Europe until 1690. It was used in ancient times as a remedy for tumours, burns and wounds.

Description Widely grown throughout Europe, it reaches around two feet (60 cm) in height. There are hundreds of different species cultivated for their pretty flowers, but only the aromatic pelargoniums (the ones that smell lemony when the leaves are pinched) give rich yields of the sweet yellowy-green essential oil. This is distilled from the leaves, stalks and flowers.

Therapeutic effects Unusually, it is both sedative and uplifting, and so invaluable for treating nervous tension and depression. Also used for circulatory and skin problems, especially wounds. Use in a footbath for chilblains.

Uses All uses. A popular ingredient in perfumes for its sweet, fresh, floral essence, the geranium is also therapeutically massaged or inhaled for its relaxing yet refreshing qualities. It can blend well with most other essential oils.

Hyssop

Hyssopus officinalis

Origins Ancient alchemists used the powdered leaves and roots as a purgative and in ointments to spread over the stomach to combat worms. Small doses taken internally were mixed with honey to clean the mucous matter from the intestines or with crushed figs to loosen the bowels.

Description A small herbal perennial, hyssop has long stalks with narrow leaves and blue flowers. The oil, extracted from the leaves and flowering heads, is used in perfumes and liqueurs, including Chartreuse.

Therapeutic effects Hyssop is used for disorders of the cardiovascular system, and as it is both stimulating and sedative, it can regulate blood pressure whether high or low. It has powerful effects on the respiratory tract, for bronchitis, coughs and colds, and is also used for skin disorders.

Uses Massage and inhalation. It is also used in cough mixtures for bronchial conditions.

Cautionary note Use only in extremely small quantities. Do not use during pregnancy.

Jasmine

Jasminum officinale

Origins An ancient favourite of the Arabs, Indians and Chinese, jasmine had a wide variety of uses including perfuming the body, scenting rooms and flavouring herbal teas. It was introduced from Persia to Europe in the sixteenth century.

Description The *Jasminum grandiflora* species is a small bush, native to the East Indies and Egypt and cultivated in southern France, Spain, Algeria, Morocco, India and Egypt. Its delicate white flowers produce a honey-sweet floral bouquet with fruity undertones. The deep red oil is produced by *enfleurage*, and has an intense rich, floral fragrance that is warm and exotic. It is one of the most important and expensive extracts, along with rose, used in perfumery.

Therapeutic effects Jasmine is a mood enhancer, lifting anxiety and depression. An aphrodisiac, it has a reputation for the treatment of both frigidity and impotence. It will also relieve menstrual cramps and is soothing to inflamed or irritated skin.

Uses Inhalation, bathing and massage will all exploit its warming and relaxing qualities. Also makes a delightful uplifting perfume or room fragrance.

JUNIPER

Juniperus communis

Origins Grown in North America, Asia, Africa and Europe, this small shrub with aromatic leaves and berries was popular as incense to burn in religious ceremonies and to purify the air and ward off the plague.

Description An evergreen bush with thick branches and narrow needle leaves, juniper produces small yellow flowers and small purplish-blue berries. Both the berries and leaves have a strong aromatic fragrance, similar to pine-needles, but the oil is extracted from the berries by distillation, producing a pale yellow essence.

Therapeutic effects Diuretic and antiseptic, it is especially effective for the urinary tract and an excellent treatment for cystitis and water retention. Use for acne, colic, coughs, dermatitis, eczema, flatulence, rheumatism and skin ulcers.

Uses Inhalation, baths and massage. The oil is a great stimulator and, like cypress and pine, makes a refreshing bath oil. Massaged on the skin it stimulates the circulation.

LAVENDER

Lavendula officinalis

Origins Lavender comes from the Roman word "lavare" meaning to wash. It was one of most favoured aromatics used by the Romans in their daily bathing rituals. Both the Greeks and Romans burned lavender twigs as a room purifier to ward off the plague. It was brought to Europe by the Romans.

Description A shrubby plant with woody branches and long narrow leaves, it has purple-blue flowers on long spikes. After cutting, the plants are dried and steam-distilled.The essential oil is clear to pale yellow in colour with a strong aroma.

Therapeutic effects Its sedative and tonic effects make lavender a great balancer of the nervous and emotional systems. Excellent for migraine. As an antiseptic it can be used for many skin conditions and infections of the lungs, digestion and unrinary tract. Extraordinarily versatile.

Uses Inhalation, baths, room spray, massage and most other uses. Use as a cold compress or place a few drops in boiling water and inhale for headaches and migraine. A warm towel wrap will soothe nervous exhaustion. A late-night lavender bath will help combat sleeplessness.

Lemon

Citrus limonum

Origins Early seafarers stocked up with fresh lemons before a long voyage to help prevent scurvy and to purify the ship's drinking water. Its astringent and antiseptic properties were fully appreciated in the first aid kit and used to treat cuts, bruises and insect stings.

Description The lemon tree, which has white–pink flowers and bright yellow fruits, is cultivated in most Mediterranean countries, Brazil, USA, Argentina, Israel and Africa. The pale yellow oil is expressed from the rind and peel of the fruit and has classically been used in perfume for its intense, sharp, citrus-fresh aroma. The essence becomes cloudy, and deteriorates over time, if not properly stored.

Therapeutic effects Lemon is highly antiseptic and astringent, and so is naturally used for skin complaints including boils, warts and veruccas. Also good for lowering blood pressure, colds, digestive problems, fever and gallstones.

Uses Inhalation, baths and massage. Lemon, as with most citrus oils, is a good cleanser inside and out. Use in skin-care preparations for oily skin. Evaporated in a fragrancer it will help colds and act as an insect repellent.

Lemongrass

Cymbopogon citratus

Origins This sweet-scented grass was mainly used to season food in India, the African Congo, the Seychelles, Indonesia and Sri Lanka. Its main constituent, citral, was discovered to be a strong, cleansing antiseptic, and used to deodorize clothing and footwear. Dried leaves were burned to keep the mind alert.

Description Lemongrass is a tall-stemmed, grass-like tropical plant. Its oil is steam-distilled from the fresh or partly dried grasses, and has a refreshing, lemony smell. It is used in low-cost citrus soaps, perfumes and cleaning agents.

Therapeutic effects Through its anti-bacterial action, it is good for skin complaints, sore throats and respiratory problems. Also effective against headaches.

Uses Inhalation and massage. For the active work-out enthusiast, lemongrass is the ideal cooler and deodorizer. It can help alleviate athlete's foot and its refreshing fragrance acts as an energizer. Massaged or breathed in, it tones the heart and works on the digestive system. The oil will also repel insects.

Marjoram

Origanum marjorana

Origins The Greeks grew marjoram for use in their perfumes and herbal potions. They prescribed it as a medicinal antidote and to purge the system.

Description This popular perennial plant is one of the classic culinary herbs, and is grown world-wide. The amber-coloured essence is extracted by steam-distillation from the fresh and dried leaves and flowering tops. Its warm and slightly spicy aroma is often used in masculine fragrances.

Therapeutic effects A warming agent, able to relieve spasm, it is particularly valuable for treating the nervous system. Use for anxiety and insomnia, but also for arthritis, asthma, bronchitis, circulatory problems, constipation, headaches, menstrual problems, muscular strains and rheumatism.

Uses Inhalation and massage. It blends well with bergamot, lavender and rosemary. In bath and body oils it gives a warm, relaxing feeling. Steam-inhaled or smoothed over the sinuses and temples, it can relieve colds.

Cautionary note Do not use in early pregnancy. Do not use in high doses as it can have a narcotic effect and is also known to curb sexual drive.

Melissa

Melissa officinalis

Origins The Greeks and Arabs knew the properties of melissa and in the sixteenth century the Swiss physician Paracelsus hailed it as the "elixir of life".

Description Mostly a native of Europe, it is also cultivated in North America. Better known as sweet balm or lemon balm, it is a bushy perennial of the mint family. The aromatic oil smells like lemons and is extracted from the leaves by distillation.

Therapeutic effects Long known as an uplifting and calming cure for "melancholia", its tonic, antispasmodic properties make it effective too in the treatment of allergies, colds, diarrhoea, hypertension, menstrual problems, migraine and stress headaches, nausea and palpitations.

Uses Inhalation, baths and massage. The essential oil helps lower blood pressure and remove tension. Add six drops to the bath water. Melissa calms the body and mind, yet lifts the soul: an oil to dream with.

Myrrh

Commiphora myrrha

Origins The Egyptians and the Greeks prized myrrh as a precious commodity. It was used by both civilizations in worshipping their gods, celebration rituals, cosmetics, perfumes and herbal treatments. The Egyptians combined it with frankincense for embalming and purification purposes.

Description A small tree, rather like a bush, myrrh is native in Arabia, Somalia, Ethiopia and other North African countries. Although the leaves are aromatic it is the resin which is distilled to produce the viscous, yellow essential oil. It has a warm, lightly spicy, sweet smell.

Therapeutic effects Anti-inflammatory and expectorant, myrrh will ease bronchitis, catarrh, coughs and colds. Good too for digestive problems, infections of the mouth and throat, and skin conditions.

Uses Inhalation and massage. It is used in pharmaceuticals and perfumery. In aromatherapy, because of its cooling effect, it blends well with camphor and lavender.

Neroli

Citrus aurantium

Origins Neroli is believed to have been discovered by the Romans. In 1680 it was used to scent the bath water and gloves of Anna Maria Orsini, Princess of Nerola, who brought the fragrance into fashion amongst the Italian aristocracy.

Description Neroli oil is better known as orange blossom. It comes from the white blossoms of the bitter orange tree which originated in China but also grows in Egypt, Morocco, Algeria, USA, Italy and southern France. The pale yellow oil is expensive to produce since it takes approximately one ton (one tonne) of flowers to extract just 2 lb (1 kg) of oil. These are hand picked as they are just about to open and then distilled. Its powerful, wonderfully uplifting, floral fragrance is reminiscent of lilies and is extensively used in eau-de-Cologne.

Therapeutic effects An excellent sedative and anti-depressant, neroli counters anxiety, hysteria, shock and palpitations, and combats insomnia. It is helpful for dermatitis and dry skin, pre-menstrual tension and menopausal problems.

Uses Inhalation, baths and massage. Use in the bath or as a body oil to alleviate the symptoms of pre-menstrual tension and generally improve circulation, or just for the benefits of its delightful fragrance and relaxing properties.

Orange

Citrus aurantium (bitter orange),
Citrus sinensis (sweet orange)

Origins China was the first home of the orange tree and the fragrant qualities of sweet and bitter orange oils have long been prized for culinary, cosmetic and medicinal use.

Description The sweet and the bitter oils are similar and both are extracted by cold pressing of fresh orange peel (it is only neroli oil which is extracted from the blossom). The bitter and sweet oils range from yellow to brown in colour and are used extensively for their fresh top notes in perfume.

Therapeutic effects Refreshing but sedative, orange is a tonic for anxiety and depression. It also stimulates the digestive system and is effective for constipation. Its antiseptic properties work well for mouth ulcers.

Uses Baths and massage. These essential oils, rich in vitamin C, are used widely throughout the food and cosmetics industry in products ranging from bath and body oils to chocolate-orange confectionery.

Parsley

Petroselinum sativum

Origins A lot of folklore surrounds the parsley plant. It was a medieval belief that it grew in the garden only if the man or woman of the house was "honest". When chewed, it would keep away the devil or, as later discovered, reduce bad breath.

Description Native to Asia Minor, it is now found all over the world. The common parsley is cultivated for its culinary uses and essential oil properties. The highest content of oil comes from the ripe seeds but the leaves are also used in distillation. It has a warm, herbaceous, spicy smell and is used in many herbal perfumes and cosmetic products.

Therapeutic effects A diuretic, useful for kidney and urinary problems and water retention. Also high in vitamin A – essential for healthy hair, skin, teeth and eyes; and iron – for the blood and liver, and during menstruation and menopause.

Uses Massage. It blends well with fennel to help combat excessive water retention when massaged over the body. In conjunction with lemon and rosemary it can help clear toxins in the liver and kidneys. In general, a good oil to help calm the nervous system.

Patchouli

Pogostemon patchouli

Origins Along with rose, jasmine, sandalwood and basil, patchouli was one of the favourite perfumes used in India, and shawls and blankets were impregnated with this rich oil. It is an aphrodisiac, and became very popular again in the 1960s for this reason.

Description The oil is extracted from the dried, fermented leaves of the small shrub and emits an intense, woody, sweet-spicy, balsamic odour. It improves with age and is used as a fixative in perfume.

Therapeutic effects Patchouli is an astringent, and is useful for scalp and skin conditions including dandruff, acne, eczema and scars. It has an uplifting effect for depression and anxiety, and can help alleviate fluid retention.

Uses Inhalation, baths and massage. Small quantities will have a stimulating effect; larger doses sedate. Often worn as a perfume and used for an exotic, sensual massage.

Peppermint

Mentha piperata

Origins The Egyptians used this aromatic herb in flavouring wine and food and valued its menthol content. Culpeper recorded in the seventeenth century that it was the herb most useful for “complaints of the stomach, such as wind and vomiting, for which there are few remedies of greater efficacy”.

Description The leaves of peppermint are shorter and broader than spearmint with larger spikes of purple flowers. A British classic, it has spread throughout the world. The almost colourless peppermint oil is distilled from the whole of the partially dried plant and has a strong refreshing fragrance.

Therapeutic effects Excellent for the digestion, as a decongestant, and for skin disorders. Use for colds, flu, flatulence, headaches, indigestion, nausea, toothache and sunburn.

Uses Inhalation, baths and massage. Peppermint oil is still used in gripe water to settle upset stomachs. A few drops on a handkerchief can alleviate headaches and symptoms of sea and travel sickness, as it is refreshing and invigorating. It makes a refreshing skin tonic or bath oil in the summer because of its cooling properties. Used in a footbath it can help sweaty, smelly or tired feet, or in a compress to relieve hot flushes.

Cautionary note For skin complaints do not use in a concentration of more than one per cent as it can cause irritation.

Pine

Pinus sylvestris

Origins The Scandinavians have traditionally used pine in the sauna or steam bath for its refreshing and antiseptic qualities.

Description This species of conifer grows wild all over Europe, North America and the USSR. General pine oil comes from the heart of the wood but the best essences are distilled from the pine needle. The oil has a fresh fragrance with a resinous woody undertone.

Therapeutic effects Acts as an antiseptic, and is particularly valuable for treating the respiratory tract, for bronchitis, catarrh, colds and sinusitis. Will also help relieve cystitis, arthritis and muscular aches and pains.

Uses Inhalation, baths and massage. Widely used to give coniferous fragrance in household products and in some masculine perfumes, this oil is popularly used throughout the cosmetics and pharmaceutical industries in balms, body rubs, soaps and bath oils. The oil can be used as an antiseptic deodorizer (add a few drops to freshen shoes) and in saunas or hot tubs for its invigorating steam.

Rose

Rosa centifolia, Rosa damascena

Origins The rose has been loved for its fragrance at least since Roman times, when it was used in garlands, scented baths and perfumes, often in ostentatious public displays. But the rose has its private uses too: Cleopatra reputedly carpeted her bedroom in rose petals to aid her seduction of Mark Antony.

Description The Damascena rose is cultivated in Bulgaria. The flowers are picked at dawn and the yellowy-brown oil is extracted within 24 hours. It takes approximately five tons (five tonnes) of blossoms to produce just 2 lb (1 kg) of oil – not surprisingly one of the most expensive in the world. Centifolia roses, also yielding a richly fragrant oil, are cultivated in France, Algeria, Morocco and Eygpt.

Therapeutic effects An aphrodisiac and mood enhancer, rose is a general tonic and fortifier, useful for circulatory problems, constipation, headaches and mental fatigue, menstrual and menopausal problems and skin disorders.

Uses Baths and massage. One of the least toxic of all essences, it is particularly good for older, drier, skins, and is useful for pot pourri or to perfume bed linens and underwear (add a few drops to the final rinse).

Rosemary

Rosmarinus officinalis

Origins First favoured by the Egyptians, rosemary was popular with the Greeks and Romans who believed it symbolized love and death. During the plague it was burned in public places and worn around the neck for its antiseptic qualities.

Description A small shrub, it grows to around three feet (90 cm) high, with grey–green leaves and pale blue–white flowers. The clear oil is steam-distilled from the flowers and leaves, and has a powerful, warm, woody aroma.

Therapeutic effects A good stimulant, especially for the circulation and memory. Also helps alopecia, bronchitis, burns, colds, dandruff, diarrhoea, flatulence, headaches and obesity.

Uses Inhalation, baths and massage. Inhale from a handkerchief to clear headaches and fatigue. In massage it stimulates the lymphatic system.

Cautionary note Use in low concentration, as excessive doses may bring about epileptic fits or convulsions. Do not use in early pregnancy or if you have high blood pressure.

Sage

Salvia officinalis, *Salvia sclarea* (Clary sage)

Origins A sacred herb, its properties were used by the Egyptians to help cure infertility in women. The Chinese have used it medicinally for centuries.

Description The many varieties of common sage are all shrub-like herbs with rough, wrinkled leaves. The oil is distilled from the dried leaves and has a powerful, fresh, spicy fragrance with a hint of camphor.

Therapeutic effects A tonic, particularly renowned for regulating menstruation, it can also help relieve arthritis, bacterial infections, throat infections and water retention.

Clary sage (*Salvia sclarea*) is also used for its sedative and euphoric effects, and in treating insomnia, anxiety and depression, as well as menstrual and menopausal problems. It has a spicy fragrance, rather more floral than common sage.

Uses Bathing and massage. A sage bath helps muscular aches and the effects of prolonged stress or mental strain.

Cautionary note In high doses, sage can overstimulate and should be avoided by anyone who suffers from epilepsy. Both sage and clary sage should be avoided in early pregnancy.

Sandalwood

Santalum album

Origins In China, India and Egypt sandalwood was used in perfumes and cosmetics. It has also been prized by furniture makers, and in India many of the temples were built with this lovely wood. Worshippers also covered their bodies with its essence, along with rose, jasmine and narcissus.

Description The evergreen sandalwood tree grows to a height of up to 30 feet (8 metres) in Indonesia, South East Asia and in particular East India. The syrupy, balsamic oil is extracted from the roughly chipped and powdered wood by steam distillation. It has a rich, warm, woody odour. It is used as a fixative in perfumes and gives the lingering classic base notes in many expensive fragrances.

Therapeutic effects Sandalwood's sedative properties are good for treating depression and tension. It is also an expectorant and anti-spasmodic; useful for bronchitis, coughs, nausea, cystitis and skin complaints. Regarded as an aphrodisiac.

Uses Inhalation and massage. Apply in a warm compress to revitalize dehydrated skin. Blends well with neroli and rose. Massage enhances its soothing effects.

Tea Tree

Melaleuca alternifolia

Origins The antiseptic properties of the tea tree were discovered centuries ago by the Aborigines of Australia who used it medicinally for treating sunburn and many bacterial/fungus infections, from ringworm to athlete's foot. It was known as an antidote for venomous snake bites.

Description A native of Australia and Tasmania, it is often referred to as the swamp tree. It produces white hanging flowers on a long spike, but the pale green oil is extracted from the twigs and leaves, which have a strong aromatic odour. The oil itself has a camphorous smell, reminiscent of eucalyptus.

Therapeutic effects A strong disinfectant and antiseptic, it is ideal for skin complaints including athlete's foot, burns, cold sores, mouth ulcers, verrucas, thrush and warts. Also effective for many respiratory complaints.

Uses Inhalation and baths. It can be used to kill fleas on pets but is more commonly used as a deodorizing/antiseptic foot bath. Dab on cold sores. Inhale to alleviate laryngitis and bronchitis. Diluted in water, it can be used as a mouthwash (not swallowed) to soothe ulcers.

Thyme

Thymus vulgaris

Origins The ancient Egyptians incorporated the essential oil of thyme into their embalming fluids. The Greeks drank a herbal infusion of the leaves after banquets to aid digestion. Culpeper considered it a great lung strengthener and a remedy for shortness of breath.

Description This common low-growing wild herb has dark green leaves, woody stalks and small pink flowers. It is cultivated throughout the Mediterranean, Algeria, Yugoslavia and in Egypt for culinary and pharmaceutical uses. The oil is extracted from the whole flowering herb by steam-distillation and has a pungent, sweet herbaceous smell. It is an important component in colognes and herbal perfumes.

Therapeutic effects Helps fatigue and anxiety, but best known as a natural antiseptic for treating coughs and infections of the respiratory tract. Good too for rheumatic aches and for skin problems such as sores and swellings.

Uses Massage and baths. When added to a bath, its invigorating effects help revive tired muscles.

Ylang-Ylang

Cananga odorata

Origins A tropical tree, its first medicinal uses were to treat malaria, soothe insect bites and generally fight infections. Its antiseptic qualities were appreciated but it was also recognized as an aphrodisiac and a tonic to the nervous system. In the past, the flowers were mixed with coconut oil to perfume and condition the body and hair.

Description A native of Indonesia and the Philippines, the ylang-ylang tree reaches a height of 60 feet (10 metres). The yellow flowers are freshly picked in the early morning and the oil extracted by steam-distillation. It has a narcotic, floral-sweet, jasmine-like aroma which adds warmth to perfumes.

Therapeutic effects A great relaxer (if used sparingly) and highly recommended for anxiety, depression, insomnia and frigidity. It also has benefits in treating high blood pressure and skin conditions.

Uses Baths and massage. This oil can soothe away all forms of stress when used as a bath oil or massaged onto the body. Its lasting fragrance is often used in facial and skin preparations, pot pourri and pomanders. It blends well with bergamot, melissa, sandalwood and jasmine.

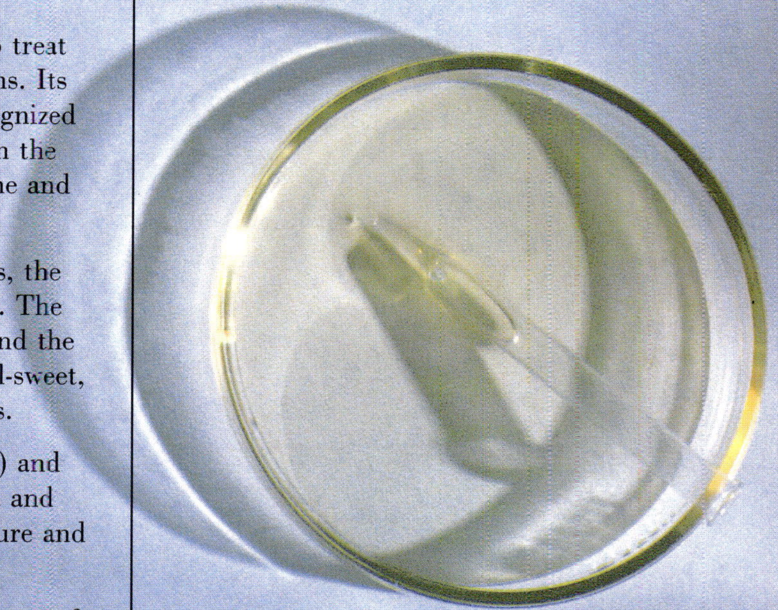

OILS FOR COMMON PROBLEMS

KEY

R Relaxing oil
S Stimulating oil
U Uplifting oil

Some oils have more than one of these properties, tending to balance or normalize the emotions and bodily systems.

CAUTION

This chart is a general guide only. For the treatment of persistent problems, seek the advice of a qualified aromatherapist. Chronic conditions should be referred to a medical practitioner.

Never mix more than three oils in any one treatment as the synergistic effects are less predictable. Do not exceed the proportions of essential oil to carrier oil suggested in this book.

The following oils should not be used during pregnancy:

Bay · Basil · Clary Sage · Comfrey Fennel · Hyssop · Juniper Marjoram · Melissa · Myrrh Rosemary · Sage · Thyme

		Acne	Anxiety	Arthritis	Athlete's Foot	Blood pressure: High	Low	Body odour	Bronchitis	Cellulite	Colds/chills
Basil	R, U		❀						❀		❀
Bay	R			❀				❀	❀		
Benzoin	S			❀				❀	❀		❀
Bergamot	R, U	❀	❀								
Cedarwood	R	❀							❀		
Chamomile	R	❀	❀	❀							
Cinnamon	R						❀				❀
Comfrey	R				❀						
Cypress	R		❀					❀		❀	
Eucalyptus	S	❀		❀					❀		❀
Fennel	S										
Frankincense	R										❀
Geranium	R, U		❀								❀
Hyssop	R, S					❀	❀		❀		❀
Jasmine	R		❀								
Juniper	R, U	❀	❀							❀	
Lavender	R, U	❀	❀	❀	❀	❀		❀	❀		❀
Lemon	S	❀				❀					❀
Lemongrass	S	❀			❀			❀			
Marjoram	R		❀	❀		❀			❀		
Melissa	R, U		❀			❀					
Myrrh	S								❀		❀
Neroli	R		❀					❀			
Orange	U		❀			❀					
Parsley	S										
Patchouli	R	❀	❀		❀					❀	
Peppermint	S						❀	❀	❀		
Pine	S			❀				❀	❀		❀
Rose	R		❀	❀							
Rosemary	S						❀			❀	❀
Sage	S		❀	❀			❀		❀		
Clary Sage	R, S		❀			❀					
Sandalwood	R	❀	❀						❀		
Tea Tree	S				❀				❀		❀
Thyme	S		❀						❀		
Ylang-Ylang	R		❀			❀					

Water retention								❀				❀			❀	❀								❀			❀		❀	❀					
Warts																❀	❀									❀							❀		
Varicose veins								❀							❀		❀	❀								❀			❀						
Travel sickness																❀																			
Throat infections			❀						❀		❀	❀				❀	❀	❀			❀									❀	❀	❀	❀		
Stress					❀							❀				❀			❀	❀						❀						❀			
Sinusitus									❀							❀						❀					❀								
Sexual problems				❀		❀						❀		❀											❀			❀			❀	❀			❀
Rheumatism	❀				❀			❀	❀						❀	❀	❀		❀			❀					❀		❀					❀	
Pre-menstrual syndrome	❀					❀			❀				❀			❀	❀				❀		❀					❀	❀	❀	❀	❀		❀	
Obesity								❀		❀															❀				❀	❀				❀	
Nausea	❀									❀						❀				❀						❀		❀				❀			
Muscular aches						❀	❀	❀	❀							❀			❀								❀		❀	❀					
Mental fatigue	❀														❀					❀							❀		❀	❀	❀			❀	
Painful periods					❀		❀	❀						❀	❀				❀	❀								❀			❀				
Irregular periods					❀										❀	❀				❀								❀	❀	❀	❀				
Menstrual problems (general)	❀				❀								❀		❀	❀				❀								❀	❀		❀			❀	
Menopausal problems					❀		❀	❀		❀		❀				❀	❀			❀		❀	❀					❀		❀	❀				
Insomnia				❀	❀			❀			❀		❀			❀			❀			❀						❀			❀	❀			
Influenza	❀					❀		❀	❀				❀														❀						❀		
Indigestion	❀				❀										❀	❀	❀	❀	❀	❀	❀		❀			❀			❀						
Hormonal regulation					❀							❀								❀			❀												
Headache	❀				❀				❀							❀		❀	❀	❀						❀			❀						
Hayfever					❀				❀											❀								❀							
Haemorrhoids								❀													❀					❀						❀			
Flatulence			❀		❀					❀			❀		❀	❀	❀									❀			❀		❀			❀	
Fainting	❀				❀											❀										❀			❀						
Eczema				❀	❀		❀	❀				❀	❀	❀	❀						❀				❀							❀			
Diarrhoea					❀	❀		❀	❀			❀			❀	❀	❀			❀	❀					❀									
Depression	❀		❀		❀			❀				❀		❀		❀		❀				❀	❀		❀			❀	❀	❀	❀	❀			❀
Dandruff				❀								❀			❀	❀	❀								❀				❀			❀	❀		
Cystitis			❀	❀				❀	❀						❀									❀			❀			❀		❀			
Constipation					❀					❀									❀				❀					❀	❀						

THE ESSENTIAL MASSAGE

An aromatherapy massage using essential oils is a therapeutic treatment for both mind and body which works mainly on the nervous system. Aromatherapy is both holistic and practical in that it helps to protect the body's life-saving immune system and energize or stabilize emotions. It is often called the "sensual science" because it combines the powers of touch with the sense of smell. More effectively than any other massage, aromatherapy can either relax or stimulate the body and mind. The highly potent essential oils penetrate the body via the skin and are also inhaled as the massage progresses.

SETTING UP

Any massage is relaxing but you can enhance the experience by following a few simple steps to help create the right mood.

An aromatherapist uses a massage bench, but at home you can work comfortably on a cushioned floor or a futon (Japanese mattress). An ordinary bed is not really firm enough. Prepare the floor or surface with a large cotton sheet covered with a bath towel. You should also have to hand a pillow, a large wrap-around towel for the body, and a warm blanket or even a hot-water bottle by the feet.

RELAXING YOUR PARTNER

Additional touches help to establish a calming atmosphere. You could fragrance the room with a burner, using a relaxing oil, and switch on some background music: play instrumental tracks, as voices can distract any train of thought.

The room temperature should be warm. Once the oils are gently massaged in, the whole body responds by slowing down and, although the skin may feel warm to touch, the body feels colder. It is important to keep your partner comfortable, so offer to cover parts that are not being worked on if you think your partner may be getting cold. Being at ease with one another is an important part of any treatment.

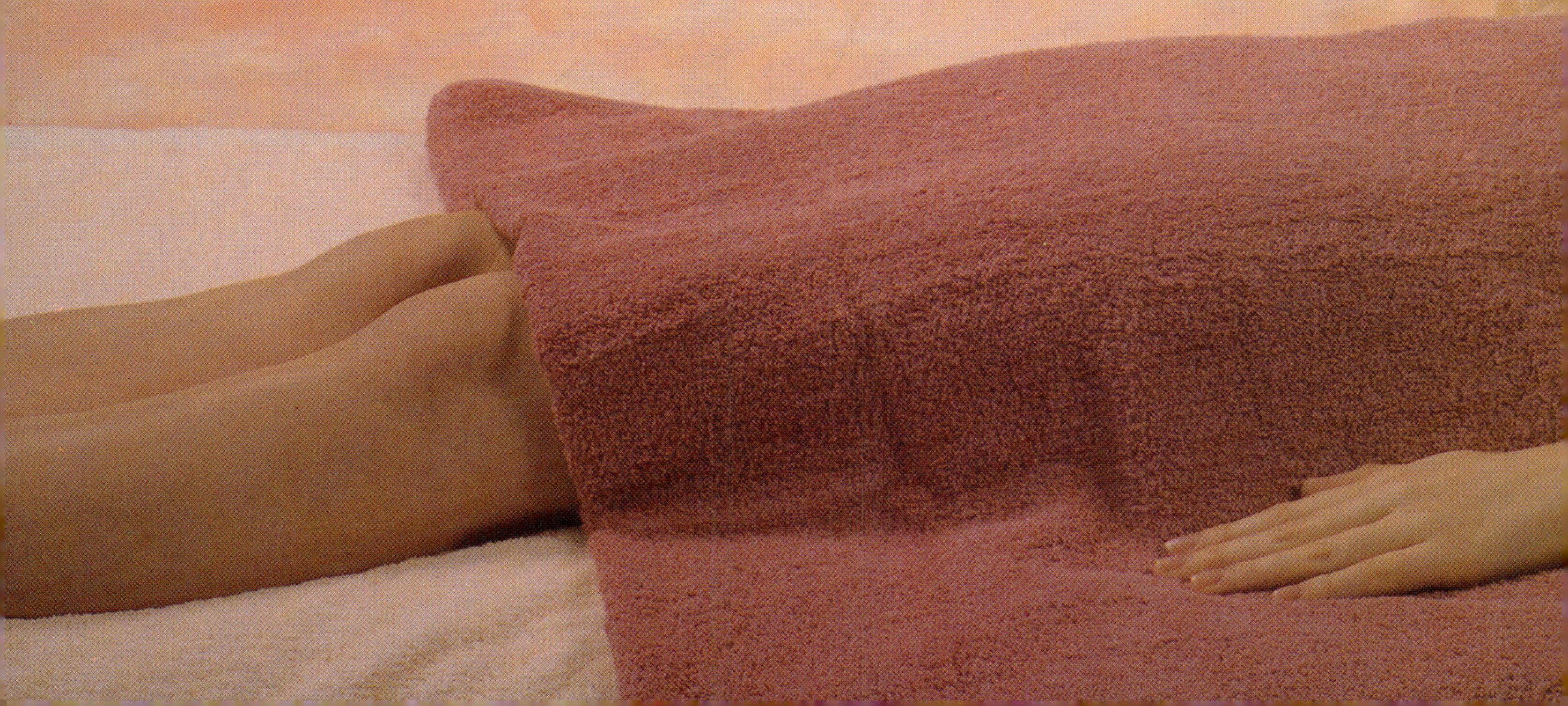

Choose a room which feels like a comfortable retreat: draw the curtains, switch on the heater and dim the lights. In aromatherapy, it is important to be able to switch off from everyday noises and that means the television, the telephone, or traffic zooming by, so close the window and shut off the rest of the world.

ABOUT THE TREATMENT

A complete aromatherapy massage takes just under an hour from top to toe. It is important to find out before massage about physical aches and pains, in particular back injuries, recent operations or whether the person you are massaging is in an "emotional" state of mind at the time.

GIVING THE MASSAGE

- Make sure you have read through the step-by-step instructions several times to familiarize yourself with the sequence. You don't want to keep stopping to refer to the book.
- Try out the movements on parts of your own body to get a sense of how the strokes should feel and how much pressure to use.
- Massage movements should be slow and gentle to help relaxation and eliminate tension which tightens the muscles.
- Remember that the movements should flow into each other. If you find you have missed out a step or gone on to the wrong part of the body, don't panic. Finish the part you are working on before going back to it, or leave it out altogether, rather than interrupting the flow of the massage.
- When you give the massage, make sure *you* are relaxed and comfortable, as well as the person you're working on, or you will transmit your own tensions to your partner and it will not be an effective massage.
- Try to maintain contact with your partner's body as much as possible; even as you move into a different position try to keep a hand on the body.
- When massaging different parts of the body keep the areas not being worked on covered with a large towel or blanket. The heat helps the body to absorb the oils.

CHOOSING THE ESSENTIAL OIL

Aromatherapists never start a massage immediately. In order to provide the most effective treatment, the therapist has to ascertain the state of mind and body of the individual, and establish whether there are any specific problems to attend to. Is the problem physical? Is it mental? Is it a combination of both? To help them to treat a wide variety of complaints, aromatherapists have many oils at their fingertips, but they never mix or use them until they have worked out a prescription for the receiver's individual needs.

Mixing the oils is a trained art, yet there are simple recipes you can use at home to deal with specific problems from muscular aches and pains to headaches and stress. With potent essential oils it is far better to use less, rather than more, so if in doubt, start the massage technique with a base oil like sweet almond and add two or three drops of just one essential oil. Lavender, rosemary and geranium are good all-purpose oils, or use chamomile for particularly sensitive skin.

APPLYING THE OILS

Keep the oil in an easy dispenser or bowl so you don't have to worry about lids during the massage. But keep the oil covered in some way as essential oils will quickly evaporate.

- Always warm your hands before applying oils.
- Some therapists recommend warming the oil in your hands before applying it to the body as a courtesy to the recipient. Others advise against this on the grounds that it hastens evaporation of the essential oil and that the oil takes on your own energy rather than your partner's.
- If the part of the body you're working on is particularly hairy or the skin is very dry you will need to apply more oil.
- Keep your touch light and sensitive. Remember that your hands are the main channel of communication.

- If the recipient's back is stressed in any way, place a pillow under the knees when lying on the back, and under the pelvis when lying on the stomach.
- Wear loose comfortable clothing to give the massage, so your movements are not hampered.
- If oil is accidentally spilt on clothing, dab off quickly with a tissue. It will soon evaporate, but it may leave a stain so rinse out clothing in warm soapy water.
- For complete relaxation avoid chatting during the massage: play music if you don't like silence. But do encourage feedback from your partner – you must be told if something doesn't feel good.
- Ensure that the person you are going to work on is given the following set of guidelines.

RECEIVING THE MASSAGE

Before the Massage

- Have a cool shower or wash before a massage. Do not soak in a hot bath, or the oils will immediately seep into the skin.
- Don't use an underarm deodorant or body spray during the treatment, as this will block the effect of the oils.
- Don't have a large meal just before an aromatherapy massage as the body's systems will have to work too hard at digesting to be thoroughly relaxed.
- Don't drink alcohol before a treatment.
- Don't have a massage if you have flu or a fever or any serious condition (*see* Cautions). Wait until you are over the worst and then let an aromatherapy treatment help restore your system's balance.

After the Massage

- Drink a glass of still water immediately after a treatment.
- Lie still for at least five minutes before getting up.
- Don't bathe or shower for at least twelve hours after a treatment to allow the oils to be absorbed by the skin and begin the all-important work of detoxifying the body.
- Drink plenty of water for the rest of the day as the kidneys will be active in eliminating the toxins.
- Avoid alcohol for at least 12 hours after the treatment to give the body a chance to detoxify thoroughly.

THE MASSAGE STEP-BY-STEP

Following your assessment, select the oils you are going to use and blend 10–15 drops of your chosen oils with four tablespoons of base oil.

The massage starts with your partner lying face down, with the back uncovered and the rest of the body covered with a towel or light blanket.

ESTABLISHING CONTACT

Take a few moments to create a bond of communication with your partner and to prepare yourself for the massage. Focus or "centre" yourself by becoming aware of your whole body and its role in giving the massage, and letting go of outside concerns to concentrate on the task in hand.

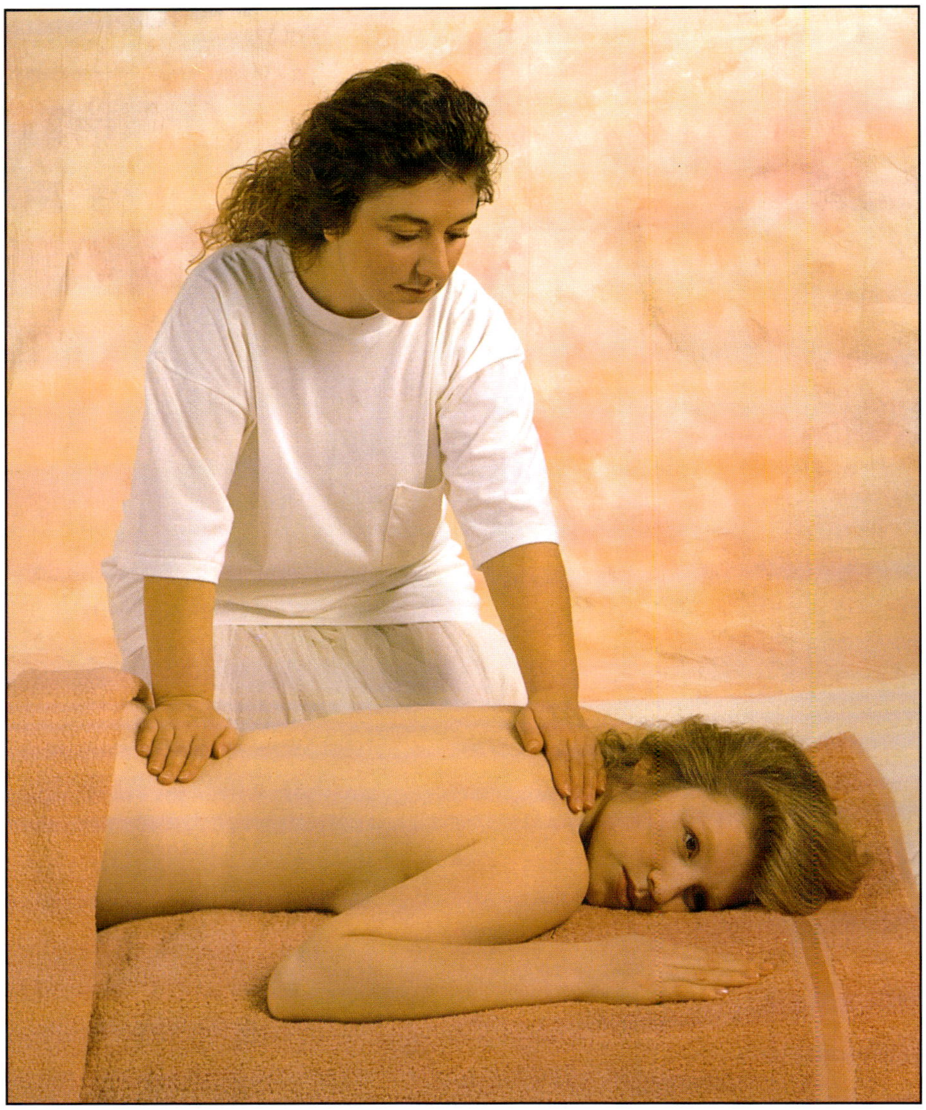

CAUTIONS

Aromatherapy is an holistic therapy in that it works on the person as a whole. Though it is an excellent way of treating minor ailments, stress and negative emotional states, it is not a substitute for conventional medical treatment. If symptoms persist, always consult a medical doctor.

Never attempt to treat the following conditions:

- cancer
- progressive neural disorders
- heart conditions
- advanced asthmatic conditions
- post-operative states
- severe varicose veins
- very high blood pressure
- epilepsy

For oils to avoid during pregnancy *see* Pregnancy Treatments.

Left: With your partner face down, rest one hand lightly at the base of the neck (the occipital bone) and place your other hand on the lower back (the sacral area). Hold the position for a count of 20, while you focus on your breathing and clear your mind. This is carried out with dry hands.

THE LEG

EFFLEURAGE (SMOOTHING STROKE)

This is a smooth, sliding movement which soothes the skin and distributes the oil. Always worked in the direction of the heart, effleurage *improves circulation, lymph flow and the function of the muscles. It is used between movements throughout the massage to provide continuity and to prepare a new area with oil.*

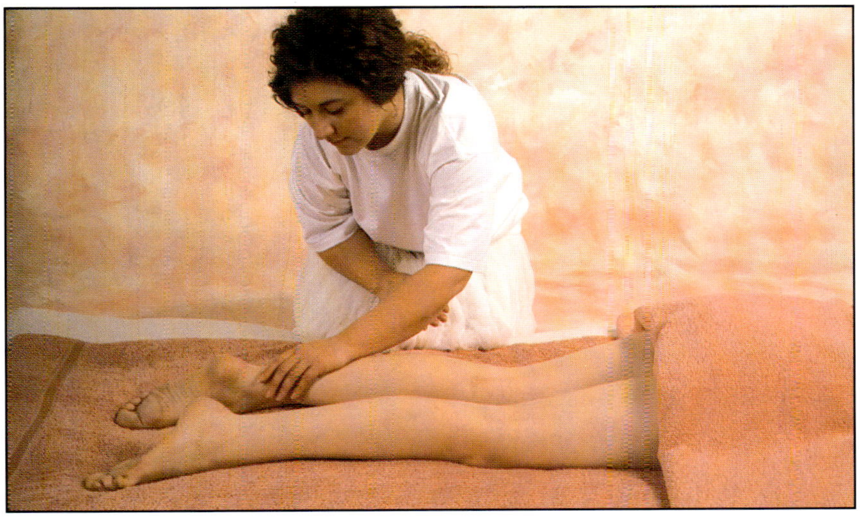

1 Seated to the side of your partner, begin with one hand at the heel, brushing in an upward, sweeping movement to the buttock ridge and sliding round to the thigh.

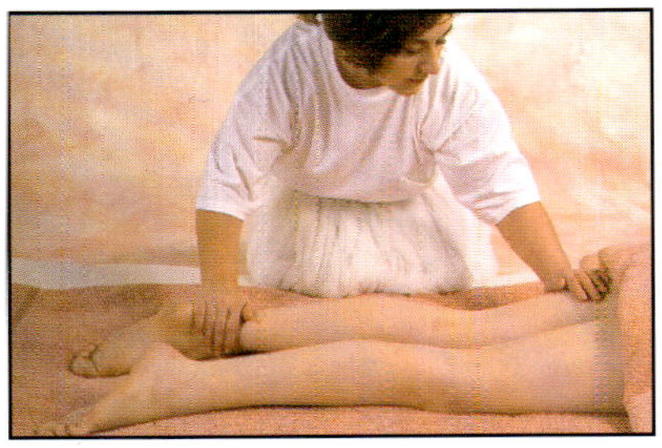

2 As the first hand comes round the thigh, place the other hand at the heel and brush with an upward sweep, ending at the back of the knee.

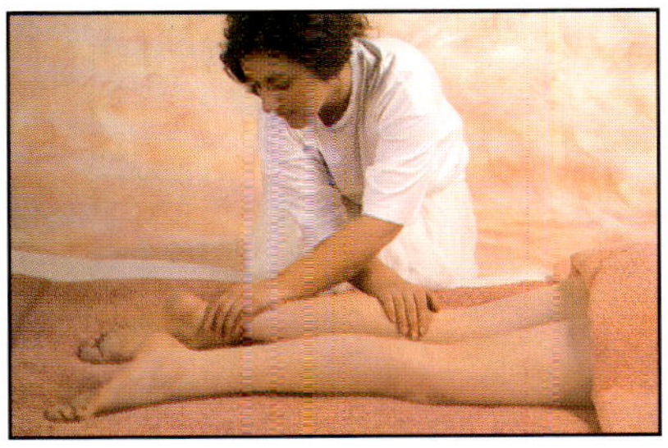

3 As the second hand comes off, cross the first hand over and begin the movement again from the heel up to the thigh.

Repeat the sequence about six or seven times, keeping the movements continuous and flowing, and then repeat on the other leg.

ANKLE THUMBING

The ankles are an important centre of energy, and this movement helps to relieve congestion.

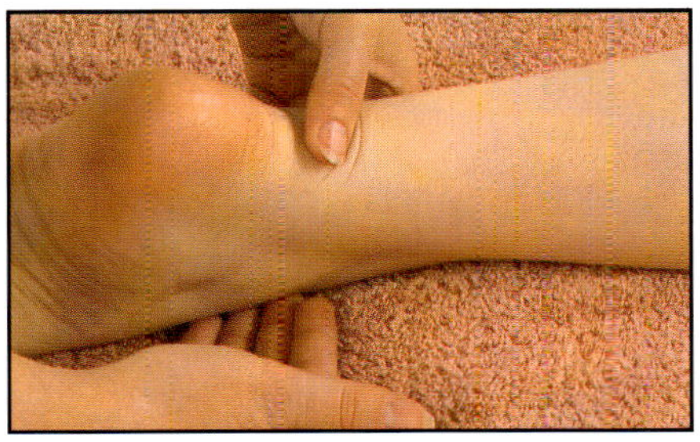

1 Sitting at your partner's feet, cradle one ankle gently with your hands, allowing the thumbs to sit naturally above the heel.

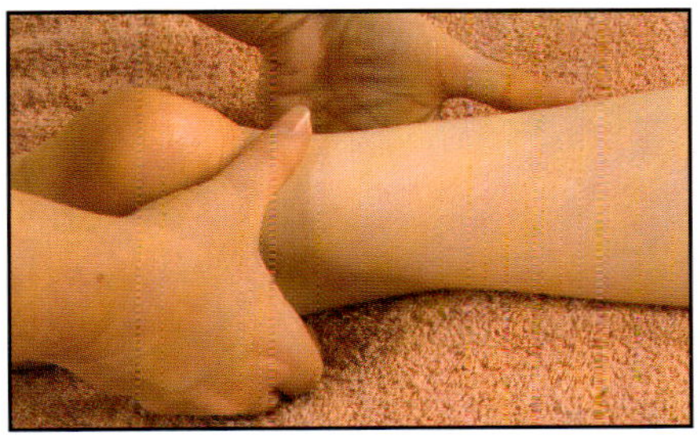

2 Keeping the rest of the hand still, apply a light pressure with the thumb as it brushes in an upward and outward movement.

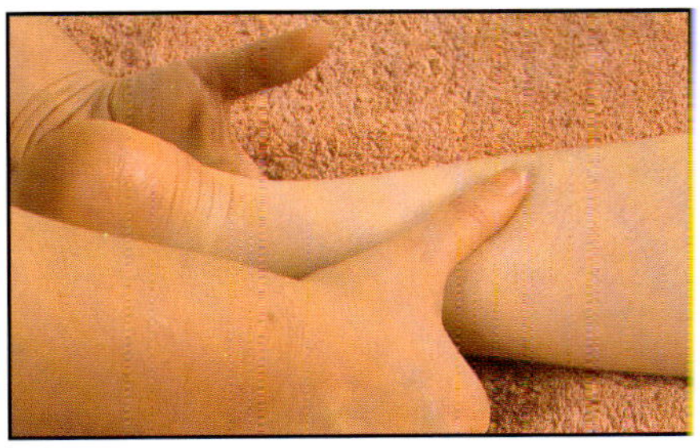

3 Repeat with alternate thumbs, continuing in a rhythmic sequence for about 30 seconds.

FLUSHING

Flushing drains the lymph channels and stimulates the circulation. This movement should not be used on anyone with severe varicose veins.

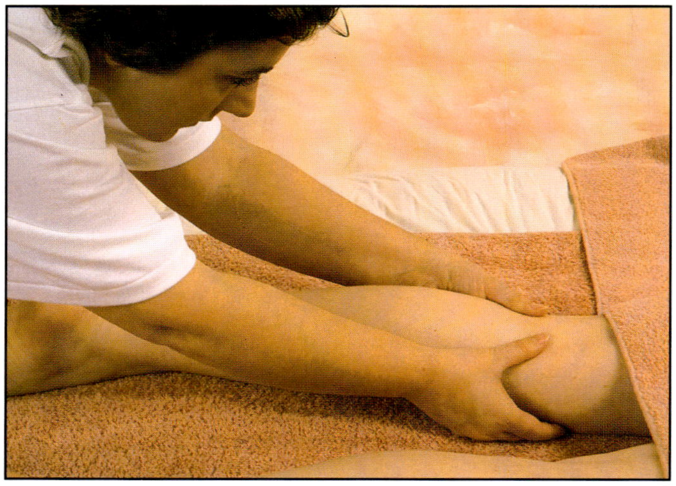

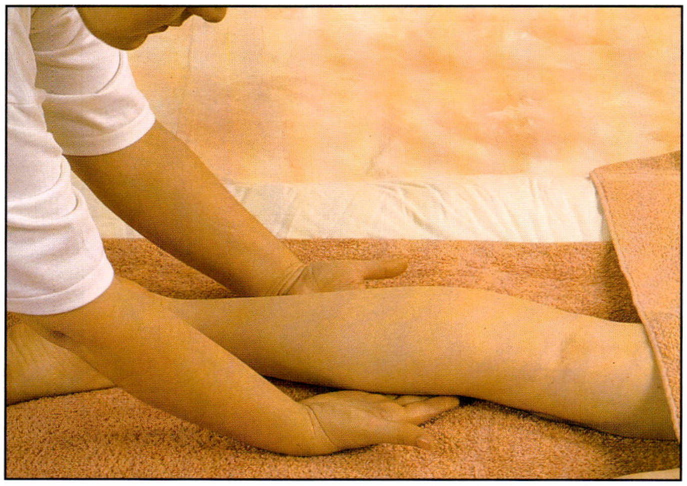

1 *Sitting at your partner's feet, gently slide the thumbs up the middle of the leg, ending at the back of the knee.*

2 *Slowly bring the hands back down to the ankles by brushing down the sides of the calf muscle, taking care not to drag.*

Repeat the movement five or six times.

KNEADING

Move back round to the side of the leg for this movement. It is particularly effective for relieving tension at the back of the legs.

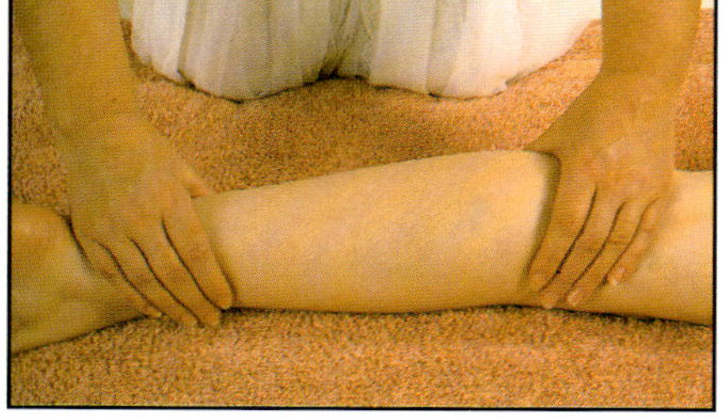

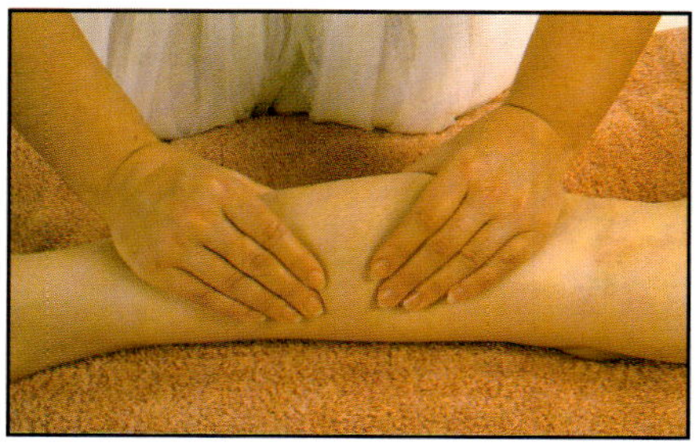

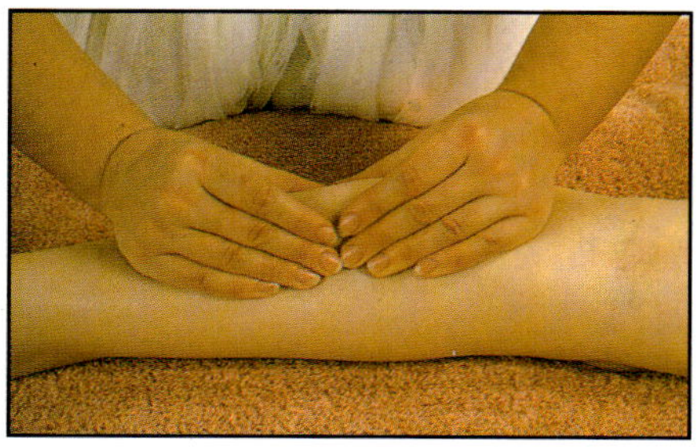

1 *Place the hands gently on the calf, one at the top and one just above the ankle.*

2 *Grasp the calf muscle firmly with both hands and slide them toward the centre of the calf, lifting the muscle.*

3 *Using gentle pressure, knead the area by bringing the fingers and thumbs together and raising the muscle further.*

Continue kneading for about 30 seconds.

WRINGING

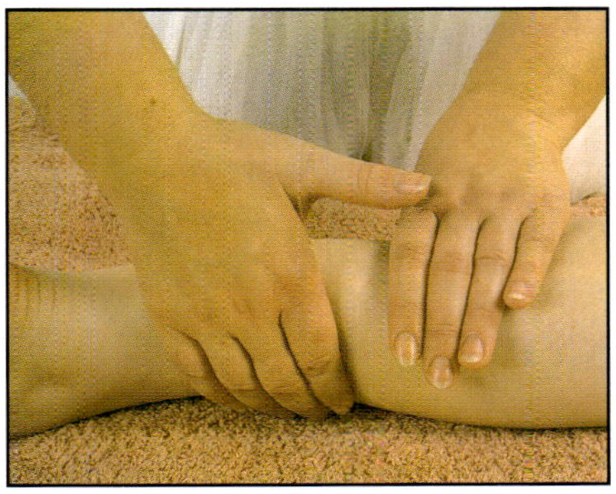
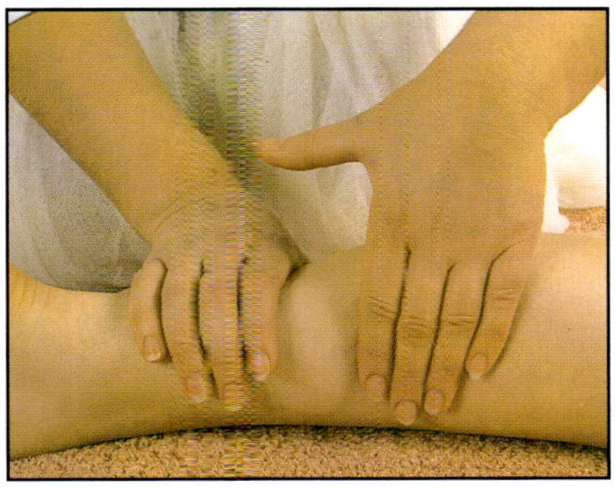
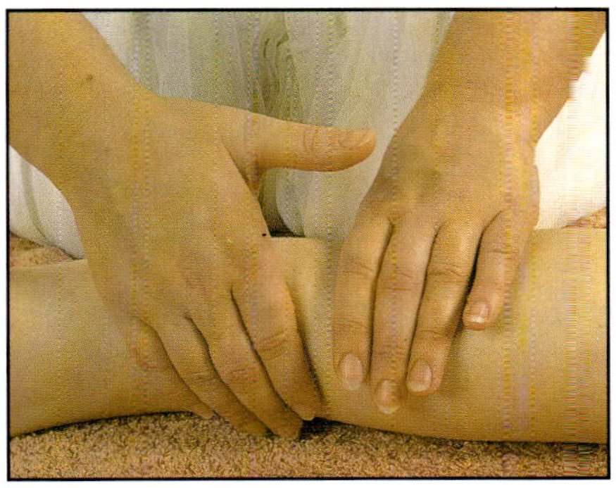

1 Place the hands on opposite sides of the calf, just above the ankle. Gently glide the hands past each other so the heel of one hand is pushing away from you while the other hand is pulling.

2 Keep the thumb of the pulling hand raised so the thumbs don't collide as they pass each other each time.

3 The hands alternate the pushing and pulling as you work all the way up the calf and down again. The pressure should be firm but gentle.

Clear these movements by flushing through again from ankle to back of knee.

THUMBING THE KNEE

This is the same action as the thumbing performed at the ankle base. It is helpful for people who suffer from cold feet as it stimulates the circulation.

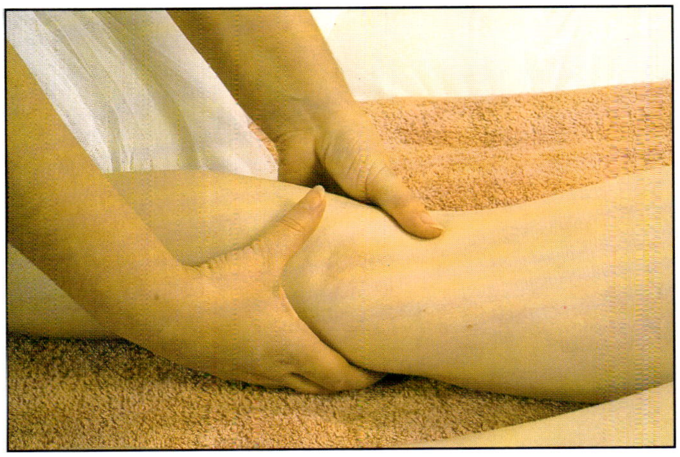
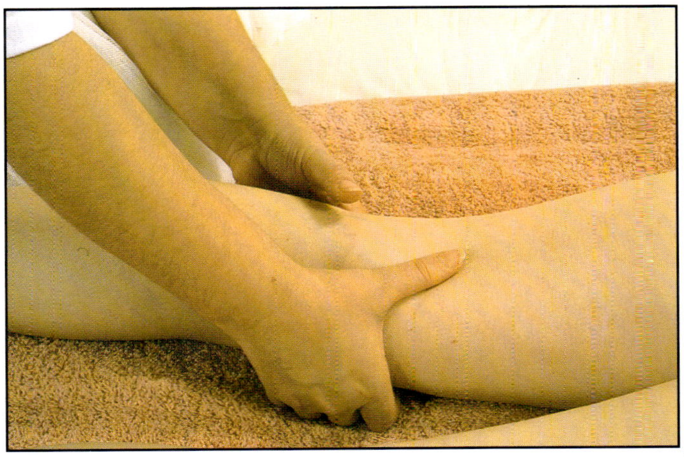

1 Cup the hands gently around the knee, allowing the thumbs to sit naturally on the fleshy part at the back of the knee.

2 With the same thumbing movement used on the ankles, brush one thumb upward and outward, covering the full width of the knee, and follow immediately with the opposite thumb.

FLUSHING

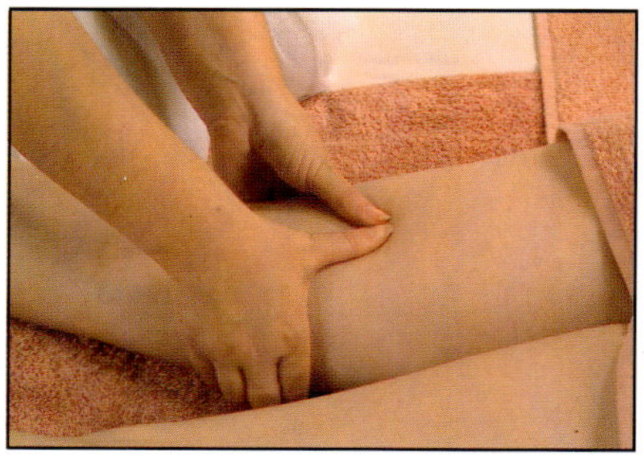

Flush through with the thumbs together from the back of the knee to the top of the thigh.

WRINGING

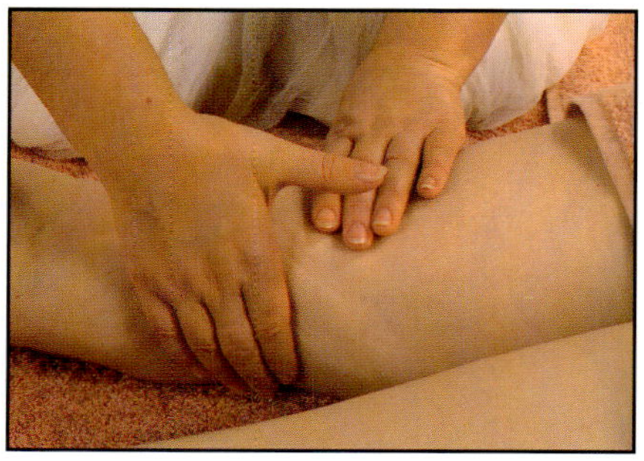

Wring the leg from the knee to the top of the thigh with the same action as used on the lower leg.

THIGH PUSH

This knuckling movement is very effective for breaking down cellulite, helping to disperse the fatty tissue and improve the circulation.

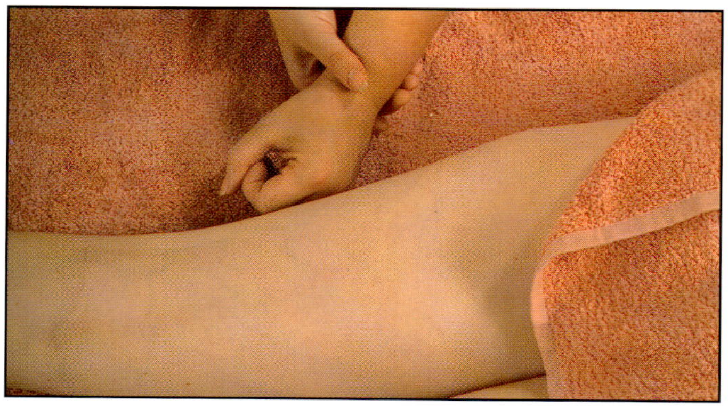

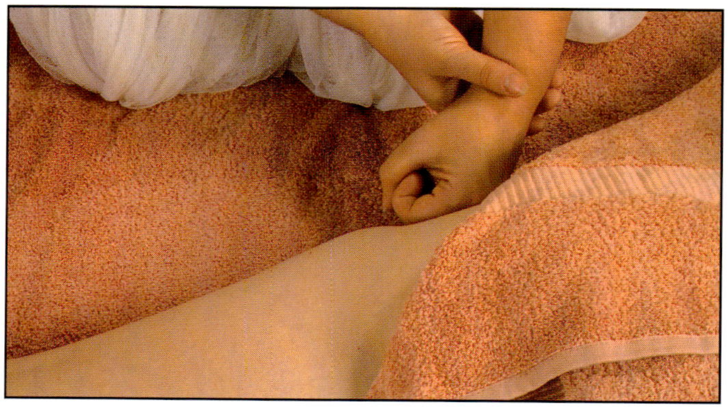

1 *With the supporting hand wrapped around the wrist of the working hand for stability, place the clenched fist on the side of the thigh, just above the knee.*

2 *Drag the fist slowly up the side of the thigh toward the hip bone. This is not a heavy action – all you need is gentle pressure.*

Repeat five or six times, working slightly different parts of the thigh each time.

Finish the leg massage by repeating the opening effluerage *movement and then repeat all the steps on the other leg.*

Cover the legs with towels before proceeding to the next stage. An extra blanket or hot water bottle at the feet might also be appreciated.

BACK MASSAGE

The back carries a lot of strain and these relaxing movements are often the most appreciated part of the massage. Don't be tempted to use too much pressure: it is better to keep the strokes broad and flowing.

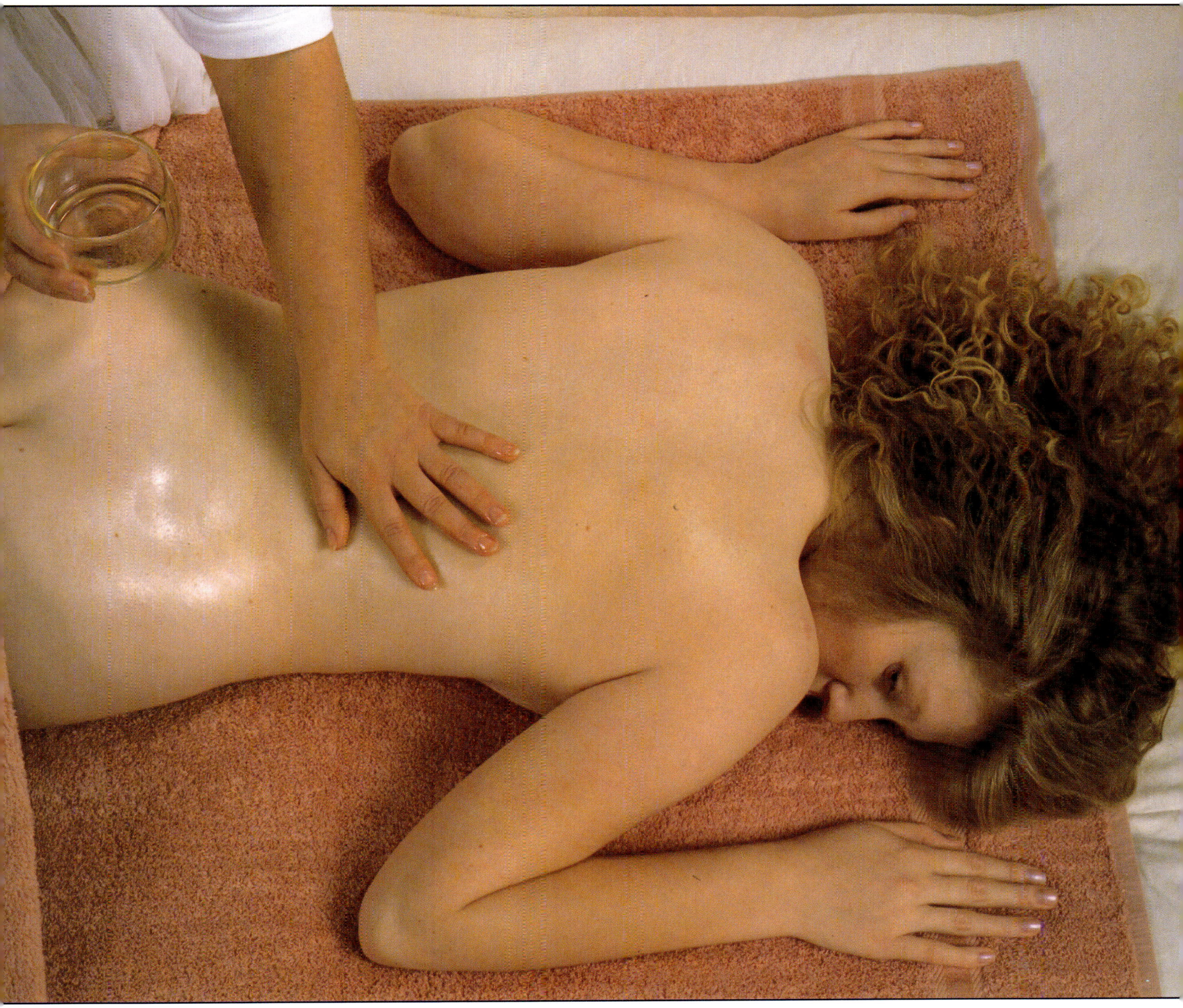

Seated to the side of your partner, apply oil evenly over the back with smooth upward strokes, following the direction of the lymph flow.

FIGURE-OF-EIGHT

This sequence loosens the tissue all over the back and helps to stimulate blood and lymph flow, and relieve tension.

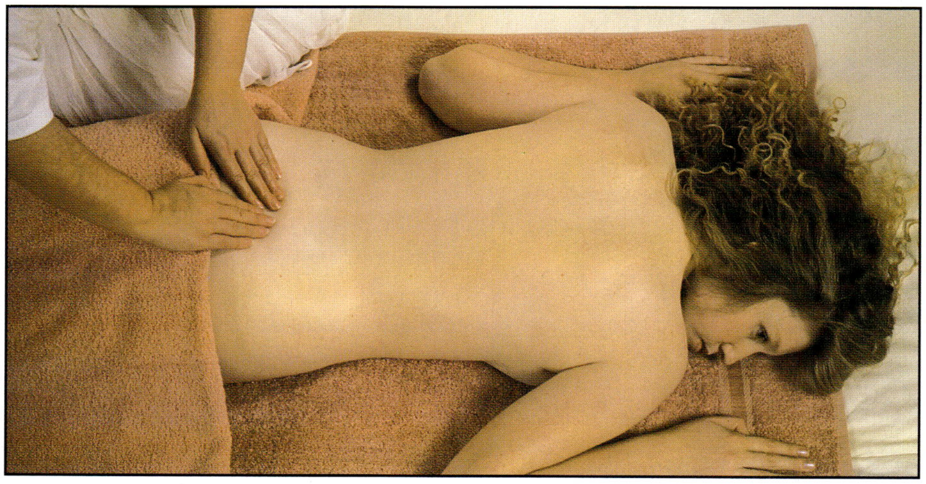

You should be kneeling level with the buttocks, facing the head so that you can lean into the movement and reach the shoulders without straining.

1 *To begin this large sweeping movement, place both hands on the lower back, just above the base of the spine, fingers pointing toward the head.*

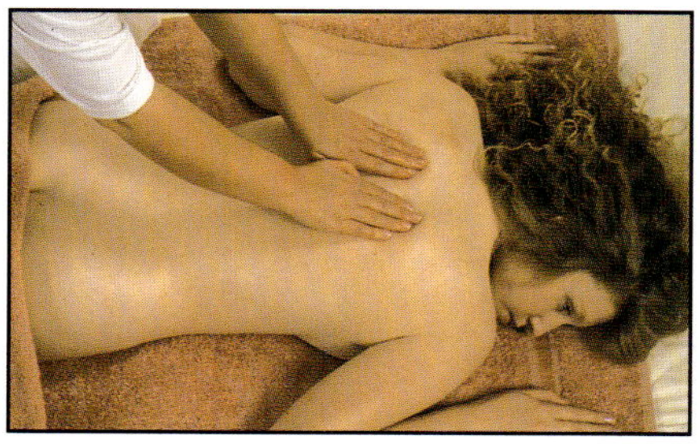

2 *Slide both hands all the way up the sides of the spine to just below the base of the neck.*

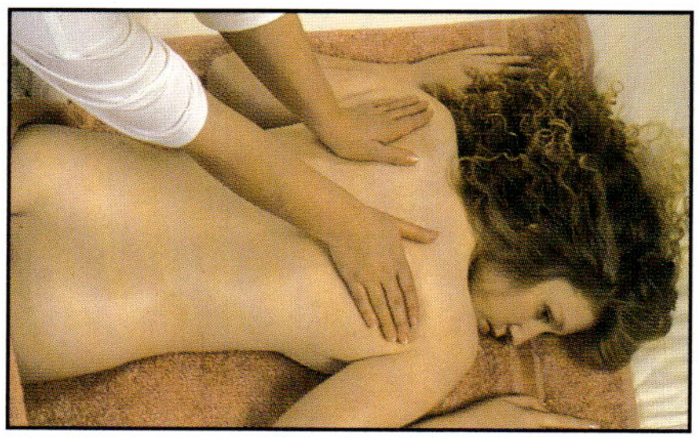

3 *Move the hands out around the shoulders and in toward each other across the upper back.*

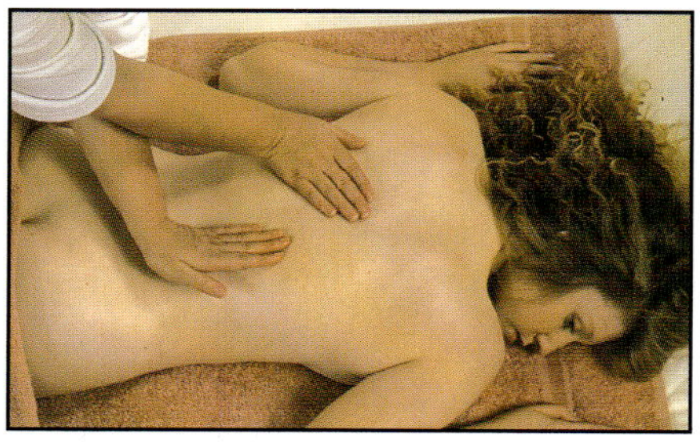

4 *As the hands pass each other, cross the right arm over the left and continue gliding.*

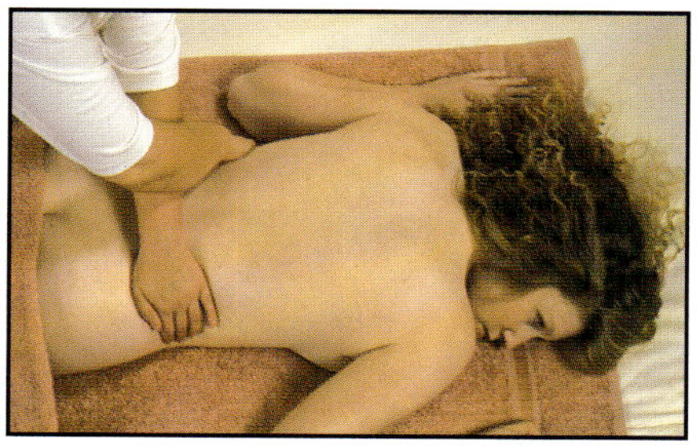

5 *With arms still crossed, reach down around the waist.*

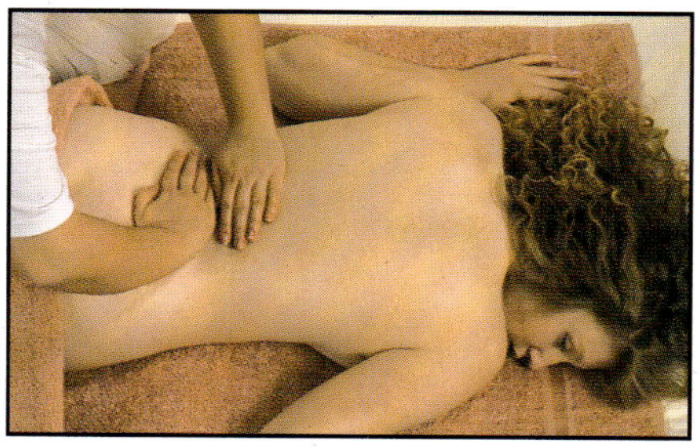

6 *Pull the flesh up firmly around the waist and then gradually release the sides as the palms glide to the middle of the lower back and pass each other.*

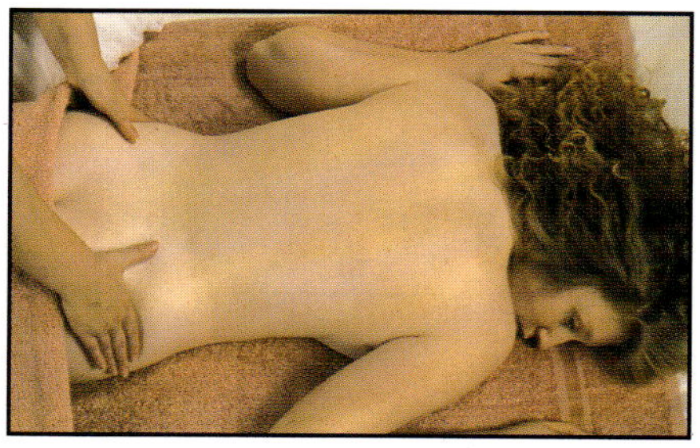

7 *Continue the movement by sliding the palms out around the hips and complete the figure-of-eight by returning the hands to the starting position.*

Repeat six times, always keeping the movements broad and flowing.

FANNING

This action works on the nerves along the spine and helps to disperse the fluid that accumulates in the back tissue as a result of tension. The effect is wonderfully relaxing.

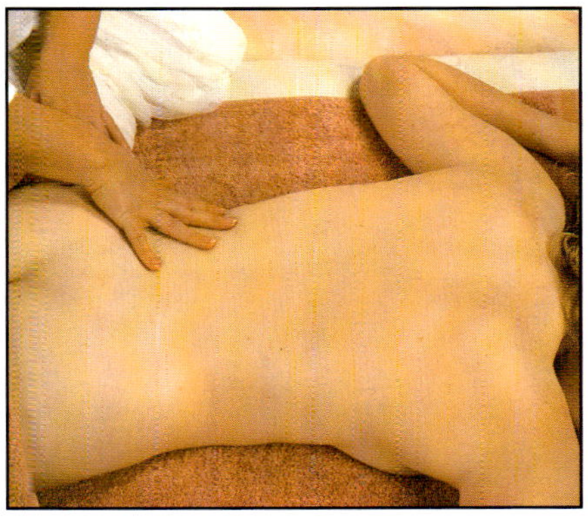

1 *Place one hand on the lower back, at the base of the spine. The fingers should be splayed open, with the index finger pointing to the side of the spine.*

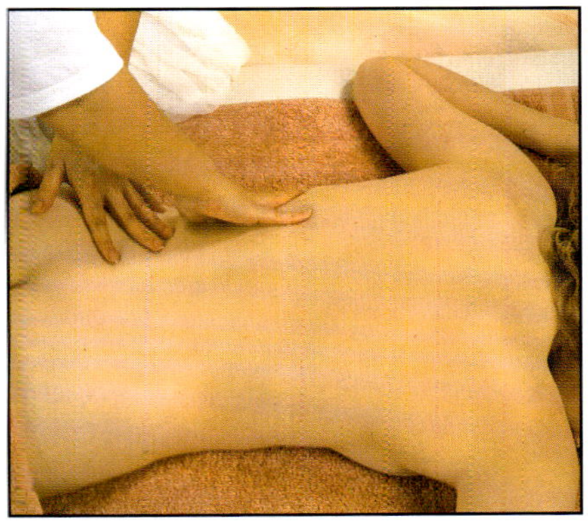

2 *Fan the hand round in an upward and outward motion away from the spine. The other hand follows on the same side as the first completes the movement. Work all the way up the side of the spine, alternating hands.*

Repeat the steps four or five times before moving round to work on the other side of the spine.

BUTTERFLY SHOULDERS

Before being given an aromatherapy massage, always wash off any anti-perspirant or deodorant. This is particularly important for this movement as it drains the lymph towards the major lymph glands in the armpits – the axillary glands. This movement relaxes the shoulder and disperses tension.

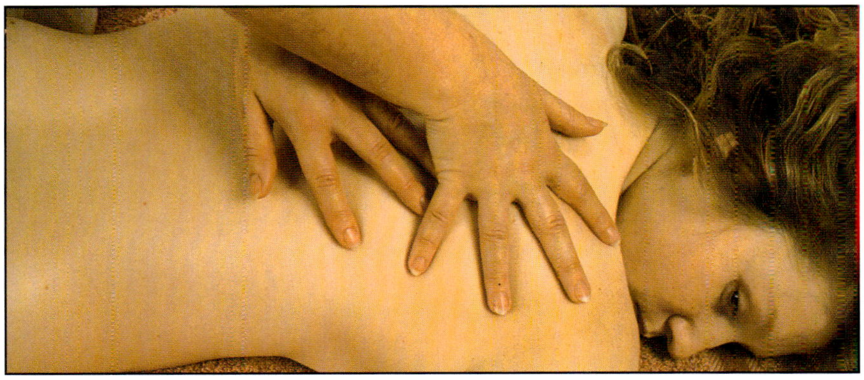

1 *Place one hand at the bottom of the shoulder blade (scapula) with fingers splayed and the second hand poised to follow on the same side.*

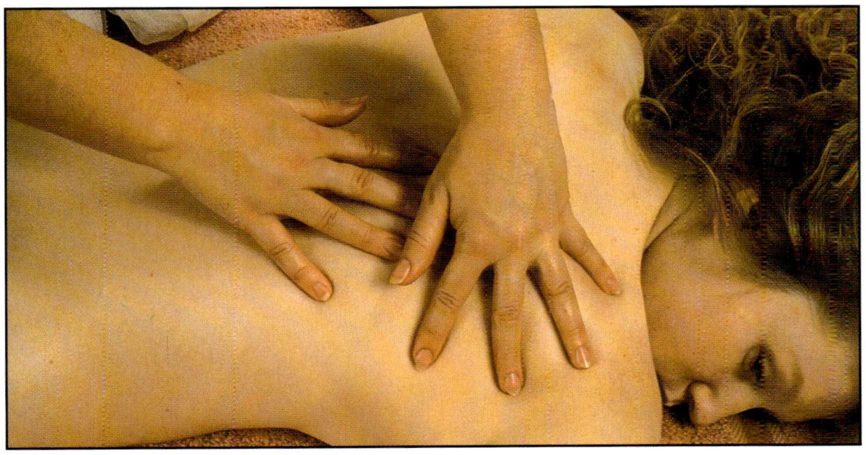

2 *Brush the hand up and out in a smooth fanning movement. Follow with the second hand, work all round the shoulder blade and out over the shoulder, toward the armpit.*

Repeat the whole movement four times, then work on the other shoulder.

FOREARM SWEEP

Kneeling at the side of your partner, turn the head away from you.

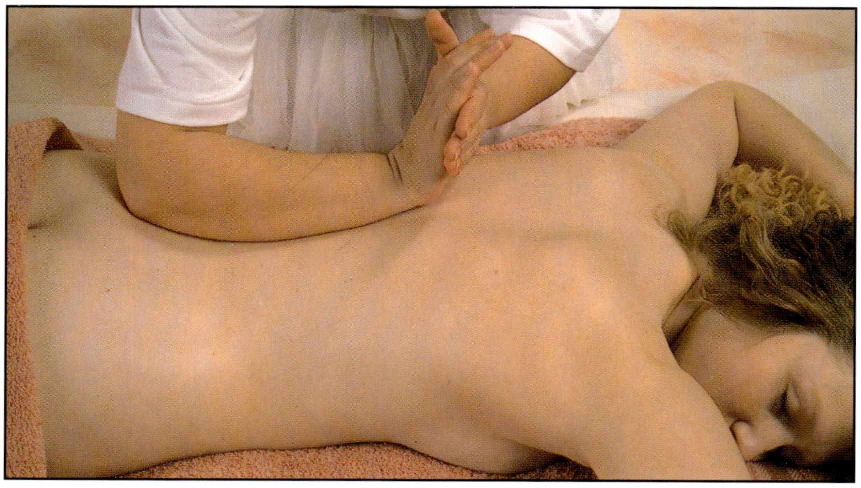

1 Place your forearm alongside the spine with your elbow just above the buttocks. Clasp the working hand with your other hand for support and stability.

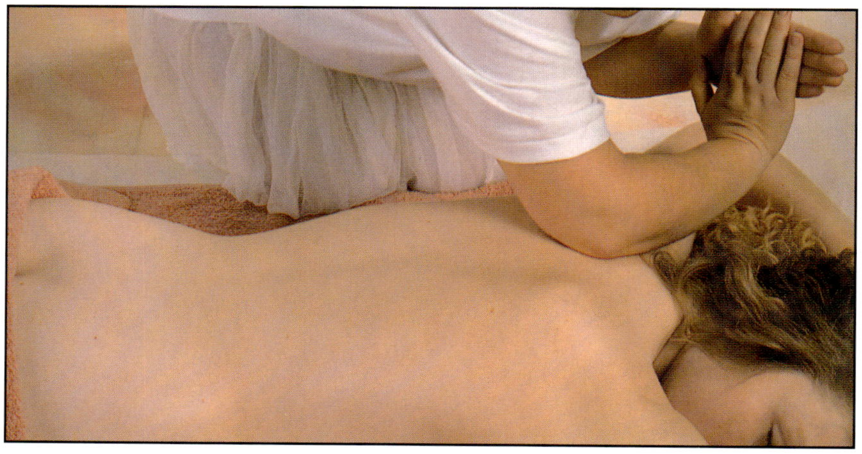

2 Using the flat bone of the forearm (the ulna), slide all the way up the side of the spine to the top of the shoulder ridge.

Lift the arm off gently and repeat twice from the beginning.

Then turn your partner's head and work on the other side of the spine, using the opposite forearm.

DRAINING

Sit to the side of your partner, facing across the back.

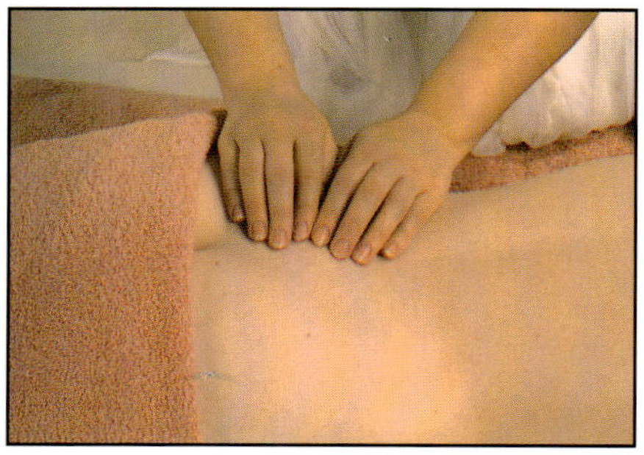

1 With hands together and palms raised, place the fingertips at the side of the spine, just above the coccyx (tail bone).

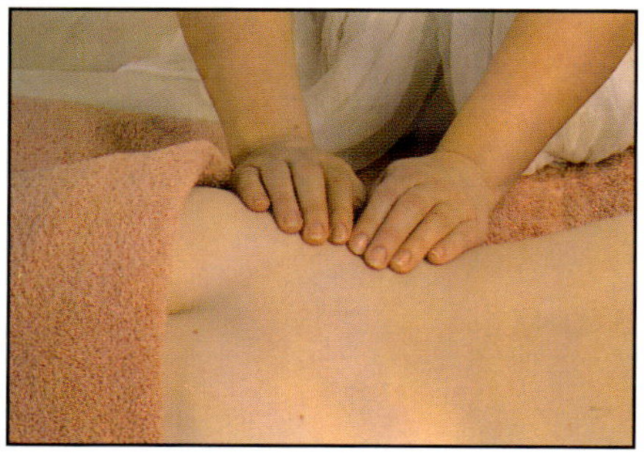

2 Keeping the fingers together, pull them toward you down the side of the back.

Repeat the movement all the way up the spine, ending at the base of the neck so the final movement pulls across the shoulders toward the glands in the armpit.

Repeat with the other side of the spine. You can work the opposite side without changing your position by reaching across and brushing away from the spine, or you can move around your partner and repeat as above, if it feels more comfortable.

KNEADING THE NECK

This gentle petrissage *movement releases tension and helps disperse the fatty deposits that can build up in this sensitive area.*

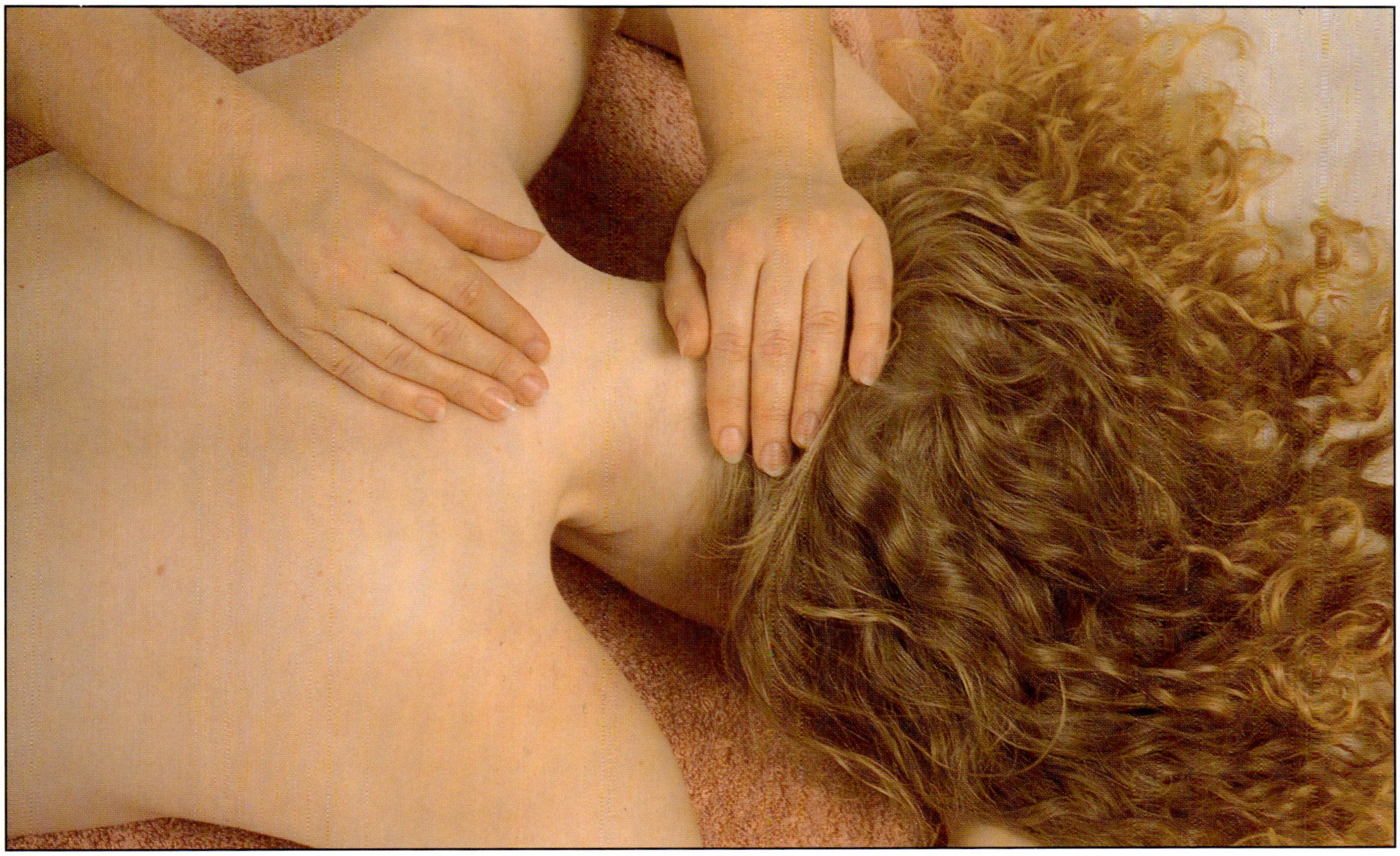

Your partner should rest facing down with forehead on hands, so that you can work your fingers into the base of the neck. Smooth the hair away from the neck.

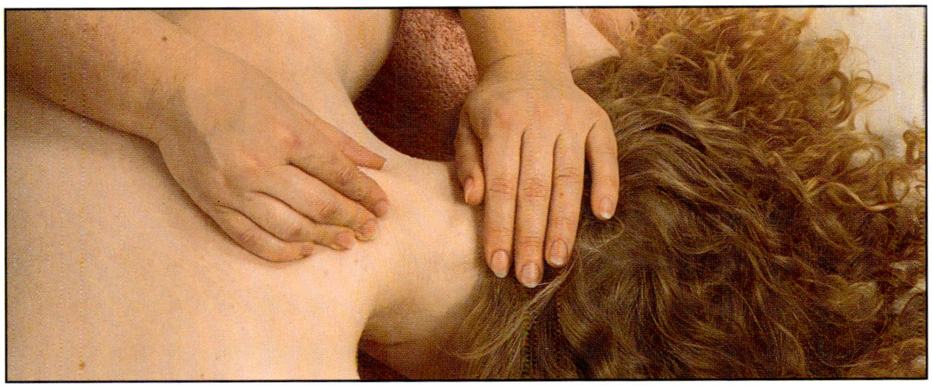

Resting one hand gently on the back of the head, use the other hand to pull up and knead the muscles in the base of the neck (the occipitals), rolling the muscle between the thumb and the other fingers.

FRONTAL MASSAGE

Help your partner to turn over onto their back, and ensure he or she is comfortable. Provide cushions or rolled towels for any parts that need support, such as behind the legs or neck. Cover the body up to the neck with a towel or blanket to keep your partner warm.

SPINAL STRETCH

This movement is not suitable for people suffering from severe back problems, though it helps relieve minor aches and stiffness.

1 *Seated at your partner's head, place the hands to the sides of the neck, palms up, with the middle fingers lifted, to prepare for the movement.*

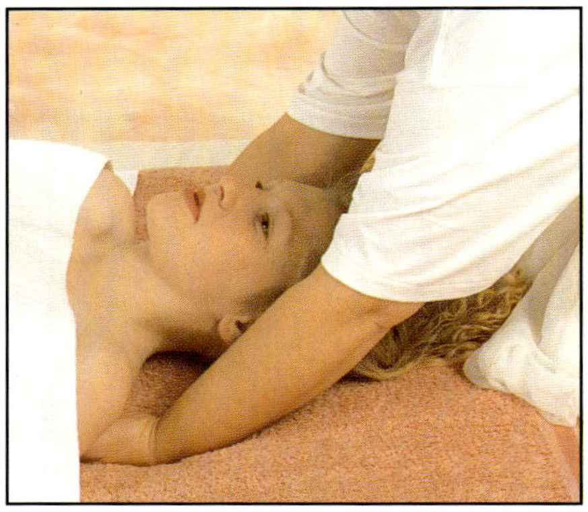

2 *Slide the hands underneath the back, just between the shoulder blades so the middle fingers are pressing on either side of the spine.*

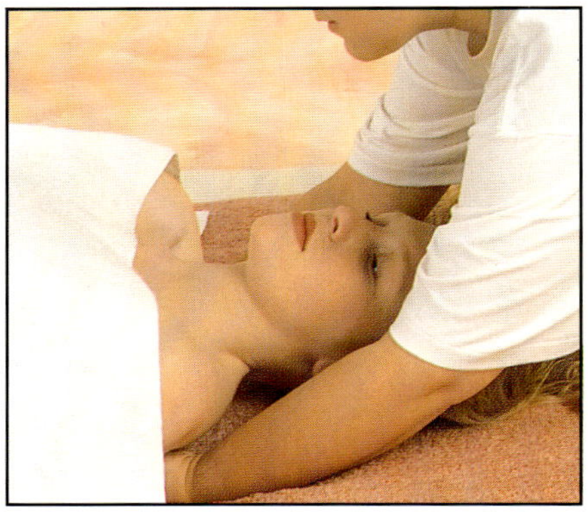

3 *Gently lift the torso so the rib cage rises, maintaining the pressure from the middle fingers.*

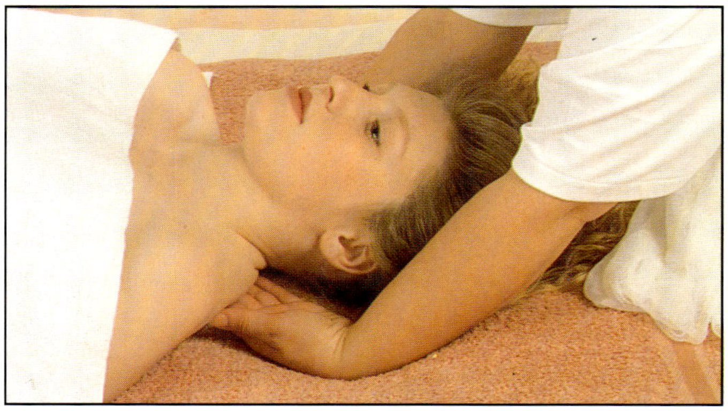

4 *Slowly pull your fingers up the sides of the spine. When you reach the top of the neck, hold for a count of two and then release. Repeat three times in all.*

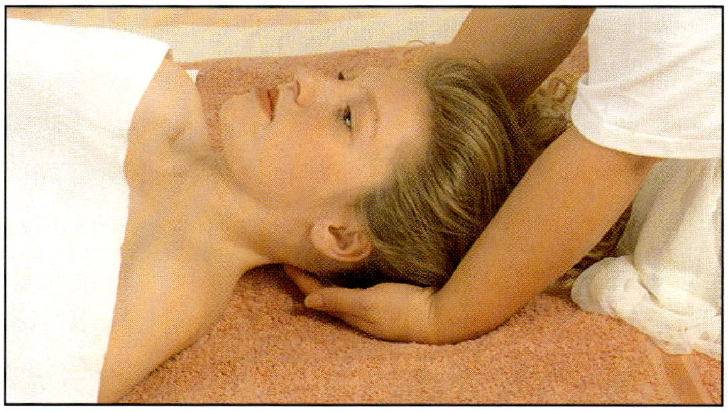

5 *Finish the movement by cradling the head gently with both hands.*

THE FACE

This treatment is a great boost to the circulation, and the complexion will improve with each treatment.

Seated at the head, prepare the face for the massage with a simple refreshing cleanser, using upward and outward strokes. Apply a small amount of facial oil to the face and neck with flowing movements.

TAKE CARE

Even when diluted, essential oils are extremely potent so work carefully around the eye area. If the oil accidentally makes contact with the eye, apply a few drops of pure sweet almond oil to dissipate it. Never wash the eyes with water.

FOREHEAD STROKE

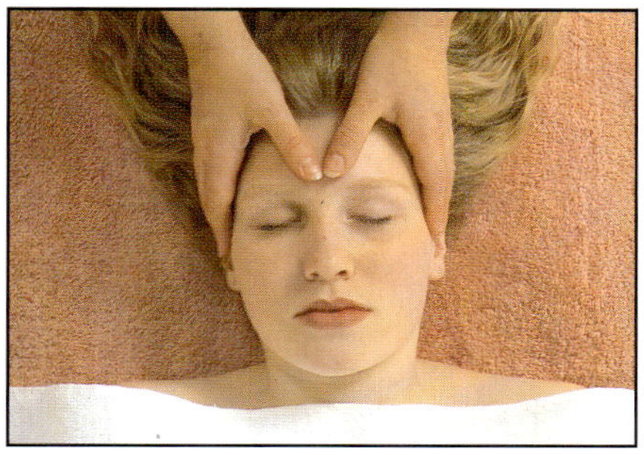

1 *Rest your thumbs on the centre of the forehead, just above the eyebrows, with the palms supporting the sides of the head. The stroke should be kept light and sensitive as the facial skin is very delicate.*

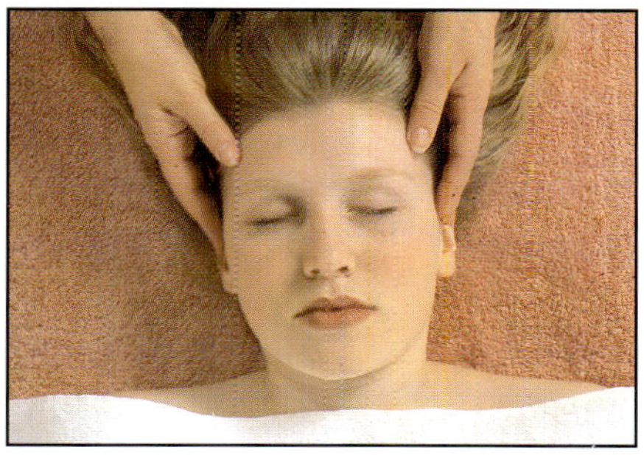

2 *Slowly draw the thumbs out toward the temples and down to the sides of the ears. Repeat the stroke several times, moving the starting position up a little each time until you reach the hairline.*

DRAINING THE CHEEKS

This sequence of raking movements stimulates the lymphatic flow in the face, improving the complexion, clearing the sinuses and releasing tension.

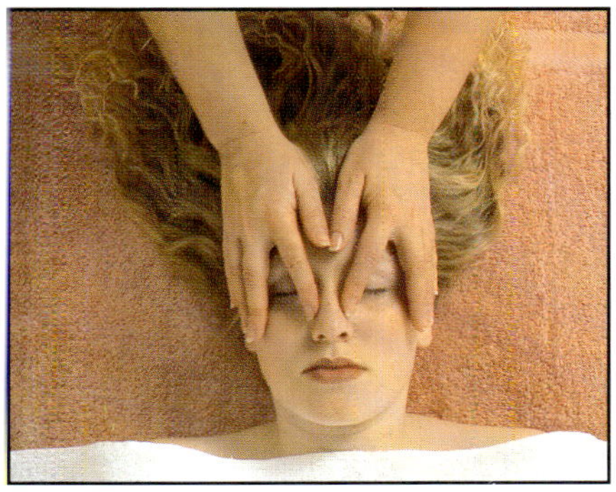

1 *Place the index fingers on either side of the nostrils and hold for a count of five.*

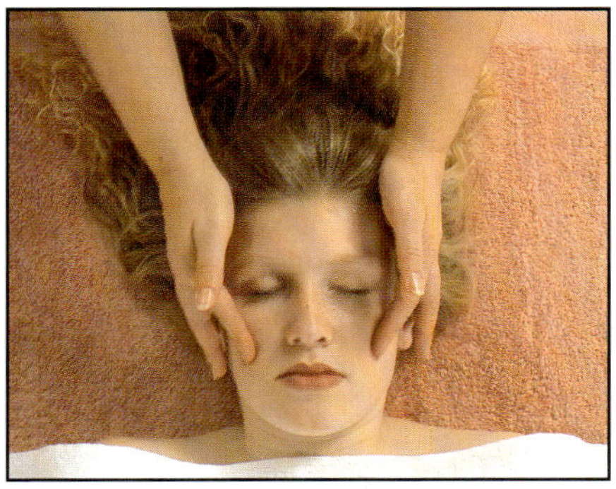

2 *Slide the fingers out and down to the ears. Lift the fingers and replace by the nostril. Sweep in a slightly narrower curve to reach the jawbone just below the ears.*

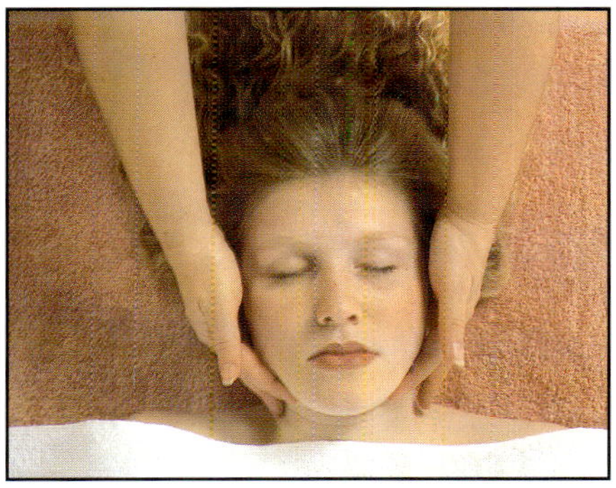

3 *Repeat with successively smaller curves, ending by tracing the laughter lines around the mouth, downward to the sides of the chin.*

CHIN MASSAGE

This not only tones the jawline, but also stimulates the energy points that govern the stomach and small intestine.

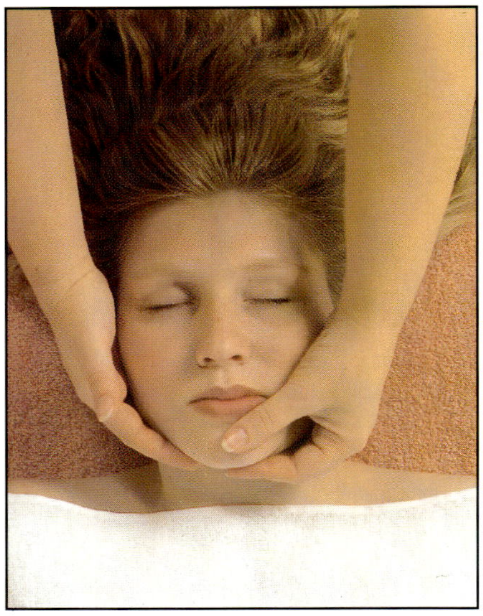

1 *Place the thumbs on the chin, allowing the rest of the fingers to cradle the jaw.*

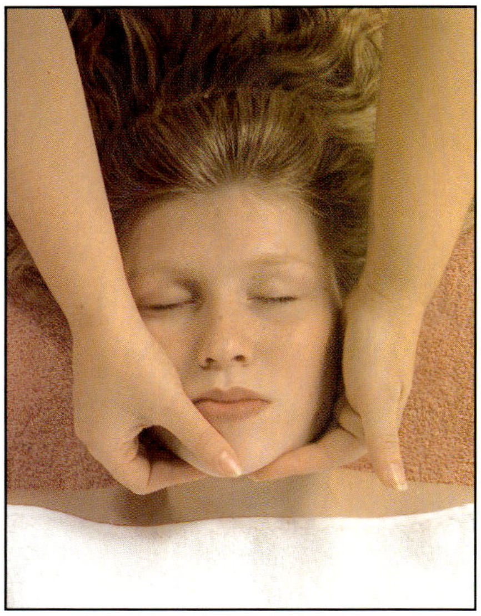

2 *Brush alternate thumbs down and outward, with a light stroke. Repeat the movement six or seven times with each thumb.*

NECK SWEEP

This is an extremely soothing stroke which improves the tone of the muscles as well as flushing the neck.

1,2 *Above and right: Apply a little facial oil to the neck, upper chest and shoulder areas using the flat of the hand. Gently brush down with the hand from the side of the ear out to the shoulder, using a broad sweeping stroke to cover the area.*

3 *Repeat the movement working round the front of the neck, down from the chin to the top of the chest, and then sweep from the other ear to the shoulder.*

The sequence of sweeps round the whole neck should be repeated three times.

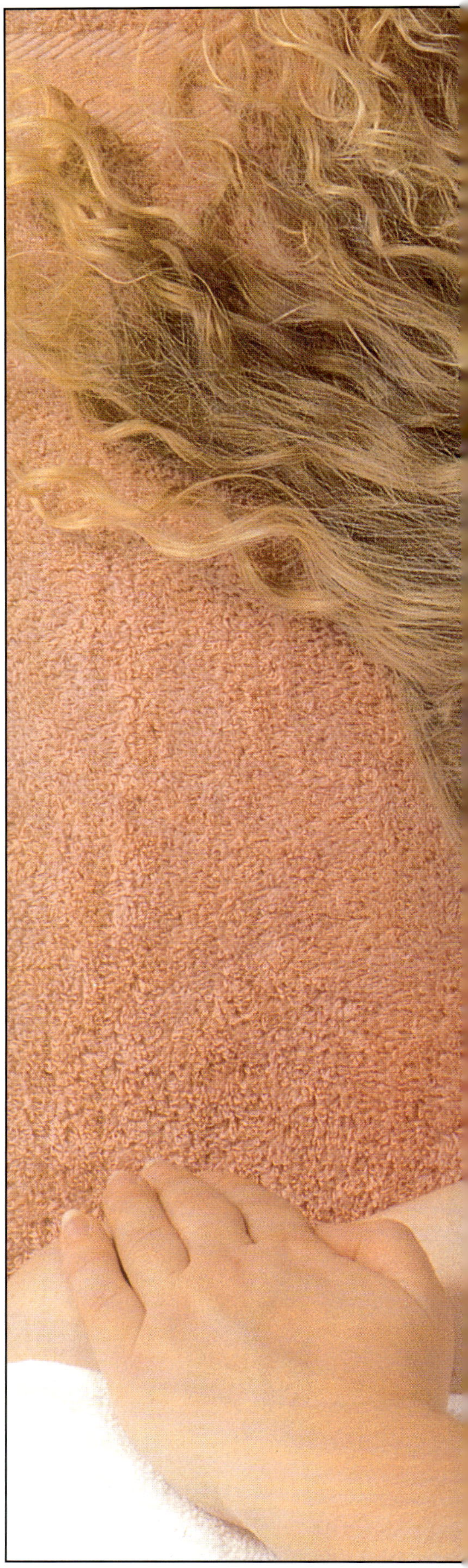

FANNING THE SHOULDERS

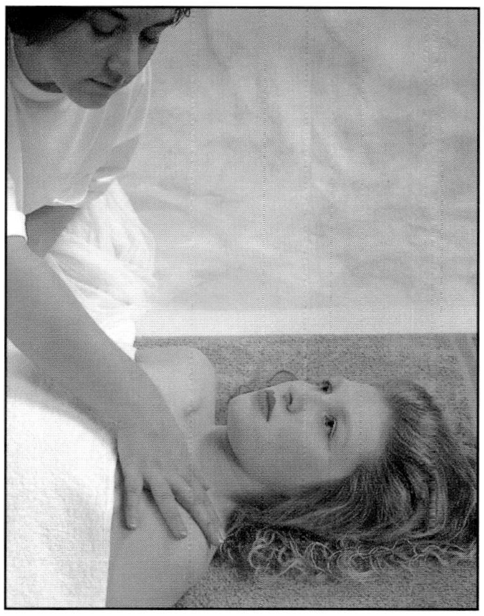

1 *With fingers spread, brush with the flat of the hand across from the breastbone and out over the shoulders.*

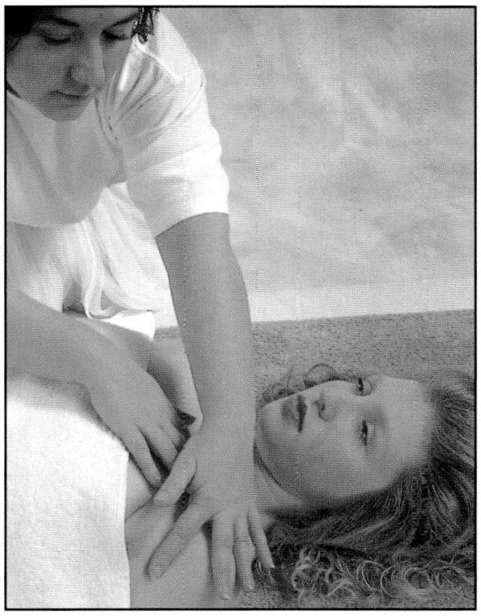

2 *The second hand follows closely behind the first, so they are draining simultaneously toward the armpit.*

Repeat twice before moving onto the other shoulder.

STOMACH AREA

ABDOMEN

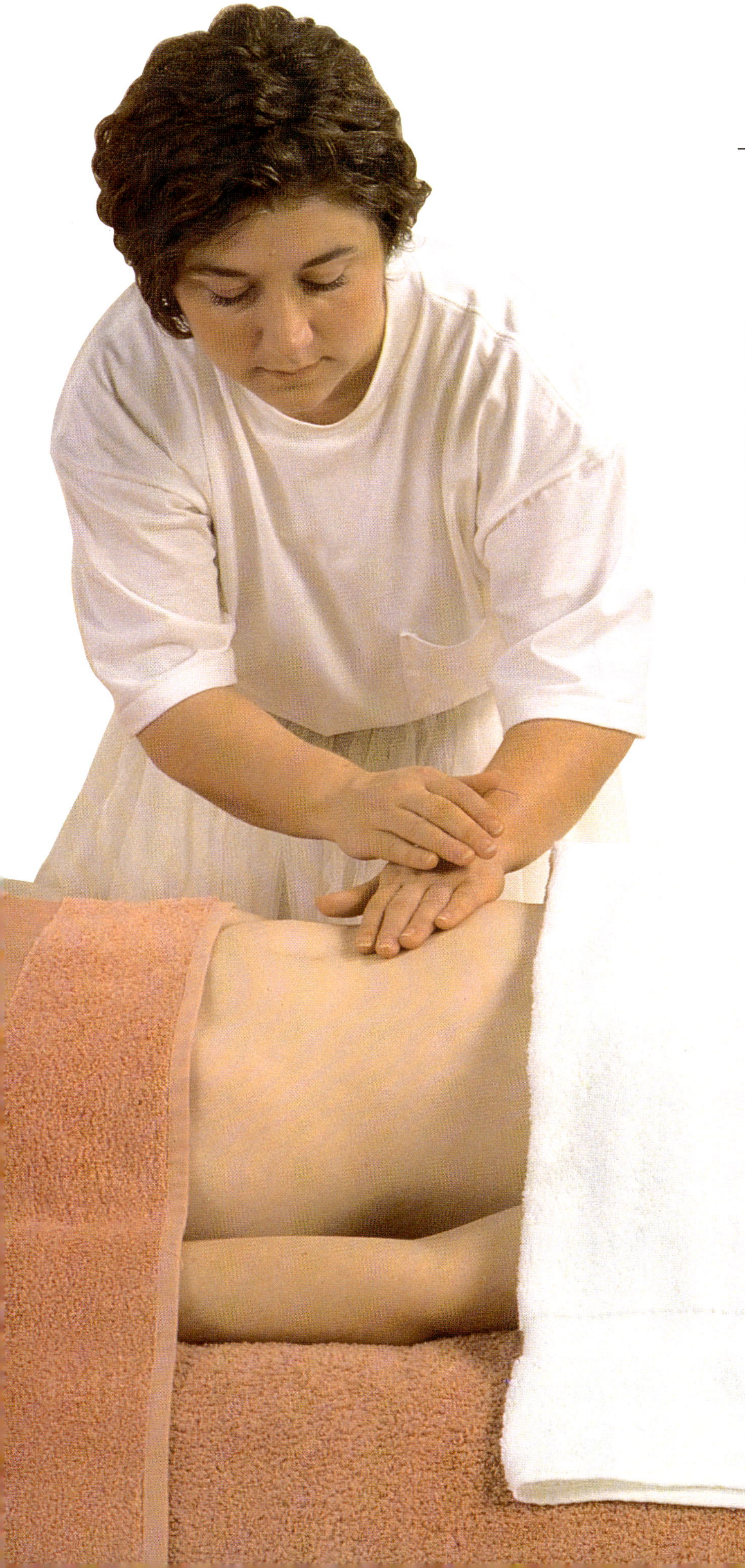

1 *Left: Apply a little oil evenly over the stomach. Place the palm of a hand on the centre of the abdomen.*

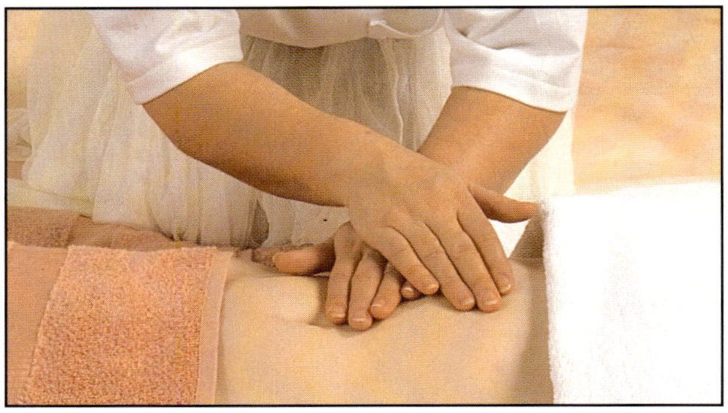

2 *Work the area with tender circular movements, always in a clockwise direction.*

Repeat with the other palm. This movement aids digestion.

RIB-CAGE SWEEP

This movement helps to cleanse the stomach and spleen by pushing the lymph away from these areas.

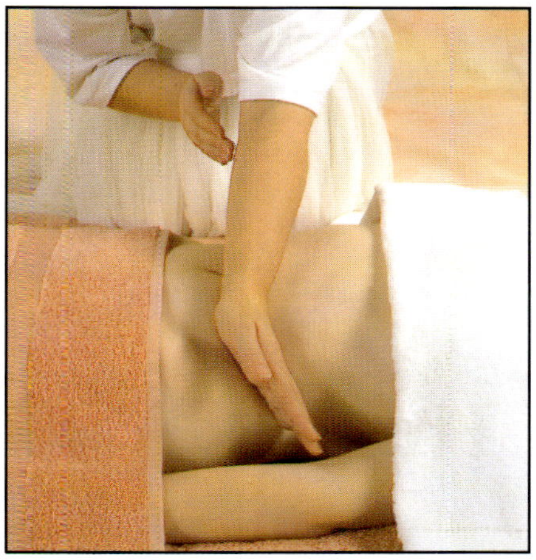

1 *Starting with the outer edge of the hand placed at the centre of the rib-cage, sweep away from you, following the line of the ribs with a long sweeping movement out to the waist.*

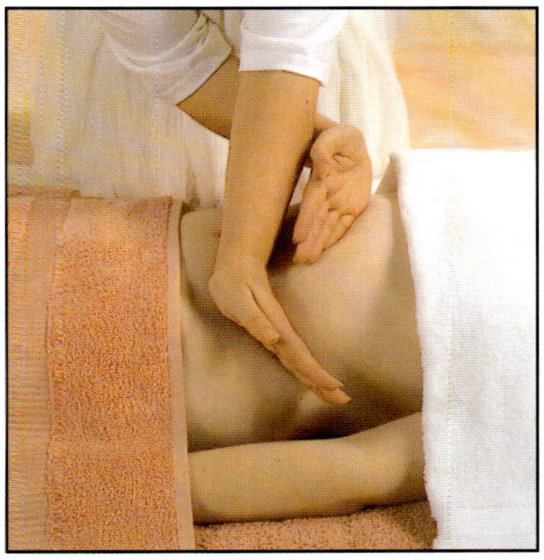

2 *As the first hand finishes the movement, the other hand follows on the same side.*

Repeat the movement with both hands six or seven times and then move around the body to work the other side of the rib-cage.

WAIST PULLS

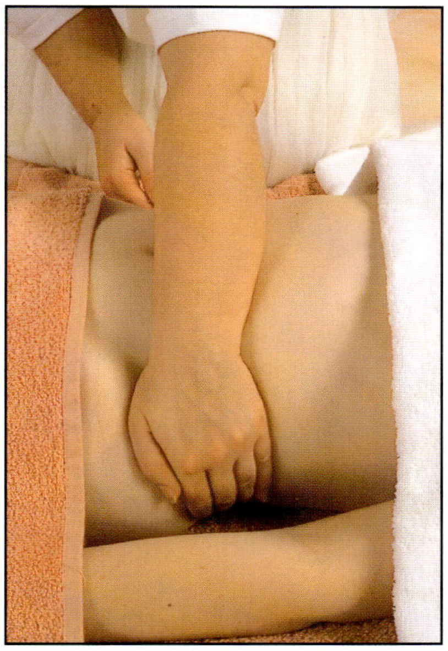

1 *Reach across your partner, placing a firm grip round the waist with one hand. Reinforce your grip by placing your other hand on top of the first hand.*

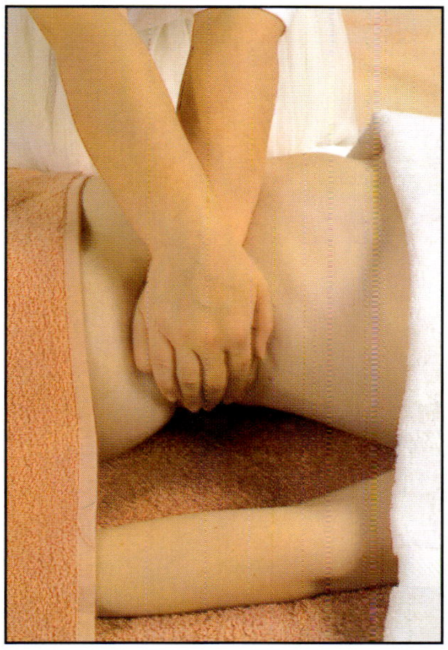

2 *Lift the waist by pulling your partner's body-weight toward you, then gently release while sliding the hands around the hipbone. This cleanses the liver and gall bladder.*

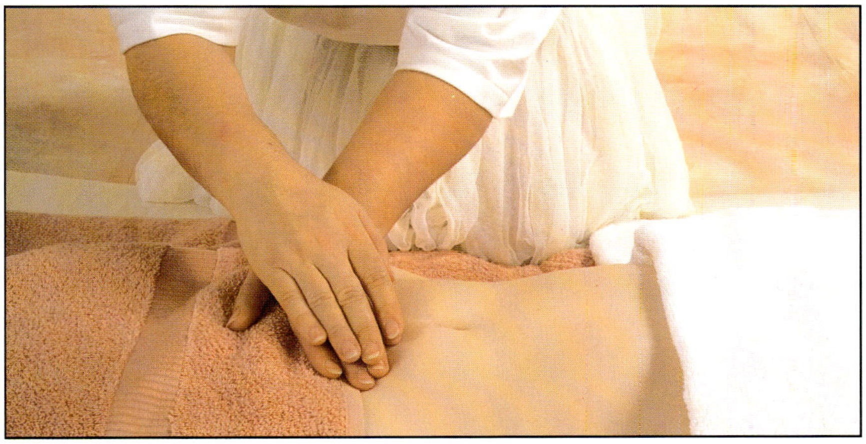

3 *Complete the movement by sliding the hands across and around the pelvis, draining toward the major glands in the groin. Be careful not to dig with the fingers as this is an extremely tender area. Keep the pressure light and even over the whole hand. This is particularly beneficial for women who suffer from menstrual problems.*

Repeat five or six times before moving round to the other side of the body.

FRONT OF LEGS

EFFLEURAGE

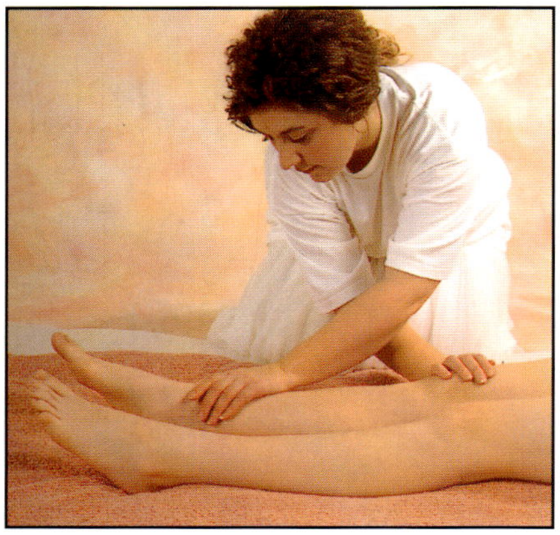

Apply oil to both legs using an effleurage *movement working up from the ankles, as used on the back of the legs.*

Repeat the effleurage *strokes sequence several times to ensure an even distribution of oil.*

LEG STRETCH

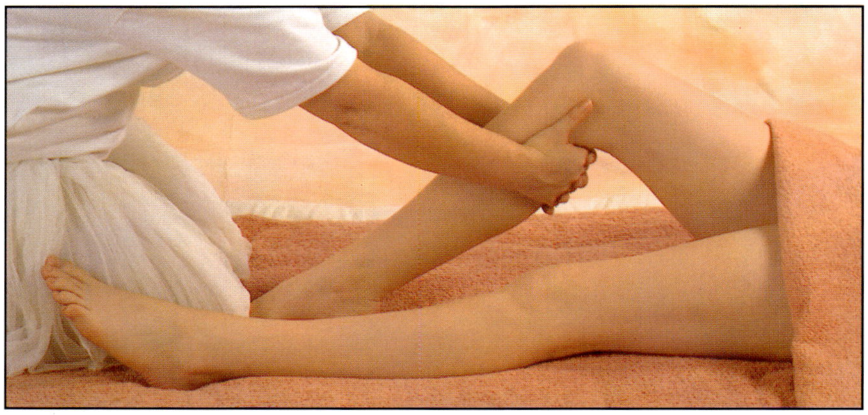

Supporting the leg at the ankle and behind the knee, bend the leg up and place it in line with the shoulder.

Clasp the hands around the back of the knee. Ask your partner to inhale deeply, then pull the calf muscle toward you.

Hold for a slow count of three. As your partner breathes out, release the pull on the calf.

Repeat the whole movement three times, then gently lay the leg down and repeat the stretch on the other leg.

ARMS AND HANDS

EFFLEURAGE

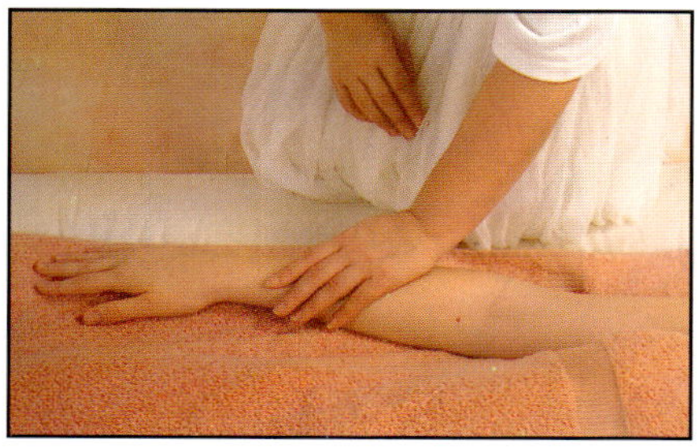

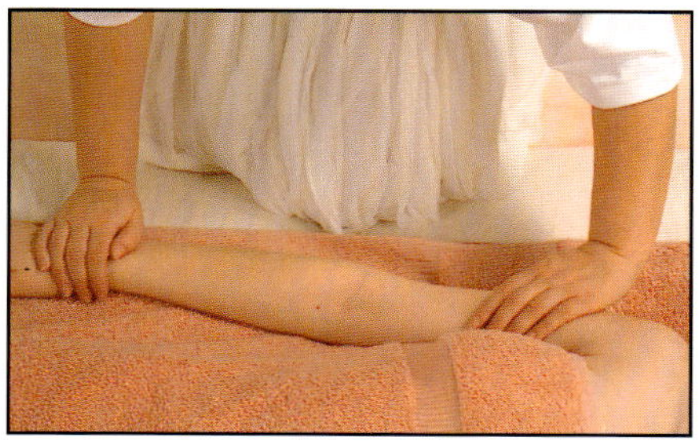

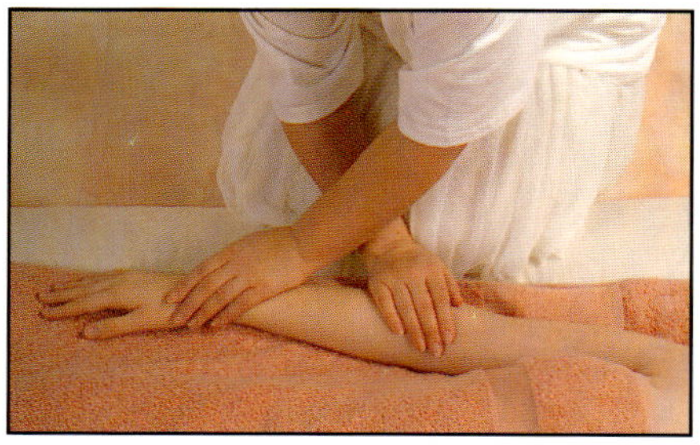

1 *Seated to the side of your partner, move the arm slightly away from the body. Apply the oil by sweeping from just above the wrist, up to the shoulder and round.*

2 *As the first hand comes off the arm, the other hand starts at the wrist and sweeps upward to the gland sited in the elbow joint.*

3 *The first arm crosses the second as it reaches the elbow and again sweeps from wrist to shoulder.*

Repeat six or seven times.

You can follow the effleurage *with flushing to the inside of the arm, using the same movements performed on the leg, working from the wrist to the elbow.*
Before going on to the second arm, massage the hand of the first arm.

HAND MASSAGE

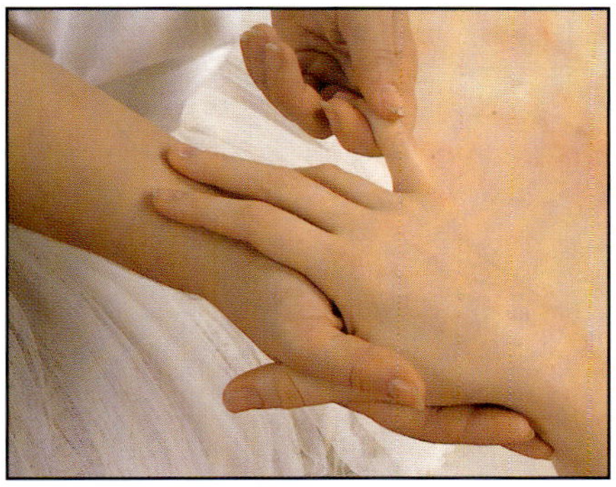

2 *Pull back to the fingers, gently massaging the joints between your thumb and forefinger as you draw towards the tips. Finish with a slight pull to the finger to stretch it out.*

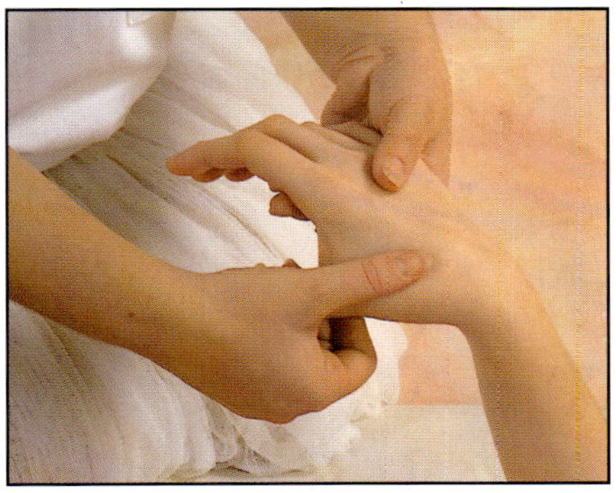

1 *Resting your partner's hand palm down over your own palm, use small brushing movements with your thumbs to work upward between the joints of the fingers toward the wrist.*

3 *Repeat with each finger, finishing with the thumb.*

Now repeat the movements on the other arm and hand.

To finish the massage, cover your partner to the neck, check he or she is warm and comfortable, and leave to rest for a minimum of five minutes (up to 15 minutes is preferable). Upon returning, help your partner to sit up carefully and offer a glass of water.

PREGNANCY TREATMENTS

Pregnancy can be one of the most exciting and fulfilling times of a woman's life. The joy of bringing another human being into the world creates a tremendous feeling of contentment and anticipation, but it is also a time of great physical and emotional upheaval. Together with the ever-important trio of exercise, good diet and rest, essential oils can play an important role in helping a woman cope with the stresses of nine months of pregnancy, the pain of labour and post-natal recovery.

COMMON AILMENTS

Surging hormone levels and changes in your swelling body can bring a host of discomforts, many of which can be alleviated by aromatherapy treatments and other simple steps.

Backache

The lower back region takes a lot of strain during pregnancy, and will benefit from a firm massage with four drops each of lavender and sandalwood in two tablespoons of base oil. Six drops of lavender in the bath will help to soothe away the aches.

Morning Sickness

Eat little and often during the day, avoiding junk food and heavy meals late at night. Choose fresh foods which are free from preservatives or chemicals. Try herbal tea infusions such as chamomile, peppermint or orange blossom, which are good for the digestion.

Heartburn

Avoid heavy meals and particularly rich, spicy foods. Peppermint tea infusions help, and you can rub the solar plexus with a blend of two drops each of lemon and peppermint essential oils in one tablespoon of base oil.

Spoil yourself with the luxurious and relaxing scent of rose for body and facial oils, to keep your spirits up during pregnancy.

Sore Breasts

These need extra care and attention during pregnancy as they expand. Use a gentle massage oil with rose and orange, three drops of each in one tablespoon of sweet almond oil; or if breasts are swollen, make a cool compress using rosewater and place over the breasts while having an afternoon rest. Sweet almond oil on its own is excellent for sore, cracked nipples during breast-feeding. Never use pure essential oils on the breasts during this period as they can easily be transferred to the baby while feeding.

Constipation

Make sure your diet contains plenty of fresh and high fibre foods and drink plenty of still water. Tension can also be a contributory factor, so try a relaxing bath with three drops of lavender and four drops of rose. Massage your abdomen and the small of the back with a blend of four drops of chamomile or orange in one tablespoon of base oil.

Sleep Problems

In the last few months of pregnancy, with the baby kicking and other discomforts, it is often difficult to get a good night's sleep. A relaxing bath with neroli and rose is soothing, and you can add ylang-ylang for its calming, sedative effect – a maximum of eight drops in total. Two drops of rose or lavender on the edge of the pillowcase will help induce sleep.

Stretch Marks

When the stretched skin returns to the body's normal shape it can leave tiny jagged scars. A daily massage around the hips and expanding tummy, using five drops of lavender in one tablespoon of jojoba, wheatgerm or evening primrose oil, will help keep skin smooth and supple. Start around the fifth month of pregnancy and continue after the birth until you return to your normal weight.

Swollen Ankles

These can be reduced with a cool to warm footbath of benzoin, rose and orange. Add two drops of each directly to the bowl or mix with one tablespoon of base carrier oil such as sesame seed. Rest with feet raised on cushions or pillows.

Varicose Veins

During pregnancy the blood flow to the legs is often slowed down, causing the veins to dilate. Two drops each of cypress, lemongrass and lavender, mixed with two tablespoons of apricot kernel base oil, can be smoothed gently over the legs for relief. If veins are prominent then one of the best oils for the circulation is geranium, though this should always be very dilute for use in pregnancy. Add four drops to the bath or to one tablespoon of carrier oil to massage the leg with upward movements. Do not work directly on the veins or apply too much pressure to the leg.

LABOUR

To create a relaxing atmosphere in the labour room, use a few drops of lavender in a fragrancer, or try rose, neroli or ylang-ylang to fortify you as the labour progresses. Any of these oils can be used in a massage blend for the lower back to help with contractions. If labour is progressing slowly, try marjoram as a massage oil or compress across the abdomen to stimulate contractions.

AFTER THE BIRTH

The "baby blues" often occur around the third or fourth day after childbirth, though some women can suffer a more severe form of post-natal depression for up to a year. A bath of jasmine and ylang-ylang will help you feel better, or use a body oil of chamomile, geranium and orange (5 drops to two tablespoons of sweet almond oil), which is a good mix for hormonal imbalance.

To ease any perineal pains, a bath with lavender is soothing. Tea tree can also be added, since this is a powerful antiseptic and helps heal internal wounds and stitches.

CAUTIONS

The following oils should be avoided during pregnancy (particularly the first five months) because of their strong diuretic properties or tendency to induce menstruation:

Bay · Basil · Clary Sage · Comfrey Fennel · Hyssop · Juniper Marjoram · Melissa · Myrrh Rosemary · Thyme · Sage

Use all essential oils in half the usual quantity during pregnancy and take extra care in handling them. Ensure that the oils you are using are pure essential oils, as adulterated blends or synthetic oils can sometimes have less predictable effects.

If you have a history of miscarriage you could also avoid chamomile and lavender for the first few months, although in general these are excellent oils for pregnancy.

Because of their potentially toxic nature and strong abortive qualities the following oils should *never* be used except by a qualified aromatherapist, and must be avoided during pregnancy:

Oreganum · Pennyroyal · St John's Wort · Tansy · Wormwood

Recommended Oils for Pregnancy

Chamomile · *Geranium* (in low doses) · *Lavender* · *Lemon* · *Neroli Orange* · *Rose* · *Sandalwood*

PREGNANCY MASSAGE

These simple touch massage movements can help to relieve many of the stresses and discomforts of pregnancy, and the back massage is particularly welcome during labour. The basic essential oil massage is modified in various ways to take account of the pregnant condition.

- Check the box on the previous page to find which oils are suitable and which are to be avoided.
- Use a lower concentration of essential oil to base oil; $^1/_2$–1 per cent is ideal.
- Keep strokes lighter than usual.
- In addition to the steps suggested, you can incorporate a facial and gentle breast massage.
- It is particularly important to observe the rest period after the massage and to help your partner get up gently.
- The positions you work in need to be adapted for a pregnant woman, as she cannot lie out straight on her front or back and needs to be well supported.

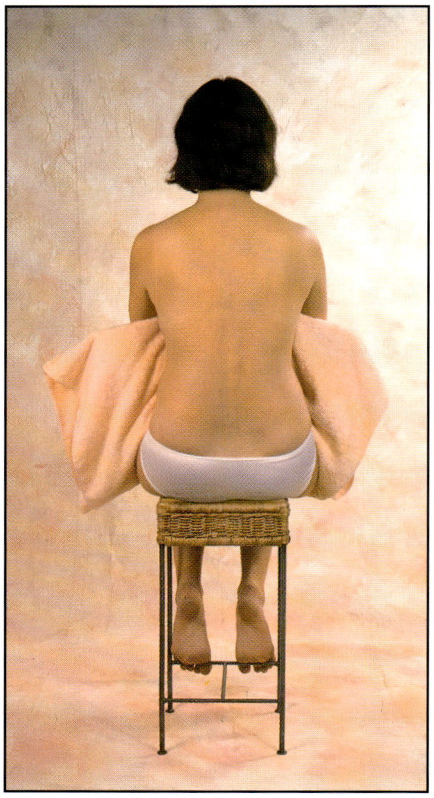

THE BACK

After about the fourth month of pregnancy it becomes uncomfortable to lie on the stomach, so work with your partner sitting up with a towel-wrapped pillow or back of a chair to lean over for support.

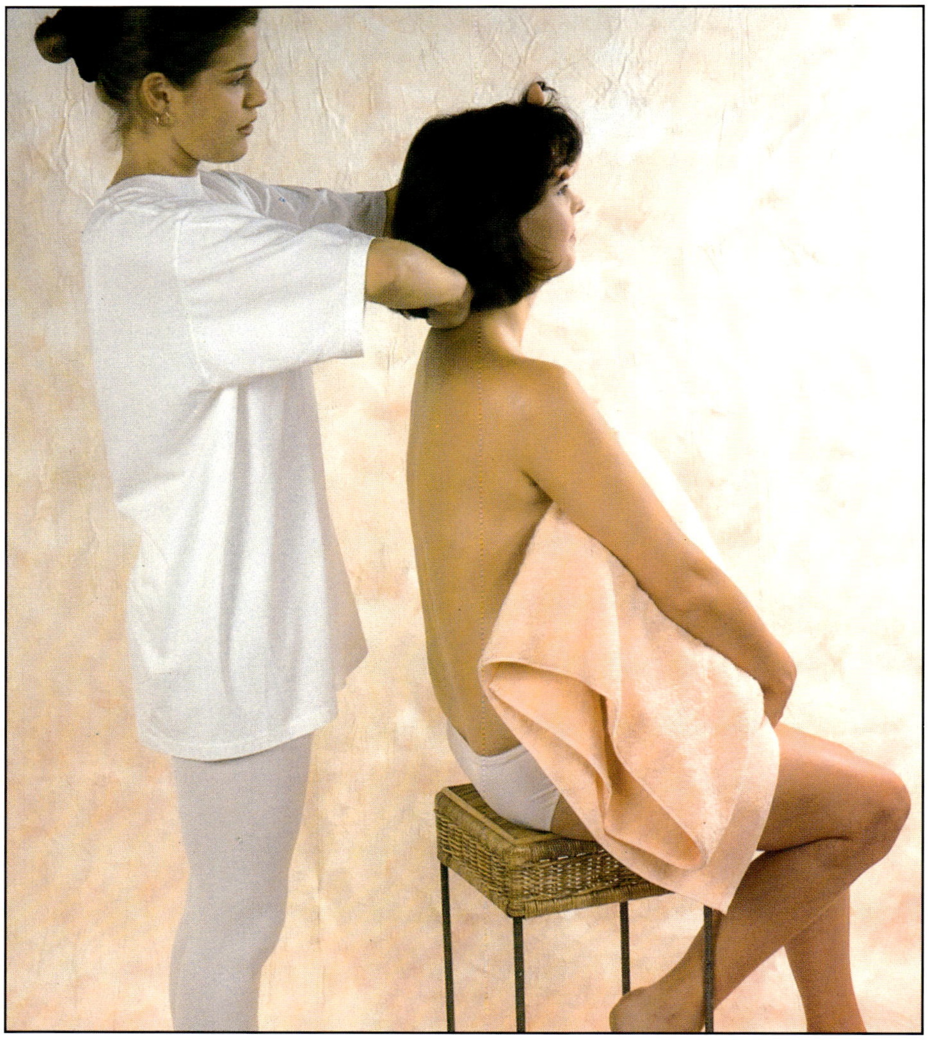

1 *Make sure your partner is comfortable and place your left hand over the forehead and the palm of your right hand across the back of the neck. Hold for a few moments and then release.*

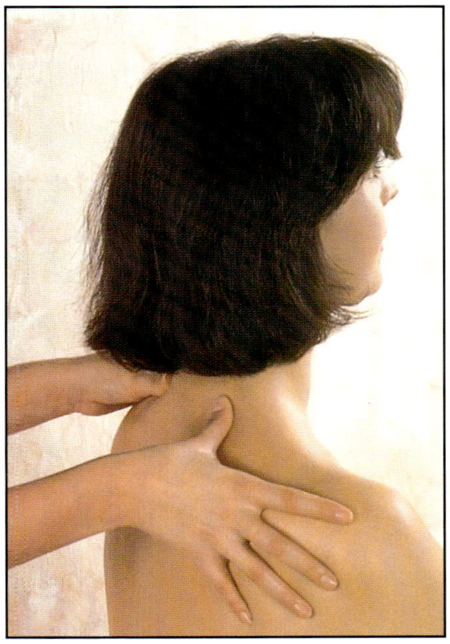

2 *Apply a little oil to your fingers and using a slight but gentle pressure, softly massage each side of your partner's neck and shoulders, kneading mainly with the thumbs. This will help to relieve the tension often caused by the weight of enlarged breasts.*

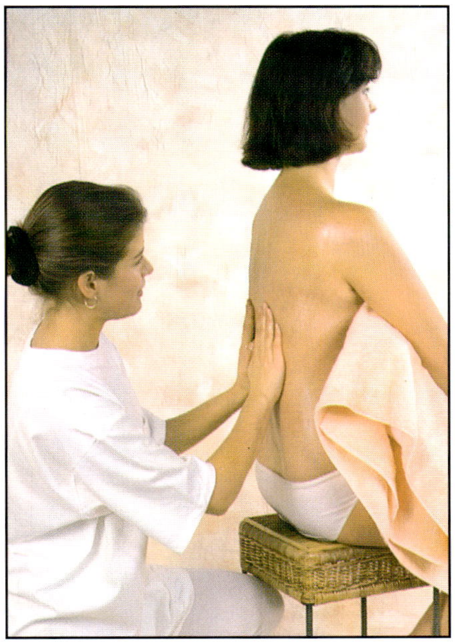

3 *Stroke the oil evenly over the back and begin an* effleurage *movement (a soothing, stroking motion with two hands, moving up the sides of the spine and out over the shoulders). Repeat several times to establish a rhythm and relax your partner.*

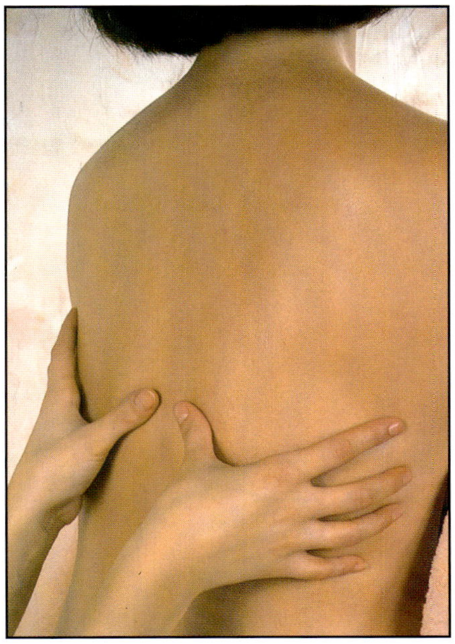

4 *Using the thumbs, work upward on each side of the spinal column from the lower back to the neck to help release congestion along the spinal nerves. Repeat four times. Clear the movement by sweeping up the back using the calming* effleurage *stroke.*

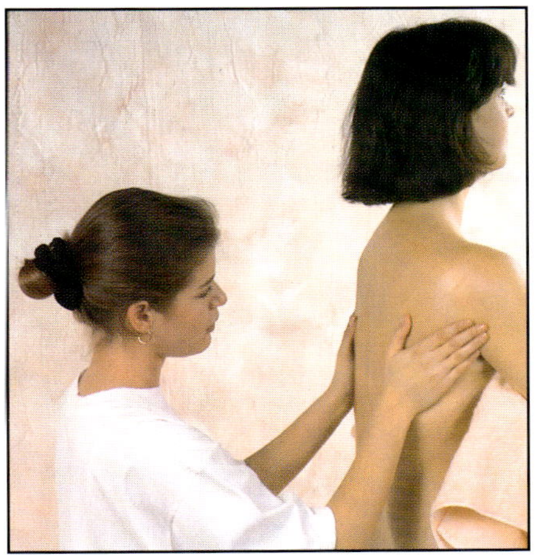

5 *Starting from the centre of the back, begin working up and outward across the width of the back with superficial* effleurage *movements. Repeat the movements several times until your partner is relaxed. This will help to stimulate the circulation and has a soothing effect on the nerve endings.*

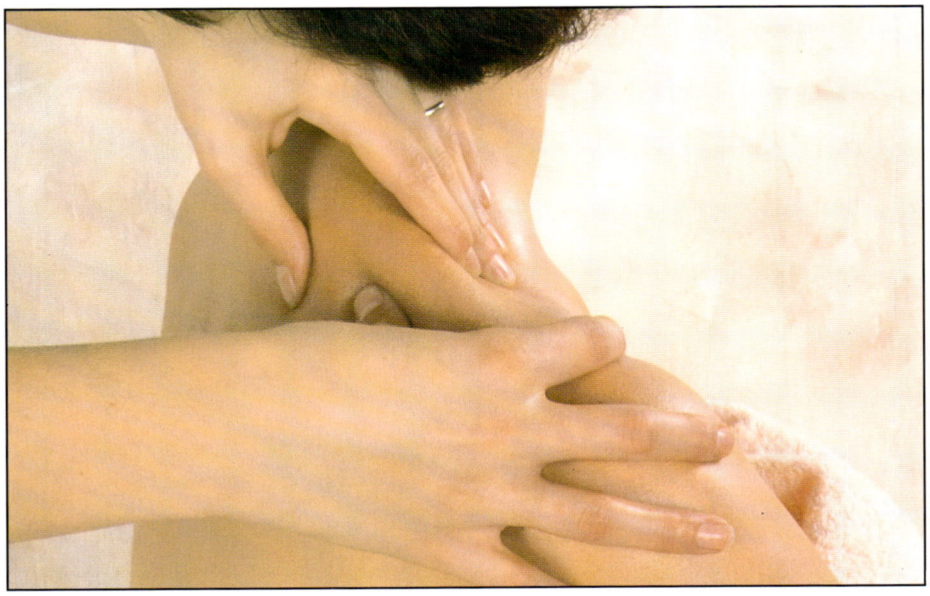

6 *Using a double-handed movement, press down and then gently lift the muscles to the side of the neck, rolling with the thumb, and then release. Work out from the neck across the shoulder, and then repeat across the other shoulder. Performed slowly with rhythmic movements this is very relaxing and will alleviate stiffness.*

THE ABDOMEN

For a pregnant woman, the weight of the uterus can constrict important blood vessels if she lies down flat on her back, so provide plenty of pillows, cushions, bolsters or rolled towels to support your partner behind the back, under the neck and knees and anywhere else she needs to feel comfortable.

1 *Below: It may seem alarming to massage the abdomen during pregnancy but, providing the strokes are light and careful, it is safe and relaxing for mother and baby. Gentle massage all over the abdominal area can be very soothing and is beneficial for relieving the stretched feeling often experienced during pregnancy. Apply oil evenly over the area to help feed the tissues and lessen the possibility of stretch marks.*

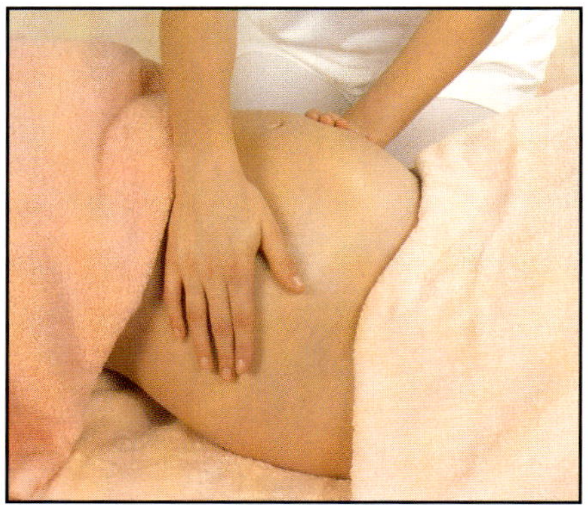

2 *Using the flat of your hands, carefully glide them up from either side of the waist, lifting your hands off as they reach the navel, and then start again. Continue to stroke the area with a light, soft touch, working over the whole of the abdomen to soothe and calm.*

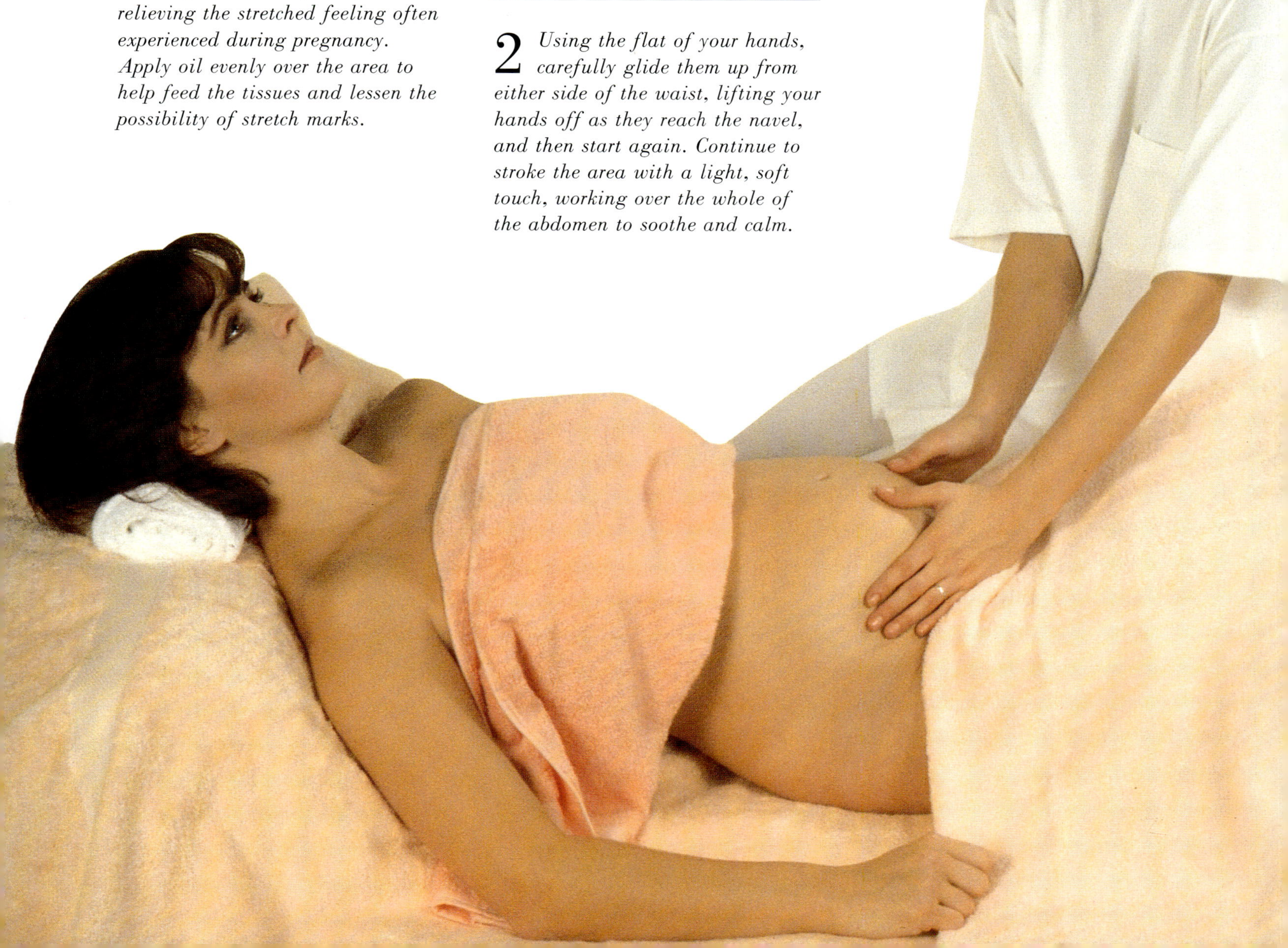

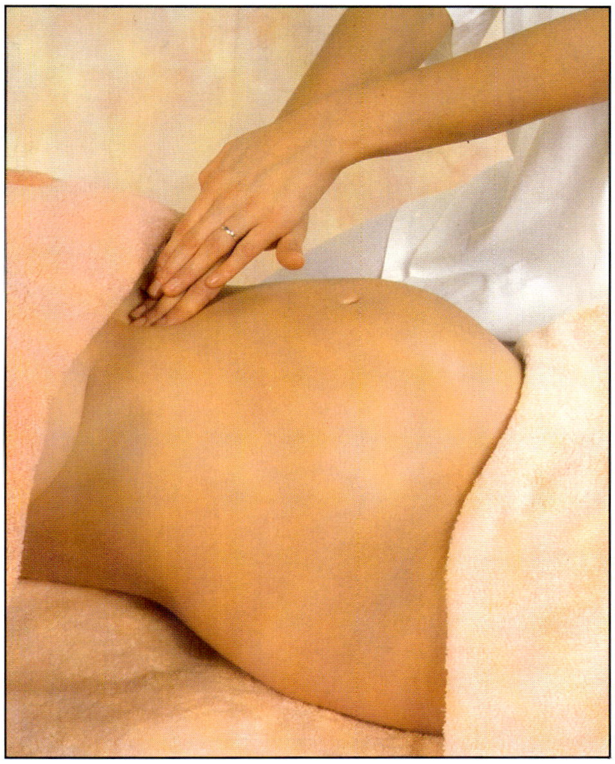

3 *After a minute of gentle circular movements, place the fingertips of your left hand on the higher section of the solar plexus region and cover with your right hand. Rest both hands for a moment and then release to help alleviate stress.*

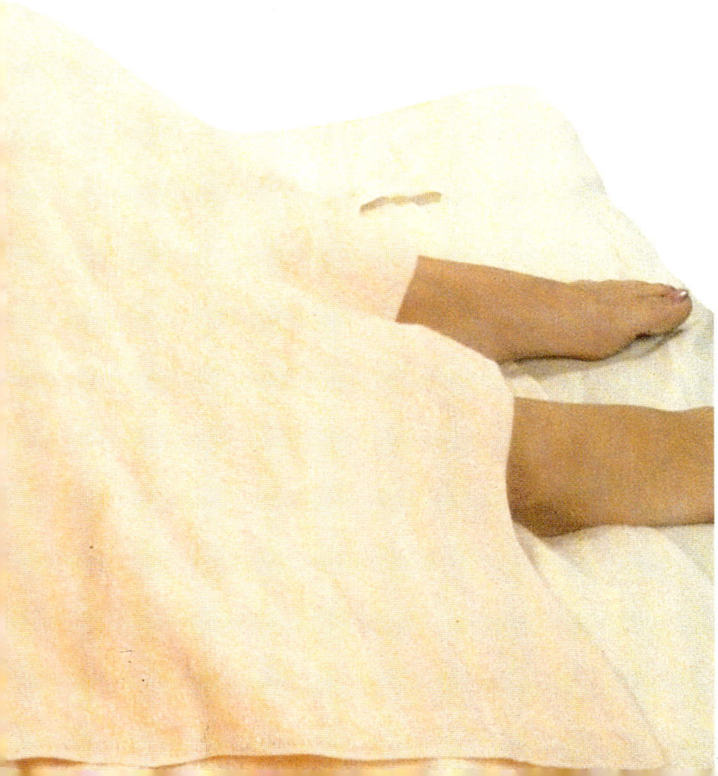

LEGS

Make sure your partner is comfortable, with the knees supported by cushions.

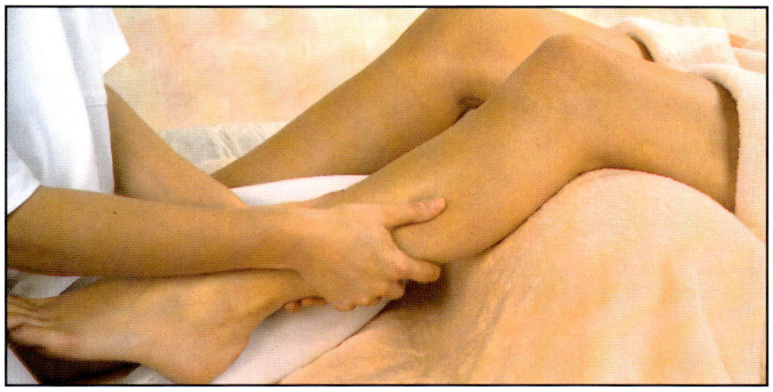

Begin gently stroking the leg with an effleurage *from the ankle to the knee, smoothing up the shin and then glide around the calf.*
It can help to relieve the swelling, varicose veins or cramp which afflict many pregnant women. Do not use any heavy movements to the legs and avoid any reflexology movements to the feet, though gentle stroking around the ankles may well be appreciated.

TO FINISH

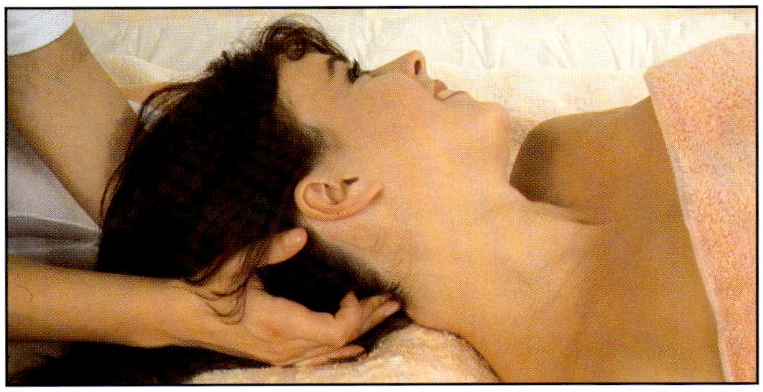

With both hands positioned at the back of the neck, apply light circular pressures to the cranium (skull) with your fingertips working in an upward direction to help release tension.

End the massage by smoothing the hair away from the neck and forehead, releasing all the negative energy. Allow your partner to rest for 15 minutes and then help her to get up very gently.

BEAUTY BASICS

Looking good starts with great skin, and aromatherapy can help you achieve this in various ways: the remarkable penetrative properties of essential oils make them excellent moisturizers, and the wide range of their properties means there is always the right oil for the right condition. For instance, rosemary stimulates the circulation and thyme help the cells to regenerate. As well as being stimulating to the lymphatic system, which helps cleanse the tissue that causes sluggish skin, essential oils can be used as part of your daily skin-care routine and to treat specific problems such as acne.

FEED YOUR SKIN

Skin needs to be fed and nourished – inside and out. Healthy diets can keep the body in shape but to keep skin in peak condition it needs to have a ready supply of valuable vitamins and minerals. Many factors can drain the body of this valuable resource – canned and over-processed foods, caffeine, alcohol, nicotine, sunlight, central heating, carbon monoxide and habitual drug taking. The effects of these can build up and attack the skin so from time to time you need to give it a break.

A one-day fruit and vegetable diet is an excellent regime to adopt once a month to cleanse your body and give a boost to your system.

SKIN TYPES

Choose the right oils for your skin type and use them to blend your own cleansers, toners, masks and moisturizing facial oils. Remember that skin types can vary: skin may be drier in winter or summer or more prone to oiliness around the time of your period, and it can change several times between puberty and menopause. So review the oils you use to suit your skin now and vary them to meet the changing needs of your complexion.

Few people are blessed with normal skin and even those who are may tend towards dryness or oiliness at times. Letters in parentheses indicate what other skin types an oil is suitable for. D = dry, S = sensitive, O = oily, A = all skin types.

Oils for Normal Skin
Chamomile (D, S) · Fennel (O)
Geranium (A) · Lavender (A)
Lemon (O) · Patchouli (D)
Rose (D, S) · Sandalwood (D, S)

Oils for Dry Skin
Chamomile · Geranium · Lavender
Hyssop · Rose · Patchouli
Sandalwood · Ylang-Ylang

Oils for Sensitive Skin
Chamomile · Lavender · Neroli
Rose · Sandalwood

Oils for Oily Skin
Bergamot · Cedarwood · Cypress
Lavender · Lemon · Geranium
Juniper · Frankincense · Sage

Combination skin has an oily T-zone panel from the forehead down to the nose and chin area, and may be normal or dry elsewhere. Double up on the treatments, using oils for oily skin on the greasy patches and oils for normal skin on the rest of the face area.

CLEANSERS

Choose the correct essential oils for your skin type and blend them in with an ordinary unperfumed brand of cleanser, liquid soap, or tissue-off lotion/cream, and they will do nature's work of rebalancing the skin.

FACIAL STEAM

Add five drops of chamomile for a soothing steam or try lavender, peppermint, thyme or rosemary to stimulate; comfrey or fennel for their healing properties.

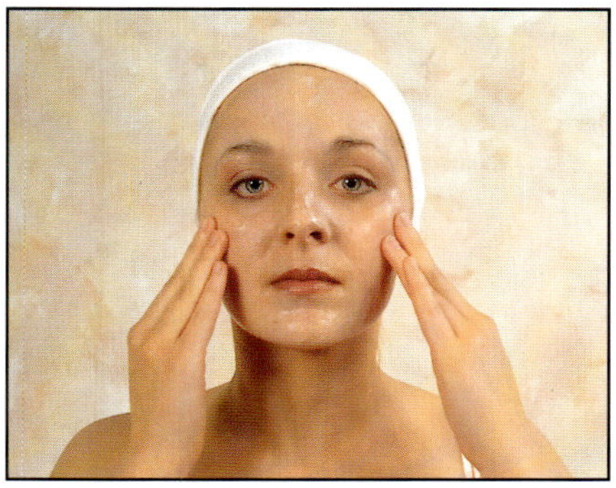

Above: Cleanse the face, paying particular attention to the oilier areas.

Above right: For a facial steam, boil the water, cool slightly and add the oils. Steam for five minutes.

Toners

Essential oils are the gentlest way of toning up. Rose water for normal or dry/sensitive skin or witchhazel for oilier skins are ideal bases for fresheners. These can be applied with cotton wool or for a more refreshing tone, sprayed on to the face.

Herbal tea infusions are also ideal toners. Boil a cup of water and infuse chamomile, marigold, rosehip or nettle teas (you can use herbal tea bags if you can't get hold of the herbs), add two drops of orange or lavender oil and leave to cool. Oily skin benefits from juniper or lemongrass whereas drier skins would appreciate rose or sandalwood.

Facial Oils

Well-moisturized skin is soft and supple, reflects a healthy glow and ages less quickly. Younger skin only needs light conditioning whereas older skin needs specific nourishing treatments. Most moisturizers soothe and sit on the surface of the skin, but essential oils, with their fine molecular structure, work their way through from the surface to the inner dermis (the skin's deeper regenerating layer). Mixed with the correct amount of base oil, these pure essentials do not clog up pores on lubrication: they are light enough to be absorbed spontaneously by skin.

Use two tablespoons of base oil and add six drops of essential oil (maximum of three different oils) to suit individual needs.

Masks

Both clay and oatmeal are ideal ingredients for any face mask. A natural powdered clay is fuller's earth, which can be mixed into a paste with hot water. Cool and then add yogurt for a smoother consistency. Similarly, finely ground oatmeal can be mixed into a paste and left to cool. Add 15 drops of essential oils to suit your skin type per cupful of paste. Smooth on to your face, leave to dry slightly and then sponge off. For particularly dry/sensitive skins add one tablespoon evening primrose base oil to give a more moisturizing mask. When applying, avoid the eye area.

EYE TREATS

While relaxing with a face mask on, close the eyes and cover with cotton pads soaked in rose water, or soothe with two slices of fresh cucumber.

ACNE

Because of their anti-bacterial, anti-inflammatory and rebalancing properties, essential oils are ideal skin treatments for acne sufferers.

It is often a mistake to scrub oily skin over-zealously: this only activates the sebaceous glands which in turn produce more sebum. If you suffer from pustular acne then avoid excessive facial steams which may spread the condition: use a mask instead. Often it is better to opt for a daily sensitive-skin type cleanser and moisturizer, adding two drops of juniper, which is stimulating and antiseptic. Opt for a deeper clay-type mask treatment once a week, adding a couple of drops of juniper, which is healing, soothing and tightening, or eucalyptus which is anti-inflammatory, antiseptic and antibiotic. Increase your intake of vitamin E, which is a great skin healer.

BROKEN VEINS

These small, red, spider-like thread veins often appear on the surface of skin around the cheek area. They are broken capillaries and seem to affect those with a delicate or fragile skin type. Hot and cold elements, along with stimulants such as alcohol and caffeine, can often trigger this condition. To treat it at home the secret is to protect the skin from losing excess moisture and to give it extra essential oil treatments using parsley, geranium, chamomile, rosemary or cypress in a heavy base oil.

COLD SORES

Cold sores are small blisters on the lips or surrounding area which are caused by the virus herpes simplex. It normally lies dormant in nerve cells but can surface following a simple cold or flu. Any lip sore that persists should be treated medically but for the common cold sore a dab of undiluted tea tree oil will help.

ODD SPOTS

If prone to occasional spots then mix one drop each of neroli, lemon and lavender in one teaspoon (5 ml) of base oil and treat just the affected area. For a single spot use a cotton bud and dab on one drop of undiluted sandalwood.

FACIAL MASSAGE

Massage helps the skin to absorb oils and creams easily. Give skin a clear start with our step-by-step facial.

1 Pour a small amount of blended oil into the palm of your hand and gently apply all over the face, avoiding the eyes.

2 With the back of your hands, gently tap the skin around the jaw-line and underneath the chin to stimulate the skin cells.

3 Apply small circular movements to the chin area, using your thumbs, to tone, help circulation and eliminate toxins.

4 *Make an "oooh"-shaped mouth. Massage either side easing out fine lines.*

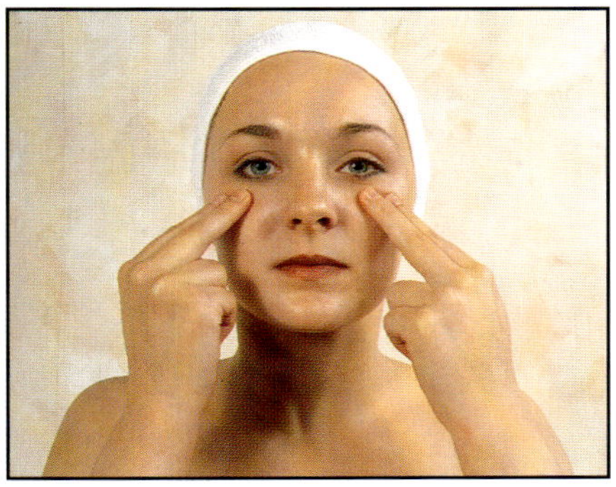

5 *With your fingertips, press along the top of the cheekbones and massage outward up to the temples to release toxins.*

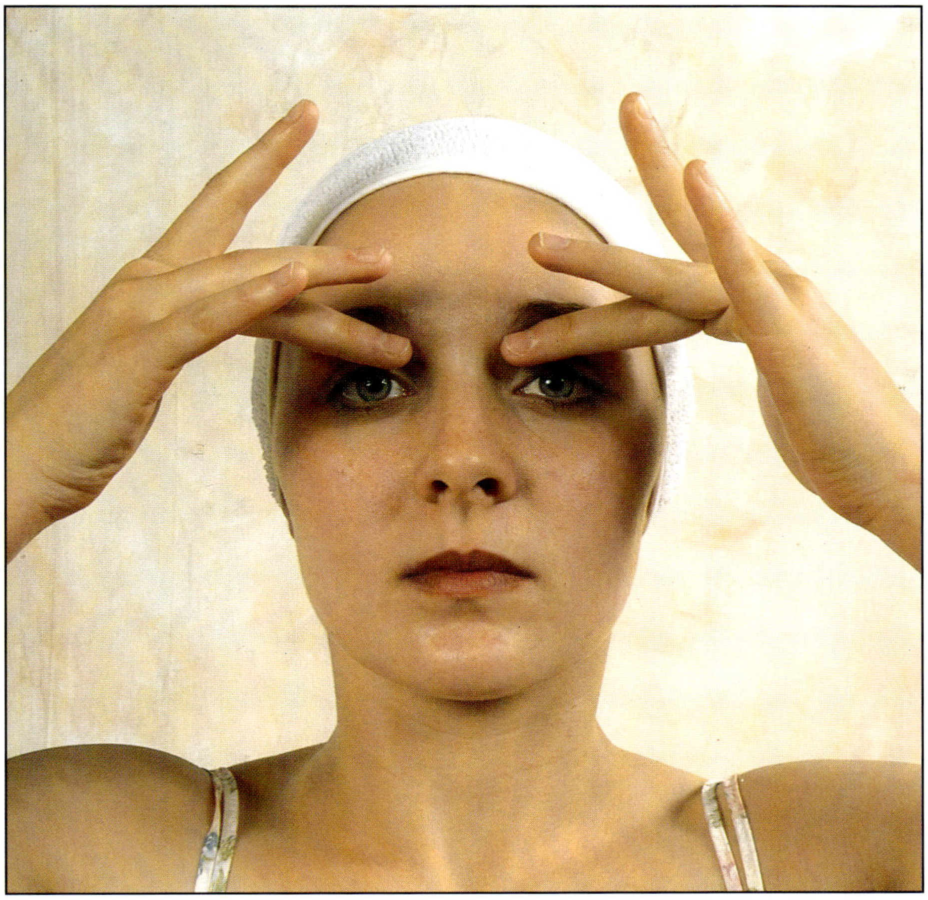

6 *With the middle fingers, apply pressure to points above the bridge of the nose and underneath the eyebrows. Hold for five seconds and smooth across from the inner to the outer corners of the eyebrows and continue up to the temples.*

7 *To relieve tension, apply firm pressure at either side of the temples, and rotate backward.*

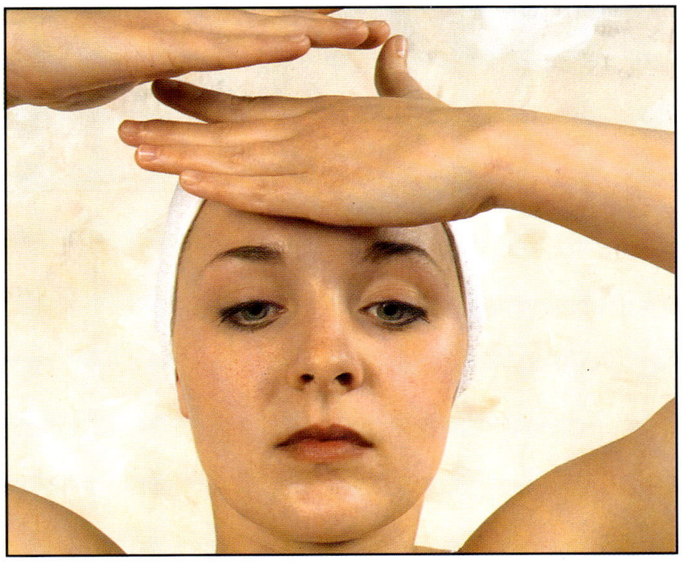

8 *Stroke up the forehead to the hairline with the palms of the hands, smoothing out fine lines.*

HEALTHY HAIR

Hair can define your image and style but it is also a mirror of your health. Emotional or physical problems can soon result in a lack of bounce or shine.

Keeping hair in peak condition is a combination of caring for it on the surface and nurturing it from inside with a well-balanced diet.

SCALP MASSAGE OILS

Dry hair is rough to touch, thick in texture and dries out at the first sign of heated rollers or tongs. Avoid chemical colourants and perms and opt for shampoos and conditioners with jojoba and almond oils. Hot oil treatments allow essential oils to soak in easily and condition the hair. After massaging warm oil into the scalp, wrap the head in a warm towel and leave on for half an hour.

Oils for Dry Hair
Rose · Sandalwood · Ylang-ylang
Lavender · Geranium

Greasy hair tends to look dull, lank, lacks body and won't hold a style. Central heating and environmental elements aggravate the condition but it can stem from a hormonal imbalance. Check your diet and avoid harsh degreasing shampoos. Clean brushes and combs weekly. Plastic brushes are better for brushing through as bristle continually stimulates the scalp. Choose light conditioning rinses to detangle but try a scalp massage to regulate the oil-producing sebaceous glands.

Oils for Greasy Hair
Basil · Eucalyptus · Cedarwood
Chamomile · Lemongrass
Cypress · Sage · Rosemary

Normal hair is glossy with plenty of natural body and bounce. An occasional hot-oil scalp treatment

will keep it looking good and growing healthily.

Oils for Normal Hair
Geranium · Lavender
Lemongrass · Rosemary

Combination hair has ends that are dry or normal and the roots are greasy. Avoid using hot appliances near the scalp and keep the ends regularly trimmed and conditioned. Use a scalp treatment with oils for greasy hair but don't comb through to the ends.

How to Mix

Base oils Choose from sweet almond, apricot kernal, avocado, jojoba, evening primrose or sunflower.

Essential oils For one scalp treatment, choose up to three oils and use five drops of each for two tablespoons of base oil (for very long hair you may need more oil). Warm the blended oils by placing the container in a bowl of boiling water, and then massage into the scalp. Wrap with a hot towel, leave for 15 minutes and then shampoo.

HAIR PROBLEMS

Dandruff

There are two types: dry and the more common oily. It's not catching! It can be caused by factors such as chemical body changes, stress, poor eating habits or wrong application of hair products. Both flakey and dry scalps can be treated with essential oils. Use special dandruff shampoos and conditioning rinses and treat the scalp by gently massaging with oils to suit. Use a base oil formula with patchouli and tea tree. For a dry, itchy scalp try cedarwood and lavender.

Grey Hair

Grey hair is more porous and needs extra conditioning, particularly if it is chemically treated or coloured. Use a scalp formula for dry hair adding essential oil enhancers like chamomile to lighten or sage to darken any discolouration.

Hair Loss

Hair coming out in handfuls is often due to a hormonal imbalance, stress or anxiety, so the first step is to learn to relax. Any unusual thinning patch should be looked at by a trichologist but, as a general remedy, use a scalp massage with lavender and rosemary oils.

SCALP MASSAGE

This is a wonderful way to condition hair, stimulate the scalp and relieve tension. You can use these steps to treat your own hair but it's even more relaxing if you can persuade a friend to help, especially if you've got long hair.

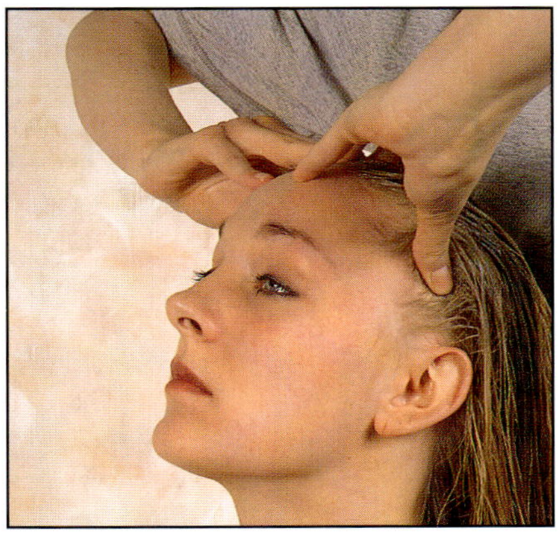

1 Shampoo the hair and towel dry to absorb excess water. Comb through with a wide-tooth comb. Tilt your head back and pour some oil on to the hairline, massaging in with thumbs on the temple and fingers spread apart over the centre of the head.

2 Loosely run fingers and oil over the top of the scalp from front to back, lifting hair at the crown. Keep dipping your fingertips in the treatment oil to spread through the hair while massaging.

3 Massage the head with kneading movements. Grip and push (with fingerpads, rather than fingernails) against the scalp. The scalp should gently rotate against the skull. Concentrate on one area at a time, with the hands positioned on either side of the scalp.

4 Scalp massage works from front to back, from the forehead, frontal hairline, temples and sides, over the crown of the head to the base of the neck, following the natural flow of blood. If the scalp feels particularly tight then concentrate on areas where the scalp doesn't want to move. At the base of the skull, press firmly and push the whole scalp up toward the crown to release tension.

5 Pull any extra oil through the hair, working out from the roots to the tips. Make sure all the hair is well oiled, and then leave towel-wrapped for at least 15 minutes before shampooing.

THE AROMATIC BATH

The relaxing and remedial properties of water and of massaging oils into the body were recognized in ancient Greek and Roman cultures, when bathing first became a daily ritual.

A bath with essential oils is one of the simplest and most effective aromatherapy treatments. It can be stimulating or relaxing, depending on the temperature of the water and whether you choose oils with uplifting or calming properties. In the bath, the therapeutic action of the oils is two-fold: they are absorbed through the skin, moisturizing the dermis and entering the circulatory system, and at the same time their aromas are inhaled, stimulating the brain and increasing your sense of well-being. An aromatic bath can detoxify the body, help problems like cellulite, joint stiffness, general aches and pains, colds and headaches, tone and condition skin, and relieve anxiety and tension.

RUNNING THE BATH

Bath temperature and the time spent in the tub are important. A cooler bath is more stimulating and warmer water relaxes. Very hot water is damaging, however: it causes blood vessels and capillaries to expand and increases the heart beat. You should particularly avoid hot water if you have varicose veins, haemorrhoids, high blood pressure or are pregnant. A 15–20 minute soak is long enough before skin cells over-hydrate and swell with water. Wait until the bath is almost full before adding the oils, as they evaporate so quickly.

OILS FOR THE BATH

Essential oils are the best way of making a bath both aromatic and therapeutic. They sink into the skin easily and at the same time impart their lovely herbal or floral fragrances. You can add drops of oil directly to the bath and they will float on the surface in a fine film and evaporate, giving you the full benefit of their aromas. Or if you want to absorb them more you can disperse them through the water by mixing with a base carrier oil such as sweet almond, apricot kernel, jojoba or evening primrose (these rich base oils all nourish and rejuvenate the skin in their own right).

Mix a bath oil with a combination of up to three essential oils, five drops from each, in one tablespoon of skin-softening base oil. Choose oils with similar or complementary effects so they do not counter-balance one another.

THE RELAXING BATH

To calm yourself after a fraught day or to prepare yourself for a peaceful night's sleep, turn your bathroom into a private sanctuary. Keep the light soft if possible, or use an eye mask or burn aromatic candles. Plants create an oxygenated atmosphere. Support your head with a bath pillow, close your eyes and inhale deeply. Concentrate on your breathing, empty your mind and let the oils soothe away the stresses and strains. After a 15–20 minute soak, get out slowly and wrap yourself in a large, warm towel.

Oils for Relaxation
Basil · Bergamot · Cedarwood
Chamomile · Frankincense
Hyssop · Juniper · Lavender
Marjoram · Melissa · Neroli
Patchouli · Rose · Sage
Sandalwood · Ylang-Ylang

Although these oils have a predominantly calming effect some can also be used to stimulate the circulation and lymphatic system, in particular lavender oil and also bergamot.

THE STIMULATING BATH

Best for the morning to get you started or to revive you before an evening out. Keep the water fairly cool and use an invigorating bath mitt to rub down and stimulate the circulation. When you've soaked, rinse yourself with water as cold as you can bear, either by splashing directly from the tap (faucet) or shower, or by adding more cold water to cool down your bath.

As you get out, either slap yourself dry to make the skin tingle or rub yourself vigorously with a towel.

Oils for Stimulation
Cypress · Eucalyptus · Fennel
Geranium · Juniper · Lavender
Lemon · Lemongrass · Peppermint
Pine · Rosemary · Thyme

THERAPEUTIC BATHS

Oils for Dermatitis
Chamomile · Hyssop · Lavender
Oils for Eczema
Chamomile · Geranium · Hyssop
Juniper · Rosemary · Myrrh
Oils for Psoriasis
Bergamot · Chamomile · Lavender
Oils for Arthritis/Rheumatism
Chamomile · Eucalyptus · Juniper
Lavender · Rosemary · Thyme

SHOWERS AND COLD RINSES

Invigorating jets of water are ideal for getting the blood pumping and there's no need to forego the benefits of aromatic oils. Skin tends to be sluggish in the cold winter months but sloughing off dead top layers can help regenerate cells and allow moisturizers to be absorbed more easily. Showers are ideal for smoothing skin with exfoliating rubs using wet salt, a loofah or a mitt to slough off the top surface of dead skin cells. A dry friction glove or loofah is too harsh for most skins so soften first in warm water. Soft bristle brushes can also help to get the circulation going with gentle massage on problem areas like hips and thighs. To keep friction brushes and mitts fresh always rinse and hang up to dry.

Essential oils can be used under the shower: try a base oil mixed with invigorating essences and with a clean face-cloth or sponge, pour on the oils and rub all over the body in circular motions whilst showering. To clear the sinuses and help coughs and colds, sponge the chest with a mix of eucalyptus and peppermint oils. A cold-water shower after cleansing improves the circulation and tightens skin pores.

Start off your shower or bath routine by whisking off dead skin cells with a friction mitt. Moisten the palm of the mitt with warm water or softening oils such as sweet almond or evening primrose. Concentrate on outer thighs, working from the knee in upward circular movements across the buttocks.

AFTER-BATH BODY TREATMENTS

Moisturizing oils and lotions applied after the bath or shower help to nourish the skin, keeping it soft and supple. As we get older our skin dehydrates since the oil glands do not produce as much oil as in youth.

Apply a body oil all over the body, starting from the feet and working right up to the neck and tips of the ears. Avoid talcum powders which clog the pores and tend to have a drying effect.

BODY-OIL FORMULA

Essential oils sink beautifully into warm damp skin. For a lasting effect, mix the three chosen bath essential oils, five drops of each, in two tablespoons of base oil. If you want to make up a larger quantity of body oil, use a concentration of three per cent essential oil in base oil.

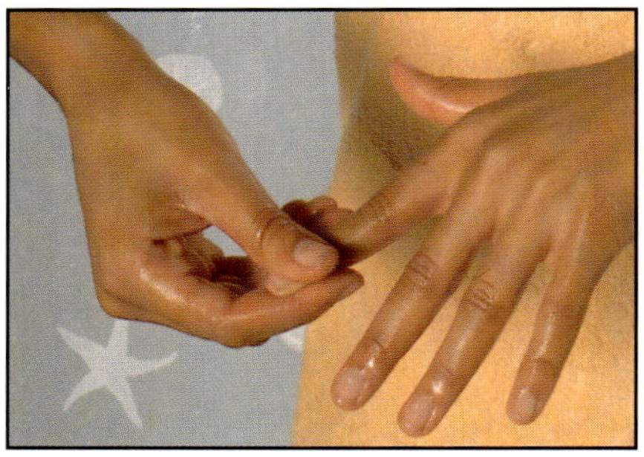

Above: Condition hands and nails with a simple finger-pulling exercise. Spread and stretch the fingers straight out; massage each finger with oils, working from the tip of the nails to the cuticles and up to each finger knuckle.

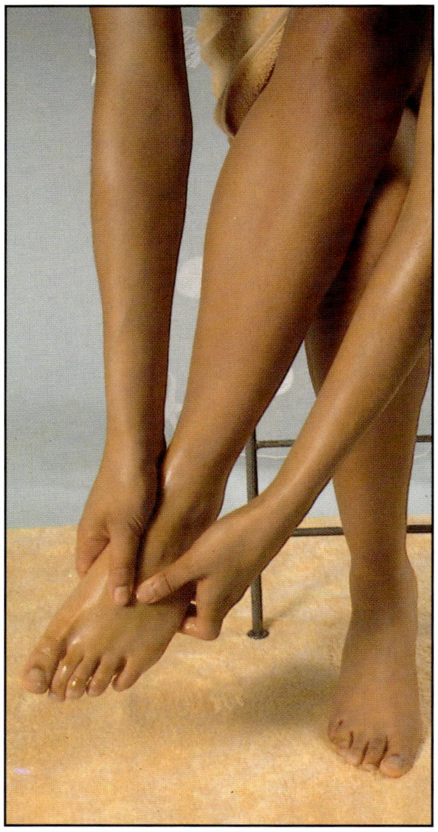

Right: Soften the feet after a bath by massaging between the toes and then working around the tougher skin and heel areas. Finish with sweeping movements all over to stimulate the circulation.

PROBLEM ZONES

Hands and nails take some rough treatment with everyday chores. The ideal time for a manicure or pedicure is after soaking in a bath when nails and skin are softened, making it easy to clean around the nail bed and to clip uneven nails without snagging.

Fragile or flakey nails benefit from a rich, nourishing treatment: rub them with apricot kernel, wheatgerm or jojoba oil. Restore hands with a soothing, moisturizing mix of one tablespoon of sweet almond oil and five drops each of patchouli, lavender and lemon.

Feet are often neglected until they hurt. Polish hard skin around heels and soles with a handful of damp salt or use a pumice stone. While in the bath, bend one knee, grip the toes and then work with the fingers massaging in an upward direction, from the toes to the heels and up the calves in order to stimulate blood flow and relax tired feet. Massage a body oil into the feet after a bath, shower or pedicure.

For a deodorizing and soothing footbath add three drops each of cypress and lavender to a basin full of water. Chilblains can be treated with a massage blend of three drops of geranium and a drop each of lavender and rosemary in one tablespoon of sweet almond base oil.

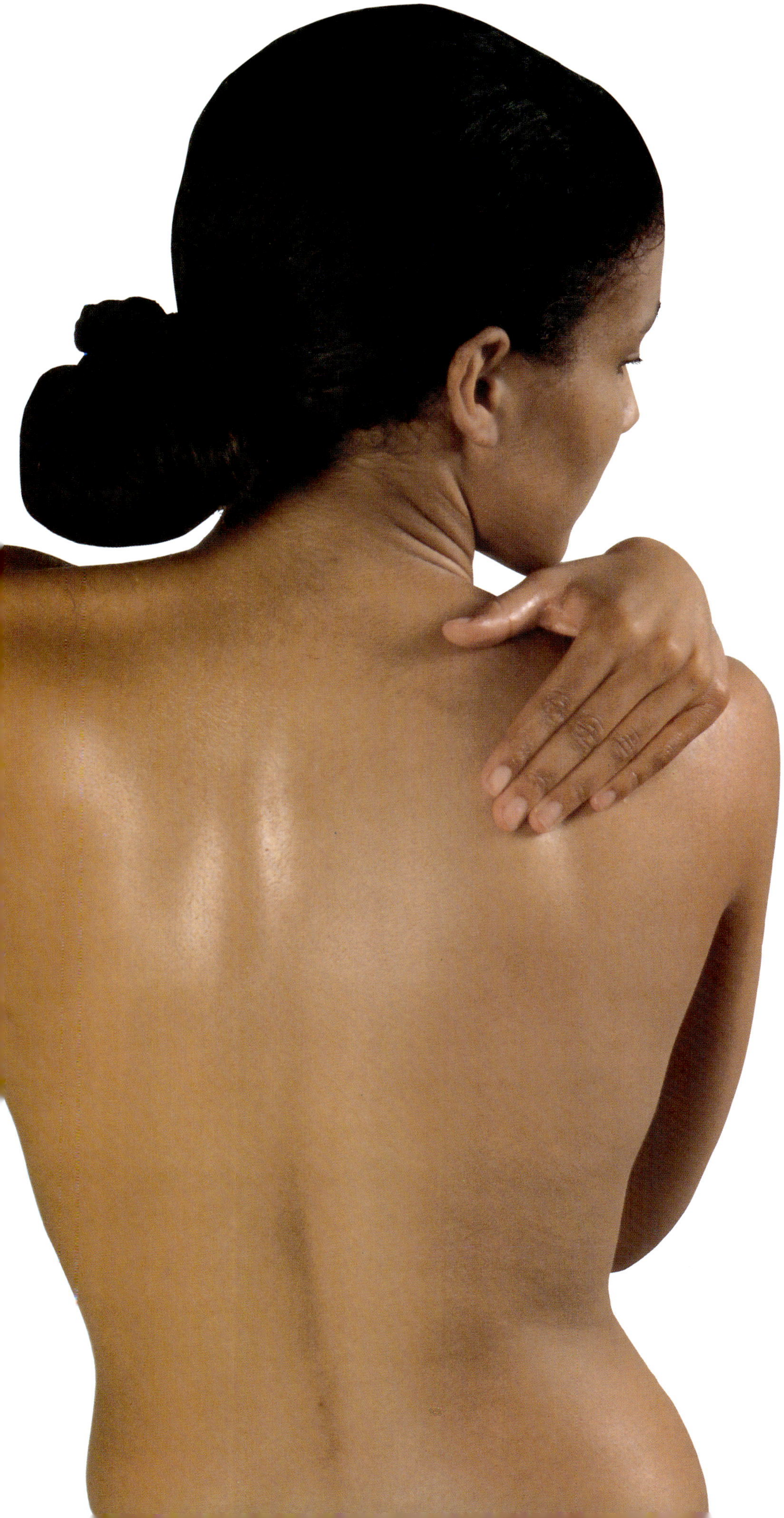

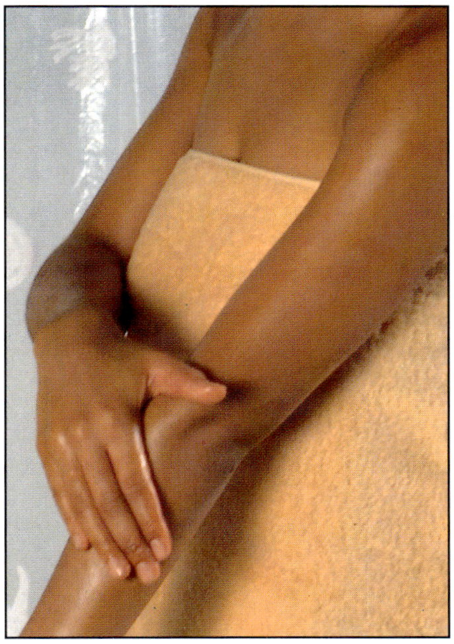

Above: Apply body oil to the arms with smooth upward strokes, concentrating on the elbows and upper arms where the skin is often rougher and drier.

Elbows can soon build up hard protective layers of grey, unsightly skin. A good softener for tough elbows is a sweet almond oil and oatmeal scrub. Mix three tablespoons of sweet almond oil with three tablespoons of fine oatmeal and mix to a paste with fresh milk or yoghurt. Smooth and rub over the elbows and any grey, goosey areas of skin around upper arms. Add six drops of fennel if arms are flabby. Another great elbow booster is the traditional recipe of cutting a lemon in half, squeezing out the juice and rubbing the elbows in the hollow of the lemon.

Left: When it comes to applying body oil, the back, neck and shoulders are often neglected because they are difficult to reach, but these are key areas for releasing tension and the skin needs to be nourished, so smooth as far as possible, or enlist the help of a friend.

IN THE REALM OF THE SENSES

The power of perfume to inspire romance has been known since the Babylonians, and perfume and flowers are still today the favourite gifts for lovers. Cleopatra's seduction of Mark Antony was carefully staged with a carpet of rose petals and rare and exotic scents in every conceivable form – even the sails of her barge were drenched in perfume to catch the breeze and announce her arrival.

The sense of smell is fundamental to our sensuality. Pheromones, chemicals secreted in human sweat, act as the most basic trigger to sexual attraction. The smells of flowers and plants are the plant equivalent of pheromones, irresistible to birds and bees and just as attractive to humans. We can use natural aromatic plant oils to relax, heighten our awareness, excite the senses and create a mood for love.

SETTING THE SCENE

Create a calming and sensual atmosphere with scented candles or a few drops of essential oil evaporated in a fragrancer or light-bulb ring. Dim the lights and turn up the heat.

Scent your lingerie or bedlinen by adding three drops of your favourite oil to the final rinse, or store them in drawers with aromatic bags or scented balls. Sprinkle drops of rose or jasmine on the pillows.

PREPARING YOUR BODY

Luxuriate in an aromatic bath or hot tub, or, better still, share it with your partner. After soaking, perfume your whole body with a rich body oil or use a strong concentration to dab pulse points such as wrists, temples and behind the ears and knees, and wait for your partner to discover these secret scented areas.

PARTNER MASSAGE

We are all sensual beings and yet at times we may need help to switch off from everyday concerns and tune in to our senses. The loving touch of partner massage is always enjoyable; it is relaxing and yet sensually stimulating – a total physical experience.

You can adapt the basic essential massage, using plenty of *effleurage* all over, deeper kneading for tense areas and light feather strokes with the fingertips to excite the surface of the skin. Avoid the lymph drainage movements as these are distinctly unerotic! Discover your partner's erogenous zones – explore the ears and feet and the inside of the forearms and thighs. Find some more. Be tender and loving, playful and creative – let your imagination guide you.

OILS FOR SEDUCTION

Most of the aphrodisiac oils combine well with each other, but be careful not to use too many together or they may clash and work against each other. Subtlety is the key to the art of seduction.

- *Clary sage* – sweet, sensuous and slightly intoxicating, but be careful as in high doses its sedative effect will inhibit sex drive.
- *Geranium* – a strong floral that both relaxes and uplifts.
- *Jasmine* – the heady floral fragrance boosts confidence and creates a luxurious atmosphere.
- *Neroli* – fresh and sweet, its fortifying effect helps overcome shyness and inhibitions.
- *Patchouli* – heavy and exotic, it is stimulating in small doses and heightens the senses.
- *Rose* – the quintessential oil for lovers. Rare and powerful.
- *Sandalwood* – woody, sweet and exotic with spicy undertones.
- *Ylang-Ylang* – the long-lasting floral scent gives a feeling of relaxed well-being, helpful for impotence or frigidity.

You can also try the warm, spicy exotics such as black pepper, ginger, cardamon, cinnamon or cedarwood, but be sparing with these as they can easily overpower.

Layer the scents by choosing just three or four and using them in different strengths and combinations for the room fragrance, bath, body oil or massage blend.

With a massage oil blended from floral and spicy aphrodisiac essences you can arouse the intimate senses of touch and smell simultaneously as you explore the skin and curves of your partner's body with strong smoothing strokes. Let the heady scents work their spell on the senses and emotions.

AMBIENT AROMAS

A lingering smell, whether pleasant or foul, is usually the first thing we notice when we enter a room, and it can strongly affect the way we feel. Fragrancing the home to cover unpleasant smells and delight the senses is an old tradition. For centuries the Chinese have suspended balls of jasmine flowers over the bed to clear the air and promote pleasant dreams, while posies of jasmine were handed to guests to refresh them on leaving banquets or dances. Lavender sachets placed in drawers and bowls of pot pourri to scent a room were particular favourites of the Victorians.

STUDIES AND OFFICES

Work-places are often stuffy and full of unpleasant smells, but if you work in an open-plan space fragrancing the whole area may not be a viable option. Inhaling a few drops of oil from a handkerchief is the most personal way of using a fragrance, or you can spray your immediate environment with a room spray, or add a couple of drops of oil to a cup of hot water on your desk.

Useful oils for the work-place are basil, rosemary, bergamot, lemon and melissa. Bergamot and lemon are particularly antiseptic, and lemon has the added advantage of helping efficiency. Basil stimulates a tired brain and rosemary is a great aid to concentration. Rosemary is also helpful in relieving headaches. If you are feeling overwrought try clary sage or juniper, but watch the dosage as too much will cause sleepiness.

LIVING ROOMS

The methods for fragrancing a room are many and diverse. Those that involve evaporating the oils, such as fragrancers/diffusers, water bowls, light-bulb rings and room sprays, are best for preventing ill-health, balancing the emotions and disguising unpleasant smells such as cigarette smoke or cooking odours. All these methods disperse the fragrance through a large space extremely quickly and effectively. For more lingering and subtle scents, blend your own pot pourri or, alternatively, use pomanders.

Rose, geranium, orange and lavender are pleasing and uplifting scents for a room, used individually or blended together.

For an exotic, intimate atmosphere use sandalwood or patchouli, or to unwind in the evening try geranium, lavender, sandalwood or ylang-ylang.

Perfumes for parties

Clary sage or jasmine will create a heady, "feel-good" atmosphere for a party, or use orange, lemongrass or neroli for a lighter, fresher touch.

For a festive blend choose from the spicier oils such as frankincense, cedarwood, sandalwood, cinnamon and orange.

BEDROOMS

Whether to ensure a restful night's sleep or to turn your bedroom into a place of passion, fragrancing the bedroom just before retiring will create an appropriate atmosphere. Rose, neroli and lavender are delightful all-purpose oils for the bedroom. Use lavender to freshen a musty spare room to make it welcoming for guests.

INSECT REPELLANT

Use tea tree, eucalyptus, melissa, lemon grass or the closely related citronella in a diffuser to keep insects at bay.

DISINFECTING

Vaporized molecules of any essential oil will neutralize airborne bacteria, but some – such as tea tree, bergamot, lemon, pine and lavender – are particularly antiseptic. Use these in a fragrancer or room spray. Pine, lemon and tea tree can be used on a damp cloth to disinfect surfaces in the kitchen or bathroom. Clear the atmosphere of a sickroom with bergamot, eucalyptus and juniper.

Pot Pourri

To make your own pot pourri assemble fully-dried flowers, petals, herbs, leaves and other plant materials. There are no hard and fast rules about quantities and proportions, but an allowance of two or three tablespoons ground spices, two tablespoons orris-root powder, two teaspoons dried lemon, orange or lime peel, and six drops of essential oil to every four cups of dried plant material makes a pleasant balanced mixture.

If your pot pourri loses a little of its aroma over a period of time, it can be revived. Simply stir in another two or three drops of essential oil. And if the mixture loses its colour sharpness just stir in a few dried flowers such as miniature rosebuds, santolina flowers or tansy clusters.

Cottage Garden Mix

1 cup dried lavender flowers
1 cup dried rose petals
1 cup dried pinks (*Dianthus*)
1 cup dried scented geranium leaves
1 tbsp (15g) ground cinnamon
2 tsp (10g) ground allspice
1 tsp (5g) dried grated lemon peel
2 tbsp (30g) orris-root powder
3 drops rose oil
3 drops geranium oil

Mix ingredients together in a covered container, and set aside for six weeks. Stir daily to distribute the fragrances.

Woodland Mix

1 cup lime seedpods, or "keys"
1 cup cedar bark shavings
1 cup sandalwood shavings
1 cup small cones
1 tbsp (15g) whole cloves
1 tbsp (15g) star anise
1 stick cinnamon, crushed
2 tbsp (30g) orris-root powder
4 drops sandalwood oil
2 drops cinnamon oil

Mix ingredients together in a covered container and set aside for six weeks. Stir daily.

Ingredients which can be used to make pot pourri. From the left: dried rosemary, lavender, and bay leaves, dried ground orris-root powder, dried rosemary leaves, a selection of essential oils, ground cinnamon, dried chilies and cinnamon sticks, whole cloves, a blend of dried flowers, limes and lemons. The dried peel of citrus fruit is finely grated or chopped for use in the spice mixture.

THE STRESS FACTOR

Pressure can be stimulating, challenging and motivating, but if it builds up we may be left feeling unable to cope. Our response is often to deny the pressure and ignore the physical signs of stress such as fatigue, self-doubt, sleeplessness and headaches. If the symptoms and causes of stress are left untreated they will affect your general health and well-being, and can even lead to serious illness, such as ulcers, heart attacks and clinical depression, so it's important to start tackling problems at an early stage, before they erupt. De-stressing requires a positive tactical plan for learning how to cope and retain a balanced outlook on life.

Aromatherapy is a marvellous antidote to many of the problems associated with stress as it draws on the calming, relaxing, uplifting and restorative powers of particular essential oils, providing a natural and powerful alternative to tranquillizers, anti-depressants and other drugs. They can work to relax the nervous system and give it enough stimulation to rebalance and control itself, leaving you refreshed and ready to cope.

ANXIETY

Whether it's a temporary bout of nerves, caused by something like an impending examination or interview, or an ongoing response to a persistent problem, anxiety can be a debilitating response to stress. It prevents you from dealing effectively with a problem and makes you feel tense. Essential oils, when inhaled, stimulate the lymbic portion of the brain which is responsible for all our feelings of well-being and discontent. They can balance the senses before deep depression sets into a more serious state. Temporary anxiety can also trigger skin eruptions so watch your diet and boost levels of vitamins C and E and B-complex.

Anxiety can be alleviated with a combination of uplifting and calming oils.

Basil (uplifting) · Bergamot (uplifting) · Geranium (relaxing) Lavender (soothing) · Neroli (sedative) · Sandalwood (calming)

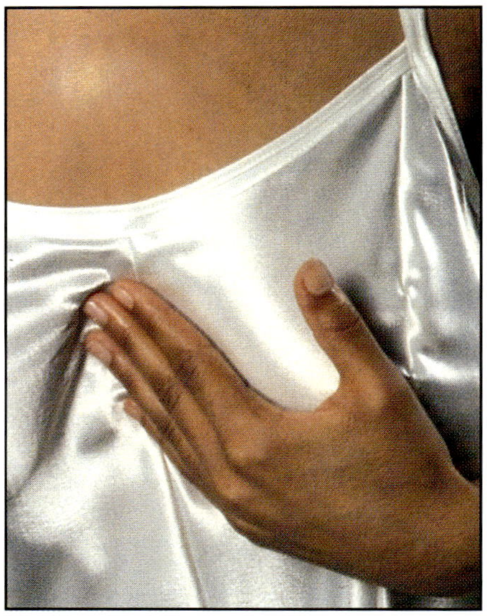

SOLAR PLEXUS STROKE

A marvellous way of unlocking tension by calming the main nerves that run through this area. Use your left hand (for calming) to stroke the solar plexus (located just below the breast bone) in anti-clockwise circles. Close your eyes as you do this and try to empty your mind. It can help soothe you even if you're clothed, but the effect is enhanced if you use a relaxing oil such as lavender or geranium. Try it while your bath is running, or when lying in bed before you go to sleep.

You can use the oils individually or mix them, using two relaxing oils to one uplifting oil. A good combination is basil, neroli and lavender. Stick to the same blend and proportions for bath and body, mixing five drops of each of the three oils in one tablespoon of base oil for the bath and two tablespoons for the body. All of the oils can be used individually in light-ring burners or fragrancers.

MILD SHOCK

This is a temporary form of stress, but the impact on the system can nonetheless be very strong, so a fast-acting remedy is needed.

Chamomile (calming) · Rosemary (stimulating) · Melissa (anti-depressant) · Neroli (relieves anxiety) · Peppermint (invigorating pain-reliever)

Use only two essential oils: both camphor and melissa work well individually with neroli, and peppermint has an affinity with melissa. Use a total of six drops in

$1\frac{1}{2}$ tablespoons of base oils, with smaller quantities of rosemary (for example, four drops of rosemary to six drops of melissa). For fast relief add four drops to a handkerchief and inhale.

Headaches

Often one of the first signs of stress and a regular affliction for many people. Cold compresses of lavender or geranium across the forehead provide pleasant relief. Add five drops of one oil to a small bowl of cool or warm water, soak a cloth in the water, wring out and lay it across the forehead. To help a headache caused by tension in the neck, try a sandalwood compress across the neck. Scalp massage is soothing, or try the shiatsu headache relief steps.

Depression

The blues can hit us all from time to time, as financial, emotional or work problems hang over like a dark cloud. In the long term, if problems are not resolved, depression lowers the immune system, leaving you prone to a spiral of worstening mental and physical health. Essential oils can work wonders in lifting the spirits to prevent this.

Uplifting Oils
Bergamot · Cypress · Lemongrass
Rosemary · Sage

Soothing Oils
Chamomile · Geranium · Jasmine
Lavender · Marjoram · Neroli
Patchouli · Rose · Sandalwood
Ylang-Ylang

Start off with three soothing oils, and then drop one of these in favour of an uplifting oil to give an element of stimulation, and eventually introduce two stimulating elements. Geranium, lavender and bergamot is a good combination. Use your formula for bath and body treatments.

Depression can be difficult to lift and if it persists you should consult a doctor or mental-health professional.

Mental Fatigue

When you feel near to exhaustion or cannot concentrate on one thing at a time because problems seem to be crowding in on you, listen to your body's warning signals. Take time to unwind (try a bath with any of the soothing oils listed for depression), clear your head with a walk or deep-breathing exercises, and then revive yourself with oils such as eucalyptus and peppermint. Rosemary is helpful in concentrating the mind and stimulating the body so that you can continue to work if you feel you really can't afford to take a break.

Insomnia

Sleeplessness is a common response to stress, as your mind and body refuse to let go enough to give you the rest that you need. Learning to relax has to be built into a daily pattern with a healthy diet, regular exercise, and a calming routine to wind down before bedtime. Try a milky drink or herbal tea last thing at night. Have a relaxing bath and massage, drawing on the sedative powers of up to three of the following oils:

Chamomile · Cedarwood
Frankincense · Hyssop · Lavender
Marjoram · Melissa · Neroli
Orange · Patchouli · Rose · Sage
Sandalwood · Ylang-Ylang

Breathing aromatic vapours in the bedroom helps to induce sleep:
Frankincense is warming and relaxing, and encourages tranquillity. Use in a fragrancer.
Lavender's relaxing quality can be harnessed by dabbing two drops on the edge of your pillow.
Marjoram has excellent soporific properties. Release in a light-bulb ring or fragrancer.
Neroli's wonderful floral fragrance is also sedative. Two drops on the pillow or in a fragrancer will help disperse unpleasant thoughts.

HEADACHE RELIEF

Headaches and migraines are common symptoms of stress. Follow these simple shiatsu steps to sweep away the tension, relieve pain and clear the head. The sequence is quick and easy to administer; it can be used anywhere and friends and colleagues will be grateful for the relief of their pain. You can perform some of the steps on yourself, though the healing touch of another's hands is more effective.

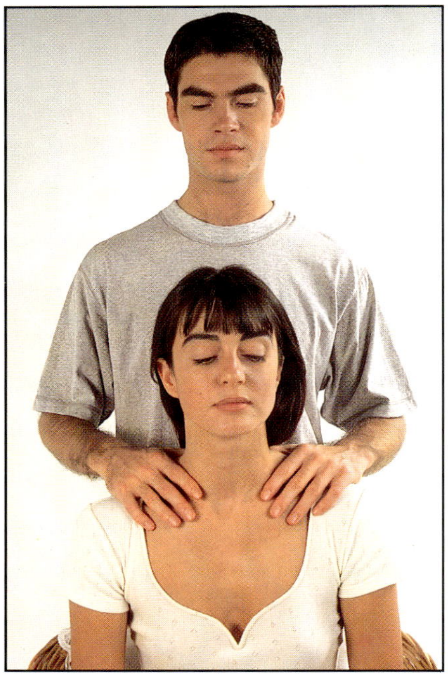

1 *Establish communication with your partner by placing both hands loosely on either side of the neck. Gently massage the shoulders; this helps to relax the breathing and creates a feeling of well-being.*

2 *Right: Tilt the head to the side and support with the palm of the hand so that the neck muscles can relax. Place the forearm across the shoulder and apply gentle downward pressure; hold for 5–10 seconds and then repeat with the other side. This movement is particularly good for opening the meridians running along the shoulders and neck.*

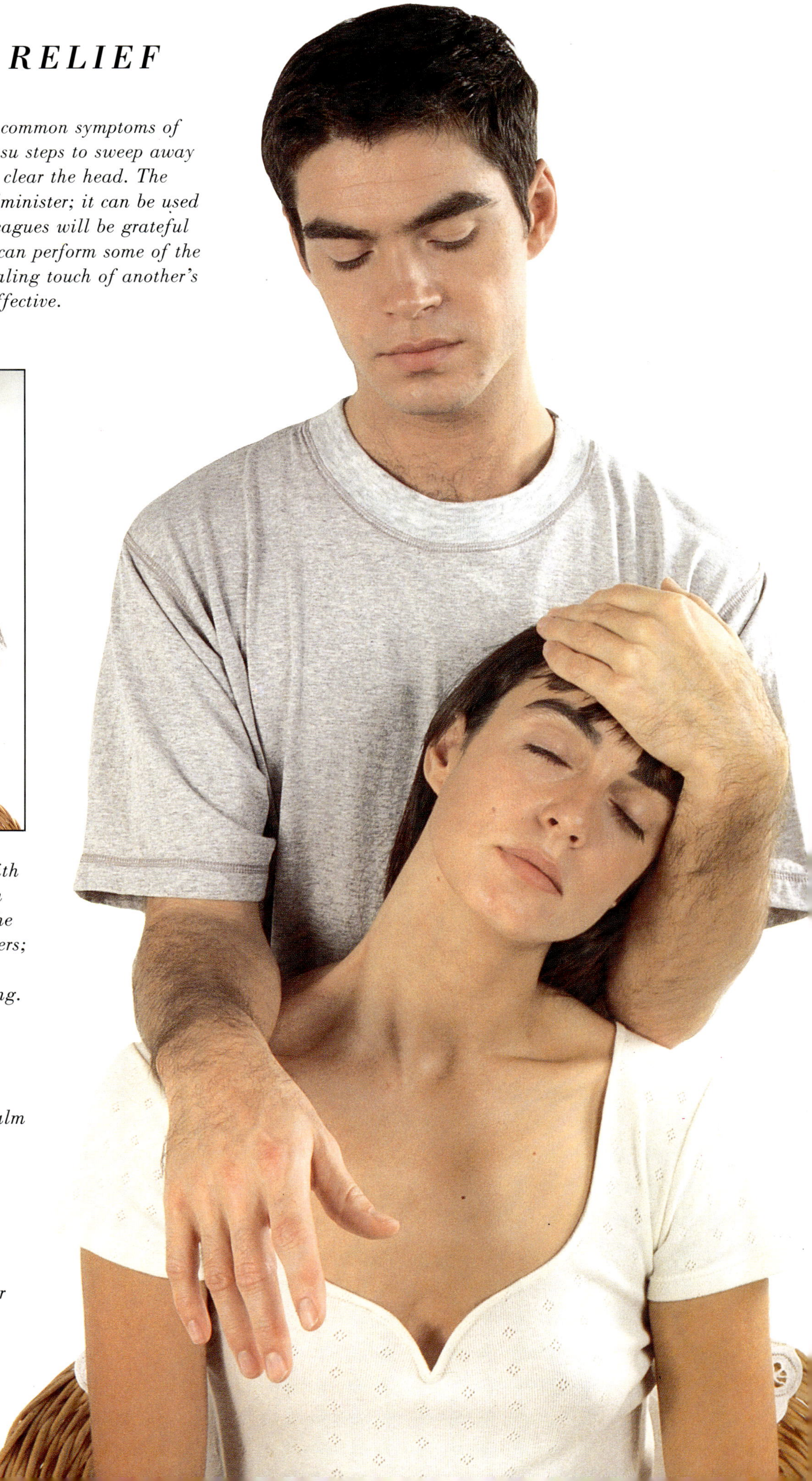

3 *Supporting the head with the left hand, work with thumb and forefinger applying gentle pressure from the base of the neck to the nape. Hold at the nape of the neck for five seconds and then release the built-up tension.*

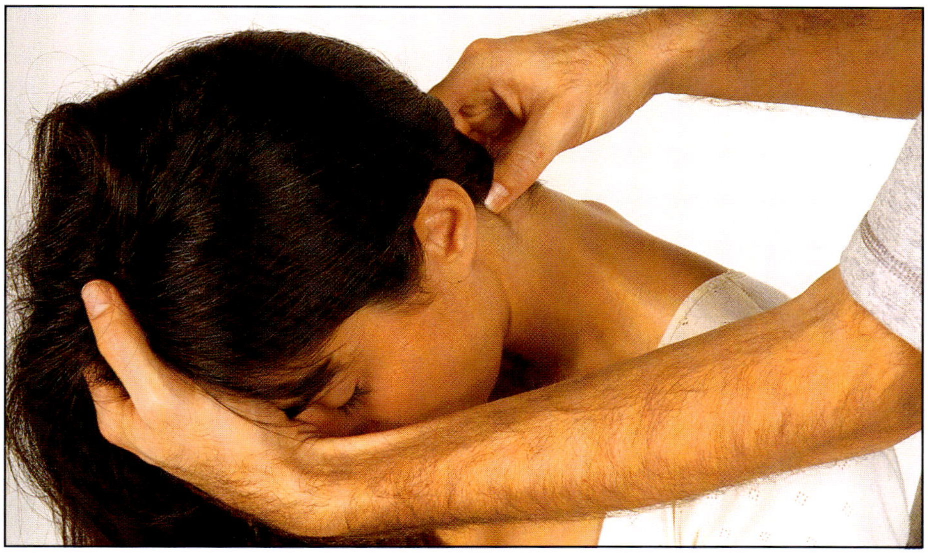

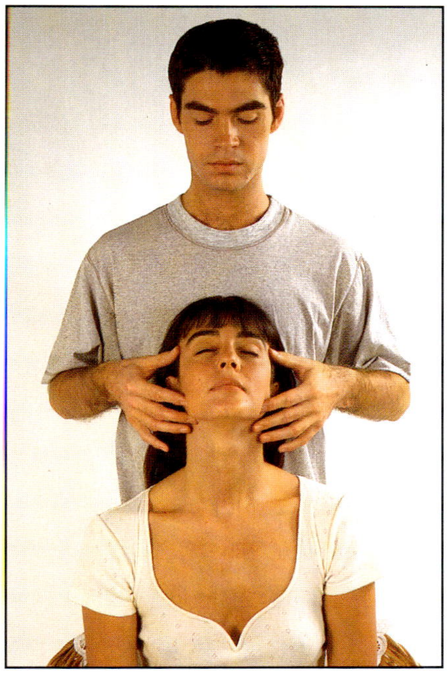

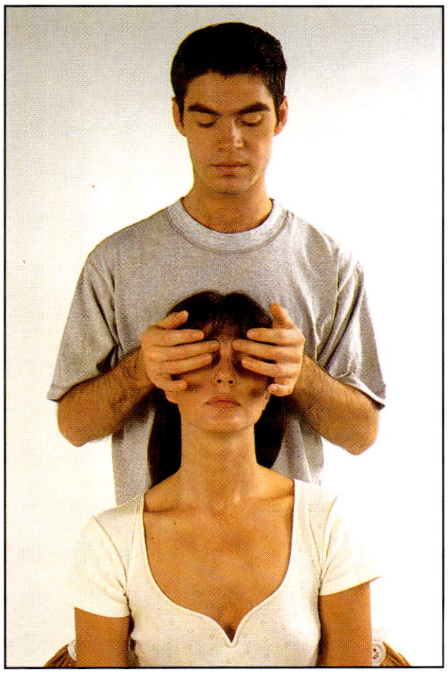

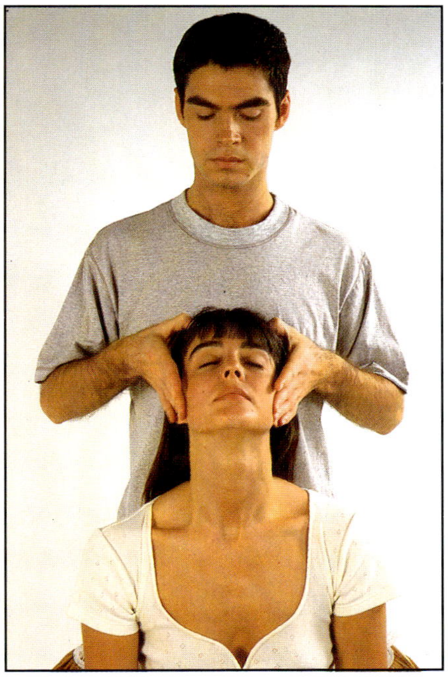

4 *Tilt the head back slightly, supporting it on your chest. Place your thumbs on the temples with the fingers loosely resting on either side of face. Gently rotate the thumbs in small forward movements.*

5 *Find the pressure points just above the inner corner of each eye. Apply gentle pressure with the middle fingers to help disperse the pain. Hold the pressure points for five seconds.*

6 *Position your thumbs on either side of the head just above the hairline – approximately two inches (5 cm) apart – with palms pressed flat along the sides of the face. Press the thumbs evenly back along the top of the head. This is a sensitive but invigorating movement to end the treatment.*

A shiatsu treatment is usually very effective for relieving stress and headaches but if your headache persists, consult a doctor. Avoid the treatment during pregnancy.

LEARNING TO RELAX

Relaxation is a prescription for health. Along with a well-balanced diet, an exercise programme, and a positive attitude towards recognizing and coping with stress, relaxation will help you balance the body and mind, even when you're worried and under pressure.

Exercise combats stress. The physically fitter you are, the better the body and mind can cope. Even burning off steam without losing self-control can be beneficial: a competitive racket sport, thumping the pillow, or going for a long walk can all release built-up tensions. Times of stress and emotional upset can make the body cry out for certain foods. Resist chocolate, cakes, ice cream or addictive stimulants like caffeine or nicotine. Feed the mind with a high intake of vitamin C from fresh fruit and vegetables, in particular citrus, berry and tropical fruits, and all of the B-complex vitamins.

WHOLE-BODY RELAXATION

Lie down straight with shoulders relaxed and even on the floor. Arms should be straight with elbows alongside the waist, palms turned upward. Relax your head and close the eyes. Breathe in deeply; allow your body to sink into the floor. Breathe out slowly; relax. Focus attention on your breathing; listen as you inhale and exhale and see how quiet the deep breathing can become.

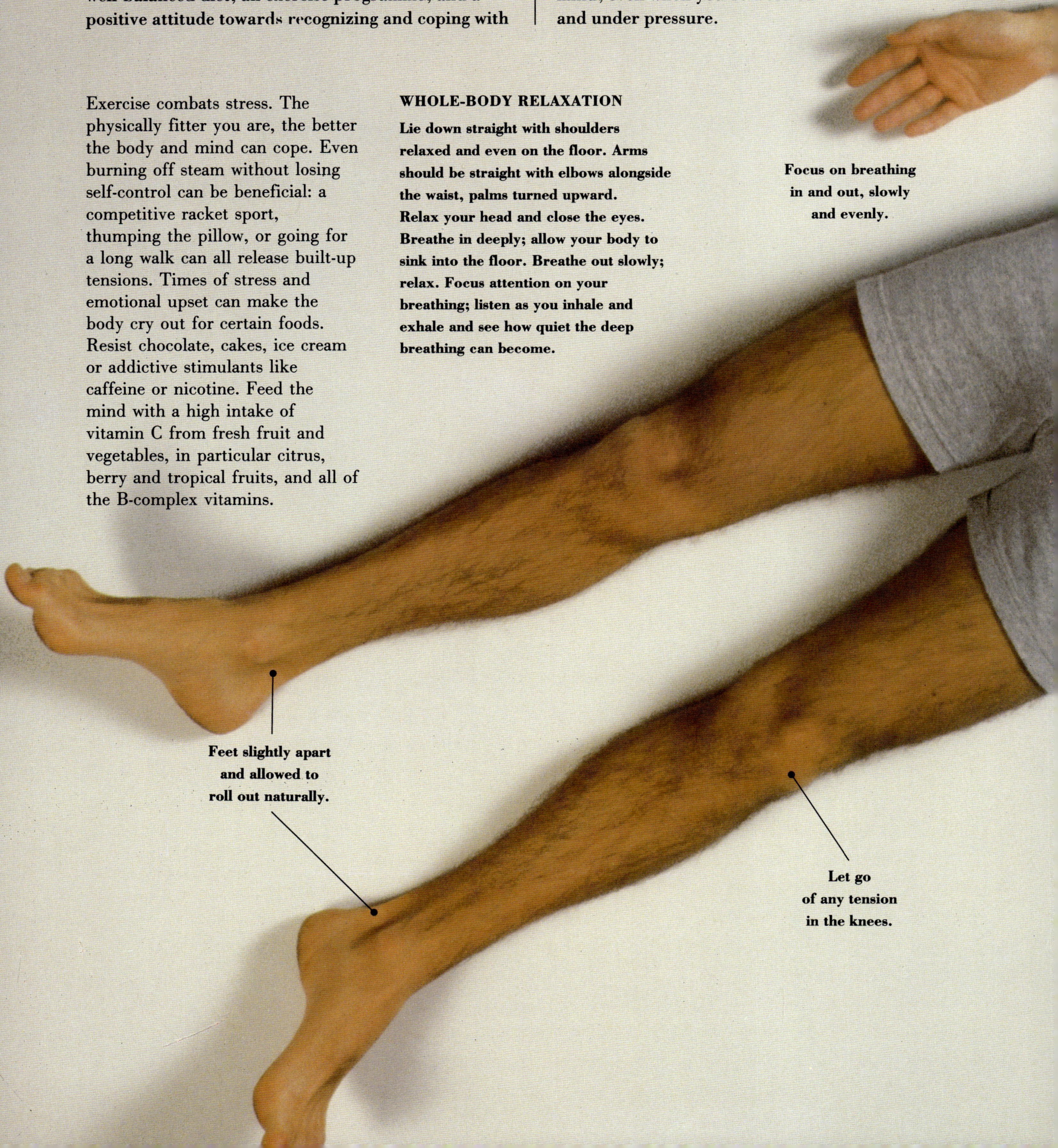

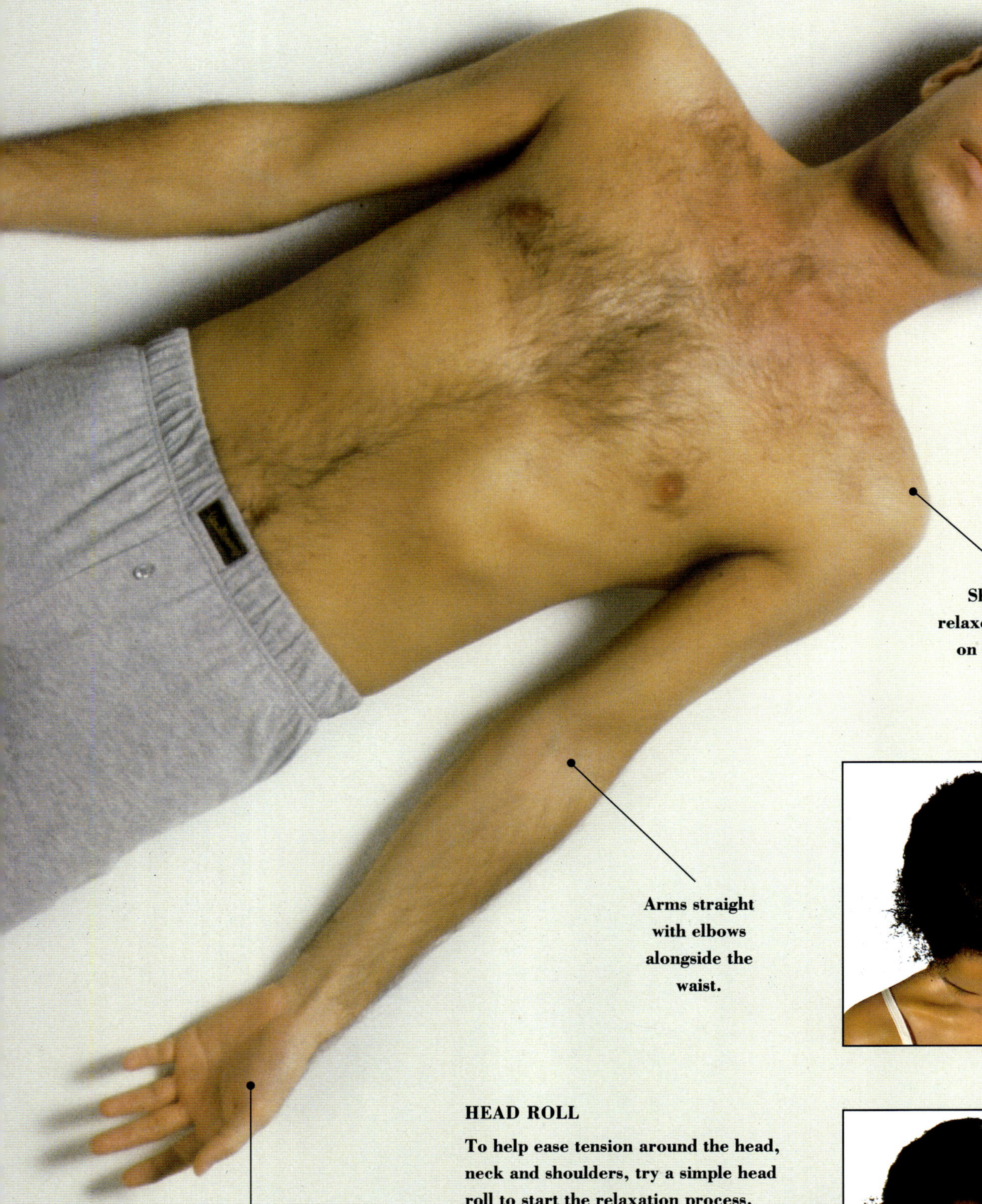

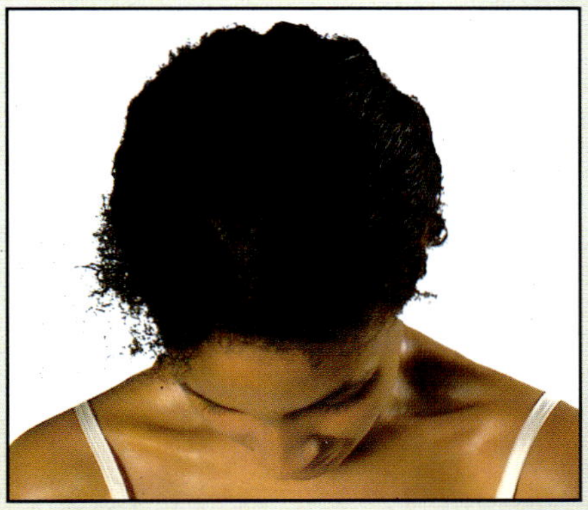

HEAD ROLL

To help ease tension around the head, neck and shoulders, try a simple head roll to start the relaxation process. Begin with head straight down toward the centre of the chest and roll the head slowly round to the right shoulder and then raise the chin. Lower the head and roll back to the centre and continue round to the left shoulder. Repeat the movement five times.

SHIATSU

The roots of shiatsu can be traced back over 5000 years to the ancient Chinese forms of medicine such as acupuncture and acupressure. However, it is a modern Japanese therapy, which fuses traditional Eastern practices with Western techniques of osteopathy. Literally translated the name means finger pressure – *Shi* (finger) and *Atsu* (pressure), although elbows, knees and feet are also used to press along the body's network of meridian lines and pressure points, releasing blocked channels of energy. It is an holistic method of alleviating pain and promoting health in the whole body.

SHIATSU MERIDIANS

Shiatsu is a manipulative therapy which uses static pressure applied to specific points and lines all over the body. The lines along which many of the points are situated are known as meridians. These meridian lines, which have been described as "channels of living magnetic energy", flow throughout the body and connect the main vital organs. It is this vital energy, known as "*Ki*", which keeps our bodies active, and the quality of our *Ki* depends upon our mental, emotional, physical and spiritual conditions.

An imbalance in a person's vital energy levels may manifest itself as a back problem, headache, or in many other ways. By working along the meridians, the therapist summons energy to the place most vulnerable and disperses the trapped energy from the areas where it is congested, thus restoring balance to the whole body.

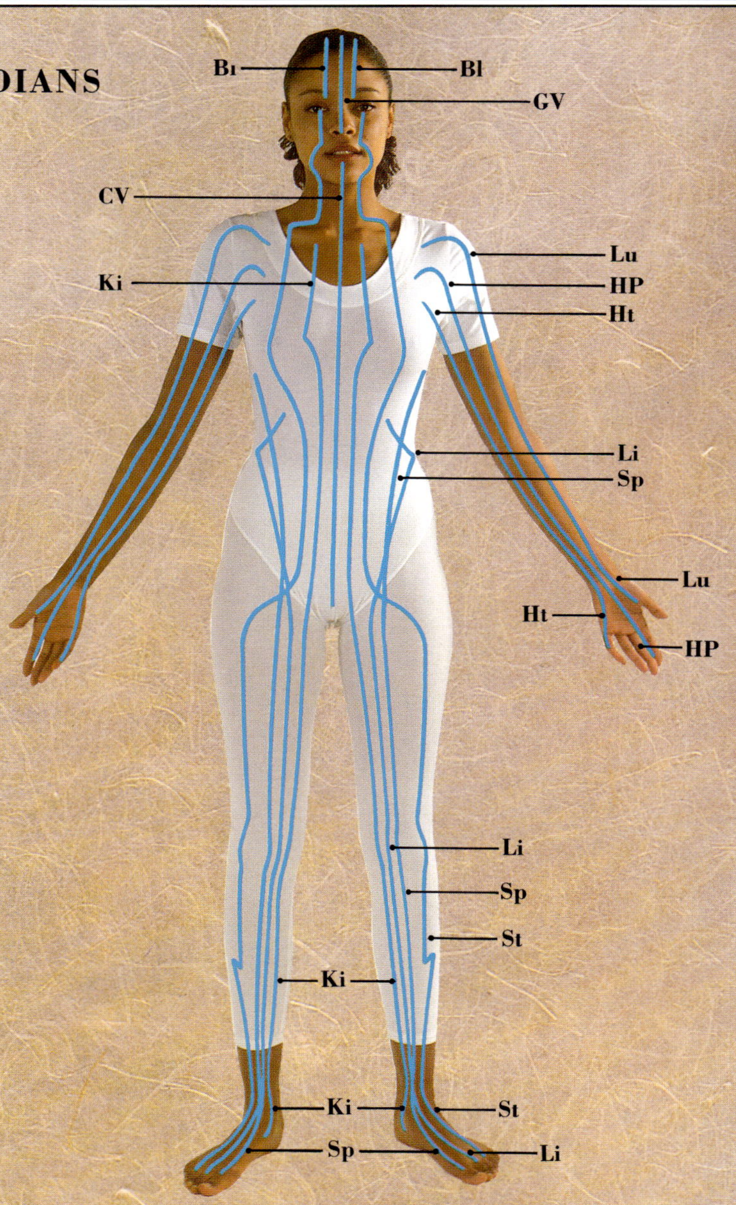

GIVING A SHIATSU SESSION

If your partner closes their eyes, this can make the session a special time to relax and switch off the world. There is no need to talk during a treatment as the communication of touch can say so much more. One of the fundamental principles of shiatsu is to have simultaneous touch from both hands. With a two-hand connection a circuit is created, bonding the giver and receiver. To keep this link, one hand is stationary – the support hand – and plays the role of listening and comforting your partner, while the other hand – the messenger hand – moves and does all the work. The amount of pressure from both hands will vary with the area of the body you are working on. The messenger and support hands change roles many times throughout a session. What you are trying to achieve is two points of contact merging and feeling like one to both therapist and partner.

Even as a beginner use your senses of looking, asking, listening and touching. Listen to your partner's needs and ask about symptoms before giving a treatment. Your motivation to help can be felt by your partner through the hands, transforming the simplest techniques into a caring bond. Before giving a shiatsu treatment, calm the mind, as any tension will transmit itself to your partner.

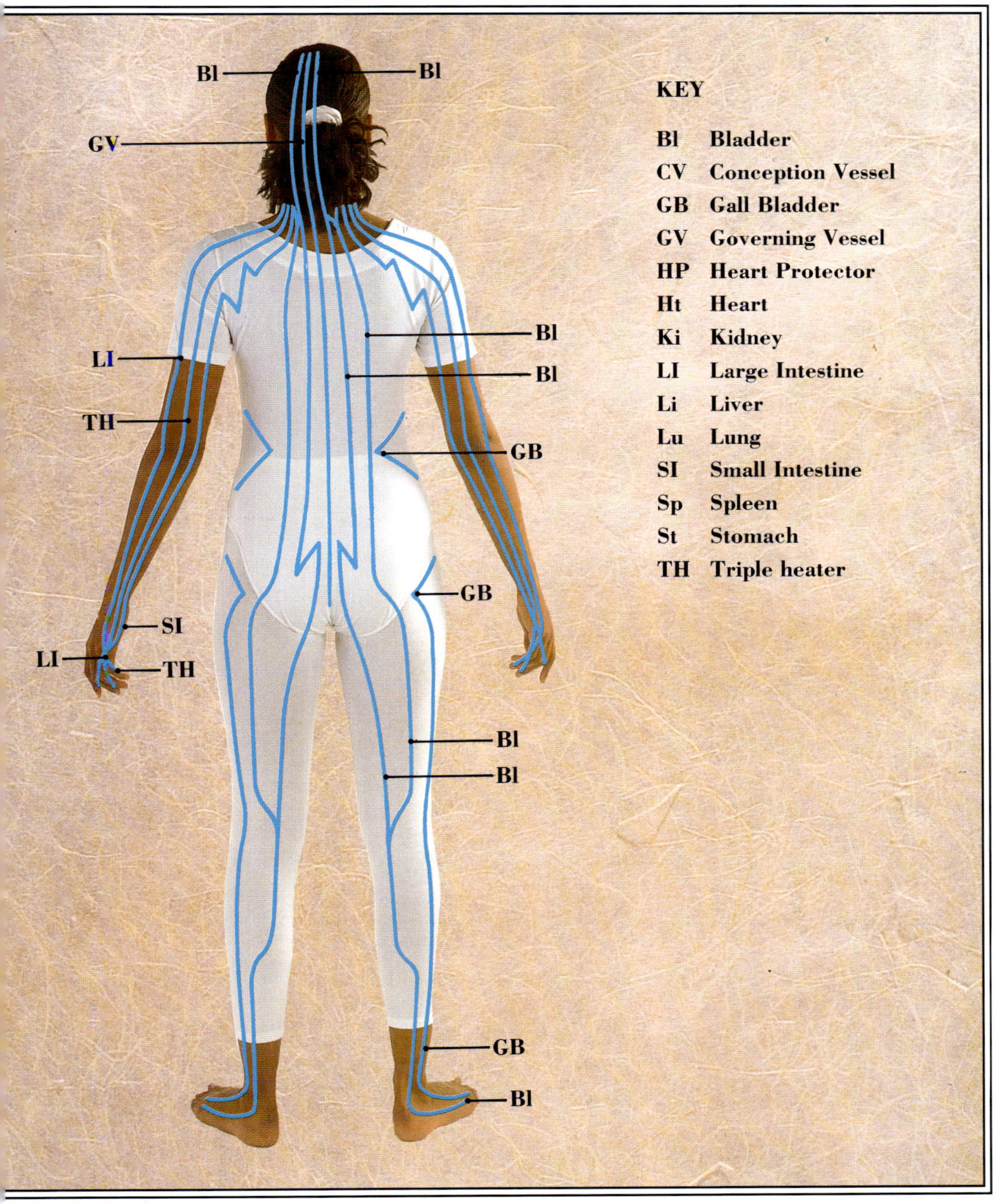

The Hara

The *Hara* is one of the most powerful energy centres of the body. In shiatsu terms it is known as the *Tanden*, and is located below the navel in the lower abdomen. It is the physical centre of the body and features prominently in all shiatsu treatments. The *Hara* incorporates the *Yin* (Earth) force flowing up the front of the body, and the *Yang* (Heaven) force flowing down the back merging into the lower abdomen. By focusing all movements from this centre, you can give harmonious and supportive treatments. Develop an open-posture principle in which your *Hara* is physically and energetically behind all your movements. This enables weight to be used instead of force. The simple rule is if you're not feeling comfortable and relaxed your partner will become aware of this.

Breathing is very important when stretching and applying pressure. Breathe in deeply and exhale as you move into a stretch, encouraging your partner to do the same.

Healing Energy

The aim of shiatsu is to balance the body's "*Ki*" energy levels. The rocking, kneading and stretching techniques are most effective in unblocking the congested areas. If your partner has a low energy level, and is generally fatigued, then slow, deep, static and perpendicular pressure will be more effective in strengthening the energy flow. Holding certain points from one to ten seconds is a general guideline but use your intuition as to how long you hold.

Practical Points

A shiatsu session normally lasts up to an hour. It is advisable to wear loose clothing so that your movements aren't hampered. The receiver is also clothed, but avoid bulky or constricting clothes that would impede contact with the body. Generally, the therapist works on the whole of the body and having discovered your problems may suggest simple practical exercises for home use to help the process of recovery. The effects of shiatsu may be felt immediately or later on in the same day, but if painful reactions are later experienced then your practitioner should be contacted. There are no two people with similar mental and physical complaints and the number of sessions will depend upon the individual's needs.

Shiatsu helps to keep open the communication between body, mind, emotion and spirit.

THE MAIN TECHNIQUES

Palming

Palming is the simplest and most widely used technique in shiatsu. Palm pressure is gentle but firm, creating a supporting and soothing effect on any tense or vulnerable areas of the body.

Allow your hands to be relaxed so that your fingers can follow the contours of whatever part of the body you contact, then lean your body-weight through your palm, holding and waiting for the connection between your two palms. Lean back and without breaking contact, slide your hand along the body and lean forward again, creating stationary and perpendicular pressure.

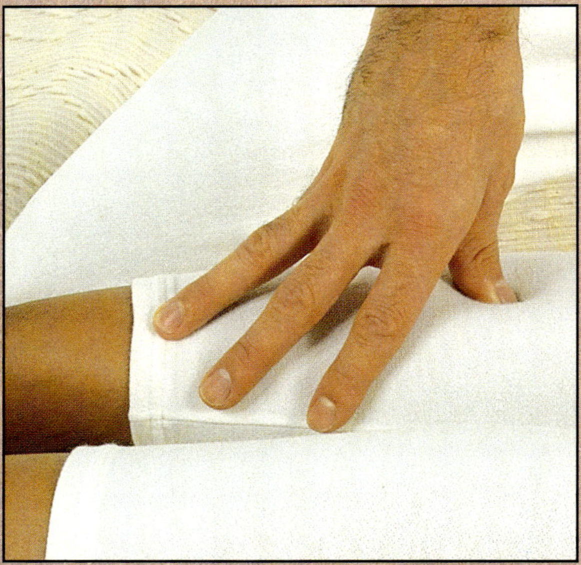

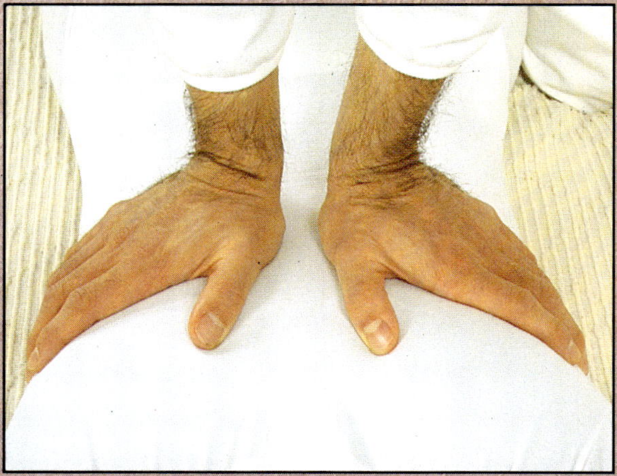

Thumbing

Thumb pressure is far more precise and penetrating than palming, and is used for working the points along the meridians. Place your thumbpads on the points. Use your extended fingers for support, so that the thumb remains straight. Lean your body forward so that most of the pressure is transferred through the thumbs. Make sure your nails are quite short to practise this technique or you may hurt your partner.

SIMPLE SHIATSU SESSION

The following sequences have been arranged so that each technique can flow smoothly into the next. Ideally the whole treatment should be experienced as a complete uninterrupted unit, not as a collection of separate movements. To achieve this, always maintain contact with your partner and make the transitions from one technique to the next with ease and fluency.

YANG

Position yourself at your partner's side. Take some time to centre yourself, clearing your mind so you can focus on your partner.

1 Gently and firmly lay your hand on the small of your partner's back. This contact is an important time for both receiver and giver to attune to each other's energy. Use this time to assess the needs of your partner; feel the quality of the energy, physically, emotionally and spiritually. This can focus your intention in all the techniques to follow.

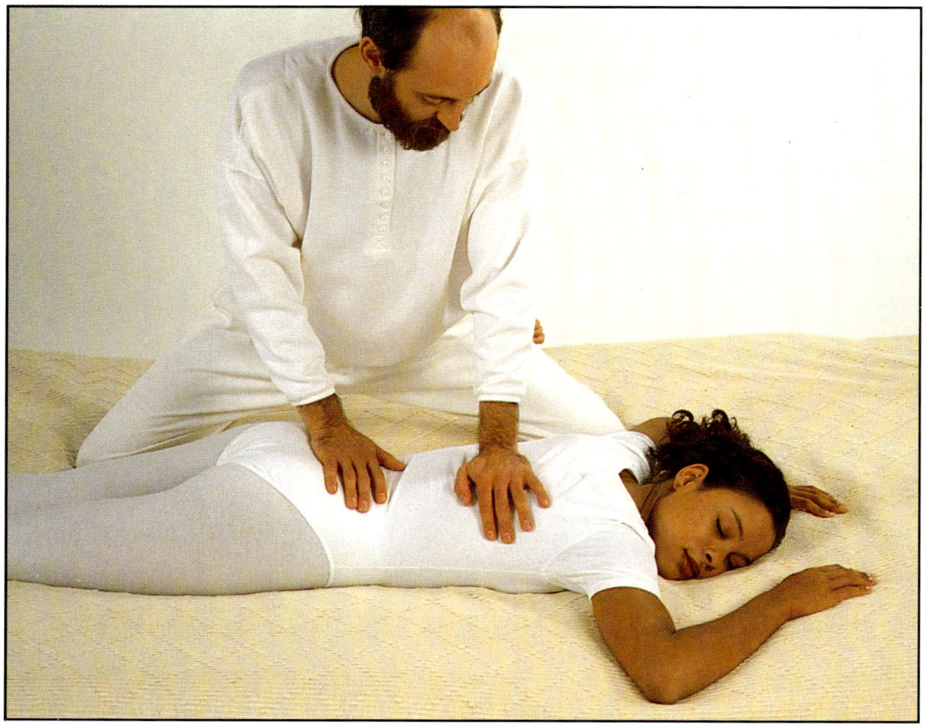

Left: This technique helps to disperse tension throughout, thus encouraging the energy to flow. It is useful to observe how your partner's body is moving. You will quickly be able to diagnose areas which may need more attention by simply observing which parts of the body are not moving as you rock.

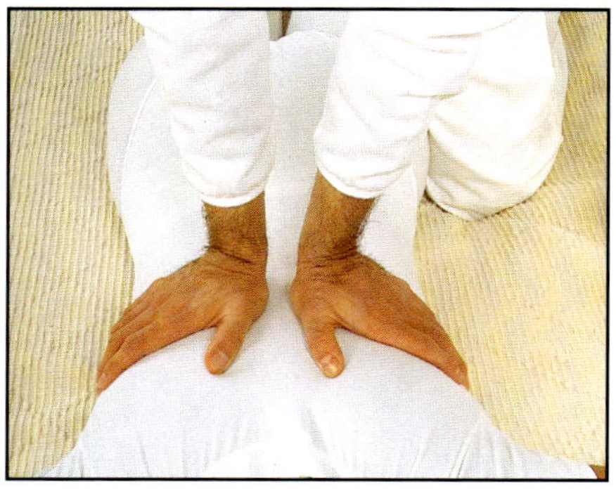

2 *Turn to face your partner and place the heel of the hands in the space between the shoulder blade and spine. With your knees apart begin to rock back and forth from your* Hara *(centre of the lower abdomen) and let the movement transfer through your hands so your partner's entire body moves in a wave-like motion. Continue to perform the rocking technique, working all the way down to the sacrum (lower back), moving the hands down the back in sequence.*

Repeat two or three times and then repeat the same movements on the other side of the spine.

3 *Come up on to one knee, keeping an open posture. Placing your palms no higher than shoulder-blade level, on your receiver's "out" breath, bring your body-weight forward applying perpendicular pressure.*

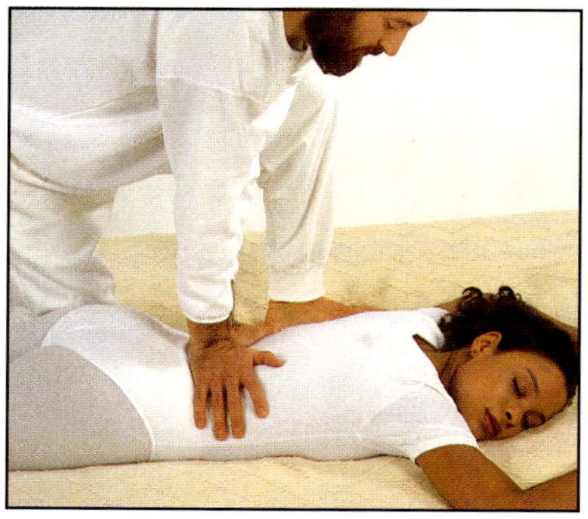

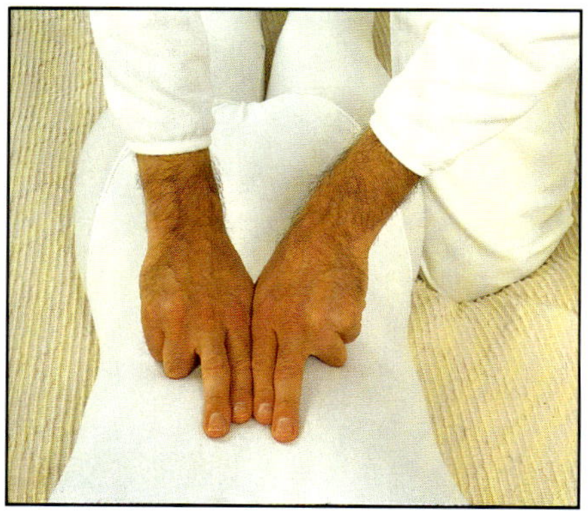

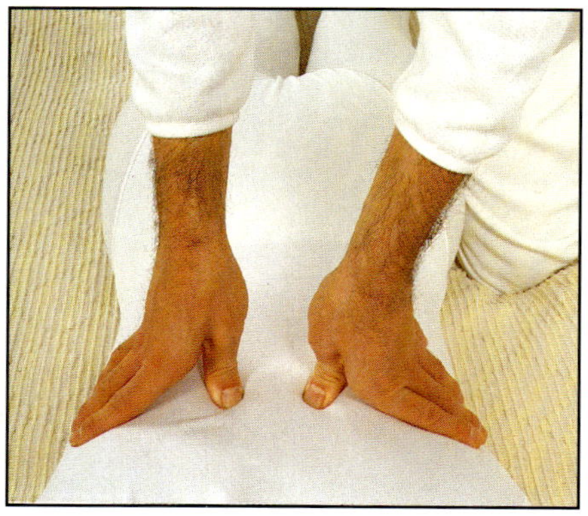

4 *Work down the back, moving a palm's width each time, and moving your body position to maintain perpendicular pressure. As you move below the ribs you may want to decrease the pressure slightly, as the internal organs are less protected here.*

5 *Having relaxed the back you can now locate the bladder meridian, which has a structural and energetic relationship with the nervous system. Measure two fingers' width from the centre of the spine and one hand's width down from the top of the shoulder.*

6 *Using the thumbs apply pressure at the points between the ribs. Thumb pressure is much more concentrated than palming. If you are unsure about how much pressure is appropriate, simply ask your partner how it feels.*

LEGS

1 Move your body down level to and facing your partner's legs. With your support hand on the lower back (sacrum), your messenger hand rocks and kneads simultaneously down the near-side thigh and calf several times.

2 Next palm down the leg, avoiding pressure on the backs of the knees.

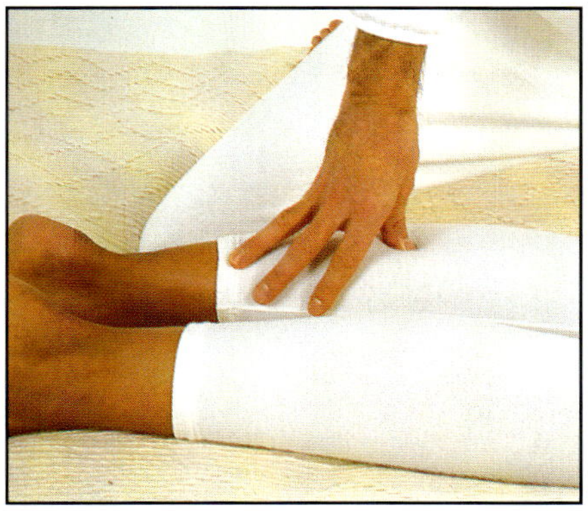

3 Now thumb down the path of the bladder meridian. Depending on the length of the leg you may need to adjust your position. To avoid over-stretching, you can also move your support hand to just above the knee.

4 With one hand on the sacrum, use the other hand to bring the foot gently back toward the buttocks, taking into consideration the leg's stretching capacity. Hold for a few seconds and then release.

5 Clasp both feet together and bend the legs, bringing the feet toward the buttocks. Hold this position for a few seconds and notice which foot goes closest to the buttocks to assess pelvic balance.

6 Cross this foot under the other foot and press them toward the buttocks on the "out" breath. Hold for several seconds then reverse the crossed legs and bend toward the buttocks once again.

After these movements you will probably notice that the bending capacity of the legs has become more equal and the pelvis is more balanced.

Move round to the other side of the body and repeat the rocking, kneading, palming and thumbing on the other leg.

WORKING ON THE FEET

When "walking" on the feet make sure your position is well balanced as excess pressure or loss of balance may cause your partner pain.

Both the giving and receiving of pressure on the feet is very relaxing, and perfectly safe and easy to perform as long as you don't make any sudden or unexpected movements. Keep your body upright and relaxed as if you were going for a walk.

If there is too much of a gap between your partner's ankle and the floor, or the feet don't turn inward symmetrically, you may have to leave this technique out.

1 *Turn around so that your back is facing your partner and stand on both feet, shifting your weight from foot to foot. Control the movement from your hips.*

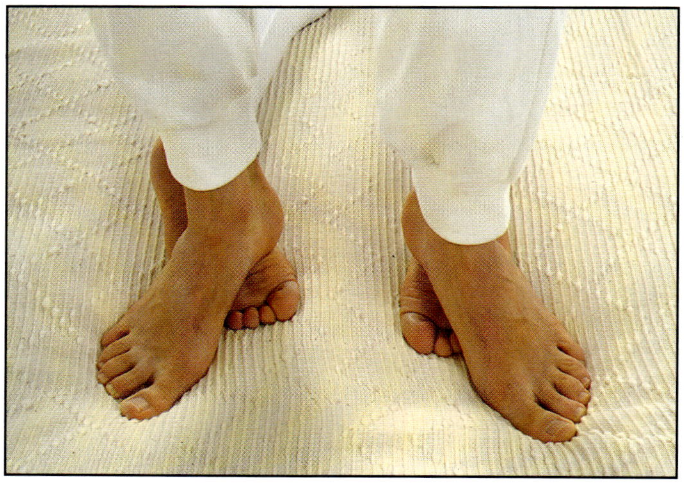

2 *Keep in one position and shift your weight back and forth from left to right several times and repeat on various areas of the feet.*

As with all the techniques, remember to observe your partner's facial expressions and breathing. These are obvious indications of how the receiver is feeling. Don't forget at any time that it's a human being you are working with, not just a body.

General pressure to the sole of the feet helps to stimulate the internal organs through the reflex areas and meridians. Walking on the feet is particularly good for grounding someone with too much mental activity.

YIN

Gently assist your partner to turn over into the supine position (on their back). Lying in this position we can be psychologically, emotionally and physically open, but we can also feel quite vulnerable. It is important to bear this in mind as you work to establish reassurance and trust.

Position yourself at your partner's side. Place one hand on your partner's waist, and the other hand on the abdomen with the heel of the hand just below the navel. Take a moment to listen with your hand to the rhythm of your partner's body. Feel the rise and fall of your partner's breath. Share the breath. This establishes a level of trust so that you will be sensitive to any vulnerabilities or pains that might become manifest.

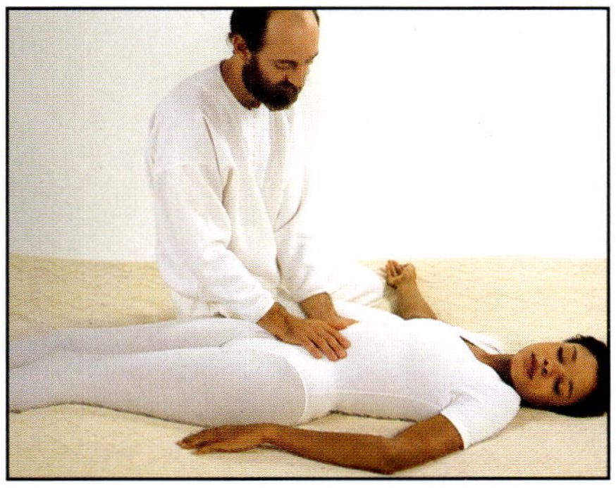

Gently palm around the abdomen in a clockwise direction. If you can coordinate your movements with your partner's "out" breath you should find that your partner gradually allows you to apply more pressure.

LEGS

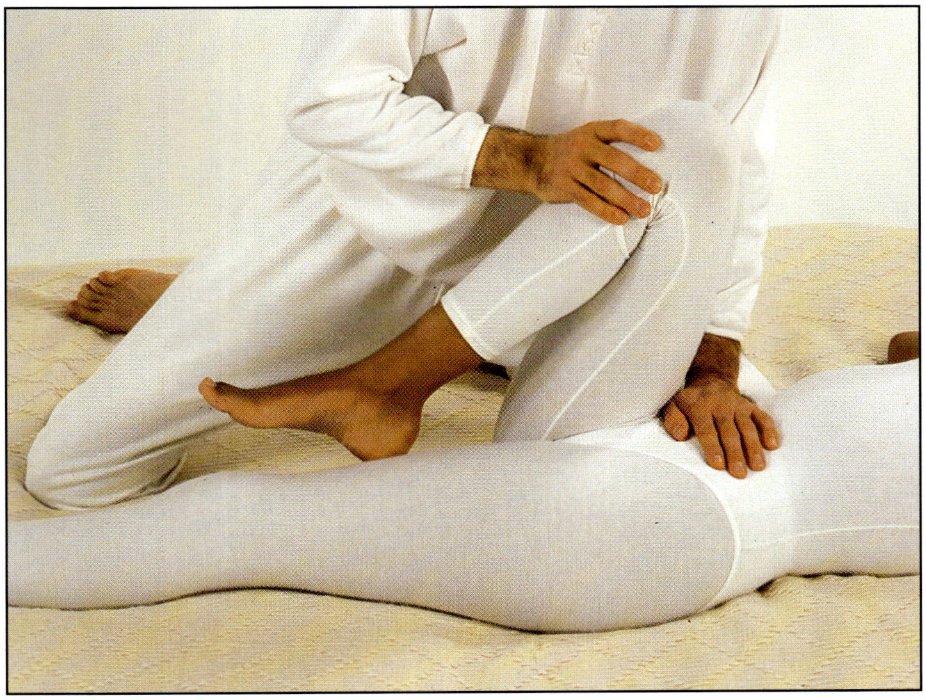

1 *Change your position to face across your partner, placing your uppermost hand on the* Hara *(lower abdomen). Place your other hand on the inside of the knee allowing your fingers to curl under the joint. Leaning back, simply allow your body weight to lift the leg. There should be very little effort involved in this. As the leg comes up, slide your hand from the inside of the knee to the upper shin.*

2,3 *Rotate the leg out from the body, focusing on the hip joint. Start with small circular movements and, releasing the leg as much as possible, gradually increase the rotation to the fullest range.*

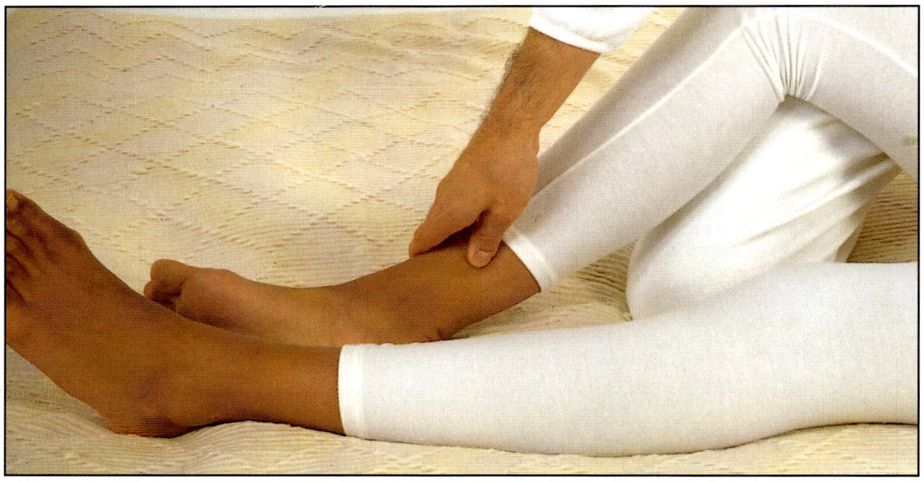

4 *Place the leg so that it rests comfortably with the toes at the level of the opposite ankle, with the spleen meridian uppermost. You may prop it up either with your leg underneath or a cushion. Palm up the inside of the calf along the* Yin *meridians to the knee. Thumb up the calf from the ankle to the knee.*

5 *Use your forearm to continue the pressure up the thigh. Rotate the leg once again then move down to your partner's feet.*

CAUTION

Do not give shiatsu on the spleen meridian during pregnancy if miscarriage is likely. Do not work below the knees in any pregnancy.

6 *Cup underneath the ankle in one hand. Place the other hand on top of the ankle. Bring your* Hara *into contact with the sole of the foot. Grasp it firmly and rotate your body from the hips. As you move your partner's body will move with yours.*

Repeat all the techniques on the opposite leg and complete this section of the sequence with your hand back on your receiver's Hara.

SHOULDERS, ARMS AND HANDS

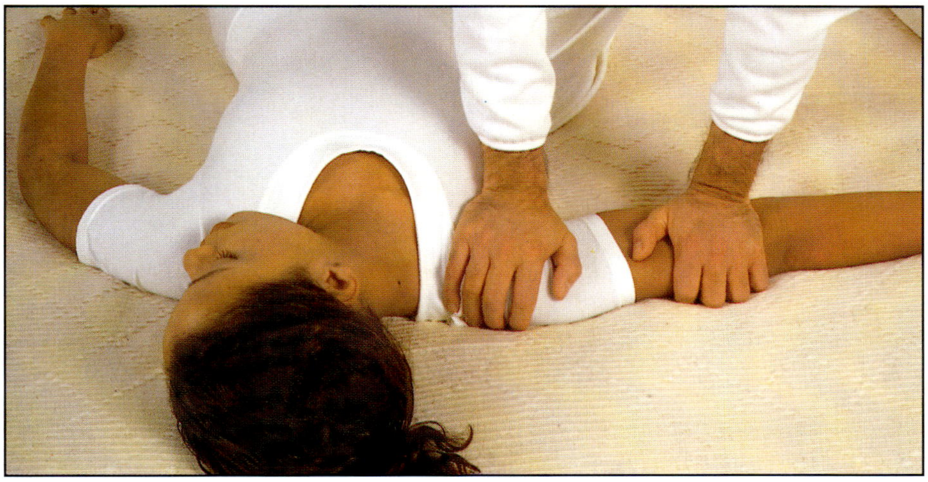

1 Kneeling up, bring your free hand to your partner's furthest shoulder. Place your other hand on the near shoulder. Your arms should now be crossed. With your receiver's "out" breath, lean forward on your hands, opening up the shoulder and chest area.

2 Maintain the support of the shoulder nearest you. With the other hand, as in the treatment of the legs, begin by gently rocking and kneading the arms from the shoulder to the hand. Position the arm at right angles to the body with the palms facing up. Then palm down the arm, avoiding pressure on the elbow joint. Follow by thumbing down the middle of the arm to the palm along the heart protector meridian.

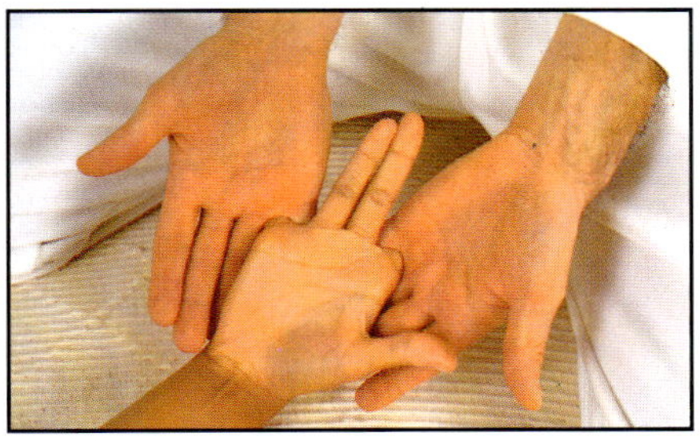

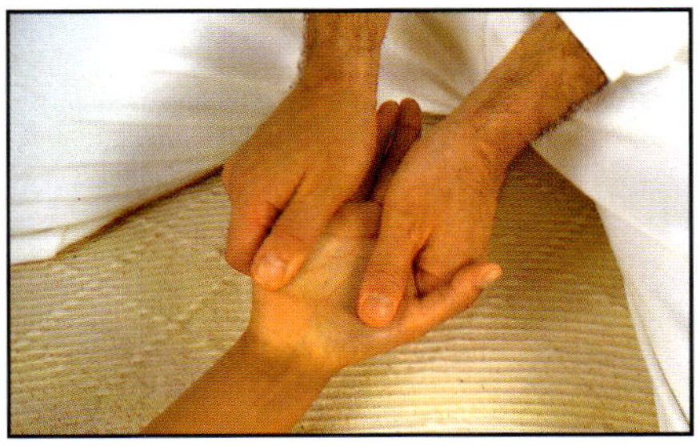

3 Grasp the wrist and move your body so that your outstretched leg is parallel to the arm, your foot resting comfortably against the upper torso. Gently lean back stretching the arm, giving counterpressure with your foot.

4,5 Link your little fingers inside your partner's index and little finger to stretch open the palm. Your thumbs are then naturally placed to work into the palm with circular movements.

6 *Place the support hand on the shoulder, tucking your thumb into the armpit. Hold the wrist, lift and loosen the shoulder joint.*

7 *Step forward with your outside leg, stretching your partner's arm to the floor above the head.*

8 *Move your body so that by gently leaning back your partner's arm is stretched, using a two-handed grip to the wrist.*

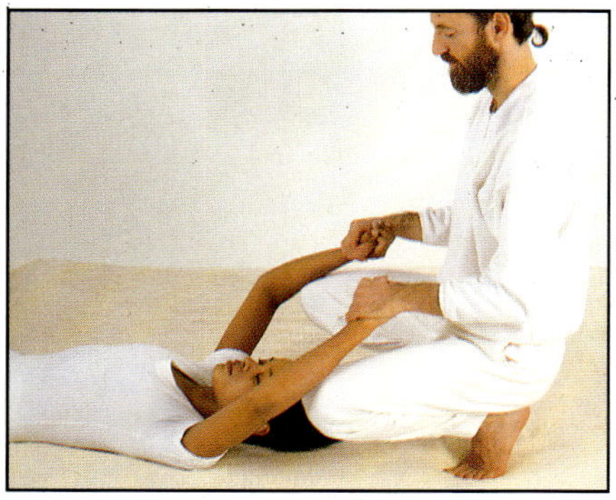

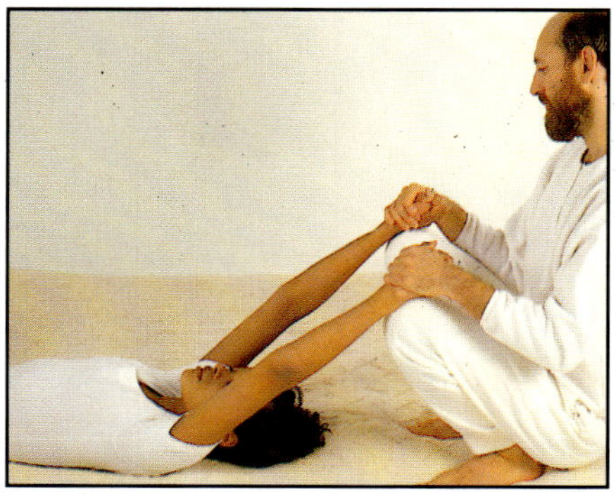

9 *Pick up your partner's other hand and rest the forearms on your knees.*

10 *Lean back, allowing your knees to slide up the forearms to the wrists. On the "out" breath, this makes a powerful stretch for the shoulders and chest.*

Repeat all the techniques on the opposite arm: stretching, rocking, kneading, palming, thumbing and massaging the hands.

To finish return again to the Hara *(lower abdomen area). Simply holding for a minute or two gives your partner time to feel the changes that have occurred.*

Break this final contact very slowly and if appropriate cover your partner with a blanket. Give your partner some time to experience how he or she feels.

One of the great benefits of shiatsu is that it encourages self-awareness. It is often in the still moments of a session, when we are just being with our partner, that both giver and receiver can have the most profound insights.

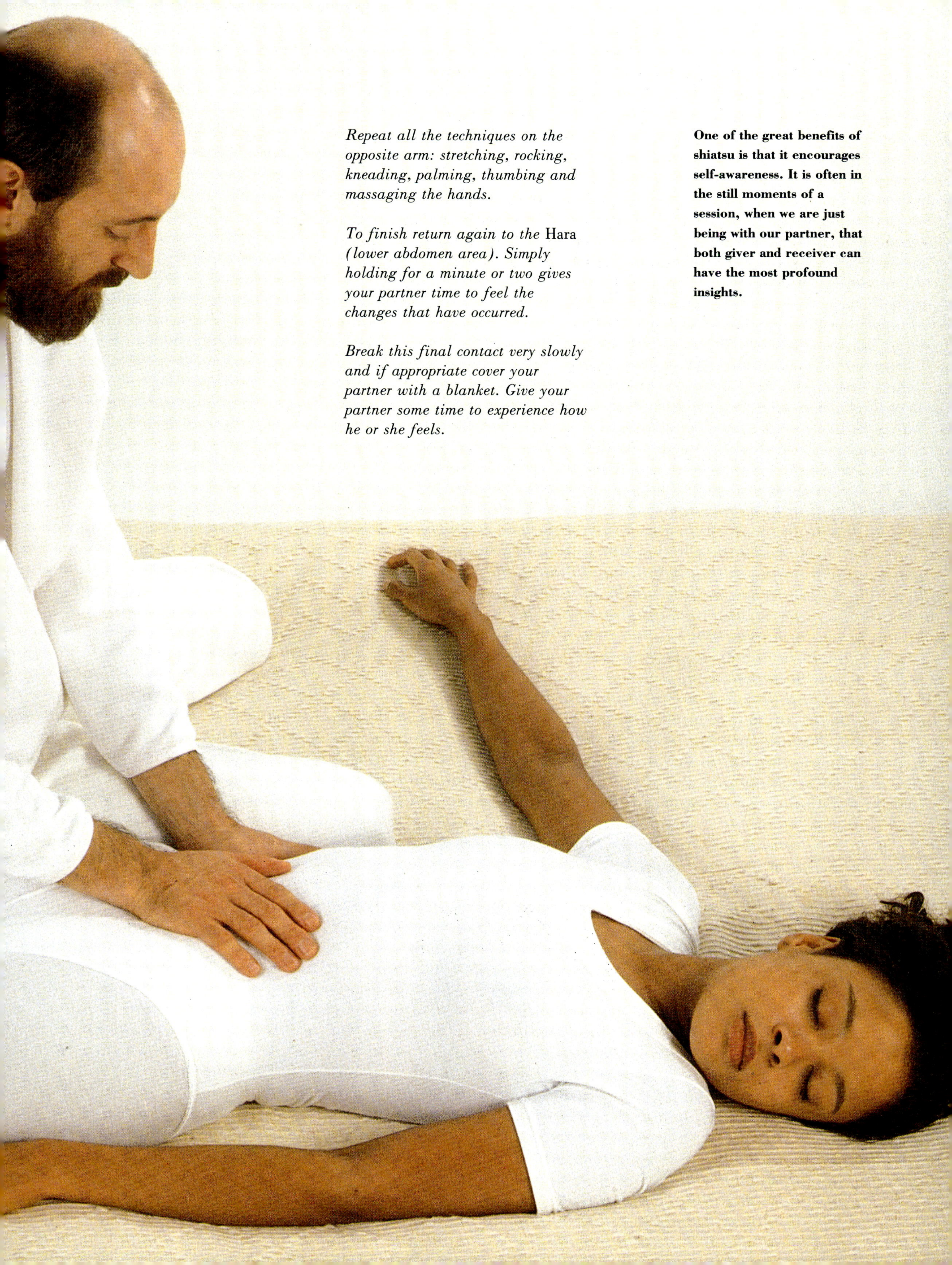

USEFUL ADDRESSES

AROMATHERAPY

ORGANIZATIONS

These organizations will provide information about accredited therapists and courses. Please always send a stamped, self-addressed envelope when writing.

Aromatherapy Organizations Council
3 Latymer Close
Braybrooke
Market Harborough
Leicester LE16 8LN
Tel: 0455 615466

Holistic Aromatherapy Foundation
16 Sunnyhill Road
London SW16 2VH
Tel: 081 664 6150

International Federation of Aromatherapists
Department of Continuing Education
The Royal Masonic Hospital
Ravenscourt Park
London W6 0TN
Tel: 081 846 8066

International Society of Professional Aromatherapists
41 Leicester Road
Hinckley
Leicestershire LE10 1LW
Tel: 0455 637987

National Holistic Aromatherapy Association
PO Box 18622
Boulder
CO 803-0622
USA
Tel: (303) 258 2791

International Federation of Aromatherapists
197 7th Street
Midland
Ontario L4R 3Z4
Canada

Australian Natural Therapists Association
PO Box 522
Sutherland
NSW 2232
Australia

Institute of Clinical Aromatherapy
PO Box 734
Skellenbosch 7599
South Africa

MAIL ORDER SUPPLIERS

Nina Ashby Aromatherapy
29 Arundel Road
Croydon CR0 2ER
Tel: 081 689 3949

Culpeper Ltd
Hadstock Road
Linton
Cambridge CB1 6NJ
Tel: 0223 894054

Kobashi
50 High Street
Ide
Devon EX2 9RW
Tel: 0392 217628

Eve Taylor
22 Bromley Road
London SE6 2TP
Tel: 081 690 2149

The Body Shop
Watersmead Business Park
Littlehampton
West Sussex BN17 6LS
Tel: 0903 731500

Neal's Yard Remedies
15 Neal's Yard
London WC2H 9DP
Tel: 071 379 0141

Rachel Stewart
Avalon Aromatics
20 Springfield Road
London SW19 7AL
Tel: 081 947 1567

The Body Shop (USA)
45 Holsehill Road
Cedar Knolls
NJ 07927
USA
Tel: 1 800 541 2535

Quintessence Aromatherapy
PO Box 4996
Boulder
CO 80306
USA

Just Good Scents
206 Collingwood Court
Edmurton
Alberta T5T 0H5
Canada

Essentially Yours
Factory 35
65-7 Canterbury Road
Montrose 3765
Victoria
Australia

RESIDENTIAL TREATMENTS

Henlow Grange
Henlow
Bedfordshire SG16 6DB
Tel: 0426 811111

Grayshott Hall
Headley Road
Grayshott
Nr. Hindhead
Surrey GU26 6JJ
Tel: 0428 604331

Champneys
Wiggington
Tring
Hertfordshire HP23 6HY
Tel: 0442 873155

HAIR AND BEAUTY THERAPY TREATMENTS

Michaeljohn/ The Ragdale Clinic
25 Albermarle Street
London W1X 3FA
Tel: 071 629 6969

Michaeljohn
14 North
414 North Camden Drive
Beverly Hills
CA 90210
USA
Tel: 310 278 8333

SHIATSU

The British School of Shiatsu-Do
188 Old Street
London EC1V 9FR
Tel: 071 251 0831

The Shiatsu Society
14 Oakdene Road
Redhill
Surrey RH1 6BT
Tel: 0737 767896

Clive Ives
45 Broderick Road
London SW17 7DX
Tel: 081 672 0477

The American Shiatsu Society
44 Pear Street
Cambridge
MA 02139
USA

FURTHER READING

AROMATHERAPY

Micheline Arcier, *Aromatherapy*, Hamlyn, 1990

Patricia Davies, *Aromatherapy: An A-Z*, C. W. Daniel, 1988

Judith Jackson, *Aromatherapy*, Henry Holt and Co, 1986

Marguerite Maury, *Guide to Aromatherapy: The Secret of Life and Youth*, C. W. Daniel, 1989

Shirley Price, *Practical Aromatherapy*, Thorsons, 1987
Aromatherapy for Common Ailments, Gaia Books, 1991

Maggie Tisserand, *Aromatherapy for Women*, Thorsons, 1989

Robert Tisserand, *The Art of Aromatherapy*, C. W. Daniel 1977
Aromatherapy for Everyone, Penguin, 1990

SHIATSU

Saul Goodman, *The Shiatsu Practitioner's Manual*, Infitech Publications, 1986

Shizuto Masunaga, *Zen Shiatsu*, Japan Publications, 1977

MASSAGE

Everyone enjoys massage. From babies to the elderly, from sportsmen and women to friends and lovers, all can benefit from this powerful form of communication. An effective aid to relaxation, massage helps to smoothe away stress, unknotting tense and aching muscles, relieving headaches and helping sleep problems. But massage is also invigorating: it improves the functioning of many of the body's systems, promotes healing and tones muscles, leaving you with a feeling of renewed energy. By mastering a few simple techniques and sequences, you will learn the language of touch – a valuable gift for yourself and others.

THE HUMAN TOUCH

The sense of touch is a powerful and highly sensitive form of communication. It is a natural reaction to reach out and touch, whether to feel the shape or texture of something, or to respond to another person, perhaps by comforting them. A mother cuddles her baby, family pets are stroked, sexual partners caress, and if we accidentally knock a limb we instinctively "rub it better".

To touch someone can mean various things in different cultures. There are many social restraints which inhibit touching in public. For us, a formal handshake, nod of the head, and even a peck on each cheek are all recognized forms of greeting, and yet you can carry them out without showing any real emotion. Indeed, our rather formal approach to physical contact is contrary to our most basic instincts and needs. Fortunately, we are now rediscovering the healing power of massage and other touch therapies which have been understood in other cultures for thousands of years.

THE DEVELOPMENT OF MASSAGE

History shows that although the early Egyptians made references to the benefits of massage, the Chinese were among the first to recognize its healing value at around 3000 BC. Roman and Greek philosophers and physicians prescribed it both for its restorative powers after battle and for general preservation of the body and mind. Although the Romans believed in its curative powers, the art of massage also became part of a daily ritual for relaxation. After bathing, oils would be used to anoint the body from head to toe, followed by a luxurious massage.

Herbalists throughout history have used massage to heal body and soul, both by applying balms and by laying their own hands on the afflicted to expel evil spirits and clear the mind. It wasn't until the eighteenth and nineteenth centuries, though, that massage became popular throughout Europe, thanks to the work of Per Henrik Ling (1776–1839). Ling was a Swede who travelled to China and returned with a detailed insight into their massage techniques. From these he developed his own system of massage based on a variety of movements, involving pressure, friction, vibration and rotation.

This wealth of practical knowledge soon spread, and medical and non-medical professions worldwide began exploring the benefits of massage. This eventually established the basis of massage today, which in many ways remains much the same now as those early Swedish techniques.

Along with basic massage we are now experiencing a revival of interest in many of the ancient arts which place such great importance on touch. These include aromatherapy, reflexology and shiatsu – all distinctive natural therapies which have a specific role to play in "alternative" health-care.

Below left: This Greek stone relief from the fourth century BC shows the physician Aesculapius treating a patient by "rubbing", as recommended by Hippocrates.

Right: As Europe emerged from the Middle Ages, massage once again became part of the bathing ritual, as shown in this sixteenth-century German woodcut of a public bath house.

Effects of Massage

Massage can stimulate and relax the body and the mind. The skin, blood and lymphatic systems are stimulated, which boosts circulation, aids cellular renewal and removes toxic wastes. As tense muscles relax, stiff joints loosen and nerves are soothed, an all-over feeling of relaxation and well-being comes about.

The Nervous System

The nervous system is a highly complex network which relays messages from the brain to the rest of the body. The part of the nervous system which regulates many physiological functions leaves the brain at the base of the skull and runs down the spinal cord, protected by the spine's bony vertebrae. Millions of nerve endings run throughout the body, controlling much of the way it functions. Depending on the depth of the massage movements used, the nerve endings can be stimulated or soothed.

The Skin

With massage comes an increase in blood circulation. This helps the exfoliation of superficial dead skin cells, tones the skin and encourages its renewal process. Massage helps maintain the collagen fibres, which give skin its elasticity and strength, and keep wrinkles at bay. The activity of the sweat and sebaceous glands, which lubricate and moisturize the skin, is regulated.

Muscles

With the increase in blood flow, the blood's vital nutrients circulate more efficiently. Massage is popular with sportsmen and women because it can improve muscle tone, restore mobility, and ensure the elimination of waste products after exercise. With regular massage, strains and sprains heal more rapidly, while calf cramps and stiff muscles can become a thing of the past. Massage before an exercise session will help loosen and warm up the muscles, or afterwards it will ease sore, aching limbs.

Circulation and Lymphatic Systems

By dilating the blood vessels, massage increases the blood circulation. A good circulatory system means that an efficient supply of the blood's constituents, including oxygen and nutrients, reaches the billions of individual cells. This is vital for the healthy functioning of the whole body, from the muscles to internal organs such as the kidneys and liver.

At the same time the increase in blood circulation helps accelerate the lymphatic system, which absorbs and eliminates waste substances. Unlike the blood circulation, which has the heart to pump it round, the lymphatic system has no pump of its own and is dependent on muscular action for its efficiency. Massage is an important means of speeding up the flow of the lymph, encouraging a more effective filtering and elimination of waste throughout the body. An efficient lymphatic system provides the body with a strong immune system to fight against infections and disease.

Digestion

Massage mobilizes the digestive system so that the processes of assimilation and elimination are improved, helping problems like constipation and flatulence. The digestive system is quick to respond to stress, and the reduction in anxiety and tension which comes with regular massage has a regulating effect on the digestion.

THE BASIC TECHNIQUES

When many people think of massage they picture the vigorous pummelling and slapping often associated with puritanical health spas. In truth, firm massage can be highly beneficial without causing discomfort. Alternate firm and gentle flowing strokes to create a combination that will alleviate tension and muscular aches and pains whilst energizing and invigorating the body.

In Swedish massage there are four basic types of movement. Familiarize yourself with these different techniques before beginning the step-by-step, whole-body massage.

EFFLEURAGE

Effleurage describes long, soothing, stroking movements using the flat of the hand (or fingers if working on small areas). These are often used to apply oil evenly to the body. You can use one hand on its own or with the other providing support on top of it, both hands simultaneously, or one hand alternating with the other.

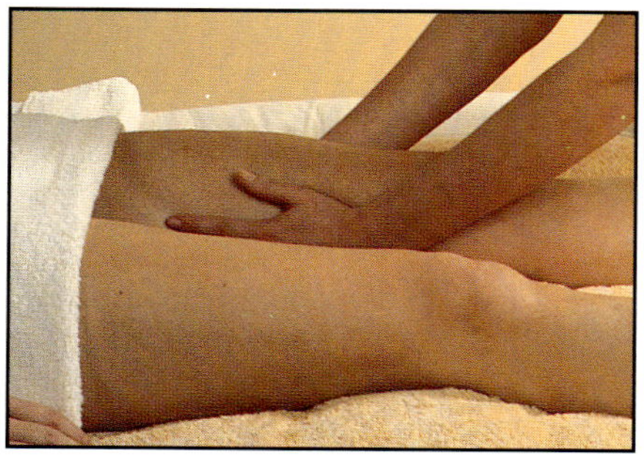

Relax the hands and mould them to the contours of the body. Apply slightly more pressure when you take the stroke in the direction of the heart to improve circulation and lymph flow. If you are working away from the heart, keep the pressure firmer on the return stroke. The movements should be fairly slow and continuous. Keep the hands in contact with your partner between strokes.

Effleurage is used to start off a massage, soothing the nerve endings and helping your partner get used to your touch. It is used again at the end of a massage for a relaxing finish. In between, *effleurage* movements provide an important link between other more stimulating strokes and are used to make first contact with a new area of the body. If you feel hesitant about what to do next, you can always insert some *effleurage*, so the continuity is not lost.

You repeat *effleurage* strokes several times. Each time try to start the first complete stroke with fairly light pressure, then apply slightly more pressure with the next complete stroke. Where there are larger muscle areas, such as the thighs and back, you can apply the most pressure for a more stimulating effect.

PETRISSAGE

Petrissage describes a number of movements which involve various ways of kneading, rolling and picking up the skin and muscles. These firm and strengthen the structures by stimulating the deep layers of tissue, and increasing the supply of blood to the area. They also improve the flow of lymph.

Generally a single group of muscles, or an individual muscle, is worked on at one time. The basic kneading action is very similar to kneading dough.

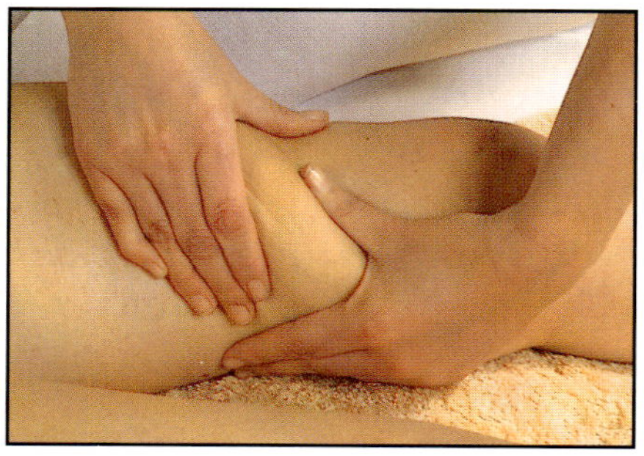

For *petrissage*, start with your fingers pointing away from you, press down with the palm, grasp the flesh between fingers and thumb and push it toward the other hand. As you release the first hand your second hand grasps the flesh and pushes it back toward the first hand. It is a continuous action, alternating the hands to squeeze and release.

With light kneading you are tackling the top muscle layers, whilst firmer kneading works on the deeper muscles, easing taut muscles and breaking down congested tissues to help the elimination of waste products.

FRICTION

Friction, or "connective tissue massage", is a penetrating circular movement which applies deep direct pressure to one particular site of muscular tension, using the thumb, fingertips or knuckles. It is a valuable technique for concentrating on specific areas of tightness and muscle spasm in the back.

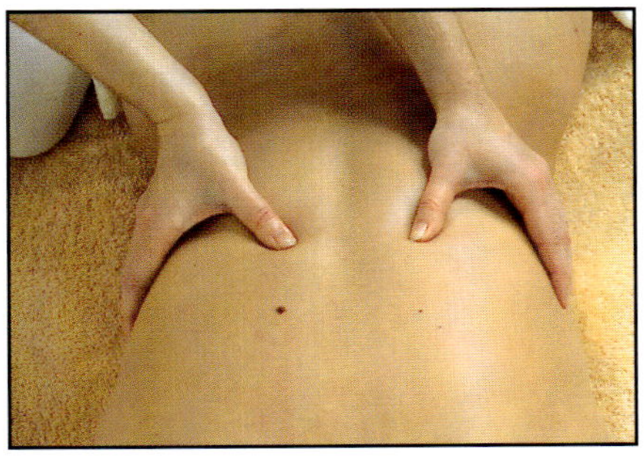

As you make the circular rotations you should actually feel the underlying tissues moving; you are not simply sliding over the skin's surface.

A variation on circular friction pressures is static pressure, where you lean gradually into the muscle, slowly deepening the pressure without the rotation action. Press for a few seconds, then gradually release.

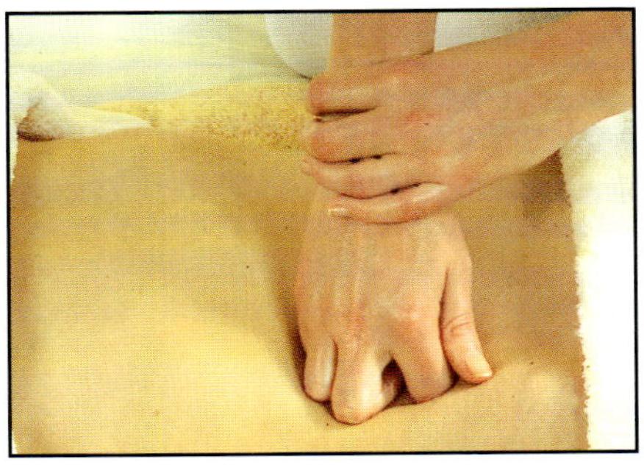

Another friction movement is knuckling: use the knuckles in a loosely clenched fist to produce rippling, circular motions. This is used to release tension up the sides of the spine and in other areas. Remember not to work right on top of the spine bone.

TAPOTEMENT

Tapotement, or percussion movements, are fast and stimulating. They include cupping, hacking, pounding (also called pummelling), which all sound like painful practices but when carried out properly should certainly not cause bruising or pain. (Don't use *tapotement* on particularly bony areas or on broken or varicose veins.) For all the movements, remember to keep the hands and wrists relaxed. All the percussion techniques are fast, precision actions, bringing one hand quickly after the other into contact with your partner. It is particularly important at the beginning to ask your partner whether you are applying the right degree of pressure.

These sequences stimulate the blood circulation, tone and help strengthen sagging skin and muscles. In particular *tapotement* can tighten up soft tissue areas, such as thighs and buttocks, which are prone to cellulite.

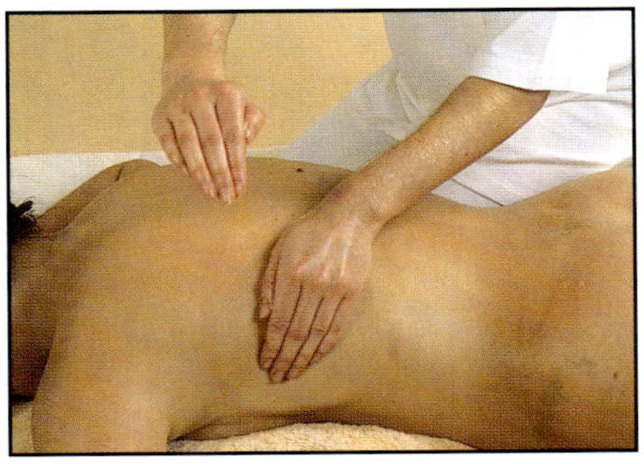

For cupping, gently curve the hands to make a loose cupped shape, bending at the knuckles while keeping the fingers straight and firm. Do not bend the fingers too far over. Using the cupped palm, make a bouncy, brisk, cupping action against a fleshy area, alternating the hands quickly. The fast, cupping action creates a suction against the skin. Try this movement on the back, buttocks and thighs.

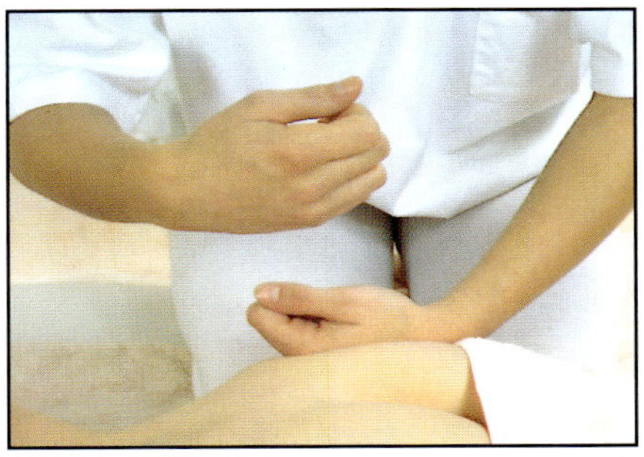

For pounding (or pummelling), loosely clench your fists, but keep the wrists relaxed. You can use the wrists in two ways: either striking your partner with the outer edges of the loose fist or with the front of the knuckles. Either way, the speed and rhythm of the movement is similar: brisk and firm, alternating the hands, without thumping your partner too enthusiastically. Once again, keep to the fleshier parts of the body, particularly cellulite zones such as hips, buttocks and thighs.

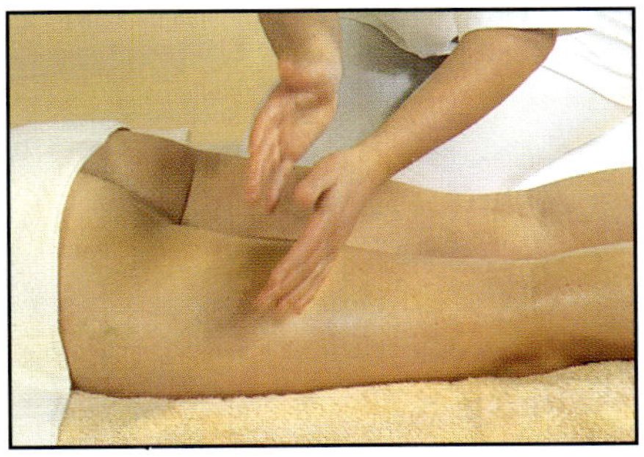

In hacking, the outer edge of the hand is used to stimulate the area by striking it quickly with alternate hands. You need to practise a brisk, bouncing movement, working rhythmically and rapidly over a fleshy area of the body. You need to have very relaxed wrists and fingers, and use the sides of the palm rather than the fingers. Used over the buttocks and thighs, hacking tones up muscles and disperses fluid.

Intersperse these brisk movements with the gentler, *effleurage* strokes, then go back to the pounding or pummelling for as long as you both feel comfortable.

WHOLE-BODY MASSAGE

Our whole-body massage is a comprehensive, top-to-toe sequence based on Swedish massage techniques, specially adapted for home practice. As a beginner you may find the full sequence too tiring at first. Until your hands and wrists build up their strength and you get used to positioning your own body comfortably to perform the massage, it is best to work on just a few parts of the body, such as the back of the legs, back and shoulders, or to perform fewer movements on each part of the body. Your partner will find it more relaxing if you perform one or two types of movement thoroughly rather than keep changing the strokes after a few seconds to cover all the steps. Always include *effleurage* strokes to begin and end a sequence, and never leave the body unbalanced – if you work on one leg or arm, you should repeat the same movements on the other side of the body.

COMFORT AND CLOTHING

If you are going to massage on the floor, put down a thick layer of blankets or towels, or a futon, to provide your partner with a firm, comfortable cushion. There is nothing more likely to reverse the relaxation process than a hard surface, a cold room and noise. Choose a quiet time, when you won't be disturbed. Your partner may need the room quite a lot warmer than you might expect. Being massaged on the floor might be extremely comfortable for your partner, but it can put a strain on the masseur's back and knees so, if you prefer, set up the same cushioning surface on a large table. It is not a good idea to massage on a bed – the give of a soft mattress can counteract much of your effort.

Have ready several towels, so that you can cover areas of the body which are not being worked on. Often a sense of modesty is crucial to relaxation, and the towels will also keep your partner warm. Move the towels around to cover most of the body, and especially an area you have just finished working on. You will need a cushion or towel to support the head, and it can be helpful to put a roll of towel under the knees when your partner is lying on their back. This relaxes the lower back. When your partner turns over on to the front, a towel under the chest can improve comfort.

Massage in loose-fitting clothes, with soft-soled, flat shoes, or work in bare feet. Take off rings and jewellery, so there is nothing to distract your partner, and make sure your nails are short! The more relaxed you are, as the masseur, the better. If you feel keyed up, try some deep, regular breathing exercises before you start. Take a few stretches, shake your hands to loosen any tension, and you're ready to start.

OILS

There are several oils which are appropriate for body massage. Stick to vegetable oils, rather than mineral oils such as baby oil. Grapeseed, sunflower or almond oil are good, basic vegetable oils, which are light and therefore not too sticky. Jojoba is a good oil for the face, especially if your partner has oily skin. Avoid oils with strong smells, such as olive oil. Also try experimenting by adding a little avocado, apricot or peach kernel oil if you wish, or buy ready-mixed massage oil.

Measure 3–4 tablespoons (45–60 ml) oil into a saucer or small container before starting your massage. You will quickly get used to how much oil to apply. The amount varies with the dryness of the skin, and how readily it absorbs the oil, but in general you need enough to facilitate the strokes without applying so much that your hands simply slide over the skin. If you need to apply more oil during a sequence, simply smooth a little oil into the palms of your hands and do some extra *effleurage* strokes.

CAUTIONS

Exchanging a regular basic massage is a luxury for both giver and receiver. However, specific problems should be tackled by a trained practitioner. Never massage right on top of the spine. Working down each side of the bony spinal column is fine, and produces many benefits, but you should avoid working directly on top of the spine.

There are occasions when it is not appropriate to massage. Avoid if there are any of the following conditions:

- heart condition
- high blood pressure
- bacterial or viral infection
- nausea or abdominal pain
- severe back pain which may be caused by the spine, especially if there are shooting pains in other limbs
- temperature or fever
- open wound or skin infection
- cancer
- post-operative recovery

If you are in any doubt, it is always best to check with your doctor first.

THE FULL MASSAGE SEQUENCE

Front of Body:
1 Legs 2 Feet and ankles
3 Arms and hands 4 Chest, shoulders and neck 5 Face
6 Abdomen and waist
Back of Body:
7 Legs and buttocks
8 Back and shoulders

FRONT OF BODY

The full massage begins with the front of the body, so your partner should lie face up with cushions or rolled towels wherever needed for support.

LEGS

Since legs carry the full body weight, the bones and muscles in the legs are the largest and strongest we have. A good leg massage can not only help to relieve strain and tension in the legs, but can benefit the well-being of the whole body. It's not unknown for backache to be traced to problems in the legs, and for a good leg massage to help alleviate the pain.

Leg massage stimulates both the blood circulation and the lymphatic system, and done regularly it helps to prevent varicose veins. Any congestion in the lower legs will be lessened with effleurage *movements taken up toward the lymph nodes at the back of the knee and in the groin. If legs feel puffy or swollen to the touch, make sure you use the gentlest of pressure. Firm massage on the larger muscles, such as those round the thighs, can dispel tiredness and stimulate a sluggish lymphatic system. Work more lightly over bony areas such as the shins and knees.*

VARICOSE VEINS

You need to take certain precautions if your partner has varicose veins. Never knead or put any pressure on varicose veins, and only massage the part of the leg which is higher than the area with veins (that is, only massage closer to the heart); never on or below the vein.

EFFLEURAGE

1 *Below: Kneel beside your partner's left ankle. With a little oil in the palm of your hands, start with your hands crossed over the ankle, in readiness to begin several long* effleurage *strokes. You will need more oil if the legs are particularly hairy or dry, but don't add too much in the first instance.*

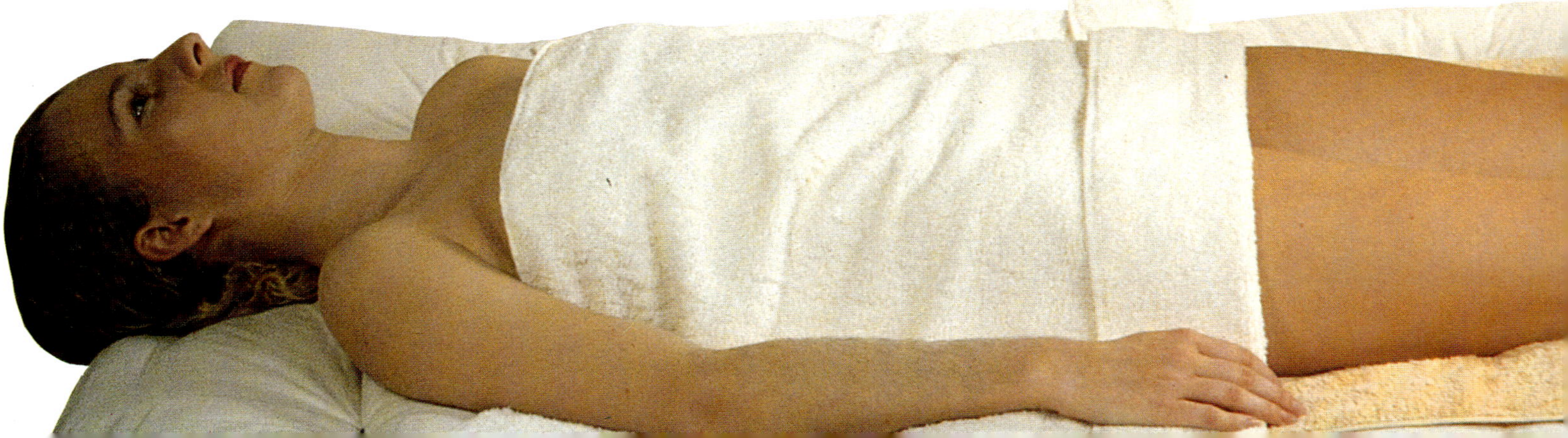

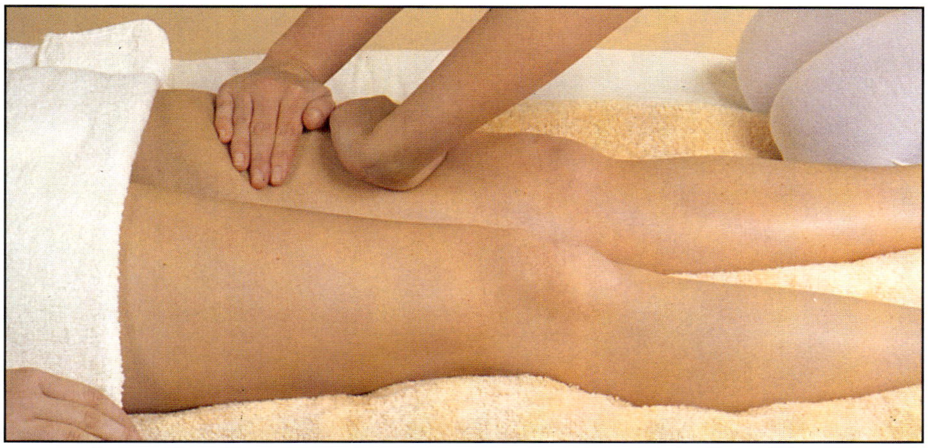

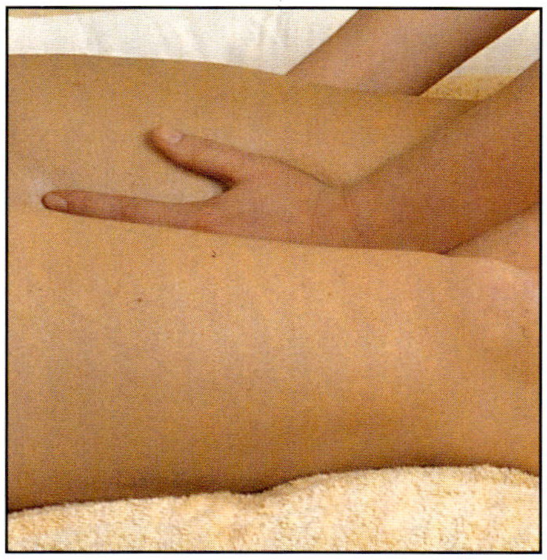

2 Keeping your hands crossed over the leg, slide the palms up the front of the leg, over the knee and up to the thigh, in one continuous, sweeping movement to oil the front of the leg evenly.

3 Turn the hands outward round the hip, separate them and bring the hands back down each side of the thigh.

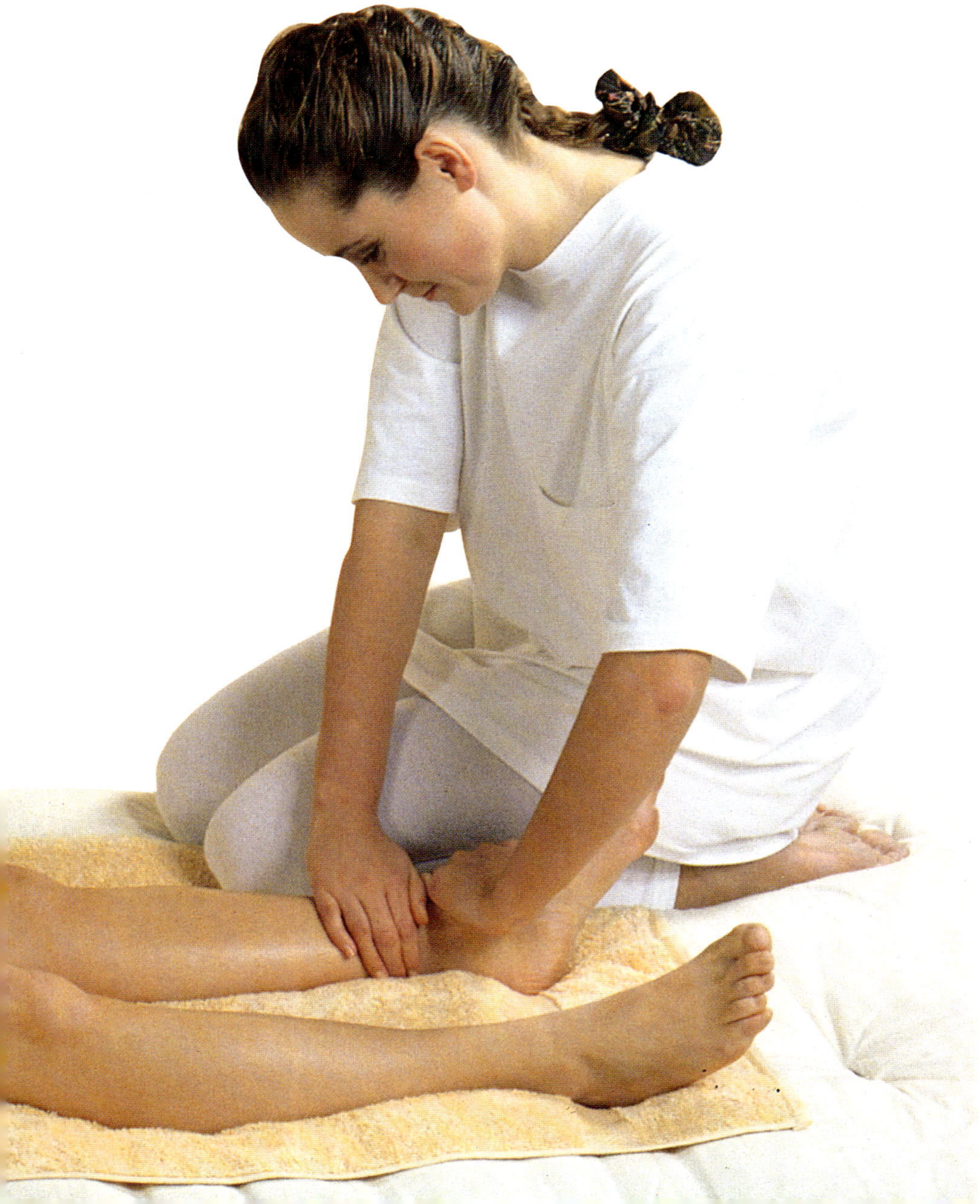

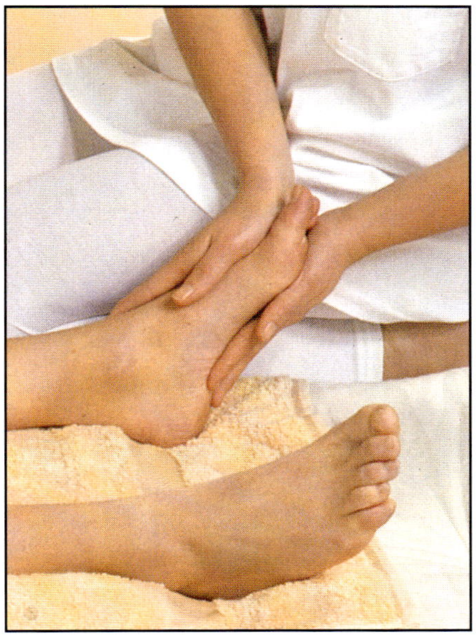

4 Continue to sweep the hands back to the ankle, and then over the foot to the toes. Then place your hands crossed over the ankle again, ready to repeat the entire movement.

Use some more oil if necessary, and this time use slightly firmer pressure on the upward stroke, then lighter again for the return. The stroke is smooth and continuous throughout.

Repeat the sequence over the whole leg once again.

THIGHS

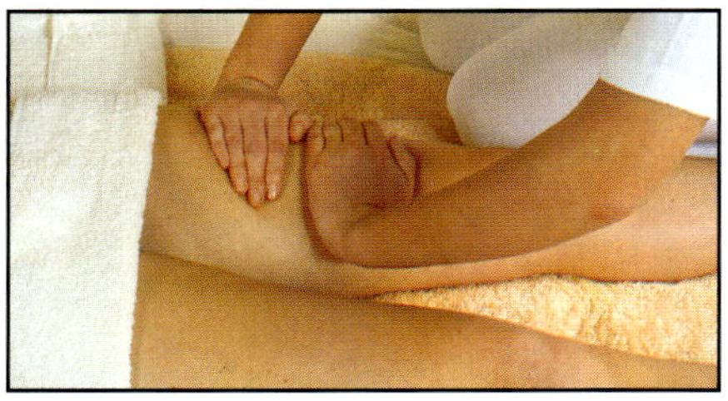

1 *Bring both hands up to just above the knee and move them up together, pressing the muscles firmly toward the upper thigh. You should be applying enough pressure to see movement in the muscles.*

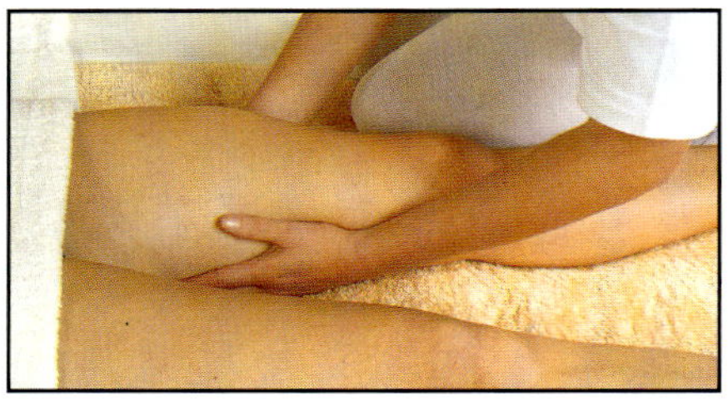

2 *At the top of the thigh separate the hands and using lighter pressure come down either side of the leg to the knee.*

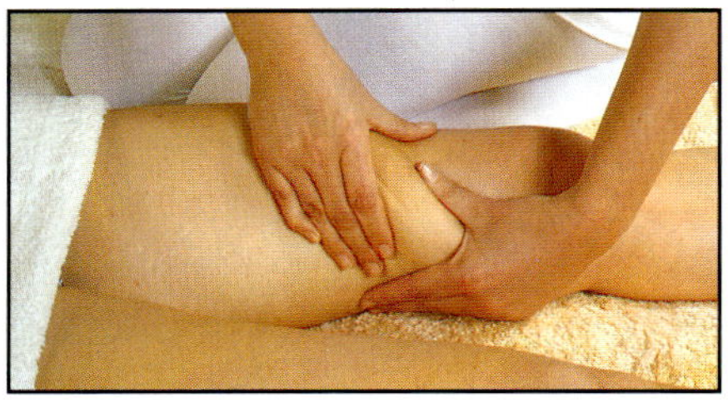

3 *Begin kneading the inner thigh with both hands. Squeeze, then release the muscles, picking up and rolling them as you do so. Continue the kneading action over the top and outside thigh.*

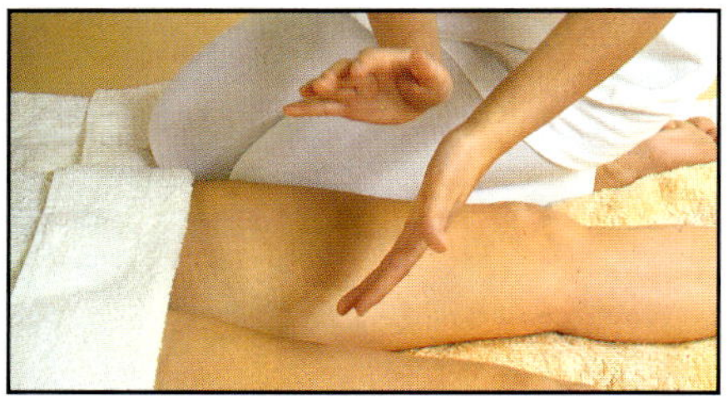

4 *Now use a hacking movement all over the thigh. Briskly strike the area with the outside edge of one hand after another, using short, sharp movements. Keep a fast repetition going.*

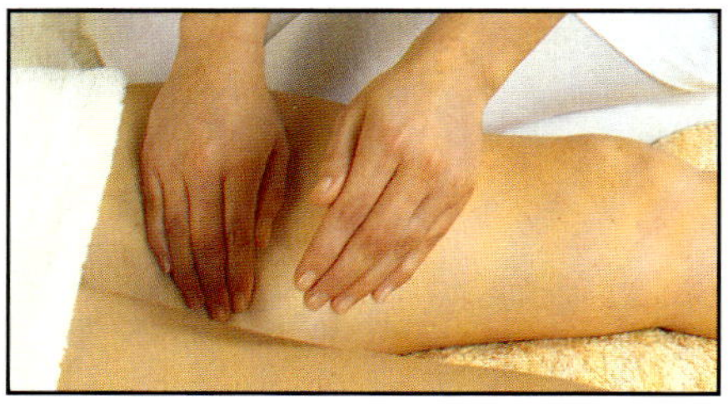

5 *Continue with cupping all over the thigh, working quickly. Expect quite a loud cupping sound, but check with your partner that the strokes are not too powerful.*

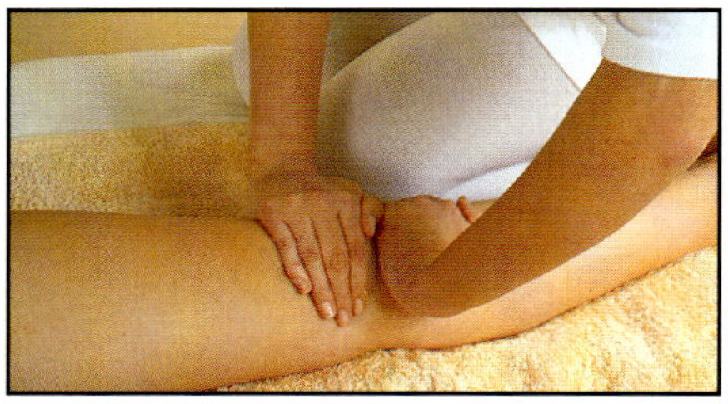

6 *Begin at the knee and do some* effleurage *strokes up to the top of the thigh, sweeping the hands outward and back down to the knee, to soothe the area after the series of stimulating movements.*

KNEES

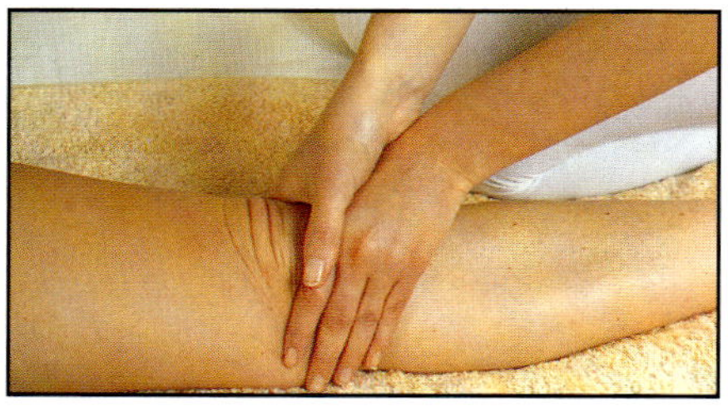

1 *Place both hands just below the knee. Lightly massage round the kneecap, using your fingertips to work gently into the muscles. Repeat three times.*

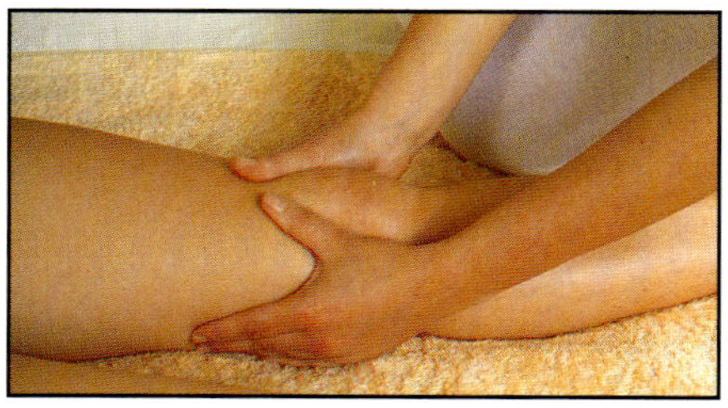

2 *Starting with your thumbs above the kneecap, with your hands under the knee for support, slowly draw them lightly round the outside of the kneecap and release. Repeat this movement three times.*

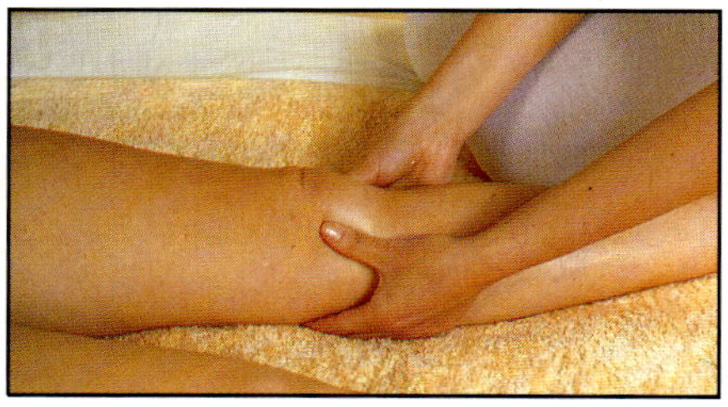

3 *Support the back of the knee with your hands and use your thumbs to circle gently round the kneecap, working downward. Return to the top of the knee and repeat three times.*

4 *Right: Raise the height of your hands above the knee. Work round the kneecap with one hand, loosening the muscles with your thumb and fingers. Use gentle, circular rotations to cover the area thoroughly.*

You may find it easier to support your wrist with the other hand.

Do some more effleurage *strokes, sweeping them up from the ankle to just below the kneecap and back down to the ankle. Repeat this several times.*

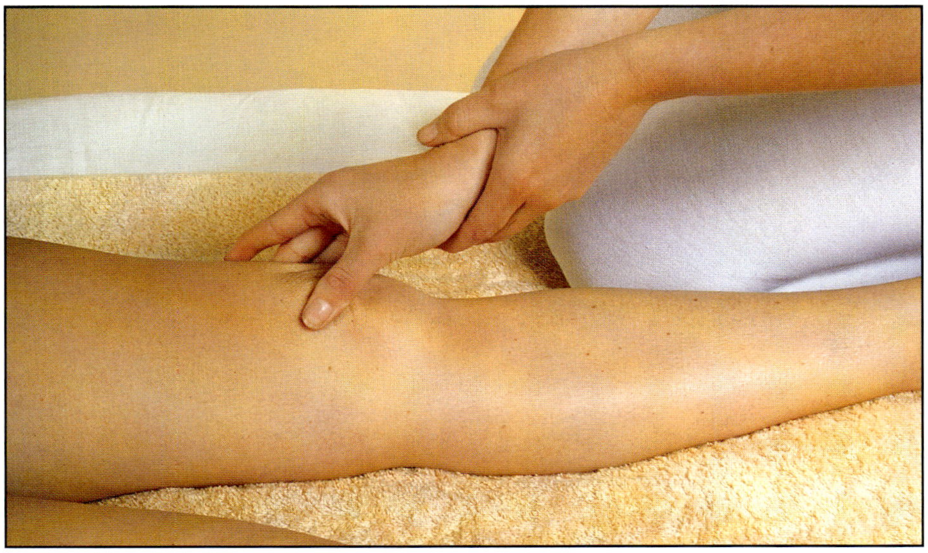

CALVES

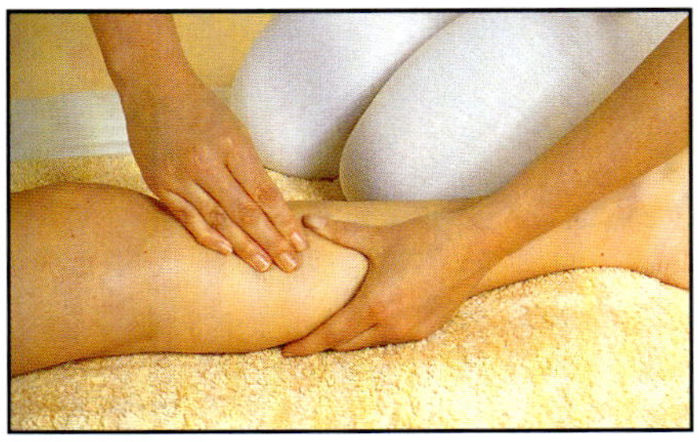

1 *Knead the calf muscles. Squeeze and release them, working from the ankle up to the knee.*

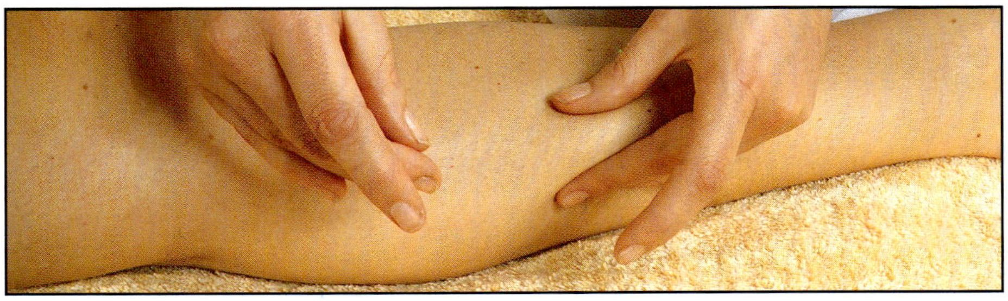

2 *Lightly and quickly pinch the fleshy part of the calf with the fingers and thumbs, one hand after the other. Check with your partner that you are not pinching too hard, although this needs to be felt to be effective.*

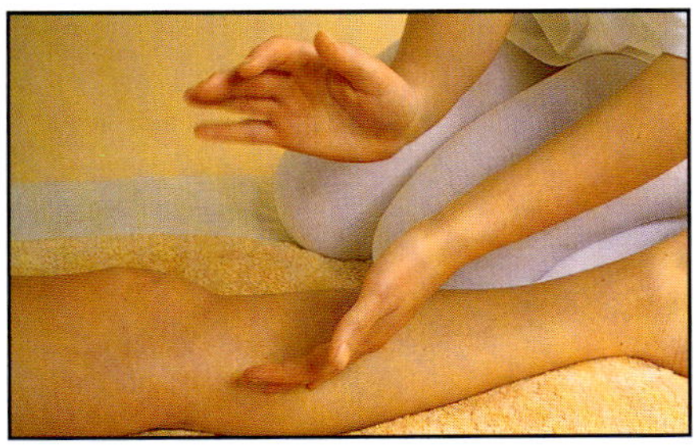

3 *Using the outside edge of both hands, alternately and rhythmically strike the calf muscles, working up and down the entire length, but keeping away from the bony shin area itself. Keep the hacking action short and brisk.*

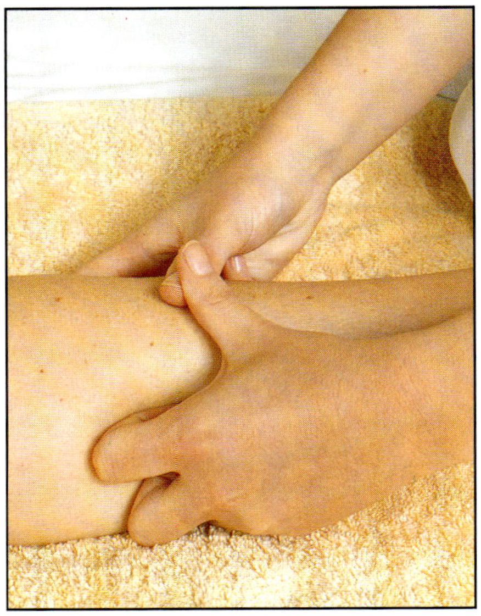

4 *Left: Starting at the ankle and crossing your thumbs on top of the shin for support, with loose knuckles make semi-circular kneading movements, working up and down the calf.*

Finish the leg with some effleurage *movements from ankle to thigh.*

FEET AND ANKLES

A foot massage is particularly relaxing after the legs have been worked on. It can alleviate anxiety and stress, stimulate the circulation and nervous system, help insomniacs to sleep, and energize anyone feeling tired and lethargic. There are thousands of nerve endings in the foot, particularly on the sole. Try to include the ankles too, to improve their flexibility.

Change the pressure of the strokes to suit your partner, remembering that deeper pressure tends to revitalize whereas gentle strokes increase relaxation throughout the entire person. When working on the feet it is best to use only a very little oil, otherwise your hands will slide around and tickle. If your partner's feet are hot and sticky, use a little talcum powder instead.

Before starting, you may wish to raise your partner's knee slightly with a rolled towel under them, to relax the muscles around the knee and in the lower back.

FEET AND ANKLES

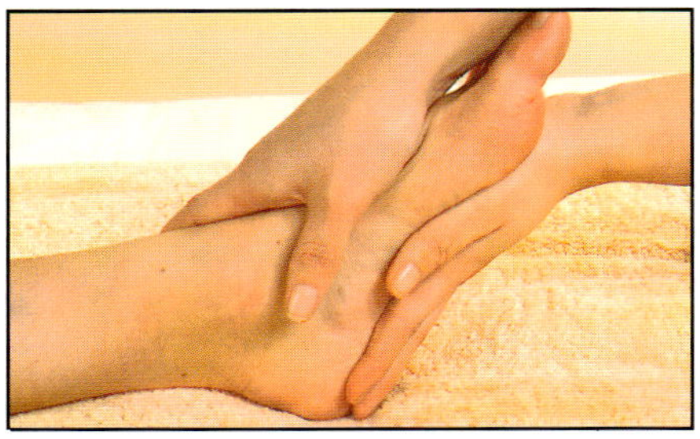

1 *Kneel at your partner's feet. Starting with the hands at the ankle, gently slide your hands toward the tips of the toes and then release them. Repeat several times. If you are using oil, apply it with this stroke.*

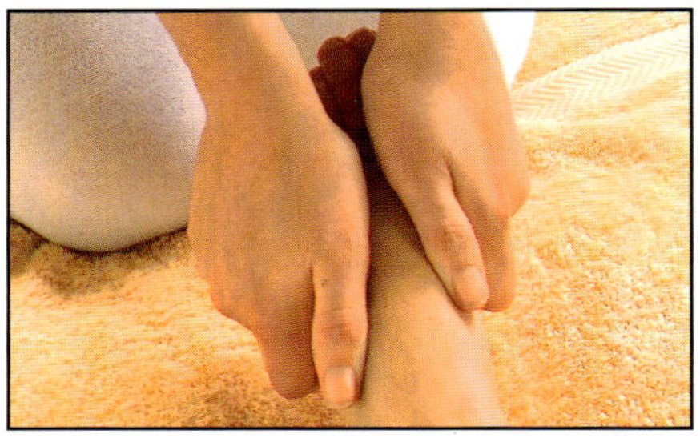

2 *With the heels of your hand, give a good stretch to the top of the foot. Draw the heel toward the sides of the foot to give the stretch. Repeat a few times, working slightly further down the foot too.*

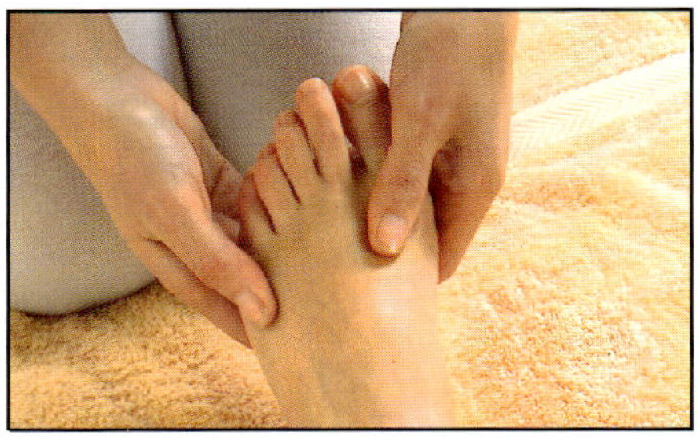

3 *Supporting the foot in both hands, find the furrow between each tendon and, using small, circular movements, work both thumbs up the tendons toward the ankle. Repeat three times on each tendon.*

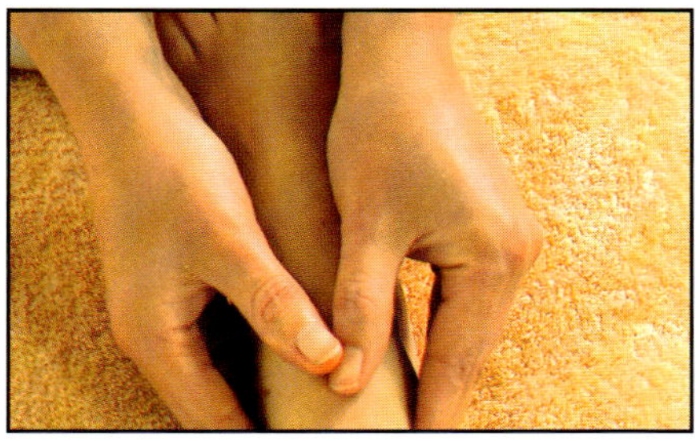

4 *Resting the thumbs across the top of the ankle, work the fingers right round the ankle bone using light, circular movements.*

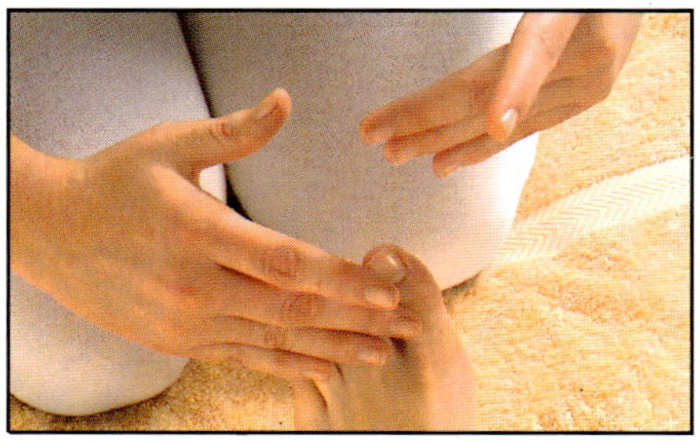

5 *Lightly tap the toes with your fingers to build up some gentle friction.*

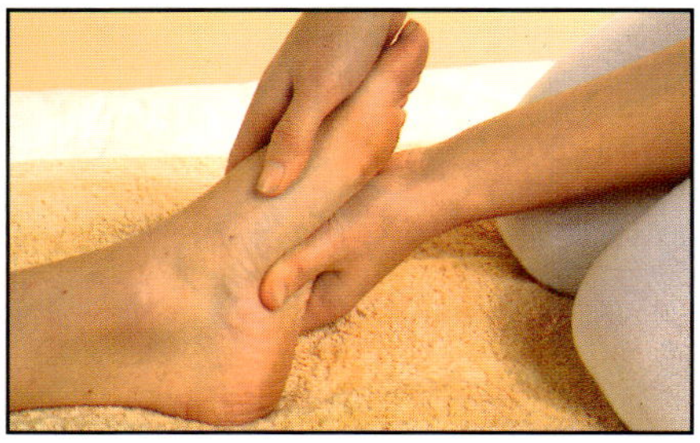

6 *Now knead the foot firmly, working particularly well into the arch. You will need to use different parts of the hand, such as the heel, knuckle and thumbs.*

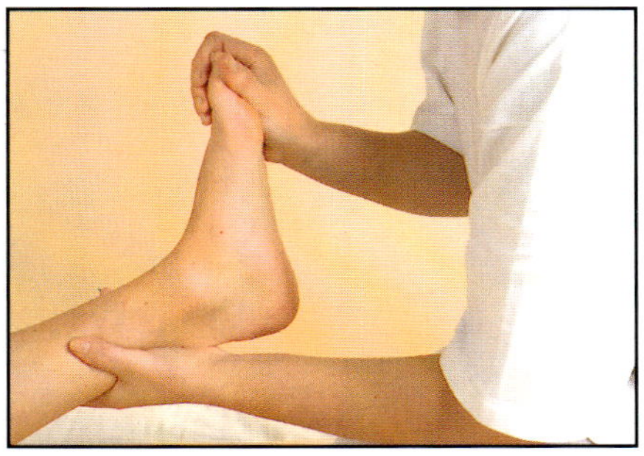

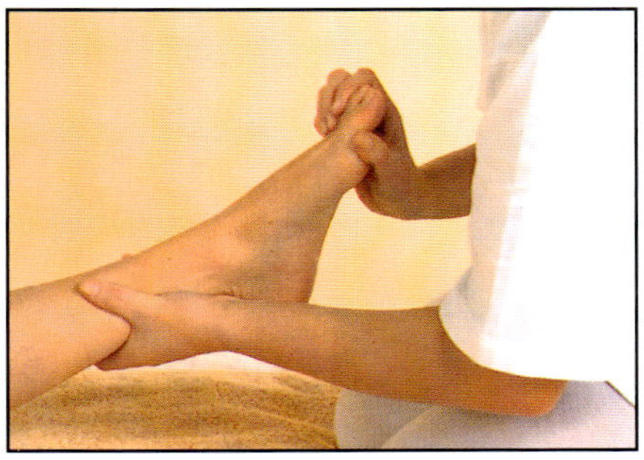

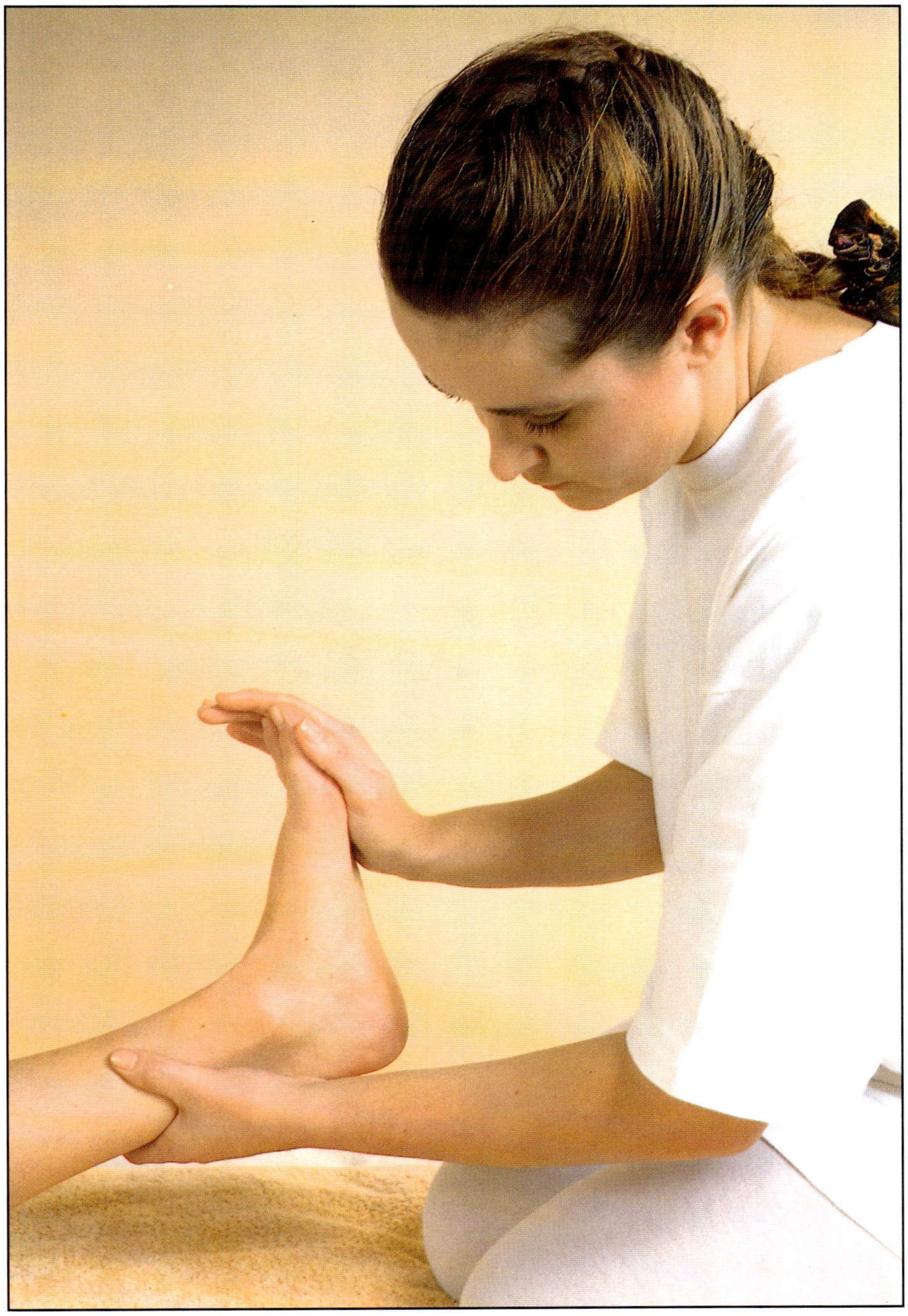

7,8 *Supporting the lower leg with your left hand, gently rotate the ankle three times in each direction, without forcing.*

9 *Right: Give the foot a gentle stretch backward and forward, to relax and flex the tendons. Supporting the back of the lower leg, use your other hand at the toes to push the foot gently away from you. To reverse the stretch take the hand over the top of the foot, and press the foot down, still supporting the lower leg with the other hand.*

10 *Finish the foot and ankle sequence with some long sweeping,* effleurage *strokes from the top of the foot up the lower leg and back down to the foot, to help reintegrate the foot and the leg. Repeat several times, varying the pressure.*

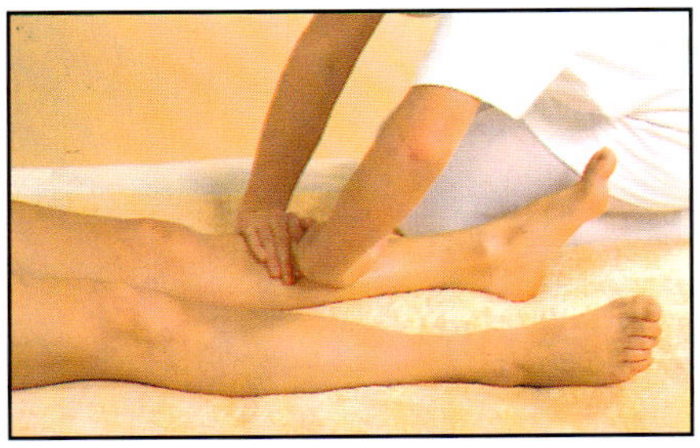

Move round your partner to kneel on the other side.
Repeat the entire sequence on the front of the other leg and the other foot.

ARMS AND HANDS

Arms and hands can hide the most powerful emotions. Tight, clenched arms and hands often reflect insecurity, self-protection and unresolved anger. Whether the posture is intentional or sub-conscious, tension in the arms can cause headaches, neck pain, and aching shoulders. Don't be put off if your partner's arms are slim and bony, there are still important muscle areas there.

A hand massage feels surprisingly good, almost on a par with having the feet massaged. A lot of tension creeps into the hands: a massage is a reminder of how it feels to relax them. Massaging the arms and hands can liberate and relax not only the muscles but also the pent-up emotions, as your partner starts to feel the wonderful sensation of letting go.

ARMS

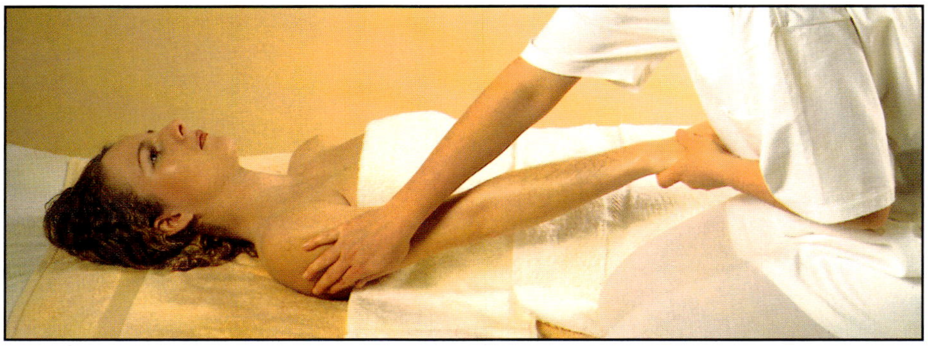

1 *Kneel halfway along your partner's right side. Holding the wrist with your left hand, lightly oil the arm using* effleurage *strokes, starting from the wrist and sweeping your hand up round the shoulder and down again. Repeat three times.*

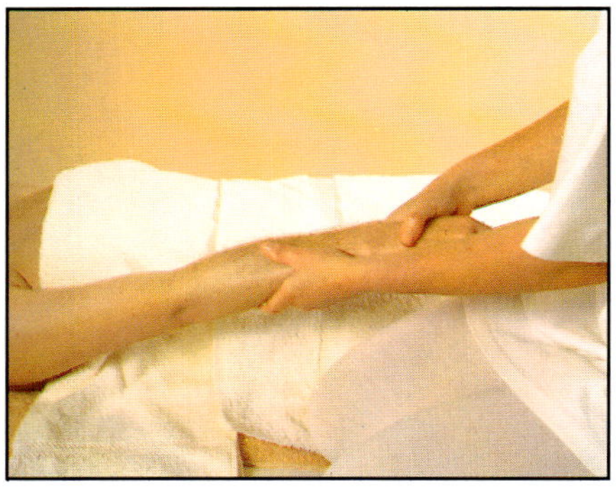

2 *Changing hands, so that your partner's wrist is supported in your right hand, use the left hand to stroke gently from the wrist to the shoulder, and back down again. Repeat several times.*

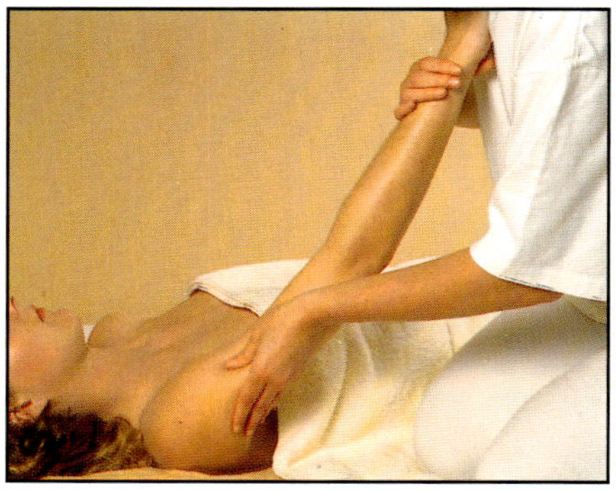

3 *Lift the arm and rest the hand on your right shoulder ready to start kneading. Support your partner's wrist with your left hand and use your right to knead lightly the muscles of the upper arm, working from elbow to shoulder.*

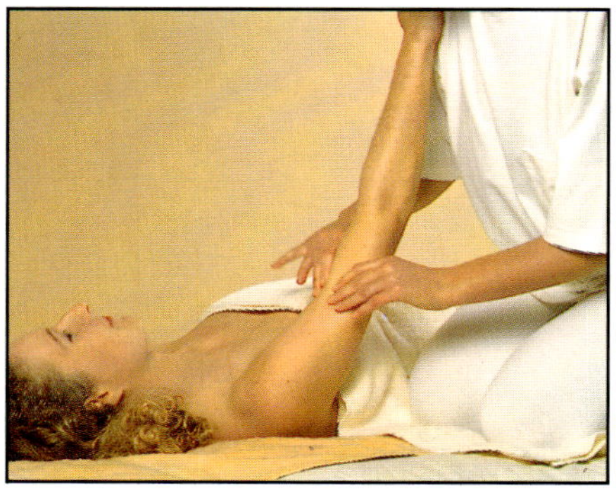

4 *Keeping your partner's hand supported by your shoulder, use the fingers of both hands to continue the kneading.*

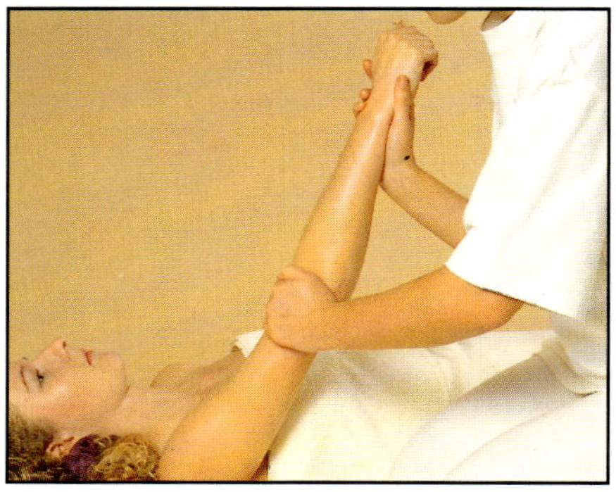

5 *Still holding the arm across the front of your chest with your right hand, do some* effleurage *strokes from the elbow up to the shoulder and back down again. Repeat three times.*

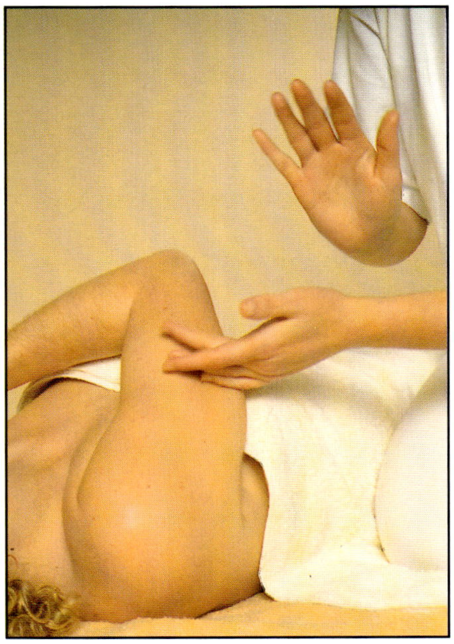

6 *Bend your partner's arm and rest the right hand on the left shoulder. Using the outside edge of your hands, do some short, brisk hacking on the outer and under sides of the arm.*

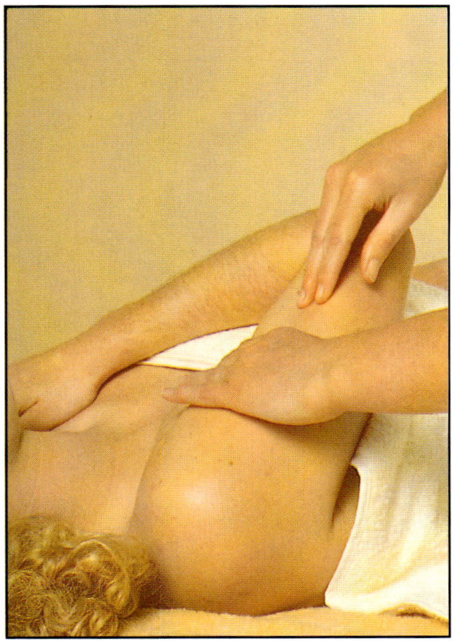

7 *With your partner's arm still bent, firmly knead the muscles of the upper arm with your right hand, using the left hand to keep your partner's arm stable.*

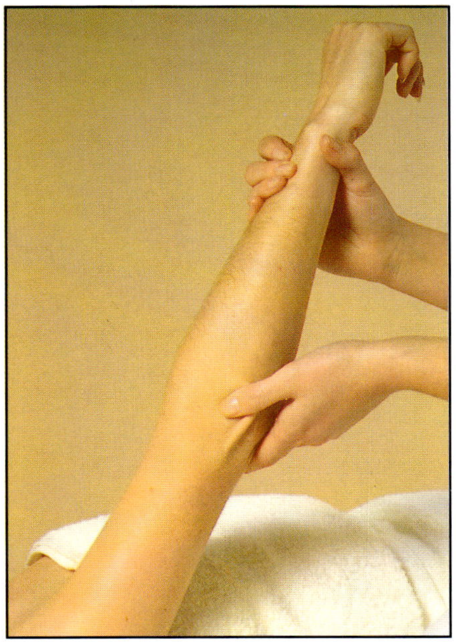

8 *Holding the wrist for support with your right hand, work round the outside of the elbow with your fingers and thumb, using smooth circular movements and covering the area thoroughly. As the elbows can get particularly dry you may need some more oil.*

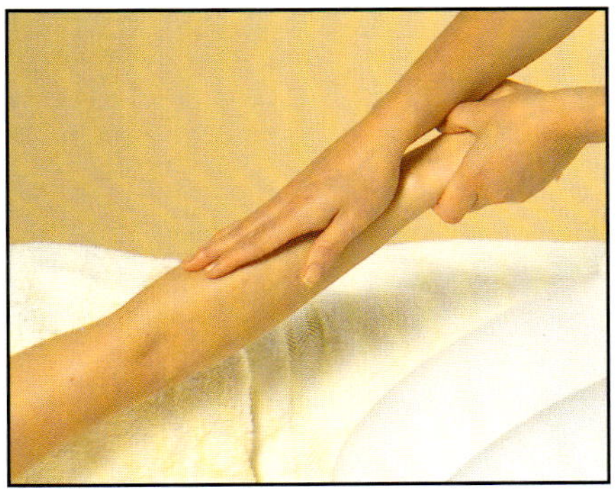

9 *To encourage further relaxation, hold the wrist with the left hand and do some* effleurage *strokes up and down the top of the forearm. Keep the pressure fairly firm.*

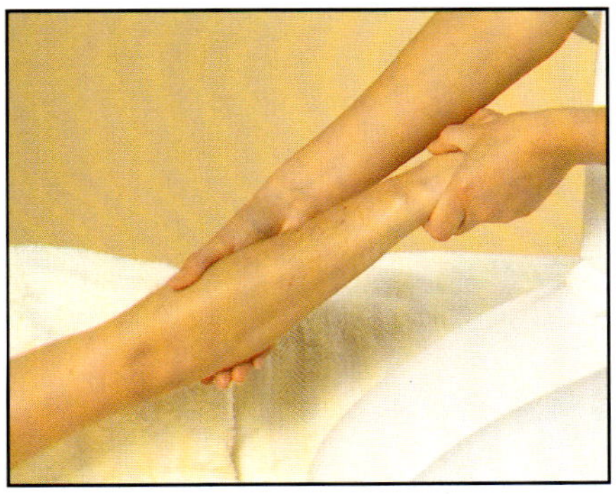

10 *Repeat these* effleurage *strokes on the inside of the forearm.*

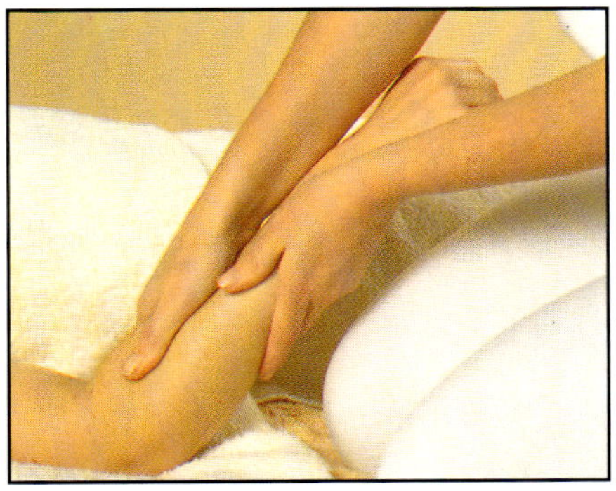

11 *Rest your partner's elbow back on the towel. Supporting the weight of the lower arm in your left hand, use your right hand to knead the inside of the forearm, starting from the wrist. When you reach the elbow glide gently back to the wrist to begin again. Repeat three times.*

Finish the arm with a few effleurage *strokes and then massage the hand and wrist (see the following pages) before moving on to the other arm.*

HANDS AND WRISTS

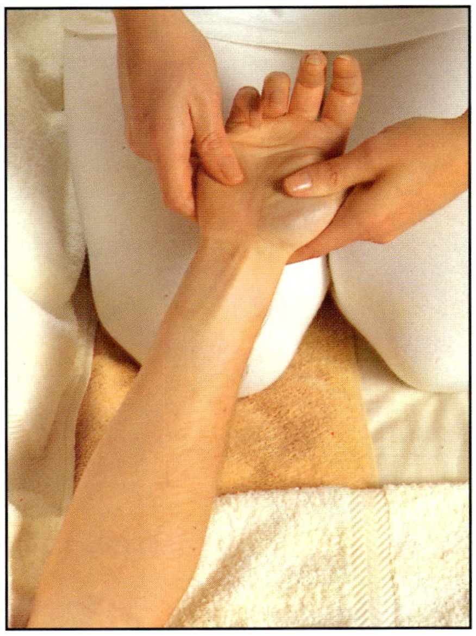

1 *Support your partner's hand in both hands and gently use the thumbs to knead the palm. This should be a continuous, circular action, with the thumbs alternately applying the pressure.*

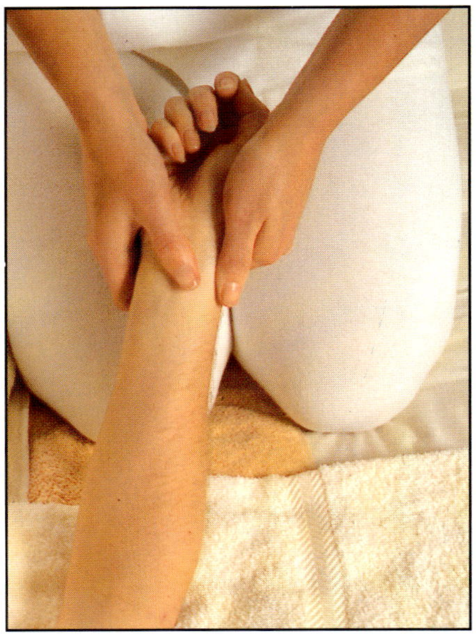

2 *Rest your hands under your partner's wrist and use the thumbs to stroke outward round the wrist. Then work with the thumbs up the inner forearm toward the elbow, using circular movements.*

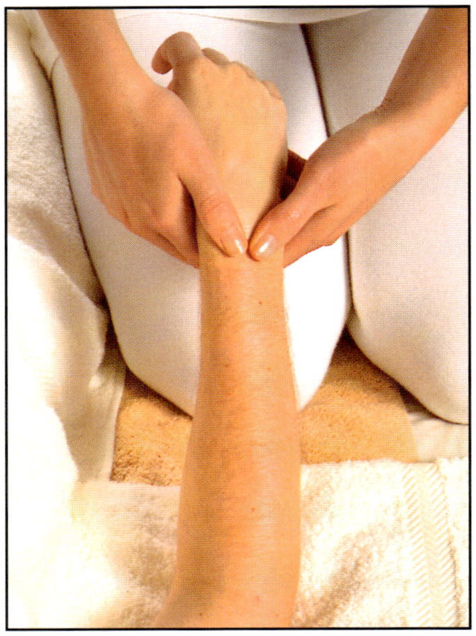

3 *Turn the hand over, supporting the wrist. Massage gently over the back of the wrist with your thumbs.*

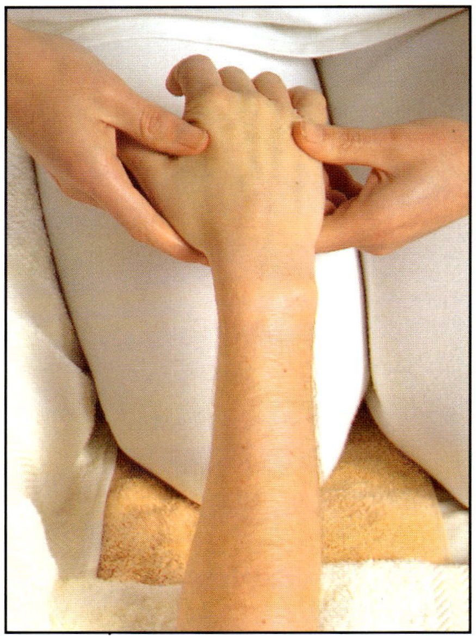

4 *Stroke up in between the tendons on the back of the hand with your thumbs, from knuckles to wrist, using light small circles. Repeat twice between each tendon.*

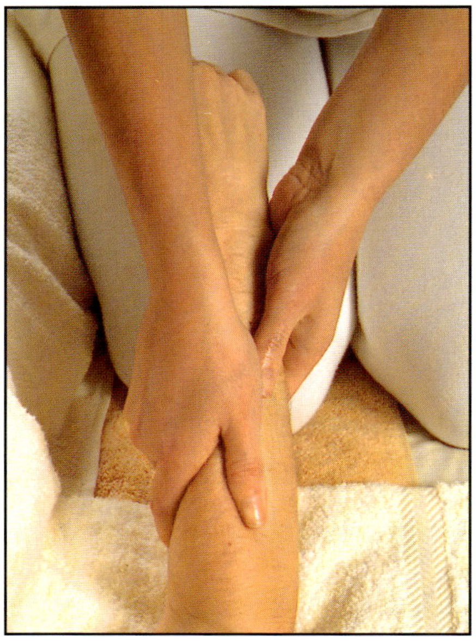

5 *Sweep the hands alternately up from the wrist toward the elbow, applying a fairly firm pressure with the inside edge of the hands. Repeat several times.*

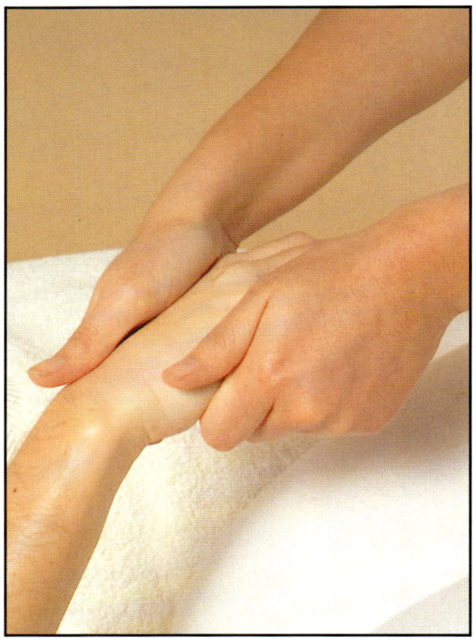

6 *Come back down to the hand and stretch the back of the hand, drawing your hands out toward the sides.*

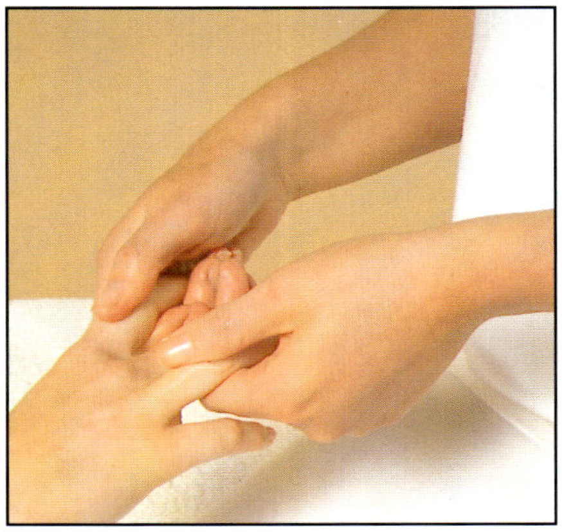

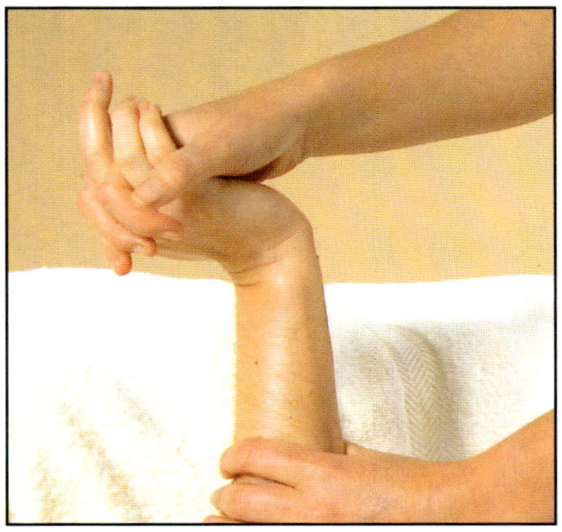

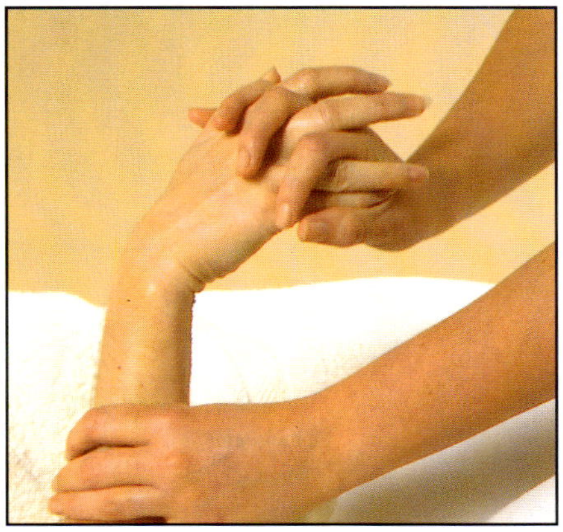

7 *With one hand make circular pressure movements round each of the three joints on each finger, starting at the tip. When you have worked round all three joints, gently rotate the finger twice. Then gently stretch each finger to release the joints.*

8 *Raising your partner's lower arm and supporting it with your left hand, clasp your partner's hand with your right hand, and gently rotate it in a half circle, three times in each direction.*

9 *Still supporting the lower arm, thread your fingers between your partner's and gently bend the wrist backward and forward three times, making sure that the wrist joint is not forced.*

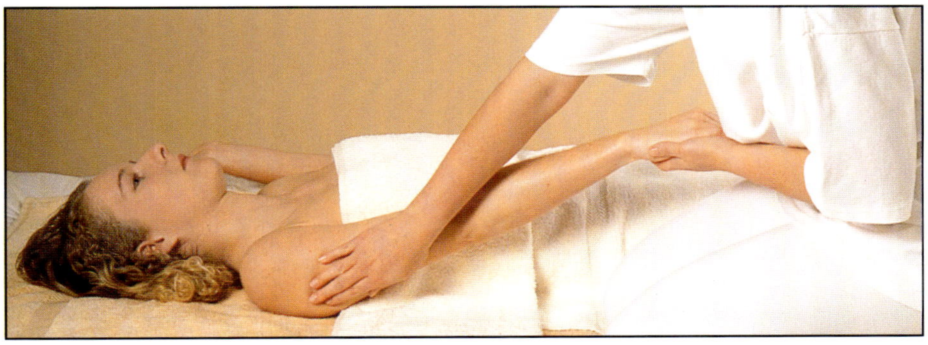

10 *Above: Finish the arm and hand sequence by stroking the entire length of the arm and hand with some soothing* effleurage *from palm to shoulder.*

11 *Below: Hold your partner's hand between both of your palms for several seconds then release, lowering the arm gently.*

Move round your partner to kneel on the other side. Repeat the arm and hand massage on the left side.

CHEST, SHOULDERS AND NECK

Ideally a chest massage should follow an arm massage and precede a facial massage. It's not only the hours spent sitting hunched over a desk that tighten and contract the chest muscles – clutching a car steering wheel, carrying heavy shopping, and poor posture all have a cumulative effect. Tension in the chest can also exacerbate inflexibility and stiffness in the neck and the shoulders. We tend to raise the shoulders toward our ears, until they become set rigid with tension. This sequence includes work to help these problems.

First check if your partner would be more comfortable with a small cushion or a folded towel under the head. They may or may not, but it is important that the neck should be comfortable. Kneel behind your partner's head to start the sequence.

CHEST

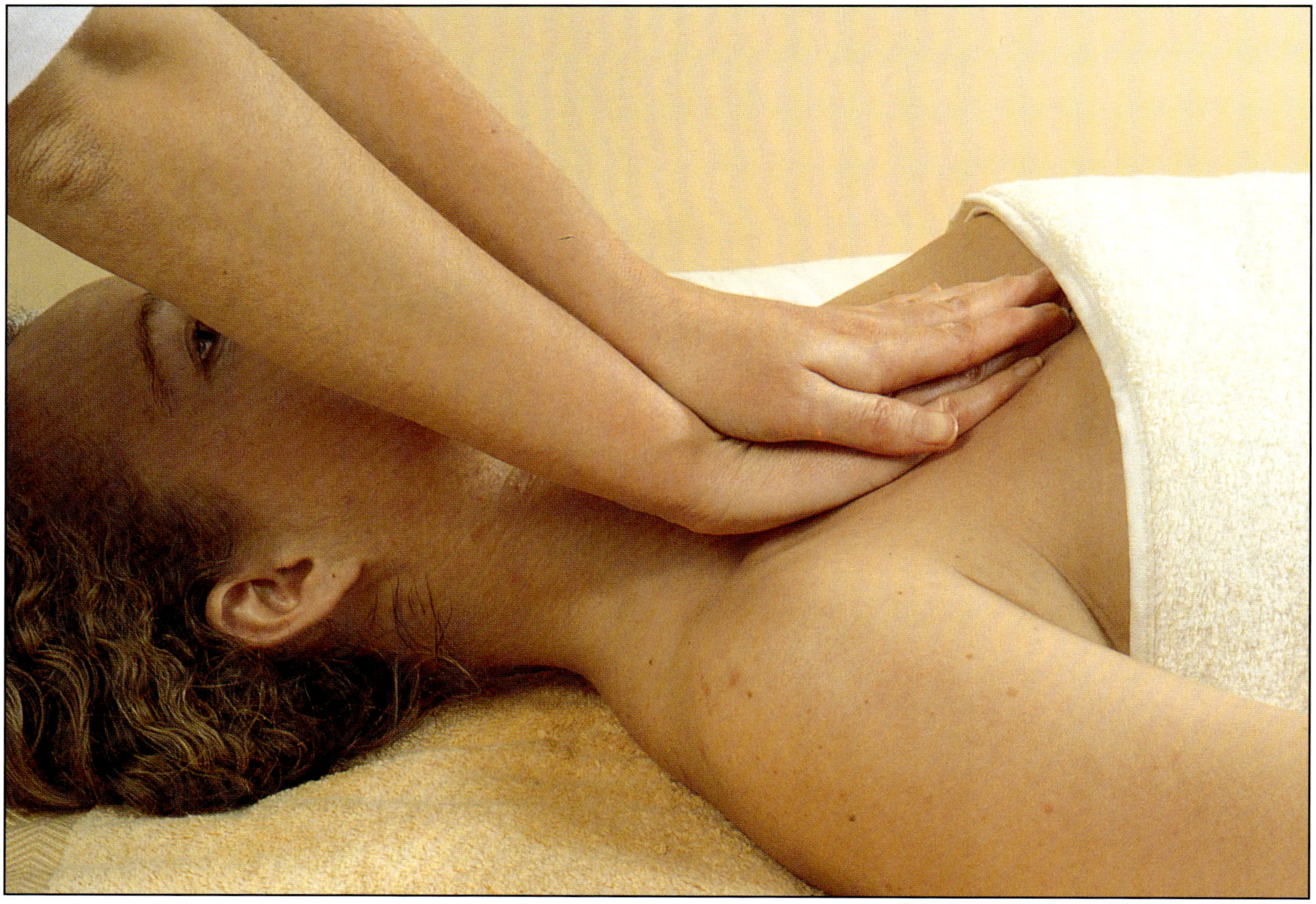

1 *Lightly oil the palm of your right hand, and with the flat of the hands placed on the chest, fingers pointing toward your partner's feet, place the left hand on top of the right. You will be doing reinforced* effleurage *on the right side of the chest first.*

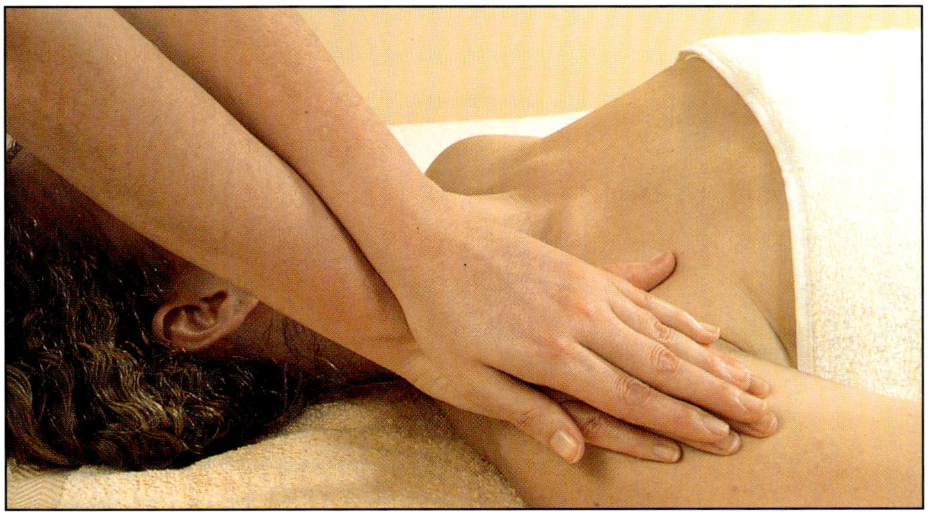

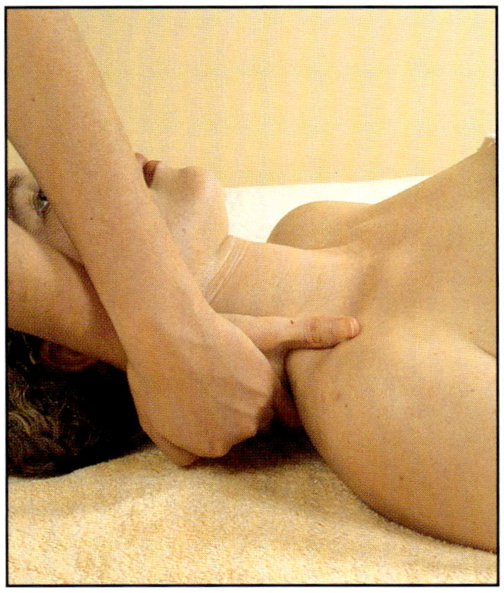

2 *Sweep your hands over the chest, toward and round the right shoulder, keeping the left hand over the right. The movement should be a continuous* effleurage *stroke. You should apply enough pressure to press the chest and shoulder toward the floor, so that they release as you lift off after the stroke. Repeat three times.*

3 *Continue the* effleurage *stroke, sweeping both hands round and up the right side of the neck.*

Repeat the sequence twice more, starting from the centre of the chest.

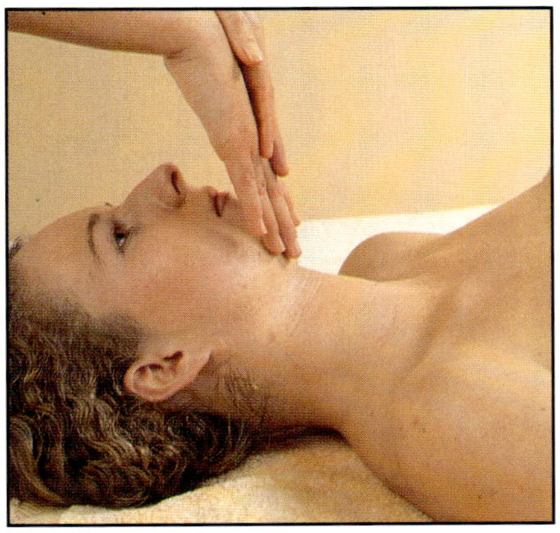

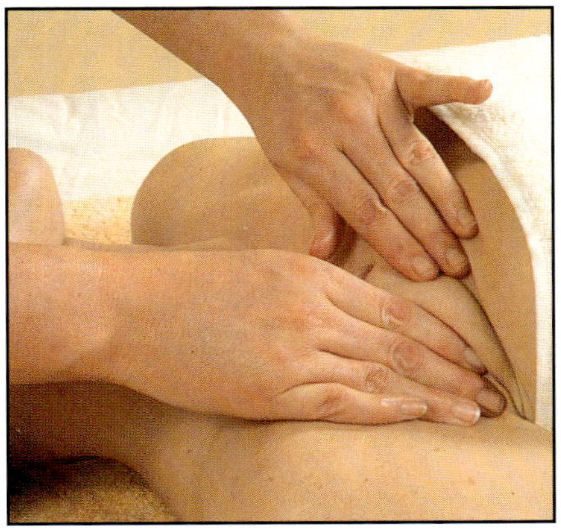

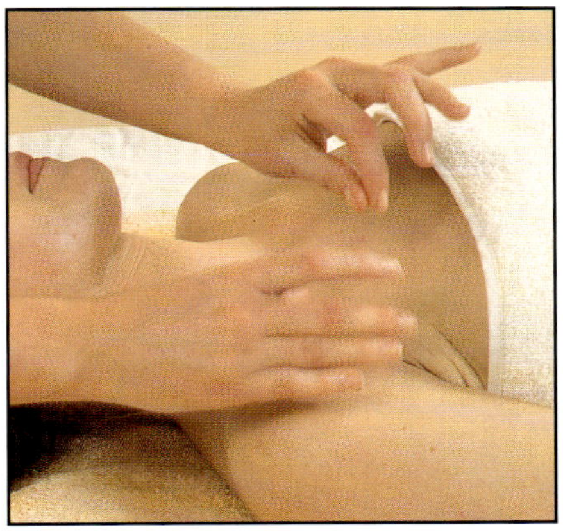

4 *Repeat the sequence once again, but this time finish by bringing both hands up to the jawline with the fingers resting lightly under the centre of the jaw.*

5 *With both hands, knead the fleshy area in front of the armpit. Pick up and release the muscles, squeezing them from one hand to the other.*

6 *On the same fleshy area, lightly pinch the surface muscles between the thumb and first finger. Alternate the hands swiftly in a rhythmical action, checking with your partner that there is no discomfort.*

Repeat the effleurage *strokes from the centre of the chest and over the right side of the neck in one continuous movement, to soothe the area you have worked on.*

Then repeat the entire sequence on the left side of the chest and neck, lightly oiling the palm of your left hand before you begin.

SHOULDERS AND NECK

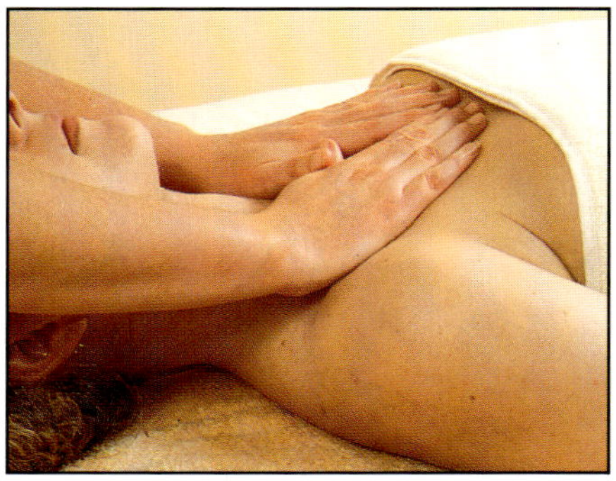

1 *Place both hands fairly firmly, side by side, over the front of the chest.*

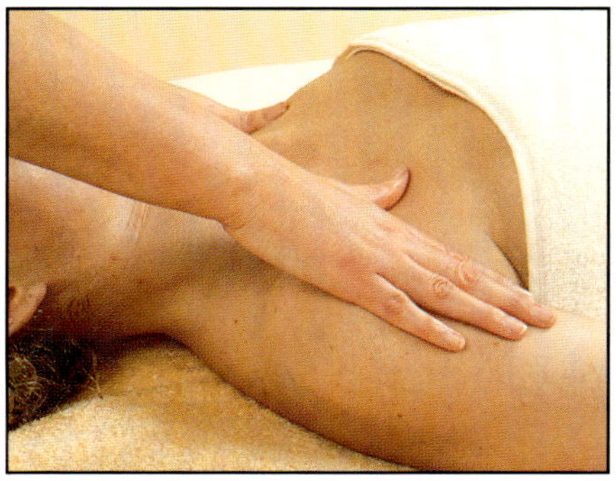

2 *Sweep them out toward each shoulder with firm* effleurage *strokes, taking them over the shoulders, round under the upper back and up the back of the neck.*

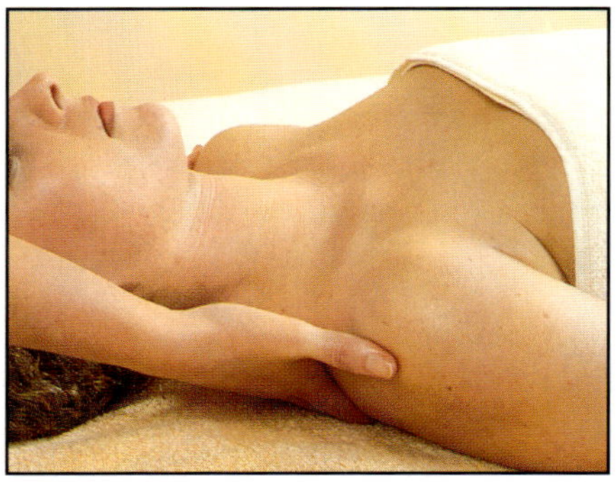

3 *When you take the movement round the back and the neck gently lift the weight of your partner to give the muscles a gentle stretch.*

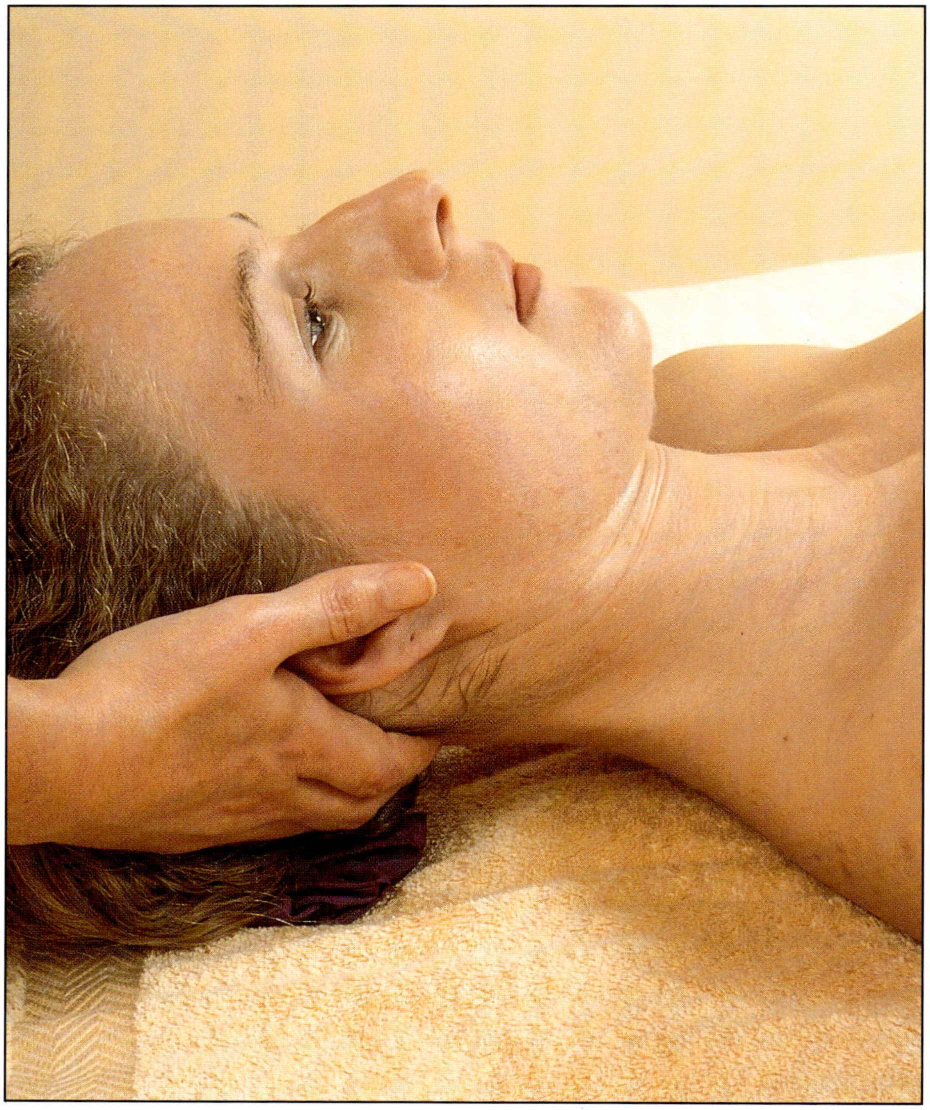

4 *Left: With the fingertips, work with circular pressures up the back of the neck to the base of the skull. These should be small, firm rotations, which you can feel easing taut muscles. You should spend some time on this area, which is often extremely tense.*

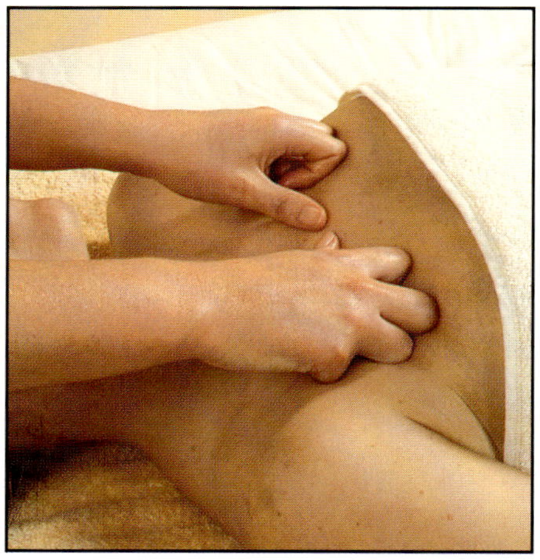

5 *With loose fists, use the knuckle area to ripple your fingers in semi-circular frictions all over the upper chest. Keep the half circles fairly small and apply quite firm pressure on the fleshier area, but avoid working directly on the collarbone.*

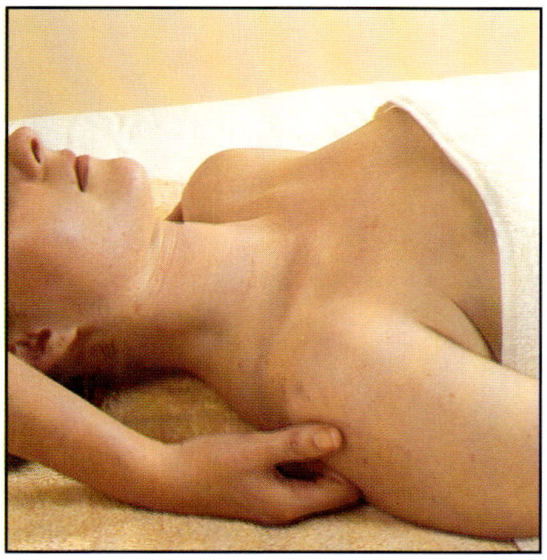

6 *Bring your loose fists under the upper back and continue to knead behind the shoulders and round the base of the neck.*

7 *Below: Finish with several* effleurage *strokes, starting at the front of the chest and stroking the hands over each shoulder, and up behind the neck.*

FACE

The face constantly mirrors our health and emotions. Stress and tension are reflected in a furrowed brow, and lines around the eyes, mouth and jawline. A face massage can soothe away headaches, anxiety and exhaustion and replace them with a feeling of serenity. It improves the circulation, giving the skin a healthy glow.

If your partner wears contact lenses make sure they are removed before you start a face massage. Use a little light facial oil, and don't let the oil get too near or in the eyes. Keep the hands relaxed. You may be surprised to find that the face is less fragile than it looks and you can apply quite deep pressure without discomfort.

Your partner will probably still prefer to have a small cushion or towel under the head. Use a towelling hairband to keep the hair off the face.

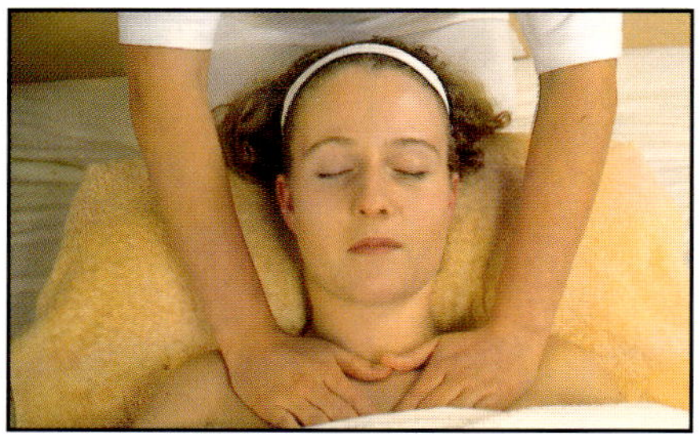

1 *Kneel at the top of your partner's head and lightly oil your palms. With your hands placed over the collarbone, pointing away from you, get ready to begin some gentle* effleurage *strokes.*

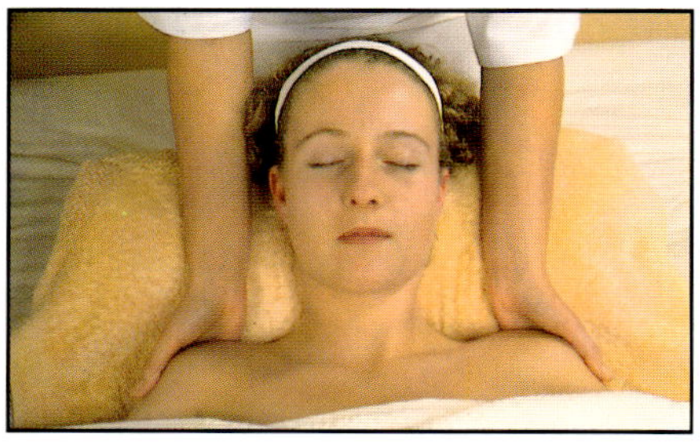

2 *Sweep your hands out across the shoulders, keeping the pressure light.*

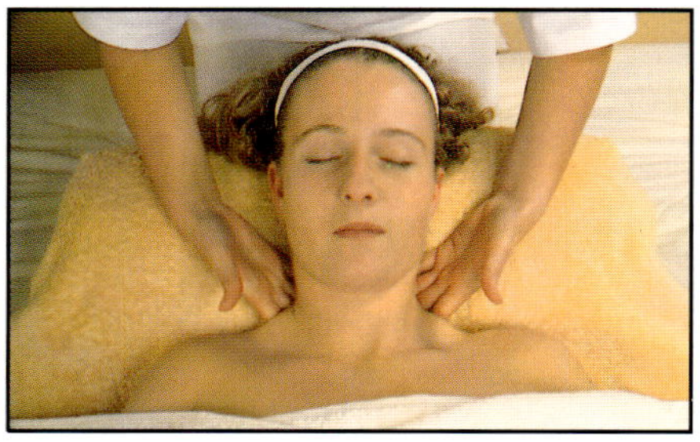

3 *In a continuous movement, bring your hands up round the back of the neck to the nape, pause for a moment, increasing the pressure slightly with the fingertips, then release and lift your hands away.*

Repeat the effleurage *sequence a minimum of three times.*

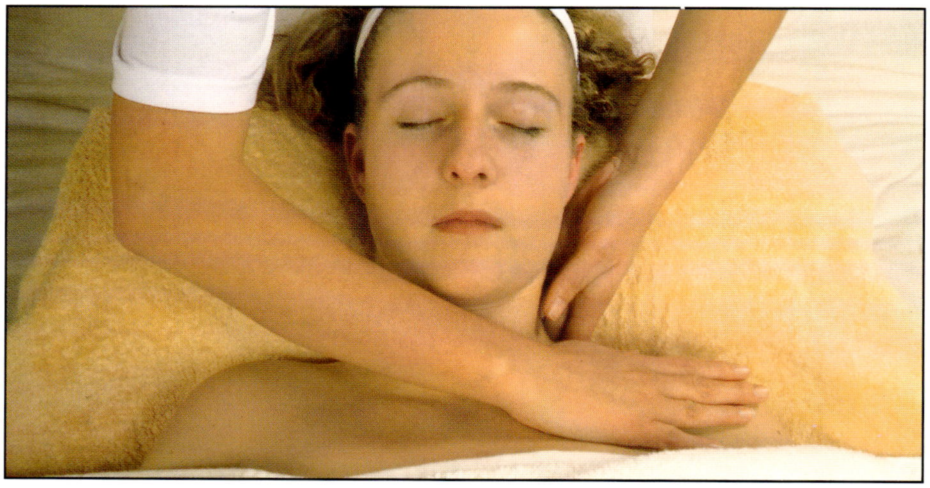

4 *Bring your right arm across the front of your partner so the hand supports the left shoulder. Using light upward strokes, sweep your left hand up from the top of the shoulder, up the side of the neck to the edge of the jaw. Repeat three times.*

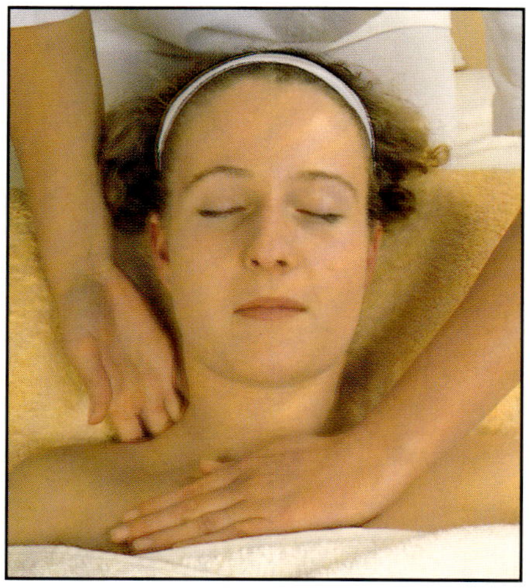

5 *Now repeat this movement on the other side of the neck.*

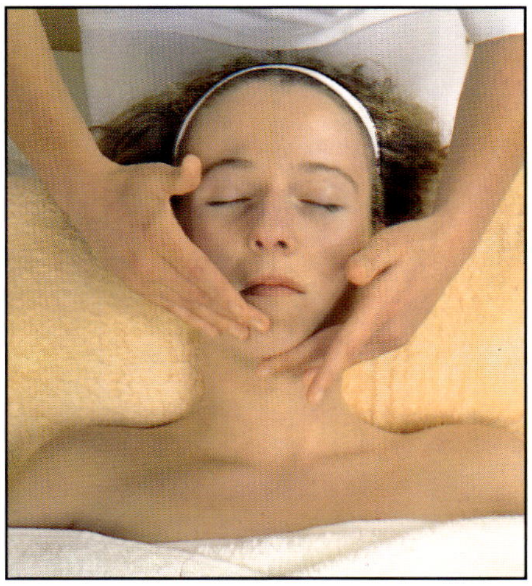

6 Starting with both hands over the front of the chest, fingers pointing toward each other, lightly sweep the flat of one hand up the front of the neck to the jaw, flicking the hand away when you get there. As you flick the first hand away, bring the second up, so you stroke up with alternate hands. Repeat several times.

7 Bring both hands up to the front of the jaw. Alternately sweep one hand and then the other up along the jawline toward the ear. Repeat several times.

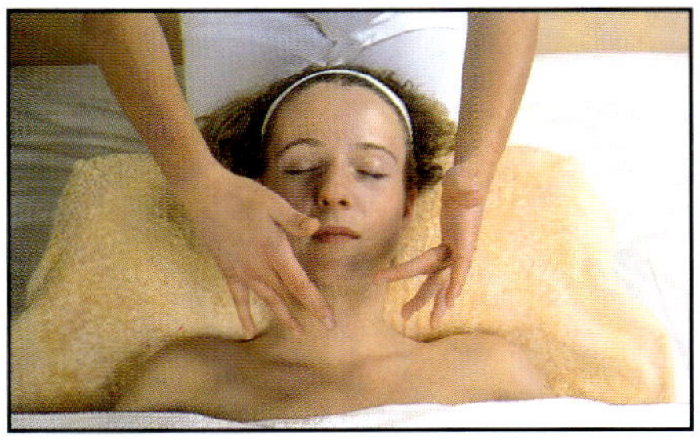

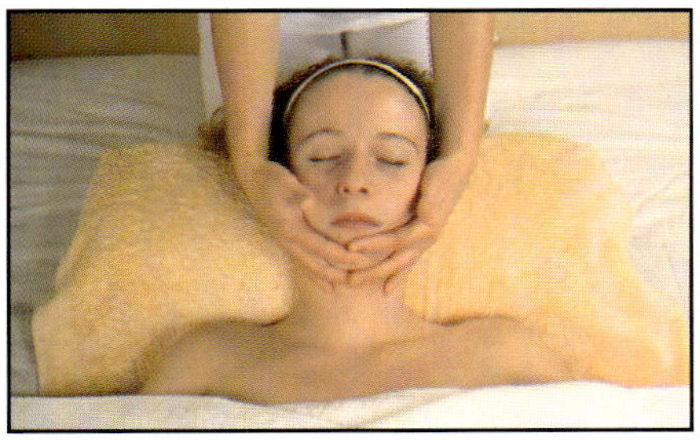

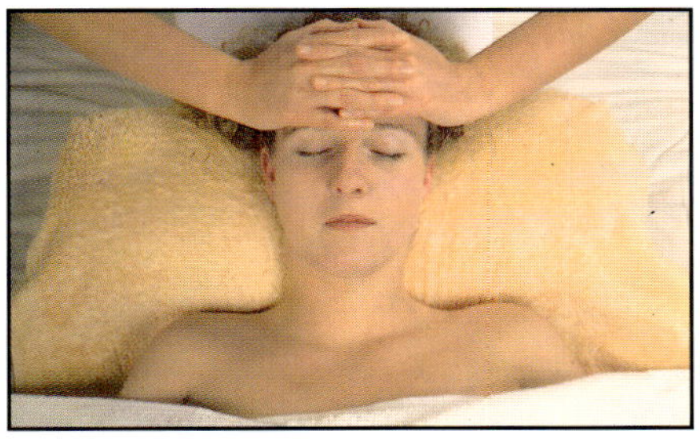

8 Briskly tap the length of the jawline using the middle and ring fingers, starting from the centre front and working toward the ears. This should be a stimulating movement, so keep the patting quick and fairly firm.

9 Afterwards, soothe the area by cradling the face gently with both hands. Pause for several moments then release the hands.

10 Bring your hands up to the forehead. Loosely interlock your fingers, and using the palms apply gentle pressure over the forehead. Slowly unlock the fingers to release. Repeat three times.

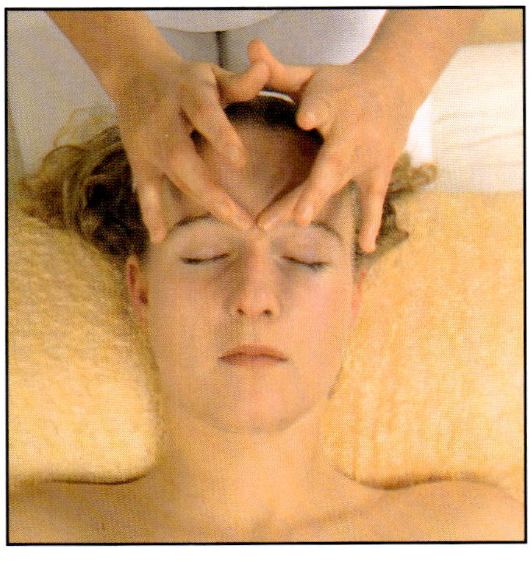

11 Left: Starting with the third finger of each hand placed on the bridge of the nose, stroke out over the brows toward the temples at each side of the forehead. Come up the forehead a little and, starting again with both fingers at the centre front, repeat the strokes out toward the hairline.

Repeat a couple of times more, bringing the fingers higher up the forehead each time, until the whole forehead is covered.

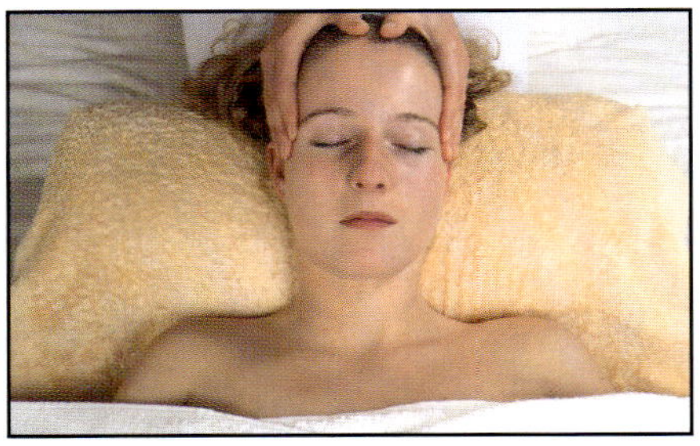

12 To finish, place your hands on each side of your partner's head, and pause for a few seconds before lifting them away.

ABDOMEN AND WAIST

Many people feel exposed and vulnerable when baring their abdomen so you will need to be particularly sensitive to your partner when it comes to this part of massage. Start with very gentle strokes, but try to be confident, as a gentle touch which is also tentative can feel unnerving for your partner.

Massage of the abdomen calms the nerves and can soothe stomach aches if they're caused by tension, poor digestion or period pains. It also stimulates the digestive organs so that elimination is improved. You should wait for at least an hour after your partner's meal before giving an abdominal massage.

Kneel beside your partner to do the massage. With a little practice you will find it is possible to tackle both sides from the same position. It helps to start and finish the massage by focusing on your partner's breathing so that your strokes coincide with the intake and expellation. To begin with, try slowly stroking your hands up from the lower abdomen to the chest on inhalation and down the sides on exhalation.

ABDOMEN

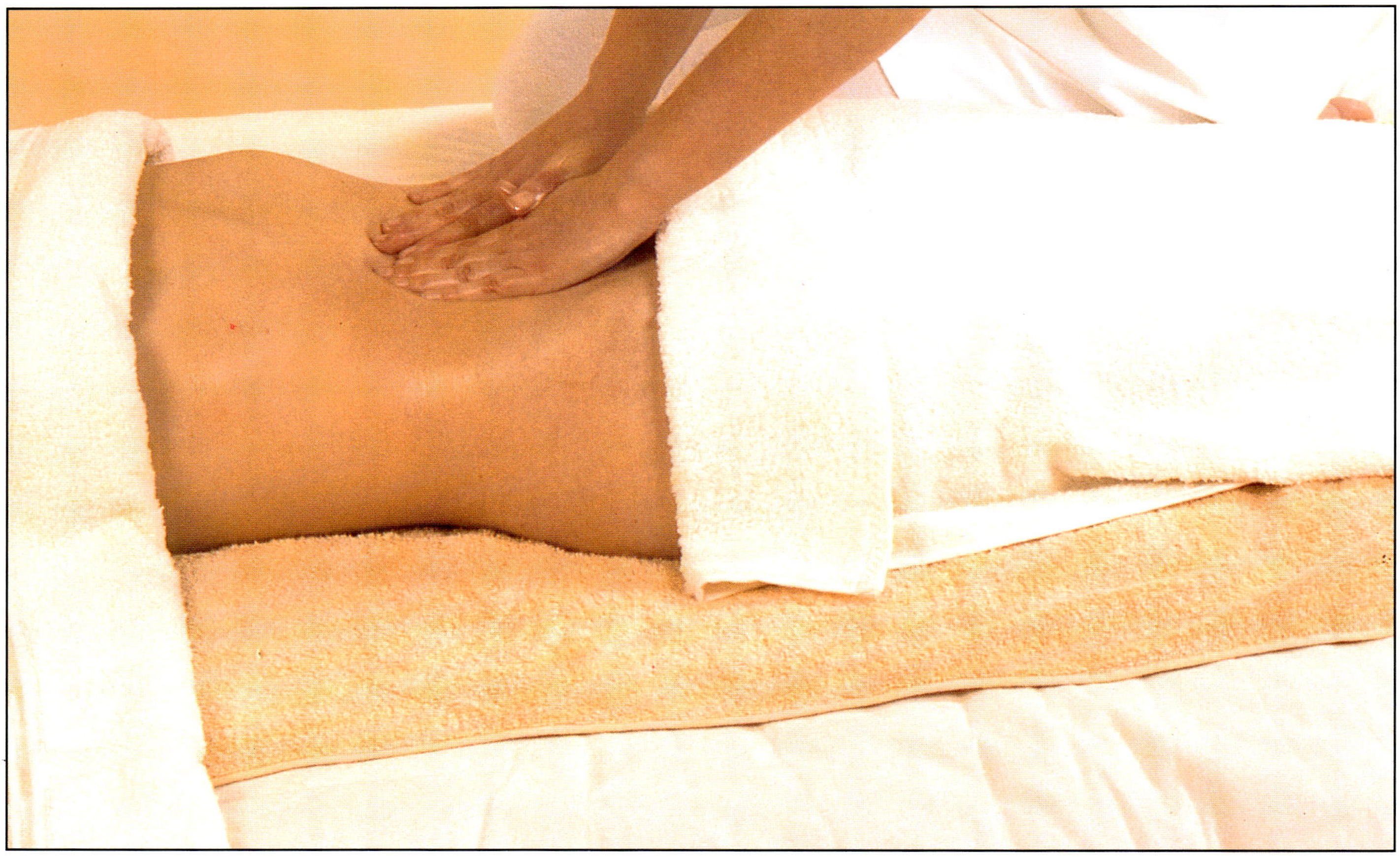

1 *Kneel beside your partner, level with the hips. Lightly oil the palms of the hands, and make contact by gently placing your hands together in a diamond shape over the lower abdomen, pointing toward the head. Keep the fingers together and the hands relaxed. Encourage your partner to breathe into the abdomen so you can feel it expand and contract. Work with the breath.*

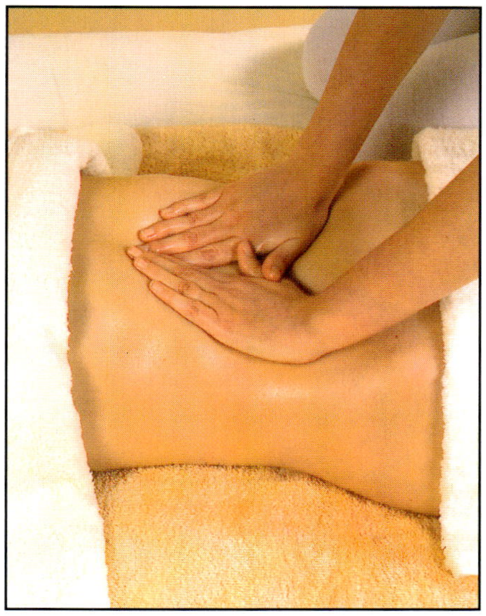

2 *Slowly slide your hands up the centre of the abdomen until you reach the ribs, making sure the pressure is even and not too firm.*

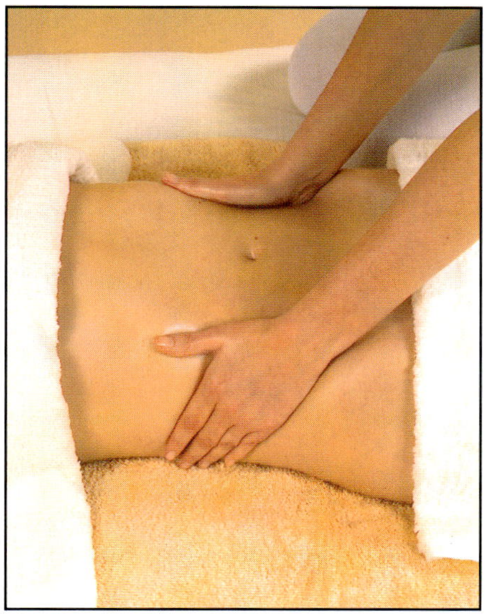

3 *Continue the movement by sweeping the hands out and round the sides of the waist. As you take them out from the ribs toward the sides you can apply a little more pressure, so that you feel the muscles being drawn outward.*

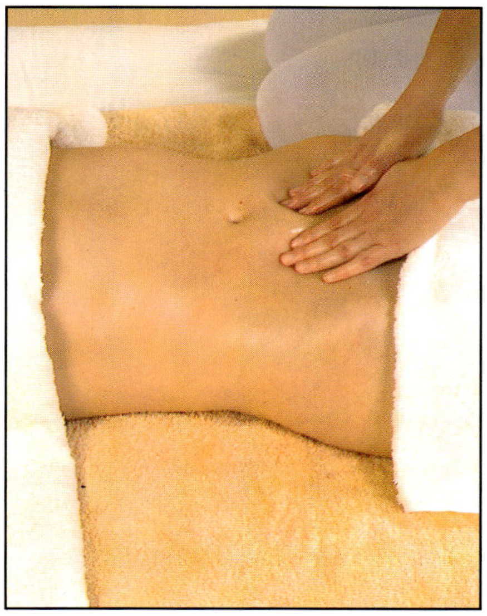

4 *Return to the starting position with both hands placed on the lower abdomen and repeat this continuous movement several times. Apply more oil as necessary.*

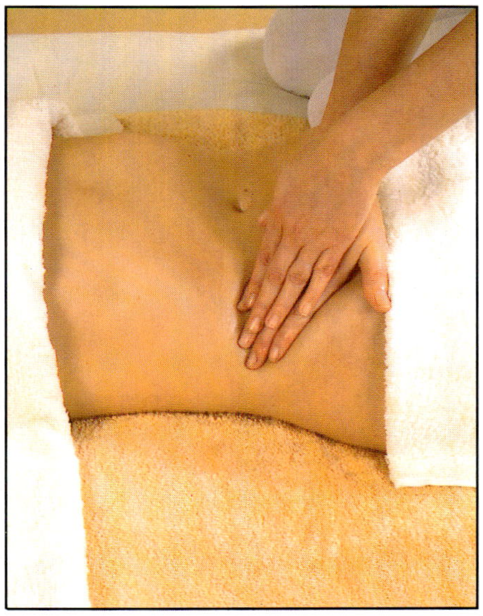

5 *Place both hands on your partner's lower abdomen at the right-hand side, ready to circle the navel. Your left hand rests over the right for support.*

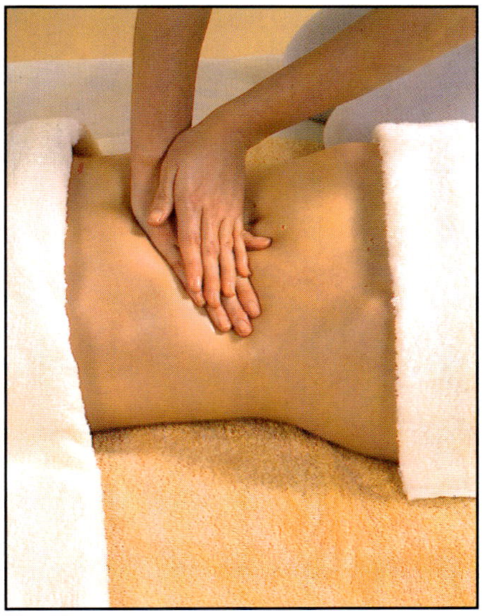

6 *Stroke upward, keeping the left hand over the right, until you reach the ribs. The pressure can be quite firm to stimulate the digestive system. Keep the stroke smooth and continuous.*

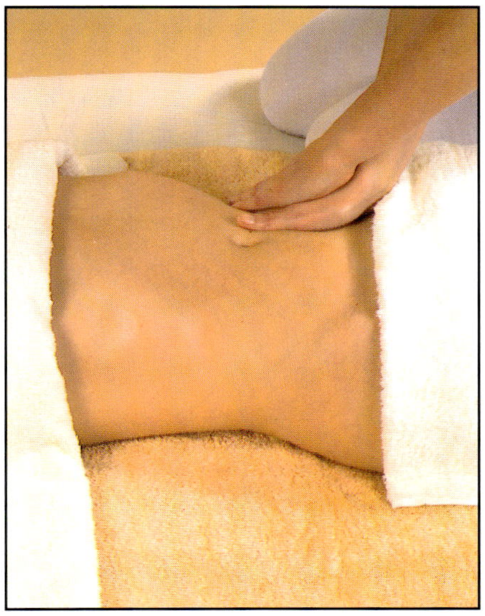

7 *Continue the stroke by bringing your hands across under the ribs, and down the left side of your partner's abdomen. It is important that the direction you work in is up your partner's right side, across and down the left side.*

Repeat the navel-circling movement three times, each time returning to the centre of the lower abdomen.

WAIST

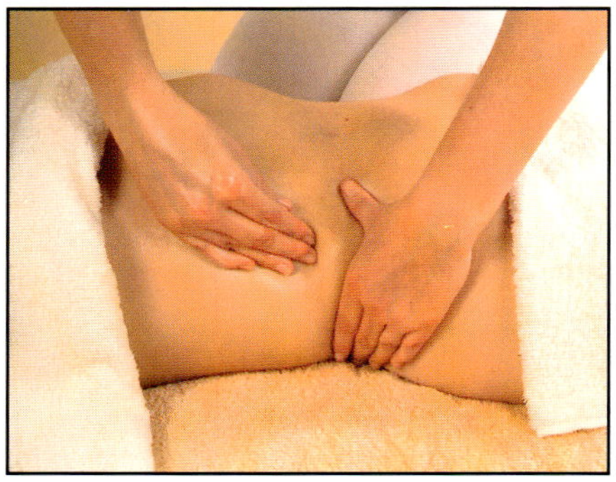

1 Begin kneading round the waist area by squeezing and releasing the flesh from one hand to the other. These movements should be firm and stimulating.

2, 3 *Right and below right:* Cross your hands over your partner's waist so the palms are grasping the sides of the midriff. Briskly draw them up the side of the waist, uncrossing the hands over the top of the abdomen and turning the palms as they travel down the other side. Draw up again and recross the arms to the original starting position. Keep the speed of this fairly quick and apply firm pressure to draw the flesh up the sides, then lighten your touch across the top of the abdomen. Repeat four times.

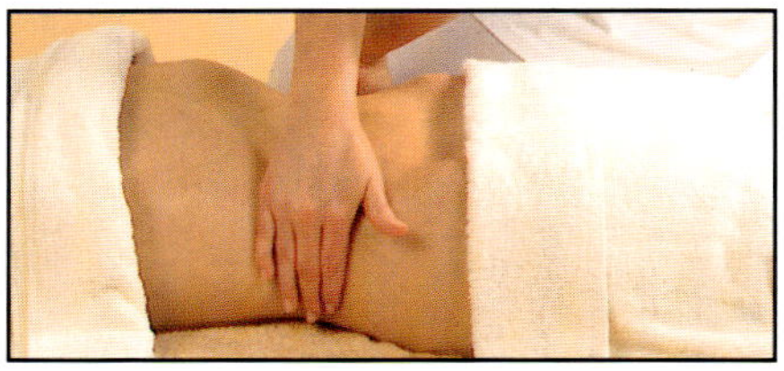

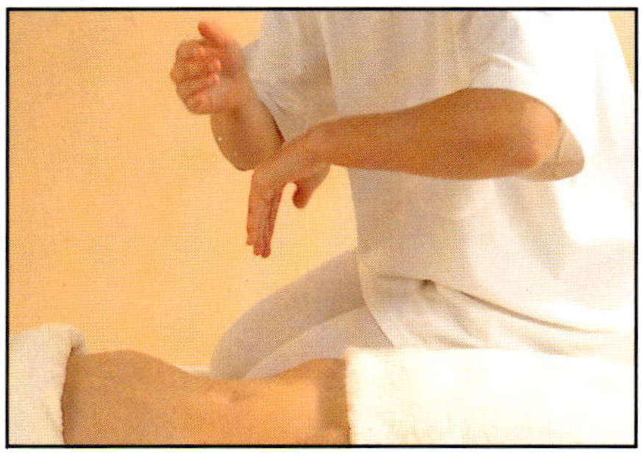

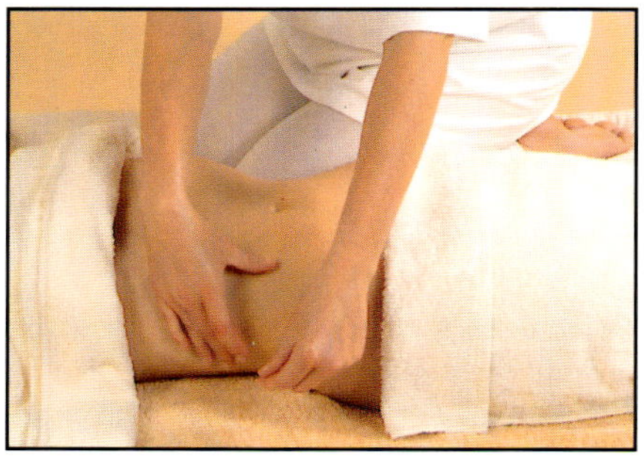

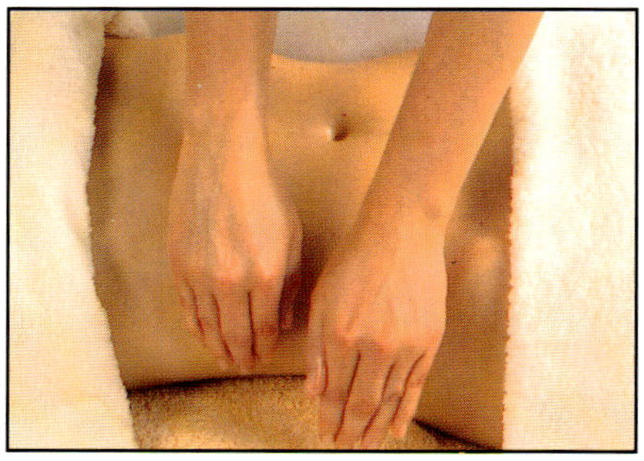

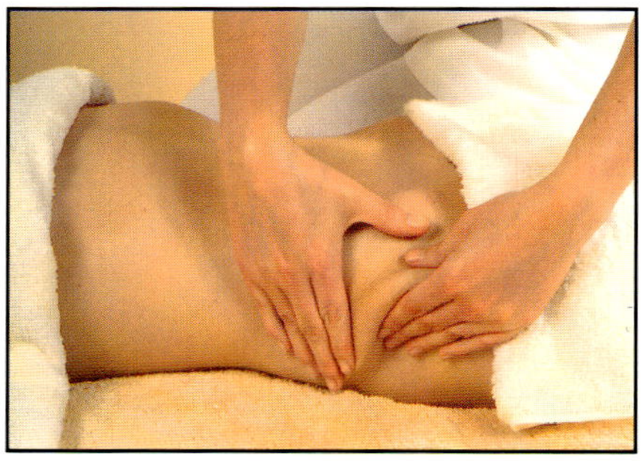

4 Starting at the far side of the waist, lightly pinch the flesh between fingers and thumbs with brisk, short stimulating movements. Repeat on the other side of the waist.

5 With loosely cupped hands, lightly cup the side of the waist, keeping the pace fast and stimulating, but at the same time checking that it is not causing discomfort. The action should be enough to increase the flow of blood to the area without hurting.

6 Working on the top of the hip area, squeeze and release the flesh in a kneading movement, using deep and stimulating pressure.

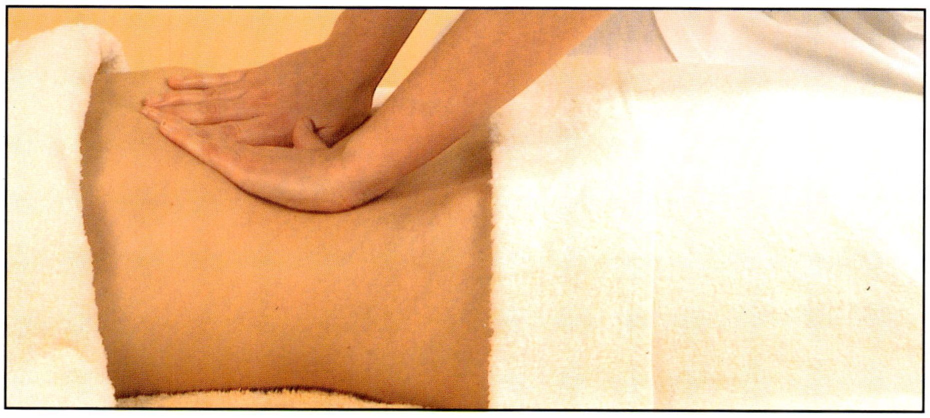

7 *Left:* Finish the massage of the abdomen by repeating the soothing effleurage strokes from the beginning of the sequence. End with both hands placed over the centre of the abdomen, fingers pointing toward the head. Hold for a few seconds before lifting off.

BACK OF BODY

Ask your partner to turn over on to their front, ready for you to start work on the back of the legs and buttocks. Rest their head to one side.

LEGS AND BUTTOCKS

The backs of the legs and buttocks offer plenty of scope for massage techniques. Most people can take plenty of firm massage on the larger muscles in the thighs and buttocks. The fleshy parts are ideal for kneading and squeezing and the firmer pressure can feel wonderfully satisfying. In contrast though, the most gentle effleurage *can still stimulate other body functions to improve their efficiency. Poor circulation and a sluggish lymphatic system can be considerably improved with a good leg massage. Tiredness and heaviness in the legs is alleviated and your partner should have a renewed feeling of energy afterwards.*

EFFLEURAGE

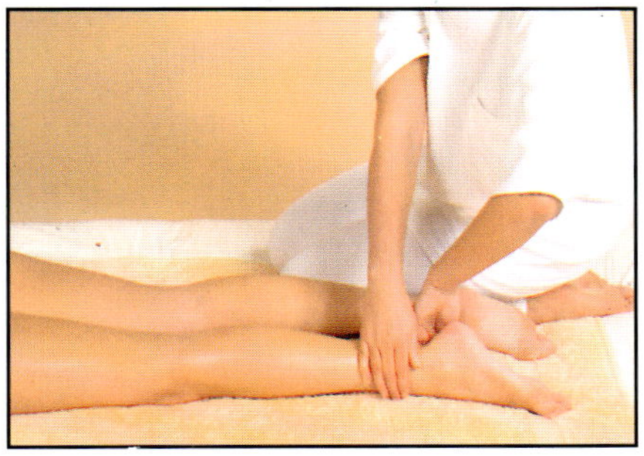

1 *Left: Start by kneeling on one side of your partner's ankles. You should be able to work on both legs from the same side. Begin by working on the leg furthest away from you.*

Lightly oil your hands and place them crossed over the back of the left ankle.

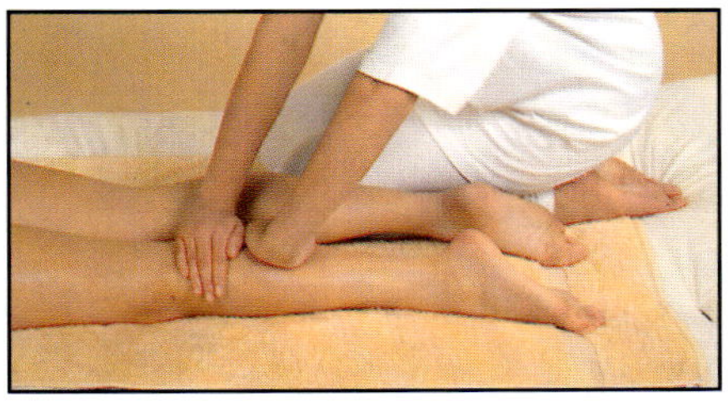

2 *In a smooth and continuous movement,* effleurage *up the leg, with right hand leading the left. When you get to the back of the knee pause for two seconds.*

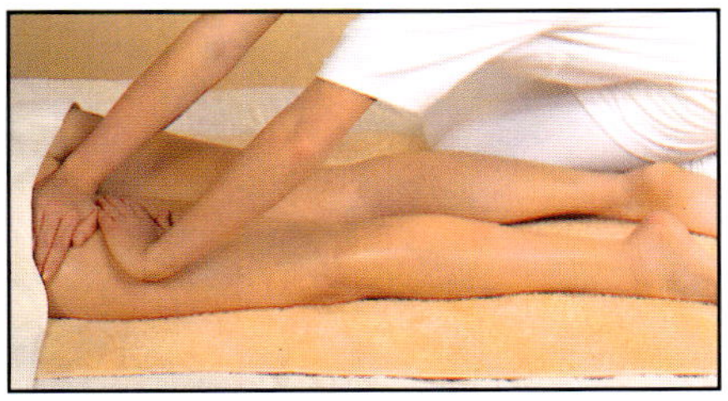

3 *Carry the stroke up the leg and at the top of the thigh cross the hands, keeping the pressure even and light.*

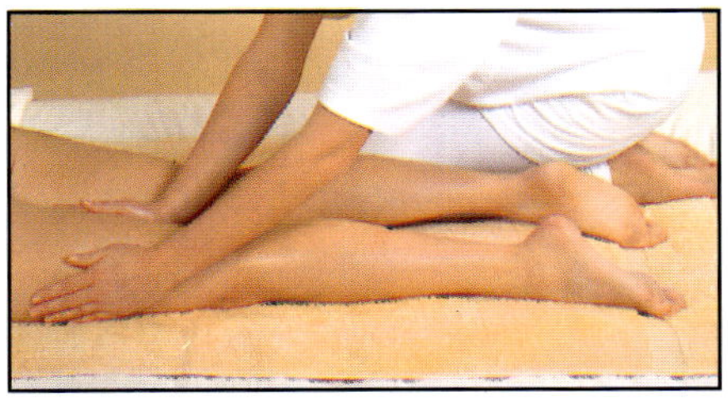

4 *Bring your hands back down the sides of the leg until you reach the back of the ankle again.*

Repeat the sequence three times, each time increasing the pressure slightly on the upward stroke toward the heart.

UPPER LEGS AND BUTTOCKS

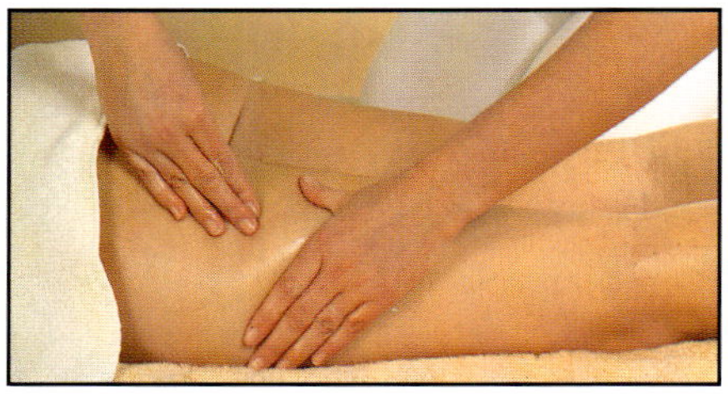

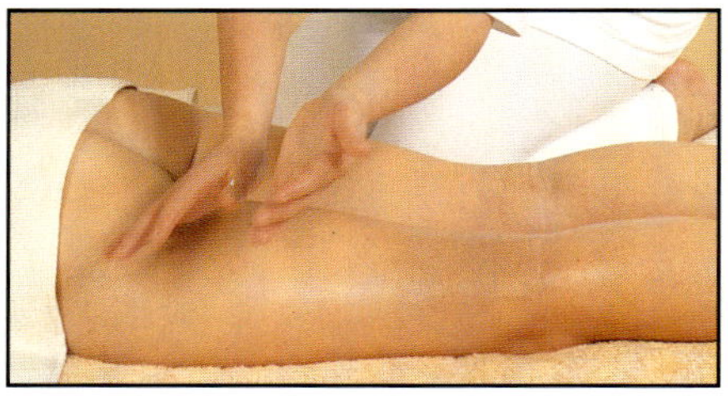

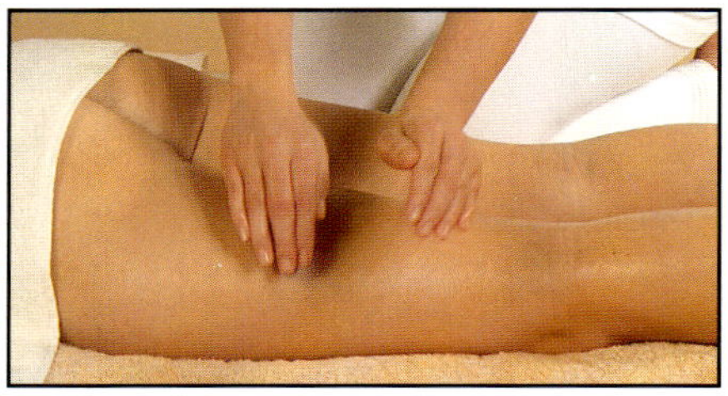

1 *Move to a kneeling position beside your partner's upper leg. Using a firm kneading movement, squeeze and release the back of the thigh muscles, working up to the buttocks. You should be able to pick up quite a large area of muscle between the hands.*

2 *With the outside edge of the hands, do some short sharp hacking movements. Alternate the hands in a quick, repetitive action. Continue the hacking all over the back of the upper leg and the buttocks.*

3 *Continue working on the upper leg and buttocks, with some cupping. The cupping action should be short and fast to stimulate the whole area.*

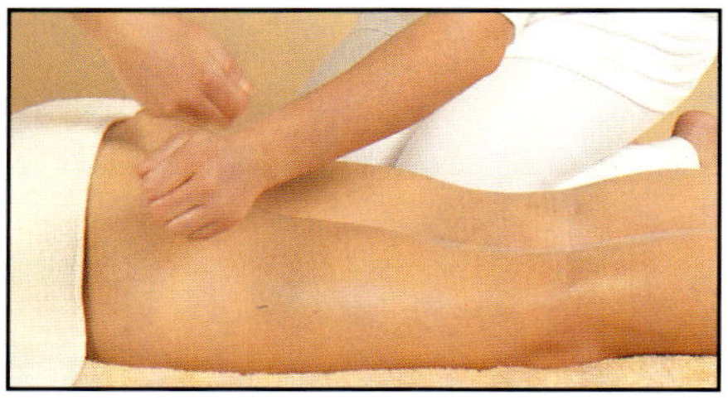

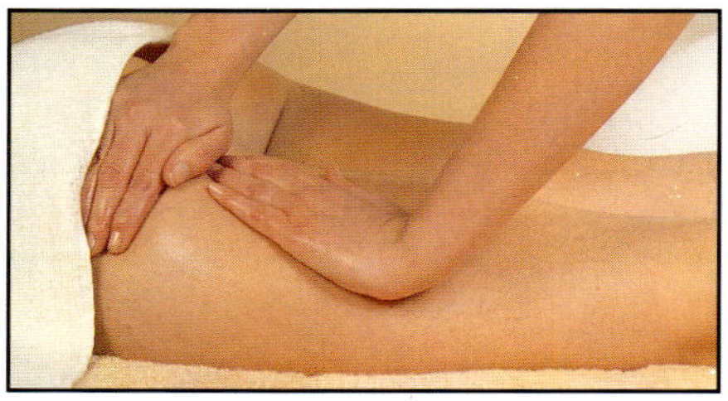

4 *With loose fists, briskly pound the top and outside of the thigh. You can use the backs of your fingers or the outside edge of the fists. Use a firmer knuckling action over the buttock area.*

5 *Follow this sequence of friction movements with soothing* effleurage *strokes from the back of the knee to the top of the thigh, sweeping out and back down the leg to the knee.*

CALVES

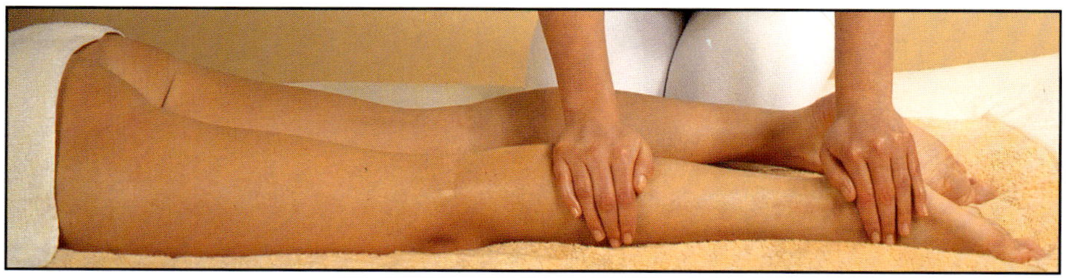

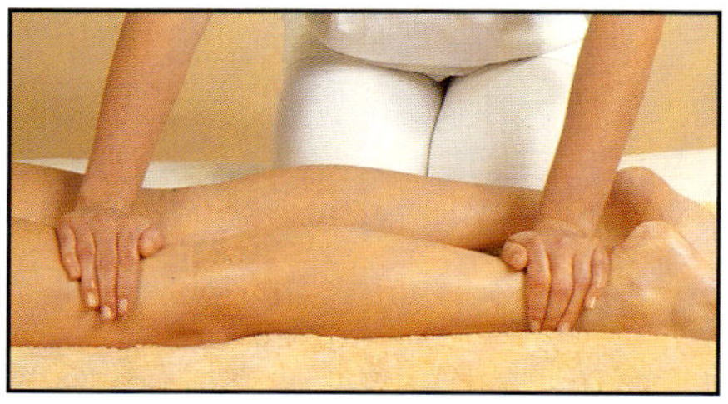

1 *Move back down to kneel beside your partner's ankles. Lightly oil your hands again if necessary. Start with both hands on the back of your partner's ankle. Smooth your right hand up toward the knee, keeping your left hand on the ankle for support.*

2 *Continue to stroke the right hand toward the thigh, keeping the pressure light as you reach the back of the knee.*

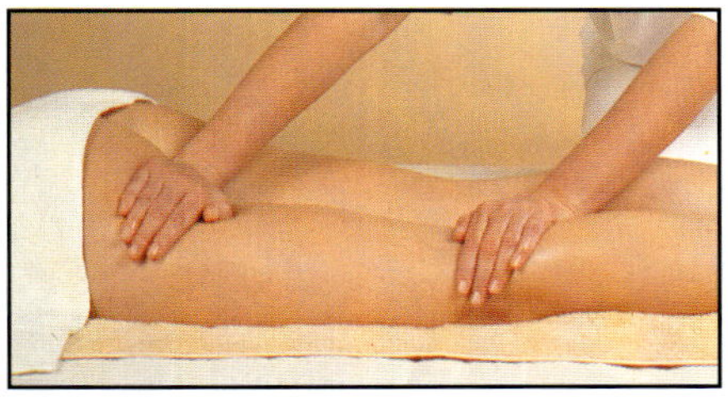

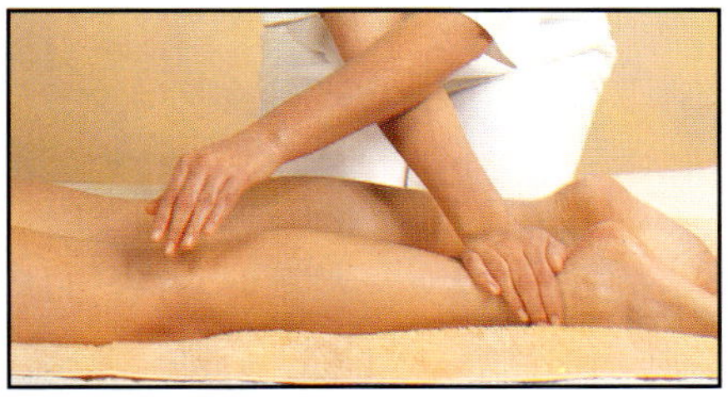

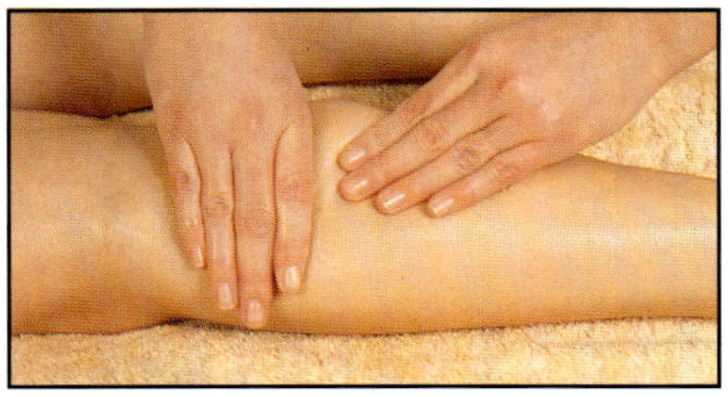

3 As you continue the stroke, taking your right hand up toward the top of the thigh, simultaneously slide your left hand up the lower leg to the back of the knee. Try to make this a flowing movement.

4 Without pausing, bring your right hand in a continuous stroke back down the leg. When you reach the knee you will need to slide the left hand off the knee, so the right hand can continue right down to the ankle again.

Repeat three times, or until you feel confident with the movement.

5 Start kneading the calf with both hands, working from the ankle up to the knee. Don't knead the back of the knee. Squeeze and release the calf muscle as you go. If your partner's calf muscles are particularly tight this kneading action may feel uncomfortable, so ask your partner if the pressure is right.

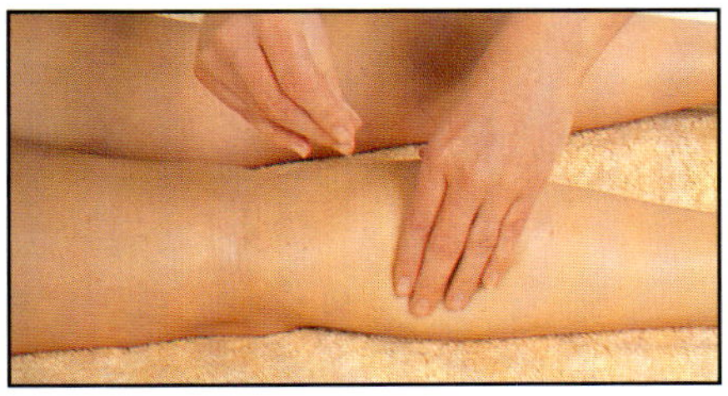

6 Do some short, sharp pinching movements all over the calf muscle, again checking that you are not hurting your partner.

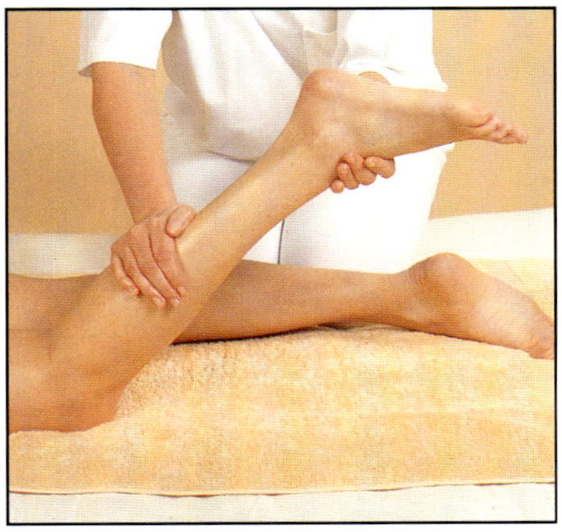

7 Left: Lifting and supporting your partner's leg in the left hand, slide your right hand up from the back of the ankle to the knee. Keep the pressure as firm as is comfortable. Repeat three times. Gently return the leg to rest on the floor.

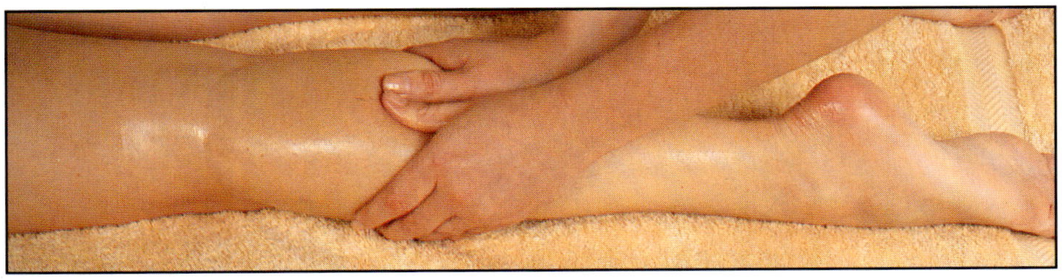

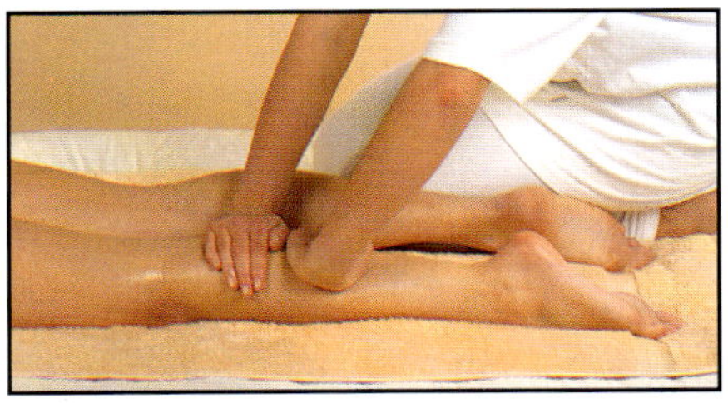

8 With your thumbs together start at the back of the ankle, and work up the back of the calf to the knee, applying pressure firm enough to release tightness in these muscles. When you reach the back of the knee, lighten the pressure and sweep your hands back down the sides of the leg to the ankle. Repeat three times.

9 To complete the back of the leg massage, repeat the effleurage *strokes from the beginning of the sequence, stroking the leg from ankle to thigh and back down to the ankle again. Repeat three times to soothe the leg.*

Repeat the entire back of leg massage on your partner's other leg, covering the leg you have worked on with a towel to keep the muscles warm.

BACK AND SHOULDERS

The back is an area of great strength and mobility, and it is the main supportive structure of the body. It therefore warrants more attention than most other areas. By working on the back you can reach nerves affecting every part of the body.

Full back massage, with emphasis on the spine and lower back, greatly alleviates effects of stress throughout the body, enhancing physical and psychological well-being. Smooth, flowing strokes stretch the muscles and tissues round contours of the back, and help restore flexibility for health and mobility, whilst stronger strokes along the spinal muscles and over the lower back bring deeper relief to aching or knotted muscles.

You should never massage directly on the spine itself, although working down each side is highly beneficial. Avoid using percussion strokes such as hacking and cupping on the kidneys, which are level with the waistline in the centre of the back.

First, make sure your partner is comfortable, lying face down with arms resting beside the face. Support the forehead with a rolled towel, and if helpful, use a pillow, cushion or rolled towel under the chest. It helps to have hair clear from the back of the neck.

EFFLEURAGE

Kneel beside your partner's right hip and oil your hands. With your first long effleurage *strokes try to concentrate on finding areas of particular tension and tightness.*

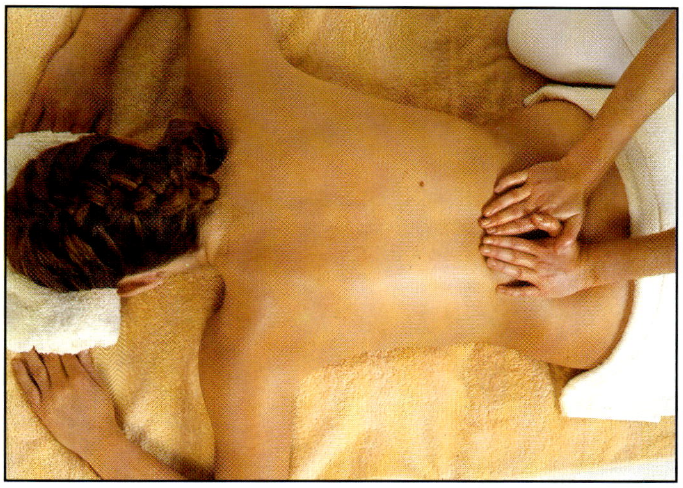

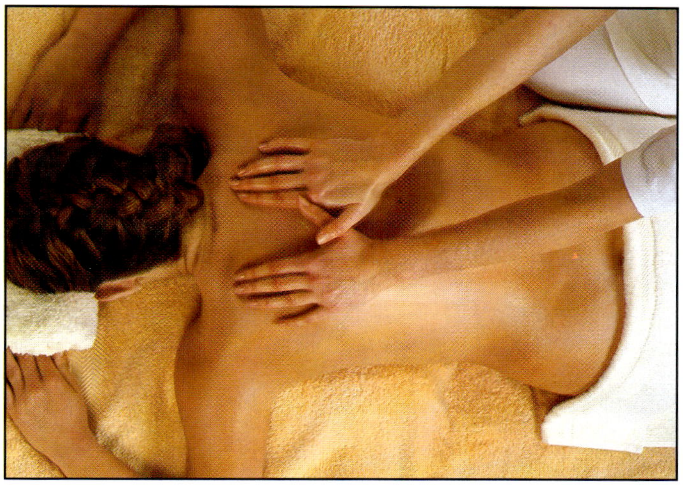

1 *Starting at the lower back begin the* effleurage *strokes. With thumbs crossed to connect the hands together, move slowly up the centre of the back, putting firm pressure on the fingertips.*

2 *Take the stroke up to the top of the back in a continuous movement.*

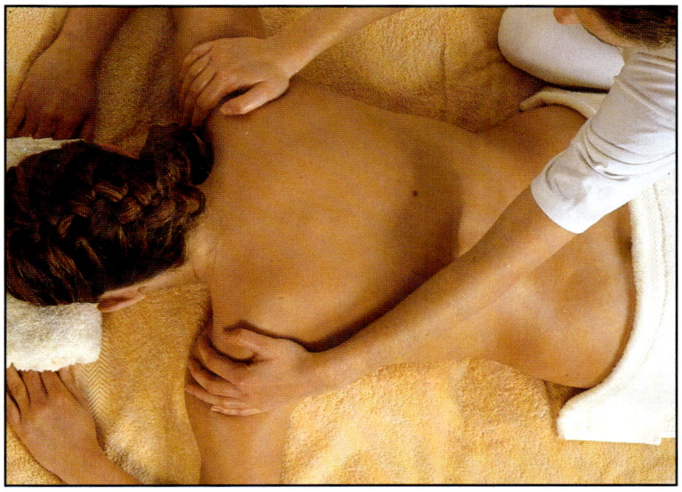

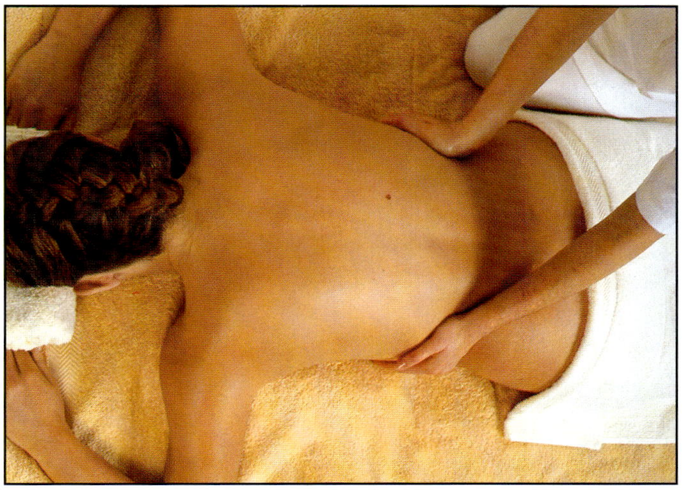

3 *Without a pause, separate the hands at the top of the back, sweeping them out and round the shoulders.*

4 *Continue the stroke, bringing both hands down the sides of the back to the lower back, ready to begin again.*

Repeat this effleurage *sequence three times, oiling your hands each time.*

SHOULDERS

1 *Using your thumbs each side of the spine, start level with the shoulder blades and make circling pressure movements, working quite firmly into the muscles.*

2 *Continue working up each side of the spine until you reach the nape of the neck.*

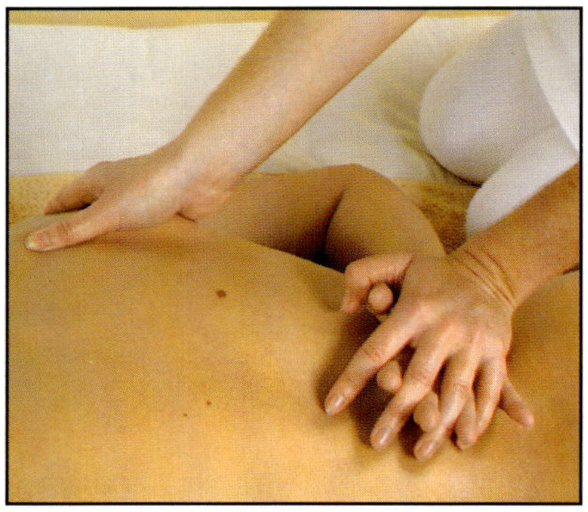

3 *Carefully bring your partner's arm across the hollow of the back and clasp their right hand with your left to support the arm. The shoulder blade should now stick out slightly. With your right thumb make circular pressure movements over the shoulder area. Strong muscles support the shoulder blade and you can work firmly under the bone itself to release tightness in this area.*

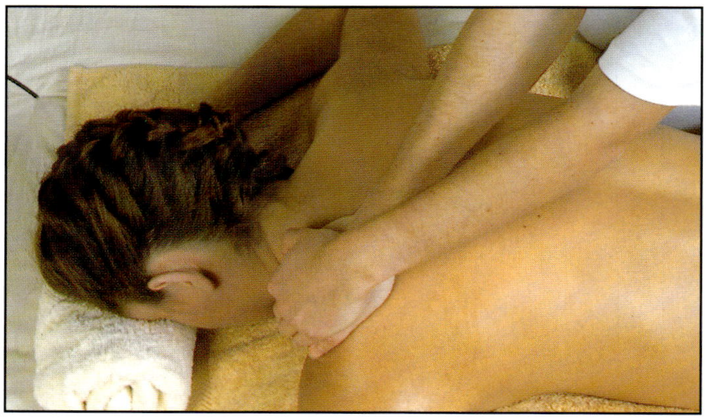

4 *With your left hand resting over your right to increase the pressure, work in small, circular movements from the base of the neck out over the shoulder.*

5 *Continue round to the shoulder blade, using firm pressure to release tension in the muscle.*

Move to the other side of your partner and repeat these steps on the other shoulder.

BACK

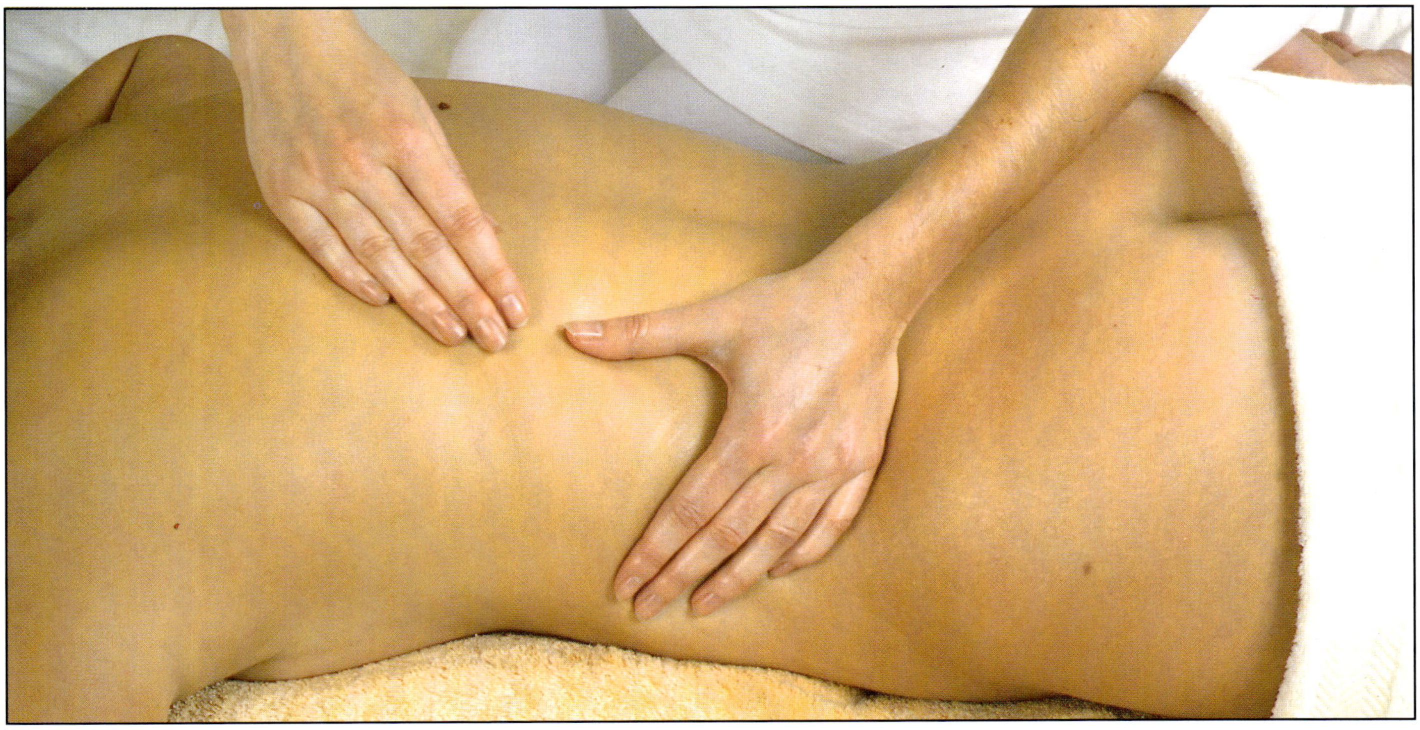

1 *Kneeling to the right side of your partner, start to knead the far side of the back firmly with both hands, beginning at the outer sides of the waist. Pick up, roll and release the muscles, alternately pressing one hand toward another. Continue kneading up the back until you reach the shoulders. Start again at the waist but this time come closer to the spine and repeat the line of kneading up the back.*

Repeat the kneading on the near side of the back. You should be able to do this without moving your kneeling position.

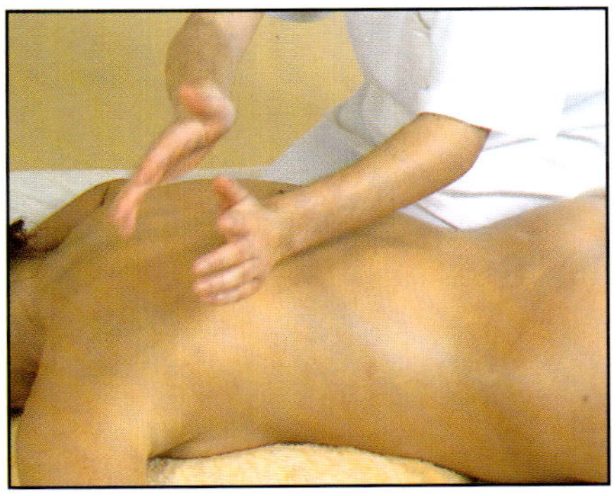

2 *Using the outer edge of the hands, briskly and rhythmically hack from the lower back up to the shoulders, but avoid the bony shoulder blade. Try to visualize each side of the back divided into three sections, so you cover the whole back thoroughly.*

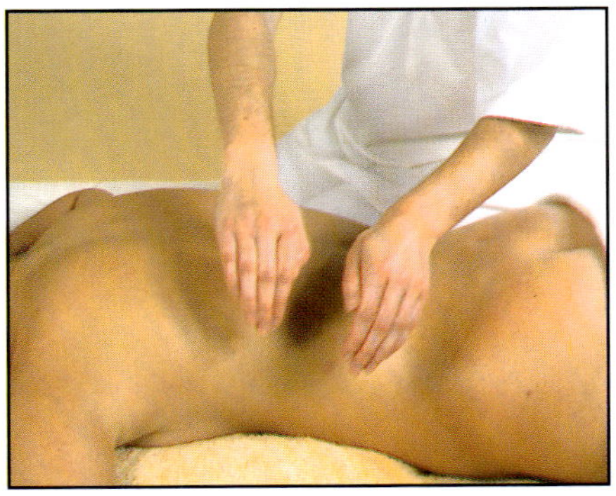

3 *Start cupping from the lower back up the back and across the shoulders. The action should be quick, with alternate hands striking the back briskly.*

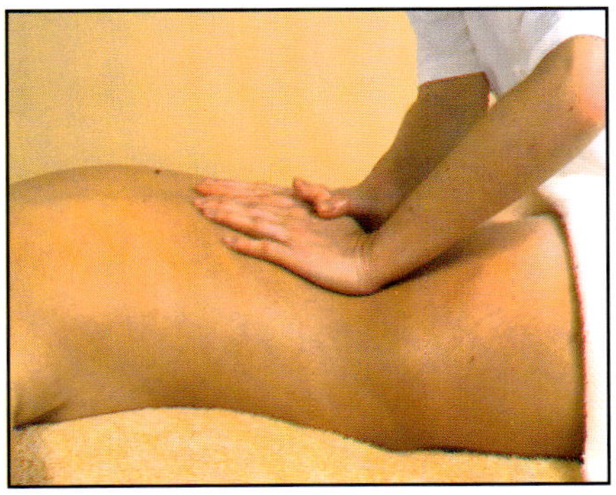

4 *Repeat the effleurage strokes from the beginning of the sequence to soothe the back. Repeat a number of times.*

SPINE

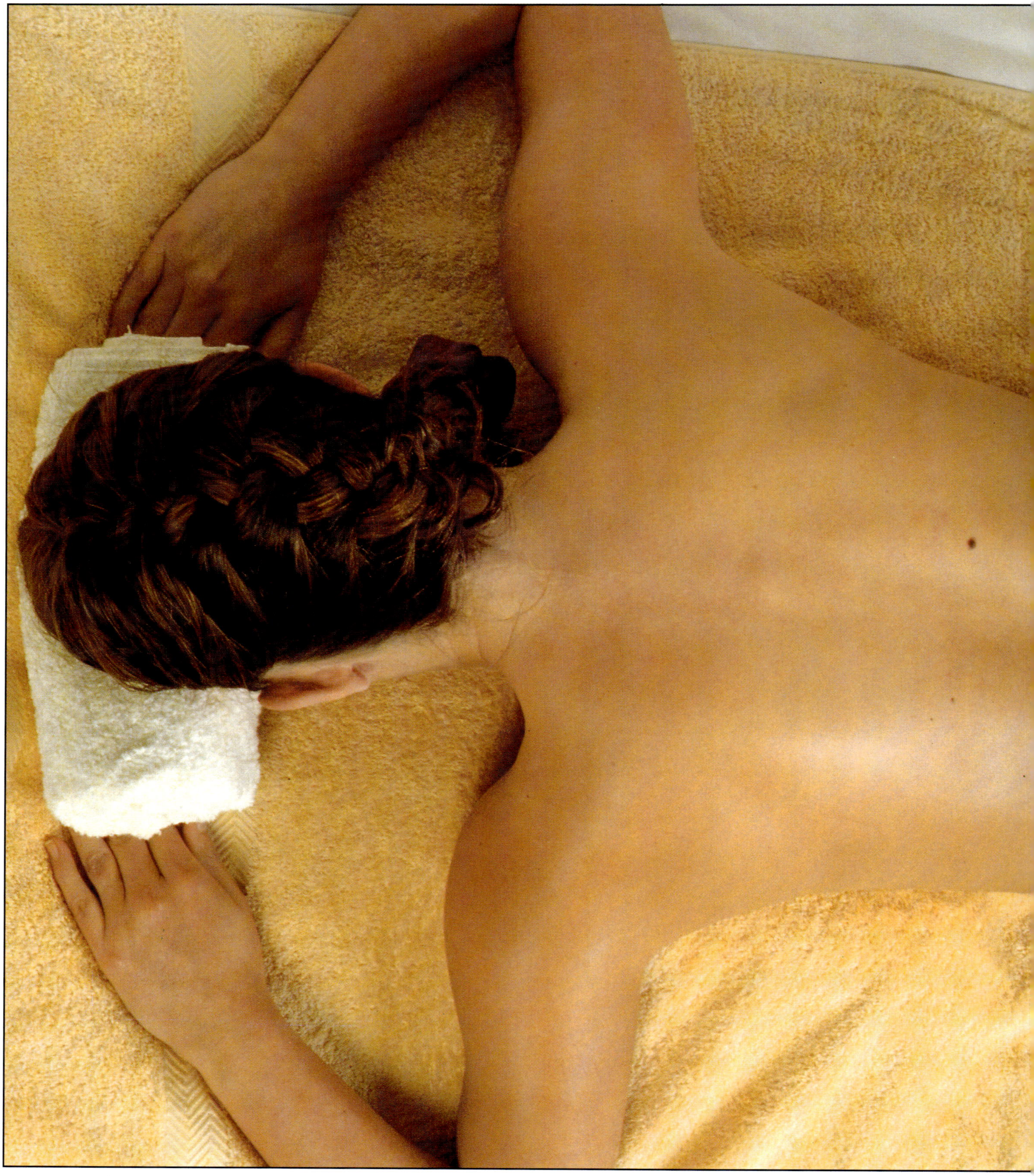

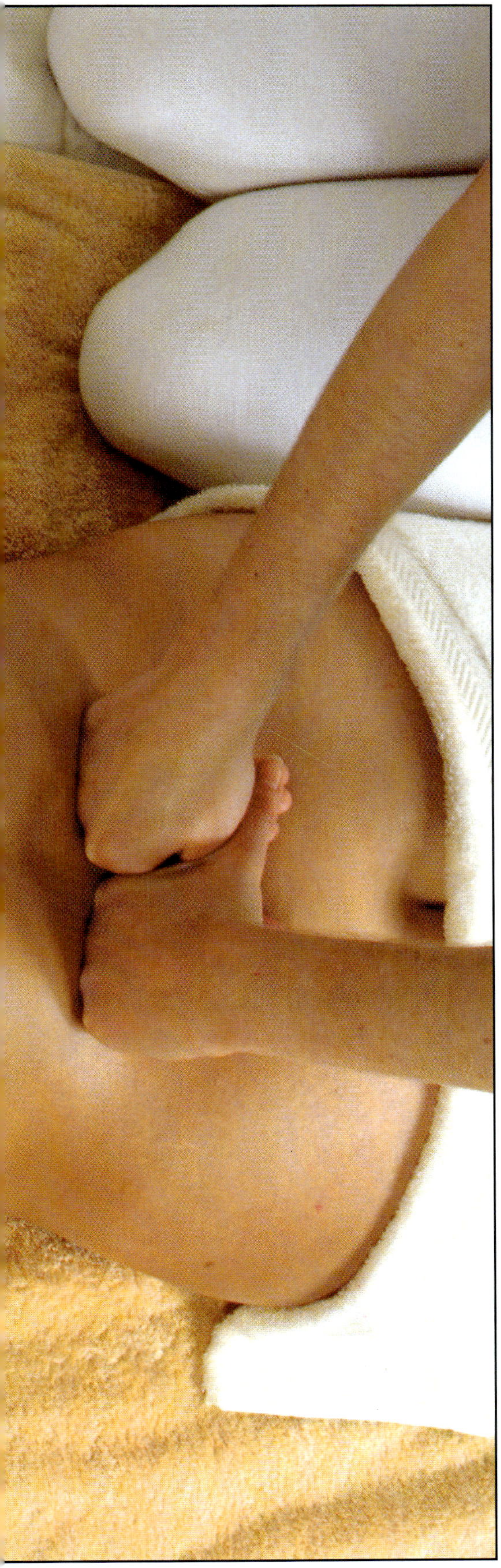

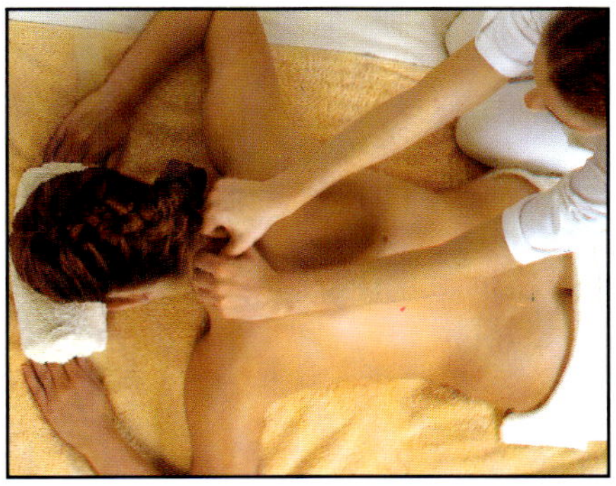

1 Left: With loose fists, and thumbs crossed for support, push the top of the hands up each side of the spine to the nape of the neck.

2 Right: Uncurl the fingers when you get to the nape and sweep them back down the sides of the back. Repeat three times.

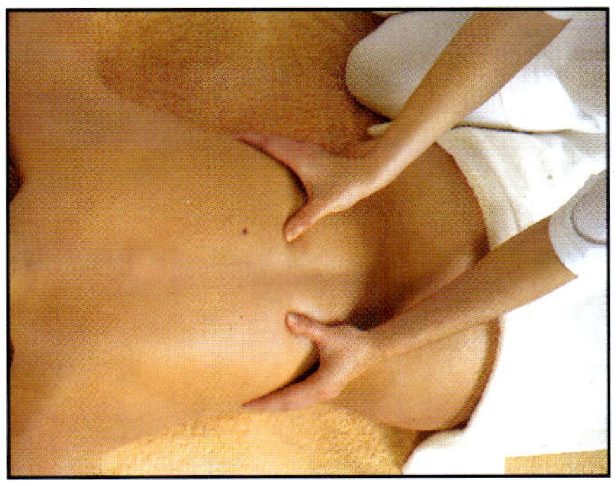

3 Starting at the lower back, place the thumbs on either side of the spine, resting your hands either side of the back. Rotate the thumbs in small circles, travelling up the sides of the spine until you reach the hairline. Use firm pressure. Reverse the movement, circling your thumbs back down each side of the spine.

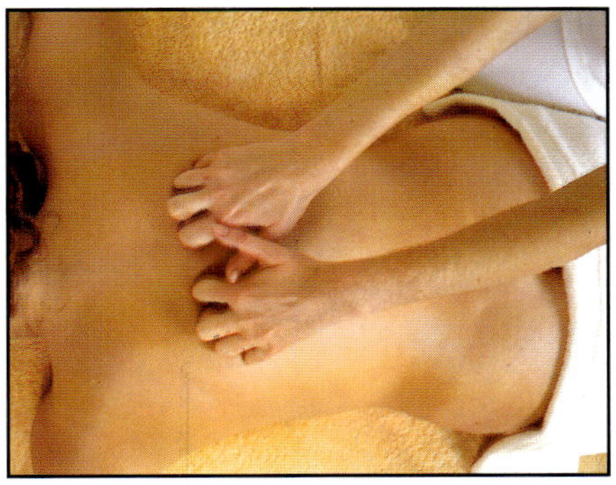

4 Starting at the lower back, use loose knuckles, crossing your thumbs over each other for support, to work up either side of the spine and back down again. Repeat twice.

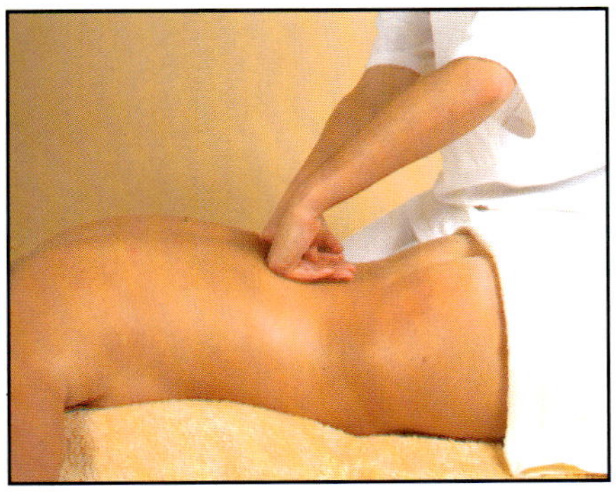

5 Using the backs of your hands and starting at the lower back, push up either side of the spine to just above the waistline. Then sweep your hands outward and back down round the hips. Repeat three times.

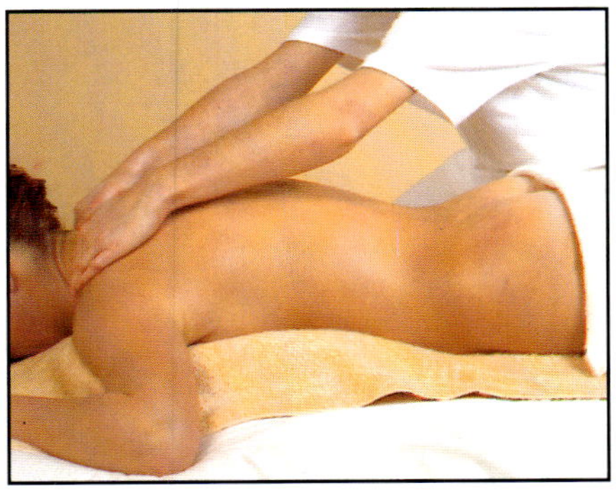

6 To finish the massage, repeat the effleurage *strokes from the beginning of the sequence, starting at the lower back, up the back, round the shoulders and down again to the lower back, in a continuous sweeping movement.*

SELF MASSAGE

A simple, effective self massage can do wonders to ease away tension and restore energy after a stressful, tiring day. After a shower or bath, massaging the body with lotions and oils is very relaxing and helps keep the skin in glowing condition.

You can use self massage to target particular aches and pains or areas of tension, for relief just where you need it. The beauty of self massage is you can do it to suit your needs and moods at any time – to unwind in the evening or to energize yourself in the morning.

SHOULDERS

1 *Sitting upright, start from the base of the neck and press down with your fingers along the top of the shoulders. As you reach the bony part of the shoulder, slide your hand back to the base of the neck, and repeat the pressing at least three times. Finish by stroking firmly from neck to shoulder and then repeat on the other side of the neck.*

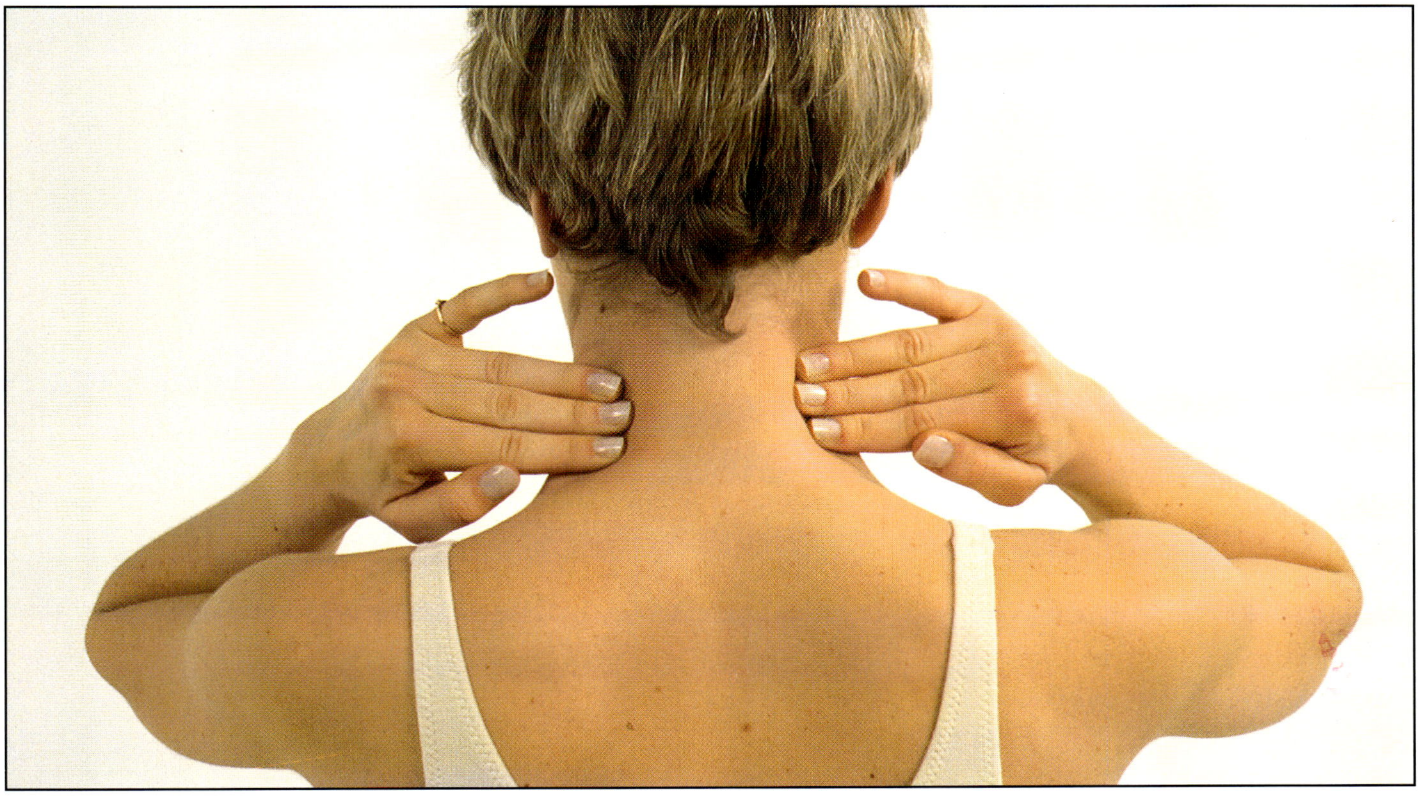

2 *Use the fingertips of both hands to make small circular movements, working up the back of the neck. Gentle circular movements, where you can feel yourself easing muscular tightness, are better than direct, static pressures on this area. Continue up and round the base of the skull.*

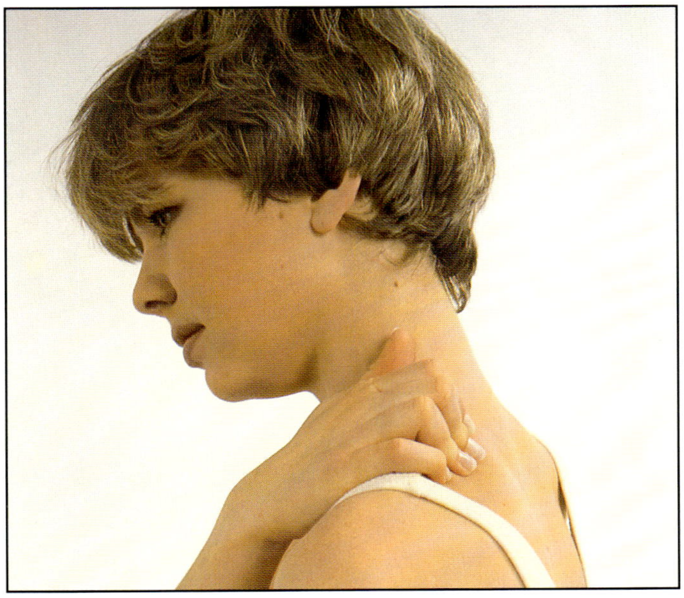

3 *Knead each shoulder with a firm squeezing action, rolling the flesh between your fingers and the ball of the hand. Repeat several times on each side.*

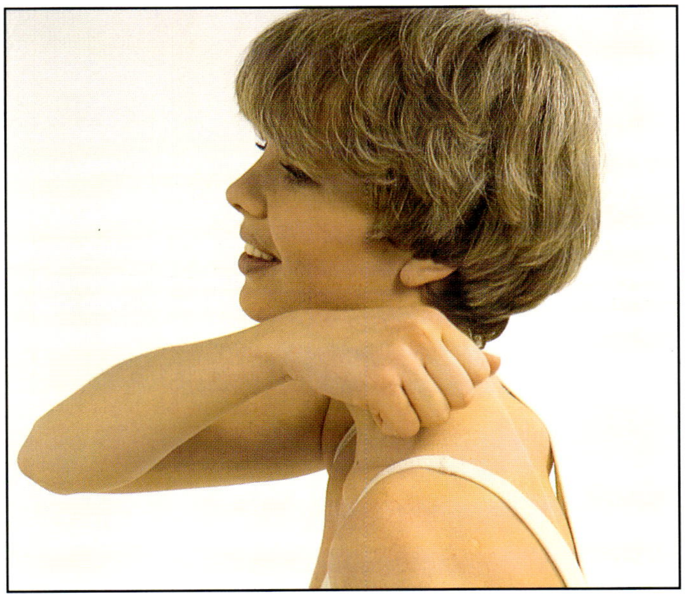

4 *With your hand in a loose fist, pummel your shoulder lightly, keeping the wrist and elbow relaxed. Use light, springy movements to stimulate the area. Repeat on the other shoulder.*

ARMS

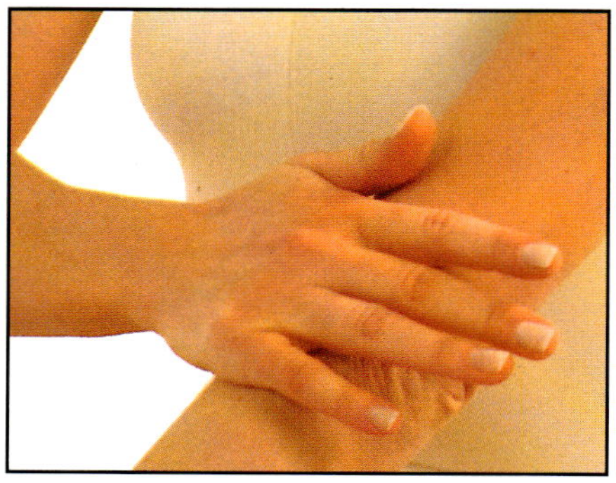

1 *Stroke firmly up the arm from the wrist to the shoulder, returning with a lighter touch. Repeat the stroke several times on different parts of the arm.*

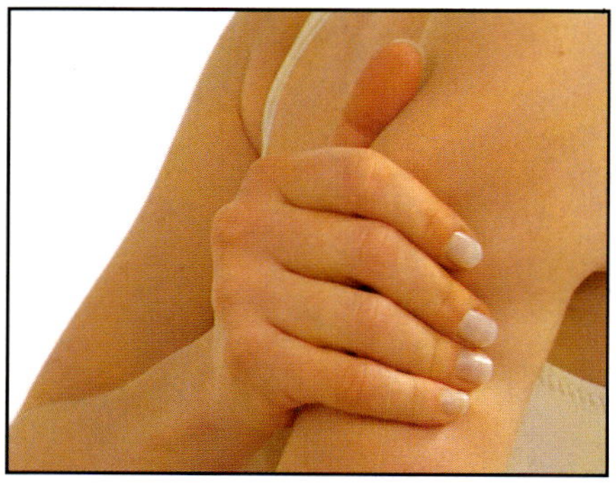

2 *Pressing your fingers toward the palm of the hand, knead up the arm from the elbow to the shoulder. Cover the area thoroughly, working right round the arm.*

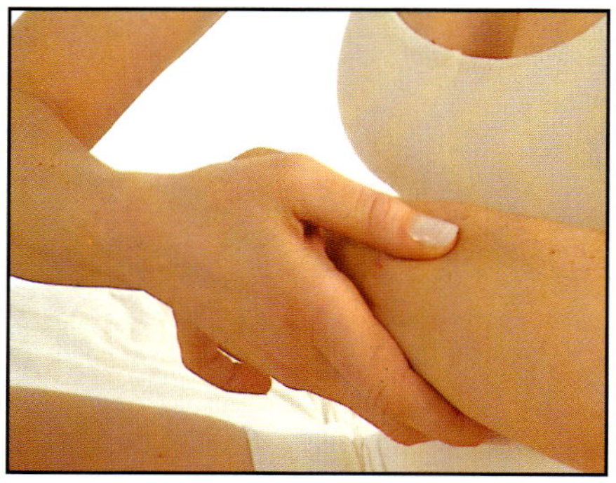

3 *Starting from the wrist, knead up the forearm toward the elbow, this time using your thumb to make circular movements.*

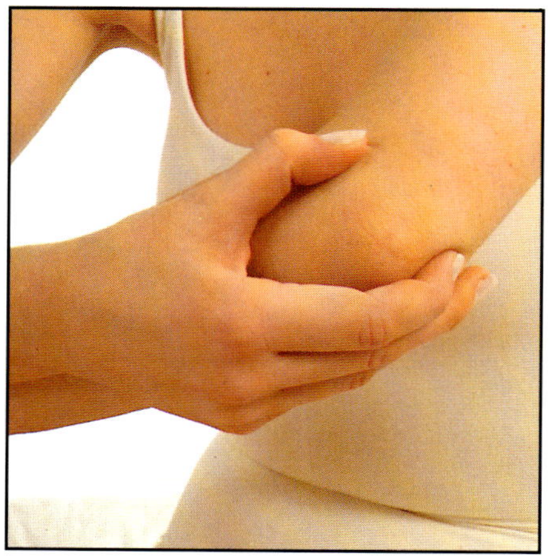

4 *With thumb and fingers make circular pressures round the elbow. First, work round the far side of the elbow with your working arm coming over the top of the arm you're massaging, then bend that arm up and work from the inside of your elbow. You may need more oil for dry elbows.*

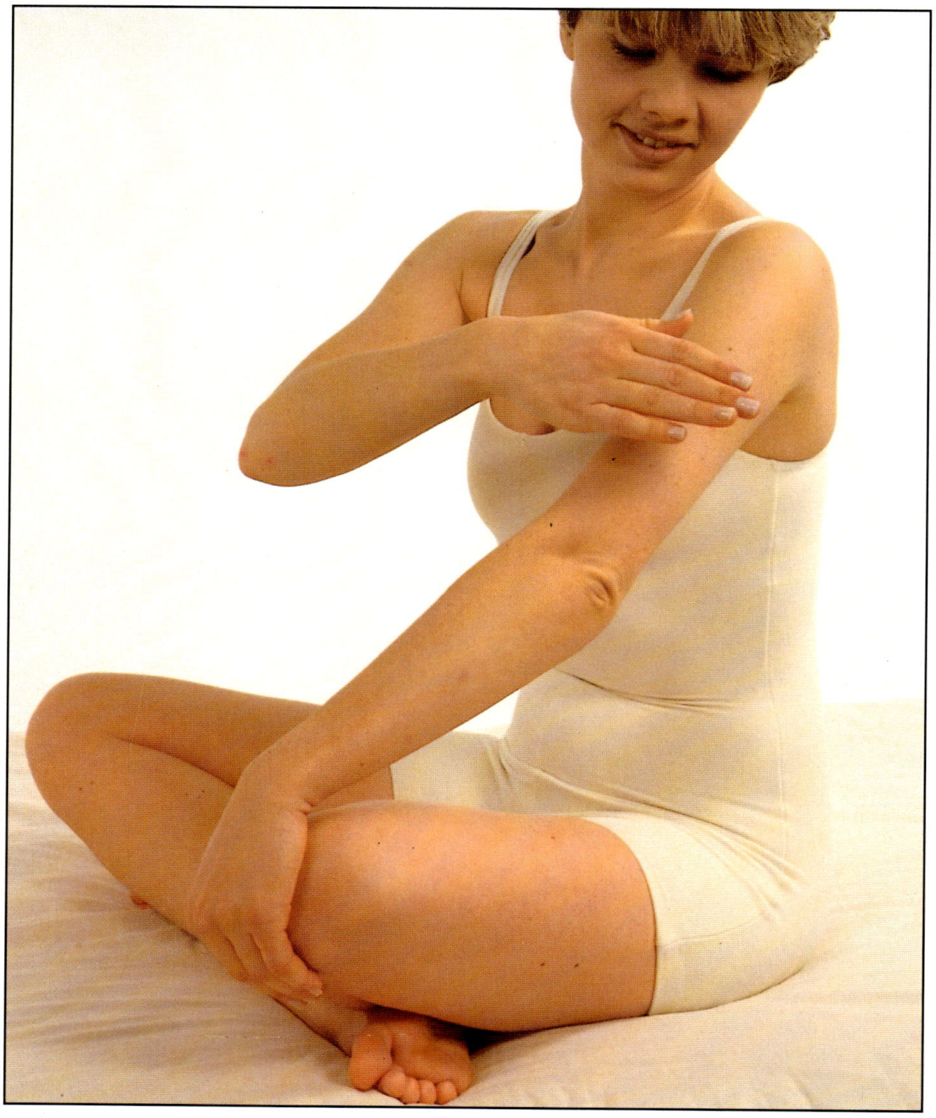

5 *Right: Gently but briskly pat your upper arm, or use some gentle cupping. Follow with some* effleurage *stroking up and down the whole arm again to finish. Work on the hand before massaging the other arm.*

HANDS

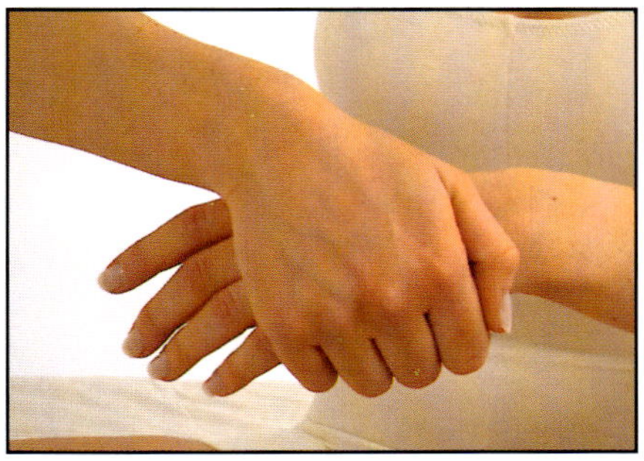

1 *Squeeze the hand firmly, spreading the palm laterally. Cover the whole of the hand, fingers and wrist.*

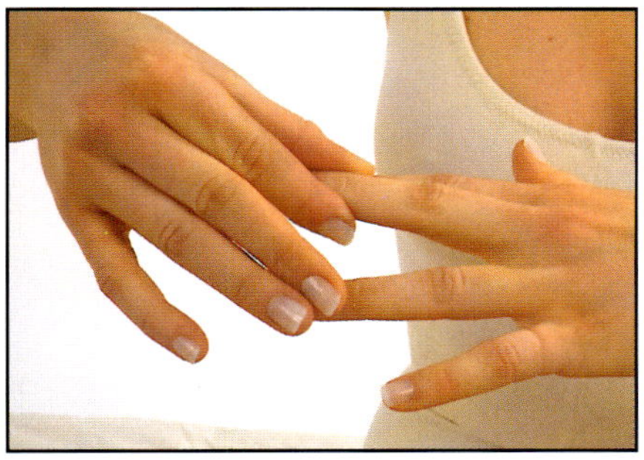

2 *Using circular pressure, squeeze each finger joint between your finger and thumb. Then hold the base of each finger and pull the finger gently to stretch it, sliding your grip up to the top of the finger in a continuous movement.*

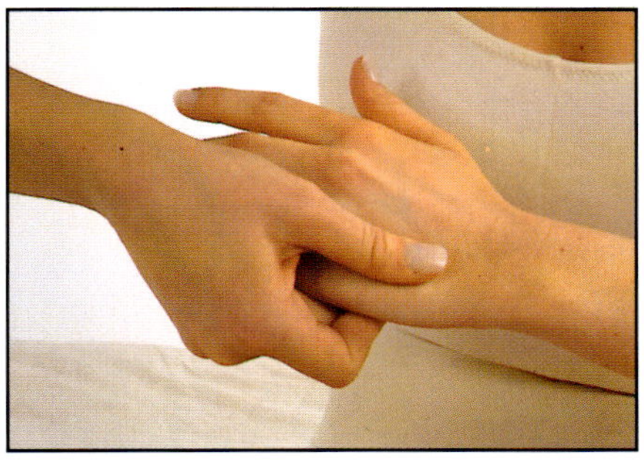

3 *With circular thumb pressures, work up each of the furrows between the bones in the hand, from the knuckle to the wrist. When you have covered each furrow, smooth the hand by stroking.*

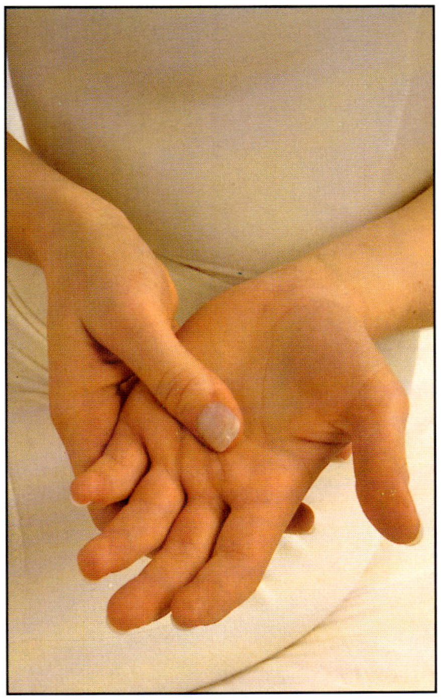

4 *Turn the hand over to work on the palm. Cover the area with circular thumb pressures, paying particular attention to the heel of the hand and the wrist. Follow this with some deeper, static pressures all over the palm.*

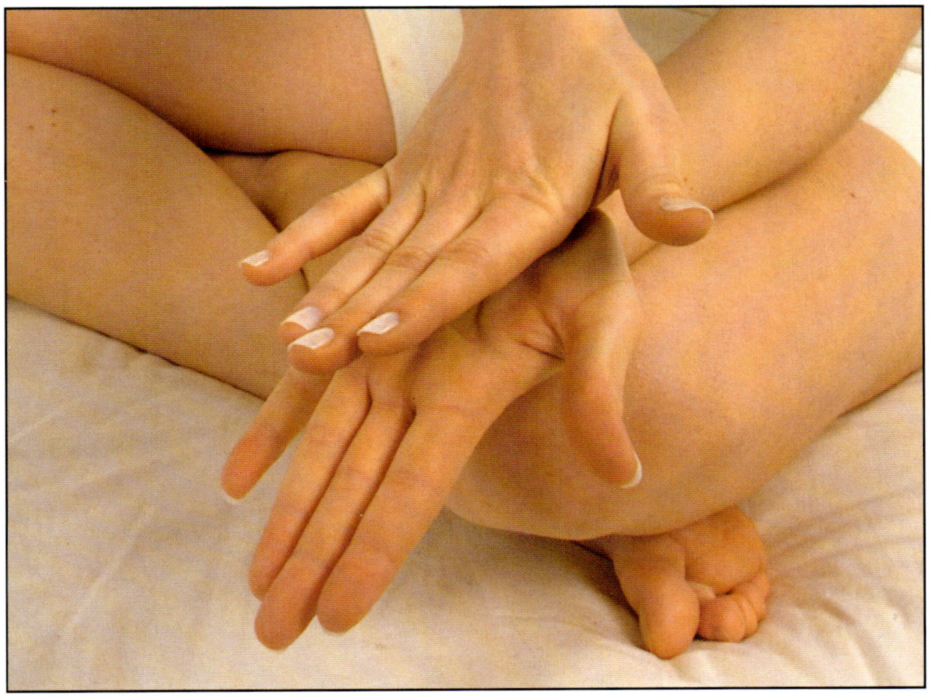

5 *Finish by stroking the palm of one hand with the other. This can be quite a firm stroke, working from the tips of the fingers to the wrist, leading with the pressure from the heel of the hand. Stroke back to the fingers and repeat twice more, each time using slightly less pressure. Finally, stroke the inside of the wrist.*

Repeat the whole of the arm and hand massage sequences on the other side.

BACK AND ABDOMEN

1 Lie on your back, clasp your knees and gently rock backward and forward to massage the lower back, buttocks and hip joints and gently stretch out the vertebrae.

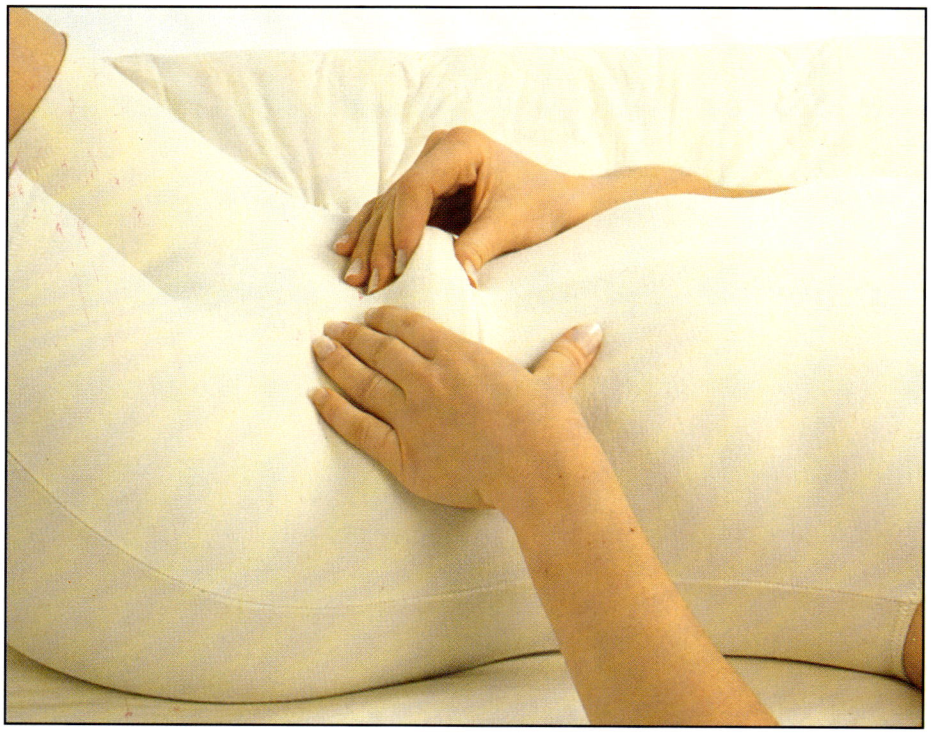

2 Left: Bend your knees up and use some gentle petrissage *to knead the whole of the abdominal area. When you have finished kneading, place both hands flat on the centre of the abdomen, fingers pointing slightly together, and pause for a few moments. Then smooth your hands outward over the hips and thighs in a long, slow, moulding movement.*

BUTTOCKS, HIPS AND THIGHS

1 Kneel up and pummel your hips and buttocks, using a clenched fist and keeping your wrists flexible.

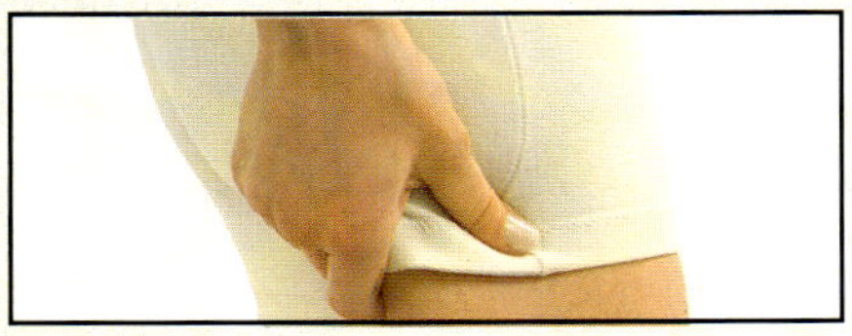

2 With the thumb and fingers, squeeze and release the muscles firmly and slowly, working from the top of the thigh over the buttock. Repeat on the left side.

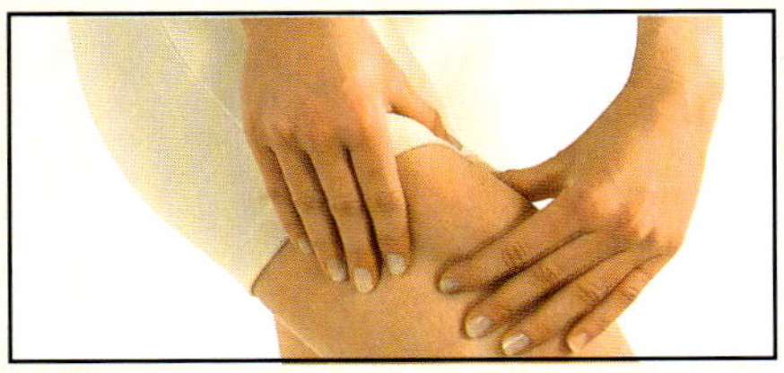

3 Use both hands to squeeze and release the muscles on the front and side of the thigh, kneading the entire upper leg. Repeat on the other side.

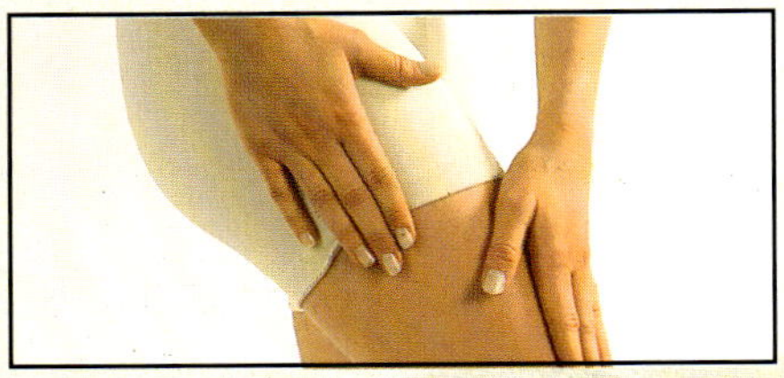

4 Starting at the knee, stroke up the thigh with both hands to soothe the leg.

LEGS

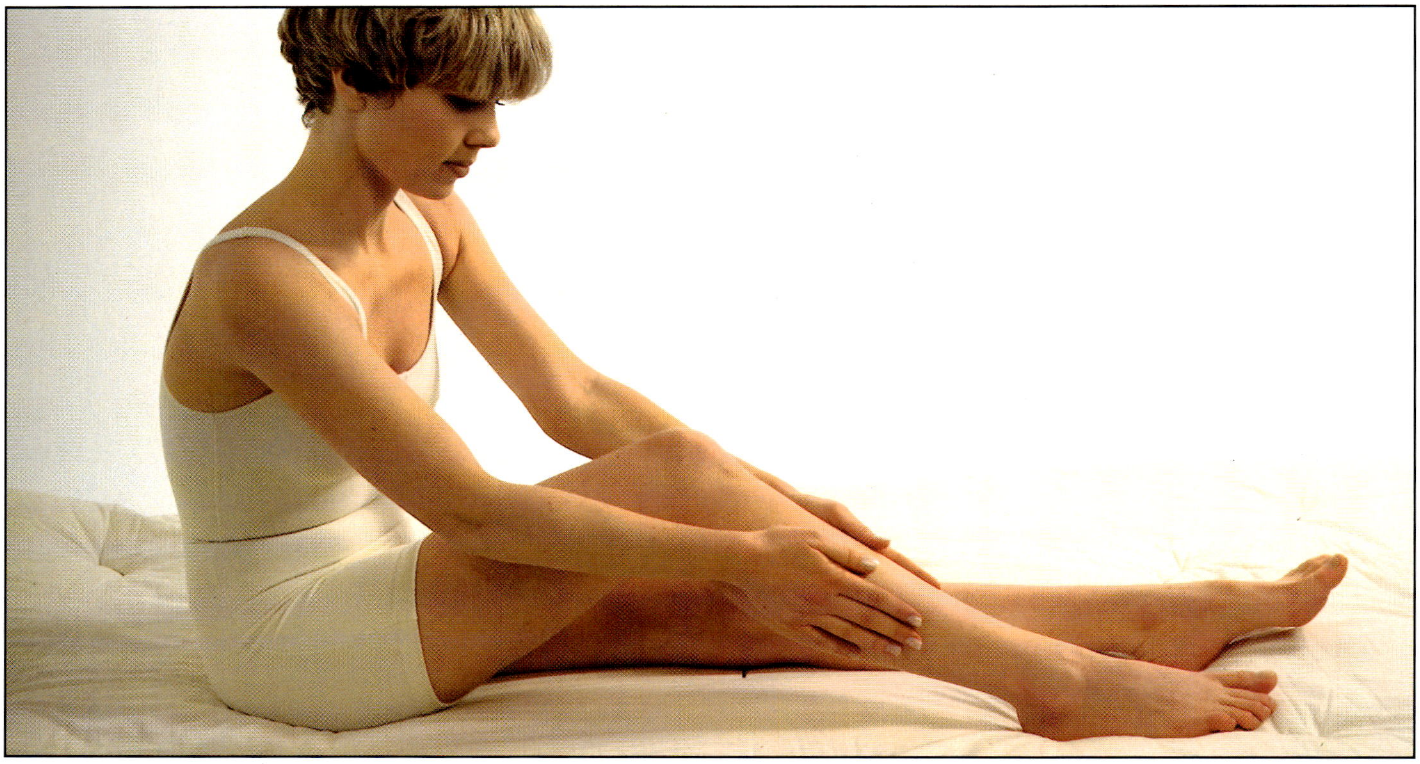

1 *Sitting down, with one leg raised slightly, stroke the leg with both hands from ankle to thigh. Begin the stroke as close to the ankle as you can reach. Repeat several times, moving round the leg slightly each time to stroke a different part.*

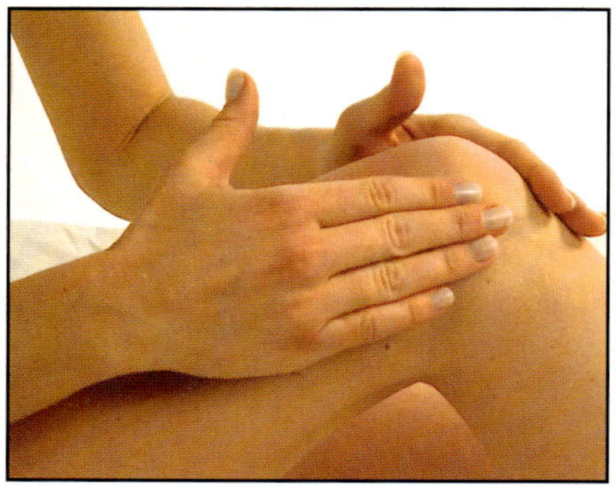

2 *Massage the knee, stroking round the outside of the kneecap to begin with, then using circular pressure with the fingertips to work round the kneecap more firmly.*

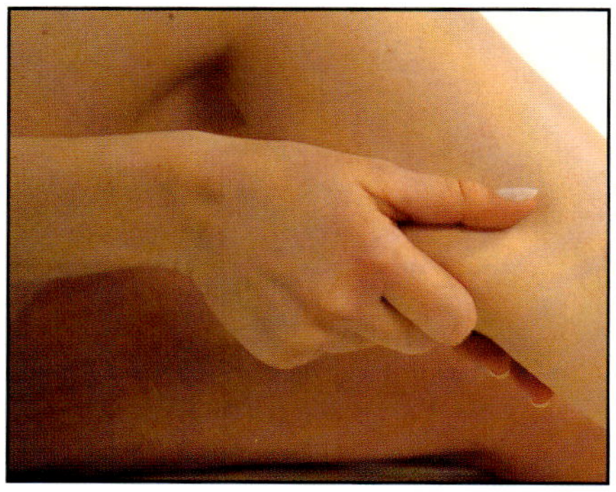

3 *Knead the calf muscle with both hands, using a firm* petrissage *to loosen any tension in the muscle.*

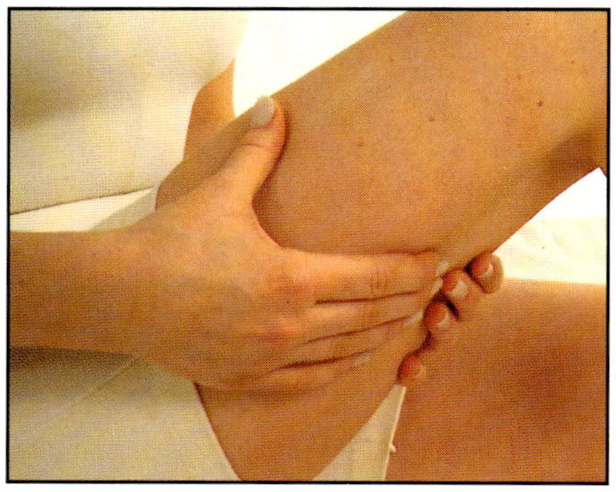

4 *Continue the kneading on the thigh, working over the top and outside areas with alternate hands. Whilst the leg is still raised, do some soothing* effleurage *strokes up the back of the leg from ankle to hip.*

Continue with the foot massage (opposite) before repeating all the steps on the other leg.

FEET

1 *Sitting down and leaning back, raise a leg, supporting the weight with your hands. Rotate the right ankle five times in each direction.*

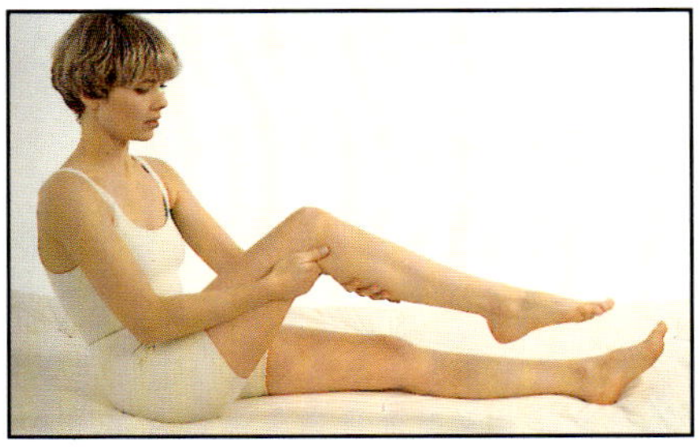

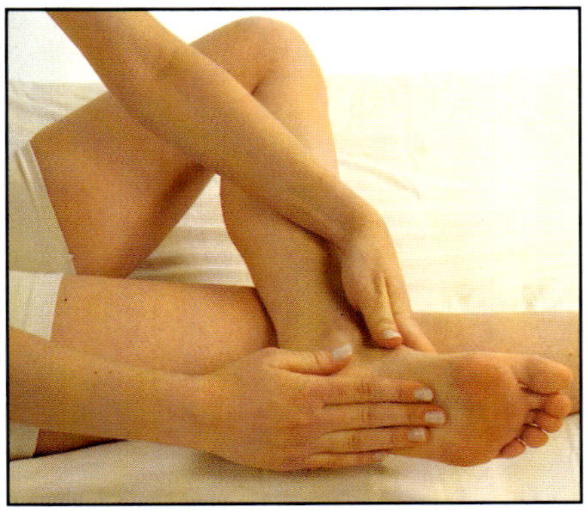

2 *Gently bring your foot over the other leg. With one hand on top of the foot and one underneath, stroke up the foot from toes to ankle. Repeat three times.*

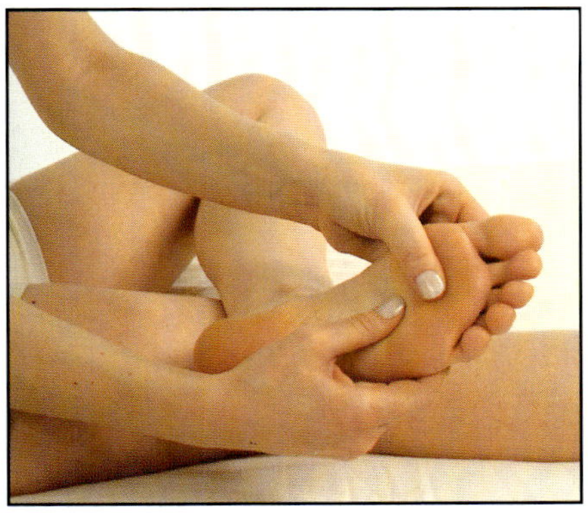

3 *With the thumbs, apply circular pressure over the ball of the foot. Work in lines from the inside of the foot to the outer edge. Repeat three times.*

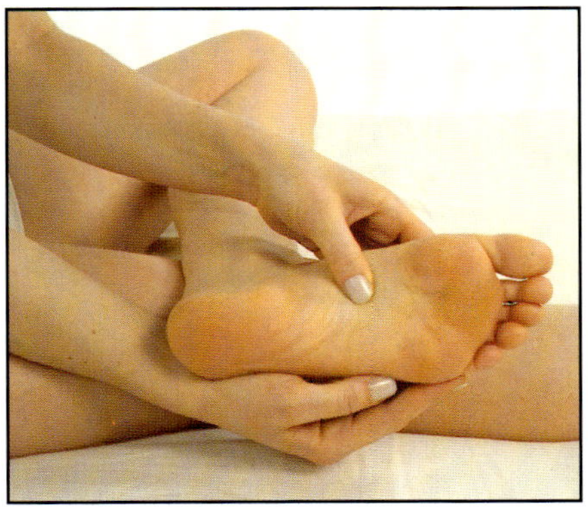

4 *Supporting the foot with one hand, continue the circular pressures over the raised instep, working from the inner to the outer edge. Repeat three times.*

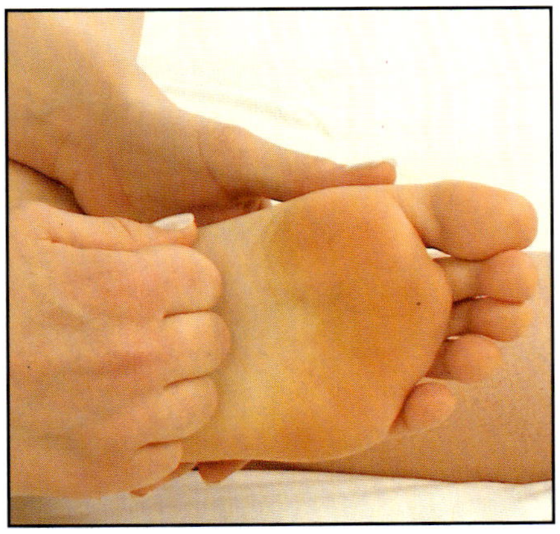

5 *Still holding the foot with one hand, make a loose fist with the other and firmly rotate your fist over the instep. Work thoroughly into the arch.*

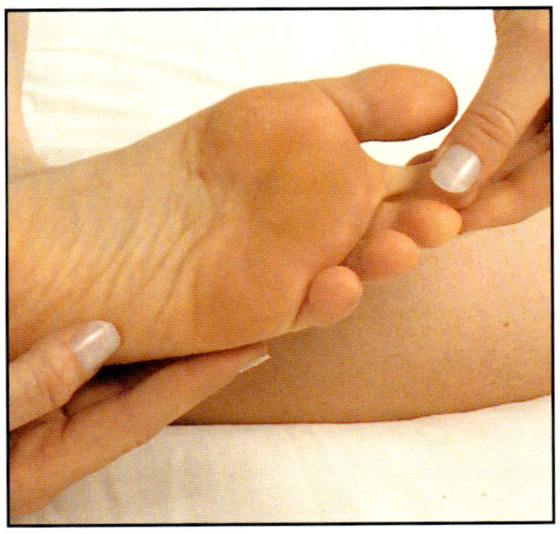

6 *Massage each toe individually. Slowly stretch the toe between the thumb and finger, pull gently, moving your fingers up the toe each time, until you reach the tip.*

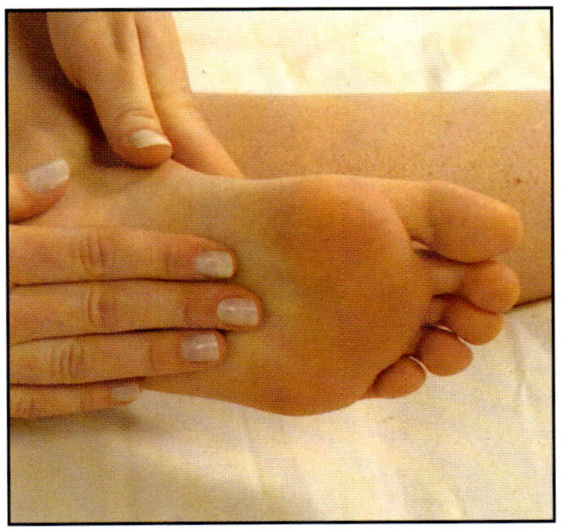

7 *Repeat the effleurage strokes of the foot, with one hand over and one under the foot, working from toes to ankle, several times.*

Repeat the leg and foot massage sequence on the other side.

MASSAGE AND EXERCISE

Professional sports people value massage very highly, not least because it works on several levels. Used before exercise it can prepare the body for the increase in activity not only by warming and loosening the muscles and joints (increasing their flexibility and helping to prevent cramp and injuries), but also by stimulating the system, both physically and mentally. This is the key to improved performance. After an exercise session, massage speeds up the elimination of waste products (in particular lactic acid) by stimulating the lymphatic system. The accumulation of these waste products during exercise is the cause of much of the stiffness and pain experienced afterwards.

STRAINS AND SPRAINS

A burning sensation under the skin is likely to indicate that muscles, fibres or ligaments have been strained – stretched beyond their natural limits. This is often the result of exercising without an adequate warm-up routine or over-exertion. A routine of pre-exercise massage and limbering will help to prevent strains. Gently massaging the affected area will also help to speed recovery.

Sprains are more serious and are caused by violent wrenching of a joint, most commonly the ankle, wrist or knee. The surrounding muscles, ligaments and tendons may also be damaged and the affected area may be extremely painful and swollen. Apply an ice-pack or cold compress for 15–20 minutes to reduce the swelling. When it is removed you can start to massage the area gently (as shown opposite), taking care not to work directly on the swelling. Rest the ankle as much as possible and use a support bandage.

A serious sprain should always be checked by a doctor in case a bone has been fractured, and a sprained knee always requires medical attention.

CRAMP

You don't have to be a fitness fanatic to suffer from cramp. On the contrary, it is usually underused or ill-prepared muscles which go into cramp. It doesn't even take movement to set it off: the searing pain of cramp can occur in the middle of the night, when the reduced circulation has caused muscles to contract. Frequent cramps may indicate generally poor circulation or a deficiency of calcium or salt. Massage will increase the blood circulation to alleviate the pain. You should also try to stretch out the affected muscle.

BACKACHE

Back strain is the most common source of debilitating pain. Most sports put increased strain on the legs, buttocks and back. Previous injuries can make the back prone to recurrent pain. Awkward, inappropriate or excessive exercise can also cause trouble. You should never subject the back to unnecessary strain. With regular and thorough back massage (particularly before exercise) the likelihood of injury is reduced. If, however, you want a quick warm-up for the back, or an after-exercise sequence, follow the instant back and shoulder massage. Always consult a doctor, osteopath or chiropractor if in any doubt about the seriousness of a back problem.

WITH OR WITHOUT OILS

You don't always have oil at hand, and it certainly isn't crucial for massaging unexpected strains, sprains and cramps. If you do have some light vegetable oil nearby, all the better, but don't worry if you don't.

ANKLE STRAIN OR SPRAIN

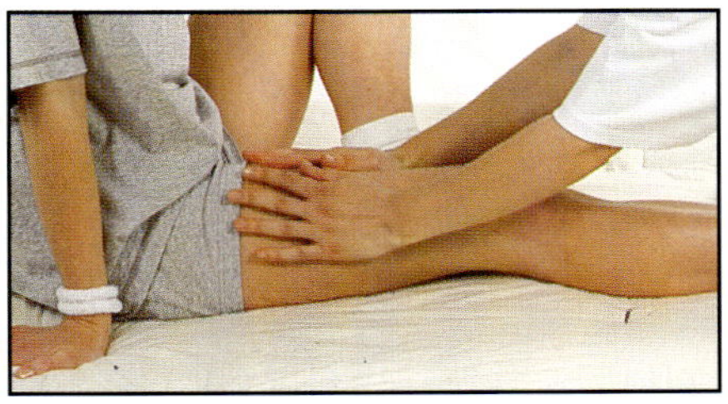

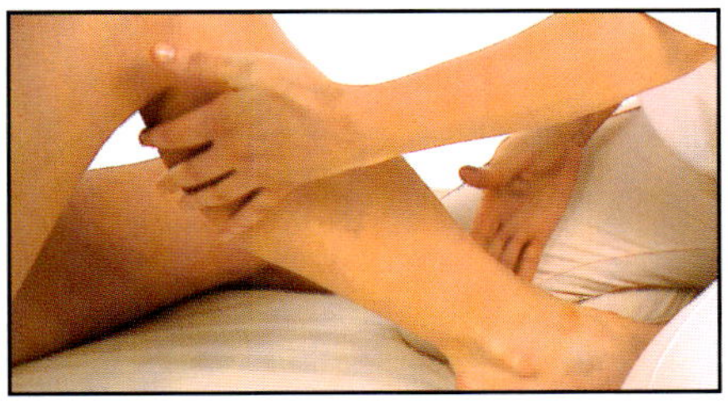

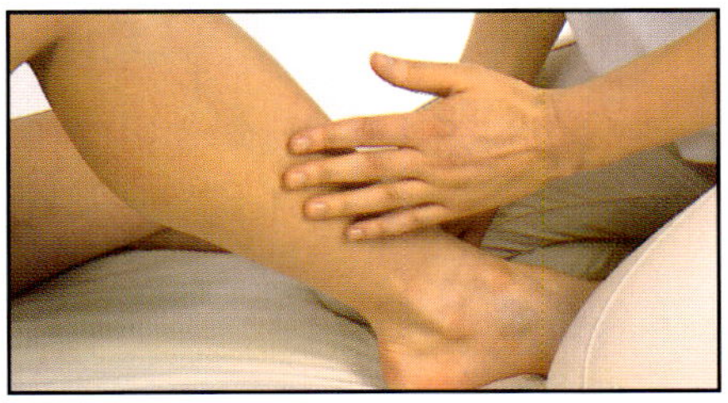

1 *Above and below: Avoid working directly on the swollen area. Start with gentle* effleurage *strokes working from the knee toward the thigh. Massaging in the direction of the lymph nodes in the groin will help drain away the fluids that have accumulated round the joint. Lightly stroke back to the knee. Repeat several times.*

2 *Help your partner to bend the affected leg. Continue the* effleurage *strokes on the lower leg, this time working from the ankle to the knee, alternating your hands. Repeat several times, then gently squeeze the calves with one hand, with the other supporting the foot.*

3 *Concentrating on the ankle area, stroke extremely gently all round the ankle with short upward movements. Check that this is not causing discomfort.*

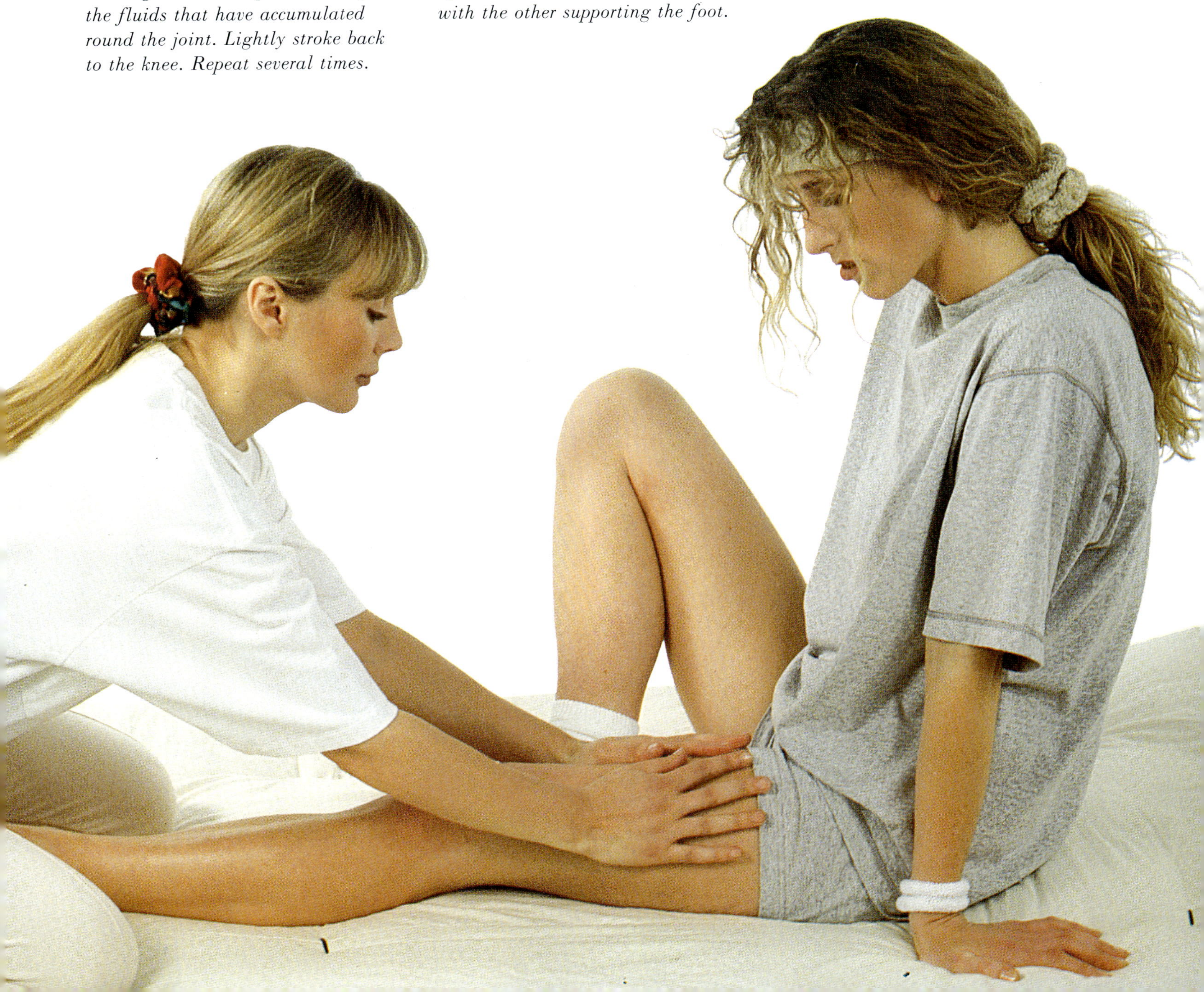

CALF CRAMP

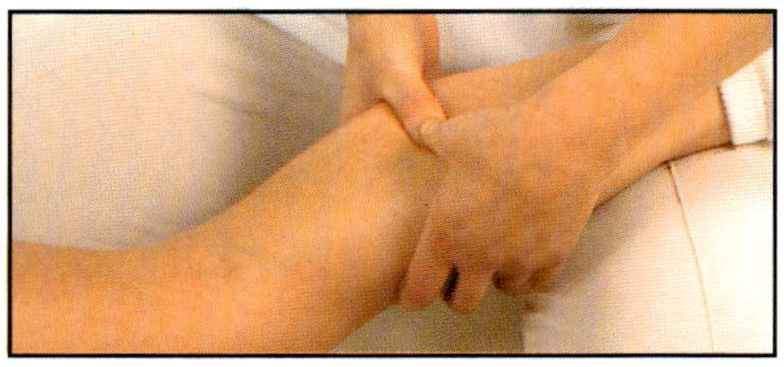

1 *With your partner lying face down and the foot supported across your leg or a small pillow, gradually apply direct thumb pressure into the belly of the cramped calf muscle for eight to ten seconds.*

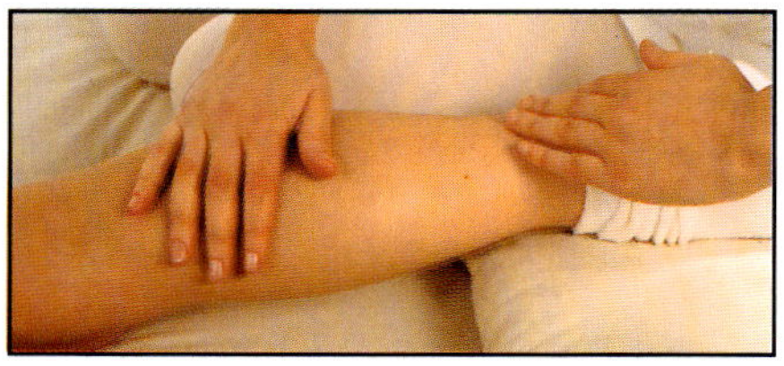

2 *Do some* effleurage *strokes, working from ankle to thigh and back down again.*

SELF-HELP STRETCH

A good way of dealing with calf cramp is to sit down with the affected leg straight and stretch the toes toward you. Hold this position for eight seconds and then release. Repeat a few times, until the spasm seems to be lessening. Then knead your calf muscle using firm pressure. When the muscle feels more relaxed switch to effleurage *strokes, working up the leg.*

HAMSTRING CRAMP

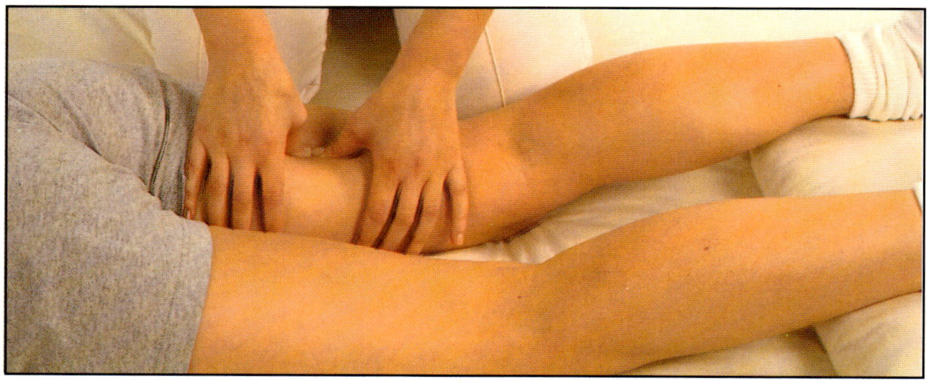

1 *With your partner lying face down and the ankles raised on a small pillow or cushion, begin massaging up the back of the thigh using alternate hands in slow, rhythmical stroking movements. Then apply static pressure to the middle of the thigh with the thumbs, holding for eight to ten seconds.*

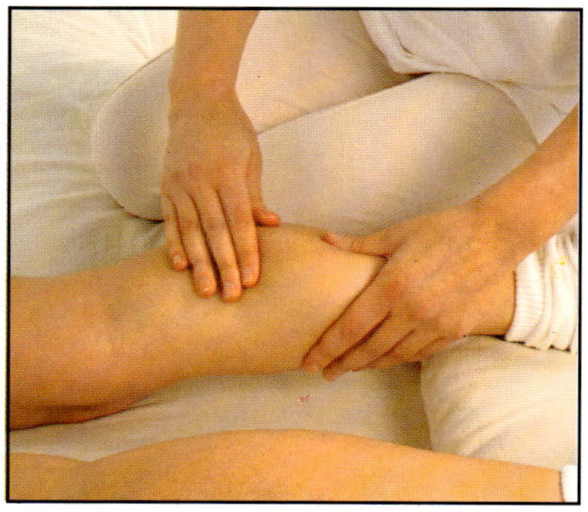

2 *Firmly knead the calf muscle. Squeeze, press and release the muscle using one hand after the other. Finally, do some soothing* effleurage *strokes up from ankle to thigh and back down again.*

HAMSTRING SELF-HELP STRETCH

Lie down flat, with the affected leg raised and the other knee bent. Stretch the muscle by pulling the thigh gently toward the chest.

Then firmly stroke up the back of your thigh for eight to ten seconds. Start to knead the back of the thigh until you feel the muscles begin to relax. Finally stroke over the area to soothe it.

TENNIS OR GOLFER'S ELBOW

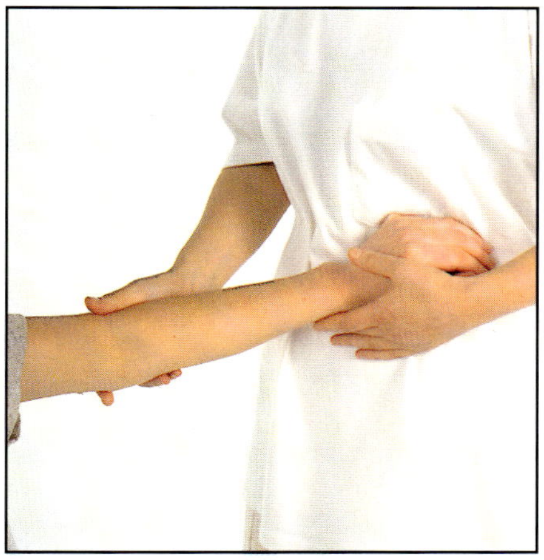

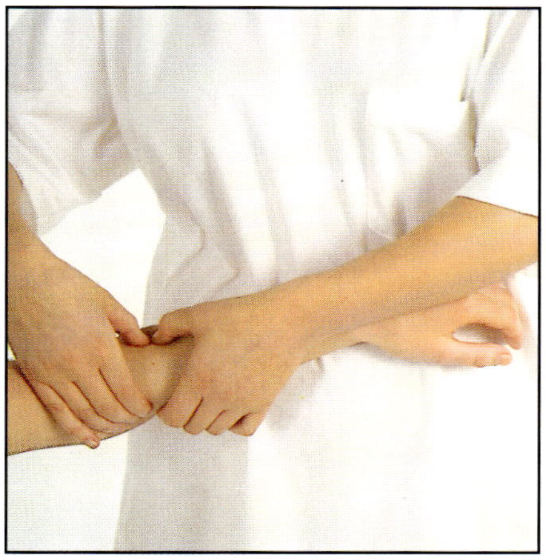

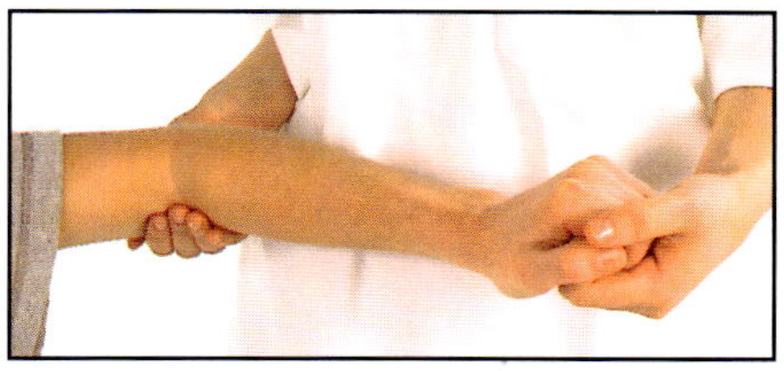

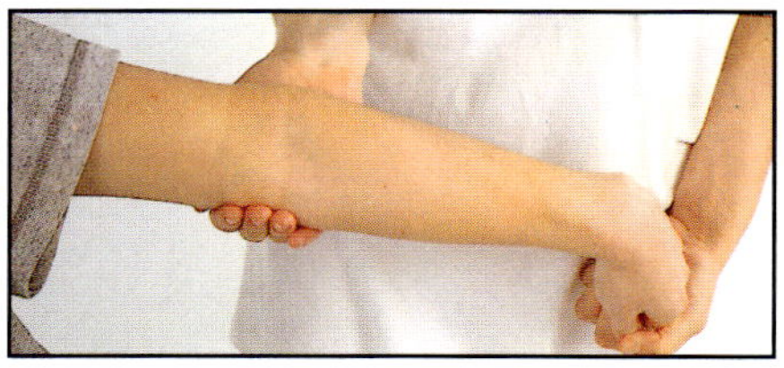

1 *Support your partner's wrist in one hand and use soothing* effleurage *strokes along both sides of the arm, stroking from the wrist to the elbow and back again. Repeat several times.*

2 *Rest your partner's hand against your side. Continue working up from the wrist to the elbow and back, making small circular movements with both thumbs, paying particular attention to the muscles in the forearm.*

3, 4 *Secure your partner's hand in yours, and with the other hand supporting the elbow, flex the elbow forward, bringing the hand back to give the tendons that attach to the bones a good stretch.*

BABY MASSAGE

A newborn baby instinctively responds to touch, and massage between mother and baby is a marvellous way of enhancing the natural bonding. All babies have this powerful sensitivity to being caressed and cuddled. Watch how a baby tightly curls its hands or toes as soon as something touches them.

There is no fixed sequence for massaging a baby. Keep the movements gentle and flowing. The simple action of gently stroking a baby will strengthen the natural bonding, and soothe and reassure the baby too. Massage has been shown to help calm difficult or colicky babies, and alleviate wind and other digestive problems. It may also build resistence to coughs and colds. Use a little light vegetable oil which is easily absorbed, such as sweet almond or sunflower, taking care to avoid the eyes.

GETTING COMFORTABLE

Lay the baby gently on the back on a warm, soft towel between your legs, or on your lap, whichever is most comfortable. Pour about 1 teaspoon (5 ml) of sweet almond oil into a small dish. Make sure your hands are warm and that the room is quiet, very warm and there are no draughts. After a baby's bathtime is ideal.

WORKING ON BABY'S FRONT

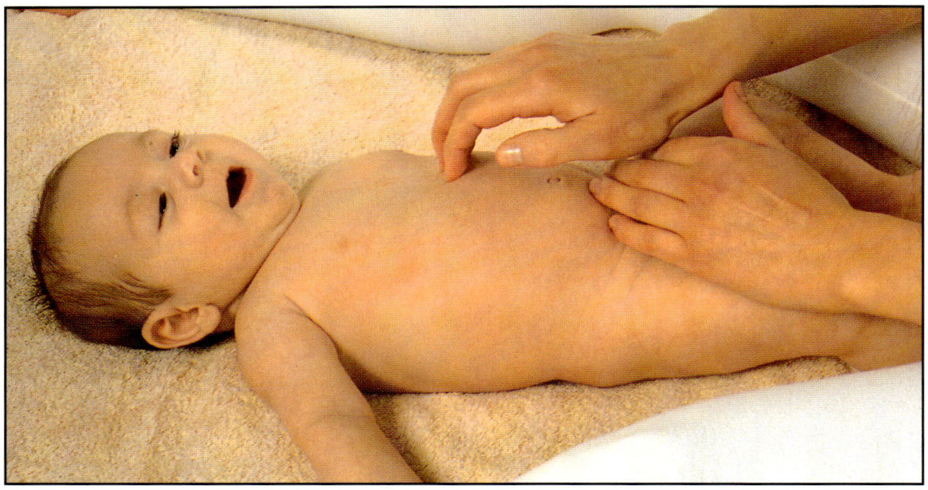

1 *Slowly and gently, smooth a little of the oil all over the front of the baby's body, shoulders to feet, avoiding the face. Lightly stroke down the chest and abdomen, with the tips of your fingers. This is a delightful stroke which can be used to calm a baby anytime.*

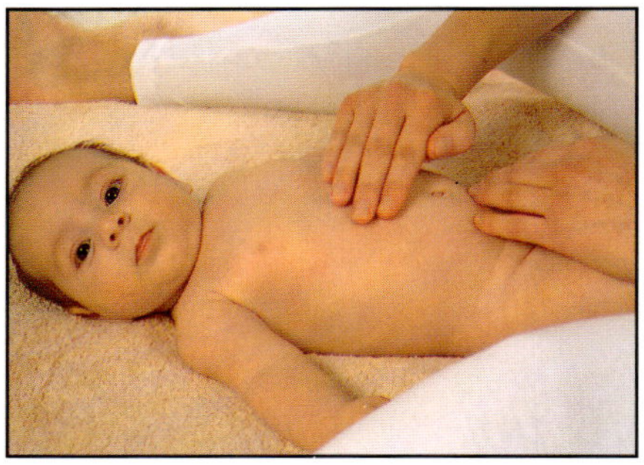

2 *Keeping the pressure very light, smooth both hands over the abdomen in continuous circular strokes, working up the baby's right side, across and down the baby's left side. Keep the movement continuous by lifting your left hand when your arms cross. Repeat these circular strokes several times.*

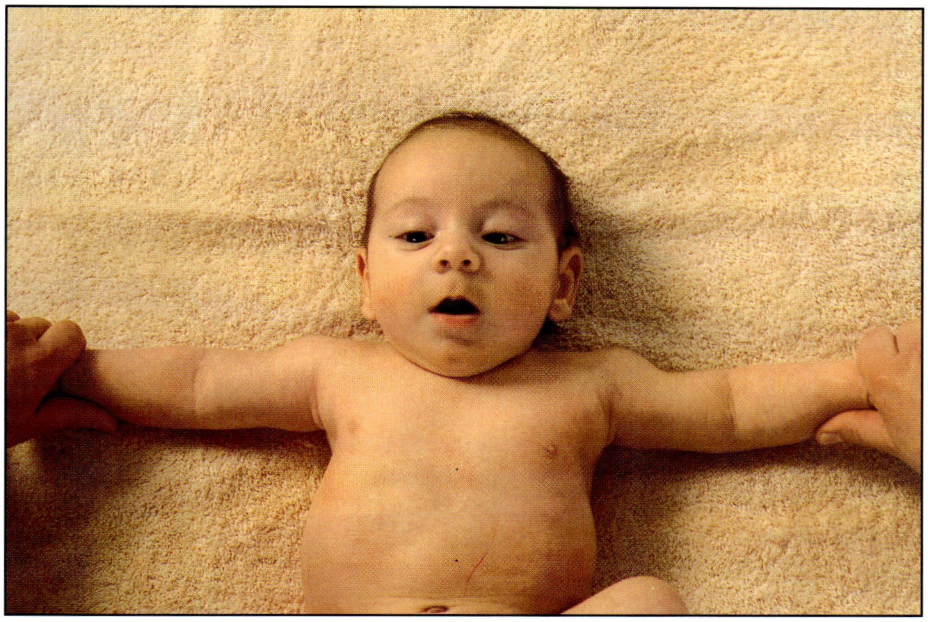

3 *Left: Gently stretch out both arms to the side, spreading the hands and fingers if the baby will let you. Gently squeeze out along the arms, then massage the wrist and palms with light, circular thumb movements. Finish by stretching out each finger with a slight pull.*

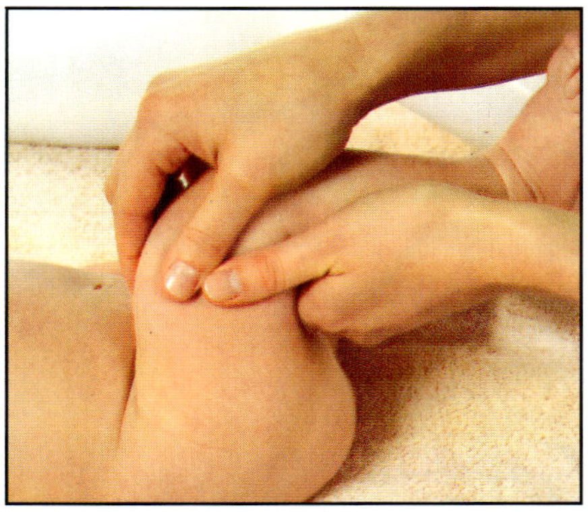

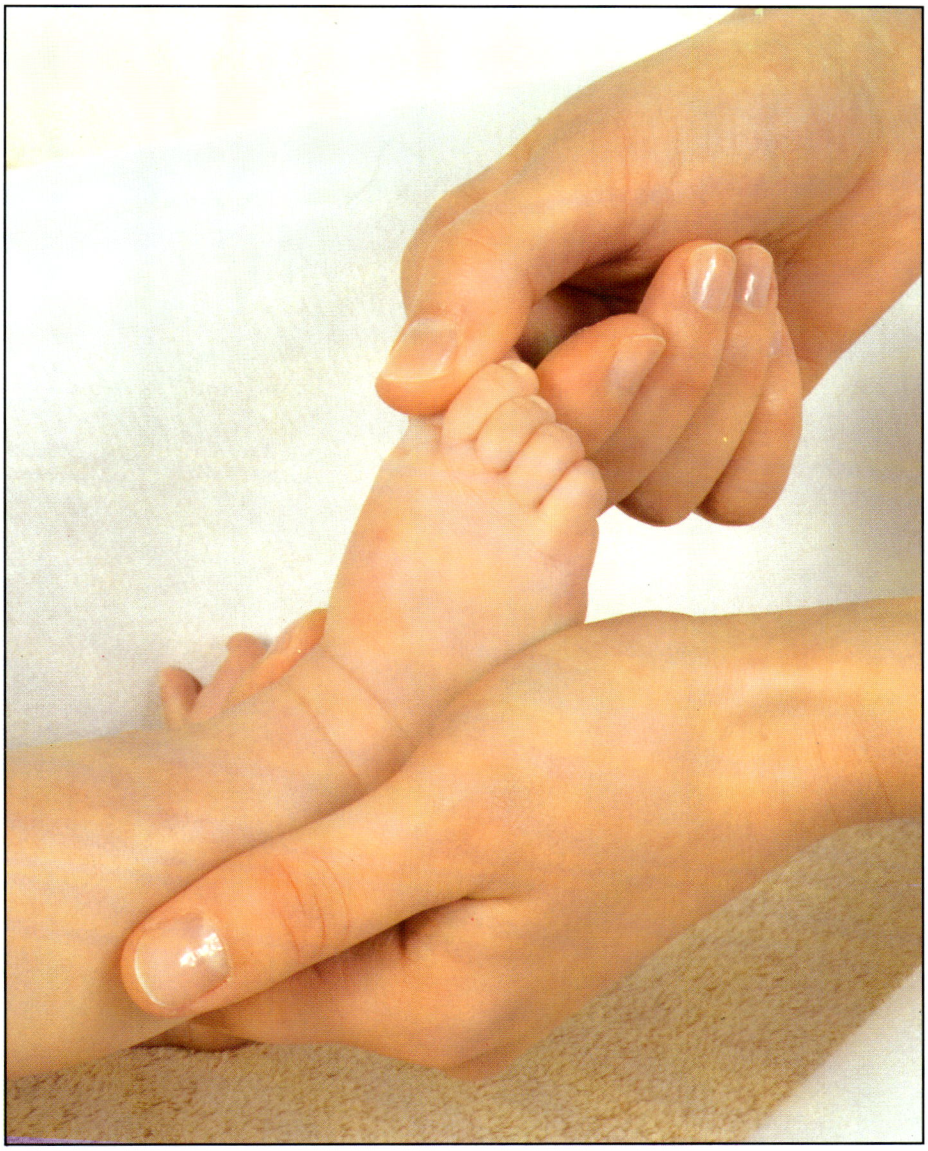

4 *Move on to the legs and feet, working on one leg at a time. Support the leg with both hands and gently squeeze and release the fleshy part of the thigh. Then, supporting the leg with one hand, stroke the leg from the knee to the thigh and back down again.*

5 *Right: Move your supporting hand down to behind the ankle. Gently smooth the palm of your other hand over the top of the foot from toe to ankle and back again. When you get to the toes, very gently stretch each one in turn.*

Repeat steps 4 and 5 on the baby's other leg.

WORKING ON BABY'S BACK

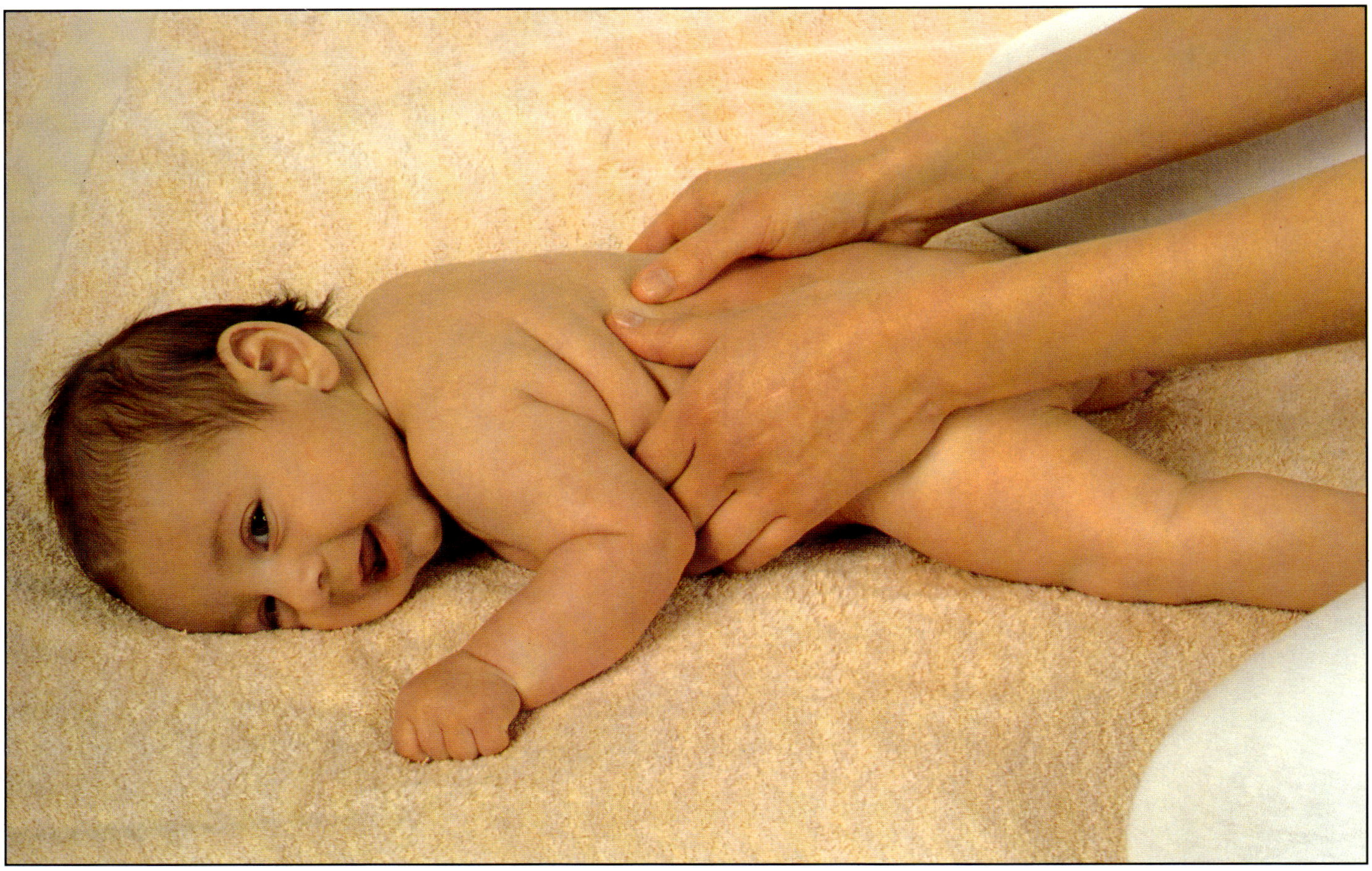

1 *Turn the baby over on to the front. Begin by stroking up the whole back to distribute a little oil. Take your strokes round the sides as well and then up the legs, back and out over the arms. Gentle massage on the back like this is particularly soothing because of its calming effect on the spinal nerves.*

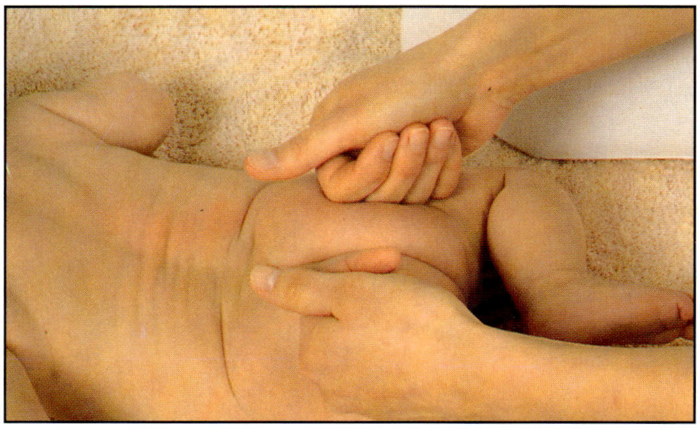

2 *Gently knead and squeeze the buttocks to stimulate the circulation. Make a loose fist and rotate over the buttocks, in circular movements.*

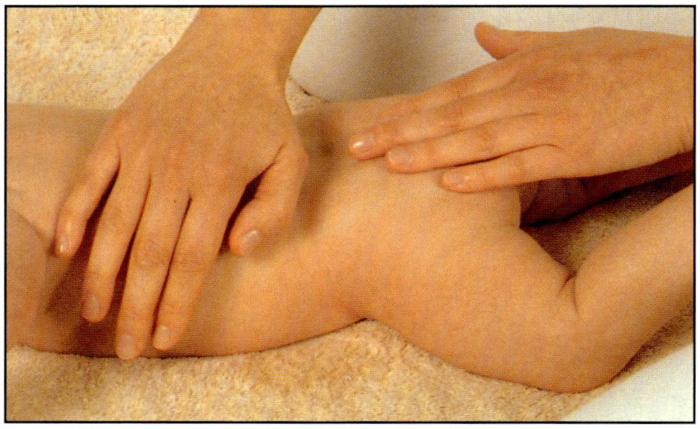

3 *Alternating your hands, one over the other, gently stroke up one side of the back to the shoulders and down again. Repeat on the other side of the back.*

4 *Bring both hands round the sides of the upper body, and use your thumbs to massage gently up the back to the base of the neck, and down again. Include some gentle massage with the thumbs on the shoulders.*

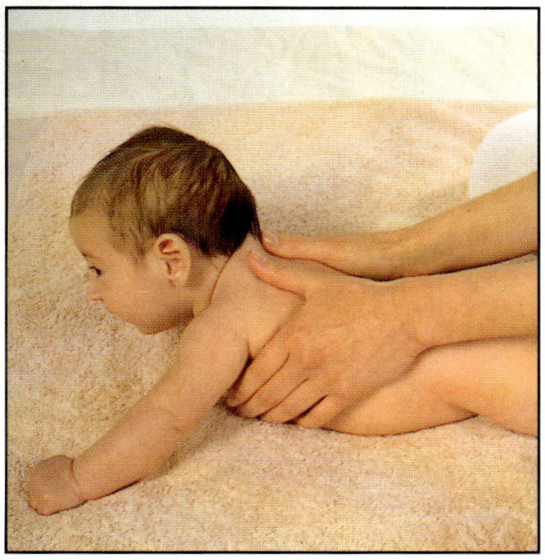

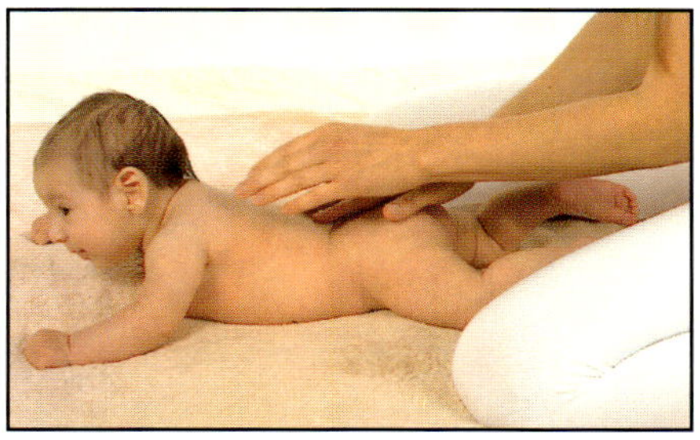

5 *To finish, repeat the feather strokes used at the beginning of the massage, working all over the back from neck to buttocks.*

MASSAGE FOR OLDER PEOPLE

As we get older, painful, stiff joints, rheumatism and other signs of wear and tear become all too common. There are many ways to minimize the discomfort that the aging process brings. Good nutrition and remaining as active as possible are as crucial as ever, and massage can help in reducing pain, alleviating stiffness and retaining mobility. Increasing the blood circulation and gently releasing stiffness and inflexibility, it is a good way to help keep active. It isn't necessary to lie down – sitting on a chair is fine for massage of the neck and shoulders, and you can raise the leg on a stool for a leg, foot and ankle massage.

Research suggests that stroking pets can help to lower blood pressure, relieve depression, speed recovery and may reduce the chances of a heart attack. Your pets will enjoy it too!

Many older people suffer from aches and pains brought on by cold damp weather. A warm bath using aromatic essential oils such as lavender or sandalwood can comfort, soothe and relax you. Follow the bath with a gentle massage, and you will make headway in practising self-help. Massage stiff joints such as at wrists, knees, ankles and the hip. If the joint is affected by rheumatoid arthritis, massaging above and below the swollen area can relieve pain by relaxing the surrounding muscles. Avoid any swollen or inflamed areas.

The general wear and tear of joints which comes with aging is called osteoarthritis, and usually affects hips and knees in particular. Because the pain is often caused by the surrounding muscles, rather than the joint itself, massage can help to soothe the spasm and relieve pain. So long as the area is not swollen or inflamed you can massage the joint itself, working gently into the area which hurts most.

Massage can help to fulfil the deep-seated need for touch and communication, bringing psychological as well as physiological benefits, and contributing to a well-balanced lifestyle.

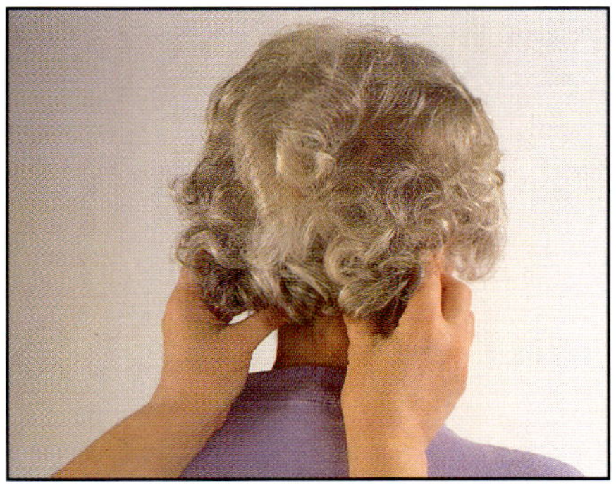

1 *Start by gently resting your thumbs on the base of your partner's skull, just under the bony part. Relax your hands round each side of the head. Slowly and without too much pressure, slide your thumbs up through the hair, until you get halfway up the back of the head. Repeat three times, from the base of the skull to halfway up the head, to stimulate the nervous system.*

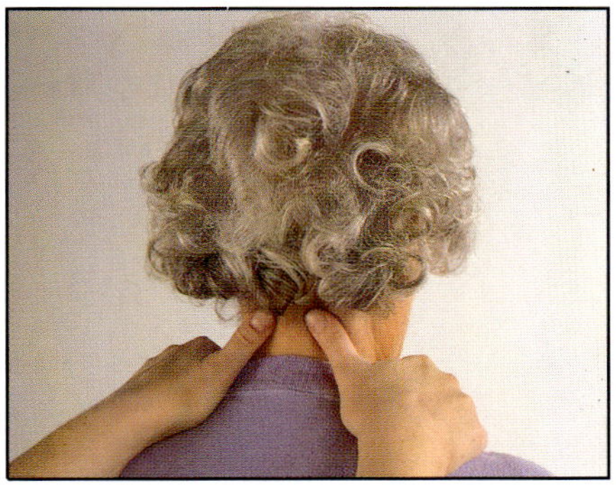

2 *Place the thumbs on the back of the neck and press gently, starting at the base of the skull and working down in a straight line toward the shoulders. This will loosen stiffness and relieve tension in the area. Repeat three times down the centre each time.*

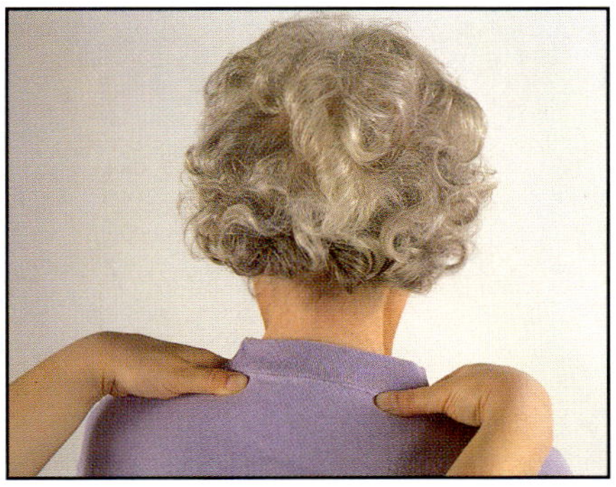

3 *With your hand on either side of the neck, gently knead the tops of the shoulders, squeezing and releasing the muscles between your thumbs and fingers. Repeat three times the full length of the shoulder.*

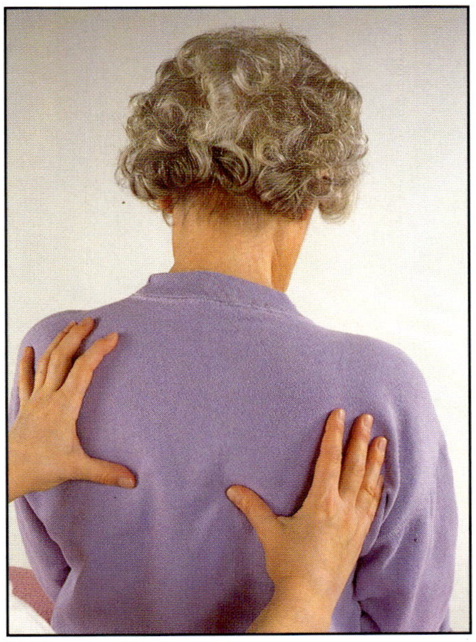

4 *Bring your hands lower down the back near each shoulder blade, and use thumbs and fingers to massage upward over the shoulder blades, right up to the top of the shoulders. Slightly push into the back and release. Repeat from start to finish three times. You can vary the movement slightly by rotating the fingers as you work up.*

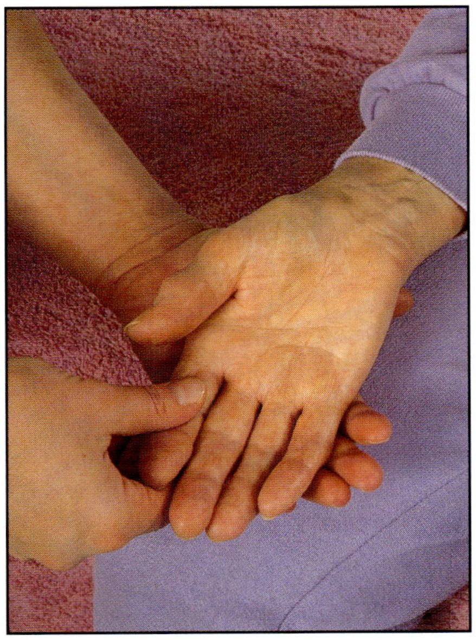

5 *Use any of the massage or self-massage techniques for the hands or feet, but avoid working directly on any joints inflamed with arthritis. Work above and below a swelling and then stroke up the limb toward the nearest lymph node. This stimulates the elimination of waste products and reduces inflammation.*

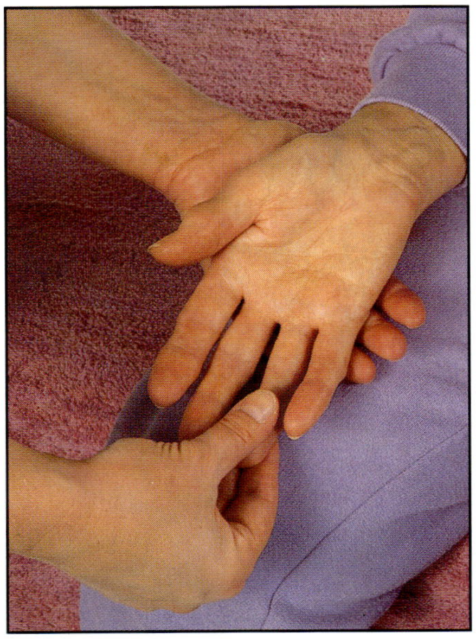

6 *If there are no signs of inflammation, you can use circular thumb movements all over the palm, then turn the hand over and work along each finger to the tip. Gently stretch each joint as far as it will go without causing pain, and then soothe the whole hand with firm strokes toward the wrist.*

THE SENSUAL TOUCH

In the right circumstances, with a softly lit room, relaxing music, and using some of the more aphrodisiac essential oils such as rose, patchouli, neroli or sandalwood, a massage can be a highly pleasurable and sensual experience, relaxing the body and arousing the senses. Intuition will play a larger part in a sensual massage, as you discover which areas have the strongest impact on your partner's senses. It certainly isn't just the most obvious erogenous zones that bring pleasure – the back of the neck, scalp, solar plexus, inside of the elbows, hands and feet are just a few others.

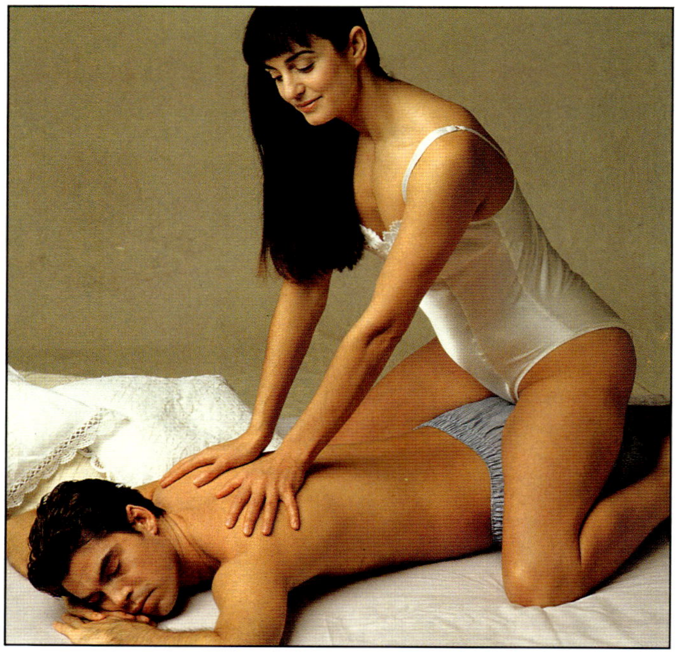

1 *With your partner lying on their front, start by resting your hands gently on the back of their shoulder blades. Fan the palms out across the back, sweeping your hands out and around over the shoulders.*

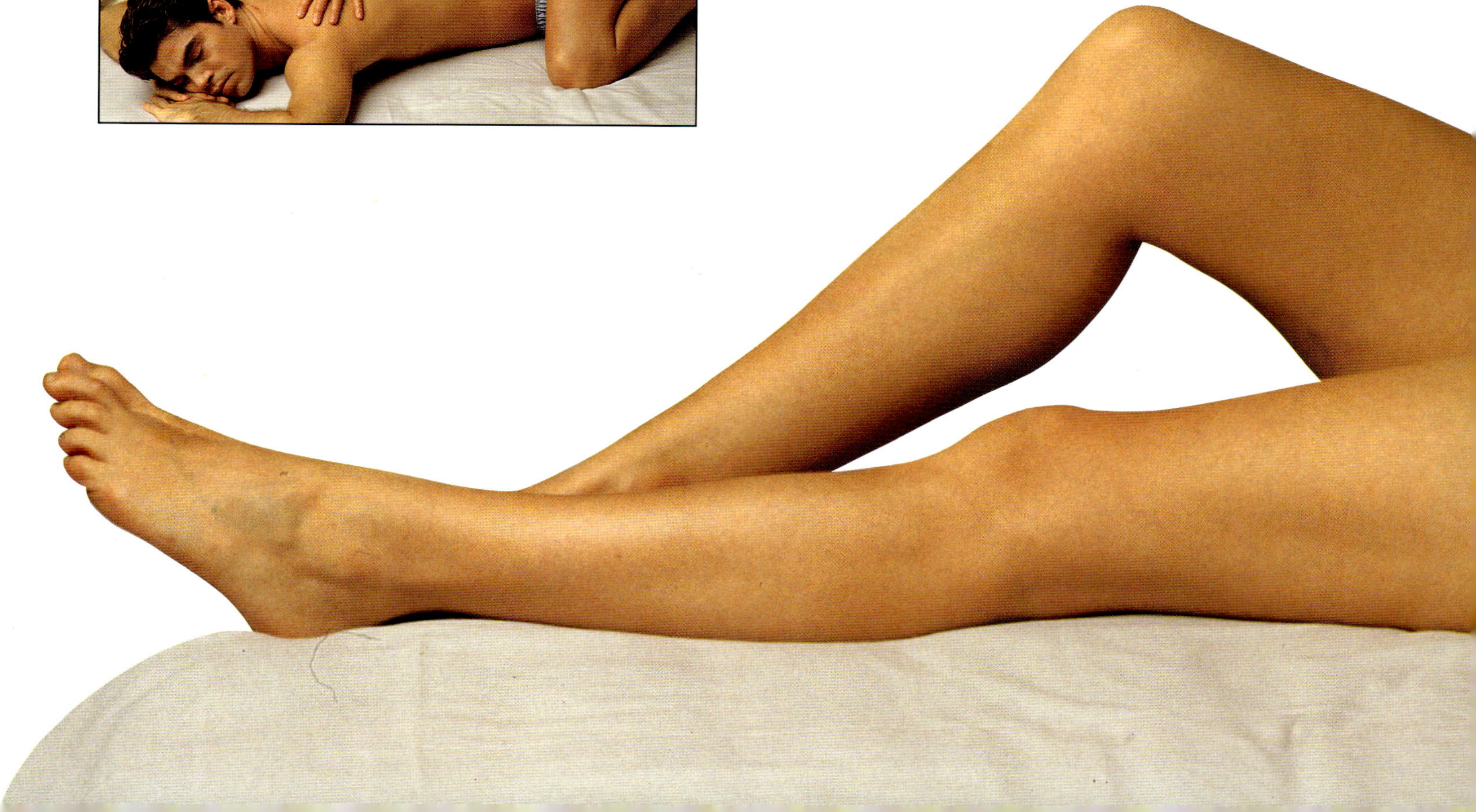

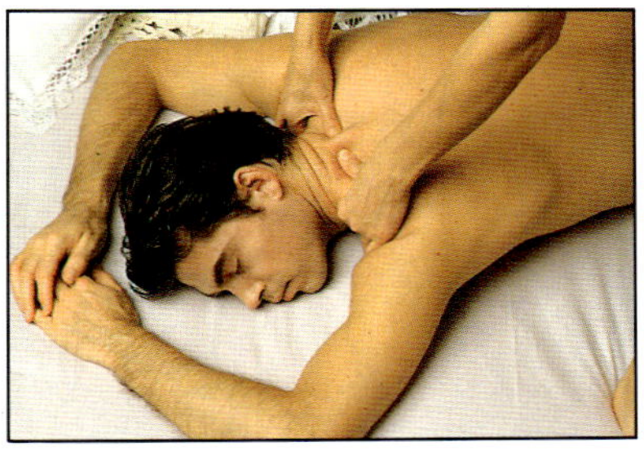

2 *Knead firmly along the top of the shoulders, squeezing and releasing the muscles each side of the neck and shoulders. As the shoulders start to relax, work more deeply into the muscles.*

Below: The back can be extremely sensitive to touch of many different kinds. Try sitting back to back and moving gently together, feeling the contours of your partner's back against yours. Press against each other so that you can feel the pelvis, the spine and the shoulders. Rest your head back on your partner's shoulder, and enjoy the feeling of your backs exchanging warmth and energy. Hold for a count of ten and repeat on the other side.

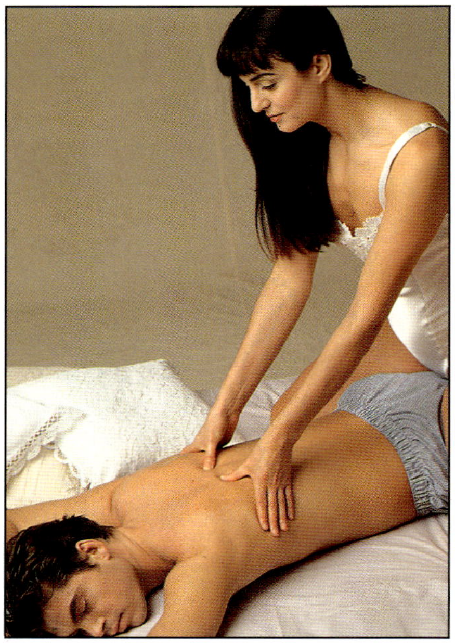

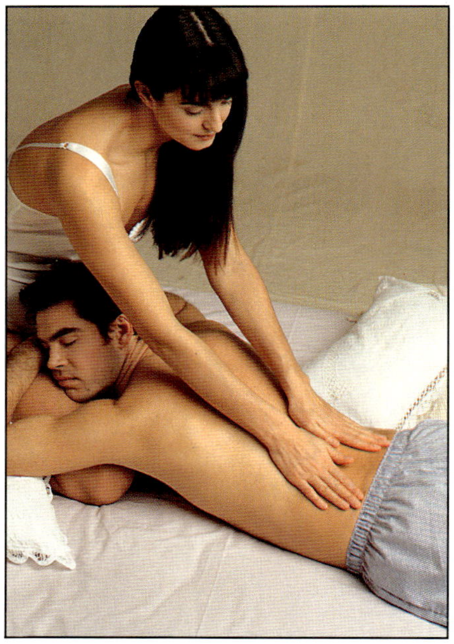

3 *Check that your partner's head is still comfortable, then beginning at the nape of the neck let your thumbs gently stroke down each side of the spine. When you get to the lower back return up each side of the spine, this time working with slightly more pressure and rotating the thumbs to release muscular tension. Work up and down the spine two or three times.*

4 *Move round so your partner can rest their head on your thighs, and with long, effleurage strokes, massage the length of the back from the neck right down to the buttocks and back up the sides of the trunk. Repeat three times.*

5 *Starting at the lower back, gently stroke up either side of the spine, making light feathery strokes with your fingertips. Repeat three times, making the strokes lighter each time, until they can barely be felt.*

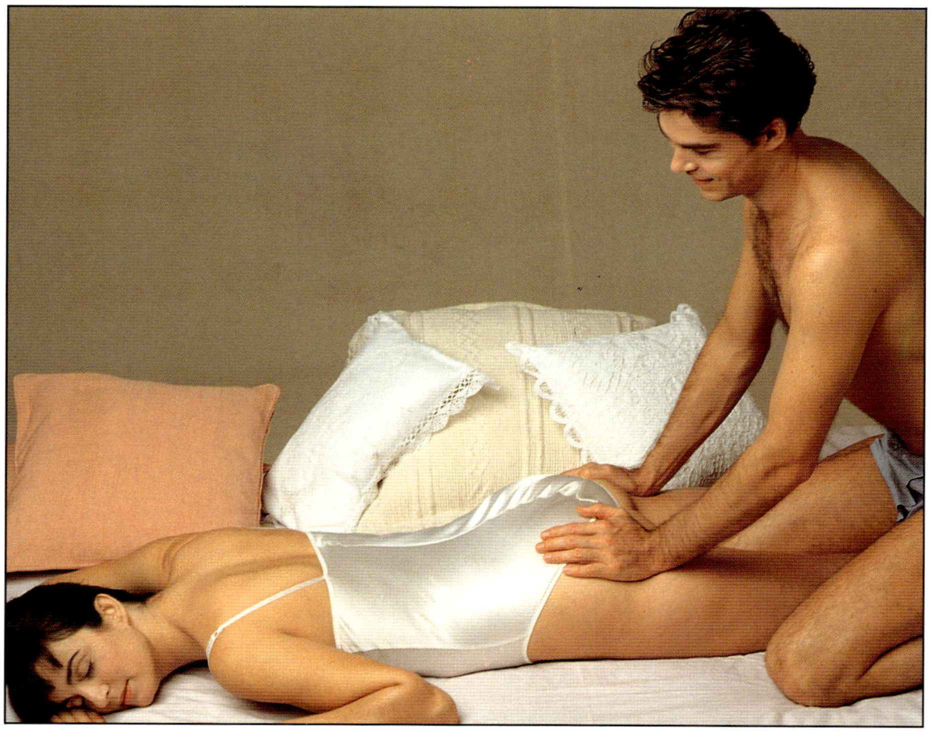

6 *Left: Massage the lower back with some kneading. Using the flat, and in particular the heel, of the hand, knead the buttocks, then come back to the start and work over a different area. The nerves that cross this area relate to the man's groin, and the woman's uterus. The buttocks themselves are highly erogenous areas.*

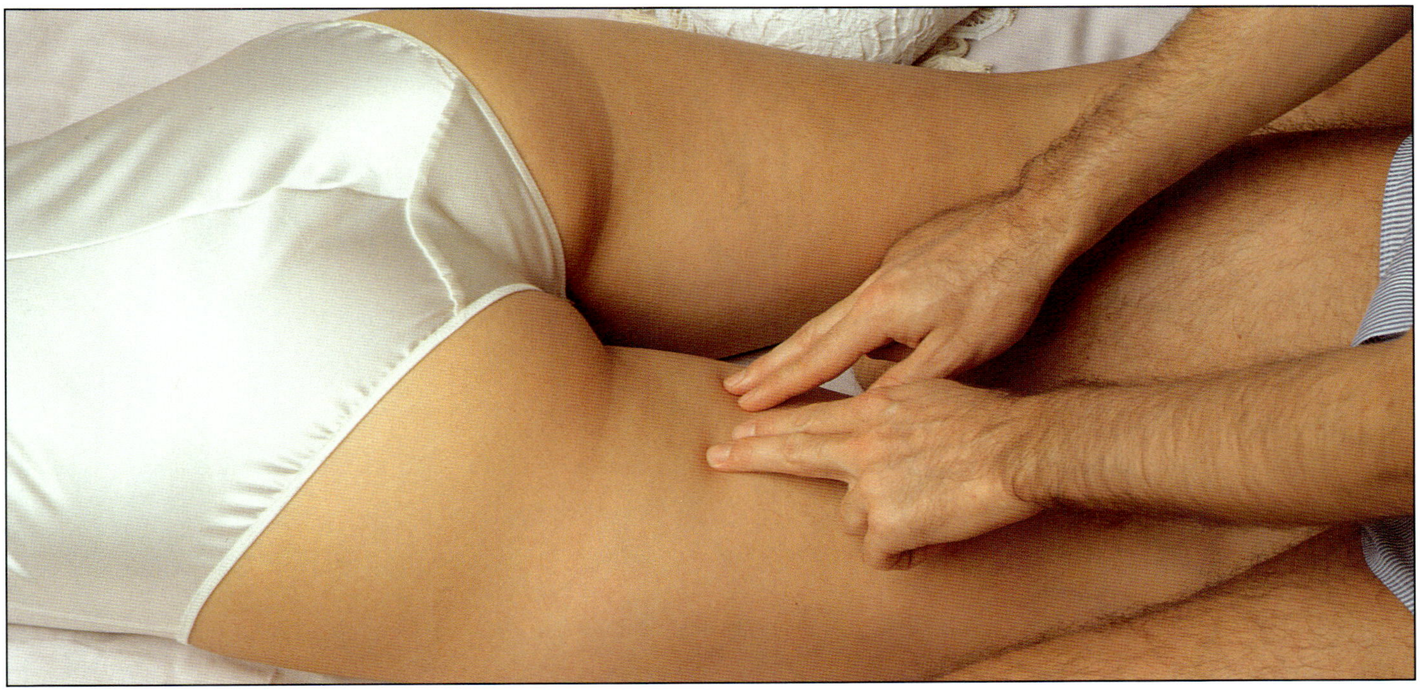

7 *Curling your third and fourth fingers under, place your hands toward the top of the upper legs and circle your first and second fingers outward, one hand alternating with the other. This should be a slow, leisurely stroke with varying pressure.*

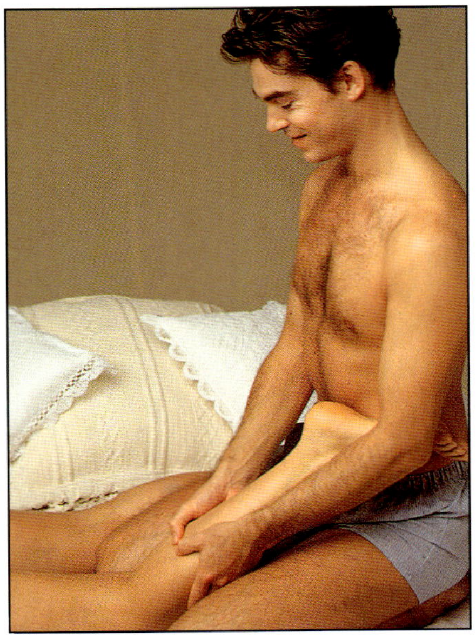

8 *Support your partner's leg across your thigh and circle your thumbs over the calf, alternating the thumbs and applying firm pressure.*

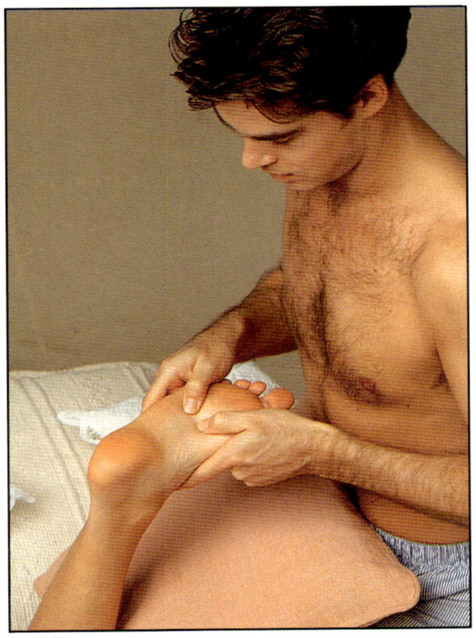

9 *Raise your partner's foot, supporting its weight in your hands. Knead the instep firmly, using the thumbs to apply the pressure. Work all over the ball of the foot up toward the big toe.*

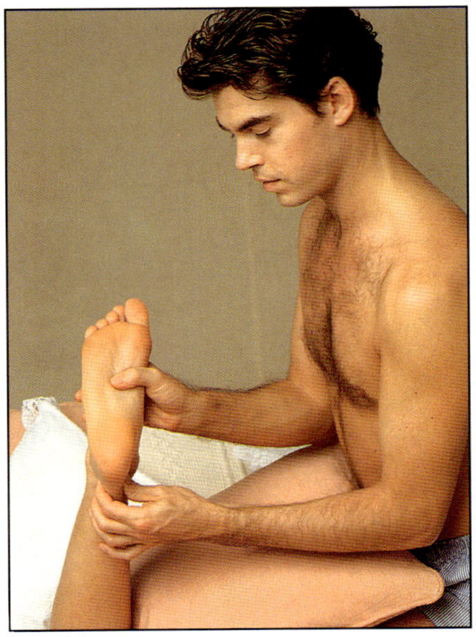

10 *Support your partner's foot in one hand, and place the thumb of that hand firmly over the centre of the instep. This has a wonderful, calming effect. With the thumb and first finger of the other hand, stroke round the ankle using circular movements.*

11 *At this stage, lie down facing each other, making sure you are both comfortable and well supported with plenty of cushions. Gently caress your partner's hands.*

12 *Gently stretch and release your partner's wrists, by flexing the hand backward and forwards. Softly stroke the inside of the palm with your fingers. Repeat on the other hand.*

13 *Gently massage each finger, beginning with the thumb or little finger and working from the base joint to the tip. Try squeezing, rubbing and circular movements, and gentle pulling.*

14 *Supporting your partner's elbow in one hand, use the other to caress and stroke the inside of the wrist just below the thumb, which is a particularly sensitive area. Continue working over the whole of the wrist area, using gentle circular thumb movements. Repeat on the other wrist.*

15 *Left: With feather strokes, use your fingers to stroke up the soft inner arm. This is a highly sensitive area when lightly touched and the effect is both stimulating and relaxing. Repeat on the other arm.*

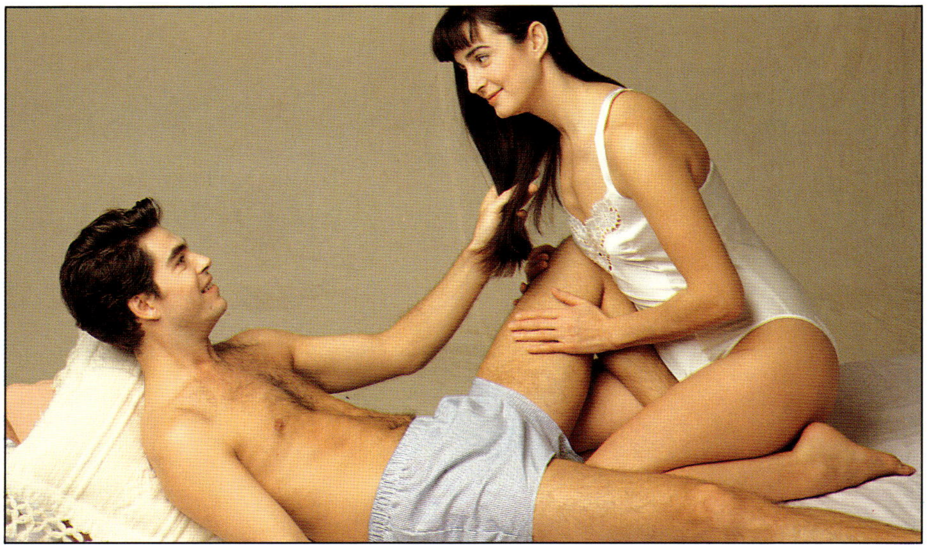

16 *Left: Use long* effleurage *strokes up and down the inner thigh area. Then massage closer to the highly erogenous region of the groin.*

17 *With a feathery touch, stroke across the shoulders and up the neck, covering the sides, front and back. You can run your fingers up through the hair as well. Spend more time caressing the base of the neck, which arouses strong, sexual responses.*

18 *Right: Finally, trace round the ear with your fingers, starting at the outside and circling toward the centre. Continue with soft pinching movements round the outside edge and on the lobe, where you will be triggering sexual responses from the adrenal gland and sexual organs.*

INSTANT MASSAGE

Sometimes, the idea of having tension in your shoulders and neck massaged away, without stopping to find the right place and the time to undress, is a particularly tempting one. There is increasing interest in learning how to do a shoulder massage with the minimum of disruption, especially in offices. Even at home, there are times when nothing is better than someone giving you a ten-minute shoulder and neck massage, in the comfort of an upright chair. There is no need to use oil if you prefer not to, and you can work through light clothing if simpler.

1 Ask your partner to sit astride a chair facing the back. You can offer a folded towel or cushion for comfort. Standing behind your partner, begin by leaning on your forearms so that your weight presses down gently on to the fleshy part of the shoulders.

2 With your partner leaning forward, use effleurage *strokes from the bottom of the shoulder blades, up the back and out over the top of the shoulders to finish at the top of the arms. Repeat four times.*

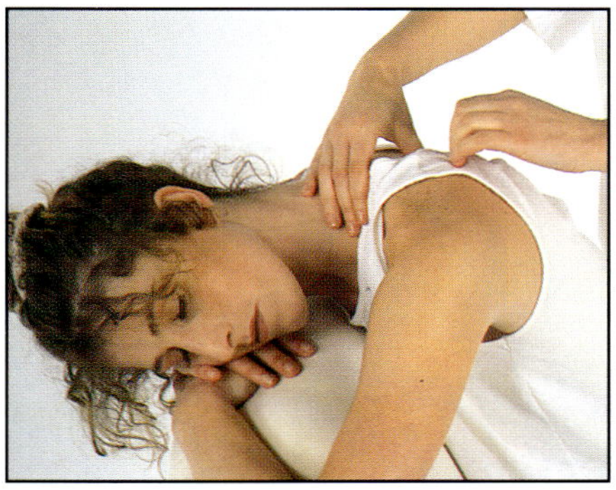

3 *With a firm* petrissage, *use both hands to knead out along the shoulders from the sides of the neck to the upper arms.*

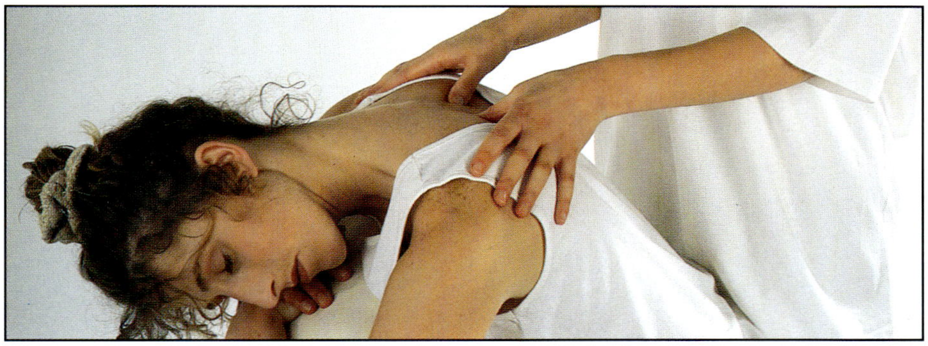

4 *Starting as far down the lower back as you can, work up the spine with small circular frictions. Continue up the sides of the neck to the base of the skull, then glide back down and work up again, this time moving out over the shoulders as you reach the top.*

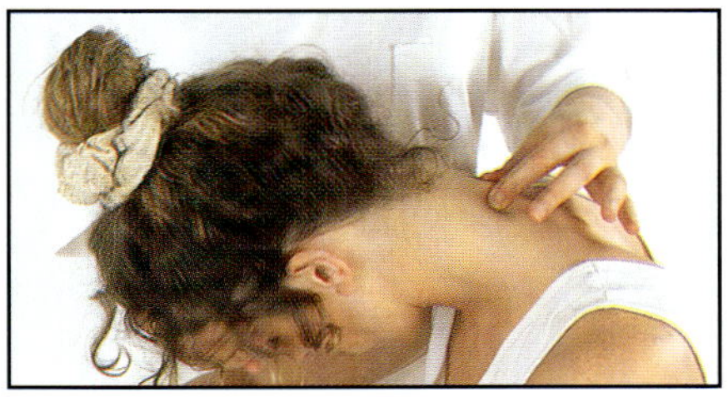

5 *Moving round to the side of the chair, tilt your partner's head forward and support it with one hand. With the thumb and finger of the bther hand, grasp the neck firmly and massage with circular movements, working up the neck and into the base of the skull.*

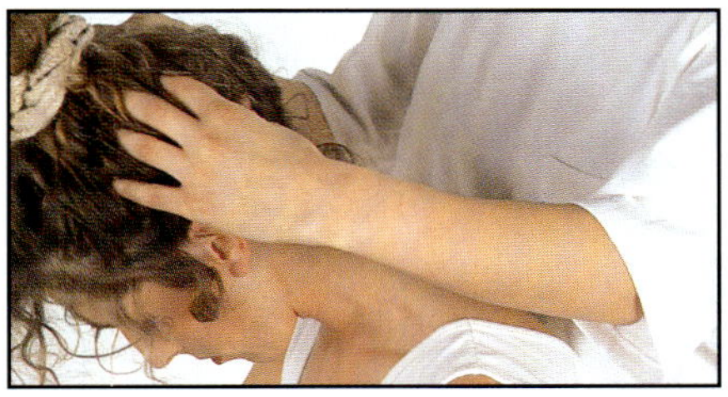

6 *Working from behind your partner again, massage the back of the head with both hands coming over the forehead and down to the temples with small circular pressures, moving the scalp against the skull. Lighten your touch at the temples.*

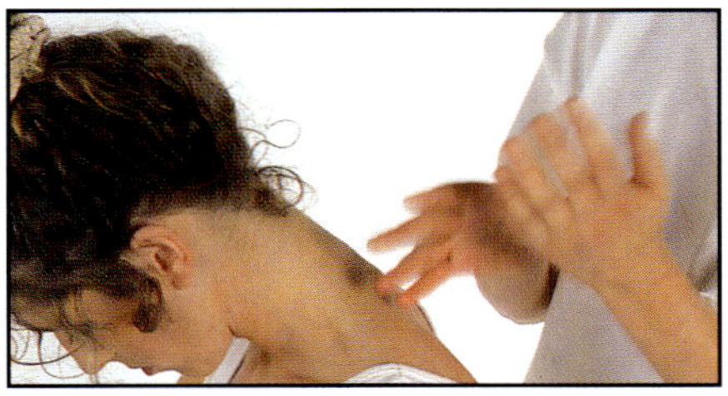

7 *First on one side and then the other, do some hacking across the fleshy parts of the shoulders and upper back, using the outer side of your hands to make short, brisk movements. Keep the wrists and hands very relaxed.*

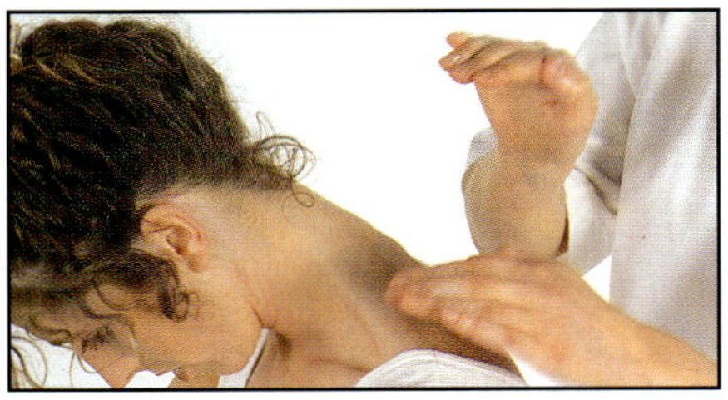

8 *Continue with a brisk cupping action across each shoulder, working on one side at a time.*

9 *Right: Finish the sequence by gently stroking down the entire back with one hand following the other. Repeat five times with each stroke getting lighter.*

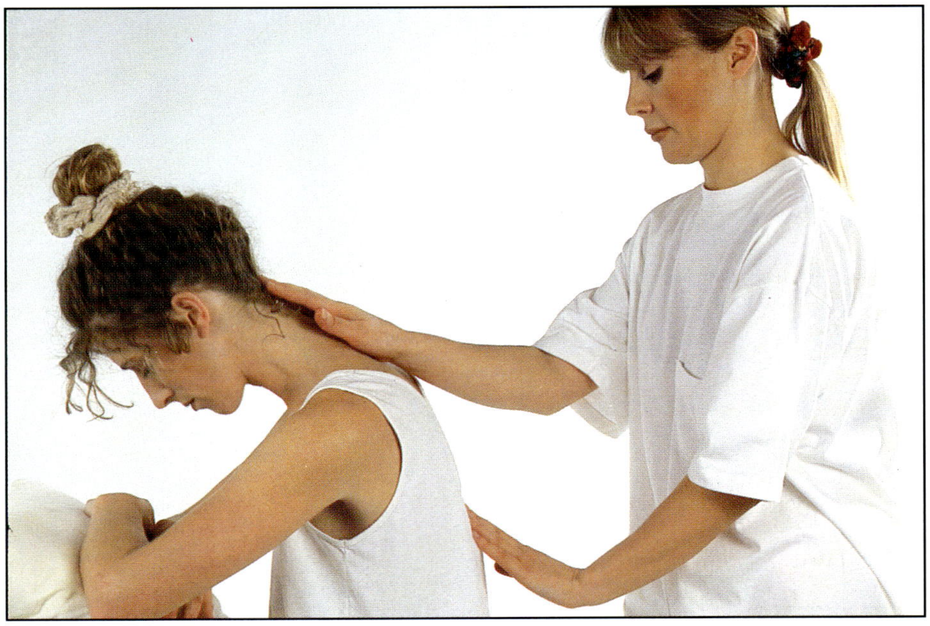

REFLEXOLOGY

Most people enjoy massage to the feet – one of the most sensitive parts of the body. All foot massage is beneficial and relaxing, but reflexology provides a more specific method of working to diagnose problems and stimulate health in the whole body. It is based on the principle that the body can be divided into ten vertical zones, each corresponding to an area of the foot, so that the feet are in effect a map of the body. A sensitive area of the foot indicates a problem in the corresponding organ of the body and by working on the appropriate trouble-spot, the larger problem can be helped. Reflexology can be an effective way of relieving pain and helping to restore the body's natural balance and well-being.

FOOT CHARTS

The foot charts are only guidelines for interpretation. When you find a tender or congested part of the foot you may look for that part on the charts and see approximately which reflex the tenderness lies on. This is only a rough guide because every pair of feet are different and will not be the same shape as your chart. Also, the charts are two-dimensional and your body is three-dimensional and therefore the reflexes on your feet reflect this. In reality your organs overlap each other, whereas the charts are much simplified for clarity, to give an idea of where things are.

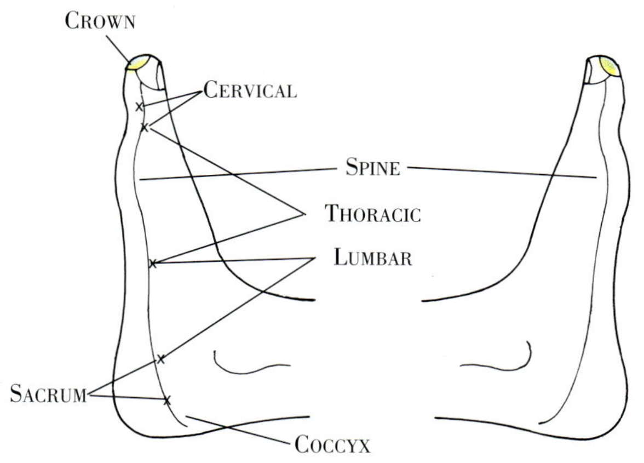

SPINAL REFLEX

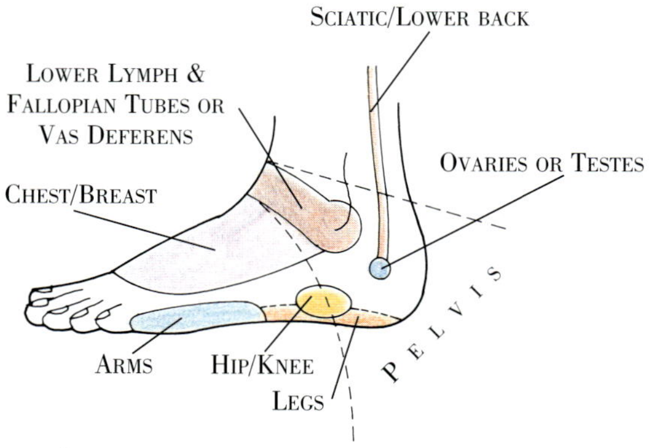

OUTER FOOT

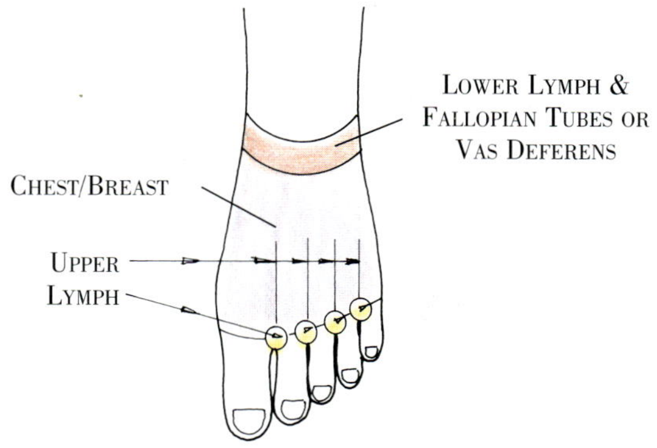

TOP OF FOOT

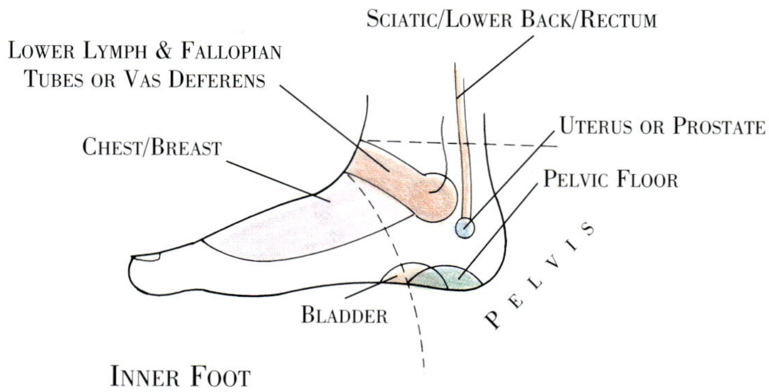

INNER FOOT

THE BACKGROUND

The concept of using the body's reflexes for therapeutic purposes is not new – the early Chinese developed the technique of acupressure thousands of years ago. This provided the basis of knowledge about reflex zones and points and connections between different parts of the body. We know that the early Chinese, Japanese, Indians and Egyptians worked on the feet to promote good health, and many of the long-established principles developed by these civilizations are used in modern-day practice.

Reflexology as it is known today is based largely on the work of Dr William Fitzgerald and Eunice Ingham. Dr Fitzgerald devised his own system of acupressure points which produced an analgesic effect when stimulated. He found that the body could be divided into ten zones running from the top of the head to the tips of the toes, and that everything occuring in a specific zone of the body could affect the organs and other parts of the body in that zone. The theory was refined in the 1930s by a young physiotherapist called Eunice Ingham, who introduced a special grip technique and the action of the thumb on the foot and developed a more intricate zone system. Since then, the system has been further refined into the internationally recognized method that is practiced today.

Modern reflexology offers tremendous health benefits: it reduces stress, improves circulation, cleanses the body of impurities and toxins, and can revitalize energy levels.

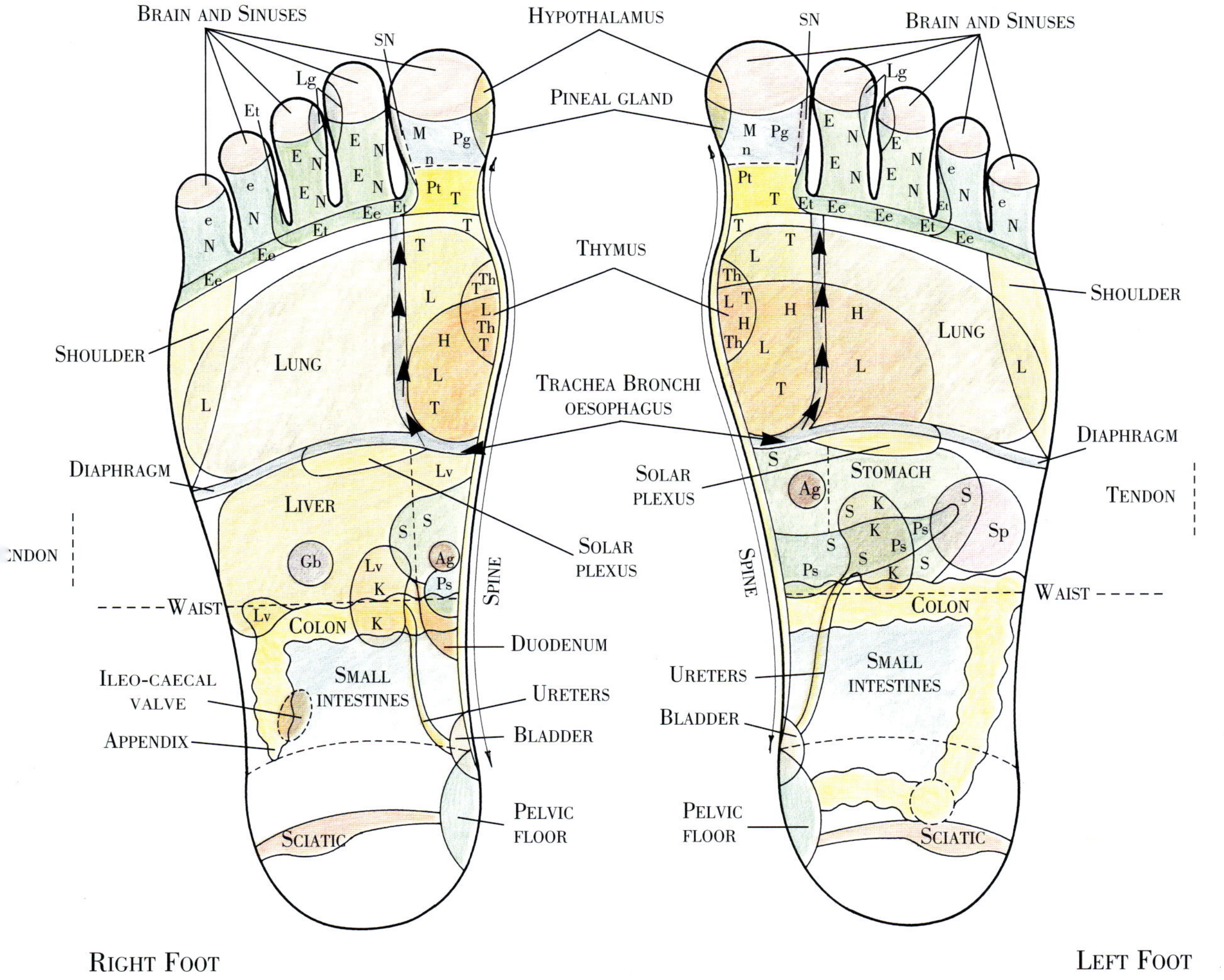

KEY

Ag Adrenal glands
e Ears
Et Eustachian tubes
Ee Eye/Ear helper
E Eyes
Gb Gall bladder
H Heart
K Kidneys
Lg Lachrymal glands
Lv Liver
L Lungs
M Mouth
N Neck
n Nose
Ps Pancreas
Pt Para-thyroid
Pg Pituitary glands
SN Side of neck
Sp Spleen
S Stomach
Tb Trachea bronchi oesophagus
th Thymus
T Thyroid

BASIC REFLEXOLOGY TECHNIQUES

The Treatment

Advanced diagnosis is a trained professional skill but some basic techniques can easily be used in a foot massage. You can also use them to work on your own feet, sitting with one ankle supported on the opposite thigh.

The following points will ensure a relaxing session:

- Work with your partner's foot in your lap or supported at the right height with cushions or bolsters.
- Your partner can sit in a comfortable chair with a footstool or small table to raise the feet.
- Ensure the back, neck and knees are properly supported, so your partner can relax completely.
- The massage is given without oil. You can dust the feet with talcum powder or work directly on the skin, if you prefer.
- Make sure your nails are short and well filed.

The following sequence of movements offers an introduction to reflexology. It is necessary to hold the foot correctly so that all points can be reached and stimulated with ease. The hands will swap their holding and working roles according to the part of the foot to be reached, so practice with both hands.

Apart from proper holding, the main principle to observe is leverage. Use the rest of the fingers in opposition to the working thumb to obtain more effective contact with the foot, or the thumb in opposition to the working finger in finger walking.

GREETING THE FEET

Below: The initial contact with the feet sets the tone for the whole treatment. Gently holding both feet relaxes them, allows you to learn about your partner and establishes a relationship.

ANKLE ROTATION

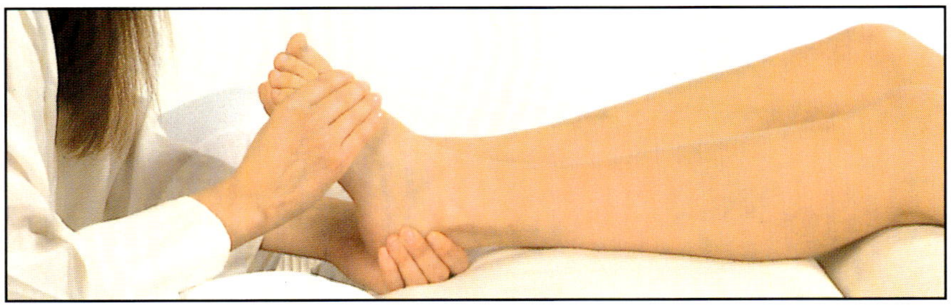

Begin with some relaxing movements. Stabilize the ankle by holding the right foot in the left hand, supporting the heel.

Gently wrap the fingers of the working hand below the base of the toes. Rotate the foot several times in each direction.

ANKLE STRETCH

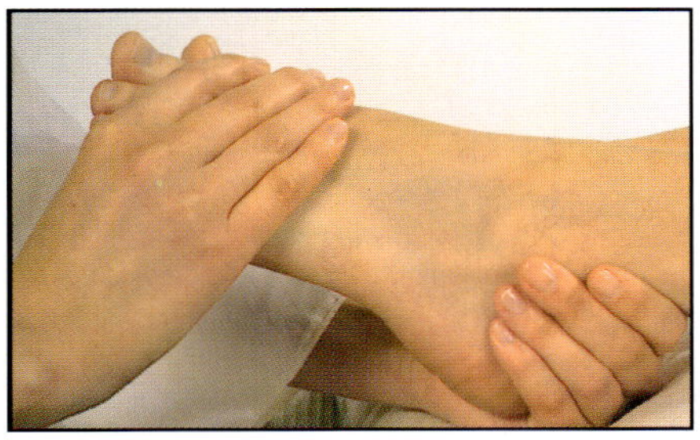

Using the same hold as for the ankle rotation, stretch the foot back and forth slowly to release tension in the Achilles tendon, taking care not to force the ankle joint. Then work all round the ankle, applying pressure. This area corresponds to the reproductive organs, legs and lower back.

SOLAR PLEXUS RELAXATION

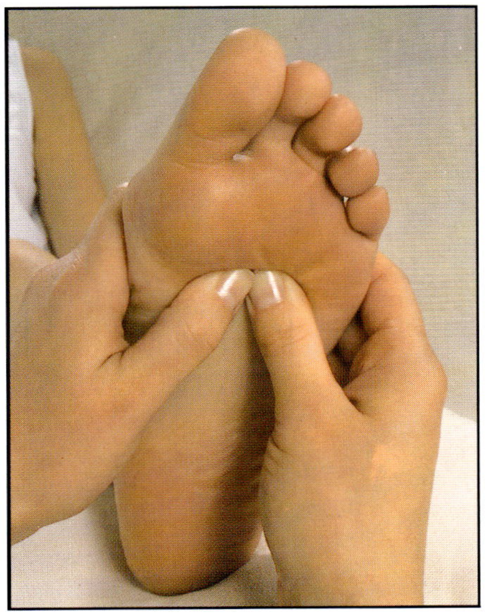

Place both thumbs on the solar plexus point located in the centre of the ball of the foot where there is a little indentation. This is a good relaxation exercise, particularly if your partner is very tense or nervous. You can also work on both feet simultaneously.

THUMB HOOKING

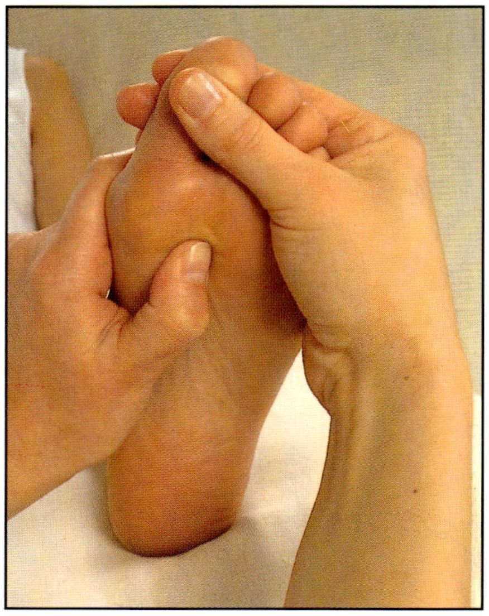

Place the outer corner of the thumb on a reflex point, with the thumb flat. Bend the thumb at the first joint to apply pressure, and pull back across the point. Use the other fingers for counter-pressure and raise the wrist to increase the pressure. Hooking is used to stimulate points that are too small for the walking technique (see right), such as the pituitary point, the solar plexus and lymph drainage points, and any point of soreness.

THUMB WALKING

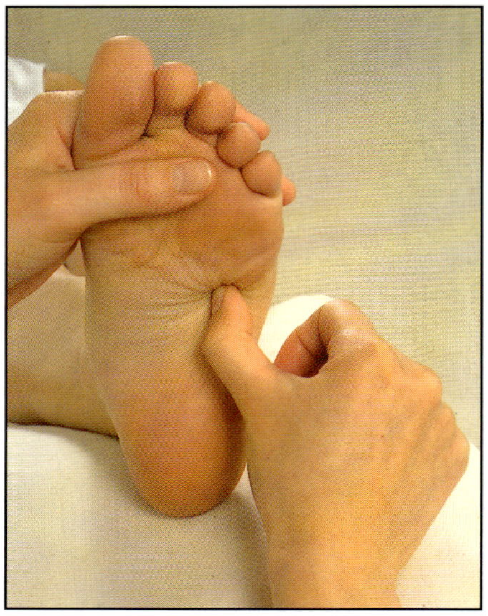

This is the principal technique for covering large areas. Thumb walking starts in the same way as the thumb hook and then the outside corner of the flexed thumb is rocked slightly forward. Maintain steady pressure as the thumb walks, avoiding an "on-off" movement. Press along the diaphragm line under the ball of the foot, then stimulate the spinal area along the main arch of foot from the heel to the big toe.

FINGER WALKING

1,2 *This technique is used to work on the top of the feet. The principle is the same as for thumb walking: flexing the first finger joint and rocking forward. With the holding hand, support and spread the toes, and push on the ball of the foot with the thumb of the working hand to provide leverage. Finger walk from the base of the little toe up to the ankle. Begin again, walking between the troughs of the next toes, toward the inside of the foot.*

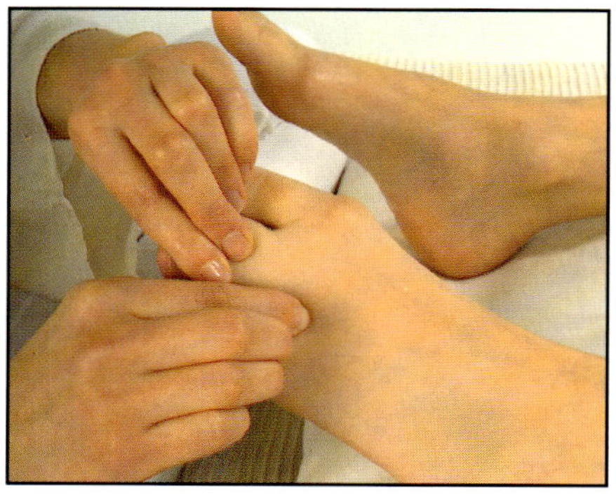

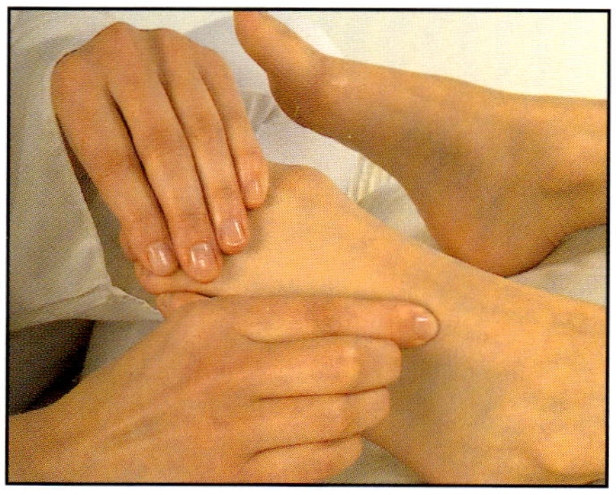

This helps to relieve tension in the chest and lung area, and the areas for lymph drainage and vocal chords which are located between the big toe and second toe at the top of the foot.

STROKING THE FEET

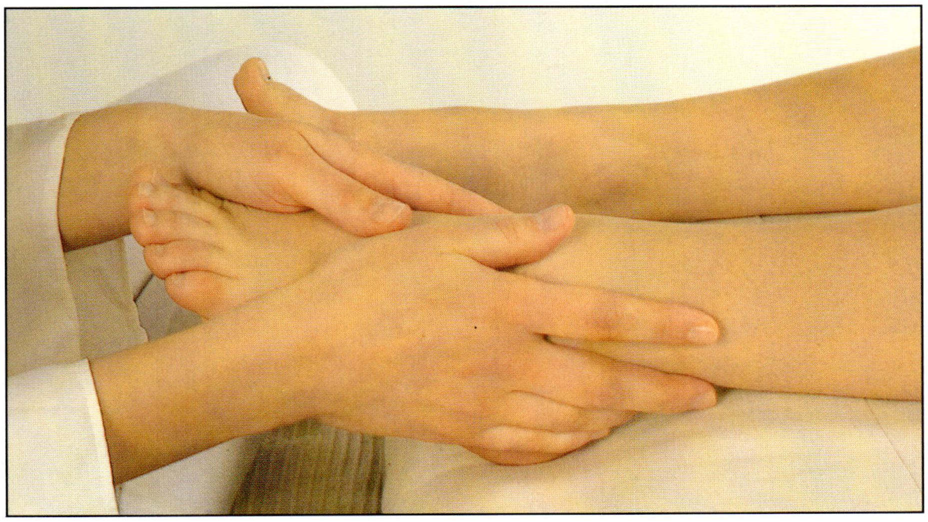

Left: Using alternate hands, stroke the foot softly from the ankles to the toes to smooth and relax the whole area of each foot.

DESSERT STROKE

Right: Take the foot in both hands and slide the hands gently up and down. Dessert strokes are enjoyable and can be used throughout the treatment to soothe and relax your partner after a sensitive reflex has been worked on. Always end the session with dessert strokes to rebalance the whole foot.

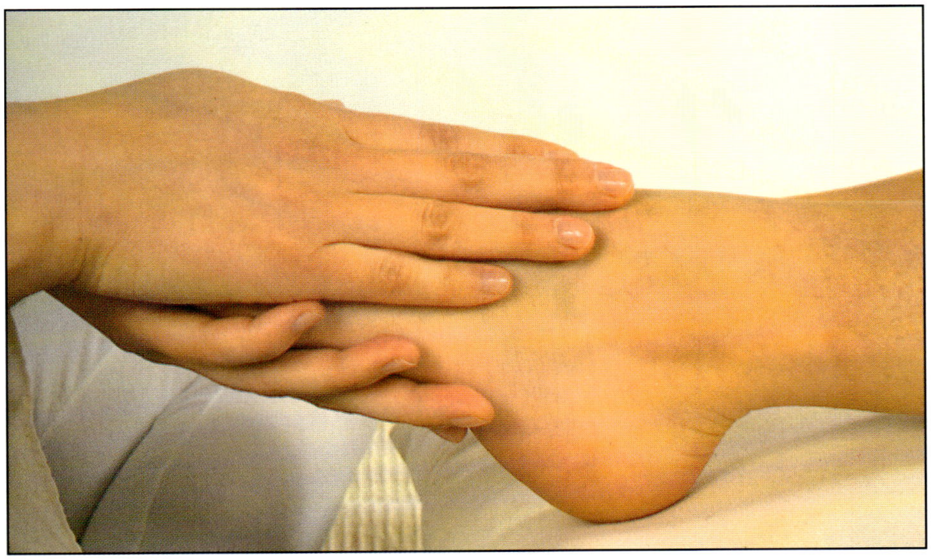

For an effective treatment:

- Explore the foot with the outside edge of the thumb, by the nail, but be careful not to dig with your nail.
- Make regular eye contact with your partner to check responses to specific pressures and to detect painful or sensitive areas.
- Pay extra attention to sensitive areas, which may feel granular, as these are usually due to calcification or deposits of lymph fluid. Work on them thoroughly to disperse the blockages and release energy in the zone.
- Work on each area of the foot several times and make sure that no area is left out.
- Work through each foot once to find sensitive areas and then a second time to reintegrate the foot and body.
- Join the movements and areas of the foot with dessert strokes.
- Always keep contact with at least one hand.
- Knuckling can be used to cover large areas of the foot.

USEFUL ADDRESSES

MASSAGE

ORGANIZATIONS

Association of Physical and Natural Therapists
93 Parkhurst Road
Horley
Surrey RH6 8EX
Tel: 0293 775467

British Massage Therapy Council
9 Elm Road
Worthing
Sussex BN11 1PG

Institute for Complementary Medicine
Unit 4
Tavern Quay
London SE16
Tel: 071-237 5165

PRACTITIONERS AND COURSES

The Bluestone Clinic
34 Devonshire Place
London W1N 1PE
Tel: 071-935 7933

Champneys
Chesham Road
Wiggington
Tring
Herts HP23 6HY
Tel: 0442 863351

Henlow Grange
Henlow
Bedfordshire SG16 6BD
Tel: 0462 811111

Grayshott Hall
Headley Road
Grayshott
Nr Hindhead
Surrey GU26 6JJ
Tel: 0428 604331

London College of Massage
5 Newman Passage
London W1P 3PF
Tel: 071-323 3574

London School of Sports Massage
88 Cambridge Street
London SW1V 4QG
Tel: 071-233 5962

Massage Training Institute
24 Highbury Grove
London N5 2EA
Tel: 071-226 5313

Northern Institute of Massage
100 Waterloo Road
Blackpool FY4 1AW

American Massage Therapy Association
820 Davies Street
Evanston
IL 60201
USA

Boulder School of Massage Therapy
PO Box 4573
Boulder
CO 80306
USA

The Connecticut Center for Massage Therapy
75 Kitts Lane
Newington
CT 06111
USA

Australian Natural Therapists Association
PO Box 522
Sutherland
NSW 2232
Australia

South African Institute of Health and Beauty Therapists
PO Box 56318
Pinegowrie
22123
Johannesburg
South Africa

REFLEXOLOGY

The British School of Reflexology
92 Sheering Road
Old Harlow
Essex CN17 0JW
Tel: 0279 429060

British School of Reflex Zone Therapy
87 Oakington Avenue
Wembley Park
London HA9 8HY
Tel: 081-908 2201

International Institute of Reflexology
15 Hartfield Close
Tonbridge
Kent TN10 4JP

Reflexologists' Society
39 Presbury Road
Cheltenham
Glos GL52 2PT
Tel: 0242 512601

International Institute of Reflexology
PO Box 12642
5650 First Avenue North
St Petersburg
FLA 33733-2642
USA

FURTHER READING

MASSAGE

Nigel Dawes and Fiona Harrold, *Massage Cures*, Thorsons 1990

George Downing, *The Massage Book*, Wildwood House, 1973

Fiona Harrold, *The Massage Manual*, Headline, 1992

Tina Heinl, *Baby Massage*, Prentice Hall, 1983

Nitya Lacroix, *Massage for Total Relaxation*, Dorling Kindersley, 1991

Sensual Massage, Dorling Kindersley, 1989

Lucinda Lidell, *The Massage Book*, Ebury Press, 1984

Clare Maxwell-Hudson, *The Complete Book of Massage*, Dorling Kindersley, 1988

Sara Thomas, *Massage for Common Ailments*, Sidgwick & Jackson, 1989

Jacqueline Young, *Self Massage*, Thorsons, 1992

REFLEXOLOGY

Dwight C. Byers, *Better Health with Foot Reflexology*, Ingham Publishing Inc., 1983

Kevin and Barbara Kunz, *The Complete Guide to Foot Reflexology*, Prentice Hall, 1982

Laura Norman with Thomas Cowan, *The Reflexology Handbook*, Judy Piatkus, 1988

YOGA

THE IYENGAR BASICS

A powerful antidote to the stresses of modern-day life, yoga is a practical philosophy that aims at uniting the body, mind and spirit for health and fulfilment. A fit and supple body can be developed through the practice of postures (asanas). These easy-to-follow exercises, especially chosen for beginners, work on all the bodily systems, toning the muscles, stimulating the circulation and improving overall health. The benefits are not merely physical: as the postures are mastered and techniques introduced for relaxation and breath control, you will find that yoga has the power to calm the mind, increase your concentration and give the ability to cope with tension. It is a complete system for personal development, promoting total physical and spiritual well-being.

The authors wish to acknowledge their indebtedness to Yogacharya Sri B.K.S. Iyengar for his help and support in the preparation of this work.

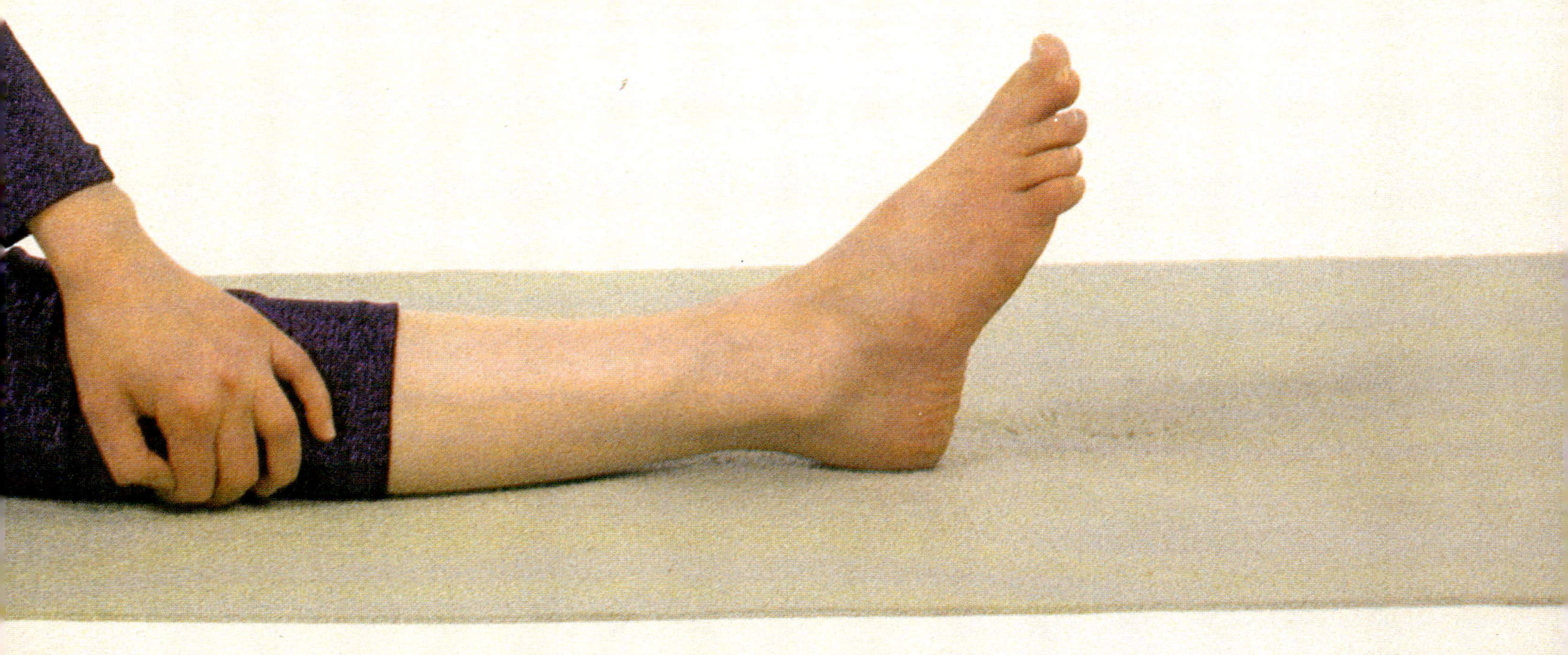

THE GIFT OF YOGA

Yoga is one of India's wonderful gifts to mankind. One of its valuable qualities is that it builds up a store of physical health through the practice of a system of exercises called asanas which keep the body cleansed and fit. Yoga believes that exercise is essential for speedy removal of toxins and for keeping blood circulation and all internal processes functioning smoothly.

Having dealt with the physical side of life, yoga turns to the mental. Here different breathing exercises or techniques quieten the mind and brain, offering inner peace and an ability to face upheavals and deal with problems.

Uniting both these aspects is the philosophy of yoga which has stood the test of time, bidding humanity to review its thinking and its conduct, and to turn away from violence, dishonesty and greed – a review of life much needed in the present day.

Yoga therefore has a role both in everyday practical life, and in the more thoughtful, idealistic scheme of things. Its value needs to be experienced and savoured.

YOGA – A BRIEF OVERVIEW

Yoga has been practised in India for over two millenia. Stories and legends from ancient times all testify to the existence of yoga, and to the practitioners and divinities associated with it.

Indian literature is a storehouse of knowledge about yoga covering every conceivable level. Roughly in chronological order are the *Vedas* (books of scriptural knowledge), the *Upanisads* (philosophical speculations), and their commentaries; then the *Puranas* (ancient cosmologies), and the two epics, the *Ramayana* and the *Mahabharata*. The *Mahabharata* contains within itself that masterpiece of Indian scripture, the *Bhagavad Gita*. Toward the end of the Vedic period comes the aphoristic literature, with the "Yoga Aphorisms" of Patanjali of especial interest to yoga students. There are, besides, whole bodies of works both ancient (pre-Christian) and more modern dealing with various aspects of yoga and yoga philosophy, testifying to the continued relevance of yoga as a discipline.

Yoga is considered to be a philosophy, a science and an art. It has eight clearly defined aspects and, in its purest form, is a complete system capable of answering all human needs. However, it has always been, and still is, used as a basis for other activities and disciplines. Today, for example, physiotherapy and exercise classes often adapt movements from yoga postures.

Different schools of yoga through the ages have stressed different aspects, but all branches have a common ideological basis, of seeking the betterment of individual yoga practitioners, and, in a broader context, of humanity.

Patanjali is the legendary founder of yoga. According to tradition he brought to humanity serenity of spirit through the philosophy of yoga, clarity of speech by his work on grammar, and health of body by his work on medicine.

Indian iconography gives him a half human, half serpent form, as depicted in this modern sculpture.

The word yoga comes from the Sanskrit root *"yuj"* meaning to join or yoke, implying the integration (or joining) of every aspect of a human being from the innermost to the external. Another frequently used definition of yoga is that of union of the individual spirit with the universal, since that is its highest aim.

As a philosophy, yoga is unusual in that it insists that the practice of postures – apparently physical exercises – and breathing techniques is essential in order to lead a worthy and satisfying life. A whole doctrine attaches to the postural and breathing aspects of yoga. The parallel classical Western concept of *"mens sana in corpore sano"* – a healthy body in a healthy mind – has always been recognized and is finding increasing emphasis today.

PATANJALI AND THE YOGA SUTRAS

The first semi-historical, semi-mythological figure in yoga is that of the sage Patanjali who lived some time in the pre-Christian era – one estimate suggests about 220 BC. He is traditionally said to be the author of works on medicine, grammar and yoga. Together these cover the fields of the body, the intellect and the spirit. His treatise on yoga is called the "Yoga Sutras" or "Yoga Aphorisms" and it is still considered authoritative today.

The *Yoga Sutras* summarizes all the various aspects of yoga and systematizes them. According to Patanjali, yoga consists of eight limbs, which are all equally important and are related as parts of a whole. They are as follows:

1. Five universal commandments (*yama*) aimed at creating a "better" world: not harming anyone or anything; truthfulness; non-stealing; leading a godly, chaste life; and being non-grasping.

2. Five personal disciplines (*niyama*): cleanliness; contentedness; self-discipline; self-study and study of the scriptures; and dedication to God.

3. Practice of postures (*asana*): devoted and conscientious practice of the various types of posture.

4. Practice of breath control (*pranayama*): practising breathing techniques with care and discrimination.

5. Detachment from worldly activities (*pratyahara*): developing a non-attached attitude of body and mind.

6. Concentration (*dharana*): Being able to hold on to a subject mentally.

7. Meditation (*dhyana*): developing a quiet, meditative state.

8. Trance or a state of bliss (*samadhi*): reaching a state of absorption in a subject or in the Divine.

THE INFLUENCE OF B.K.S. IYENGAR

The work of B.K.S. Iyengar confirms him as a modern pioneer of yoga. He has explained and exemplified all the traditional aspects of the subject as laid down by Patanjali. He has rediscovered and systematized a whole range of postures and breathing techniques, making them accessible to yoga practitioners of all levels, throughout the world.

Most importantly, B.K.S. Iyengar has worked extensively on the therapeutic effects of yoga. His authority is acknowledged throughout the world by all schools of yoga and his books *Light on Yoga* and *Light on Pranayama* are modern classics. He has received numerous titles and awards for his services to yoga from the Government of India and from various educational organizations.

The postures and breath control techniques given in this book are based on B.K.S. Iyengar's work.

TOWARD PHYSICAL WELLBEING

Yoga is an ineffable art which, though backed by a very logical philosophy, does not reveal itself by theorization. Only by practice does one experience the effects of the various asanas and pranayamas on the body, mind and spirit.

Why the body becomes supple and efficient through yoga can easily be understood. Why and how yoga affects the mind is not so immediately apparent. But why it should affect the spirit – will-power, feeling of well-being, energy – seems to defy all logic.

On reading this you may think, "This is all very interesting, but it is not for me". However, if you practise some of the postures in the way they have been described, you are likely to be agreeably surprised. Although you may find that the postures are more difficult than they look, and not all your joints may be working as well as you expected, do not give up. The postures will soon begin to help you with any physical weaknesses you may have. They will also stretch your mind and enhance your concentration.

SCOPE OF THE COURSE

The aim of this course is to provide a basic introduction to the theory and practice of yoga. The major part, *Toward Physical Wellbeing*, deals with 41 postures and variants – the Asanas – which may be attempted by beginners of all ages. Principal techniques are given with clear illustrations and stages so that the postures may be easily followed by everyone.

A ten-week course is included to guide your practice systematically and progressively. Daily practice is suggested, but if you cannot do this the course will take longer. A few necessary precautions are given to make sure your practice will be safe. Some general practice points are also given.

In addition, there is a section giving postures which are helpful for some common problems – headaches, stiffness and pain in the neck and shoulders, backache and stiffness of the hips. There is also a programme of postures suitable to be done during menstruation.

In *Toward Mental Peace*, guidance is given in some simple relaxation and breathing techniques to show how these calm the mind.

HOME PRACTICE

There are several ways of planning practice at home. These depend on a number of factors such as time available, family and other duties, and individual requirements.

Time

There are no set rules about when to practise, or how long. Clearly the more yoga is done, the greater the benefit.

Some people prefer to practise in the morning, others in the evening. It is also possible to break up practice sessions so that they slot in to shorter periods whenever is convenient during the day – even if only for 10 minutes at a time.

Family and other Duties

Practice may be modified according to circumstances. At times it may need to be geared to fulfilling family and other obligations effectively. In this case it is important to plan the time and programme for practice carefully so as to derive maximum benefit. For example, if you have only 10 or 20 minutes to spare and are being faced with a heavy workload or stressful situation, supported Sarvangasana (nos. 37 and 38) and Setu Bandha Sarvangasana (no. 39) or Viparita Karani (no. 40) may be the most appropriate.

Level
The practice of postures and pranayama will vary according to the level and experience of the student. The basic poses should be practised on a regular basis and should never be forgotten. One method is to vary the type of postures done each day, for instance, standing poses one day and sitting poses the next. Always include inverted poses. Beginners should concentrate more on standing poses.

Individual Needs
In home practice you have to be sensitive to your own needs and to be aware which postures are helpful in different circumstances. For example, standing poses are invigorating, whereas forward bends are calming.

This is one approach to practice. The other is to discipline yourself to do a particular programme irrespective of personal inclination. The first approach makes you sensitive and the second develops will-power. Both need to be learnt.

Where there is a health problem for which a certain group of postures are prescribed, then this particular programme should be adhered to.

Structure
Yoga practice should have a structure. A basic guide is to start with simple poses or those which allow the body to stretch; then to continue with the main group or groups of poses selected for that day, and to end with relaxing poses that allow the work done to be assimilated by the body.

Self-discipline
Practising at home requires and develops self-discipline and an independent understanding of the postures. It is a good idea to begin by remembering some of the postures and instructions given. The building up of correct habits will give a firm foundation in yoga, leading to confidence in practice and greater knowledge.

Repetition of Postures
It is usual to repeat some of the postures when practising, such as standing poses, sitting poses and twists, so long as this does not cause fatigue. However, do not repeat the inverted postures and recuperative positions.

Timings in the Postures
Guidance is given in the Asana section for the timing of each posture. In the beginning do not stay long in the postures, until they become familiar and you gain stamina. Do not strain to hold a posture. Gradually increase the time spent in each so that the postures – as well as your health – improve.

Breathing in the Postures
Do upward movements with an inhalation, downward movements with an exhalation. That is, start a movement at the beginning of an inhalation or exhalation, and conclude it at the end of the same breath if possible. Do not hold the breath in the postures.

Menstruation
Women should not do inverted poses during menstruation as these interfere with the natural outflow of blood. There is a whole range of postures which are suitable at this time – see Asanas for Menstruation.

CAUTION

This course is not intended for those suffering from the following conditions:

- **cancer or benign tumours**
- **detached retina**
- **diabetes**
- **epilepsy including petit mal**
- **heart disease**
- **high blood pressure**
- **HIV**
- **Meniere's disease**
- **Multiple Sclerosis (MS)**
- **Myalgic Encephalomyelitis (ME)**
- **physical handicaps**
- **pregnancy**
- **recent post-operative conditions**

In such cases, please seek the advice of an experienced teacher.

THE ASANAS

There are many different types of yoga postures – Indian texts sometimes mention 840,000! – but in practice only about 20 or 30 principal ones were in regular use until recently. However, through the work of B.K.S. Iyengar, over 200 postures are now being practised by yoga students all over the world. The system of postures has come to be accepted as a subject in its own right, since great attention is paid to the precision and correct execution of the movements.

The postures (asanas) are all anatomically and physiologically sound. They are a guide to the variety of movement attainable by the human body. In the Iyengar method they have been categorized according to level of difficulty, to be practised by those from beginner level to advanced stages.

The postures are grouped according to the positioning of the body – standing, sitting, twisting, prone, supine, inverted and balancing. They incorporate slow and quick motion and teach concentration, dynamism and stillness. They have important therapeutic effects, since the entire organic structure is invigorated and toned by practice of the postures. Muscle tone is automatically improved. The yoga student will benefit from increasing health, stamina and agility.

At the psychological level, the postures have their own intrinsic value since they are challenging and interesting to do. They also have a direct balancing effect on certain psychological disorders – thus, they can "liven up" a lethargic and depressed person, or calm a frenetic, distressed person.

BEFORE YOU BEGIN

There are some basic guidelines which should be followed before beginning yoga practice:

- Wait for 4–5 hours after a heavy meal or 2–3 hours after a light snack.
- Empty the bladder and move the bowels before you start. Supported Sarvangasana (no. 38) and Ardha Halasana (no. 36) will help.
- Practise in loose-fitting clothing and bare feet.
- Work on a non-slip mat or floor. Especially in the winter, the floor should not be too cold.
- Fold blankets neatly when preparing to use them, as any creases will disturb your practice.
- Remove hard contact lenses.
- Seek advice if you experience difficulties in practice. Your difficulty may be a common one, and there is likely to be a solution. In the meantime, avoid straining.

STANDING POSES

1 · TADASANA

MOUNTAIN POSE

This is the first posture to be learnt. It is the basic standing pose, with which they start and finish.

Although Tadasana is practised from the beginning, it is difficult to master as it involves bringing the energies of the body and mind into equilibrium in a static pose. This can only be done when postural defects have been corrected by working on a variety of asanas. For this reason, beginners should become familiar with the postures gradually.

Stand with the feet together, and big toes, heels and ankle bones touching. Keep the knees straight and pull up the thigh muscles. Stretch the legs up, extend the spine and lift the front of the body. Take the shoulders back, shoulder blades in and allow the arms to hang loosely at the sides of the trunk. Relax the hands and keep the palms facing the hips. Extend the neck up and relax the face. Look straight ahead. Concentrate on centering the body: balance the weight evenly on both feet; create awareness in the soles of the feet and stretch them equally. Be conscious of extending the right and left sides of the body evenly. Keep the chest open.

Stay in the posture for 30–60 seconds when practising Tadasana on its own; less when doing it as a stage of other poses.

NOTES ON THE POSTURES

Read the following notes regarding individual groups of postures before beginning practice.

Standing poses

- Do not jump into the postures if you have a bad back or injured knees.
- Do not strain the knees when straightening them.
- Do not hold the breath.
- Do not strain the throat or the abdomen.

Sitting poses

- Sit on one or two folded blankets in order not to strain the lower back. Reduce the height when you are more flexible.
- Do not use force to straighten the legs but extend them carefully.

Twists

- Sit on folded blankets to raise the base of the spine. You will then be able to turn the whole trunk.
- Do not tense the abdomen.

Inverted poses

- Avoid these postures during menstruation. Postures to be done at this time are given in the section – "Asanas for Menstruation".
- These poses should feel comfortable. If you experience pressure in any part of the head or neck, your blankets may need adjusting, or you may have gone up awkwardly.
- Seek advice if you have or have had any head or neck injuries, or any medical condition affecting the eyes, ears or brain.

2 · VRKSASANA

TREE POSE

1 Stand in Tadasana (no. 1). Without disturbing the left leg, bend the right leg to the side. Catch the ankle and place the foot at the top of the inner left thigh. Take it as high as possible. Press the right knee back, in line with the right hip.

2 Inhale and take the arms over the head with the palms facing each other. Straighten the elbows and stretch the arms and trunk up. Stand firmly on the left foot so that you do not overbalance. Stretch the leg up.

3 Right: Join the palms, without bending the elbows.

Stay for 20–30 seconds. Exhale, then bring the arms and the leg down. Repeat on the other side.

3 · UTTHITA TRIKONASANA

EXTENDED TRIANGLE POSE

Trikonasana is one of the most important standing poses. Learn the various points gradually, incorporate them into your practice and build on them.

- *If you have a bad back or injured knees, do not jump into standing poses.*

1 *Stand in Tadasana (no. 1). With a deep inhalation, jump the feet about 3½–4 ft (105–120 cm) apart, at the same time raising the arms to shoulder level, palms face down. Line up the feet to be level and facing forward.*

2 *Turn the left foot about 15° in and the right foot about 90° out. Line up the right heel to be exactly opposite the left instep. As you turn the left foot in, rotate the left leg outwards. As you turn the right foot out, rotate the whole leg in the same direction (that is, to the right). Keep the knees tight and lift the trunk.*

3 *Below: Exhale and take the trunk down sideways to the right; hold the right ankle with the right hand. Extend the left arm up, in line with the right arm, and with the palm facing forward. Turn the head to look up. Rotate the legs away from each other and revolve the trunk forward and up. Do not collapse toward the floor. Keep the knees straight and pull up the thigh muscles. Do not hold the breath.*

Stay for 20–30 seconds. Inhale and come up to 2. Turn the feet to the centre. Rest the arms for a moment so that you do not feel fatigue (you may place them on the hips). Line up the feet again. Repeat on the other side. Come up, then exhale, jump the feet together and bring the arms down.

4 · UTTHITA PARSVAKONASANA

EXTENDED LATERAL ANGLE POSE

1 Stand in Tadasana (no. 1). With a deep inhalation spread or jump the feet 4–4½ ft (120–135 cm) apart. At the same time raise the arms to shoulder level.

2 Right: Turn the right foot about 15° in and the left foot 90° out, with the left heel opposite the right instep. As you turn the right foot in, turn the leg outward. As you turn the left foot out, rotate the whole leg in the same direction. Keep the legs straight and lift the trunk.

• If you have sciatica or strained hamstrings, turn the left foot further, to 120°–160°.

3 Keep the right leg firm and bend the left leg to 90°, with the shin perpendicular and the thigh parallel to the ground. Exhale and take the trunk sideways down to the left. Bend from the hips, not the waist. Place the left palm or fingertips on the floor by the outer edge of the left foot.

Turn the right arm and stretch it over the head, palm face down. Turn the head and look up. Keeping the right leg and both arms straight, revolve the whole trunk upward. Stretch the right side of the body toward the fingertips. Relax the face and breathe normally.

Stay for 20–30 seconds. Inhale and come up. Turn the feet to the centre and rest the arms on the hips. Repeat on the other side. Come up to step 2, then exhale, and jump back to Tadasana.

• If breathing becomes strained, come up and rest, or face the ground till the breath returns to normal.

5 · VIRABHADRASANA I

WARRIOR POSE I

1 Stand in Tadasana (no. 1). With a deep inhalation, spread or jump the feet 4–4½ ft (120–135 cm) apart, raising the arms to shoulder level.

2 Turn the palms up and stretch the arms over the head. Keep them parallel, with the elbows tight and the palms facing each other. Draw the trunk up with the help of the hands. If you find it strenuous to raise the arms over the head keep them on the waist.

3 Turn the right leg and foot 45° in, and the left foot 90° out. At the same time turn the hips and trunk to the left. Make the left and right sides of the body parallel by bringing the right hip forward and taking the left hip slightly further back.

4 Exhale and bend the left leg to a right angle. Stretch the whole body up. Move the shoulder blades in and open the chest. Take the head back and look up. Do not strain the neck and throat. Keep the back leg firm and maintain the turn of the hips and trunk to the left. Stretch up to the maximum.

Stay for 20–30 seconds. Inhale and come up. Turn to the centre. Rest the arms and line up the feet. Repeat on the other side. Come up, then exhale and jump into Tadasana.

6. VIRABHADRASANA II

WARRIOR POSE II

1 *Stand in Tadasana (no. 1).*

2 *With a deep inhalation spread or jump the feet 4–4½ ft (120–135 cm) apart, raising the arms to shoulder level.*

3 *Turn the left foot about 15° in and the right foot 90° out. Line up the feet, with the right heel opposite the left instep. While turning the left foot in, rotate the left leg outward. While turning the right foot out, rotate the whole leg together with the foot. Keep both knees tight. Lift up the trunk from the hips.*

- *If you have sciatica, turn the right foot 120°–160°.*

4 With an exhalation, bend the right leg to a right angle, keeping the left leg straight. Extend the trunk vertically up and stretch the arms horizontally to the sides, palms face down. Turn the head to the right. Pull the left arm slightly to the left so that the trunk does not lean to the right. Lift the chest. Relax the face and breathe normally.

Stay for 20–30 seconds. Inhale and come up. Turn the feet to the centre and line them up. Rest the arms if necessary.

Repeat on the other side. Come up, then exhale and jump into Tadasana.

7. PARSVOTTANASANA

EXTREME SIDEWAYS STRETCH

FULL POSE

1 *Stand in Tadasana (no. 1). Join the palms behind the back in Namaste (for method, see box on facing page).*

2 *With a deep inhalation, jump the feet 3½– 4 ft (105–120 cm) apart. Line up the toes to make them level.*

3 *Turn the left leg and foot about 45° in, and the right foot 90° out. Turn the hips and trunk to the right. Stretch the trunk up and take the head back. Do not strain the throat.*

4 *Right: Exhale and bend down over the right leg. Keep both legs straight and make the hips level. Stretch down as far as you can, then relax the head.*

Stay for 20–30 seconds. Inhale and come up. Turn to the front, without releasing the hands. Line up the feet, then repeat on the other side.

Come up, turn to the front, then exhale and jump into Tadasana. Finally, bring the hands down.

VARIANT (SIMPLE)

In step 1 (Tadasana), instead of joining the palms behind the back in Namaste, catch the elbows.

VARIANT (WITH ARMS STRETCHED)

Instead of taking the arms back, stretch them up over the head and then take the trunk and arms down over the leg. Rest the hands on the floor, on either side of the front foot. In this position it is easier to balance and to keep the extension of the trunk.

NAMASTE

HANDS IN PRAYER POSITION

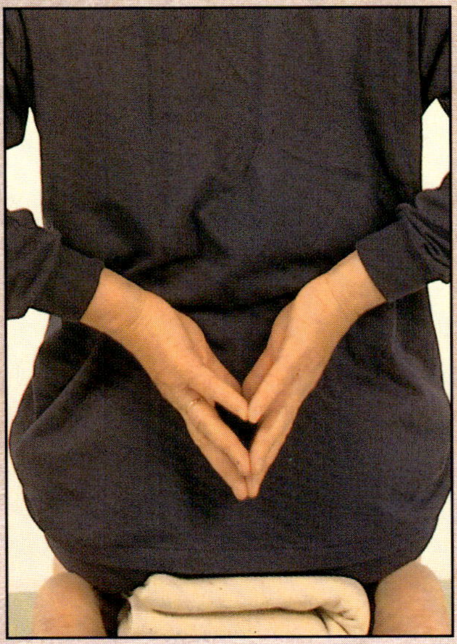

1 *Join the palms behind the back, with the fingers pointing down.*

2 *Turn the hands toward the spine.*

3 *Turn the hands up and raise them between the shoulder blades. Take the shoulders and elbows back and press the palms together.*

8 · PRASARITA PADOTTANASANA

FORWARD STRETCH WITH LEGS WIDE APART

1 *Stand in Tadasana (no. 1), with the hands on the hips.*

2 *With a deep inhalation, jump the feet 4½–5 ft (135–150 cm) apart. Line them up. Turn them to face forward or slightly in so that you do not slip. Straighten the legs and pull up the thigh muscles.*

3 *Below: Bend down and place the hands on the floor, shoulder width apart, with the arms slanting back a little. Straighten the arms. Keep the legs firm. Make the back concave and extend the front of the body forward. Look up.*

Bend the elbows back, lower the trunk and place the crown of the head on the floor. If possible take the hands further back, in line with the feet. Lift the hips and the shoulders. Relax and breathe evenly.

Stay for 20–30 seconds. Inhale, raise the head and make the spine concave. Then place the hands on the hips and come up. Bring the feet in a little and jump them together.

9 · UTTANASANA

FORWARD EXTENSION

Stand in Tadasana (no. 1) with the feet about 1 ft (30 cm) apart. Catch the elbows and take the arms over the head. Draw the waist slightly back. Stretch the legs up strongly.

Exhale and bend down. Bring the hips and chest as close to the legs as possible and if you can, go on extending until the head reaches beyond the knees. Pull on the elbows to bring the trunk further down. Bring the hips further forward to make the legs vertical. Keep the knees straight and the leg muscles pulled up. Relax the head and breathe evenly.

Stay for 20–30 seconds. Inhale, come up and bring the legs together.

NOTE

If you feel dizzy, or have a bad back, do Uttanasana with the hands on a ledge instead.

VARIANT (ON LEDGE)

Stand facing a ledge 4–5 ft (120–150 cm) away. Take the feet about 1 ft (30 cm) apart. Bend forward and place the hands on the ledge. Adjust your distance by stepping closer or further away as necessary to enable the legs to be vertical and the trunk and arms to be extended.

Straighten the legs, tighten the kneecaps and pull up the thigh muscles. Extend the arms and the trunk forward. Take the hips further down and make the upper back concave.

Stay for 20–30 seconds.

10 · PADANGUSTHASANA

FINGER-TO-FOOT POSE

1 *Stand with the feet about 1 ft (30 cm) apart. Bend down and make a ring round the big toes with the thumb, index and middle fingers. Straighten the knees and stretch the legs vertically up. Straighten the arms, extend the trunk forward and make the back concave. Look up.*

2 *Right: Exhale, bend the elbows outward, pull the trunk down and bring the head towards the shins.*

Stay for 20–30 seconds. Inhale and come up, then join the feet and stand erect.

11 · GARUDASANA

EAGLE POSE

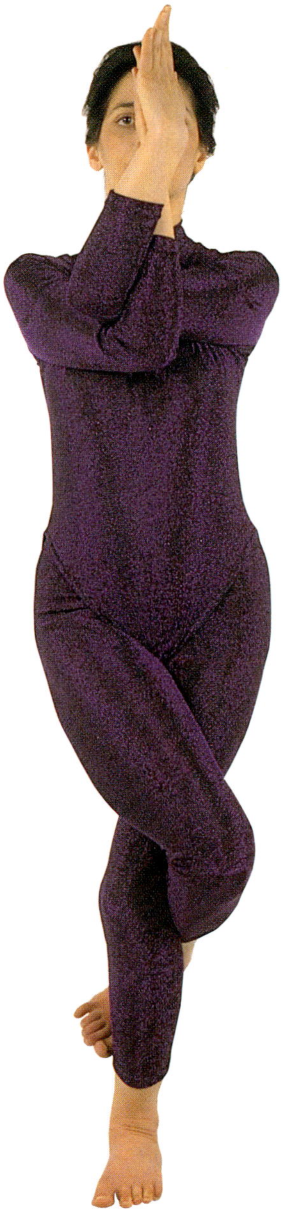

Stand in Tadasana (no. 1). Bend the left leg a little. Bend the right leg and cross the thigh over the left. Swing the right foot back and hook it round the left calf.

Bend the elbows and raise them to shoulder level, with the thumbs pointing to the face. Cross the left elbow over the right, then hook the right wrist and palm over the left.

Stay for 20–30 seconds, then repeat on the other side.

12 · UTKATASANA

FIERCE POSE

Stand in Tadasana (no. 1). Inhale and stretch the arms over the head, with the palms facing each other. Straighten the elbows and stretch the palms and fingers. Use the hands to pull the trunk up strongly. Bend the knees and take the hips back as if preparing to sit. Bend more in the ankle joints and press the heels down. If you can keep the elbows straight, join the palms.

Stay for 20–30 seconds, then come up.

13 · UTTHITA HASTA PADANGUSTHASANA

LEG RAISING

FORWARD

Stand in Tadasana (no. 1), facing a ledge 2–3 ft (60–90 cm) away. Bend the right leg and place the back of the heel (not the Achilles tendon) on the ledge, directly in front of you. Keep the knee and big toe facing the ceiling. Stretch the left leg and keep the foot facing forward. Straighten both the knees. Extend the right leg and heel away from you. Stretch the left leg and the trunk vertically up. Rest the hands at the sides of the trunk, on the hips or stretch them up.

Stay for 20–30 seconds, then come down and repeat on the other side.

SIDEWAYS

Stand in Tadasana (no. 1), 2–3 ft (60–90 cm) away from a ledge and sideways to it. Bend the right leg outward and place the heel on the ledge, in line with the outer hip. Keep the left leg perpendicular and the foot facing forward. Tighten the kneecaps and the thigh muscles. Stretch the right leg out to the side and stretch the trunk and the left leg upward. Place the hands on the hips or stretch them above the head.

Stay for 20–30 seconds, then take the foot down and repeat on the other side.

SITTING POSES

14 · SUKHASANA

EASY POSE

1 Sit on one or two folded blankets in simple cross-legs. Cross the shins, not only the ankles. Place the hands beside the hips, press the fingertips into the ground and extend the trunk up. Open the chest and take the shoulders back.

2 Maintain the trunk erect and bring the hands on to the knees.
Stay for 30–60 seconds, then change the cross-legs and repeat.

15 · VIRASANA

HERO POSE

The knees should be comfortable in this posture. If you have weak or injured knees, fold a piece of cloth and place it behind the knee joint to create space; or sit on a bolster and learn to flex the knees. For other problems, seek advice.

Kneel with the knees together and the feet apart beside the hips. Sit between the legs, on a height of folded blankets if necessary.

Stretch the trunk up. Take the shoulders back and broaden them. Roll the inner thighs outward to take the outer thighs down and bring the shins closer to the thighs. Rest the hands on the legs.

Stay for 1–2 minutes, then come out of the posture and straighten the legs.

16 · VIRASANA FORWARD BEND

HERO POSE WITH FORWARD BEND

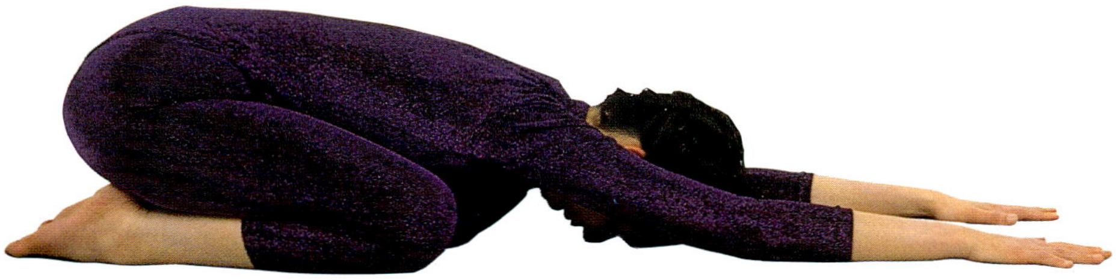

Sit between the legs or on the heels. If the buttocks do not rest easily on the heels, place a folded blanket or bolster on the heels. Spread the knees slightly apart and bend down. Stretch the chest and the arms forward and keep the sides of the body touching the inner thighs; do not spread the legs too wide apart.

17 · PARVATASANA

MOUNTAIN POSE

This posture can be done in several sitting positions, such as Sukhasana (no. 14) and Virasana (no. 15).

Interlock the fingers. Turn the palms away from you, stretch the arms forward and then up over the head. Do not arch the back at the waist. Tighten the elbows and stretch as much as you can.

Stay for 20–30 seconds, then bring the arms down. Change the interlock of the fingers (by placing the right ones in front of the left or vice versa) and repeat.

18 · DANDASANA

STAFF POSE

Sit on one or two blankets with the legs stretched straight in front of you. Tighten the knees and stretch the feet. Extend the heels and soles, and point the toes up.

Place the palms or fingertips beside the hips and press them down. Stretch the trunk up, paying special attention to lifting the lower back. Extend the spine up from the base. Open the chest to take the shoulders back. Keep the head straight. Relax the eyes and look straight ahead.

Stay for 20–30 seconds, then release.

19 · SIDDHASANA

PERFECT POSE

1 Sit in Dandasana (no. 18). Bend the right knee as far to the right as possible, hold the foot from underneath and bring it toward the pubis. Revolve the ankle so that the sole of the foot faces up.

2 Bend the left leg similarly to the left and place the heel on top of the right, sole face up. Tuck in the toes of the left foot between the right thigh and calf and the toes of the right foot between the left thigh and calf. Centre the feet in front of the pubis and open the thighs outward. Stretch the trunk up, especially the lower back. Place the hands on the knees and press them outward, without separating the feet. Maintain a firm posture, with the back straight.

Stay for 30–60 seconds, then change the legs.

20 · GOMUKHASANA (ARMS ONLY)

HEAD-OF-COW POSE

Left: Sit on the heels, or in Virasana (no. 15) or Sukhasana (no. 14). Bend the right arm behind the back, and stretch the hand and forearm up along the spine, with the palm facing out. Bring the elbow in with the other hand.

Stretch the left arm up, turn it so that the palm faces back, then bend the elbow and catch the right hand. Clasp the hands as far as possible. Take the right shoulder back and point the left elbow toward the ceiling. Keep the chest level.

Stay for 30–60 seconds, then repeat on the other side.

VARIANT (STANDING)

These arm movements can also be done while standing.

21 · JANUSIRSASANA

HEAD-TO-KNEE POSE

• *In case of lower back pain, do not practise the full pose.*

CONCAVE

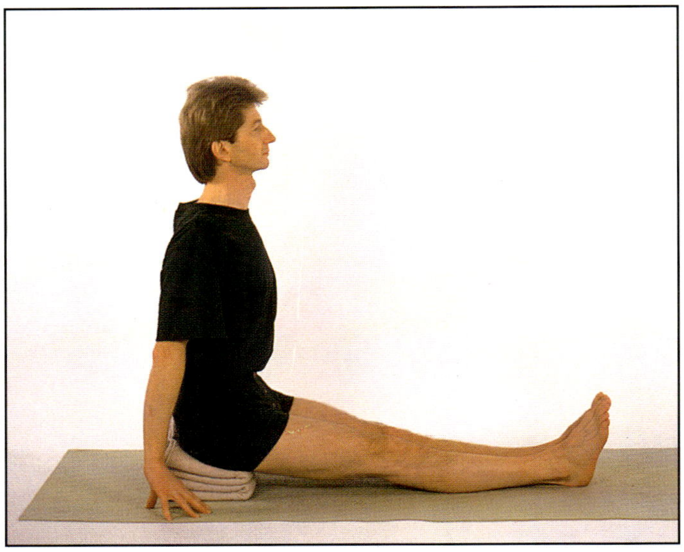

1 *Sit in Dandasana (no. 18) on one or two folded blankets. If your lower back is stiff, you will need more height.*

2 *Bend the right knee to the side and place the heel in the right groin. Take the knee further back. Lean forward and catch the left foot, using a belt if necessary. Extend the left leg away from the trunk and keep the knee straight. Stretch the trunk up and make the spine concave. Lengthen the front of the body. Look up.*

Stay for 20–30 seconds, then repeat on the other side.

FULL POSE

Follow steps 1 and 2. With an exhalation bend forward over the left leg. Catch further and take the head down to the shin.

Stay for 20–30 seconds, then repeat on the other side.

VARIANT (HEAD ON BOLSTER)

Follow steps 1 and 2. Rest the head on a folded blanket or bolster.

Stay for 1–2 minutes, then repeat on the other side.

- *If you are stiff, rest the head on a stool. If there is strain in the knee, support it and reduce the length of time in the posture.*

22 · TRIANG MUKHAIKAPADA PASCIMOTTANASANA

FORWARD BEND WITH ONE LEG BENT BACK

CONCAVE

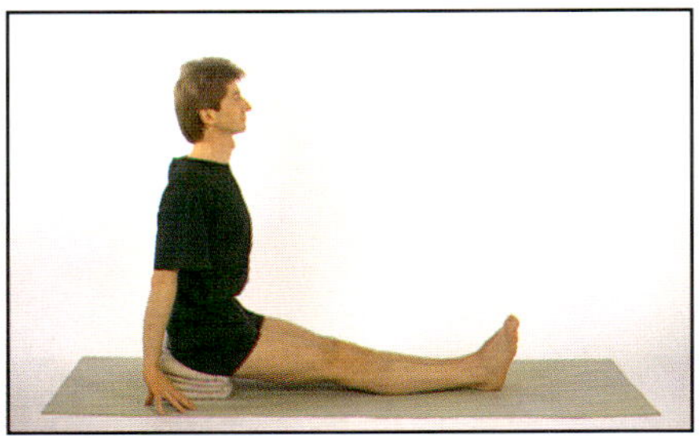

1 *Sit in Dandasana (no. 18) on one or two folded blankets.*

• *If there is strain in the bent knee, sit higher.*

2 *Left: Bend the right leg back, placing the foot beside the right hip. Lean forward and catch the left foot, using a belt if necessary. Stretch the trunk up, make the spine concave and look up. Keep the left leg straight.*

Stay for 20–30 seconds, then repeat on the other side.

FULL POSE

Follow steps 1 and 2 above. With an exhalation, bend forward over the left leg. Elongate the trunk and catch further. Take the head down.

Stay for 20–30 seconds, then repeat on the other side.

VARIANT (HEAD ON BOLSTER)

Follow steps 1 and 2 above. Rest the head on a blanket or bolster.

Stay for 1–2 minutes, then repeat on the other side.

• *If you are stiff, rest the head on a stool.*

23 · MARICYASANA I (TWIST ONLY)

SIMPLE TWIST CATCHING THE ARMS BEHIND

1 *Sit in Dandasana (no. 18) on one or two folded blankets. Bend the left knee up and bring the foot in front of the pubis. Place the inner edge of the foot against the right inner thigh. Keep the right leg extended. Turn to the right, and bring the left upper arm in front of the left knee. Place the right hand beside the right hip.*

2 *Press the fingertips of the right hand into the floor, and the left arm against the left knee, to turn the trunk more. Rotate the left arm inward so that the palm faces back.*

3 *Bend the elbow, take the arm round the leg and then behind the back. Simultaneously, bend the right elbow back and catch the left hand. Lift the trunk and turn it as far as possible. Turn the head to the right.*

Stay for 20–30 seconds, then release and repeat on the other side.

24 · PASCIMOTTANASANA

FULL FORWARD BEND

CONCAVE

Sit in Dandasana (no. 18) on one or two folded blankets. Lean forward and catch the feet, using a belt if necessary. Stretch the trunk up. Make the back concave, lift the chest and look up. Keep the knees straight.

Stay for 20–30 seconds, then release.

FULL POSE

Follow the method as above, then bend forward over the legs, catching further with the hands. Stretch the front of the body and the spine to go further. Maintain an even extension of both legs and both sides of the body. Take the head down.

Stay for 20–30 seconds, then come up.

VARIANT (HEAD ON BOLSTER)

Do the posture as above, resting the head on a bolster or blankets. Quieten the mind. Stay for 2–3 minutes, then come up.

25 · MALASANA (PREPARATORY)

GARLAND POSE

Squat, leaning the lower back against a wall. Keep the heels down if possible. Spread the knees apart but keep the feet together. Take the trunk down between the thighs and knees. Stretch the arms and chest forward, with the hands on the floor.

Stay for 30–60 seconds, then stand up.

SUPINE AND PRONE POSES

26 · CROSS BOLSTERS

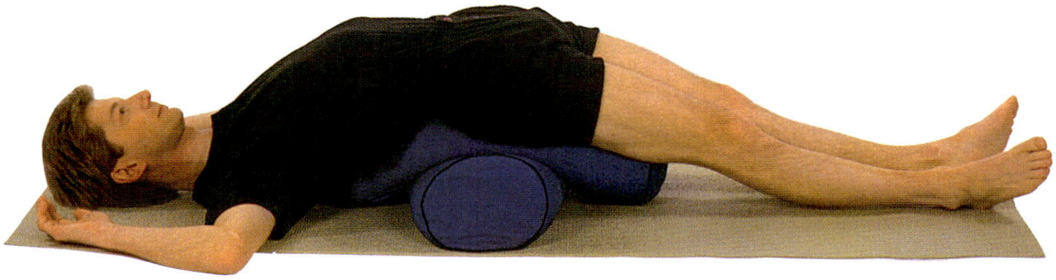

1 *Arrange two bolsters as a cross on the floor, with the lengthwise one on top. Sit on the bolsters.*

2 *Lie back and stretch the legs forward. Place the lower back on the highest part of the bolster arrangement and the shoulders on the floor. You can tie the thighs together with a belt for a passive extension and to make the posture more restful. Take the arms over the head and relax. If the lower back feels pinched, pass the hands underneath it from waist to buttocks to lengthen and ease it.*

Stay for 3–5 minutes. To get up, slide back a little toward the head, then bend the knees and turn to the side.

27 · MATSYASANA (SIMPLE)

FISH POSE

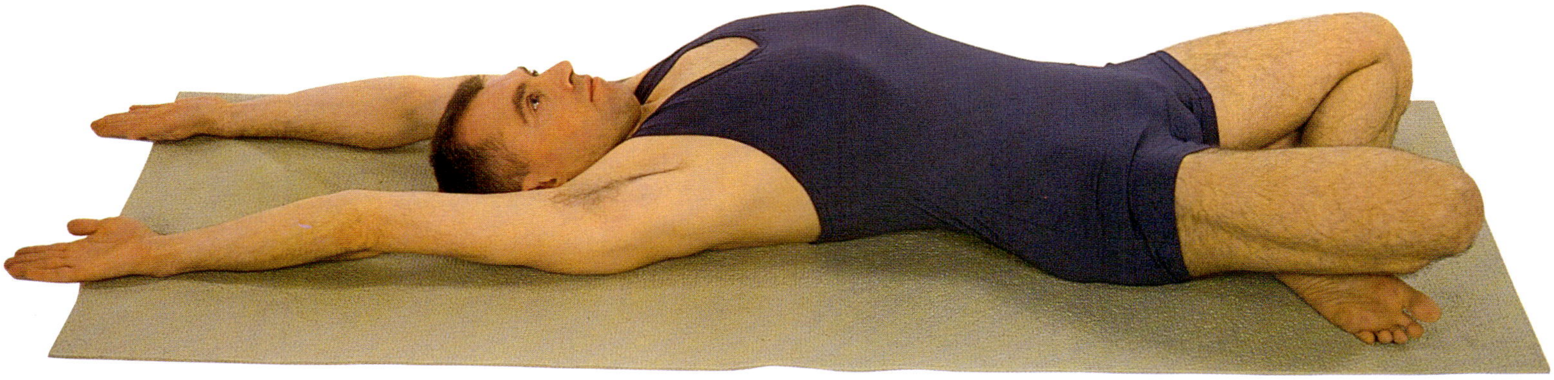

Sit in Sukhasana (no. 14). Lean back and lie down. While lying down, extend the lower back. Take the arms over the head and straighten the elbows. Stretch the whole trunk, especially the abdominal area.

Stay for 1–2 minutes, then come up, change the cross-legs and repeat.

28 · SUPTA BADDHAKONASANA

LYING DOWN IN BADDHAKONASANA

Sit facing a wall with the soles of the feet together and knees apart. Curl the toes back and press them against the wall. (This posture is Baddhakonasana.)

Place a bolster lengthwise behind the lower back, hold it toward you and lie back over it, with the shoulders on the ground.

Move closer to the wall. Take the arms over the head. Breathe evenly.

Stay for 2–5 minutes. Turn to the side to get up.

• *If your legs are uncomfortable, place a blanket under the thighs.*

29 · SUPTA VIRASANA

RECLINING HERO POSE

Sit in Virasana (no. 15). Place a bolster (or folded blankets) behind you. Hold it against the lower back and lie down. Place an extra blanket under the head if necessary. Relax. Stay for 3–5 minutes, then get up.

• *If you need to sit on something in Virasana you will also need a high support under the back.*

30 · URDHVA PRASARITA PADASANA

LEGS STRETCHED TO 90°

1 *Sit sideways to a wall and move the buttocks as close as possible to it. Take the legs up one at a time and swivel the body round. Lie down and rest the legs vertically against the wall. Take the arms over the head and relax.*

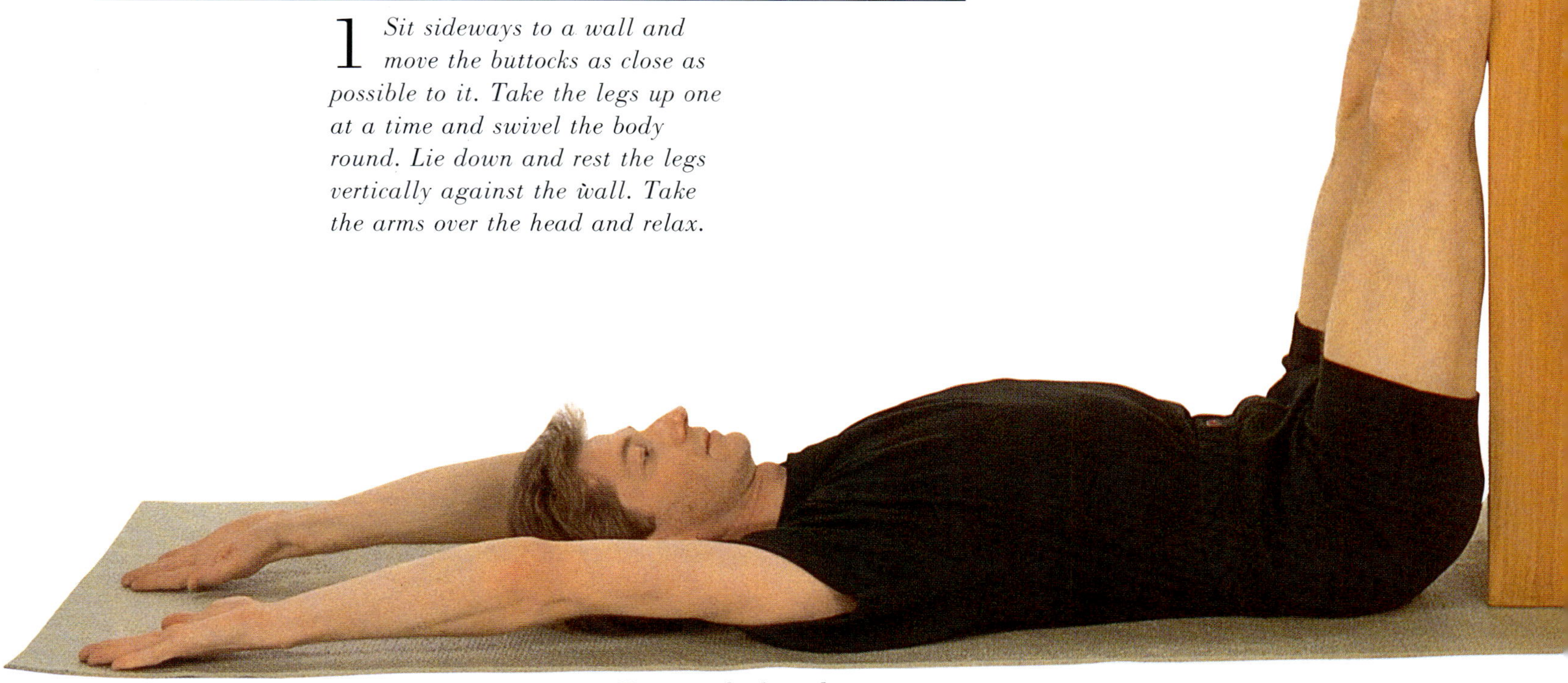

2 *Keeping the hips down, straighten the legs and stretch them up. Stretch the arms over the head.*

Stay for 20–30 seconds (or longer). To come down, bend the knees and turn to the side.

31 · ADHO MUKHA SVANASANA

DOG POSE

1 Stand in Tadasana (no. 1). Take the feet hip-width apart. Bend down and place the palms on the floor in front of the feet and shoulder-width apart. Spread the fingers.

2 Below: Step about 3–4 ft (90–120 cm) back and straighten the legs, so that the body makes an inverted "V" shape. Lift up the hips, press the thighs back and extend the heels downward.

Straighten the elbows, lift the shoulders and stretch the trunk up. Keep the arms and legs firm. Relax the head.

Stay for 20–30 seconds, then bend the knees and come down.

VARIANT (HEAD SUPPORTED)

1 *Right: Place a folded blanket or bolster lengthwise a short distance from the wall. Kneel in front of it. Place the hands, palms down, near the wall. Touch the wall with the thumbs and index fingers, spreading them as far apart as possible.*

2 *Below: Raise the hips and straighten the legs. Rest the head on the blanket. Stretch the arms and trunk up strongly. Do not let the weight of the body sink on to the head. Relax the head.*

Stay for 30–60 seconds, then come down.

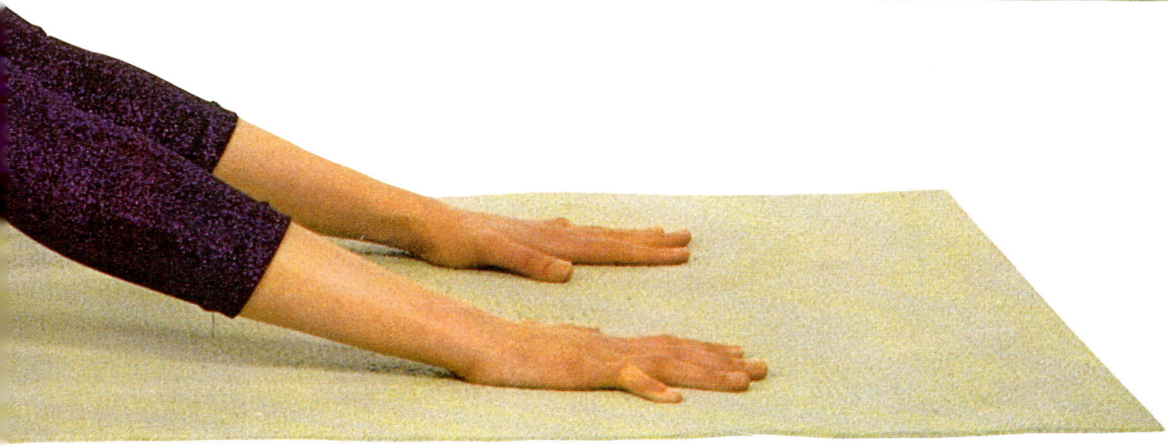

TWISTING POSES

32 · MARICYASANA (STANDING)

STANDING TWIST

Place a high stool or small table near a wall or ledge. Stand in Tadasana (no. 1) with the right side of the body by the wall. Raise the right foot on to the stool and press the foot down. Keep the right thigh touching the wall. Stretch the trunk up and turn toward the wall, holding on with the hands wherever possible to give you leverage. Keep the left leg and trunk vertical, and the foot facing forward. Turn as far as you can.

Stay for 20–30 seconds, come down and repeat on the other side.

33 · BHARADVAJASANA

SIMPLE TWIST

PREPARATORY

Sit in Dandasana (no. 18) on one or two folded blankets. Bend the legs to the left. Place the left foot on top of the right instep, with the sole of the left foot facing up. Extend the spine and the trunk up. Turn to the right. Place the left hand on the outer side of the right knee and the right hand beside the right hip. Use the arms to help turn the trunk. Turn the hips, waist and chest as far as you can.

Stay for 20–30 seconds. Turn to the front, and repeat on the other side.

FULL POSE

Follow the preparatory method (left). Bend the right arm back, bring the elbow in and catch the left arm behind the back, just above the elbow. Straighten the left arm, turn the hand back, palm face down, and place it under the right thigh near the knee. Keep the arm firm. Turn the trunk as far as you can, using the arms and hand as levers. Turn the head and the gaze of the eyes, first to one side, then to the other.

Stay for 20–30 seconds, then repeat on the other side.

VARIANT (ON A CHAIR)

Sit on a chair, with the knees and feet together. Lift the hips, waist and ribcage. Turn to the right, holding the back of the chair. Keep the trunk vertical and lifted and turn to the maximum. Turn the head and neck to the right.

Stay for 20–30 seconds, then repeat on the other side.

INVERTED POSES

34 · SARVANGASANA

NECK BALANCE

1 Prepare a set of four or five folded blankets, with the folded edges neatly together. The height should be 2–3 inches (5–7.5 cm), the width sufficient for the shoulders, and the depth enough to accommodate the length of the upper arms. If the arms and elbows slip apart, tie a belt round the upper arms, just above the elbows, approximately shoulder width apart.

Lie down with the shoulders on the blankets, 2–3 inches (5–7.5 cm) away from the edge, and the head on the floor. Check that you are in a straight line.

2 Flex the knees and bring the feet toward the buttocks. Then lift the lower back slightly and lengthen it away from you.

3 Bend the knees over the abdomen and swing the trunk and the legs up. Immediately support the back with your hands and open the chest.

4 Straighten the legs up. Move the hands further up the back towards the shoulder blades to give you maximum lift and support. Bring the chest toward the chin. Stretch the whole body up. Keep the posture stable.

Stay for 2–5 minutes. To come down, bend the legs and slide down.

35 · HALASANA

PLOUGH POSE

NOTE

- Inverted poses should not be practised during menstruation.
- If you experience pressure in the head, eyes, ears or throat in any inverted pose, come down and rest. Then seek advice.

From Sarvangasana (no. 34) take the legs down over the head and rest the feet on the floor. Keep the hands on the back, lift the trunk and extend front of the body up. Straighten the knees and stretch the legs away from the hips. Relax the face, the eyes and the ears.

Stay for 2–5 minutes, then slide down.

- *If you wish, after sliding down from Halasana, sit on the edge of the blanket and rest forward in Pascimottanasana (no. 24).*

36 · ARDHA HALASANA

HALF PLOUGH POSE

Place a chair or stool over the head before you go up into Sarvangasana (no. 34). From Sarvangasana take the legs down on to the chair to support the thighs.

Take the arms over the head and relax. Do not let the shoulders slip off the blankets.

Stay for 3–5 minutes. Come down with bent knees and ease yourself off the stool, at the same time pushing it away with the hands. Slide down.

- *If you have a long trunk you may increase the height by placing a bolster or blankets on the stool.*
- *If your back is very stiff, keep the stool further away and support the shins.*
- *If the neck hurts, increase the height of the blankets.*

37 · SARVANGASANA (ON CHAIR)

NECK BALANCE

Use a sturdy armchair that will not topple. Take each stage slowly and carefully, so that you feel secure.

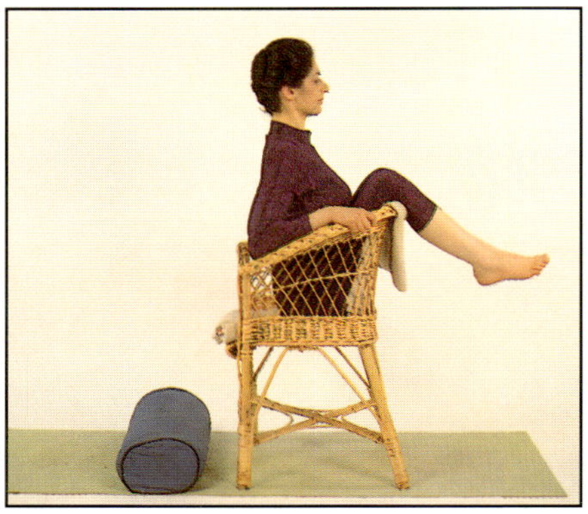

1 *Place a bolster crosswise on the floor in front of the armchair. Sit facing the back of the chair, with the legs bent over the back of it and holding on to the sides.*

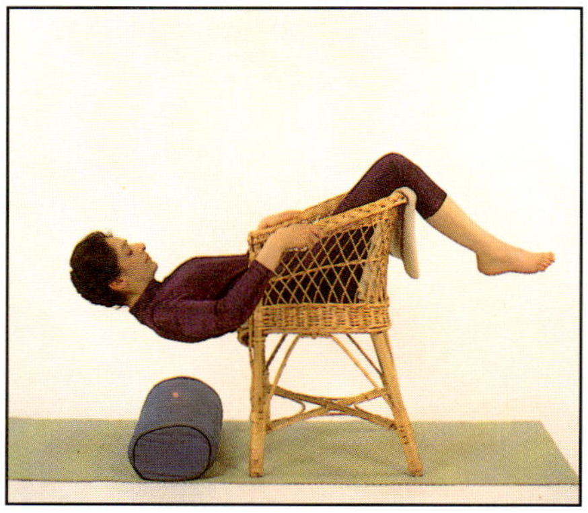

2 *Move the hips closer to the back of the chair, hold the arms and lean back.*

3 *Lean back further so that the waist curves over the edge of the seat and the head goes down.*

4 *Below: Rest the shoulders on the bolster. Straighten the legs and stretch them against the back of the chair. Depending on the construction of the chair, hold the chair or take the arms over the head. Keep the back ribs tucked in and the chest open.*

Stay for 5–8 minutes, then come down as shown in steps 5–7.

5 *Bend the legs and place the feet on the back of the armchair. Hold the arms of the chair.*

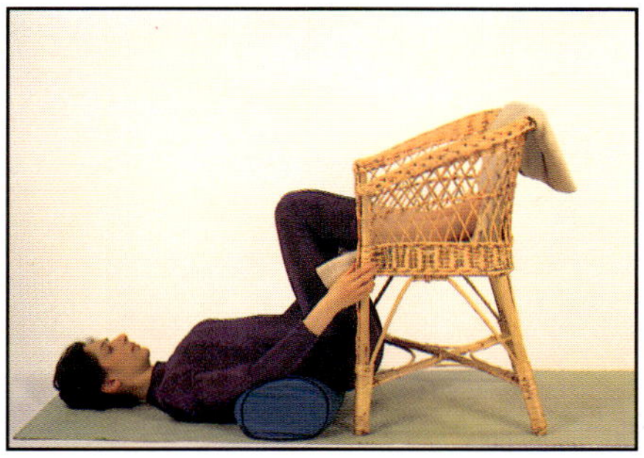

6 *Slide backward off the armchair till the lower back rests on the bolster. Stay for a moment.*

7 *Turn to the side, sit cross-legged in front of the chair and rest your head on it.*

You may need to experiment with bolsters and blankets to obtain the height you need.

38 · SARVANGASANA (AGAINST WALL)

NECK BALANCE AGAINST WALL

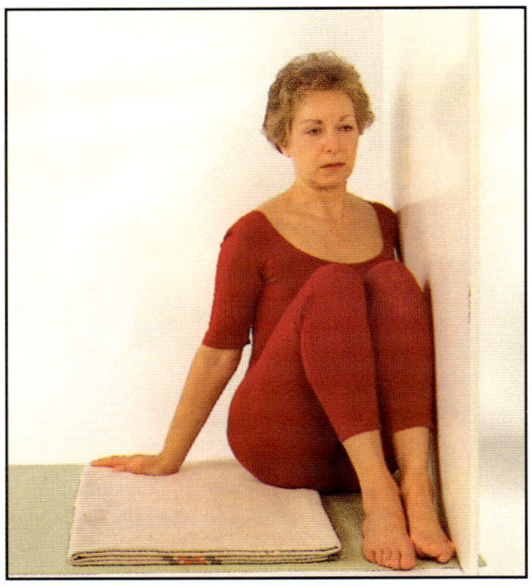

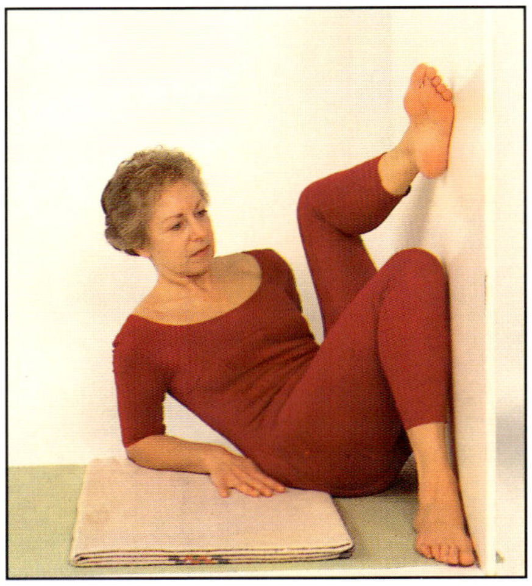

5 *Below: Support the back with the hands and bring the elbows in. Straighten the legs, keeping the feet on the wall. Lift the chest, abdomen and hips. Breathe evenly. Stay for 3–5 minutes, then bend the legs and come down.*

1 *Place one or two folded blankets near a wall, with the folded edges away from it. Sit on them sideways, as close to the wall as possible.*

2 *Lean back on to the elbows, swivel the trunk round and take one leg up the wall.*

3 *Take the other leg up the wall and lie back. Place the buttocks against the wall, the shoulders on the blankets, and the head on the floor.*

4 *Bend the legs, press the feet against the wall and raise the hips and chest.*

39 · SETU BANDHA SARVANGASANA (SUPPORTED)

NECK BALANCE BACK ARCH

This posture may be done during menstruation. To make the pose more restful, tie a belt round the middle thighs.

ON BOLSTER

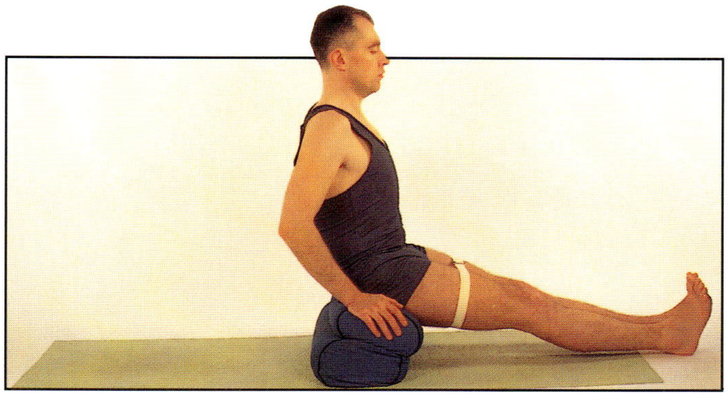

1 *Place two bolsters on top of each other horizontally on the floor and sit on them.*

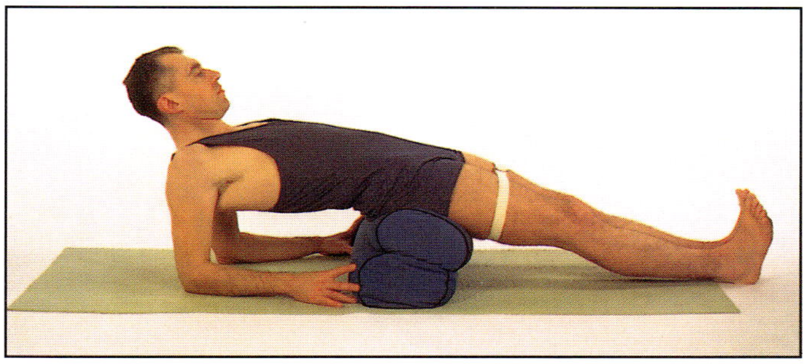

2 *Slide slightly back so that the lower back is nearly off the bolster.*

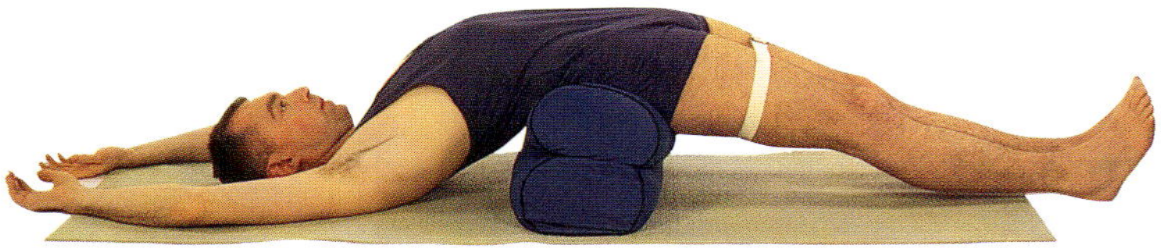

3 *Support yourself on your arms. Lie back with the shoulders and head on the floor. Take the arms over the head and relax. Stay for 5–8 minutes.*

- *If the lower back feels pinched, stretch it away from the waist or raise the feet and support them.*
- *To come down, bend the knees, push the bolsters away and slide back. Remove the belt (if used). Turn to the side, then sit cross-legged in front of the bolsters and bend forward, resting the head on them.*

ON BENCH

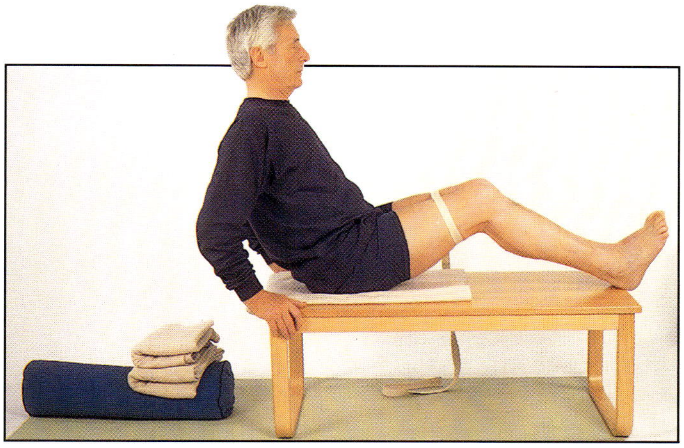

1 *Place one or two blankets on a sturdy bench. Place a bolster lengthwise on the floor in front of it. Sit backwards near the edge of the bench and take the feet up on to it.*

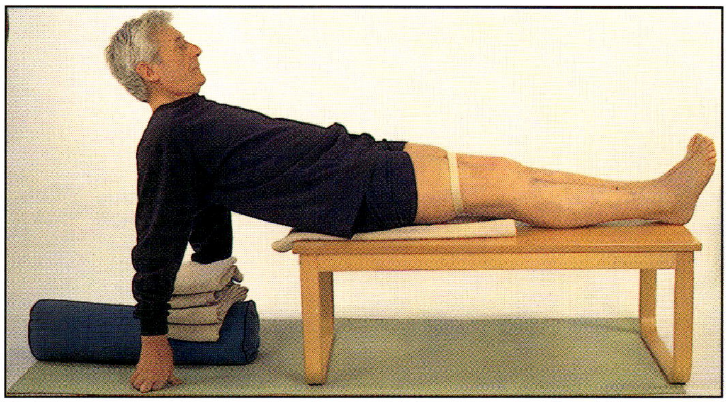

2 *Place the hands on the floor. Lean back, curving the waist over the edge of the bench. Straighten the legs.*

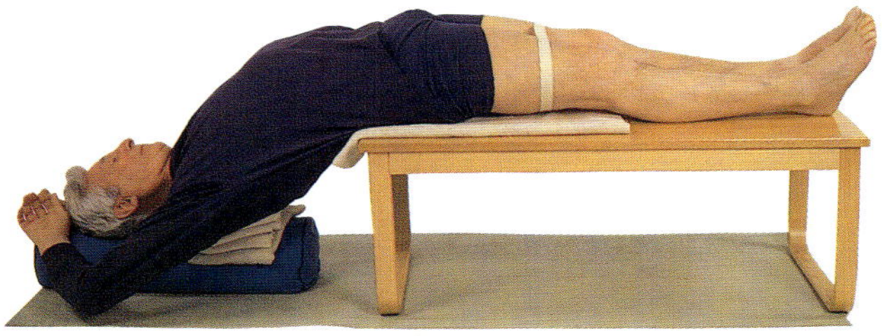

3 *Rest the shoulders and head on the bolster. Take the arms over the head. Stay for 5–8 minutes.*

40 · VIPARITA KARANI

RESTFUL INVERSION

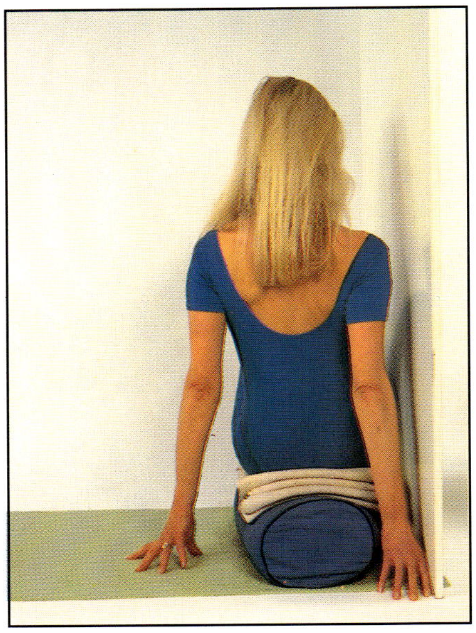

1 Place a block or thick book against the wall, with a bolster in front of it. Place one or more folded blankets on top, depending on your height. Sit sideways on the bolster, with the right hip touching the wall.

2 With the help of the hands, swivel the body round and take the right leg up the wall. Keep the right buttock against the wall.

3 Continue to swivel the body round and take the left leg up. At the same time lean back till the shoulders and head reach the floor. Support the lower back on the bolster arrangement and rest the buttocks and legs against the wall. Take the arms over the head and relax.

Stay for 5-8 minutes. Bend the knees, slide back, turn to the side and get up.

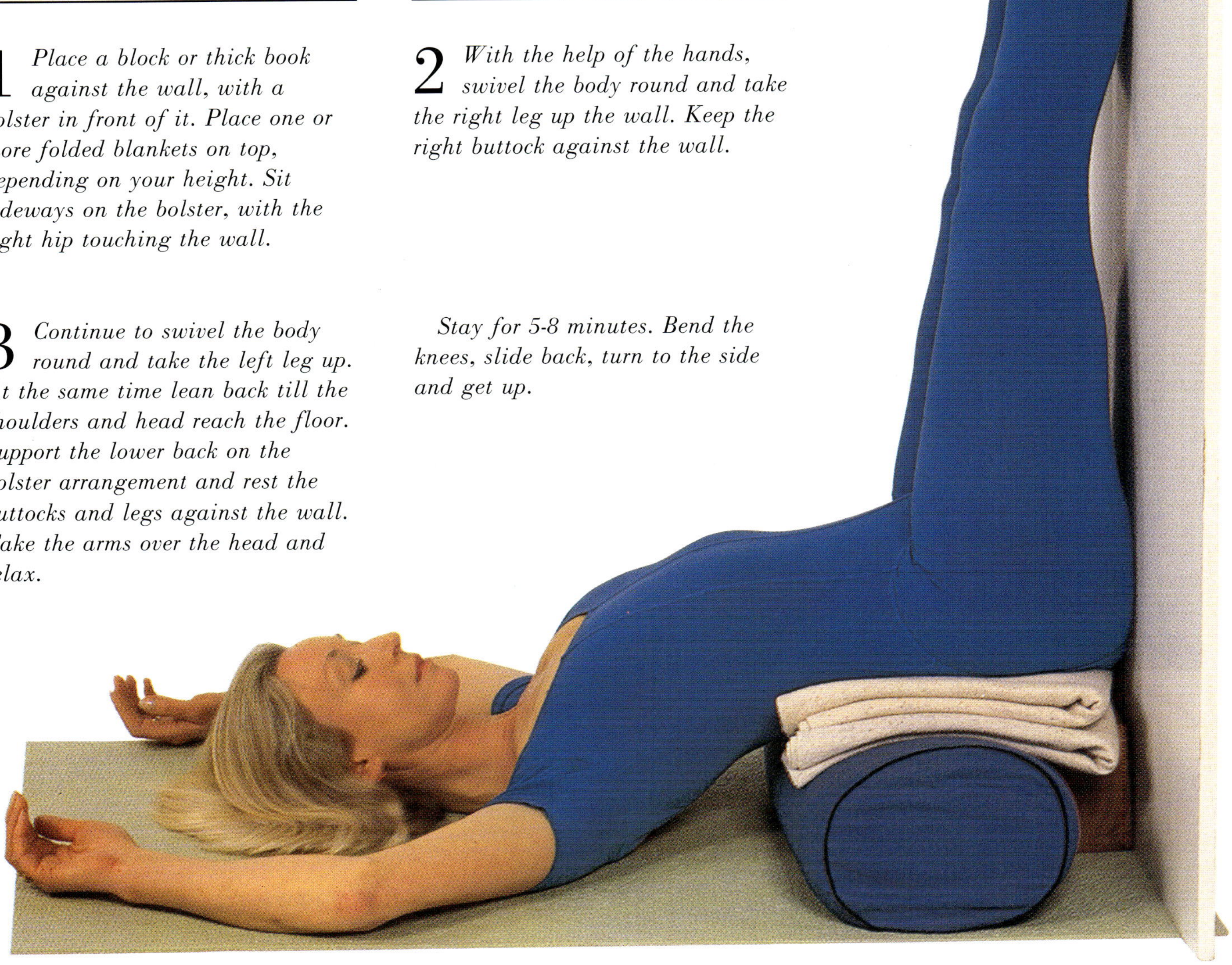

RELAXATION

41 · SAVASANA

CORPSE POSE

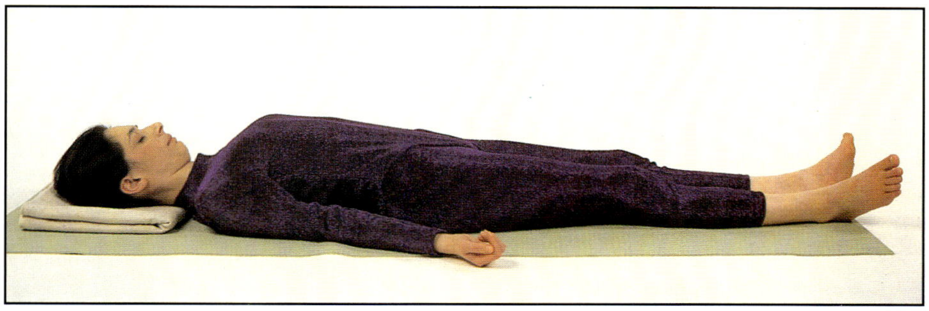

Lie on the floor in a straight line, with the feet together. Line yourself up carefully, as any lack of alignment prevents you from relaxing completely. Stretch the arms and legs and then relax them. Keep the arms slightly away from the trunk, with the palms facing up. Allow the legs and feet to roll away from each other.

Place a blanket under the head and neck at a comfortable height, so that the forehead and chin do not tilt backward. Close the eyes and let go mentally. Observe whether you are lying evenly on the floor. Feel the weight of the body sinking into the floor and the mind becoming quiet. Breathe evenly.

Stay for 5–10 minutes. To get up, slowly open the eyes, bend the knees and turn to the side.

VARIANT (ON A BOLSTER)

Place a bolster or two narrowly folded blankets lengthwise on the floor. Sit in front of the bolster and hold it against your back. Lean back and lie down on it. Centre the spine on it. Place a folded blanket under the head. Press the shoulders down and away from the neck. Move the back of the head away from the shoulders. Stretch the arms and legs away from the trunk and then relax them. Relax the hands and fingers, palms face up. Extend the soles of the feet and the toes, then let the feet drop to the sides. Close the eyes and relax. Breathe quietly and enjoy the feeling of the chest opening with the support of the bolster.

Stay for 5–10 minutes. Before getting up slowly open the eyes, bend the knees and turn to the side.

When Savasana is done on a bolster, the mind and body relax well as the chest is open, and breathing comes easily. The posture strengthens the lungs and is thus a good preparation for pranayama.

TOWARD MENTAL PEACE

Pranayama is control of the breath, from the subtlest to the most complex level. According to Patanjali it is not to be attempted until practice of the postures is mastered and, according to orthodox tradition, it is not to be attempted except under expert supervision.

The purpose of the postures and breathing exercises is the development of a sound and healthy body and mind. Yoga philosophy insists that this must be achieved before a person can embark on a programme of philosophical and spiritual development.

Without the one, the other is not possible. But when the foundation is firm, progress is assured.

RELAXING THE BODY

Lie on a bolster in Savasana (no. 41, variant). Spend a few minutes relaxing the body. Release tension from the feet and legs, the arms and hands, the abdomen and the face. Still your thoughts.

Keep the eyes quiet. Let the eyeballs sink down into the eye-sockets. Relax the temples and the forehead. Relax the skin at the bridge of the nose. Relax the cheeks by releasing them away from the eyes. Relax the jaws, moving the lower jaw a little away from the upper, without tensing it. Quieten the ears. Feel the connection between the ear passages and the jaws and relax them. Keep the tongue still. Let it rest on the lower palate and as it relaxes, allow the root of the tongue to recede into the throat. Do not clench the teeth; keep them very slightly parted.

Relax the neck and throat. If you cannot relax them, press the shoulders down and move the shoulder-blades into the back ribs. At the same time bring the chin slightly down towards the throat. Quieten the vibrations of the vocal cords.

In the early stages of your practice, end your relaxation here. Lie flat on your back, then bend the legs and turn to the side before getting up.

OBSERVING THE BREATH

Spend about five minutes relaxing on a bolster as described above.

When the body feels relaxed, begin to observe your breathing. Take the gaze of the eyes downward and then inward into the chest. Follow the course of the breath. Do not alter it, but watch the rhythm of your normal breathing. Observe whether you are breathing evenly and equally in both nostrils. Observe the speed of the breath, and whether your inhalations and exhalations are the same length. Keep your breathing soft and quiet.

Continue in the same way for a few minutes. As you watch the breath, do not lose the awareness of your relaxation. Maintain the quiet state of the body from moment to moment.

Relaxation needs to be learned. You will find that while you are concentrating on the breath,

tension creeps into different parts of the body. Some areas of tension are common to everyone. During inhalation, everyone has the habit of moving the head backward and lifting the chin; move them back to their original position every time. Similarly, tension returns unconsciously to the hands and feet, and the abdomen. Release this tension as soon as you observe it, during exhalation.

Other areas of tension in the body are individual, depending on each person's physique and habitual posture. Injuries, stiffness and the asymmetrical development of muscles and joints all prevent the free flow of energy and relaxation in the body. So too do mental and emotional strain. This is why the practice of postures is necessary: they counteract the wear and tear of daily life.

Relaxation and pranayama go one step further by training the mind to look inward. They induce a state of calmness that can be experienced again and again. This develops a reserve of inner strength.

The next stage of your relaxation can end here for the first few weeks of practice. When you have gained more experience you may continue by deeping your relaxation (see overleaf).

PREPARATORY PRANAYAMA TEN-WEEK COURSE

Sundays in the ten-week course are devoted to relaxing poses. Pranayama preparation can be added to these in the following way:

WEEKS 1 & 2	*Relaxing the Body*
WEEKS 3 & 4	*Observing the Breath*
WEEK 5	Repeat weeks 1–4
WEEKS 6 & 7	*Deepening your Relaxation* Add: *Normal Inhalation, Lengthened Exhalation* and *Lengthened Inhalation, Normal Inhalation*
WEEKS 8 & 9	*Deepening your Relaxation* Add: *Lengthened Inhalation and Exhalation*
WEEK 10	Repeat any of the techniques given in weeks 6–9.

Below: For relaxation practice, lie on a bolster in Savasana (no. 41, variant), opening the chest well. Ensure that you are settled comfortably so there is no physical distraction from your relaxation.

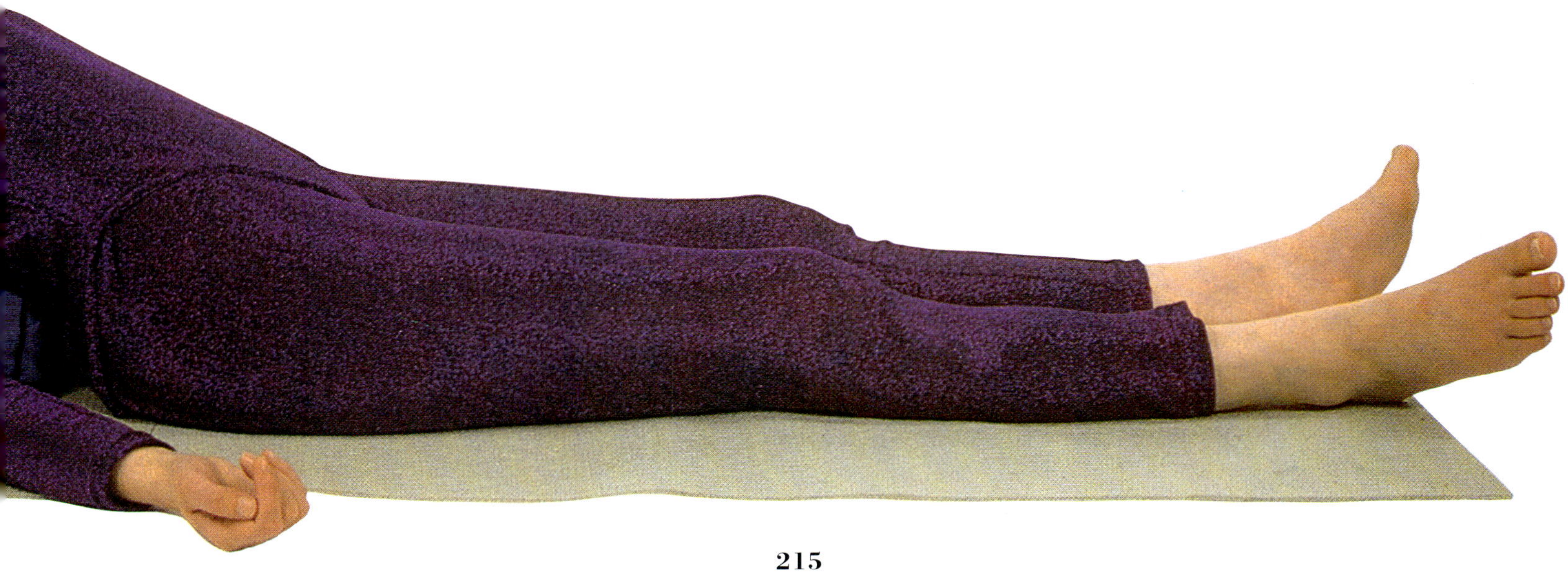

DEEPENING RELAXATION

After spending a few minutes observing your normal breathing, practise the following technique for lengthening the breath.

Normal Inhalation, Lengthened Exhalation
First exhale and relax the abdomen. Inhale normally. Exhale slowly and quietly. Do not strain. Again take a normal inhalation, then exhale slowly and quietly.

Continue in this way for about five minutes. Then lie quietly and breathe normally. Enjoy lying down and relaxing. Allow a few minutes to elapse before continuing.

Lengthened Inhalation, Normal Exhalation
Exhale completely, then take a slow, quiet inhalation. Do not breathe in suddenly or deeply, but lengthen the breath smoothly. Exhale normally. Again inhale slowly and quietly, taking care not to tense the eyes or brain. Do not let the breath disturb the nostrils. Exhale normally.

Continue in this way for about five minutes. Then lie quietly and breathe normally.

Allow a few minutes to elapse before continuing.

This is enough breathing practice for the first few sessions.

Lengthened Inhalations and Exhalations
Exhale completely, to empty the lungs of stale air and to prepare yourself psychologically. Inhale slowly and quietly, lengthening the breath as above. Do not hurry. Then exhale slowly and softly, lengthening the breath as above. Relax completely. Again take a quiet, slow inhalation, without tensing, and then a quiet, slow exhalation.

Continue for about five minutes, then breathe normally.

ENDING YOUR RELAXATION

Bend the legs, turn to the side, remove the bolster from under you, and lie flat on the back in Savasana. Keep the blanket for the head. Settle down on the floor; keep the mind quiet. Let go completely. Relax the brain. Move the awareness down into the chest.

Then carefully open the eyes, bend the knees and turn to the right side. Stay for a little while, then turn to the left. Get up from the side, or from the front.

Below: Savasana (no. 41) without a bolster is used for the final stage of relaxation practice. Check that your body is in alignment and lie still, keeping the mind and body quiet.

CONCLUSION

If Patanjali's teachings are followed and the inner body and the mind and nervous system are strengthened through asana practice, then the beginning stages of pranayama may safely be practised. However, it is preferable to have an experienced teacher to guide you in the early stages. Traditionally, it was considered essential to have a guru.

Until relaxation is learnt thoroughly, and the lungs are trained to alter their breathing pattern without strain, pranayama, the control of the breath, cannot be learnt. This is why, traditionally, it is not taught to beginners. One yoga text says that learning to control the breath is like learning to tame a tiger. The "father" of yoga, Patanjali, says that the practice of asanas must be mastered first.

The explanations of yoga in this book are aimed to be a guide to the first steps of yoga practice. The end of yoga is meditation and spiritual awareness. These refined mental and spiritual states cannot be experienced without due preparation. The path is acknowledged to be long, but the benefits at every step are so great that countless people, of former ages and today, have found the effort worthwhile.

TOOLS FOR PRACTICE

In the Iyengar method props and equipment are used in yoga practice when the body cannot achieve a posture or make a particular effort to achieve a required result of its own accord. This principle is important in yoga therapy, but is also useful when practising generally.

Most of the items required are common equipment found in a home. If the exact "prop" is not available, it can usually be substituted by something else.

Supporting the body in the asanas enables muscular extensions to be done in a passive way. It also helps to improve blood circulation and respiratory capacity.

The items used in this book are:

- **Armchair** For supported Sarvangasana (no. 37).
- **Bandage** In forward bends, to wind round the forehead.
- **Belt** In Sarvangasana (no. 34), to keep the elbows in.
In forward bends, to help catch the foot.
- **Bench** For Setu Bandha Sarvangasana (no. 39) to arch the back and open the chest.
- **Blankets** For Sarvangasana (no. 34) and Halasana (no. 35), to prevent compression of the neck.
For sitting poses, to lift the lower back.
For Savasana (no. 41), to support the head.
- **Block/Brick** In standing poses, to support the lower hand when it is difficult to reach the floor.
- **Bolsters** In supine poses, to support the back and lift the chest.
- **Chair** In twists, to facilitate the turning of the spine to the maximum.
- **Door Post** For Supta Padangusthasana, to support the raised leg.
- **Ledge** In standing poses and twists, to allow an effective grip, enabling the body to turn.
- **Non-slip Mat** To prevent slipping in standing poses, etc.
- **Pole** In Uttanasana (no. 9), to increase the shoulder movement.
- **Stool** In Ardha Halasana (no. 36), to support the thighs for a restful pose.
In standing twists and leg raisings, to support the lifted leg.
- **Wall** In standing poses and twists, to give support and a sense of direction.

TEN-WEEK COURSE

The course consists of 41 postures (asanas) and their variants. Dynamic and relaxing poses are given on alternate days so that the body experiences a balance of effort and recuperation. As strength, stamina and suppleness increase, more postures are added.

The course is intended only as a guide to structuring your practice. Basic instructions for the postures are given in the Asana section. If at all possible, it is advisable to attend a class with a teacher as well as following the course.

The course is devised for daily practice, of approximately 30 minutes to one hour each day. It can be adapted or spread out according to individual need and circumstances.

The number of the postures refer to their sequence in the Asana section, an asterisk indicates that a posture is being introduced for the first time.

WEEK 1

MONDAY

*1 • *Tadasana*
*2 • *Vrksasana*
*3 • *Trikonasana*
*4 • *Parsvakonasana*
*6 • *Virabhadrasana II*
*9 • *Uttanasana (on ledge)*
*16 • *Virasana (forward bend)*
*14 • *Sukhasana*
*41 • *Savasana*

TUESDAY AND THURSDAY

9 • *Uttanasana (on ledge)*
*31 • *Adho Mukha Svanasana (head supported)*
14 • *Sukhasana*
*17 • *Parvatasana (in Sukhasana)*
*20 • *Gomukhasana (arms only)*
*39 • *Setu Bandha Sarvangasana (on bolster)*
*40 • *Viparita Karani*
41 • *Savasana*

WEDNESDAY AND FRIDAY

1 • *Tadasana*
2 • *Vrksasana*
3 • *Trikonasana*
4 • *Parsvakonasana*
6 • *Virabhadrasana II*
9 • *Uttanasana (on ledge)*
16 • *Virasana (forward bend)*
14 • *Sukhasana*
*34 • *Sarvangasana*
41 • *Savasana*

SATURDAY

1 • *Tadasana*
2 • *Vrksasana*
3 • *Trikonasana*
4 • *Parsvakonasana*
6 • *Virabhadrasana II*
9 • *Uttanasana (on ledge)*
16 • *Virasana (forward bend)*
*15 • *Virasana*
14 • *Sukhasana*
17 • *Parvatasana (in Sukhasana)*
20 • *Gomukhasana*
34 • *Sarvangasana*
*36 • *Ardha Halasana*
41 • *Savasana*

SUNDAY

*26 • *Cross Bolsters*
*27 • *Matsyasana (simple)*
31 • *Adho Mukha Svanasana (head supported)*
*9 • *Uttanasana*
39 • *Setu Bandha Sarvangasana (on bolster)*
40 • *Viparita Karani*
*41 • *Savasana (on bolster)*

1 • Tadasana

2 • Vrksasana

3 • Trikonasana

4 • Parsvakonasana

6 · *Virabhadrasana II*

9 · *Uttanasana*

9 · *Uttanasana (on ledge)*

14 · *Sukhasana*

15 · *Virasana*

16 · *Virasana (forward bend)*

17 · *Parvatasana (in Sukhasana)*

20 · *Gomukhasana*

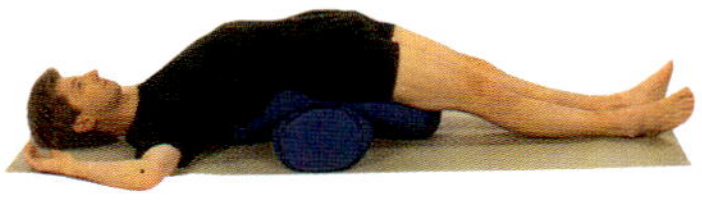

26 · *Cross Bolsters*

27 · *Matsyasana*

31 · *Adho Mukha Svanasana (head supported)*

34 · *Sarvangasana*

36 · *Ardha Halasana*

39 · *Setu Bandha Sarvangasana (on bolster)*

40 · *Viparita Karani*

41 · *Savasana*

41 · *Savasana (on bolsters)*

Points to Practise

Standing Poses

- Stand evenly on the inner and outer edges of the feet, and on the heels and mounds of the toes.
- Stretch the toes.
- Tighten the knees and pull up the thigh muscles.
- Keep the back leg strong and stable while bending the front leg.
- Make a right angle accurately.
- In turned poses, turn the hips to the maximum.
- Open the palms and extend fingers.
- Turn the head and neck without straining.
- Keep the face relaxed.

WEEK 2

MONDAY, WEDNESDAY AND FRIDAY

1 • *Tadasana*
3 • *Trikonasana*
4 • *Parsvakonasana*
6 • *Virabhadrasana II*
*7 • *Parsvottanasana (simple)*
9 • *Uttanasana*
*31 • *Adho Mukha Svanasana*
16 • *Virasana (forward bend)*
34 • *Sarvangasana*
*35 • *Halasana*
41 • *Savasana*

TUESDAY AND THURSDAY

*33 • *Bharadvajasana (on chair)*
14 • *Sukhasana*
17 • *Parvatasana (in Sukhasana)*
*15 • *Virasana*
*17 • *Parvatasana (in Virasana)*
20 • *Gomukhasana (arms only)*
31 • *Adho Mukha Svanasana*
34 • *Sarvangasana*
35 • *Halasana*
41 • *Savasana*

SATURDAY

31 • *Adho Mukha Svanasana*
9 • *Uttanasana (on ledge)*
1 • *Tadasana*
2 • *Vrksasana*
3 • *Trikonasana*
4 • *Parsvakonasana*
6 • *Virabhadrasana II*
*7 • *Parsvottanasana (full pose)*
16 • *Virasana (forward bend)*
34 • *Sarvangasana*
35 • *Halasana*
41 • *Savasana*

SUNDAY

26 • *Cross Bolsters*
27 • *Matsyasana (simple)*
31 • *Adho Mukha Svanasana (head supported)*
9 • *Uttanasana*
39 • *Setu Bandha Sarvangasana (on bolster)*
40 • *Viparita Karani*
41 • *Savasana (on bolster)*

1 • *Tadasana*

2 • *Vrksasana*

3 • *Trikonasana*

4 • *Parsvakonasana*

6 • *Virabhadrasana II*

7 • *Parsvottanasana (simple)*

7 • *Parsvottanasana (full pose)*

9 • *Uttanasana*

9 · Uttanasana (on ledge)

14 · Sukhasana

15 · Virasana

16 · Virasana (forward bend)

17 · Parvatasana (in Virasana)

20 · Gomukhasana (arms only)

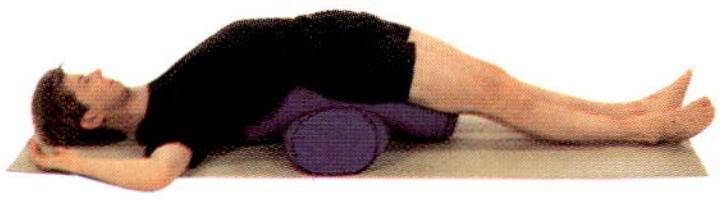

26 · Cross Bolsters

27 · Matsyasana (simple)

31 · Adho Mukha Svanasana

31 · Adho Mukha Svanasana (head supported)

33 · Bharadvajasana (on chair)

34 · Sarvangasana

35 · Halasana

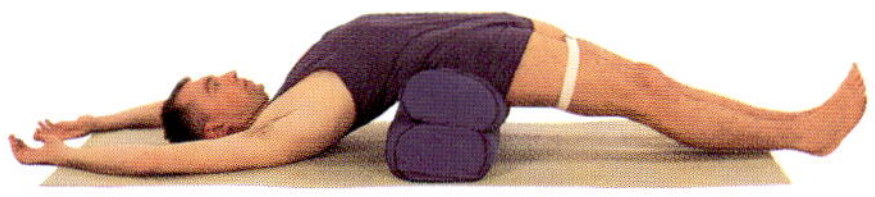

39 · Setu Bandha Sarvangasana (on bolster)

40 · Viparita Karani

41 · Savasana

41 · Savasana (on bolster)

WEEK 3

MONDAY, WEDNESDAY AND FRIDAY

31 • *Adho Mukha Svanasana*
9 • *Uttanasana (on ledge)*
1 • *Tadasana*
3 • *Trikonasana*
4 • *Parsvakonasana*
6 • *Virabhadrasana II*
*5 • *Virabhadrasana I*
9 • *Uttanasana*
*7 • *Parsvottanasana (full pose)*
33 • *Bharadvajasana (on a chair)*
14 • *Sukhasana*
17 • *Parvatasana (in Sukhasana)*
34 • *Sarvangasana*
35 • *Halasana*
41 • *Savasana*

TUESDAY AND THURSDAY

9 • *Uttanasana*
31 • *Adho Mukha Svanasana*
*18 • *Dandasana*
*22 • *Triang Mukhaikapada Pascimottanasana (concave)*
*24 • *Pascimottanasana (concave)*
36 • *Ardha Halasana*
*39 • *Setu Bandha Sarvangasana (on bolster)*
*30 • *Urdhva Prasarita Padasana*
41 • *Savasana*

SATURDAY

33 • *Bharadvajasana (on a chair)*
*32 • *Maricyasana (standing)*
1 • *Tadasana*
3 • *Trikonasana*
4 • *Parsvakonasana*
6 • *Virabhadrasana II*
5 • *Virabhadrasana I*
9 • *Uttanasana*
7 • *Parsvottanasana (full pose)*
*11 • *Garudasana*
15 • *Virasana*
17 • *Parvatasana (in Virasana)*
16 • *Virasana (forward bend)*
34 • *Sarvangasana*
35 • *Halasana*
41 • *Savasana*

SUNDAY

26 • *Cross Bolsters*
27 • *Matsyasana (simple)*
*28 • *Supta Baddhakonasana*
31 • *Adho Mukha Svanasana*
9 • *Uttanasana (on ledge)*
*38 • *Sarvangasana (against wall)*
36 • *Ardha Halasana*
39 • *Setu Bandha Sarvangasana (on bolster)*
40 • *Viparita Karani*
41 • *Savasana (on bolster)*

1 • Tadasana

3 • Trikonasana

4 • Parsvakonasana

5 • Virabhadrasana I

6 • Virabhadrasana II

7 • Parsvottanasana (full pose)

9 • Uttanasana

9 • Uttanasana (on ledge)

11 · *Garudasana*

14 · *Sukhasana*

15 · *Virasana*

16 · *Virasana (forward bend)*

17 · *Parvatasana (in Sukhasana)*

17 · *Parvatasana (in Virasana)*

18 · *Dandasana*

22 · *Triang Mukhaikapada Pascimottanasana (concave)*

24 · *Pascimottanasana (concave)*

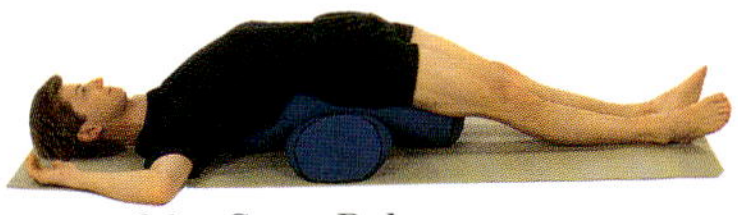
26 · *Cross Bolsters*

27 · *Matsyasana*

28 · *Supta Baddhakonasana*

30 · *Urdhva Prasarita Padasana*

31 · *Adho Mukha Svanasana*

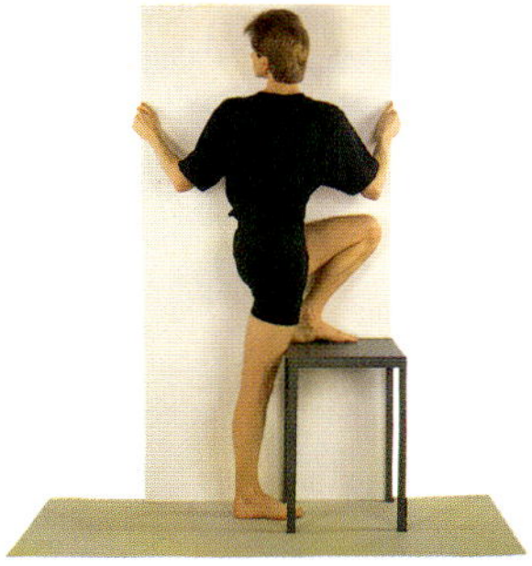
32 · *Maricyasana (standing)*

33 · *Bharadvajasana (on chair)*

34 · *Sarvangasana*

35 · *Halasana*

36 · *Ardha Halasana*

38 · *Sarvangasana (against wall)*

39 · *Setu Bandha Sarvangasana (on bolster)*

40 · *Viparita Karani*

41 · *Savasana*

41 · *Savasana (on bolster)*

WEEK 4

MONDAY, WEDNESDAY AND FRIDAY

15 • *Virasana*
*13 • *Utthita Hasta Padangusthasana (forward and sideways)*
1 • *Tadasana*
3 • *Trikonasana*
4 • *Parsvakonasana*
6 • *Virabhadrasana II*
5 • *Virabhadrasana I*
9 • *Uttanasana*
7 • *Parsvottanasana (full pose)*
17 • *Virasana (forward bend)*
14 • *Sukhasana*
27 • *Matsyasana*
34 • *Sarvangasana*
35 • *Halasana*
41 • *Savasana*

TUESDAY AND THURSDAY

32 • *Maricyasana (standing)*
33 • *Bharadvajasana (on chair)*
31 • *Adho Mukha Svanasana*
18 • *Dandasana*
*21 • *Janusirsasana (concave)*
22 • *Triang Mukhaikapada Pascimottanasana (concave)*
*23 • *Maricyasana I (twist only)*
24 • *Pascimottanasana (concave)*
*25 • *Malasana (preparatory)*
34 • *Sarvangasana*
35 • *Halasana*
41 • *Savasana*

SATURDAY

1 • *Tadasana*
2 • *Vrksasana*
3 • *Trikonasana*
4 • *Parsvakonasana*
6 • *Virabhadrasana II*
5 • *Virabhadrasana I*
9 • *Uttanasana*
7 • *Parsvottanasana (full pose)*
11 • *Garudasana*
20 • *Gomukhasana (arms only)*
31 • *Adho Mukha Svanasana*
34 • *Sarvangasana*
36 • *Ardha Halasana*
41 • *Savasana*

SUNDAY

26 • *Cross Bolsters*
27 • *Matsyasana (simple)*
28 • *Supta Baddhakonasana*
31 • *Adho Mukha Svanasana*
9 • *Uttanasana (on ledge)*
38 • *Sarvangasana (against wall)*
36 • *Ardha Halasana*
39 • *Setu Bandha Sarvangasana (on bolster)*
40 • *Viparita Karani*
41 • *Savasana (on bolster)*

1 · Tadasana

2 · Vrksasana

3 · Trikonasana

4 · Parsvakonasana

5 · Virabhadrasana I

6 · Virabhadrasana II

7 · Parsvottanasana

9 · Uttanasana

9 · Uttanasana (on ledge)

11 · Garudasana

Standing Poses

- Stretch legs up from ankle bones.
- In forward-facing poses, open the hips outward.
- Extend the front, sides and back of the body.

Sitting Poses

- Adjust the height of support in order not to slump in the lower back or push the lumber forward.
- In concave poses, lift and open the chest and move the back ribs in.
- In bent-legged poses, relax the groins and knees; take the thighs down without collapsing the back.
- In poses with straight legs, extend the legs and keep the thighs and knees down.

13 · *Utthita Hasta Padangusthasana (forward)*

13 · *Utthita Hasta Padangusthasana (sideways)*

14 · *Sukhasana*

15 · *Virasana*

16 · *Virasana (forward bend)*

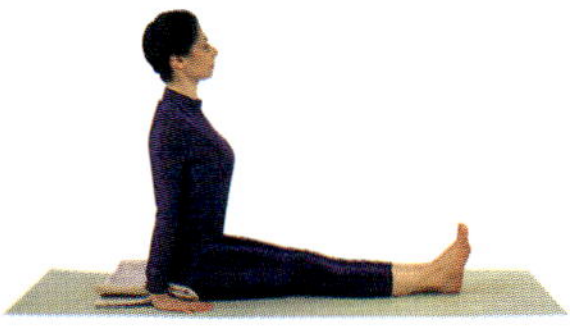

18 · *Dandasana*

20 · *Gomukhasana*

21 · *Janusirsasana (concave)*

22 · *Triang Mukhaikapada Pascimottanasana (concave)*

23 · *Maricyasana I*

24 · *Pascimottanasana (concave)*

25 · *Malasana (preparatory)*

26 · *Cross Bolsters*

27 · *Matsyasana*

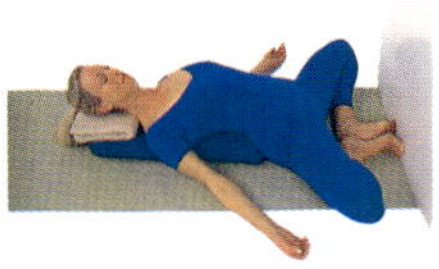

28 · *Supta Baddhakonasana*

31 · *Adho Mukha Svanasana*

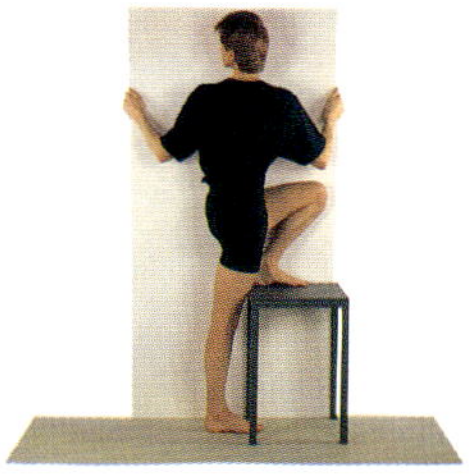

32 · *Maricyasana (standing)*

33 · *Bharadvajasana (on chair)*

34 · *Sarvangasana*

35 · *Halasana*

36 · *Ardha Halasana*

38 · *Sarvangasana (against wall)*

39 · *Setu Bandha Sarvangasana (on bolster)*

40 · *Viparita Karani*

41 · *Savasana*

41 · *Savasana (on bolster)*

WEEK 5

Practise a mixture of dynamic and resting programmes from the previous four weeks.

WEEK 6

MONDAY, WEDNESDAY AND FRIDAY

1 • *Tadasana*
3 • *Trikonasana*
4 • *Parsvakonasana*
5 • *Virabhadrasana I*
9 • *Uttanasana*
6 • *Virabhadrasana II*
7 • *Parsvottanasana (full pose)*
*8 • *Prasarita Padottanasana*
16 • *Virasana (forward bend)*
34 • *Sarvangasana*
35 • *Halasana*
24 • *Pascimottanasana*
30 • *Urdhva Prasarita Padasana*
41 • *Savasana*

TUESDAY AND THURSDAY

9 • *Uttanasana*
31 • *Adho Mukha Svanasana*
*21 • *Janusirsasana (head supported)*
*22 • *Triang Mukhaikapada Pascimottanasana (head supported)*
*24 • *Pascimottanasana (head supported)*
23 • *Maricyasana I (twist only)*
34 • *Sarvangasana*
36 • *Ardha Halasana*
*39 • *Setu Bandha Sarvangasana (on bench)*
41 • *Savasana*

SATURDAY

13 • *Utthita Hasta Padangusthasana (forward and sideways)*
1 • *Tadasana*
3 • *Trikonasana*
4 • *Parsvakonasana*
5 • *Virabhadrasana I*
9 • *Uttanasana*
6 • *Virabhadrasana II*
7 • *Parsvottanasana (arms stretched)*
8 • *Prasarita Padottanasana*
*12 • *Utkatasana*
25 • *Malasana (preparatory)*
16 • *Virasana (forward bend)*
36 • *Ardha Halasana*
34 • *Sarvangasana*
41 • *Savasana*

SUNDAY

31 • *Adho Mukha Svanasana (head supported)*
16 • *Virasana (forward bend)*
9 • *Uttanasana*
30 • *Urdhva Prasarita Padasana*
27 • *Matsyasana (simple)*
28 • *Supta Baddhakonasana*
*37 • *Sarvangasana (on chair)*
36 • *Ardha Halasana*
41 • *Savasana (on bolster)*
  (1) *relaxing*
  (2) *observing the breath*

1 · Tadasana

3 · Trikonasana

4 · Parsvakonasana

5 · Virabhadrasana I

6 · Virabhadrasana II

7 · Parsvottanasana (full pose)

7 · Parsvottanasana (arms stretched)

8 · Prasarita Padottanasana

9 · Uttanasana

9 · Uttanasana (on ledge)

12 · Utkatasana

13 · Utthita Hasta Padangusthasana (forward)

13 · Utthita Hasta Padangusthasana (sideways)

16 · Virasana

16 · Virasana (forward bend)

21 · Janusirsasana (head supported)

22 · Triang Mukhaikapada Pascimottanasana

23 · Maricyasana I

24 · Pascimottanasana (full pose)

24 · Pascimottanasana (head supported)

25 · Malasana (preparatory)

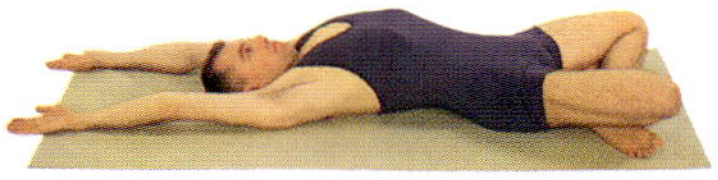

27 · Matsyasana

28 · Supta Baddhakonasana

30 · Urdhva Prasarita Padasana

31 · Adho Mukha Svanasana

31 · Adho Mukha Svanasana (head supported)

34 · Sarvangasana

35 · Halasana

36 · Ardha Halasana

37 · Sarvangasana (on chair)

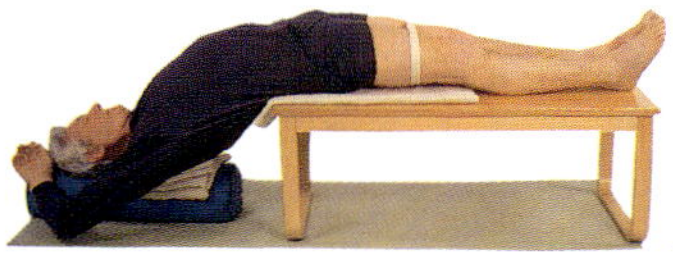

39 · Setu Bandha Sarvangasana (on bench)

41 · Savasana

41 · Savasana (on bolster)

WEEK 7

MONDAY, WEDNESDAY AND FRIDAY

15 • *Virasana*
31 • *Adho Mukha Svanasana*
1 • *Tadasana*
3 • *Trikonasana*
4 • *Parsvakonasana*
5 • *Virabhadrasana I*
9 • *Uttanasana*
6 • *Virabhadrasana II*
7 • *Parsvottanasana*
8 • *Prasarita Padottanasana*
16 • *Virasana (forward bend)*
*29 • *Supta Virasana*
28 • *Supta Baddhakonasana*
34 • *Sarvangasana*
35 • *Halasana*
24 • *Pascimottanasana*
41 • *Savasana*

TUESDAY AND THURSDAY

32 • *Maricyasana (standing)*
33 • *Bharadvajasana (on chair)*
9 • *Uttanasana (on ledge)*
31 • *Adho Mukha Svanasana*
14 • *Sukhasana*
17 • *Parvatasana (in Sukhasana)*
15 • *Virasana*
17 • *Parvatasana (in Virasana)*
18 • *Dandasana*
*19 • *Siddhasana*
20 • *Gomukhasana (arms only)*
* *Namaste (in Virasana)*
34 • *Sarvangasana*
35 • *Halasana*
41 • *Savasana*

SATURDAY

14 • *Sukhasana*
15 • *Virasana*
17 • *Parvatasana (in Virasana)*
31 • *Adho Mukha Svanasana*
18 • *Dandasana*
21 • *Janusirsasana (concave)*
22 • *Triang Mukhaikapada Pascimottanasana (concave)*
24 • *Pascimottanasana (concave)*
23 • *Maricyasana I (twist only)*
*33 • *Bharadvajasana (preparatory)*
25 • *Malasana (preparatory)*
34 • *Sarvangasana*
35 • *Halasana*
41 • *Savasana*

SUNDAY

31 • *Adho Mukha Svanasana (head supported)*
16 • *Virasana (forward bend)*
9 • *Uttanasana*
30 • *Urdhva Prasarita Padasana*
27 • *Matsyasana (simple)*
28 • *Supta Baddhakonasana*
37 • *Sarvangasana (on chair)*
36 • *Ardha Halasana*
41 • *Savasana (on bolster)*
  (1) relaxing
  (2) observing the breath

1 · Tadasana

3 · Trikonasana

4 · Parsvakonasana

5 · Virabhadrasana I

6 · Virabhadrasana II

7 · Parsvottanasana

8 · Prasarita Padottanasana

9 · Uttanasana

9 · Uttanasana (on ledge)

14 · Sukhasana

Sitting Poses
● In forward-bending poses, lengthen the whole trunk.
● Look up without compressing the back of the neck.
● Extend the upper arms away from the shoulders, the forearms away from the elbows, and the hands away from the wrists.
● Catch further and further.

Twists
● Keep the legs stable as you turn.
● Move the whole trunk when turning. ● Catch further. ● Turn the head without tensing the neck.

15 · Virasana

16 · Virasana (forward bend)

17 · Parvatasana (in Sukhasana)

17 · Parvatasana (in Virasana)

18 · Dandasana

19 · Siddhasana

20 · Gomukhasana

21 · Janusirsasana (concave)

22 · Triang Mukhaikapada Pascimottanasana (concave)

23 · Maricyasana I

24 · Pascimottanasana (concave)

25 · Malasana (preparatory)

27 · Matsyasana

28 · Supta Baddhakonasana

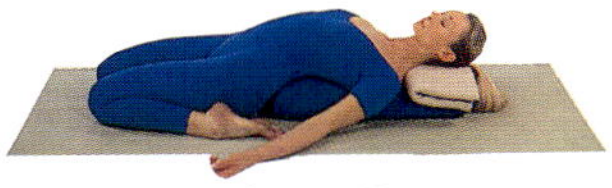
29 · Supta Virasana

30 · Urdhva Prasarita Padasana

31 · Adho Mukha Svanasana

31 · Adho Mukha Svanasana (head supported)

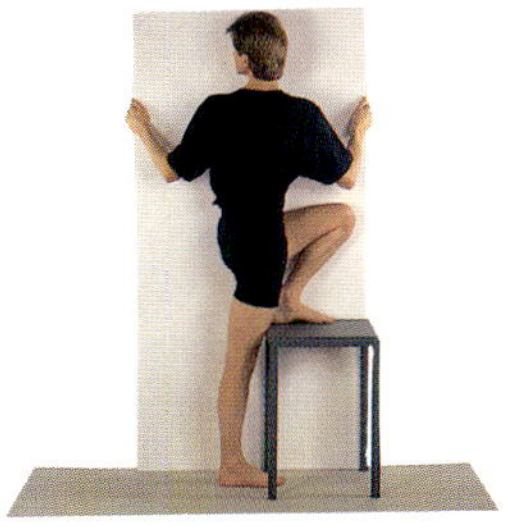
32 · Maricyasana (standing)

33 · Bharadvajasana (preparatory)

33 · Bharadvajasana (on chair)

34 · Sarvangasana

35 · Halasana

36 · Ardha Halasana

37 · Sarvangasana (on chair)

41 · Savasana

41 · Savasana (on bolster)

WEEK 8

MONDAY, WEDNESDAY AND FRIDAY

1 • *Tadasana*
2 • *Vrksasana*
3 • *Trikonasana*
4 • *Parsvakonasana*
5 • *Virabhadrasana I*
9 • *Uttanasana*
6 • *Virabhadrasana II*
7 • *Parsvottanasana (full pose)*
9 • *Uttanasana*
*10 • *Padangusthasana*
12 • *Utkatasana*
11 • *Garudasana*
16 • *Virasana (forward bend)*
36 • *Ardha Halasana*
41 • *Savasana*

TUESDAY AND THURSDAY

9 • *Uttanasana (on ledge)*
31 • *Adho Mukha Svanasana*
16 • *Virasana (forward bend)*
18 • *Dandasana*
*21 • *Janusirsasana (full pose)*
*22 • *Triang Mukhaikapada Pascimottanasana (full pose)*
*24 • *Pascimottanasana (full pose)*
33 • *Bharadvajasana (preparatory)*
36 • *Ardha Halasana*
39 • *Setu Bandha Sarvangasana (on bench)*
40 • *Viparita Karani*
41 • *Savasana*

SATURDAY

33 • *Bharadvajasana (on chair)*
32 • *Maricyasana (standing)*
1 • *Tadasana*
3 • *Trikonasana*
4 • *Parsvakonasana*
5 • *Virabhadrasana I*
9 • *Uttanasana*
6 • *Virabhadrasana II*
7 • *Parsvottanasana (arms stretched)*
8 • *Prasarita Padottanasana*
25 • *Malasana (preparatory)*
31 • *Adho Mukha Svanasana*
16 • *Virasana (forward bend)*
34 • *Sarvangasana*
35 • *Halasana*
41 • *Savasana*

SUNDAY

26 • *Cross Bolsters*
27 • *Matsyasana*
28 • *Supta Baddhakonasana*
29 • *Supta Virasana*
16 • *Virasana (forward bend)*
9 • *Uttanasana*
31 • *Adho Mukha Svanasana*
37 • *Sarvangasana (on chair)*
36 • *Ardha Halasana*
39 • *Setu Bandha Sarvangasana (on bench)*
41 • *Savasana (on bolster)*
(1) relaxing
(2) observing the breath
(3) lengthening the breath

1 · Tadasana

2 · Vrksasana

3 · Trikonasana

4 · Parsvakonasana

5 · Virabhadrasana I

6 · Virabhadrasana II

7 · Parsvottanasana

7 · Parsvottanasana (arms stretched)

8 · Prasarita Padottanasana

9 · Uttanasana

Prone and Supine Poses

- Extend the front of the body and keep it relaxed; enjoy opening the chest; breathe evenly.
- In supported poses find the best position.
- Place the head and neck in a comfortable position.

Inverted Poses

- In supported poses, experiment with the height of the support to make it most effective.

9 · Uttanasana (on ledge)

10 · Padangusthasana

11 · Garudasana

12 · Utkatasana

16 · Virasana (forward bend)

18 · Dandasana

21 · Janusirsasana

22 · Triang Mukhaikapada Pascimottanasana

24 · Pascimottanasana

25 · Malasana (preparatory)

26 · Cross Bolsters

27 · Matsyasana

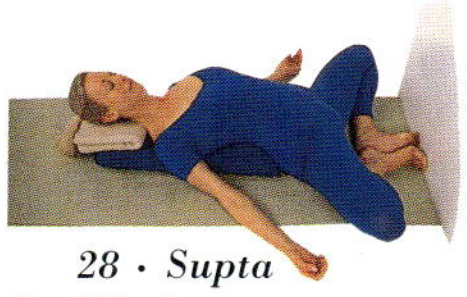
28 · Supta Baddhakonasana

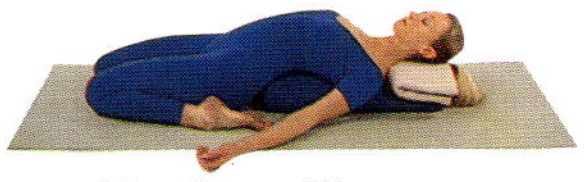
29 · Supta Virasana

31 · Adho Mukha Svanasana

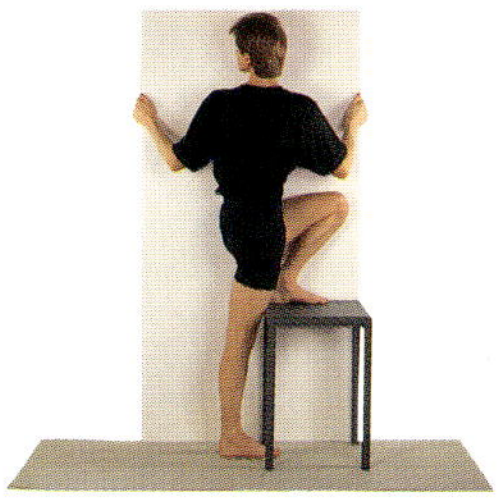
32 · Maricyasana (standing)

33 · Bharadvajasana

33 · Bharadvajasana (on chair)

34 · Sarvangasana

35 · Halasana

36 · Ardha Halasana

37 · Sarvangasana (on chair)

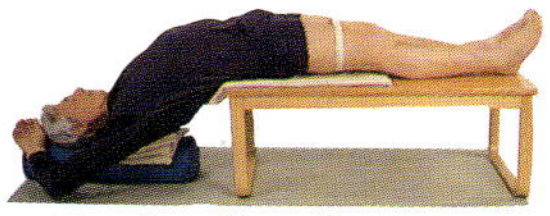
39 · Setu Bandha Sarvangasana (on bench)

40 · Viparita Karani

41 · Savasana

41 · Savasana (on bolster)

- Keep the chest open and lifted while remaining relaxed.
- Keep the head in line with the rest of the body.
- Extend the neck without tension.
- Adjust the arms and shoulders to make them even, and get in a comfortable position.

Relaxation
- Place yourself accurately.
- Breathe quietly.
- Relax, letting go completely.

WEEK 9

MONDAY, WEDNESDAY AND FRIDAY

13 • *Utthita Hasta Padangusthasana (forward and sideways)*
1 • *Tadasana*
3 • *Trikonasana*
4 • *Parsvakonasana*
5 • *Virabhadrasana I*
9 • *Uttanasana*
6 • *Virabhadrasana II*
7 • *Parsvottanasana*
8 • *Prasarita Padottanasana*
10 • *Padangusthasana*
31 • *Adho Mukha Svanasana*
16 • *Virasana (forward bend)*
34 • *Sarvangasana*
21 • *Janusirsasana*
24 • *Pascimottanasana*
41 • *Savasana*

TUESDAY AND THURSDAY

15 • *Virasana*
17 • *Parvatasana (in Virasana)*
14 • *Sukhasana*
17 • *Parvatasana (in Sukhasana)*
20 • *Gomukhasana (arms only)*
33 • *Bharadvajasana (on chair)*
32 • *Maricyasana (standing)*
18 • *Dandasana*
23 • *Maricyasana I (twist only)*
*33 • *Bharadvajasana*
25 • *Malasana*
34 • *Sarvangasana*
35 • *Halasana*
24 • *Pascimottanasana*
41 • *Savasana*

SATURDAY

1 • *Tadasana*
2 • *Vrksasana*
11 • *Garudasana*
12 • *Utkatasana*
15 • *Virasana*
19 • *Siddhasana*
18 • *Dandasana*
21 • *Janusirsasana*
22 • *Triang Mukhaikapada Pascimottanasana*
24 • *Pascimottanasana*
31 • *Adho Mukha Svanasana*
34 • *Sarvangasana*
35 • *Halasana*
41 • *Savasana*

SUNDAY

26 • *Cross Bolsters*
27 • *Matsyasana*
28 • *Supta Baddhakonasana*
29 • *Supta Virasana*
16 • *Virasana (forward bend)*
9 • *Uttanasana*
31 • *Adho Mukha Svanasana*
37 • *Sarvangasana (on chair)*
36 • *Ardha Halasana*
39 • *Setu Bandha Sarvangasana (on bench)*
41 • *Savasana (on bolster)*
  (1) *relaxing*
  (2) *observing the breath*
  (3) *lengthening the breath*

1 • Tadasana

2 • Vrksasana

3 • Trikonasana

4 • Parsvakonasana

5 • Virabhadrasana I

6 • Virabhadrasana II

7 • Parsvottanasana

8 • Prasarita Padottanasana

9 • Uttanasana

10 • Padangusthasana

11 • Garudasana

12 • Utkatasana

13 • Utthita Hasta Padangusthasana (forward)

13 • Utthita Hasta Padangusthasana (sideways)

14 • Sukhasana

15 · Virasana

16 · Virasana (forward bend)

17 · Parvatasana (in Sukhasana)

17 · Parvatasana (in Virasana)

18 · Dandasana

19 · Siddhasana

20 · Gomukhasana (arms only)

21 · Janusirsasana

22 · Triang Mukhaikapada Pascimottanasana

23 · Maricyasana I

24 · Pascimottanasana

25 · Malasana (preparatory)

26 · Cross Bolsters

27 · Matsyasana

28 · Supta Baddhakonasana

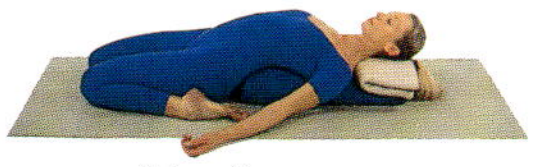
29 · Supta Virasana

31 · Adho Mukha Svanasana

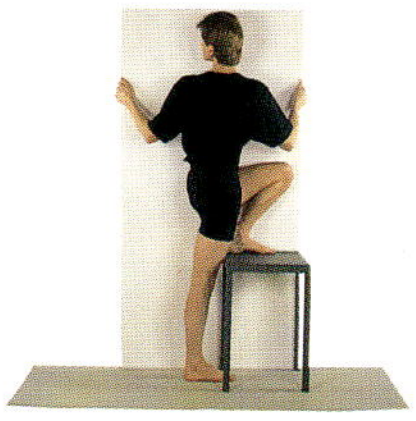
32 · Maricyasana (standing)

33 · Bharadvajasana

33 · Bharadvajasana (on chair)

34 · Sarvangasana

35 · Halasana

36 · Ardha Halasana

37 · Sarvangasana (on chair)

39 · Setu Bandha Sarvangasana

41 · Savasana

41 · Savasana (on bolster)

WEEK 10

Practise any programmes from weeks 6-9 inclusive.

ASANAS FOR MENSTRUATION

Although menstruation is a normal and natural process, it involves physiological and metabolic changes, and yoga practice takes account of the altered condition of the body at this time. The postures given in this programme are a combination of restful ones and those that ease pain and strain.

Strenuous postures such as standing and inverted poses, and vigorous extensions in any poses, should be avoided. Yoga practice generally helps complaints associated with the menstrual cycle, such as cramp, irregularity, scanty or excessive bleeding, backache and pre-menstrual tension.

SUPTA VIRASANA

HERO POSE (SUPINE)

Do Supta Virasana (no. 29). Stay for 3–5 minutes, then come up.

SUPTA BADDHAKONASANA

SUPINE COBBLER POSE

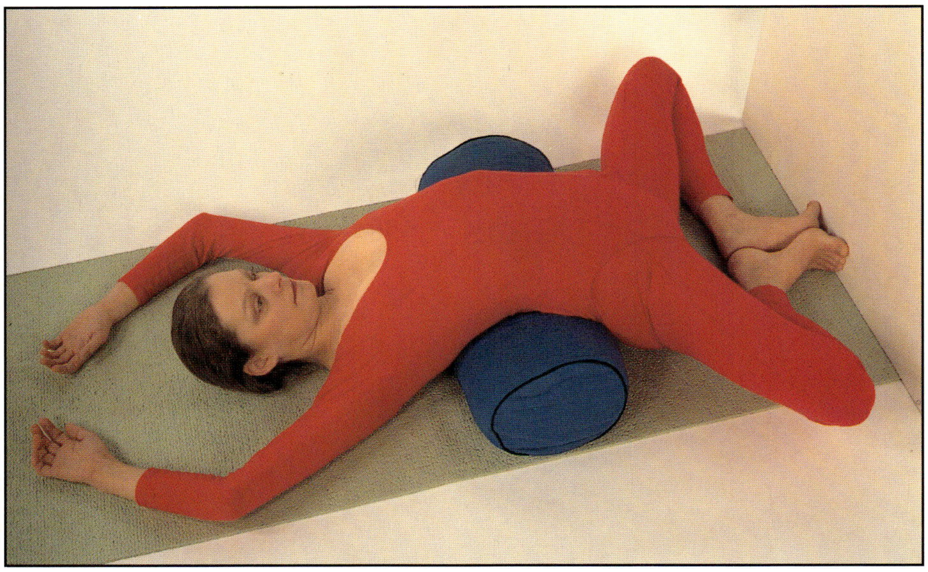

Do Supta Baddhakonasana (no. 28) with a crosswise bolster under the waist. Stay for 5–8 minutes, then come up.

BADDHAKONASANA

COBBLER POSE

Sit in Dandasana (no. 18) against a wall, on one or two folded blankets. Bend the knees to the sides. Bring the feet together and line them up, with the soles touching. Bring the heels as close as possible to the pubis. Hold the toes. If you are sitting too high to reach them, hold the ankles. Stretch the thighs toward the knees and take the knees down. Stretch the trunk up and open the chest. Keep the head level.

Stay for 3–5 minutes, then release.

UPAVISTAKONASANA

WIDE-ANGLED SEATED POSE

Sit in Dandasana (no. 18) on one or two folded blankets, with the back against a wall. Spread the legs apart, as wide as possible. Keep the front of the legs facing the ceiling and the feet upright. Straighten the knees and pull the thigh muscles back towards the groin. Draw the trunk up, extend the spine up and open the chest. Breathe evenly. Stay for 2–3 minutes, then release.

JANUSIRSASANA

HEAD TO KNEE POSE

Do Janusirsasana (no. 21), variant with head supported.

Stay for 1–2 minutes, then repeat on the other side.

TRIANG MUKHAIKAPADA PASCIMOTTANASANA

FORWARD BEND WITH LEG BENT BACK

Do Triang Mukhaikapada Pascimottanasana (no. 22).

Stay for 1–2 minutes, then repeat on the other side.

- *If you experience cramp during menstruation, do the forward bends with the back concave.*
- *If you are stiff, rest the head on a stool.*
- *If there is strain in the knees, support it and reduce the length of time in the posture.*

ARDHA BADDHA PADMA PASCIMOTTANASANA

HALF-LOTUS FORWARD BEND

1 *Sit in Dandasana (no. 18). Bend the right leg and place the foot on top of the left thigh, in the groin. Place a bolster on the left shin.*

2 *Bend forward, hold the left foot and rest the head on the bolster. Stay for 30–40 seconds, then repeat on the other side.*

- *If there is strain in the knee, support it on a rolled blanket. Do not tense the knee.*

MARICYASANA I

SIMPLE TWIST WITH FORWARD BEND

Do Maricyasana I (no. 23). Turn the trunk forward and bend down over the straight leg. Rest the head on the bolster. Keep the abdomen soft. Stay for 30–40 seconds, then repeat on the other side.

PASCIMOTTANASANA

FULL FORWARD BEND WITH HEAD SUPPORTED

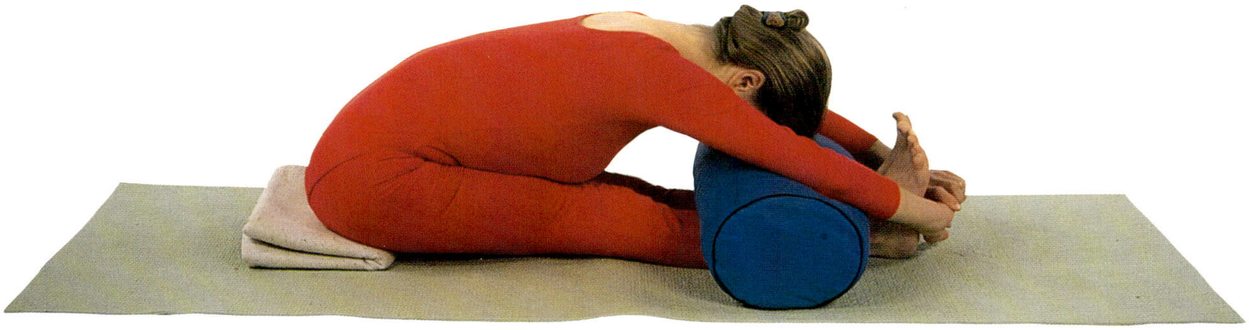

Do Pascimottanasana (no. 24) resting the head on a bolster. Stay for 2–3 minutes, then come up.

SETU BANDHA SARVANGASANA

NECK BALANCE BACK ARCH

1 *Above: Do Setu Bandha Sarvangasana (no. 39). Lie over a support, such as a bench, folded blankets or bolsters. Stay for 5–8 minutes.*

2 *Left: To come down, bend the knees and hold the bench, blankets or bolsters. Slide back, then turn to the side and get up.*

3 *Sit and bend forward, resting your head on the support. If the lower back pulls, take the buttocks a little further back, or sit on a bolster and bend down.*

SAVASANA

CORPSE POSE

Do Savasana (no. 41) for 5–10 minutes, then turn to the side and come up.

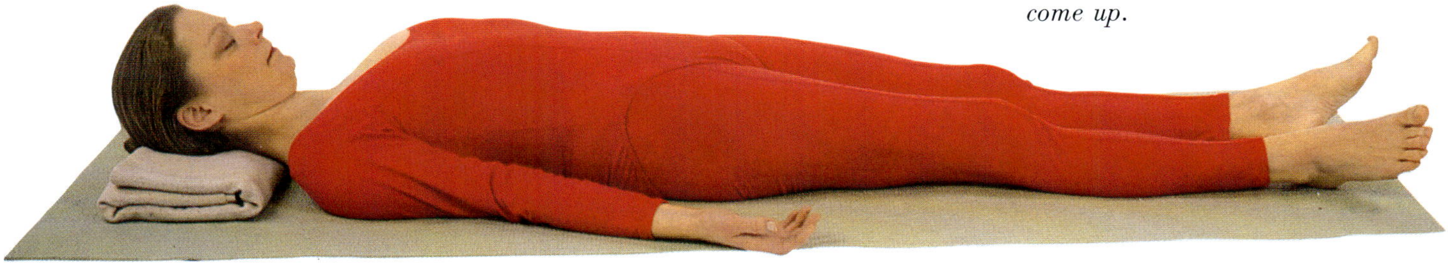

ASANAS FOR HEADACHES

The sequence of postures given here is designed to alleviate headaches caused by stress and tension.

The bandage, which we show wound round the head for the forward bends, can be used from the beginning. It relieves the internal pressure that comes with headaches. Care should be taken not to tie a bandage too tightly.

As you become stronger through regular yoga practice, you should find that you suffer less from headaches, and can get rid of them more easily.

CROSS BOLSTERS

Lie over Cross Bolsters (no. 26).

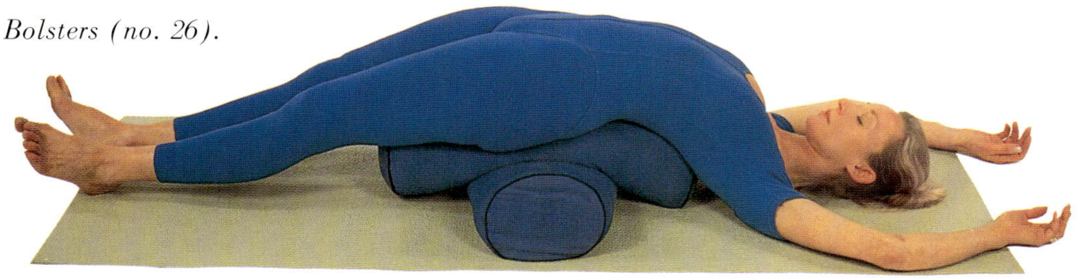

SUPTA VIRASANA

RECLINING HERO POSE

Do Supta Virasana (no. 29).

SUPTA BADDHAKONASANA

SUPINE COBBLER POSE

Do Supta Baddhakonasana (no. 28).

Using a Bandage

A firmly tied bandage round the head is very soothing for headaches. It cools the eyes, temples and head.

Wind a bandage several times round the forehead and back of the skull. Pull the bandage firmly but do not make it too tight.

If you have eyestrain also cover the eyes: in this case wind the bandage lightly two or three times round the eyes at the beginning.

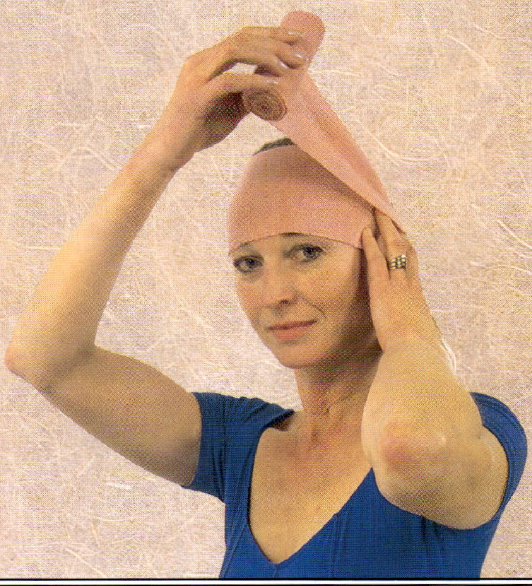

UTTANASANA

STANDING BEND (HEAD SUPPORTED)

Do Uttanasana (no. 9) as follows: place a folded blanket on a stool. Stand with the feet 12–18 inches (30–45 cm) apart in front of the stool. Bend down and rest the head on it. Fold the arms and relax.

Stay for 1–2 minutes, then come up.

ADHO MUKHA SVANASANA

DOG POSE (HEAD SUPPORTED)

Do Adho Mukha Svanasana (no. 31), variant with head supported.

JANUSIRSASANA

HEAD-TO-KNEE POSE (HEAD SUPPORTED)

Do Janusirsasana (no. 21), variant with head on bolster, with the head bandaged. Place a bolster lengthwise on the extended leg and rest the head on it. If it is difficult to hold the foot, use a belt. Relax.

Stay for 2–5 minutes, then repeat on the other side.

PASCIMOTTANASANA

FULL FORWARD BEND (HEAD SUPPORTED)

Do Pascimottanasana (no. 24) with the head bandaged. Place a bolster lengthwise on the legs and rest the head on it. Hold the feet with the hands or with a belt. Relax.

Stay for 3–5 minutes,

ARDHA HALASANA

HALF-PLOUGH POSE

Do Ardha Halasana (no. 36). Stay for 5–8 minutes. To come down, bring the legs back a little, push the stool away and carefully slide down.

SETU BANDHA SARVANGASANA

NECK BALANCE WITH BACK ARCH

Do Setu Bandha Sarvangasana (no. 39), using two bolsters or a pile of blankets under the lower back. Support the legs if necessary. Relax.

Stay for 5–8 minutes, then come down.

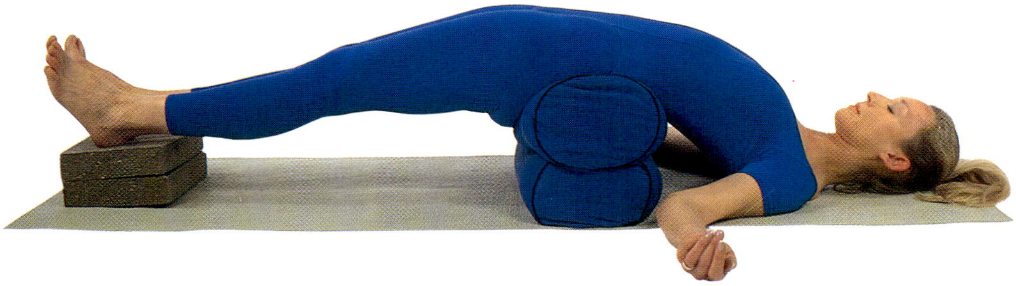

VIPARITA KARANI

RESTFUL INVERSION

Do Viparita Karani (no. 40). Stay for 5–8 minutes. Bend the knees, slide backward, turn to the side and get up.

SAVASANA

CORPSE POSE

Do Savasana (no. 41), variant on a bolster. Stay for 5–10 minutes.

ASANAS FOR STIFF NECK AND SHOULDERS

The postures given here are designed to relieve stiffness and pain in the neck and shoulders. These problems are extremely common as well as troublesome; they are often caused by poor posture or life-style stress.

The postures emphasize freeing and stretching the affected areas to increase mobility. With time and regular practice, the neck and shoulders will become stronger and more supple, and will move to a more anatomically correct position. Gradually, pain and discomfort should diminish.

All the postures can be attempted by beginners.

TRIKONASANA

TRIANGLE POSE

Do Trikonasana (no. 3) standing against a ledge or wall. Place one hand on a block and grip the ledge with the other hand to turn the trunk more. Stay for 20–30 seconds, then repeat on the other side.

PARSVAKONASANA

LATERAL ANGLE POSE

Do Parsvakonasana (no. 4), standing against a ledge or wall. Place the right hand on a block and grip the ledge with the left hand. Turn the trunk with the help of the hands. Stay for 20–30 seconds, then repeat on the other side.

ARDHA CANDRASANA

HALF-MOON POSE

1 *Stand with your back 3–6 inches (7.5–15 cm) away from a ledge or wall. Take the feet 3½–4 ft (105–120 cm) apart. Place a block against the wall, about 12 inches (30 cm) from the right foot.*

2 *Turn the left foot 15° in and the right foot 90° out.*

3 *Bend the right knee, lean sideways to the right and place the right hand on the block. Bring the left foot slightly in, toward the right foot. Hold the ledge.*

4 *Bring your weight onto the right foot and hand. At the same time, straighten the right leg and place the left foot on the ledge. Tighten both knees. Place the left hand on the left hip and turn the trunk forward. Keep the back against the wall. Stay for 20–30 seconds.*

To come down, bend the right leg and lower the left leg to the floor. Repeat on the other side.

VIRASANA FORWARD BEND

HERO POSE

Do Virasana Forward Bend (no. 16). Place a bolster or folded blankets on the heels.

UTTANASANA WITH A POLE

STANDING FORWARD BEND

1 *Stand with the feet hip-width apart. Hold a pole or stick horizontally behind the back, with the palms facing up.*

2 *Bend forward and raise the pole up and over, as far as you can. Keep the elbows straight. Do not bend the knees. Stay for 10–20 seconds, then come up.*

URDHVA MUKHA SVANASANA

DOG POSE HEAD UP (ON CHAIR)

Place a sturdy stool or chair against a wall. Grip the edges firmly with the hands. Bend the legs and rest the tops of the thighs on the seat. Step back and straighten the legs. Keep the arms firm, roll the shoulders back and stretch the trunk up. Curve the back and look up. Do not hold the breath. Stay for 15–20 seconds, then come down.

ADHO MUKHA SVANASANA

DOG POSE HEAD DOWN

Do Adho Mukha Svanasana (no. 31). Stretch the arms up strongly and lift the shoulders and trunk. Stay for 20–30 seconds, then come down.

PARVATASANA IN VIRASANA

MOUNTAIN POSE

Do Parvatasana (no. 17), sitting in Virasana (no. 15). Stay for 20–30 seconds, then change the interlock of the fingers.

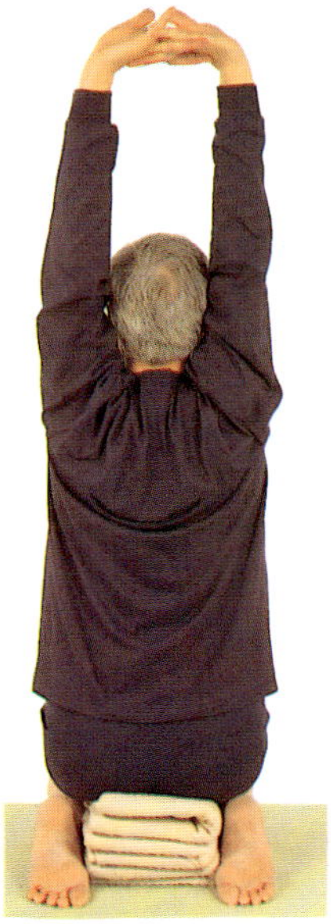

GOMUKHASANA (ARMS ONLY)

HEAD OF COW POSE

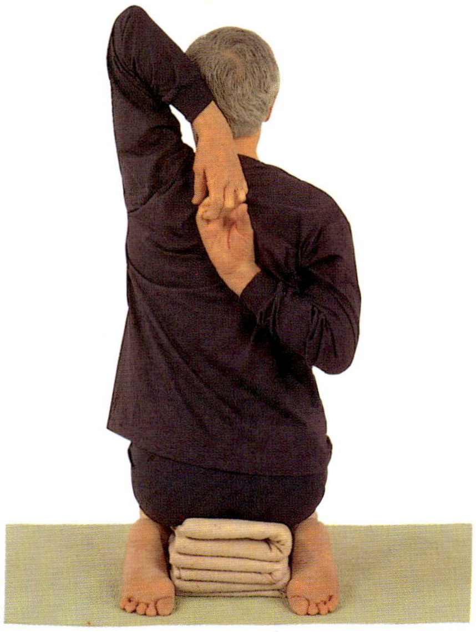

Sit in Virasana (no. 15). Catch the hands in Gomukhasana (no. 20). Stay for 20–30 seconds, then repeat on the other side.

NAMASTE (IN VIRASANA)

PRAYER POSITION

Sit in Virasana (no. 15) and join the palms behind the back in Namaste (no. 7). Stay for 30–60 seconds, then release. If the wrists hurt do not shake them but allow them to come to normal slowly.

BHARADVAJASANA

SIMPLE TWIST

1 *Do Bharadvajasana (no. 33) sitting on one or two folded blankets near a wall or ledge. Line yourself up.*

2 *Turn toward the ledge, gripping it with both hands to help you turn as far as you can. Turn the shoulders and chest. Stay for 20–30 seconds, then repeat on the other side.*

MARICYASANA III

TWIST WITH OPPOSITE ARM AGAINST LEG

1 *Sit in Dandasana (no. 18) with the left side against a wall or ledge. Bend the left leg up and bring the foot close to its own thigh. Hold the knee and stretch the trunk up.*

2 *Turn the trunk toward the wall. Bring the right elbow to the outer edge of the left knee, fix the upper arm firmly against the knee and hold the ledge. Use the hands to help you turn as far as you can. Stay for 20–30 seconds, then repeat on the other side.*

SETU BANDHA SARVANGASANA

NECK BALANCE BACK ARCH

Do Setu Bandha Sarvangasana (no. 39), variant on bench.

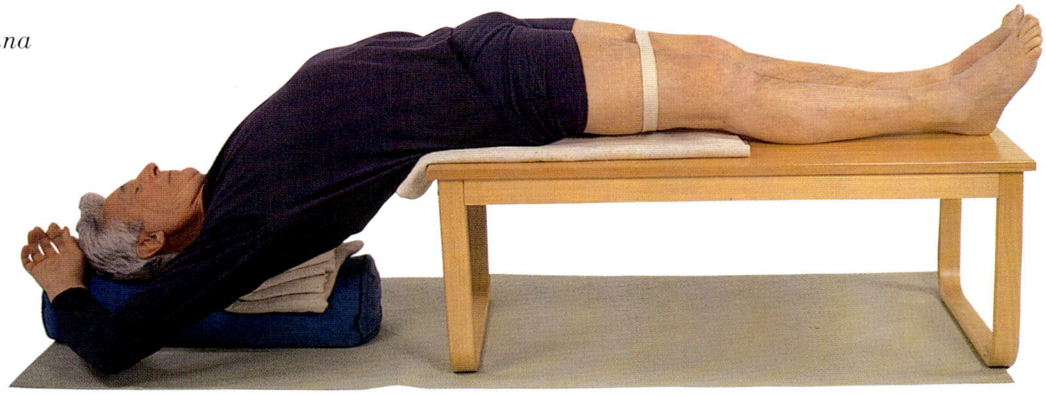

SAVASANA

CORPSE POSE

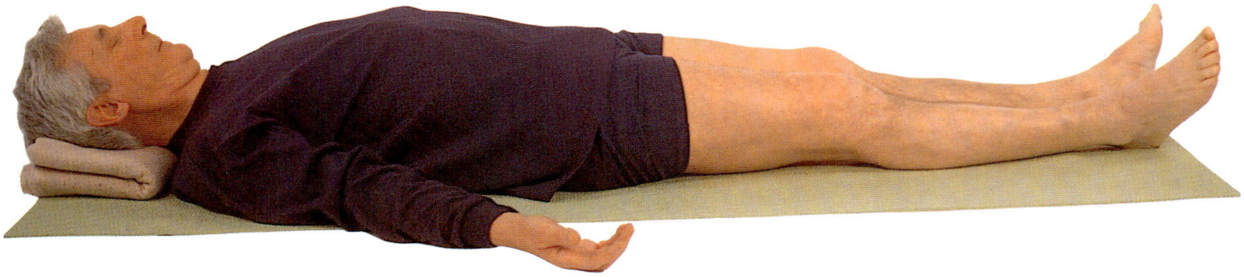

Do Savasana (no. 41). Stay for 5–10 minutes, then turn to the side and get up.

ASANAS FOR BACKACHE

The postures given in this programme are designed to alleviate simple backaches, both of the lower and the upper back. They are not, however, intended for severe conditions such as slipped disc or pain resulting from a fracture or other medical problem; in these cases advice should be sought from a teacher experienced in yoga therapy.

The postures are all suitable for beginners. With continued practice, back problems should decrease and may disappear altogether. The back should become stronger and less liable to ache.

When doing the postures, do not jerk or move suddenly. Keep the affected part passive and move below or above it. Do not focus on the painful part directly. In the beginning, the painful part needs to be rested, not worked.

HALF UTTANASANA

HALF FORWARD BEND

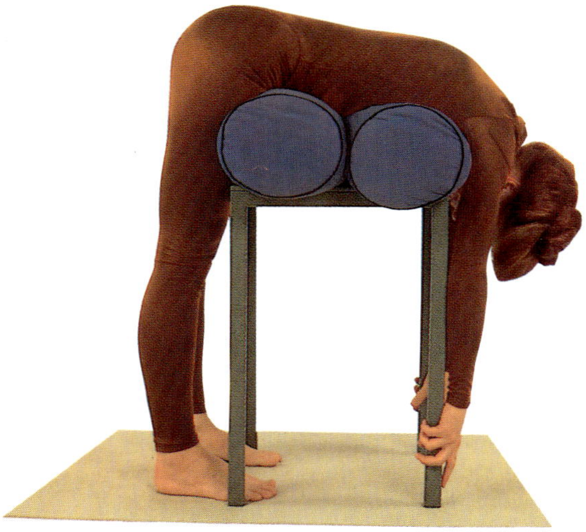

Stand in front of a tall stool or small table. Place neatly folded blankets or bolsters on it to raise the height to that of your hips. Take the feet about hip-width apart. Stand on tip-toe and bend over the stool, tucking the edge of the blankets or bolster into the groin. Extend the abdomen and the front ribs over the bolster. Then stretch the heels to touch the ground. Relax the arms down, or hold the legs of the stool. Keep the legs vertical. Allow the spine and back ribs to relax.

Stay for 30–60 seconds. Come up carefully.

BHARADVAJASANA ON CHAIR

CHAIR TWIST

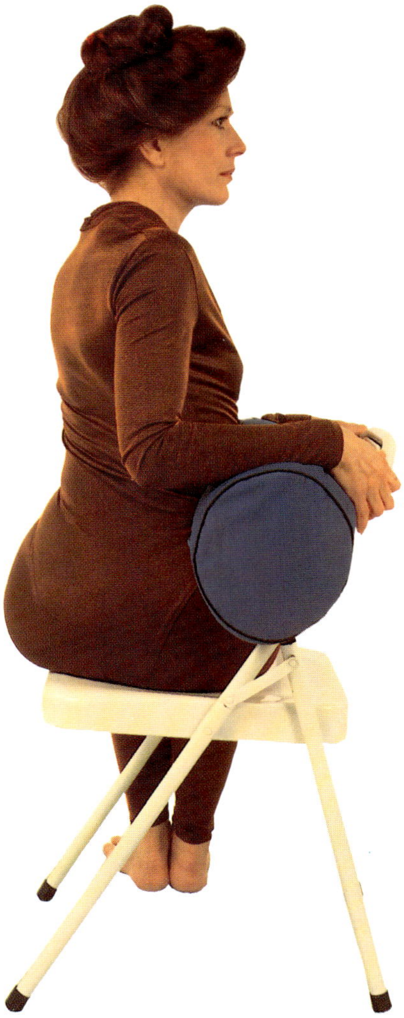

Sit sideways on a chair. Stretch the trunk up. Take one or two breaths. Turn toward the back of the chair. Place a bolster or folded blankets between the back of the chair and the abdomen. Grip the back of the chair and turn as far as possible. Do not hold the breath.

Stay for 20–30 seconds, then repeat on the other side.

FORWARD BEND

Sit on the chair and spread the legs apart. Place a bolster or folded blanket across the thighs, tucking it into the groin. Extend the abdomen and the front ribs over it. Bend down. Take the arms inside the legs of the chair and hold the back legs of the chair. Relax the head.

Stay for 20–30 seconds. Come up carefully, without jerking.

MARICYASANA (STANDING)

STANDING TWIST

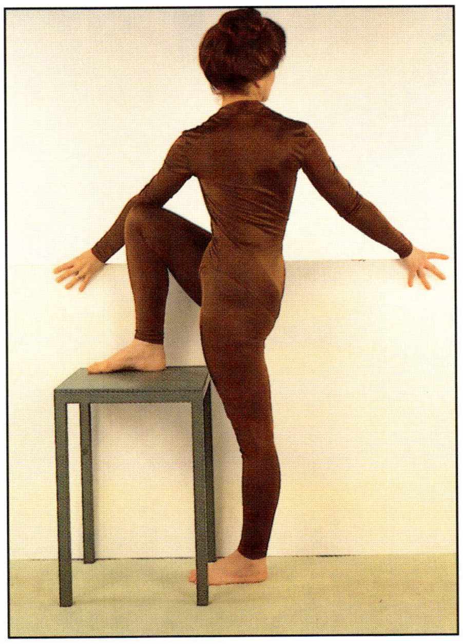

Do Maricyasana (standing) (no. 32). Stay for 20–30 seconds, then repeat on the other side.

PARSVA PAVANA MUKTASANA

WIND RELEASING POSE

Sit at the left side of a low bench or sturdy coffee table. Place a bolster or folded blankets lengthwise on top of it, to your right. Turn toward the bolster. Bend down and rest the length of the front of the body along it. Hold the bench or bolster and turn the head to the right. Keep the legs facing forward as much as possible. Extend the front ribs and relax the back.

Stay for 30–60 seconds, then repeat on the other side. After bending to the sides, do Pavana Muktasana: sit at the front of the bench, spread the knees apart and bend down. If bending is easy, it is a sign of recovery.

UTTHITA TRIKONASANA

EXTENDED TRIANGLE POSE

Do Trikonasana (no. 3) with the back against a wall. If possible, find a wall with a projecting corner so that you can hold it.

Stay for 20–30 seconds, then repeat on the other side.

ARDHA CANDRASANA

HALF-MOON POSE

Do Ardha Candrasana against the wall (see "Asanas for Stiff Hips"). Hold on to a projecting corner of a wall with the top hand. Place the lower hand on a block and the raised heel on the wall. Turn the trunk upward.

Stay for 20–30 seconds, then repeat on the other side.

- *If you have sciatica, turn the front foot out 120°.*

PARSVOTTANASANA

SIDEWAYS STRETCH

Do Parsvottanasana (no. 7) as follows: stand in Tadasana (no. 1) about 3 ft (90 cm) from a ledge with your right side facing it. Take the feet 3½–4 ft (105–120 cm) apart. Turn the left foot 45°–60° in and the right foot 90° out. Turn the trunk to face the ledge. Bring the left hip forward in line with the right. Bend down and place the hands on the ledge. Straighten the arms. Keep the hips level and the legs straight. Stretch the trunk.

Stay for 20–30 seconds, then repeat on the other side.

UTTANASANA

FORWARD EXTENSION ON LEDGE

Do Uttanasana (variant on ledge) (no. 9). Stay for 20–30 seconds, then come up.

ADHO MUKHA SVANASANA

DOG POSE HEAD DOWN

Do Adho Mukha Svanasana (no. 31) as follows: place two blocks against a wall about 18 inches (45 cm) or shoulder-width apart. Kneel down and place the hands on the blocks. Raise the hips and straighten the arms and legs to make an inverted "V" shape. If necessary, walk the feet further back. Keep the hips up. Stretch the arms and trunk up, away from the blocks. Relax the head.

Stay for 20–30 seconds, then come down.

VIRASANA FORWARD BEND

HERO POSE

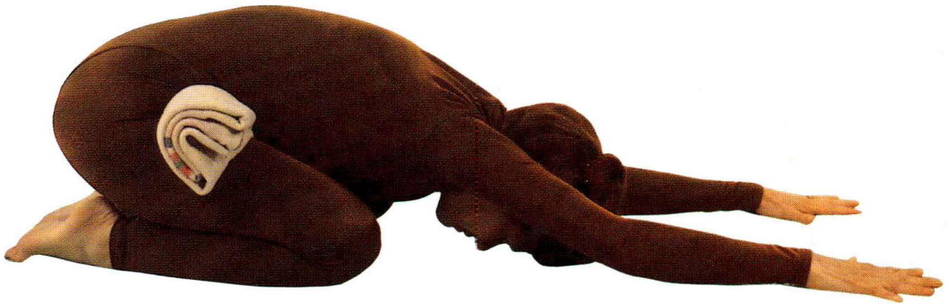

Do Virasana Forward Bend (no. 16) as follows: place a rolled or folded blanket on the thighs and tuck it into the groin. Extend the abdomen over it.

Stay for 30–60 seconds.

SUKHASANA (WITH SIDEWAYS BEND)

EASY POSE

Sit in Sukhasana (no. 14) with the legs crossed simply. Turn to the right and bend down over the right leg. Stay for 30–60 seconds, then change the cross legs and bend to the right.

ARDHA HALASANA

HALF-PLOUGH POSE

Do Ardha Halasana (no. 36). If possible, ask someone to place a weight such as a bolster or pile of blankets on the lower calves.

Stay for 5–8 minutes, then remove the bolster and slide down.

SUPTA PADANGUSTHASANA

RECLINING FINGER-TO-FOOT POSE

1 Lie on the floor in a straight line. If necessary, place a blanket under the head. Bend the right leg over the abdomen and place a belt round the foot.

2 Hold the belt with both hands and straighten the right leg up. Press the left thigh down. Stretch the left leg along the floor and the right leg up.

Stay for 20–30 seconds, then bend the right leg and bring it down. Line yourself up again and repeat on the other side.

VARIANT

Lie in a straight line. Follow the method given in steps 1 and 2.

Press the left thigh down with the left hand. Raise and straighten the right leg, then turn it outward and take it down to the right. Keep both legs stretched.

Stay for 20–30 seconds. Raise the leg, bend it and lower it to the floor. Repeat on the other side.

SAVASANA

CORPSE POSE

Do Savasana (no. 41) as follows: bend the legs and rest the calves on a stool or chair. Relax.

Stay for 5–10 minutes. Bring the legs down, turn to the side and get up carefully.

ASANAS FOR STIFF HIPS

The sequence of postures in this programme is designed to make the hips and lower back work more efficiently, by increasing mobility and strength. Too often the hip and sacro-iliac joints become stiff through incorrect use, or under- or over use. Often they become affected by arthritic conditions. Ease of movement of these joints is important, especially in later life when ordinary movements, such as sitting, standing and walking, may become slow and difficult. Yoga postures are an invaluable tool to prevent this.

BHARADVAJASANA (ON CHAIR)

CHAIR TWIST

Do Bharadvajasana (no. 33) variant on a chair. Stay for 20–30 seconds, then repeat on the other side.

MARICYASANA (STANDING)

Do Maricyasana (standing) (no. 32).

UTTHITA TRIKONASANA

TRIANGLE POSE

Do Trikonasana (no. 3), facing a wall or ledge. Place a block by the outer edge of the right foot and put your hand on it. Grip the wall or ledge with the left hand. Use the hands to help you to turn the trunk toward the wall and press the right hip forward. Stay for 20–30 seconds, then repeat on the other side.

UTTHITA PARSVAKONASANA

LATERAL ANGLE POSE

Do Parsvakonasana (no. 4) facing a wall or ledge. Place a block on the floor by the right foot and place your hand on it. With the left hand, grip the ledge or press the wall. Lift the right hip and press it toward the wall. Turn the trunk toward the wall, with the hands. Stay for 20–30 seconds, then repeat on the other side.

VIRABHADRASANA I

WARRIOR POSE I

Do Virabhadrasana I (no. 5) as follows: stand sideways in a doorway facing the door post (or face a column). Hold it and take the right leg forward along the wall, with the inner thigh touching the door post. Bend the knee to a right angle. Step back with the left leg and straighten it. If necessary, raise the heel. Turn the hips and pelvis toward the post and stretch the front of the body up against it. Press the lower back (sacrum) toward the post, without raising the right hip. Take the hands higher to gain the maximum stretch. Stay for 20–30 seconds, then repeat on the other side.

VIRABHADRASANA II

WARRIOR POSE II

Do Virabhadrasana II (no. 6) facing a wall or a ledge. Hold the ledge firmly. Press the right hip toward the wall and move the right knee away from it. Stay for 20–30 seconds. Repeat on the other side.

PARIVRTTA TRIKONASANA

REVERSE TRIANGLE POSE

1 *Stand in Tadasana (no. 1) with a chair placed about 3 ft (105 cm) to your right. Place the hands on the hips and spread the legs 3½–4 ft (90–120 cm) apart.*

2 *Turn the left foot 45–60° in and the right foot 90° out. Turn the hips and trunk to the right.*

3 *Revolve the trunk further and take it down toward the chair, so that the left side faces the floor and the right side faces the ceiling. Rest the left forearm on the seat of the chair and grip the edge. Keep the right hand on the hip. Extend the trunk and turn the hips and trunk as far as you can. Stay for 20–30 seconds, then repeat on the other side.*

UTTHITA HASTA PADANGUSTHASANA

EXTENDED LEG RAISING

All three variants should be practised.

FORWARD

Place a high stool against a wall. Do Utthita Hasta Padangusthasana (no. 13) forward, using a belt to hold the raised foot. Stretch the trunk up. Stay for 30–60 seconds, then repeat on the other side.

SIDEWAYS

Place a high stool against a wall. Do Utthita Hasta Padangusthasana (no. 13) sideways, using a belt to hold the raised foot. Stretch the trunk up. Stay for 30–60 seconds, then repeat on the other side.

TWIST

Stand in Tadasana (no. 1), facing the wall. Raise the right foot on to a stool. Straighten both the legs. Hold the belt with the left hand, place the right hand on the right hip and turn the trunk to the right. Stay for 20–30 seconds, then repeat on the other side.

SARVANGASANA (ON WALL)

NECK BALANCE ON WALL

Do Sarvangasana against a wall (no. 38). Stay for 3–5 minutes, then bend the legs and come down.

BHARADVAJASANA

SIMPLE TWIST

Do Bharadvajasana (no. 33) with the hands against a wall to help you twist. Stay for 20–30 seconds, then repeat on the other side.

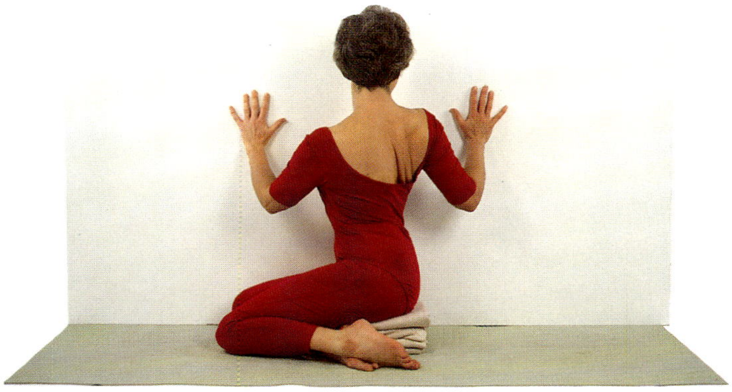

SUPTA PADANGUSTHASANA

RECLINING FINGER-TO-FOOT POSE

All three variants should be practised.

LEG UP

Lie near a column or door post. Bend the left leg and take it up against the post, at 90° to the ground. Support the whole leg, from the buttock to the heel. Extend the right leg along the floor. Stay for 30–60 seconds, then repeat on the other side.

LEG SIDEWAYS

Lie on the floor with the feet against a wall. Bend the left leg over the abdomen and place a belt around the foot. Raise and straighten the leg, then turn it outward in its socket and take it down to the left. Rest the foot on a block or pile of books. Stay for 30–60 seconds, then repeat on the other side.

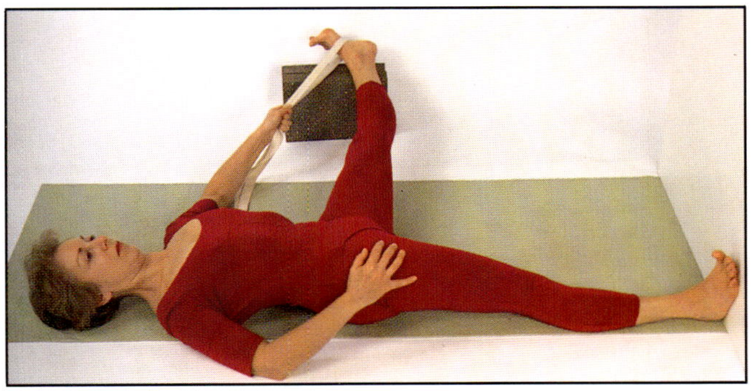

LEG ACROSS

Lie on the floor with the feet against a wall. Bend the right leg, put a belt round the foot and hold it. Straighten the leg, then hold the belt with the left hand and take the leg sideways down to the left. Do not let the left leg turn inward. Stay for 30–60 seconds, then repeat on the other side.

SAVASANA

CORPSE POSE

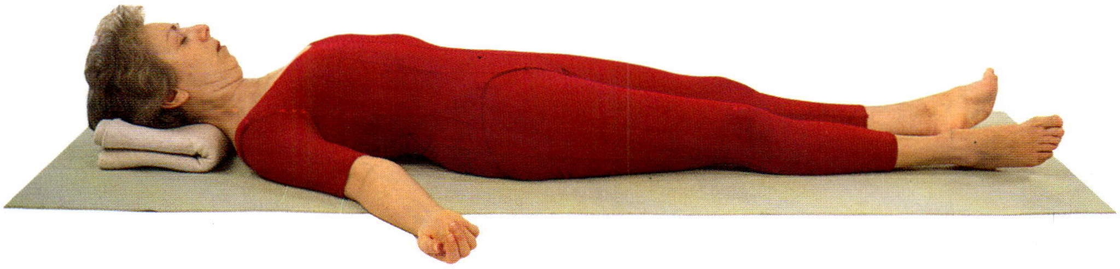

Do Savasana (no. 41). Stay for 5–10 minutes, then turn to the side and get up.

NAMES OF THE POSTURES

Yoga postures are all named in Sanskrit, the classical language of India. In the Asanas section, an English equivalent has been given, either in a direct translation or a description.

The names have been transliterated according to international convention, but omitting the relevant diacritical marks. However, to help readers who wish to learn the correct pronunciation, the postures and other Sanskrit words that appear in the text are listed here with their diacritical marks.

The following points should be noted:

Stress: This is usually on the first syllable. The ā of āsana is always stressed.

Vowels: Long vowels are indicated by a bar over the letter.

Consonants:
c is pronounced "ch".
ś and ṣ are pronounced "sh".

h following any consonant (kh, gh, ph, bh, ch) should be pronounced distinctly to differentiate it from unaspirated consonants.

ṭ, ḍ, ṇ, are pronounced retroflexively (with the tongue curled back).

ṛ is a semivowel, pronounced as a combination of r and i.

ṅ precedes k or g.

ñ precedes c or j.

A more complete guide to pronunciation can be found in *Light on Yoga* and *Yoga: The Iyengar Way* (see Further Reading).

Adho Mukha Śvānāsana
Ardha Halāsana
Bhāradvājāsana
Daṇḍāsana
Garuḍāsana
Gomukhāsana
Halāsana
Janusīrṣāsana
Mālāsana
Marīcyāsana
Marīcyāsana I
Matsyāsana
Pādānguṣṭhāsana
Pārśvottānāsana
Parvatāsana
Paścimottānāsana
Prāsarita Pādottānāsana
Ṣarvāṅgāsana
Śavāsana
Setu Bandha Sarvāṅgāsana
Siddhasana
Sukhāsana
Supta Baddhakoṇāsana
Supta Vīrāsana
Tāḍāsana
Triaṅg Mukhaikapāda Paścimottānāsana
Ūrdhva Prasārita Pādāsana
Utkaṭāsana
Uttānāsana
Utthita Hasta Pādāṅguṣṭhāsana
Utthita Pārśvakoṇāsana
Utthita Trikoṇāsana
Viparīta Karanī
Vīrabhadrāsana I
Vīrabhadrāsana II
Vīrāsana
Vṛkṣasana

FURTHER READING

B. K. S. Iyengar, *Light on Yoga*. Harper Collins, 1966

Light on Pranayama, Harper Collins, 1981

The Illustrated Light on Yoga (formerly *The Concise Light on Yoga*), Harper Collins, 1980

Light on the Yoga Sutras of Patanjali, Harper Collins, 1993

The Tree of Yoga, Fine Line Books, 1988

Geeta S. Iyengar, *Yoga: A Gem for Women*, Allied Publishers, 1983

Silva, Mira and Shyam Mehta, *Yoga: The Iyengar Way*, Dorling Kindersley, 1990

The Upanisads (any edition)

The Bhagavad Gita (any edition)

USEFUL ADDRESSES

Contact the centres listed for information about local Institutes.

UK

Iyengar Yoga Institute
223A Randolph Avenue
London W9 1NL

Manchester & District Institute of Iyengar Yoga
134 King Street
Dukinfield
Tameside
Greater Manchester

Edinburgh Iyengar Yoga Centre
195 Bruntsfield Place
Edinburgh EH10 4DQ

US

BKS Iyengar Yoga National Association of the United States, Incorporated
8223 W. Third Street
Los Angeles
CA 90038

Iyengar Yoga Association of Northern California
2404 27th Avenue
San Francisco
CA 94116

Iyengar Yoga Institute of New York
27 W. 24th Street
Suite 800
New York
NY 10011

Iyengar Yoga Association of Massachusetts, Inc.
240-A Elm Street
Somerville
MA 02114

Iyengar Yoga Association of Minnesota
Box 10381
Minneapolis
MN 55458-3381

Iyengar Yoga Association of Wisconsin
Route 2
Box 70E
La Crosse
WI 54601

Iyengar Yoga Association of the Midwest Bioregions
310 Gralake
Ann Arbor
MI 48103

CANADA

BKS Iyengar Yoga Association
27-F Meadowlark Village
Edmonton
Alberta
T5R 5X4

Centre de Yoga Iyengar de Montreal
919 Mont-Royal Oest
Montreal
PQ H2J 1X3

BKS Iyengar Yoga Association
PO 65694, Station F
Vancouver, BC
V4N 5K7

BKS Iyengar Yoga Association of Ontario
c/o 85 Glenforest Road
Toronto
Ontario
M4N 2A1

AUSTRALIA

BKS Iyengar Association of Australasia
1 Rickman Avenue
Mosman 2088
N.S.W.

Bondi Junction School of Yoga
First Floor
2A Waverly Street
Bondi Junction
Sydney 202
N.S.W.

INDIA

R.I.M. Yoga Institute
1107 B/1 Shivajinagar
Pune 411 016

SOUTH AFRICA

BKS Iyengar Institute
58 Trelawney Road
Pietermaritzburg
Natal 3201

Iyengar Yoga Association of S. Africa
PO Box 78648
Sandton 2146

INDEX

HAIRCARE SKINCARE MAKE-UP & FITNESS

HAIRCARE SKINCARE
MAKE-UP & FITNESS

LORENZ BOOKS

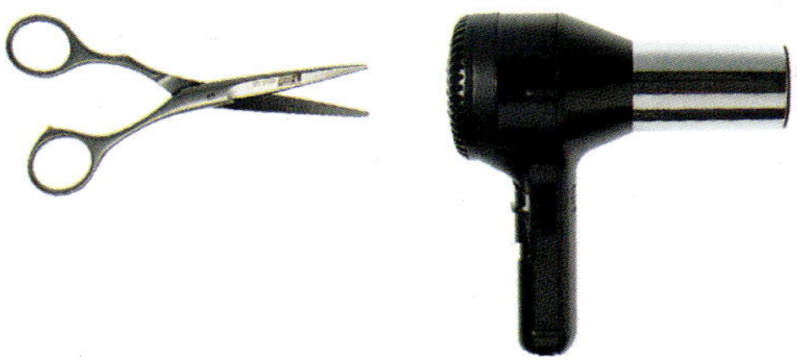

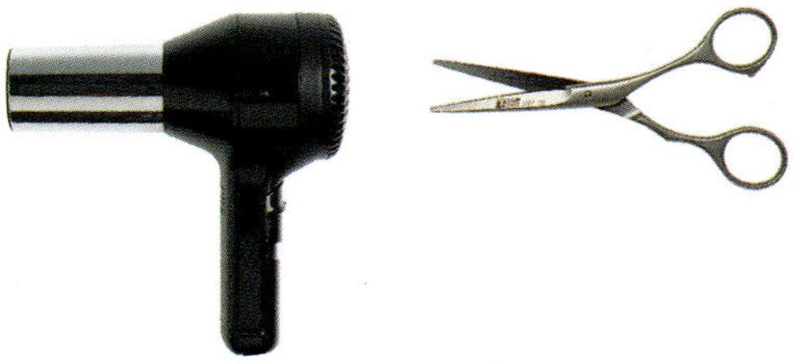

Paperback edition published by Lorenz Books
an imprint of
Anness Publishing Limited
Hermes House
88-89 Blackfriars Road
London SE1 8HA

ISBN 1-85967-726-6

A CIP catalogue record for this book is available from the British Library

Publisher: Joanna Lorenz
Project Editors: Sylvie Wooton and Casey Horton
Photography: Nick Cole, Alistair Hughes and Simon Bottomley
Designers: Patrick Mcleavey, Ruth Prentice and Blackjacks
Make-up: Debbi Finlow, Vanessa Haines, Liz Kitchiner and Paul Miller
Additional make-up: Bettina Graham
Hair: Debbie Finlow and Kathleen Bray
Assisted by Wendy M B Cook
Exercise advisor: Dean Hodgkin
Exercise and Diet Consultant: Dr Naomi Lewis
Illustrator: Cherril Parris
Models: Amanda, Christiana, Carley, Laura Emily, Frieda, Hannah, Juliet, Sarah, Zonna, Cheryl, Jane, Joanna and Stacey

Also published as *The Ultimate Beauty Book*

Printed and bound in Singapore

3 5 7 9 10 8 6 4

ACKNOWLEDGEMENTS

With many thanks to the following companies. Beauty products from The Body Shop, Boots, Bourjois, Crabtree & Evelyn, Cutex, Elancyl, L'Oreal, Rimmel and Sensiq. Hair products from Aveda, Bain de Terre, The Body Shop, Citre, Clynol, Daniel Gavin, Dome, Goldwell, John Frieda, Joico, KMS, Lamaur, Lazartigue, L'Oreal, Matrix Essentials, Neal's Yard Remedies, Nicky Clarke, Ore-an, Paul Mitchell, Phytologie, Poly, Redken, Revlon, Schwarzkopf, Silvikrin, St Ives, Trevor Sorbie, Wella, Vidal Sassoon, Zotos. Electrical styling products from Babyliss, Braun, Clairol, Carmen, Hair Tools, Philips, Rowenta, Vidal Sassoon. Clothing and accessories from Adrian Mann, Bhs, Debenhams, Descamps, Empire, Fenwicks, Freemans, French Connection, Knickerbox, Marks & Spencer, Whistles.

CONTENTS

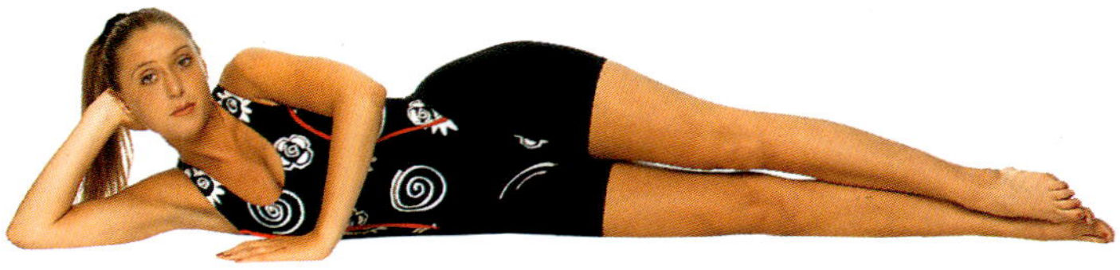

SKIN-CARE AND MAKE-UP

It is not only Supermodels and Hollywood stars who can look wonderful. Every woman can make the most of her looks by learning the tricks of the trade, overcoming particular beauty problems and perfecting a look that really suits her.

This section peels away the mystique surrounding the world of skin-care, make-up and beauty products and shows you how to identify your special beauty needs to create tailormade regimes and a make-up look to suit you. Every woman is different, but by analysing what works for you, you'll save yourself time, money and effort while looking better than you ever have before.

WHAT IS SKIN?

Skin is your body's largest organ, covering every single surface of your body. Every woman can have beautiful skin no matter what her age, race or colouring. The secret is to understand how your skin functions, and how to treat it correctly.

TAKING A CLOSER LOOK

Your skin is made up of two main layers, called the epidermis and the dermis.

The epidermis

This is the top layer of skin and the one you can actually see. It protects your body from invasion and infection and helps to seal in moisture. It's built up of several layers of living cells which are then topped by sheets of dead cells. It's constantly growing, with new cells being produced at its base. They quickly die, and are pushed up to the surface by the arrival of new ones. These dead cells eventually flake away, which means that every new layer of skin is another chance to have a soft, glowing complexion.

The lower levels of living cells are fed by the blood supply from underneath, whereas the upper dead cells only need water to ensure they're kept plump and smooth.

The epidermis is responsible for your colouring, as it holds the skin's pigment. Its thickness varies, from area to area. For instance, it's much thicker on the soles of your feet than on your eyelids.

The dermis

The dermis is the layer that lies underneath the epidermis, and it is composed entirely of living cells. It consists of bundles of tough fibres which give your skin its elasticity, firmness and strength. There are also blood vessels, which feed vital nutrients to these areas.

Whereas the epidermis can usually repair itself and make itself as good as new, the dermis will be permanently damaged by injury.

The dermis also contains the following specialized organs:

Sebaceous glands are tiny organs which usually open into hair follicles on the surface of your skin. They produce an oily secretion, called sebum, which is your skin's natural lubricant.

The sebaceous glands are most concentrated on the scalp and face – particularly around the nose, cheeks, chin and forehead, which is why these are usually the most oily areas of your skin.

Left: Understanding your skin the way a beauty therapist would allows you to give it the care it deserves and to appreciate why certain factors are good for it – and others are not.
Below: Young or old, everyone's skin has the same basic structure.

Above: Your skin is a sensor of pain, touch and temperature, offering protection and a means of eliminating waste.

Above: Your skin can cleanse, heal and even renew itself. How effectively it does these things is partly governed by you.

Above: Skin is a barometer of your emotions. It becomes red when you're embarrassed and quickly shows the signs of stress.

Sweat glands are all over your body. There are millions of them and their main function is to regulate your body temperature. When sweat evaporates on the skin's surface, the temperature of your skin drops.

Hairs grow from the hair follicles. They can help keep your body warm by trapping air underneath them. There are no hairs on the soles of your feet and palms of your hands.

THE MAIN FUNCTIONS OF YOUR SKIN

1 It acts as a thermostat, retaining heat or cooling you down with sweat.

2 It offers protection from potentially harmful things.

3 It acts as a waste disposal. Certain waste is expelled from your body 24 hours a day through your skin.

4 It provides you with a sense of touch, to help you communicate with the outside world.

Right: The condition of your skin is an overall sign of your health. It reveals stress, a poor diet and a lack of sleep. Taking care of your health will benefit your skin.

WHAT'S YOUR SKIN-TYPE?

There's no point spending a fortune on expensive skin-care products if you buy the wrong ones for your skin-type and collect yourself an assortment of discarded bottles. The key to developing a skin-care regime that works for you is to analyze your skin-type first.

SKIN-CARE QUIZ

To develop a better understanding of your skin and what will suit it best, start by answering the questions here. Then add up your score and check the list at the end to discover which of the skin-types you fit into.

1 How does your skin feel if you cleanse it with facial wash and water?
A Tight, as though it's too small for your face.
B Smooth and comfortable.
C Dry and itchy in places.
D Fine – quite comfortable.
E Dry in some areas and smooth in others.

2 How does your skin feel if you cleanse it with cream cleanser?
A Relatively comfortable.
B Smooth and comfortable.
C Sometimes comfortable, sometimes itchy.
D Quite oily.
E Oily in some areas and smooth in others.

3 How does your skin usually look by midday?
A Flaky patches appearing.
B Fresh and clean.
C Flaky patches and some redness.
D Shiny.
E Shiny in the T-zone.

4 How often do you break out in spots?
A Hardly ever.
B Occasionally, perhaps before or during your period.
C Occasionally.
D Often.
E Often – in the T-zone.

5 How does your skin react when you use facial toner?
A It stings.
B No problems.
C Stings and itches.
D Feels fresher.
E Feels fresher in some areas but stings in others.

6 How does your skin react to a rich night cream?
A It feels very comfortable.
B Comfortable.
C Sometimes feels comfortable, other times feels irritated.
D Makes my skin feel very oily.
E Oily in the T-zone, and comfortable on the cheeks.

Above: You know best how your skin reacts to different things so check your skin-type before you buy lots of skin-care products. Even if you you've been told what your skin-type is at some stage it is a good idea to run through this quiz now as you skin will change over a period of time.

Now add up your A's, B's, C's, D's and E's. Your skin-type is the one which has the majority of answers.
Mostly A's: Your skin is DRY.
Mostly B's: Your skin is NORMAL.
Mostly C's: Your skin is SENSITIVE.
Mostly D's: Your skin is OILY.
Mostly E's: Your skin is COMBINATION.

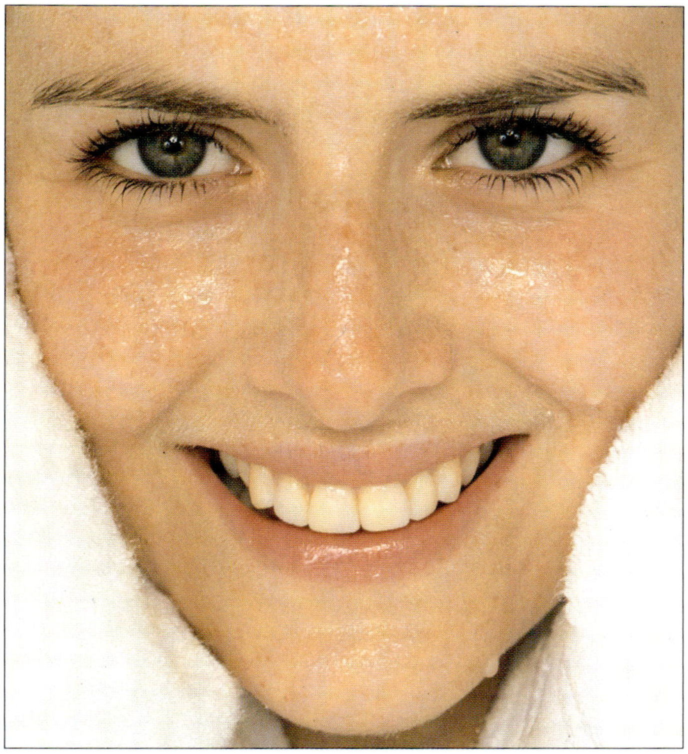

Is traditional soap and water cleansing for you?

Or is the gentle touch a softer option?

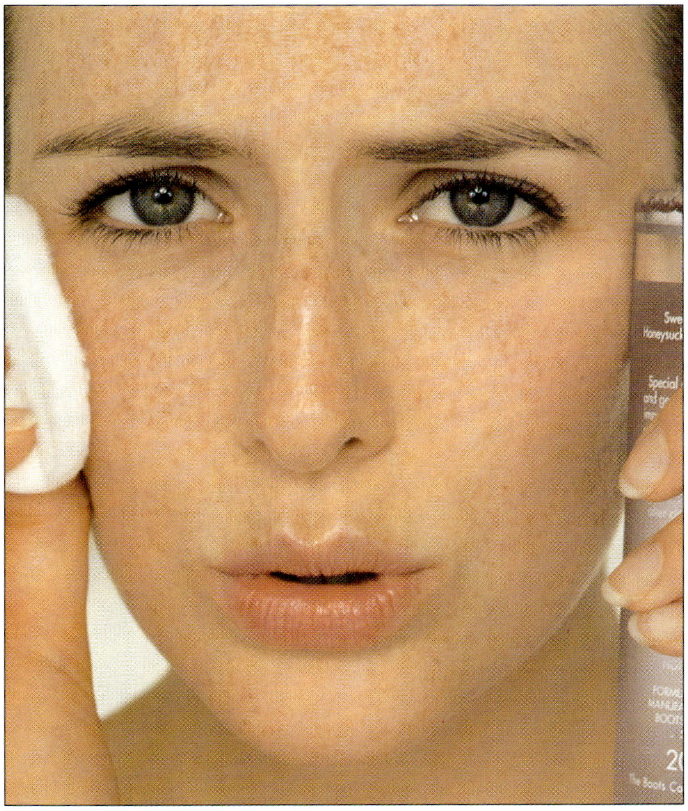

Do toners make your skin sting?

Are your face creams an embarrassment of riches?

THE TOP 10 SKIN-CARE PRODUCTS

Before you can devise the best regime for yourself and give your skin some special care, you need to understand what the main skin-care products are designed to do.

THE KEY TREATMENTS

From a basic soap and water cleansing routine, today's skin-care ranges have evolved into a sophisticated selection.

Facial washes

These liquids are designed to be lathered up with water to dissolve grime, dirt and stale make-up from the skin's surface.

Cleansing bars

Ordinary soap is too drying for most skins. However, now you can foam up with these special bars which will cleanse your skin without stripping it of moisture. They're refreshing for oilier skin-types, and help keep pores clear and prevent pimples and blackheads.

Cream cleansers

These are a wonderful way to cleanse drier complexions. They generally have quite a light, fluid consistency to make them easy to spread onto the skin. They contain oils to dissolve surface dirt and make-up, so they can be easily swept from your skin with cottonwool (cotton). Use damp cottonwool (cotton) if you prefer a fresher finish.

Toners and astringents

Designed to refresh and cool your skin, they quickly evaporate after being applied to the skin with cottonwool (cotton). They can also remove excess oil from the surface layers of your skin. The word "astringent" on the bottle means it has a higher alcohol content, and is only suitable for oily skins. The words "tonic" and "toner" mean that they're useful for normal or combination skins as they are gentler. Those with dry and sensitive skins should usually avoid these products as they can be too drying. Generally, if the product stings your face, move onto a gentler formulation or weaken it by adding a few drops of distilled water (available from a pharmacist).

Moisturizers

The key function of a moisturizer is to form a barrier film on the surface of your skin and prevent moisture loss from the top layers. This makes the skin feel softer and smoother. Generally, the drier your skin the thicker the moisturizer you should choose. All skin types need a moisturizer.

Moisturizers today also contain a myriad of other ingredients to treat your skin. The most valuable one to look for is a UV filter. With this your moisturizer will give your skin year-round protection from the ageing and burning rays of the sun.

Eye make-up removers

Ordinary cleansers aren't usually sufficient to remove stubborn eye make-up, which is why these products are so useful. If you wear waterproof mascara check that the product you use is designed to remove it.

SPECIAL TREATMENTS

In addition to a basic wardrobe of skin-care products, you can add a few extras.

Face masks

These are intensive treatments, designed either to deep cleanse your skin or dramatically boost its moisture levels.

Facial scrubs and exfoliaters

These creams or gels contain hundreds of tiny abrasive particles. When massaged into damp skin, these particles dislodge dead surface skin cells, revealing the younger, fresher cells underneath.

Eye creams

The delicate skin around your eyes is usually the first to show the signs of ageing. These gels and creams contain special ingredients to plump out fine lines, and keep this skin soft. They can also help reduce puffiness and under eye shadows.

Night creams

These are intensive creams, designed to give your skin extra pampering while you sleep. They can afford to have a thicker consistency because you won't need to apply make-up over the top.

Above: Put some zing into your skin-care regime with a refreshing toner or astringent.

Above: Creamy cleansers should be a top priority for drier complexions, as they cleanse and nourish at the same time.

Right: Before you tailormake a skin-care regime for yourself, you need to know the key benefits of each product.

THE FRESH APPROACH TO OILY SKIN

This skin-type usually has open pores and an oily surface, with a tendency towards pimples, blackheads and a sallow appearance. This is due to the over-production of the oily substance called sebum by the oil glands in the lower layers of the skin. Unfortunately, this skin-type is the one most prone to acne. The good news is that this oiliness will make your skin stay younger-looking for longer – so there are some benefits!

SPECIAL CARE FOR YOUR SKIN

It's important not to treat oily skin too harshly, although this can be tempting when you're faced with a fresh outbreak of pimples. Over-enthusiastic treatment can encourage the oil glands to produce even more sebum, whilst it will leave the surface layers dry and dehydrated.

The best care way to care for oily skin is to use products that gently cleanse away oils from the surface and unblock pores, without drying out and damaging it. The visible part of your skin actually needs water, not oil, to stay soft and supple.

ACNE ALERT

Anyone who has acne knows what a distressing condition it is. It usually appears in our lives at the one time when we're already feeling insecure – adolescence. As well as being a problem that runs in families, it's thought to be triggered by a change in hormones, which results in more sebum being produced by your skin. It can also be aggravated by stress, poor lifestyle and poor skin-care.

Careful skin-care will help keep acne under control. Avoid picking at pimples, as this can lead to scarring. Try over-the-counter blemish treatments. Today's formulations contain ingredients that are very successful at treating this problem. Products containing tea tree oil can be very effective. If these aren't successful, consult your doctor who may be able to provide treatment, or can refer you to a dermatologist.

1 Even though the remainder of your face is prone to oiliness, always remember that the skin around your eyes is very delicate, so don't drag at it when removing your eye make-up. Soak a cottonwool (cotton) pad with a non-oily remover and hold over your eyes for a few seconds to give it time to dissolve the make-up. Then lightly stroke away the mascara and make-up from the eyelids, and your upper and lower lashes.

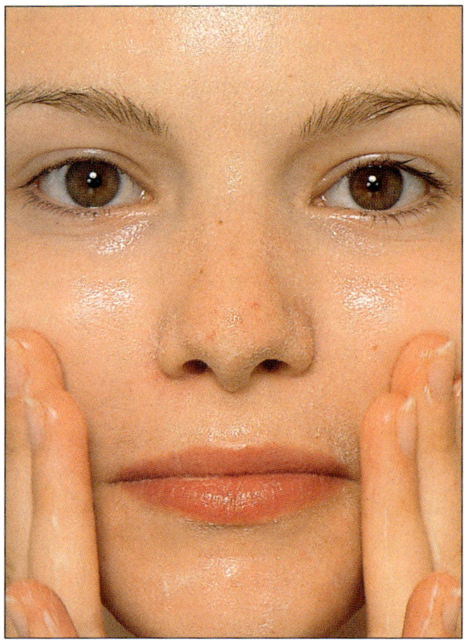

2 Lather up with a gentle foaming facial wash. This is a better choice than ordinary soap, as it won't strip away moisture from your skin, but it will remove grime, dirt and oil. Massage gently over damp skin with your fingertips, then rinse away the soapy suds with lots of warm water.

3 Soak a cottonwool (cotton) ball with a refreshing astringent lotion. Sweep it over your skin to refresh and cool it. This liquid should not irritate or sting your skin – if it does, swap to a product with a gentler formulation or water your existing one down with some distilled water from the pharmacist. Continue until the cottonwool (cotton) comes up completely clean.

4 Even oily skins need moisturizer, because a moisturizer helps seal water into the top layers to keep the skin soft and supple. However, don't load the skin down with a very heavy formulation. Instead, choose a light, watery fluid as this will be enough for you.

Below: Boosting your skin's moisture levels and controlling excess oiliness will ensure a beautifully clear complexion.

5 Allow the moisturizer to sink into your skin for a few minutes, then press a clean tissue over your face to absorb the excess, and to prevent a shiny complexion.

NOURISHING CARE FOR DRY SKIN

If your skin tends to feel one size too small, it's a fair bet you've got a dry complexion. It's caused by too little sebum in the lower levels of skin, and too little moisture in the upper levels. At its best, it can feel tight and itchy after washing. At its worse it can be flaky, with little patches of dandruff in your eyebrows, and a tendency to premature ageing with the emergence of fine lines and wrinkles. It requires soothing care to look its best.

SPECIAL CARE FOR YOUR SKIN

The condition of dry skin can be aggravated by over-use of soap, detergents and toners. It is also affected by exposure to hot sun, cold winds and central heating. Opt for the gentle approach, concentrating on boosting the skin's moisture level to plump out fine lines and make it soft and supple.

Below: Nourish dry skin to keep it as soft and supple as possible.

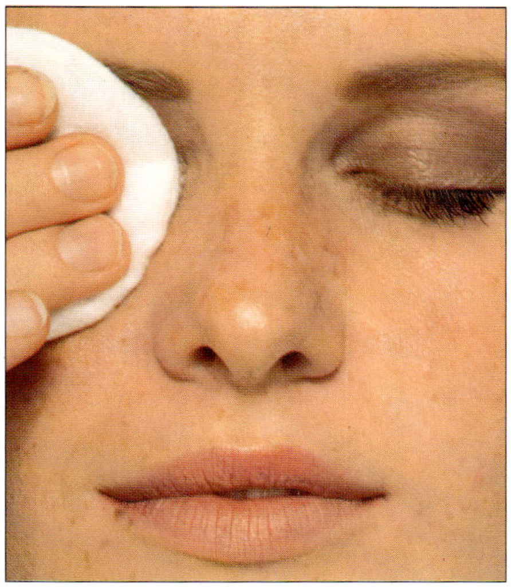

1 Pour a little oil-based eye make-up remover onto a cottonwool (cotton) pad and sweep it over the eye area. This oily product will also help soothe away dryness in the delicate eye area, but a little goes a long way. If you overload the skin here with an oily product it can cause puffiness and irritation.

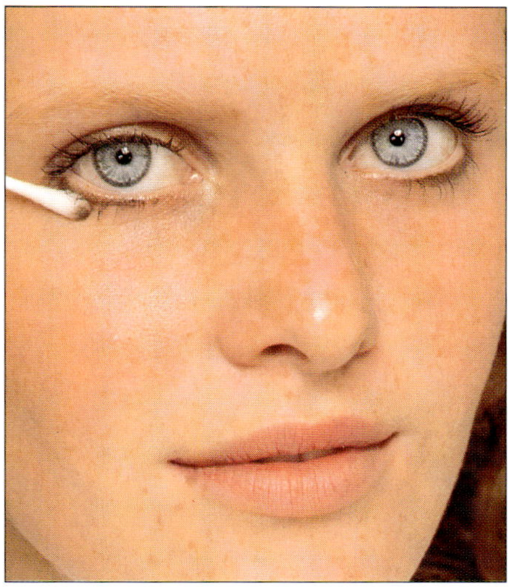

2 Clean up stubborn flecks with a cotton bud (swab) dipped in the eye make-up remover. Be careful not to get the remover in your eyes but work as closely as you can to the eyelashes to remove all signs of make-up.

3 Choose a creamy cleanser which will melt away dirt and make-up from the surface of your skin. It's essential to ensure your skin is really clean. Leave the cleanser on for a few moments for it to work, before sweeping it away with a cottonwool (cotton) pad. Use gentle upward movements to prevent stretching the skin and encouraging lines.

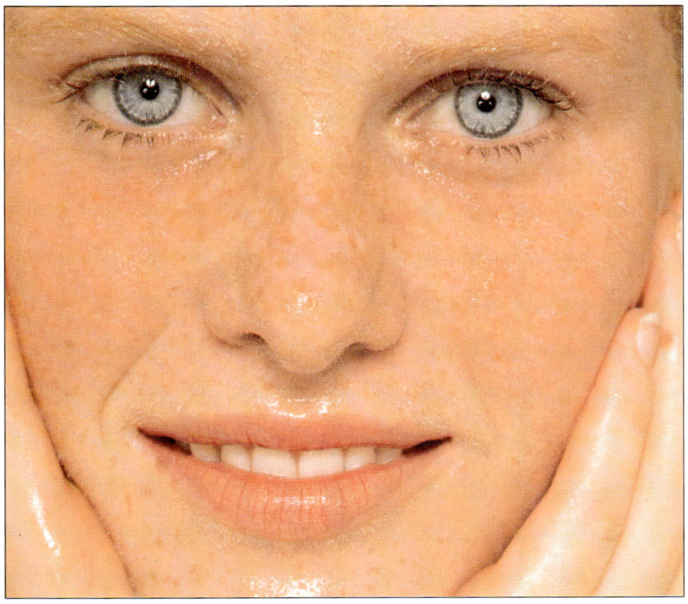

4 One of the main complaints from women with dry skin is that they miss the feeling of water on their skin. However, you can splash your face with cool water to remove excess cleanser and to refresh your skin. This will also help boost the circulation, which means a brighter complexion.

5 This is the most important step of all for dry skins - a nourishing cream to seal moisture into the upper levels of your skin. Opt for a thick cream, rather than a runny lotion, as this contains more oil than water, and will help seal in more moisture. Give the moisturizer a few minutes to sink into your skin before applying make-up.

BALANCED CARE FOR COMBINATION SKIN

Combination skin needs careful care because it has a blend of oily and dry patches. The centre panel, or T-zone, across the forehead and down the nose and chin tends to be oily, and needs to be treated like oily skin. However, the other areas are prone to dryness and flakiness due to lack of moisture, and need to be treated like dry skin. Having said this, some combination skins don't follow the T-zone pattern and can have patches of dry and oily skin in other arrangements. If you're unsure of your skin's oily and dry areas, press a tissue to your face an hour after washing it. Any greasy patches on the tissue signify oily areas.

SPECIAL CARE FOR YOUR SKIN

Because your skin-type has a combination of dry and oily patches, you need a twin approach to skin-care. Treating your entire complexion like oily skin will leave the dry areas even drier and tighter than before. In the same way, treating it only like dry skin can provoke excess oiliness and even an outbreak of blemishes. This means you need to deal with the different areas of skin individually with products to suit. This isn't as complicated and difficult as it sounds, and the result will be a softer, smoother and clearer complexion than before!

Left: A twin approach to skin-care will double the benefits for combination skin, and it needn't be terribly time-consuming.

1 Choose an oil-based eye make-up remover to clear away every trace of eye make-up from this delicate area which is prone to dryness. Use a cotton bud (swab) to remove any stubborn traces. Splash with cool water afterwards to rinse away any excess oil.

2 Use a foaming facial wash in the morning to cleanse your skin. This will ensure the oily areas are clean, and that the pores on your nose are kept clear to prevent blackheads and blemishes. Massage a little onto damp skin, concentrating on the oily areas. Leave for a few seconds to dissolve the dirt, then splash with cool water to remove the cleanser.

3 In the evening, switch to a cream cleanser, to ensure the dry areas of skin are kept clean and soothed on a daily basis. This will give you a balance between excess oiliness or excess dryness in your complexion. Massage well into your skin, concentrating on the drier areas, then gently remove with cotton-wool (cotton) pads.

4 To freshen your skin, you need to buy two different strengths of toners to deal with the differing areas of skin. Choose a stronger astringent for the oily areas, and a mild skin freshener for the drier ones. This isn't as expensive as you think, because you'll only need to use a little of each. Sweep over your skin with cottonwool (cotton) pads.

5 Smooth moisturizer onto your entire skin, concentrating on the drier areas. Then blot off any excess from the oily areas with a tissue. This will give all your skin the nourishment it needs.

MAINTAINING NORMAL SKIN

This is the perfect, balanced skin-type! It has a healthy glow, with a fine texture and no open pores. It rarely develops spots or shiny areas. In fact, it's quite rare to find a normal skin, especially as all skins tend to become slightly drier as you get older.

SPECIAL CARE FOR YOUR SKIN

Your main concern is to keep normal skin functioning well, and as a result of this let it continue the good job it's already doing! It naturally has a good balance of oil and moisture levels. Your routine should include gently cleansing your skin to ensure surface grime and stale make-up are removed, and to prevent a build-up of sebum. Then you should boost moisture levels with moisturizer, to protect and pamper your skin.

1 Eye make-up should always be removed carefully. Going to bed with mascara on can lead to sore, puffy eyes. Applying new make-up on the top of stale make-up is positively unhygienic, too! Choose your product according to whether you're wearing ordinary or waterproof mascara.

2 Splash your face with water, then massage in a gentle facial wash and work it up to a lather for about 30 seconds. Take the opportunity to lightly massage your skin, as this will boost the supply of blood to the surface of your skin – which means a rosier complexion.

3 Rinse away with clear water until every soapy trace has been removed from your skin. Then pat your face with a soft towel to absorb residual water from the surface of your skin. Don't rub at your skin, especially around the eyes, as this can encourage wrinkling.

4 Cool your skin with a freshening toner. Again, avoid the delicate eye area as this can become more prone to dryness.

5 Smooth your skin with moisturizing lotion. Dot onto your face, then massage in with your fingertips using light upwards strokes. This will leave a protective film on the skin, allowing make-up to be easily applied and ensuring there's a balanced moisture content.

Below: Follow a regular skin-care regime to keep normal skin as fresh as a daisy!

SOOTHING CARE FOR SENSITIVE SKIN

Sensitive skin is usually quite fine in texture, with a tendency to be rosier than usual. Easily irritated by products and external factors, it's also prone to redness and allergy, and may have fine broken veins across the cheeks and nose. There are varying levels of sensitivity. If you feel you can't use any products on your skin without irritating it, cleanse with whole milk and moisturize with a solution of glycerin and rosewater. These should soothe it.

SPECIAL CARE FOR YOUR SKIN

Your skin needs extra-gentle products to keep it healthy. Choose from hypo-allergenic ranges that are specially formulated to protect sensitive skin. They're screened for common irritants, such as fragrance, that can cause dryness, itchiness or even an allergic reaction.

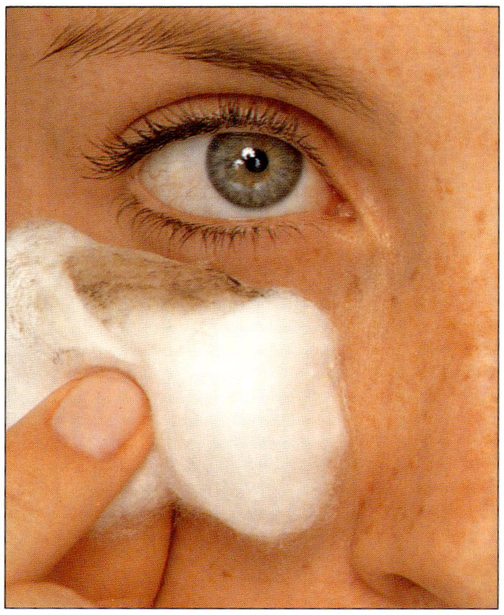

1 Make sure the make-up you use is hypo-allergenic, too, and remove it thoroughly. First use a soothing eye make-up remover. Apply with a cotton-wool (cotton) ball, then remove every last trace with a clean cotton bud (swab).

2 Steer clear of facial washes and soaps on your skin, as these are likely to strip your skin of oil and moisture which can increase its sensitivity even more. So, instead, choose a light, hypo-allergenic cleansing lotion.

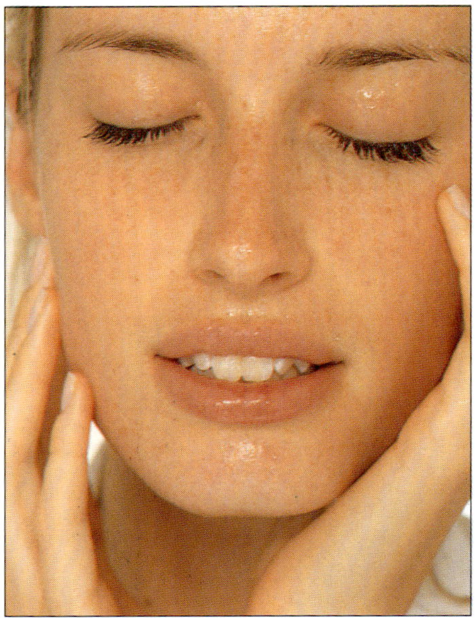

3 Even the mildest skin freshener can break down the natural protection your delicate skin needs against the elements. So freshen it by simply splashing with a warm water instead. This will also remove the final traces of cleanser and eye make-up remover from your skin.

4 Lightly pat your face dry with a soft towel, taking care not to rub the skin as this could irritate it. *(Right)*

Below: Careful skin-care will take the sting out of sensitive skin.

5 It's essential to keep your skin well moisturized to strengthen it and provide a barrier against irritants that can lead to sensitivity. Dryness can make sensitive skin even more uncomfortable and irritated, so don't forget to choose an unperfumed moisturizer.

MIRACULOUS MASKS

If there's one skin-care item that can work immediate miracles, it's a face mask! But, like any other skin-care product, you can't just reach for the first one and hope for the best. You should choose carefully to pick the perfect product for you.

Above: Clay and mud masks: they dry on your skin over a period of 5-15 minutes.

MASK IT!

Choose from the wonderful selection of face masks on the market.

Moisturizing masks

These are ideal for dry complexions as they'll boost the moisture levels of your skin. This means they can help banish dry patches, flakiness and even fine lines. They work quickly like an intensive moisturizer, and are usually left on the skin for 5-10 minutes before being removed with a tissue. The slight residue left on your skin will continue to work until you next cleanse your skin. They're a great treat, particularly after sunbathing, or when your skin feels "tight".

Clay and mud masks

These are great for oily skins as they'll absorb excess grease and impurities from your skin, leaving it looking cleaner and fresher. They're an ideal way to "shrink" open pores, blot out shininess and clear away troublesome blemishes. They dry on your skin over a period of 5-15 minutes, then you simply wash them away with warm water, rinsing dead skin cells, dirt and grime away at the same time. They're a great pick-me-up for skin.

Exfoliating masks

Masks with a light exfoliating action can keep your skin in tip-top condition. Even normal skins sometimes suffer from the build-up of dead skin cells, which can create a dull look and lead to future problems such as blackheads. Masks that cleanse and exfoliate are the perfect solution. They smooth on like a clay mask, and are left to dry. When you rinse them away, their tiny abrasive particles slough away the skin's surface debris.

TIP

If you have combination skin, take this tip from the beauty salons and use two masks – one suitable for oily skin and one for dry skin. Just apply each one to the relevant area that needs it.

Peel-off masks

These are great for all skin-types, and fun to use. You smooth on the gel, leave it to dry, then peel it away. The light formulation will help refresh oily areas, by clearing clogged pores, as well as lightly nourishing drier skins.

Gel masks

These are suitable for sensitive skins, as well as oily complexions, as they have a wonderfully soothing and cooling effect. You simply apply the gel, lie back, then tissue off the excess after 5-10 minutes. They're wonderful after too much sun, or when your skin feels irritated.

POINTS TO REMEMBER

- Your skin can change with the seasons. For instance, skin that becomes oily in the hot summer months can become drier in winter and in central heating. So take your skin's own particular quirks into account when choosing your mask.
- Cleanse your face before applying your chosen mask. Afterwards, rinse with warm water, then apply moisturizer.
- Most masks should be left on the skin for between 3-10 minutes. For the best results, read the instructions carefully.

FACIAL SCRUBS – GRAINS OF TRUTH

Brighten up your complexion in an instant with this skin-care treat! If you don't include a facial scrub in your weekly skin-care regime, then you've been missing out! Technically known as exfoliation, it's a simple method that whisks away dead surface cells from the top of your skin, revealing the plumper, younger ones underneath. It also encourages your skin to speed up cell production, which means that the cells that reach the surface are younger and better-looking. The result is, a brighter, smoother complexion - no matter what your age.

ACTION TACTICS

Use an exfoliater on dry or normal skin once or twice a week. Oily or combination skins can be exfoliated every other day. As a rule, avoid this treatment on sensitive skin, or if you have bad acne. However, you can gently exfoliate pimple-prone skin once a week to help keep pores clear and prevent break-outs.

GETTING TO THE NITTY-GRITTY

- Apply a blob of facial scrub cream to damp skin, massage gently, then rinse away with lots of cool water. Opt for an exfoliater that contains gentler, rounded beads, rather than scratchy ones like crushed kernels.
- Try a mini exfoliating pad, lathering up with soap or facial wash.

Above: Get your skin glowing with a quick and easy facial treat.
Left: Instead of using a facial scrub, gently massage your skin with a soft flannel, facial brush, or old, clean shaving brush.

TIP

Whichever method of exfoliation you use, avoid the delicate eye area. This is because the skin is very fine here and can be easily irritated.

DELICATE CARE FOR EYES

The fine skin around your eyes is the first to show the signs of ageing, as well as dark circles and puffiness. Don't be tempted to deal with the problem by slapping on heavy oils and moisturizers - your eyes will benefit more from specially designed eye creams and gels. The delicate skin around your eyes needs extra special care because it's thinner than the skin on the rest of your face, so it's less able to hold in moisture. There are also fewer oil glands in this area, which adds to the potential dryness, and there's no fatty layer underneath the skin to act as a shock absorber. The result is that this skin quickly loses its elasticity.

Below: Moisturizing the very delicate skin surrounding the eyes calls for special products.

CHOOSING AN EYE TREATMENT

Face creams and oils are too heavy for the eye area. They can block tear ducts, causing puffiness, so you should choose a specific eye treatment that won't aggravate your skin. There are hundreds of products to choose from. Gel-based ones are great for young or oily skins, and are refreshing to use. However, most women find light eye creams and balms more suitable.

Use a tiny amount of the eye treatment, as you don't want to overload this area. It's better to apply it regularly in small quantities than apply lots only occasionally. Apply with your ring finger, as this is the weakest one on your hand and won't stretch the delicate skin. This will help keep your skin more supple, and prevent premature wrinkling in this area.

PREVENTING PUFFY EYES

This is one of the most common beauty problems. These ideas can help:

- Gently tap your skin with your ring finger when you're applying eye cream to encourage the excess fluid to drain away.
- Store creams in the refrigerator, as the coldness will also help reduce puffiness.
- Place strips of grated potato under your eyes to help reduce swelling. Strawberries and cucumber can also help.
- Fill a small bowl with iced water or ice-cold milk. Soak a cottonwool (cotton) pad with the liquid and lie down with the dampened pads over your eyes. Replace the pads as soon as they become warm. Continue for 15 minutes. As well as reducing puffiness, this treatment will brighten the whites of your eyes.

GOOD NIGHT CREAMS

Going to bed with night cream on your face can benefit your skin while you sleep. The main difference between night creams and ordinary daily moisturizers is that most night creams have added ingredients such as vitamins and anti-ageing components. They can be thicker and more intensive than day creams because you don't need to wear make-up on top of them.

Your skin's cell renewal is more active during the night, and night creams are designed to make the most of these hours. Using a night cream gives your skin the chance to repair the daily wear and tear caused by pollution, make-up and ultra-violet light.

Above: Applying night cream before bed means waking up to a softer complexion. *Left:* Dry areas, like cheeks, will absorb the extra moisture a night cream can give.

WHO NEEDS NIGHT CREAMS?

While very young skins don't really need the extra nourishing properties of night creams, most women will benefit from using one. Dry and very dry skins respond particularly well. You don't have to choose very rich formulations, as there are lighter alternatives that contain the same special ingredients. Choose the formulation on the basis of how dry your skin is – it shouldn't feel overloaded.

Applying night cream to slightly damp skin can really boost its performance, as this seals in extra moisture – which means softer, smoother skin in the morning.

BE A FRUITY BEAUTY

Since their launch a couple of years ago, skin-care products that contain alpha-hydroxy acids (AHAs) have grown in popularity. They've become the biggest skin-care invention of the 1990s, and their success looks set to continue. Many women find they dramatically improve the condition and look of their skins.

AHA KNOW-HOW

Alpha-hydroxy acids, also commonly known as fruit acids, are found in natural products. These include citric acid from citrus fruit; lactic acid from sour milk; tartaric acid from wine, and malic acid from apples and other fruits. Incorporated in small amounts, AHAs have recently become a key ingredient in specialized skin-care products.

They work by breaking down the protein bonds that hold together the dead cells on the surface of your skin. They then lift them away and reveal the brighter, plumper cells underneath. This gentle process cleans and clears blocked pores, improves your skin-tone and softens the look of fine lines. Basically, they're the ideal solution to most minor skin-care problems. You should start to see results within a couple of weeks. Many women report that they see an improvement after only a few days.

Without even realizing it, women have used AHAs for centuries and have reaped the benefits on their skins. For example Cleopatra is said to have bathed in asses' sour milk and ladies of the French court applied wine to their faces to keep their skin smooth, supple and blemish free – both these ancient beauty aids are now known to contain AHAs.

AHA products are best used under your ordinary everyday moisturizer as a treatment cream. You should avoid applying them to the delicate eye and lip areas. If you have very sensitive skin, you may find they're not suitable for you, but some women experience a slight tingling sensation at first anyway, as the product gets to work.

The great news is that AHA products are now becoming more affordable, and not just the preserve of more expensive skin-care companies. Many mid-market companies are including the benefits of AHAs in their products, so everyone can give their skin the high-tech treatment it deserves. You can also find AHA products for the hands and body, so you can reap the benefits from top to toe.

Above: AHAs (otherwise known as fruit acids) are an effective way to put the zing back into your skin. In fact, there's nothing new about AHAs – by bathing in asses' milk Cleopatra was absorbing AHAs into her skin.

SPECIAL SKIN TREATMENTS

You'd be forgiven for thinking you need a PhD in chemistry to choose a skin treatment these days! As well as basic moisturizers, there are a whole host of special treatments, serums and gels that are designed to treat specific problems.

THE KEY TREATMENTS

You'll find that special skin treatments come in all shapes and sizes, and in various formulations.

Serums and gels

These have an ultra-light formulation, a non-greasy texture and a high concentration of active ingredients. They're not usually designed to be used on their own, except on oily skins. They're generally applied under a moisturizer to enhance its benefits and boost the anti-ageing process.

Above: Just a few drops of a special skin serum will work wonders on your skin.

Skin-firmers

You can lift your skin instantly with creams that are designed to tighten, firm and smooth. They work by forming an ultra-fine film on the skin, which tightens your complexion and reduces the appearance of fine lines. The effects last for a few hours, and make-up can easily be applied on top. These products are a wonderful treat for a special night out or when you're feeling particularly tired.

Skin energizers

These are creams that contain special ingredients designed to speed up the natural production and repair of skin cells. As well as producing a fresher, younger-looking skin, this is also thought to help combat the signs of ageing.

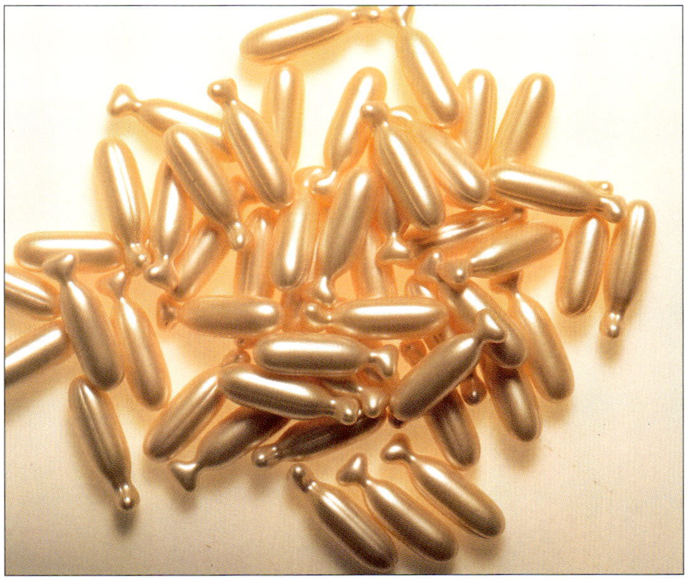

Above: Good things come in small packages – highly effective ingredients often come in tiny ampules.

Ampule treatments

These are very concentrated active ingredients contained in sealed glass phials or ampules, to ensure that they're very fresh. Typical extracts include herbs, wheat germ, vitamins and collagen – used for their intensive and fast-acting results. Vitamin E is another great skin saver. Break open a capsule and smooth the oil onto your face for an immediate skin treat.

Liposome creams

Liposomes are tiny spheres within the cream which contain and carry special ingredients into the skin. Their shells break down once they're absorbed into the upper layers of your skin, releasing the active ingredients.

Below: Choose a cream that contains specialized ingredients to improve your skin.

TRY A FABULOUS FACIAL

For deep-down cleansing and a definite improvement in skin-tone, try an at-home facial. Just once a month will make a noticeable difference to your complexion. Follow these steps to re-create the benefits of the beauty salon in the comfort and privacy of your own home.

1 Smooth your skin with cleansing cream. Leave on for 1-2 minutes to give it time to dissolve grime, oils and stale make-up. Then gently smooth away with cottonwool (cotton).

2 Dampen your skin with warm water. Then, gently massage with a blob of facial scrub, avoiding the delicate eye area. This will loosen dead surface skin cells, and leave your skin softer and smoother. It will also prepare your complexion for the beneficial treatments to come. Rinse away with warm water.

3 Fill a bowl or wash basin with a kettleful of boiling water. Then lean over the top, capturing the steam with a towel placed over your head. Stay there for 5 minutes, to allow the steam to warm and soften your skin. If you have any blackheads, you can try to gently remove them with tissue-covered fingers after this treatment. If you suffer from very sensitive skin, or are prone to broken veins, you should avoid this step.

4 Smooth on a face mask. Choose a clay-based one if you have oily skin, or a moisturizing one if you have dry or normal skin. Leave on for 5 minutes, or for as long as specified by the instructions on the product.

5 Rinse away the face mask with warm water. Finish off with a few splashes of cool water to close your pores and freshen your skin, then pat dry with a towel.

6 Soak a cottonwool (cotton) pad with a skin toner lotion, and smooth over oily areas, such as the nose, chin and forehead.

7 Dot your skin with moisturizer and smooth in. Take the opportunity to massage your skin, as this encourages a brighter complexion and can help reduce puffiness.

8 Smooth your undereye areas with a soothing eye cream to reduce fine lines and wrinkles, and make the skin ultra-soft.

EATING FOR BEAUTIFUL SKIN

While lotions and potions can improve your skin from the outside, a healthy diet works from the inside out. A nutritious, balanced diet isn't only a delicious way to eat – it can work wonders for your skin.

YOU ARE WHAT YOU EAT

A diet for a healthy body is the same one as for a healthy, clear complexion. That is, one that contains lots of fresh fruit and vegetables, is high in fibre, low in fat, and low in added sugar and salt. This should provide your body and your skin with all the vitamins and minerals needed to function at their very best.

Healthy skin checklist

These are the essentials your body needs to keep your skin in tip-top condition.

1 The most essential element is water. Although there's water in the foods you eat, you should drink at least two litres (quarts) of water a day to keep your body healthy and your skin clear.

Below: A fresh and fruity diet will keep your complexion looking good.

2 Cellulose carbohydrates, better known as fibre foods, have another less direct effect on the skin. Their action in keeping you regular can help to give you a brighter, clearer complexion.

3 Vitamin A is essential for growth and repair of certain skin tissues. Lack of it causes dryness, itching and loss of skin elasticity. It's found in foods such as carrots, spinach, broccoli and apricots.

4 Vitamin C is needed for collagen production, to help keep your skin firm. It's found in foods such as strawberries, citrus fruits, cabbage, tomatoes and watercress.

5 Vitamin E is an antioxidant vitamin that neutralizes free radicals – highly reactive molecules that can cause ageing. It occurs in foods such as almonds, hazelnuts and wheat germ.

6 Zinc works with vitamin A in the making of collagen and elastin, the fibres that give your skin its strength, elasticity and firmness.

DIET Q & A

A healthy diet and a beautiful complexion go hand in hand together. Check you know the facts.

1 Yo-yo dieting

Q *"Is it true that constantly losing and gaining weight can have a bad effect on your skin?"*

A Yes. Eating too much and becoming overweight thickens the layer of fat under your skin and consequently stretches it. Crash dieting can then result in your skin collapsing, leading to the appearance of lines and wrinkles. What's more, a crash diet will deprive your skin and body of the essential nutrients they need to stay healthy and look good. If you need to lose weight, do it slowly, sensibly and steadily, to give your skin time to acclimatize. It's always advisable to consult your doctor before starting any weight loss programme.

2 Daily diet

Q *"What would be a good typical day's diet for a clearer complexion?"*

A One that follows the rules already outlined. For example, here's a typical day you could follow.

Breakfast: A glass of unsweetened fruit juice; bowl of unsweetened muesli (whole grain cereal), topped with a chopped banana and semi-skimmed (1 per cent or skim) milk; two slices of wholewheat toast with a scraping of low-fat spread.

Lunch: Baked potato, filled with low-fat cottage cheese and plenty of fresh, raw salad; one low-fat yogurt, any flavour.

Evening meal: Grilled fish or chicken, with boiled brown rice, and plenty of steamed vegetables. Fresh fruit salad, topped with natural yogurt and nuts.

3 On the spot

Q *"Does chocolate cause pimples?"*

A There isn't any scientific evidence that links eating chocolate to having breakouts, but as a healthy low-fat, high-fibre diet is known to be good for skin, keep snacks such as chocolate to a minimum and eat them only as an occasional treat.

Below: It's clearly obvious, drinking plenty of water during the day helps purify your body – which means a fresher, firmer skin.

10 WAYS TO BEAT WRINKLES

Fine lines and wrinkles aren't inevitable. In fact, skin experts believe that most skin damage can be prevented with a little know-how and some special care. Here are the 10 main points to bear in mind, no matter what your age.

1 Protect your skin from the sun

The single biggest cause of skin ageing is sunlight. You should use a sunscreen every single day of the year. This will help prevent your skin from becoming prematurely aged, as well as guard against burning. The ageing rays of the sun are as prevalent in the cold winter months as in the hot summer ones, so it's a daily safeguard you should take.

2 Stop smoking

Cigarette smoke speeds up the ageing process because it strips your skin of oxygen and slows down the rate at which new cells are regenerated. It's responsible for giving the skin a grey, sluggish look, and can cause fine lines around the mouth because heavy smokers tend to be constantly pursing their lips to draw on a cigarette.

3 Deep cleanse

Many older women don't cleanse their skin as thoroughly as they should, believing this can lead to dryness and lines. However, it's essential to ensure your skin is clear of dead skin cells, dirt and make-up to give it a youthful, fresh glow.

You don't have to use harsh products to do this – a creamy cleanser removed with cottonwool (cotton) is a good option for most women. If your skin is very dry, try massaging it with an oily cleanser. Leave it on your skin for a few minutes, then rinse away the excess with warm water.

4 Deep moisturize

As well as a daily moisturizer, you can also boost the water levels of your skin on a weekly basis. You can either use a nourishing face mask, or apply a thick layer of your usual moisturizer or night cream. Whichever you choose, leave it on the skin for 5-10 minutes, then remove the excess with tissues. Apply to damp skin for greater effect.

5 Boost the circulation

Buy a gentle facial scrub or exfoliater, and use once a week to keep the surface of your skin soft and smooth. This will also increase the blood flow to the top layers of skin, giving it a rosy glow and help encourage cell renewal. Alternatively, you can get the same effect by lathering up a facial wash on your skin using a clean shaving brush.

6 Disguise lines

Existing lines can be minimized to the naked eye by opting for the latest light-reflecting foundations, concealers and powders. These contain luminescent particles to bounce light away from your skin, making lines less noticeable and giving your skin a wonderful luminosity.

7 Pamper regularly

As well as a regular skin-care regime, remember to treat your skin occasionally to special treatments such as facials, serums and anti-ageing creams. As well as improving the look of your skin, they'll encourage you to give it extra care on a regular basis.

8 Be weather vain

Extremes of cold and hot weather can strip your skin of essential moisture, leaving it dry and more prone to damage. Central heating can have the same effect. For this reason, ensure you moisturize regularly, changing your products according to the seasons.

For instance, you may need a more oily product in the winter, which will keep the cold out and won't freeze on the skin's surface. In hot weather, lighter formulations are more comfortable on the skin, and you can boost their activity by using a few drops of special treatment serum underneath.

9 Be gentle
Be careful you don't drag at your skin when applying skin-care products or make-up. The skin around your eyes is particularly vulnerable to showing the signs of ageing. A heavy touch can cause the skin to stretch and go crepey. So, make sure you always use a light touch instead, and whenever you can, take your strokes upwards, rather than drag the skin down. Also, avoid any products that make your skin itch, sting or feel sensitive. If any product causes this sort of reaction, stop using it at once, and switch to a gentler formulation.

10 Clever make-up
Skin-care benefits aren't just confined to skin-care products these days. In fact, many make-up products now contain UV filters and skin-nourishing ingredients to treat your skin as well as superficially improve it's appearance. So investigate the latest products – it's well worth making use of them for 24-hour day benefits.

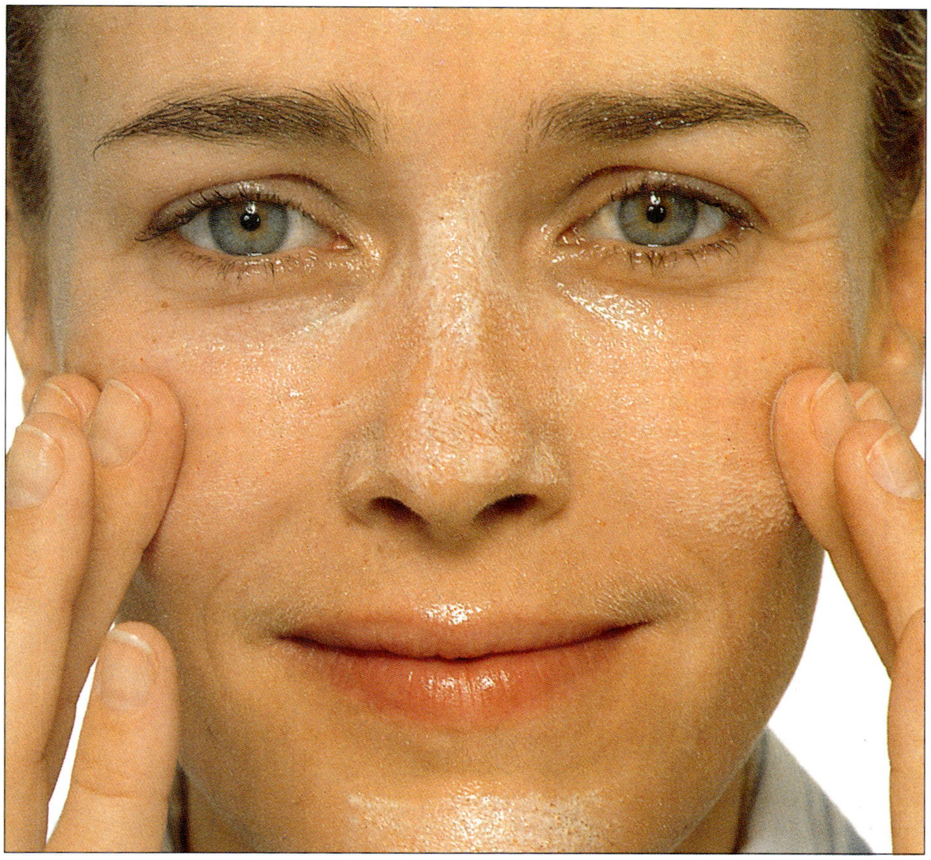

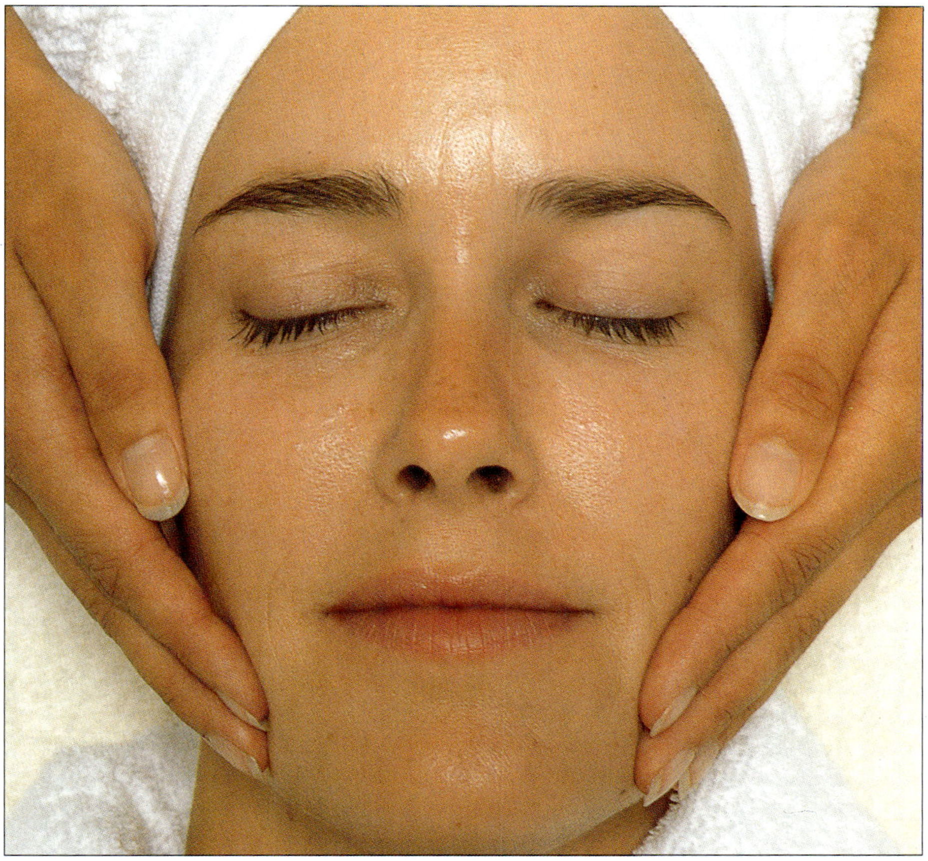

This page (above): Wake up to the benefits of special skin-care treatments.
This page (left): Relax and enjoy a beneficial facial!

Opposite page (left): You won't believe the difference regular cleansing can make.
Opposite page (right): Protect and survive with a good moisturizer.

YOUR TOP 20 SKIN-CARE QUESTIONS ANSWERED

1 Night watch

Q *"My dry skin needs night cream, but I seem to lose most of it onto my pillow. Any solutions?"*

A Put a little night cream into the palm of your hand, then gently rub your hands together. The heat created will help liquefy the cream and make it more easily absorbed. Gently massage it into your skin, and you'll find it sinks in better. Another method is to place the cream in a teaspoon, and heat gently over a low gas flame on the cooker until just warm, before applying as usual. It sounds strange, but really works!

Above: The soft touch of a sponge is a cheap – and effective – option to facial scrub.

2 Polished perfection

Q *"I spend a fortune on skin-care products, but resent paying for an exfoliater. Are there any alternatives?"*

A Yes, here's a good, cheap alternative to facial scrubs! After washing your skin, gently massage with a soft facecloth or natural sponge to ease away the dead surface skin cells which can give your complexion a muddy look. Make sure you avoid ones with scratchy surfaces as they'll be too harsh for your skin. If you have dry skin, massage a little cream cleanser onto damp skin, then rub over the top with your flannel. Rinse afterwards, then apply moisturizer in the normal way. However, it is essential to wash the facecloth after every couple of uses, and to hang it up to dry in between to prevent the build-up of bacteria.

3 Lip tricks

Q *"How can I stop my lips getting so chapped and flaky in winter?"*

A This three-step action plan will help.
a) Massage dry lips with a generous dollop of petroleum jelly. Allow it to get to work for a couple of minutes to soften your skin. Then, gently rub your lips with a warm, damp facecloth. As the petroleum jelly is removed, the flakes of skin will come with it!
b) Smooth your lips morning and night with a lip balm.
c) Switch to a moisturizing lipstick to prevent your lips from drying out during the daytime.

4 Red nose day

Q *"It's so embarrassing! My nose looks really red in the winter. What's the best way to cover it?"*

A Try smoothing a little green foundation or concealer over the red area before applying your normal foundation and powder. Although it sounds strange, the green works by cancelling out the redness – leaving your skin looking a normal shade again.

5 Winter sun

Q *"Someone told me you should still wear a sunscreen in winter. Is this true?"*

A Yes, if you want to guard against the signs of ageing! Exposure to sunlight is thought to be the main cause of wrinkling, and the ultraviolet A rays that are responsible for this process are around every single day of the year. You don't, however, need to use a suntan lotion – just choose one of the many moisturizers that contain sunscreens.

6 Lighten up

Q *"My skin feels as though it needs a richer cream in the winter months, but I find most of them too heavy. What can you suggest?"*

A Just choose the level of moisturizer that feels right for you. Just because a moisturizer is heavier, it doesn't necessarily mean it's more effective. You can help seal in extra moisture to your skin by spritzing your complexion with water before applying it. Also, choose a nourishing foundation or tinted moisturizer to ensure your skin stays smooth and soft all day long. You can help counteract the drying effects of central heating by placing a bowl of water near the radiators to replenish moisture levels in the air.

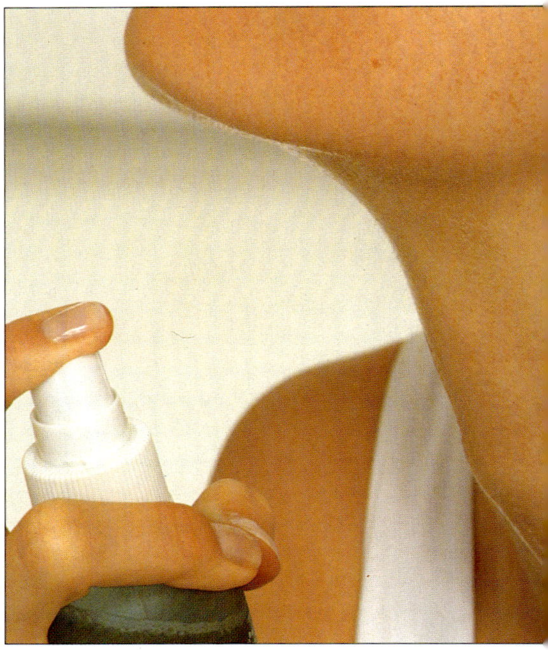

Above: Puttin' on the spritz – boost the moisture in your skin.

7 Water factor

Q *"I like the feeling of water on my face, but I find soap too drying. Should I switch to a cream cleanser instead?"*

A If you have dry skin, it's generally better to use a creamy cleanser, which you

Left: Cream cleanser will get dry skin deep-down clean.

apply with your fingertips and remove with cottonwool (cotton) or soft tissues. This is because it will prevent too much moisture from being lost from the surface of your skin. However, normal and oily skins can still happily use water – but switch to a facial wash or wash-off cleanser instead. They're specially formulated to be non-drying, while still getting your face clean – and you can splash with water as much as you like!

8 Age spots

Q *"I've noticed 'liver spots' appearing on the back of my hands. How are they caused – and how can I get rid of them?"*

A Many people find these light-to-dark brown patches appearing on the back of their hands as they grow older. They can also appear on other areas, such as the forehead and temples. They're caused by an uneven production of the tanning pigment called melanin in the skin. This can be caused by excess sun exposure, or merely highlighted by it.

You can use a cream containing an ingredient called hydroquinone, which works by penetrating the skin tissue to "dissolve" the melanin. Within six to eight weeks, your skin should be back to normal. However, you must ensure you use a safe level of hydroquinone – the recommended amount in a cream is a mere two per cent. Using a sunscreen on your hands on a daily basis can prevent these patches from appearing again.

9 Sensitive issue

Q *"Why does my skin feel more sensitive in winter than summer?"*

A Eighty per cent of women claim to have sensitive skin – which tingles, itches and is prone to dryness. It can be aggravated by harsh winter weather, such as the winds and cold, because this breaks down the natural oily layer which protects your skin. Milder summer weather doesn't tend to be so hard on the skin. The best way to cope is to moisturize regularly with a hypo-allergenic cream that is specially formulated for sensitive skin.

10 Pregnant pause

Q *"I'm pregnant and have developed patches of darker colour on my face, particularly under my eyes and around my mouth. What causes this?"*

A This is called chloasma, or "the mask of pregnancy". It's triggered by a change in hormones at this time, and is made more obvious by sunbathing. Cover up under the sun and wear a sunblock to prevent the patches from becoming denser. It usually fades within a few months of having your baby. Chloasma can also be triggered by birth-control pills, but disappears once you stop taking them.

11 On the spot

Q *I suffer from oily skin, but find blemish creams too drying. What can you suggest?*

A Many women have skin that has dry patches as well as blemishes. The solution is to choose an antibacterial cream that will kill off the cause of your blemishes, while soothing the skin around them. This means you won't be left with dry patches of skin as well as blemishes.

12 Treatment sprays

Q *"I find body lotions too hot and sticky to wear after bathing. Is there anything else I can try?"*

A There's a lovely new trend for body treatment sprays, which combine the moisturizing and toning properties of a body care product with the fragrance of a traditional perfume. This means they'll make you smell beautifully fresh as well as lightly moisturizing your skin. Many of the large perfume companies now offer a choice of these products.

13 The throat vote

Q *"The skin on my neck looks grey and dull. Are there any special treats to use?"*

A Necks can quickly show the signs of ageing. This is mainly due to the fact that they have a lack of sebaceous glands. Using a creamy cleanser can help. Massage in, leave to dissolve dirt, and then remove with cottonwool (cotton) pads. Dull grey skin will benefit from regular exfoliation - scrub briskly with a face cloth or soft shaving brush. Grey lines on neck and throat can be bleached away by smoothing plain yogurt over clean skin. Leave on for about half an hour, then rinse away thoroughly with warm water. Boost softness by smoothing on moisturizer. There's no need for a specialized throat cream – your ordinary one will do.

14 Beautiful back

Q *"How can I get rid of the pimples on my back and bottom?"*

A Because backs are covered up, and hard to reach, they're prone to breakouts. Keep yours blemish-free by exfoliating daily with a loofah or body brush to remove dry, flaking skin and superficial blemishes. For more stubborn pimples, try a clay mask to draw out deep-seated impurities. Smooth onto broken-out areas, leave until dry, then rinse away with lots of warm water.

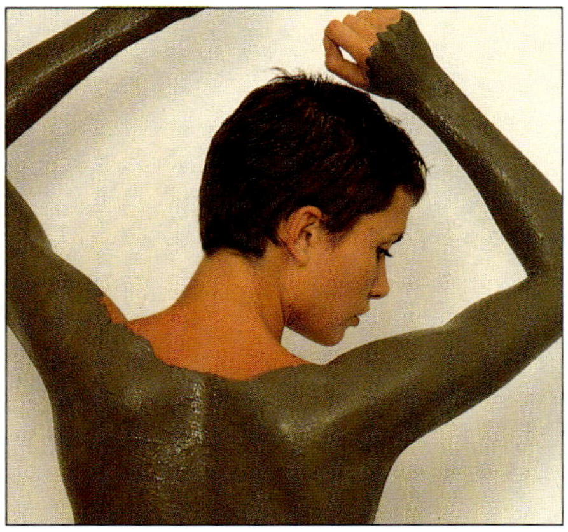

Above: Back to basics with a clay mask for the body.

15 Mole watch

Q *"I understand you need to keep an eye on moles on your skin to guard against the risk of skin cancer. But what exactly should I be looking for?"*

A Moles are clumps of clustered pigment cells that are nearly always darker than freckles. All changes in existing moles should be checked by your doctor. Any that cause concern will be removed and sent off for analysis. You should also check moles yourself once a month. Try the following A.B.C.D. Code: check for A (asymmetry); B (border irregularity); C (colour change); D (change in diameter).

Above: Don't forget your beauty sleep.

16 Shadow sense

Q *"I've got dark shadows under my eyes. What's the best way to deal with them?"*

A Dark shadows can be the result of a variety of causes, including fatigue, anaemia, poor digestion and lack of fresh air. They can also be hereditary. If in doubt, consult your doctor for advice. Take steps to ensure you're cutting out the causes – for instance, getting a good night's sleep, and keeping to a low-fat, high-fibre diet.

For special occasions, you can bathe the area with pads soaked in ice-cold water for 15 minutes. This will help lessen the shadow effect temporarily. Or cover shadows by dotting on some concealer.

17 Brown baby

Q *"Is there anything I can do to hang onto my tan for longer?"*

A Just when you want to show off a golden tan, it begins to peel away. This is because your skin is especially dry after sunbathing, and so it sheds its old cells more quickly. You can prolong the colour for a little while longer by applying lots of body lotion in the morning and evening. Apply it while your skin is still damp to make it extra effective. Apply a little fake tan every few days to keep your colour topped up. Or better still, protect your skin by not tanning at all.

18 Sticky situation

Q *"I exercise a lot, and find body odour a problem. How can I prevent it?"*

A Sweating is your body's natural cooling device. Sweat itself has no odour, but it begins to smell when it comes into contact with bacteria on the skin's surface. Keeping underarms hair-free can help prevent sweat from being trapped.

Opt for an antiperspirant deodorant rather than just an ordinary deodorant alone. The antiperspirants help prevent sweating, while the deodorant helps prevent odour. As a result, a product with the combination of the two is highly effective. Also, try to wear natural fibres next to your skin because they help you to stay fresh for longer.

19 Massage magic

Q *"I had a facial massage in a beauty salon. Is there a way I can give myself one at home?"*

A Yes, just like every other part of your body, your face will look better after a bit of exercise, and a massage is the ideal way to give your complexion a workout. Pour a few drops of vegetable oil into the palms of your hands and smooth it onto your face and neck. Make sure your skin is damp, as this makes the oil go on more easily. Then follow these steps:

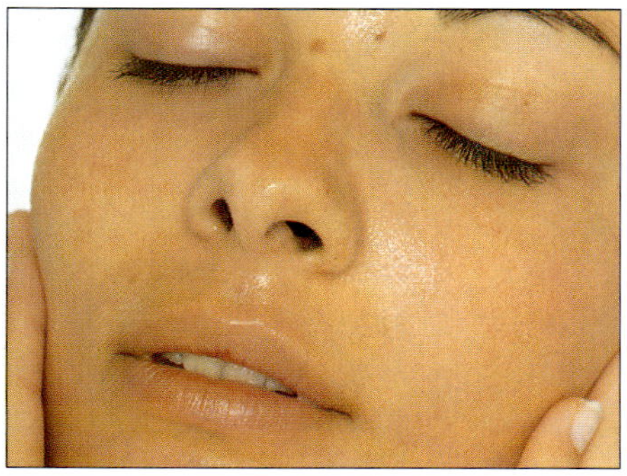

Above: Stroke away the stresses and strains of the day.

- Use the pads of your fingers to stroke upwards from the base of your neck to your chin.
- Continue with long strokes up one side of your face, then the other.
- Now go around your nose and up towards your forehead.
- When you get to your forehead, stroke it across from left to right using one hand. Finish off by gently drawing a circle around each eye using one finger.

20 Stretch marks

Q *"Is there anything I can do to get rid of the stretch marks that have appeared on my tummy, breasts and thighs?"*

A Stretch marks are a sign of your skin's inability to cope with the rapid expansion of flesh underneath. The collagen and elastin fibres underneath actually tear with the sheer strain of it all. They usually make an appearance in times of rapid weight gain, such as puberty and pregnancy. They look quite red when they first appear, although you can take heart that, with time, they fade away to an almost unnoticeable silvery shade.

There's nothing you can do once you've got them, except wait until they start to fade. However, keeping your skin well moisturized can help guard against them. Apply body lotion after a bath or shower, and give it plenty of time to sink in before dressing. Finally, an application of fake tan can be a good disguise for stretch marks that might be on view.

Above: Take time in the bathroom to pamper yourself from top to toe.

BEAUTY BUZZWORDS

If you're confused about the various claims and ingredients in your skin-care products, check out what they mean here in our guide to the most commonly found skin-care jargon.

Allergy-screened

This means that the individual ingredients in the product have gone through exacting tests to ensure that they're safe to use and that there's just the minimum risk of causing allergy.

Aloe vera

The juice from the leaves of this cactus-type plant is often used in skin-care ingredients because of its soothing, protecting and moisturizing qualities.

Anti-oxidants

These work by mopping up and absorbing 'free radicals' from your skin - that is highly reactive molecules that can damage your skin and cause premature ageing. Good anti-oxidants are the ACE vitamins, that is vitamins A, C and E.

Benzoyl peroxide

This is an ingredient commonly used in over-the-counter spot and acne treatments because it gently peels surface skin and unclogs blocked follicles which can cause spots.

Cocoa butter

This comes from the seeds of the cacao tree in tropical climates. Cocoa butter is an excellent moisturizer, especially for dry skin on the body.

Collagen

Collagen is an elastic type of substance in the underlying tissues of your skin that provide support and springiness. Old collagen fibres are less elastic than young collagen, which is one of the main reasons why skin can become less springy as it ages. Collagen is a popular ingredient in skin-care treatments, although it's doubtful if a molecule this size can actually penetrate the skin.

Dermatologically tested

This means the product has been patch tested on a panel of human volunteers to monitor it for any tendency to cause irritation. This means it's usually suitable for sensitive skins.

Exfoliation

Exfoliating means whisking away the top layers of dead surface cells from your skin, making it look brighter and feel smoother. To exfoliate, you massage a gritty exfoliating scrub over damp skin, then rinse away with warm water.

Elastin

These are fibres in the underlying layer of your skin, rather like collagen, which help give it strength and elasticity.

Fruit acids

Also known as AHAs or alpha-hydroxy acids. They're commonly found in natural products, such as fruit, sour milk and wine. AHSs are included in many face creams because they work by breaking down the protein bonds that hold together the dead cells on the skin's surface, to reveal newer, fresher skin underneath.

Humectants

These ingredients are often found in moisturizers, as they work by attracting moisture to themselves, and so keep the surface layers of your skin well hydrated.

Hypo-allergenic

These products are usually fragrance-free, contain the minimum of colouring agents and no known irritants or sensitizers. This is not a total guarantee that no-one will have an allergic reaction to them. Some people are even allergic to water.

Jojoba oil

Jojoba is a liquid wax obtained from the seeds of a Mexican shrub. It was used for centuries by American Indians. It's a gentle, non-irritant oil which makes an excellent moisturizer as it is easily absorbed into the skin and helps improve the condition of the hair and scalp.

Lanolin free

This means a product doesn't contain the ingredient lanolin – the fat stripped from sheep's wool. At one time it was thought that lanolin was a common skin allergen, although evidence does now seem to show that lanolin is even suitable for sensitive skins.

Below: A pH balanced facial wash will help prevent your skin feeling tight.

Liposomes
These are tiny fluid-filled spheres made of the same material that forms cell membranes. Their very small size is said to let them penetrate into the skin's living cells, where they act as delivery parcels that release their active ingredients.

Milia
Another word for whiteheads - small pimples on the skin. Oil produced from the sebaceous glands gathers to form a white plug which is trapped under the skin. You can try to remove these by gently squeezing with tissue-covered fingers or treat them with an antibacterial cream.

Non-comedogenic
A comedo is a blackhead, so this means the product has been screened to eliminate ingredients which can clog the follicles and encourage blackheads and spots. It's particularly useful for oily skins.

Oil of Evening Primrose
The oil taken from the seeds of the evening primrose plant is very useful for helping your skin retain its moisture. It's a wonderful moisturizer, particularly for dry or very dry skins, as it hydrates, protects and soothes. It also improves the skin's overall softness and suppleness. Many sufferers of eczema find it useful.

pH balanced
The pH scale measures the acidity or alkalinity of a solution, with 7 meaning that it is neutral. Any number below that is acidic, and numbers above are alkaline. Healthy skin has a slightly acidic reading, so pH balanced skin-care products are slightly acidic to maintain this natural optimum level.

Retin A
Also known as Retinoic Acid, this is a derivative of vitamin A that has been used for years to treat acne. Now it's available on prescription and to be used under medical supervision, to help reverse the visible signs of ageing on the skin.

Above: Ensure your moisturizer has an effective sunscreen – check the SPFs to be sure.

S.P.F.
These initials stand for Sun Protection Factor. They'll tell you how long the sun cream or moisturizer will protect you from the sun's burning ultraviolet B rays. The higher the number, the more protection it will give you.

T-panel
This is the area across the forehead and down the centre of the face where the oil glands and sweat glands of the face are most concentrated.

Ultraviolet (UV) rays
Ultraviolet light can damage your skin. UVB rays will burn your skin if you sunbathe too long. UVA rays are strong all year round and cause ageing and wrinkling of the skin. Guard against this with a broad-spectrum sun cream, which contains both UVA and UVB filters.

Vitamin E
This is often used in moisturizers because it can help combat dryness and the signs of ageing. It's also useful for helping to heal scars and burns.

Water soluble
Cleansers are described as water-soluble when they contain oils to dissolve grime and make-up from your skin, with the bonus that they can be easily rinsed away.

Below: Try the healing benefits of vitamin E on your skin.

HOW WELL DO YOU CARE FOR YOUR BODY?

BODYWISE MEANS BODY BEAUTIFUL

The secret to a beautifully maintained body is to lavish the same care on it as you do on your complexion and make-up. You need to take into account both general maintenance and any special needs it may have. Whatever beauty boosts your body needs, you'll find the help you need in this section of the book.

Throat

Does skin-care stop at your neck?
Is the skin rough and grey?
Do you indulge yourself with special treats to keep your skin in tip-top condition?

Chest

Do you give your breasts the care they need?
Is your chest prone to breakouts?
Do you protect this area of your skin from the harmful rays of the sun?

Arms

Are your elbows grey and dull in tone?
Is the skin soft and supple, or rough and dry?
Do darker hairs on your lower arms need bleaching?
If you remove hair from your underarms, have you found the best method, the one that suits you for convenience and results?
Have you found the solution to underarm freshness?

Hands

Do they suffer from too much housework?
Do they need some moisturizing care?
Are your nails neatly filed and shaped?
Would a lick of polish or a French manicure give them a helping hand?

Legs
Are they free from stubbly hair?
Is the skin as smooth as it could be?
Would they benefit from a light touch of fake tan?
Are they prone to cellulite?
Would bathtime treats improve the look of your skin?

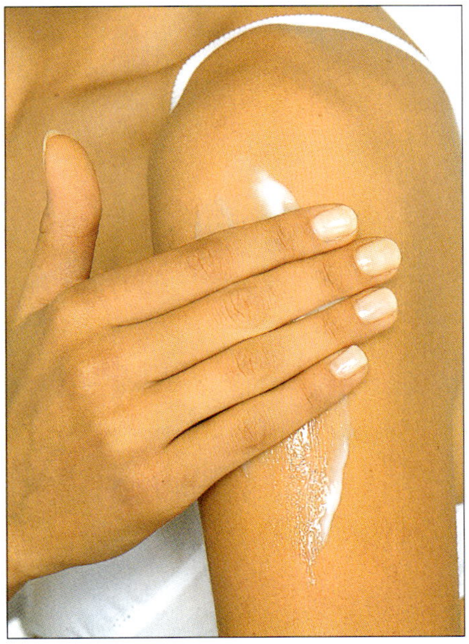

Above: Tops and especially the backs of arms need care too, so that they stay soft, smooth and firm.

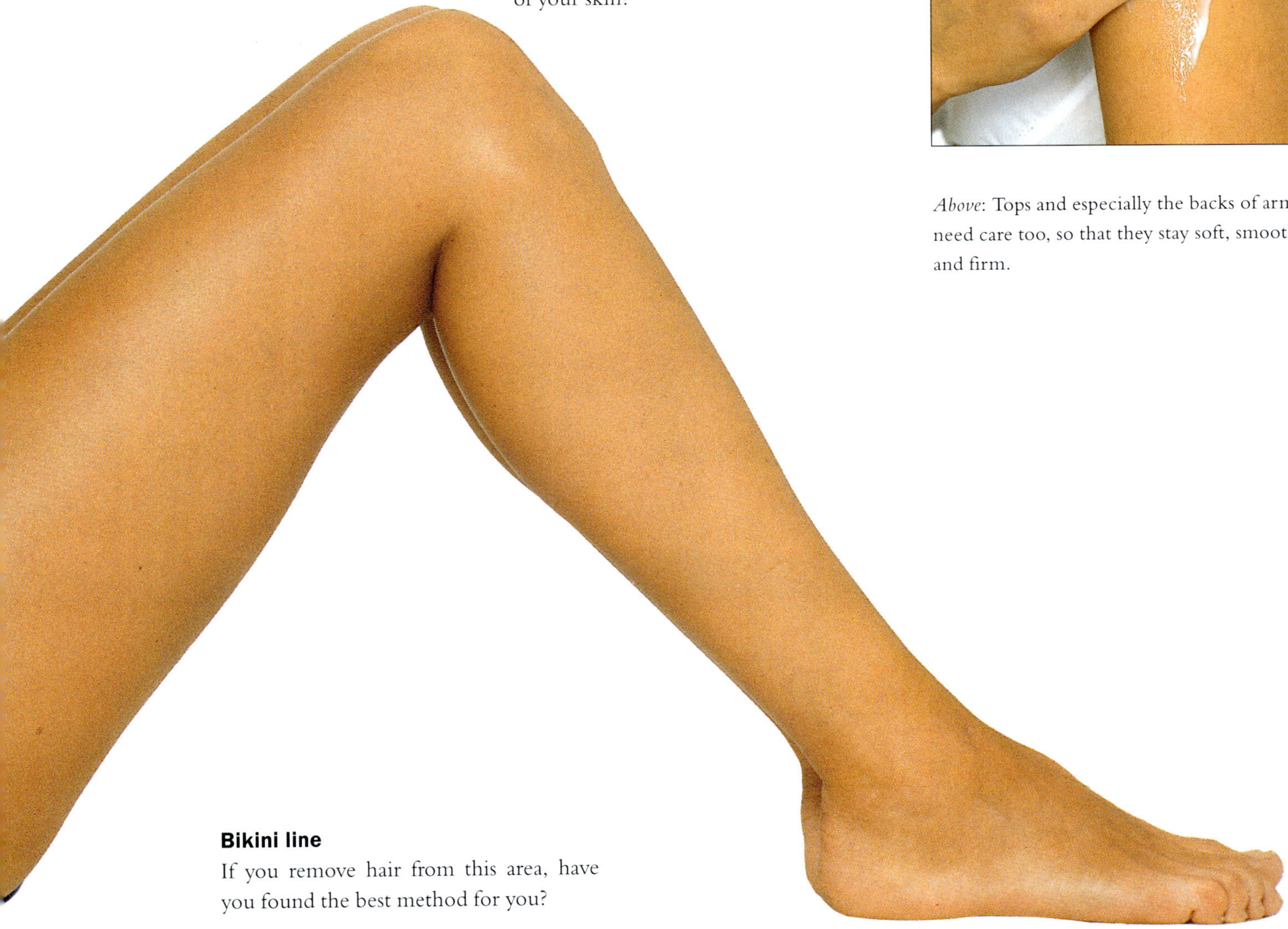

Bikini line
If you remove hair from this area, have you found the best method for you?

Feet
Are they free from hard skin, corns and calluses?
Are your nails neatly trimmed?
Do you smooth a foot cream on them regularly to ensure that the skin stays soft?

BATHROOM ESSENTIALS

Caring for your body creates endless rewards. So, keep a selection of beauty products on hand to maintain your skin from top to toe on a daily and occasional basis.

BATHING BEAUTY

The time of day and even the time of year will affect what you like using, so why not take the opportunity to try different products, adding the ones you particularly like to those you already know well.

Below: Wonder bars for the body.

Soaps and cleansing bars

These are a cheap and effective way of cleansing your body. If you find them too drying, choose ones that contain moisturizers to minimize these effects. Most people can use ordinary soaps and cleansers without any problem. However, if you have particularly dry or sensitive skin, opt for the pH-balanced variety.

Shower gels and bubble baths

These are mild detergents that help cleanse your body while you soak in the water. There are hundreds of varieties to choose from, including those containing a host of additives, ranging from herbs to essential oils. If you find them too harsh for your skin, look for the ones that offer 2-in-1 benefits – these contain moisturizers as well, to soothe your skin.

Sponges and washcloths

These are useful for lathering up soaps and gels on your skin, and dislodging dirt and grime from your body. Wash your washcloth regularly, and allow it to dry between uses on a wash line or the bathroom window sill. Natural sponges are a more expensive but long-lasting alternative. Squeeze out afterwards in warm clear water and allow to dry naturally. However, don't underestimate the power of your hands for washing yourself; they keep you in touch with your body and will make you aware of any lumps, bumps and changes in texture that occur.

Bath oils

These are a wonderful beauty boon for those with dry skins. They float on the top of the water, and your entire body becomes covered with a fine film when you step out of the bath. Most cosmetic houses produce a bath oil, but if you're not worried about the fragrance, you can use a few drops of any vegetable oil, such as olive, corn or peanut.

Bath salts

Made from sodium carbonate, these are particularly useful for softening hard water, and for preventing your skin from becoming too dry. Combined with warm water, they're a popular way to soothe away aches and pains.

Below: Bubbles, bubbles - soothe away toils and troubles!

Above: Stock your bathroom shelves for top-to-toe freshness..
Right: Grab yourself some bathroom benefits!

BATHROOM TREATMENTS

As well as a chance to cleanse your body, bath- or shower-time is the perfect opportunity to pamper and polish your skin, and indulge in some beauty treats.

SUPER SOFT SKIN

Try some of these effective body treats on a regular basis!

Body lotions and oils

These can seal moisture into your skin, making it soft and smooth. Especially concentrate them on drier areas such as feet, elbows and knees. Oilier and normal skins benefit from lotions, while oils and creams suit drier skins.

Exfoliating scrubs

These help combat the rough patches and blackheads that can appear on your skin. Use once or twice a week in the bath or shower, rinsing away the excess with clear warm water.

Pumice stone

These are made from very porous volcanic rock, and work best if you lather up with soap before rubbing at hardened areas of skin in a circular motion. Don't rub too fiercely or else you'll make the skin sore. A little and often is best.

Loofah or back-brush

Loofahs are useful as exfoliators, and their length makes them great for scrubbing difficult-to-reach areas like the back. They're actually the pod of an Egyptian plant and need a bit of care if they're to last. Rinse and drain them thoroughly after use to stop them going black and mouldy. Avoid rinsing them in vinegar and lemon juice as this can be too harsh for these once-living things. Back-brushes are easier to care for; you simply rinse them in cool water after use and leave them to dry.

Right: Get back to basics with a brush to reach difficult areas.

GET FRESH!

From cleaning your teeth to preventing underarm odour, here's the lowdown.

A toothbrush

You need to choose the right toothbrush to get the maximum benefit from it. A nylon brush is best, as bristle splits and loses its shape quickly. Choose one with a small head so you can easily clean your back teeth. A soft or medium brush is best as the harder brushes may damage the tooth enamel and gums. Change your toothbrush regularly, about every month.

Dental floss

Use floss at least once a day to clean between the teeth where the toothbrush can't reach. Waxed floss is best as it's less likely to catch on fillings or uneven edges. To floss, wind a short length around the second finger of each hand. Slide it gently down between two of the teeth, taking care to press it against the side of the tooth. Then gently slide it upwards out of the teeth, removing any food particles with it. Repeat between all of the teeth.

Antiperspirant deodorant

Deodorants don't stop perspiration - they only stop the bacteria from decomposing the sweat. If you perspire heavily, use an antiperspirant or even better an antiperspirant deodorant. The antiperspirant part prevents the production of sweat. Never use on inflamed or broken skin or immediately after shaving.

Talcum powder

Talcum powder is made from finely ground magnesium silicate, usually perfumed. It has been out of fashion in recent years, which is a shame as it makes you smell fresh and helps you slide into your clothes, but it is no substitute for a thorough job with the towel, especially between the toes.

Right: Powder power for fresh, dry skin!

FRESH IDEAS FOR THE SHOWER & BATH

Once you've armed yourself with some bathroom basics, try these water-baby treats to boost your body, beauty and mood.

BATH-TIME TREATS

Soaking in a warm bath has to be one of the most popular ways to relax. You can literally feel your cares disappear as you sink into the soothing water. However you can also use bathtime for a variety of other benefits and beauty boosters.

The sleepy "sitz" bath

The combination of hot and cold temperatures is an effective way of helping you get to sleep. Try a "sitz" bath, which helps you relax by drawing energy away from your head and stopping your mind from racing. Here's how to create your own "sitz" bath:

- Ensure the bathroom is warm, then fill the bath with 7.5-10 cm (3-4 in) of cold water.
- Wrap the top half of your body in a warm sweater or towel, then immerse your hips and bottom in the cold water for 30 seconds.
- Get out of the bath, pat yourself dry, then climb into bed and fall asleep.

Learning to relax

Turn bathtime into an aromatherapy treat by adding relaxing essential oils such as camomile and lavender to the water. Just add a few drops once you've run the bath, then lie back, inhale the vapours and relax. Salts and bubble baths that contain sea minerals and kelp also have a relaxing effect, and purify your skin, too. Bathe by candlelight and listen to soothing music to make it even more of a treat. Put on eye pads and relax for 10 minutes.

Be a natural beauty

You don't have to splash out on expensive bath additives – try making your own:

- Soothe irritated skin by adding a cup of cider vinegar to the running water.
- A cup of powdered milk will soothe rough skin.

Above: Bathtime is more fun if you share it!

- Add a cupful of oatmeal or bran to cleanse, whiten and soothe your skin.

Sleek skin

Smooth your body with body oil before getting into the bath. After soaking for 10 minutes, rub your skin with a soft washcloth – you'll be amazed at how much dead skin you remove!

Fabulous fragrance

Add free samples of perfume to a bath. It won't cost you anything and will smell wonderfully luxurious.

SHOWER-TIME TREATS

Showers are a wonderful opportunity to cleanse your body quickly, cheaply and to wake yourself up. Here are some of the other benefits.

Circulation booster

Switch on the cold water before finishing your shower to help boost your circulation. Strangely, it will also make you feel warmer once you get out of the shower! It also works well if you concentrate the blasts of cold water on cellulite-prone areas, as this stimulates the sluggish circulation in these spots.

Boosting benefits

If you pat yourself dry after a bath, it'll help you to unwind, whereas briskly rubbing your skin with a towel will help to invigorate you.

Shower sensation

Add a few drops of essential oils to the floor of the shower itself. As they evaporate you will find that you're surrounded by a sensuous-smelling mist while you wash your body.

Above: Splish! Splash! Relax and have fun in the bath.
Right: Turn a daily shower into a real power shower.

SCRUB YOUR WAY TO SMOOTHER SKIN

Improve your skin-tone from top to toe with the regular use of a body scrub. This quick treatment is easy to do and boasts great results.

The chances are, even if your skin isn't prone to spottiness or flaky patches, it will suffer from dullness and poor condition from time to time. This is where body scrubs and exfoliaters come into their own. They work by shifting dead cells from the surface of your skin, revealing the younger, fresher ones underneath. This process also stimulates the circulation of blood in the skin tissues, giving it a rosy glow.

Above: Keep a sisal mitt to hand for super soft skin.
Right: Regular exfoliating works!

METHODS TO TRY

There are lots of different ways you can exfoliate your body – so there's one to suit every budget and preference.

- Your first option is to buy an exfoliating scrub, which is a cream or gel based product containing tiny abrasive particles. Look for the type with rounded particles which won't scratch and irritate delicate skin. Simply massage the scrub into damp skin, then rinse away thoroughly with lots of warm water.
- A bath mitt, loofah or sisal mitt are a cinch to use, and cost-effective too. They can be quite harsh on the skin if you press too hard, so go easily at first. Rinse them well after use, and allow them to dry naturally. Simply sweep over your body when you're in the shower or bath.
- Your ordinary washcloth or bath sponge can also double up as an exfoliater. Lather up with plenty of soap or shower gel, and massage over damp skin before rinsing away with clear water.
- Copy what health spas do, and keep a large tub of natural sea salt by the shower. Scoop up a handful when you get in, and massage over your skin. Rinse away thoroughly afterwards.
- You can also make your own body scrub at home by mixing sea salt with body oil or olive oil. Allow the mixture to soak into your skin for a few minutes to allow the edges of the salt to dissolve before massaging in, then rinsing away.
- Body brushes are also useful. The best way to use them is on dry skin before you get in the bath or shower, as this is particularly good for loosening dead skin cells. You can also use them in the water, lathering them up with soap or gel.

Again, just take care that you don't get too enthusiastic with the brushing and scrub your skin so vigorously that it becomes sore.

Perfect your technique

Whichever method you use, the best thing to do is concentrate on problem areas such as upper arms, thighs, bottom, heels and elbows. Also sweep over the rest of your body. However, go gently on delicate areas of skin, such as the inner arms, stomach and inner thighs. Work in large strokes, in the direction of your heart.

Oilier skin types will benefit from exfoliation 2-3 times a week, while once a week is sufficient for other types. Never exfoliate broken, inflamed or acne-prone skins.

After exfoliating, always apply body lotion to seal moisture into the new fresh skin you've exposed.

BEAUTY TIP

For super-soft skin fast, you should massage your body with oil first before getting into the bath or shower. Then follow the exfoliating method you prefer.

SIMPLE STEPS TO SOFTER SKIN

Slick on a body moisturizer to create a wonderfully silky body. Add a moisturizing body treat every day to your beauty regime, and you'll soon reap the benefits.

MOISTURIZING MATTERS

Just as you choose a moisturizer for your face with care, you should opt for the best formulation suited to the skin type on your body.

- Gels are the lightest formulation and are perfect for very hot days or oilier skin types. They contain a lot of nourishing ingredients even though they're very easy to wear.
- Lotions and oils are good for most skin-types, and easy to apply, as they're not sticky.
- Creams give better results for those with dry skins, especially very dry areas.

Make the most of body moisturizer

- Apply using firm strokes to boost your circulation as you massage in the product.
- Apply the moisturizer straight onto clean, damp skin – after a bath or shower is the ideal time. This helps seal extra moisture into the upper layers of your skin, making is softer than ever.
- Soften cracked feet by rubbing them with rich body lotion, pulling on a pair of cotton socks and heading for bed. They'll be beautifully soft by the next morning!
- Concentrate on rubbing moisturizer into particularly dry areas, like heels, knees and elbows. The calves of the legs are also very prone to dryness because there aren't that many oil glands there.
- If you don't have time to apply moisturizer after your bath, simply add a few drops of body oil to the water. When you step out of the bath, your skin will be coated with a fine film of nourishing oil. Remember to rinse the bath well afterwards to prevent you from slipping the next time you take a dip!
- Your breasts don't have any supportive muscle from the nipple to the collarbone and skin is very fine here. Firming creams won't work miracles, but can help maintain the elasticity and suppleness in this delicate area. Regular applications of body lotion can also have similar effects.

Smelling scentsational!

Opt for a scented body lotion as a wonderful treat. They can be longer-lasting than the actual fragrances themselves. Alternatively, use them as part of "fragrance layering". This simply means taking advantage of the various scent formulations available. Start with a scented bath oil and soap, move onto the matching body lotion and powder, and leave the house wearing the fragrance itself sprayed onto pulse points.

However, be careful you don't clash fragrances. Opt for unscented products if you're also wearing perfume, unless you're going to be wearing a matching scented body lotion. You don't want cheaper products to compete with your more expensive perfume.

Above left: Opt for the light touch with a moisturizing gel.
Right: Take the time before dressing to moisturize your skin. Why not apply body lotion and then leave your skin to absorb it whilst you clean your teeth or dry your hair?

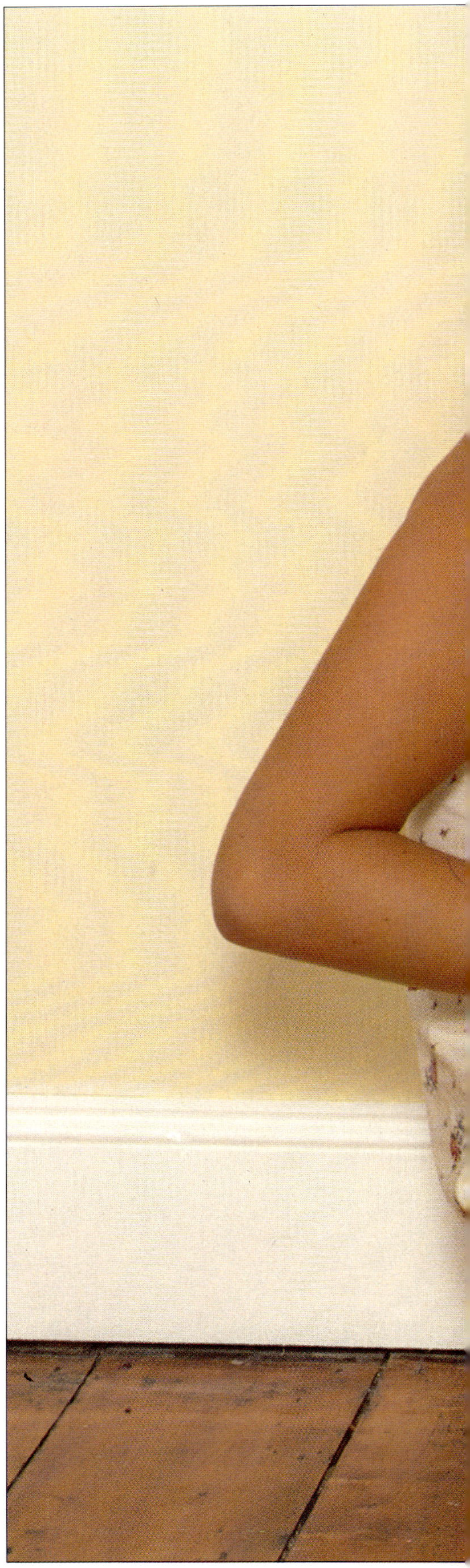

BE A SMOOTHIE!

Hair on a woman's body is quite natural, but fashion and cultural practices mean that it's usually removed. Here are the main removal methods.

THE KEY METHODS

There are several different ways to tackle superfluous hair.

Shaving

Shaving works by cutting the hair at the skin surface with a razor blade. It's best for legs and underarms.
Pros: Cheap, quick and painless.
Cons: Regrowth appears again quickly, within a couple of days.

SHAVING TIPS

- Combine with a moisturizing shave foam or gel for a close shave. Moisturize afterwards to soothe your skin.
- A closer shave means a less frequent one. Let the shaving cream get to work and soften the hair for a few moments before using your razor.

Tweezing

Tweezing plucks out hairs, one at a time. Because it's time-consuming, it's best for small areas like eyebrows, or for removing the odd stray hair missed by waxing.
Pros: Good control for shaping.
Cons: Can be painful and may make skin slightly reddened for a while afterwards. You also need to remember to check the area regularly in a mirror to see that you don't need to re-tweezer.

TWEEZER TIP

Hold a warm washcloth over the area of hair to dampen and soften it first, and open the pores – this will make tweezing easier. Or, press an ice cube over the area to anaesthetize it first if you find it really painful!

Waxing

This method uproots the hair from below the skin's surface. Either wax is smoothed onto the skin and removed with strips, or pre-prepared wax strips are used. This is a form of hair removal that can be safely used on any part of your body.
Pros: The results last for 2-6 weeks.
Cons: Can be painful and there's the risk of soreness and of ingrowing hairs. Also, hair has to be left to grow until it's long enough to wax, so you have a time when the hairs have grown back. If the hair is too short, it won't come out, or will be removed patchily.

WAXING TIPS

- After waxing the bikini area, apply an antibacterial cream to prevent infection or a rash.
- Wear loose clothing after waxing.
- Never wax on a sore area.

Depilatory creams

These contain chemicals that weaken the hair at the skin's surface, so hair can be wiped away. Simply apply, leave for about 5-10 minutes, then rinse away. (Check the packaging for exact instructions.) You can use a depilatory cream anywhere, especially as some companies produce different formulations for specific areas.

Do a patch test 24 hours before using the product to make sure it won't cause irritation or an allergy.
Pros: It's cheap, and the results last a bit longer than a razor – up to a week.
Cons: Can be messy, and takes time. The smell of some products can be off-putting although formulations have improved.

Bleaching

Although this isn't technically hair removal, it's a great way to make superfluous hair less noticeable. A solution of hydrogen peroxide solution is used to lighten the hair, which makes it less visible. Bleaching is best for use on your arms, upper lip and face.

Above: Sugaring – the sweeter solution to superfluous hair.
Right: Shaving is the no-fuss option for silky smooth legs.

Pros: Results last between 2-6 weeks, and there's no regrowth.
Cons: Not suitable for coarse hair.

BLEACHING TIP

If using a new product, do a patch test on your skin first to ensure you don't react to the product's bleaching agents.

Sugaring

Works in a similar way to waxing, but uses a paste made from sugar, lemon and water. It's well known in the Middle East, and is growing in popularity elsewhere.
Pros: Has the same benefits as waxing and can be used anywhere on the body.
Cons: Can be fairly painful and there is a risk of ingrowing hairs.

Electrolysis

A needlelike probe conducts an electric current into the hair follicle, inactivating it. This method is best for small areas such as breasts and face. Go to a qualified practitioner (and ask to see their certificates).
Pros: A permanent solution.
Cons: Expensive and is more painful for some people than others, depending upon your pain threshold. You may find that you are more sensitive to the pain just before or during your period.

INDULGE YOURSELF WITH AROMATHERAPY

Many more of us are waking up to the benefits of aromatherapy these days, and for good reason. It's wonderful to use, the products are easily available, and they can give immediate results. It's no surprise then, that it's one of the most popular therapies around.

Aromatherapy uses essential oils, that are the distilled essences of herbs, plants, flowers and trees. These oils smell wonderful, and are a pleasure to use. It's this smell that usually attracts people to them for treating a variety of physical and mental conditions, from skin infections to stress. There are three main ways to use essential oils.

In your bath

Add 5-10 drops of your chosen oil to your bath, then sink in and relax. Inhaling the wonderful aromas will soothe your mind, and the oils will also have a beneficial effect on your skin and body. Only pour oil into the bath once it's been run, or the oil will evaporate with the heat of the water and you'll lose the therapeutic properties before you even get in!

For massage

Mix 3-4 drops of essential oil into 10 ml (2 teaspoons) of a neutral carrier oil such as sweet almond oil, and use to massage your body – or ask someone else to massage you! Alternatively, choose one of the many pre-blended oils currently on the market. Most aromatherapists believe that you're naturally drawn to the oils that will do you most good at that time – so why not start by experimenting with some of the oils described here.

To perfume your room

Fragrance your room and indulge in the beneficial scent. Clay burners are readily available to diffuse oils into the air. You add the oil to some water in the bowl at the top, then light the night candle underneath. This will prevent the oil from burning and help to create sweet-smelling steam. Alternatively, place 6 drops of your favourite oil in a small bowl of water and put it in a warm place. There are also ring diffusers you can put on light bulbs, or you can add a few drops of oil to the water in a plant sprayer, and use it to spritz the room whenever you like.

WONDERFUL OILS TO TRY

There are several hundred essential oils to choose from, so it can be confusing knowing which ones to try. These are some useful ones to start with:

Essential oil	Benefits	Use for
Chamomile	calming	headaches and anxiety
Mandarin	calming, refreshing	digestive problems
Eucalyptus	decongestant	colds
Lavender	calming and balancing	stress, colds, headaches, P.M.S.
Peppermint	refreshing	indigestion and sickness
Rose	soothing	depression
Rosemary	antiseptic and stimulating	aches and pains
Sandalwood	relaxing	stress, dry skin-care
Tea tree	anti-bacterial	pimples and cold sores
Ylang ylang	love potion	boosting sex drive

Below: Flower power – treat yourself with fragrant oils from flowers, plants and herbs.

AROMATHERAPY TIPS

1 If you don't want to buy individual essential oils buy them ready-blended, or treat yourself to bath and body products that contain them.

2 Some oils are thought to carry some risk during pregnancy. For this reason, consult a qualified aromatherapist for advice if you are expecting a child and want to use essential oils.

3 Don't try to treat medical conditions with them – always consult your GP.

4 Essential oils can be expensive, but remember that a little goes a long way.

5 Don't apply essential oils to the skin undiluted as they're far too concentrated in this form, and can result in inflammation. The only exception is lavender, which can be used directly on the skin for insect bites and stings. Otherwise essential oils should be mixed with a carrier oil.

6 Don't take essential oils internally. Essential oils are approximately 50 to 100 times more powerful than the plant they were extracted from.

7 Don't apply oils to areas of broken, inflamed or recently scarred skin.

8 Whichever method of aromatherapy you use, shut the door to the room to prevent the aroma from escaping!

9 For immediate results from aromatherapy, try inhaling the steam. Add about 4 drops of your chosen oil to a bowl of hot water, lean over it and cover your head with a towel. Inhale deeply for about 5 minutes.

10 Place a few drops of your favourite oil on a tissue, so you can inhale it whenever you like. Eucalyptus is great if your sinuses are blocked and you have a cold. Alternatively, sprinkle a few drops of chamomile or lavender on your pillow to help you sleep.

Top left: Special essential oils – for a sensual experience.

Top right: Dilute them in light carrier oil to pamper the body.

Right: Try a soothing aromatherapy bath, and let your cares float away.

BEAT THE CELLULITE PROBLEM

It's not just plumper, older women who suffer from "orange-peel skin" on their thighs, hips, bottom and even tummy – many slim, young women suffer, too. Despite what you may have heard, there is no miracle cure for cellulite, but there are some effective and practical things you can do to see great results.

FACTS ON CELLULITE

Experts differ about what exactly causes cellulite. It seems likely that it's an accumulation of fat, fluid and toxins trapped into the hardened network of elastin and collagen fibres in the deeper levels of your skin. This causes the dimpled effect and feel of cellulite areas. These areas also tend to feel cold to the touch because the flow of blood is constricted and the lymph system, which is responsible for eliminating toxins, can't work properly. This can worsen the problem and make the cellulite feel puffy and spongy.

HAVE I GOT CELLULITE?

Try squeezing the skin of your upper thigh between your thumb and index finger. If the flesh feels lumpy and looks bumpy, you have cellulite. Further clues may be that these areas look whiter, and feel colder than elsewhere on your legs.

Common causes

Cellulite can be caused and/or aggravated by the following:

- A poor diet is full of toxins and puts the body under great strain to get rid of vast quantities of waste. Also, an unhealthy low-fibre, high-fat diet means that the body's digestive system can't work effectively to expel toxins from the body.
- Stress and lack of exercise make your body sluggish and can slow down blood circulation and the lymphatic system.
- Hereditary factors – if your mother has cellulite, it's a fair bet you will have, too.
- Hormones, such as the contraceptive pill or hormone replacement therapy, may be contributory.

TAKING THE SENSIBLE APPROACH

There are dozens of products around designed to deal with cellulite but to really tackle the problem you should follow a three-pronged approach, combining:

- Circulation boosting tactics
- Diet
- Exercise.

Boost your circulation

Here are several ways to boost your circulation and your lymphatic system. Whichever one you choose, aim to follow it for at least 5 minutes a day.

- Use a soft body brush on damp or dry skin, brushing in long sweeping movements over the afflicted area, and working in the direction of the heart.
- Use a massage glove or rough sisal mitt in the same way as above.
- Use a cellulite cream. These usually contain natural ingredients such as horse chestnut, ivy and caffeine to pep up your circulation. However, you can make them doubly effective by massaging them in thoroughly with your fingertips. Or, some cellulite creams come with their own plastic or rubber hand-held mitts to help boost the circulation.

MAKE YOUR OWN CELLULITE CREAM

Some women swear by aromatherapy to treat their cellulite. There are many ready blended oils on the market, but you can make your own. Just add two drops each of rosemary and fennel essential oils to three teaspoons of carrier oil, such as almond oil. Massage this mixture daily thoroughly into the affected areas.

Follow a detox diet

To detoxify your body you need to follow a healthy low-fat, high fibre diet – one that contains plenty of fresh fruit and vegetables. The great news is, if you have any excess weight to lose it will naturally fall away by following these rules.

- Eat at least 5 servings of fresh fruit and vegetables every day.
- Cut down on the amount of fat you eat. For instance, grill rather than fry foods, and cut off visible fat from meat. For many foods you buy, look out for a low-fat alternative.
- Water cleanses your system and flushes toxins from body cells, so drink at least 2 litres (quarts) of pure water every day.
- Change from caffeine-laden tea and coffee to herbal teas and decaffeinated coffee. Sip pure fruit juices rather than fizzy drinks.
- Steer clear of alcohol as much as possible as it adversely affects your liver – your body's main de-toxifier.
- Drink a glass of hot water containing the juice of a fresh lemon when you get up in the morning – it's a wonderful way to detoxify your body.
- Avoid sugary snacks between meals – eat a piece of fruit, raw vegetables or rice cakes instead.

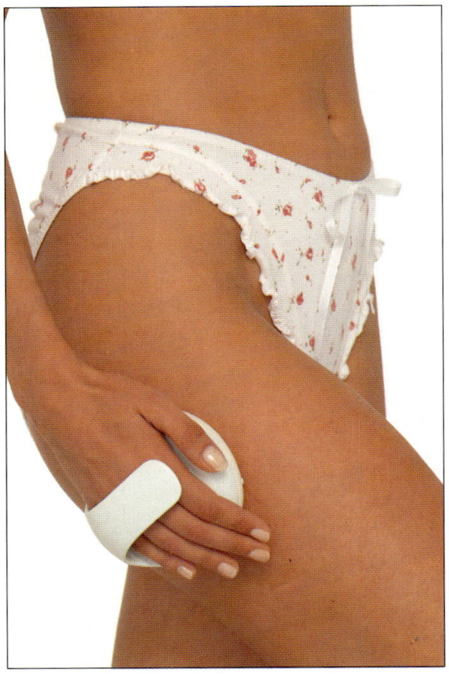

Right: Pep up your circulation and lymphatic system to help beat that cellulite.

Step up your exercise

Exercise will boost your sluggish circulation and lymphatic system, and encourage your body to get rid of the toxins causing your cellulite. Do a regular aerobic workout, exercising for 20-40 minutes, 3-5 times a week, and choose from these: brisk walking, jogging, swimming, cycling, tennis, badminton, aerobic classes or running. (It is always wise to consult your doctor before embarking on a new form of exercise.)

Tone it up!

On a more specific level, you can also try these exercises to firm up your legs and give them a better shape. Carried out daily, they will help you win the cellulite battle.

Hip toner

Stand sideways with your hand resting on a chair. Your knees should be slightly bent and your shoulders relaxed. Slowly raise your right leg, keeping your body and raised foot facing forward. Carefully and slowly lower your leg, and then repeat this movement 10 times. Turn round and repeat with the other leg.

Bottom toner

Lie on your front with your hands on top of one another, resting your chin on them if you wish. Raise one leg about 13 cm (5 in) off the floor, and hold for a count of 10. Bring your leg back to the floor, and repeat 15-20 times with each leg.

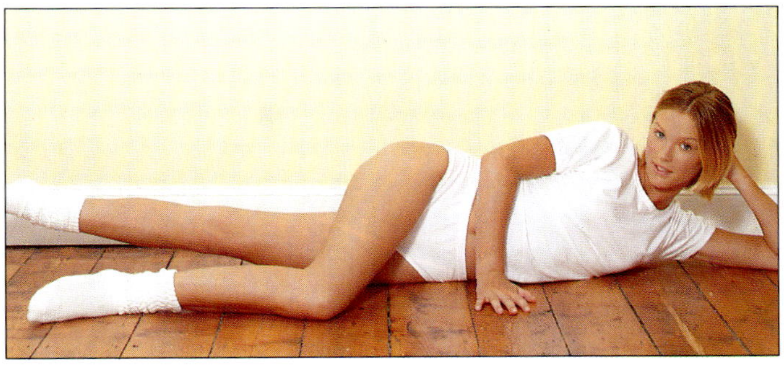

Inner thigh toner

Lie on your side on the floor, supporting your head with your arm. With your top leg resting on the floor in front, raise the lower leg off the floor as far as you can without straining, then gently lower it again. Repeat 10 times, then turn over and work the other leg.

Outer thigh toner

Lie on your side, supporting your head with your hand. Bend your lower leg behind you and tilt your hips slightly forward. Place your other hand on the floor in front of you for balance. Slowly lift your upper leg, then bring it down to touch the lower one, and repeat this action 6 times. Repeat on the other side.

BROWNIE POINTS IN THE SUN

There's nothing that lifts your spirits like spending time in the sunshine. However, you need to take special care of your skin against the potential dangers of suntanning. The secret is to give your skin the protection it needs, whilst you gradually develop a light attractive colour.

THE RIGHT PRODUCT

There are so many sun creams and lotions on the market, but it's essential to use the right one because going for the burn can age your skin and increase your chances of skin cancer. So, play safe by following our two-step plan.

STEP 1: KNOW YOUR SPFS

The initials SPF stand for Sun Protection Factor. The higher the number of the SPF, the more protection the product will give you from the burning ultraviolet B (UVB) rays. For instance, an SPF 2 will let you stay out in the sun for twice as long as you usually would without burning, whereas an SPF 8 will let you stay out eight times as long.

STEP 2: GO BY SKIN-TYPE

To decide which SPF suits you, you need to know how vulnerable your skin is to the sun's UVB rays. Dermatologists divide skins into six types, each needing a different level of protection. By knowing your skin-type you can ensure it is always well protected, wherever you travel.

Skin-type 1

Always burns, never tans. Fair-skinned, usually with freckles. Red or blonde hair. Typical Irish or Anglo-Saxon skin-type.
UK/North Europe: Total sunblock, or keep out of the sun.
USA/Tropics/Africa: Total sunblock.
Mediterranean : Total sunblock.

Skin-type 2

Burns easily and tans with difficulty. Fair hair and pale skin. Typical North European skin-type.
UK/North Europe: Start with SPF 20 and use sunblock on delicate areas. Progress gradually to SPF 15.
USA/Tropics/Africa: Start with sunblock and progress gradually to SPF 20.
Mediterranean: Start with SPF 20, use sunblock on delicate areas, and progress gradually to SPF 15.

Skin-type 3

Sometimes burns but tans well. Light brown hair and medium skin tone. Again, a typical North European skin-type.
UK/North Europe: Start with SPF 10 and progress to SPF 8.
USA/Tropics/Africa: Start with SPF 20, moving to SPF 15, then SPF 10.
Mediterranean: Start with SPF 15, moving to SPF 10.

Skin-type 4

Occasionally burns but tans easily. Usually with brown hair and eyes, and olive skin. The typical Mediterranean skin-type.
UK/North Europe: Start with SPF 8, moving to SPF 6.
USA/Tropics/Africa: Start with SPF 15, moving to SPF 8.
Mediterranean: Start with SPF 10, moving to SPF 6.

Skin-type 5

Hardly ever burns and tans very easily. Dark eyes, dark hair and olive skin. A typical Middle Eastern or Asian skin-type.
UK/North Europe: Use SPF 6 throughout.
USA/Tropics/Africa: Start with SPF 8 and move to SPF 6.
Mediterranean: Start with SPF 8 and move to SPF 6.

Skin-type 6

Almost never burns. Has dark hair, eyes and skin. Typical African or Afro-Caribbean skin-type.
UK/North Europe: No sunscreen needed.
USA/Tropics/Africa: Start with SPF 8, moving to SPF 6.
Mediterranean: Use SPF 6 throughout.

A TIP FOR STAR QUALITY!

Many companies producing suntan products have recently introduced a star rating system. This indicates how well the product will protect you against the UVA rays of the sun – the ones that are responsible for the signs of ageing, such as lines and wrinkles. It is worth catching onto if you seriously want to keep your skin young-looking. The more stars your suntan product has, the better.

★
1 star gives moderate UVA protection.
★★
2 stars give good UVA protection.
★★★
3 stars give superior UVA protection.
★★★★
4 stars give maximum UVA protection.

If a product doesn't have this star rating, then doublecheck on the packaging that it does offer good UVA protection.

YOUR SAFE TAN PLAN

- Apply suntan lotion (block) before you go into the sun, and before you dress, to ensure that you don't miss any areas.
- Gradually build up the time you spend in the sun. Never be tempted to burn – it's a sign of skin damage.
- Stay out of the sun between 12 noon and 3 o'clock when the sun is at its hottest. Move into the shade or cover up with a t-shirt and broad-brimmed hat.
- If you're playing a lot of sport or swimming, choose a special sports formula or waterproof formulation.
- Lips need a good lip screen to protect them from burning and chapping.
- Like skin-care ranges, there are hypo-allergenic products around, so ask at your pharmacist.

Opposite page, right: Protect and survive. Guard against ageing and the burning rays of the sun with an effective sun cream.
Opposite page far right: Go for the glow with a light golden tan.
Photographs courtesy of Nivea.

JOIN THE BROWNIES – WITH A FAKE TAN!

The safest tan of all is one that comes out of a bottle! There are three main ways to fake a tan.

Bronzing powders

For use on your face, these act in the same way as a blusher. Make sure that the one you use is not too pearlized, or you'll really shimmer in the sunshine.

Wash-off tanners

These are the simplest way to create an instant tan on your face and body. You simply smooth on the cream, then wash it away at the end of the day.

Self-tanners

If you haven't tried these formulations for years because you remember the awful smell, orange colour and streaky results, then you'll be pleasantly surprised at the dramatic improvements that have been made. In fact, choose carefully, and you'll create an acceptable alternative to the real thing. These products contain an active ingredient called dihydroxyacetone (DHA), which is absorbed by surface skin cells, and turns brown in the presence of oxygen – which creates the "tan". This process usually takes 3-4 hours, and the effects last until these skin cells are naturally shed – which can be from a few days right up to a week.

SELF-TANNING TIPS

- Use a body scrub first to rub away the dead flaky skin that can soak up colour and create a patchy finish.
- Massage in plenty of body lotion over the area to be treated. This will combat any remaining dry areas, and give a smooth surface on which to apply the tanning lotion.
- If there's a shade choice, go with the lighter one, because you can always apply more to get a darker colour.
- Use only a small amount of the product at a time – you can always apply a second layer later on.
- Work the product firmly into the skin until it feels completely dry. Any excess left on the surface is likely to go patchy.
- If you've applied self-tan to your body, wipe areas that don't normally tan with damp cottonwool (cotton) – armpits, nipples, soles of feet and fingers. On the face, work the cottonwool (cotton) around eyebrows, hairline and jawline.
- While there are self-tanning products which offer some protection from the sun until your wash your skin, it's best to use them in conjunction with the best sunscreen for your skin-type.

MAKE-UP FOR EVERY WOMAN

Being considered beautiful today no longer means conforming to one accepted ideal. The contemporary approach to beauty places the emphasis firmly on the individual, and her own particular needs, aspirations and lifestyle. For although every woman is concerned to some extent about how she looks, everyone is very different. For instance, the make-up needs of a blue-eyed blonde are not the same as a dark-eyed woman with an Oriental skin-tone.

The great news is that make-up can be used to enhance everyone's features. Applied with a light touch it should create a subtle emphasis, rather than a mask disguising the features.

Above: Every woman can use make-up to emphasize her best features.
Right: We're all different. What works for one woman may not work for another. Understanding this helps you to bring out the best in yourself.

PRODUCT KNOW-HOW

No two women are alike. When we're buying a pair of jeans, we don't just pick the same size, colour and pair as our sister, because we have different requirements. Make-up is the same. We need to choose carefully from the vast array of products and formulations around to create a look that's made-to-measure for our own complexions and features. Simply buying the most expensive product on the shelves is no guarantee of success, as it may not be the most suitable for your colouring or skin-type.

These pages will take you through the myriad of bottles, compacts and colours around, and guide you on how to find the ones that work the best for you, and how to apply them.

Tailor-made make-up

The perfect make-up for you will be effortless once you choose the correct shades for your skin-tone and hair colour. It'll also work wonderfully, because you'll still look like you, only better! Checking your hair colour is easy – whether or not it's natural or comes out of a bottle. Deciding whether your skin is "warm" or "cool" can be slightly more difficult – however, there is an easy way to check. Simply look in a mirror and hold a piece of gold and a piece of silver in front of your face. These can just as easily be pieces of foil or costume jewellery as the real thing. The right metal will bring a healthy glow to your skin, whereas the wrong one will make it look grey. If gold suits your skin, then it's "warm" toned. If silver suits it, it's "cool" toned. A further clue is how well you tan in the sun – cool skin-tones tend to colour less easily.

Inspirational ideas

Sometimes make-up should be used just for the sheer fun of it. Try out a different look for a special occasion, bringing out the make-up artist in you. Whether you want to create an impact in the office, or turn heads at a party, there are lots of ideas to help you put on the perfect face.

Problem solvers

Don't just read about them but actually put new ideas into practice! Brush up on tips and tricks to help you maximize your looks, and deal with your own particular beauty needs. Perhaps you need a new look on a budget, speedy ideas or some expert help. Spend a little time to make the most of yourself.

FOUNDATION THAT FITS

Many women avoid foundation, because they're scared of an unnatural, mask-like effect. In fact, finding the right product for you is simpler than you might think. There are two keys to success, the first is to pick the right formulation, and the second is to choose the perfect shade for your skin.

FIND YOUR FORMULATION

Long gone are the days when you could only buy heavy pancake foundation. Now you can choose from many formulations, so you can get the best coverage for your particular skin-type. Here's what's on offer, and who they're best for.

Tinted moisturizers

These are a cross between a moisturizer and a foundation, as they'll soothe your skin while giving a little coverage. They're ideal for young or clear skins. They're also great in the summer, when you want a sheer effect or to even out a fading tan. Unlike other foundations, you can blend tinted moisturizers on with your fingertips.

Liquid foundations

These are the most popular and versatile of all foundation types, because they smooth on easily and offer a natural-looking coverage. They suit all but the driest skins. If you have oily skin or suffer from breakouts, look for an oil-free liquid foundation, to cover affected areas without aggravating them.

Cream foundations

These are thick, rich and moisturizing, making them ideal for dry or mature skins. As they have a fairly heavy texture, make sure you blend them well into your skin with a damp cosmetic sponge.

Mousse foundations

Again these are quite moisturizing, and ideal for drier skins. The best way is to dab a little of the product onto the back of your hand, then dot onto your skin with a sponge.

Above: Spend time finding the right foundation colour for you.

Compact foundations

These are all-in-one formulations, which already contain powder. They come in a compact, usually with their own sponge for application. However, they actually give a lighter finish than you'd expect. They're great on all but dry skin-types.

Stick foundations

These are the original foundation, dating back to the days of Hollywood. They have a heavy texture, and so are best confined for use on badly blemished or scarred skin. Dot a little foundation directly onto the affected area, then blend gently with a damp sponge.

SHADE SELECTION

Once you've chosen the ideal formulation for you, you're ready to choose the perfect matching shade to your skin. At last cosmetic companies have woken up to the fact that not everyone has an "American tan" complexion! Now, there is a good selection of foundation shades from a pink-toned English rose to a yellow-hued, olive skin, as well as from the palest skin to the darkest one. Here's how to select the perfect one for you.

- Ensure you're in natural daylight when trying out foundation colours, so you can see exactly how your skin will look once you leave the shop or counter.
- Select a couple of shades to try, which look as though they'll match your skin.
- Don't try foundation on your hand or on your wrist – they're a different colour to your face.
- Stroke a little colour onto your jawline to ensure you get a tone that will blend with your neck as well as your face. The shade that seems to "disappear" into your skin is the right one for you.

Above: Liquid foundations are popular.

APPLICATION KNOW-HOW

- Apply foundation to freshly moisturized skin to ensure you have a perfect base on which to work.
- Use a cosmetic sponge to apply most types of foundation – using your fingertips can result in an uneven, greasy finish.
- Apply foundation in dots, then blend each one with your sponge.
- Dampen the sponge first of all, then squeeze out the excess moisture – this will prevent the sponge from soaking up too much costly foundation.

● Check for tell-tale "tidemarks" on your jawline, nose, forehead and chin.

HIGH PERFORMANCE FOUNDATION

Companies these days have made wonderful improvements to their foundations. Here are some benefits to look out for.

● Many companies have added sunscreens to their foundations, so they'll protect you from the ageing effects of the sun while you wear them. Look out for the the words UV Protection and Sun Protection Factor (SPF) numbers on the tube or bottle.

● Look for the new "light-diffusing" foundations, which are great for older skins. They contain hundreds of tiny light-reflective particles that bounce light away from your skin – making fine lines, wrinkles and blemishes less noticeable.

COLOUR CORRECT

Colour corrective foundations can be worn under your normal foundation to alter the skin-tone. They can seem quite strange at first glance, but are, in fact, highly effective at toning down a high colour or boosting the colour of your complexion. Use them sparingly at first until you feel confident that you have achieved an effective, but subtle, result.

● Green foundation cools down rosiness and is great for those who blush easily. Princess Diana wore it under her normal foundation on her wedding day.

● Lavender foundation will brighten up a sallow complexion, and is great for when you're feeling tired.

● Apricot foundation will give a subtle glow to dull skin, and is a great beauty booster in the winter.

● White foundation gives a wonderful glow to all complexions, and is perfect for a special night out.

Above: Blend, blend, blend for a professional finish. And, don't forget to give all angles of your face a final check in the mirror to make sure you haven't got any unnatural lines where your foundation finishes.
Left: Before buying, check different foundation colours on your jawline for the perfect match.

CLEVER CONCEALER

Concealers are a fast and effective way to disguise blemishes, shadows, scars and red veins, so your skin looks perfect.

FIND YOUR FORMULATION

Concealers are the ideal way to cover a multitude of sins. They're a concentrated form of foundation with a very high pigment content, so they offer complete coverage to problem areas. Make-up artists argue as to whether concealer should be applied before or after foundation. I think applying it after foundation is best, as it's only applied to specific areas, and these would be disturbed when the foundation was being applied.

If you're after a light make-up effect, apply concealer directly onto clean skin, then apply powder or all-in-one foundation/powder over the top.

Stick concealers

These are easy to apply as you can simply stroke them straight onto the skin. They're the most readily available type on the market. Some have quite a heavy and thick consistency, so it's worth trying the samples in the shop before buying.

Cream concealers

These usually come in a tube, with a sponge-tipped applicator. The coverage isn't as thick as the stick type, but the finished effect is very natural.

Liquid concealers

Again, these come in a tube. Just squeeze a tiny amount of product onto your finger and smooth over the affected area. Look for the cream-to-powder formulations, which slick on like a cream and dry to a velvety powder finish.

CONCEALER TIP

When choosing a concealer look for the colour nearest to your own skin-tone rather than a lighter one. Covering a problem area with a paler shade will simply accentuate it.

Above: Hide undereye shadows with a few dots of concealer.

TAKING COVER

Here's how to conceal all your beauty problems effectively.

Spots and blemishes

The ideal solution is to use a medicated stick concealer as this contains ingredients to deal with the pimple or blemish as well as cover it. Only apply the concealer exactly on the pimple or blemish, as it can be quite drying, and then smooth away the edges with a clean cotton bud (swab). Applying concealer all around the area will make the spot more noticeable and create a "halo" effect.

Under-eye shadows

Opt for a creamy stick concealer or a liquid one, as dry formulations will emphasize fine lines around your eyes. If you're blending with your fingertips, use your ring finger, as this is the weakest finger on your hand and less likely to drag at the delicate skin around your eyes.

Scars

Scars, including old acne or chickenpox marks, can be effectively covered by concealer but it can be time-consuming to get a perfect result. You need to build the indentation up to skin level by dotting on layers of concealer with a fine brush. Take your time, to allow each layer to settle into the skin properly.

Red veins

Stick or liquid concealer is ideal for this problem. Apply concealer over the area with a fine eyeliner brush or clean cotton bud (swab), then feather out the edges to stop them from being noticeable.

POW! WOW! POWDER!

Face powder is the make-up artist's best friend, as it can make your skin look really wonderful and is very versatile in its uses.

THE POWER OF POWDER

Here are four good reasons for putting on that powder!

- Powder gives a super-smooth sheen to your skin – with or without foundation.
- It "sets" your foundation, so it stays put and looks good for longer.
- Powder absorbs oils from your skin, and helps prevent shiny patches appearing.
- It helps conceal open pores.

CHOOSE YOUR POWDER

You'll need two types of powder – a loose form, and a powder compact for your handbag.

Loose powder

This gives the best and longest-lasting finish and is the choice of professional make-up artists and models. The best way to apply loose powder is to dust it lightly onto your skin using a large, soft powder brush. Then lightly brush over your face again to dust off the excess.

Pressed powder

Compacts containing pressed powder are ideal for carrying in your make-up bag as they're very quick to use and lightweight. Most come with their own application sponges, but you'll find you get a better result if you apply them with a brush. Look for brushes with retractable heads to carry in your make-up bag.

If you do use the sponge, use a light touch, and wash it regularly, or you'll transfer the oils in your skin onto the powder and get a build-up.

Shade away

Don't make the mistake of thinking that one shade of powder suits all. Instead, choose one that closely matches your skin-tone for a natural effect. Do this by dusting a little on your jawline, in the same way as you would with foundation.

Above: Powder gives a perfect featherlight finish to your skin.
Right: Choose the shade that best suits your skin colouring.

POWDER TIP

When dusting excess powder away from your skin, use your brush in light, downward strokes to help prevent the powder from getting caught in the fine hairs on your skin. Pay particular attention to the sides of the face and jawline which aren't so easy for you to see.

BEAUTIFUL BLUSHER

Give your complexion a bloom of colour with this indispensable beauty aid.

BLUSH BABY

Blusher is an instant way to give your looks a lift. It's old fashioned to use blusher to sculpt your face, as it looks so unnatural. Instead, it should be applied in the way it was first intended to be used – to recreate a youthful flush.

Powder blusher

This should be applied over the top of your foundation and face powder. To apply powder blusher, dust over the compact with a large soft brush. If you've taken too much onto your brush, tap the handle on the back of your hand to remove the excess. It's better to waste a little blusher than apply too much! A good guide is to use half as much blusher, and twice as much blending as you first think you need.

Start the colour on the fullest parts of your cheeks, directly below the centre of your eyes. Then smile and dust the blusher over your cheekbones, and up towards your temples. Blend the colour well towards the hairline, so you avoid harsh edges. This will place colour where you would naturally blush.

Right: Brush your cheeks with colour.
Below: Be a blushing beauty with a light touch of powder blusher.

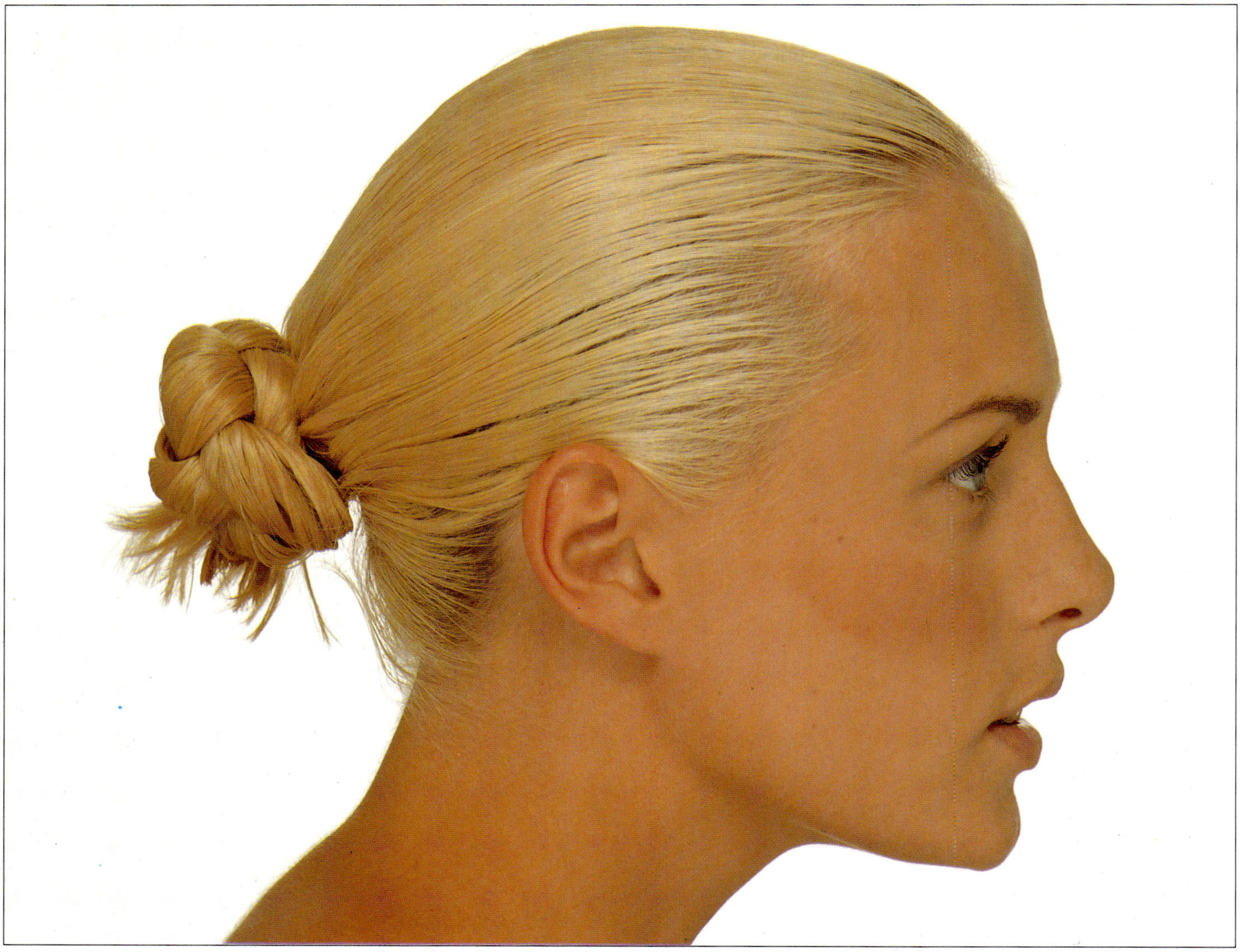

Cream blusher

Cream blusher breaks all the traditional beauty rules, as it's applied with your fingertips. It's put on after foundation, and before face powder. It's been out of fashion for some years, but has recently made a comeback. This is for good reason, as it can give a lovely fresh glow to every skin-type.

To apply, dab a few dots of cream blusher over your cheeks, from the plump part up towards your cheekbone. Using your fingertips, blend well. Build up the effect gradually, adding more blusher to create just the look you want. Or, if you prefer, you can use a foundation wedge to blend in cream blusher.

Colour choice

There's always a kaleidoscope of blusher shades to choose from. However, as a general rule, it's best to opt for a shade that tones well with your skin colouring, and co-ordinates with the rest of your make-up. You can opt for lighter or darker shades, depending on the season.

COLOUR GUIDE

Colouring	Choose
Blonde hair, cool skin	Baby pink
Blonde hair, warm skin	Tawny pink
Dark hair, cool skin	Cool rose
Dark hair, warm skin	Rosy brown
Red hair, cool skin	Soft peach
Red hair, warm skin	Warm peach
Dark hair, olive skin	Warm brown
Black hair, dark skin	Terracotta

Right: Powder blusher is a quick and easy option.
Below: Get a glow with cream blusher.

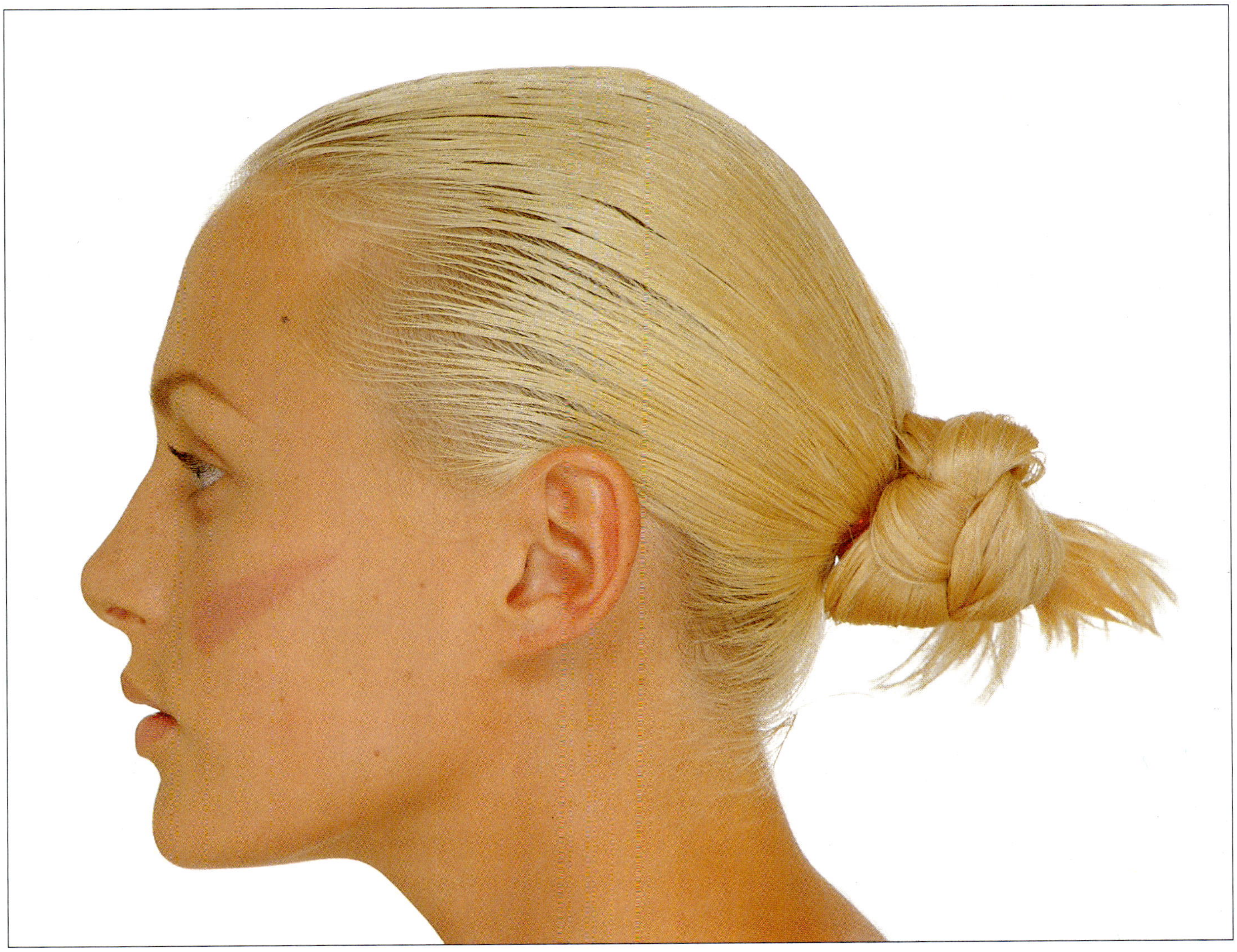

EYE-CATCHING MAKE-UP

Eye make-up is the most popular type of cosmetic, and for good reason. Just the simplest touch of mascara can open up your eyes, while a splash of colour can transform them instantly. Whatever your eye shape and colour, you can ensure they always look beautiful.

MASTERING THE BASICS

Many women hesitate to experiment with eye make-up, because it seems too time-consuming and complicated. The sheer quantity of products on the shelves and make-up counters can make it even more confusing. However, you can create a huge variety of looks – from the simplest to the most extreme – by opening your eyes to the basic techniques.

EYEBROW KNOW-HOW

Many women overlook their eyebrows, or sometimes even worse, overpluck them. When it comes to eye make-up, the eyebrows make an important impression. They can provide a balanced look to your face so it's well worth making the effort to get them looking right.

Natural brows

For perfectly groomed brows in an instant, try combing through them with a

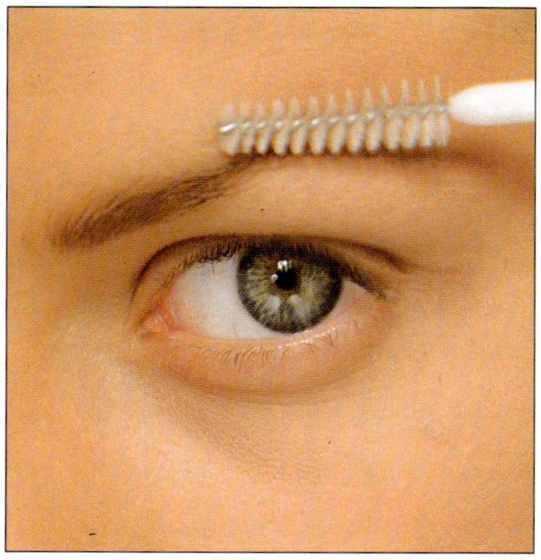

brush to flick away any powder or foundation. Comb the hairs upwards and outwards. This will also help give you a wide-eyed look. Then lightly slick them with clear gel to hold the shape in place.

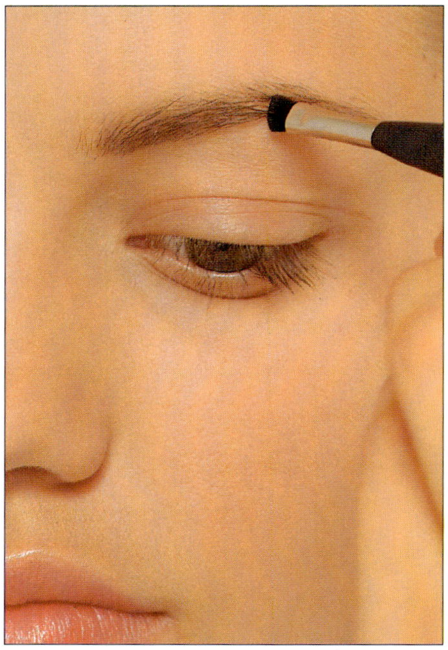

Eyebrow colour

To define your brows you can use eyebrow powder or pencil. Apply powder, with an eyebrow brush, dusting it through your brows and taking care not to sweep it onto the surrounding skin.

This gives a natural effect, and requires little blending. Alternatively, use a well-sharpened pencil to draw on tiny strokes, taking care not to press too hard or the finished effect will be unnatural. Then

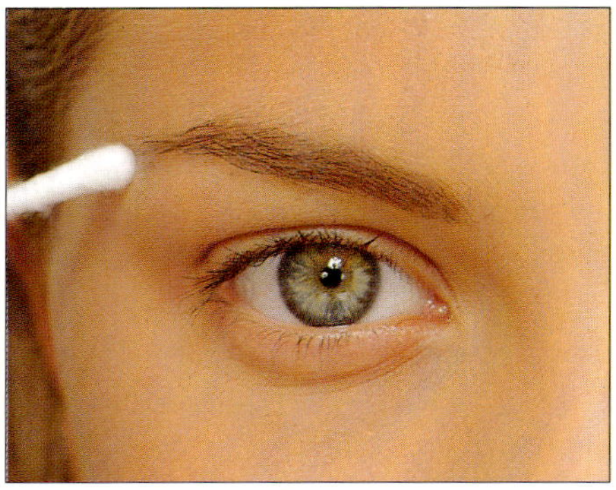

soften your the lines you've made with the eye pencil by lightly stroking a clean cotton bud (swab) through your brows.

LINING UP LINER

The different methods of eyelining change as often as fashions change. However, the basic idea of using eyeliner is a good one. Eyeliner is a great way to flatter all eye shapes and sizes. If you've never applied liner before and feel a bit nervous, try this technique.

Sit down at a table in a good light with a mirror. Take your eyeliner in your hand and rest your elbow on the table to keep your arm and hand steady. You can also give yourself extra support by resting your little finger on your cheek. Eyeliner should be applied after eyeshadow and before your mascara.

Liquid liners

These have a fluid consistency, and usually come with a brush attached to the cap. However, these aren't as easy to apply as the "ink-well" sponge-tipped variety. If you find the brush is too thick, you can pluck away hairs from it using tweezers, as this will allow you to create a thinner line. To apply the liner, look down into your mirror to prevent the liquid smudging. You should stay like this for a few seconds after applying the liner to give it time to dry thoroughly.

Pencil liners

This is the easiest way to add extra emphasis to your eyes. A pencil should be used to draw a line close to your upper and lower lashes. It's a good idea to sharpen the pencil between uses, not only to ensure you have a fine tip with which to work, but also to keep it bacteria-free.

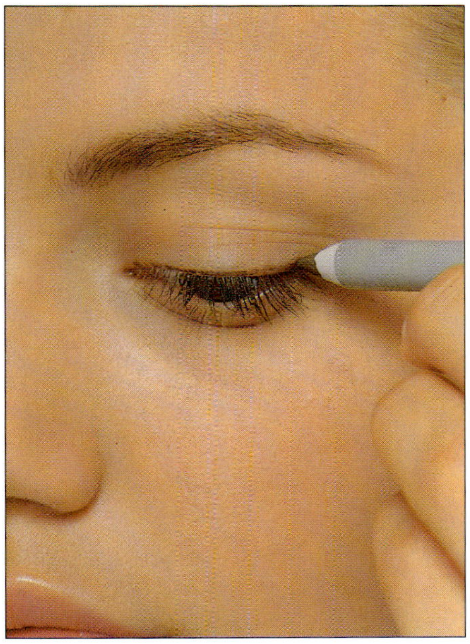

Draw a soft line close to your lashes. If you find this quite difficult, try dotting it on along your lashes, then joining up the dots afterwards! Run over the pencil line with a brush. Alternatively, look for pencils that come with a smudger built in at the other end.

Eyeshadow as eyeliner

Make-up artists often use eyeshadow to outline the eyes, and it's a trick worth stealing! It looks great because it gives a very soft smoky effect. Use a small brush to apply shadow under your lower lashes

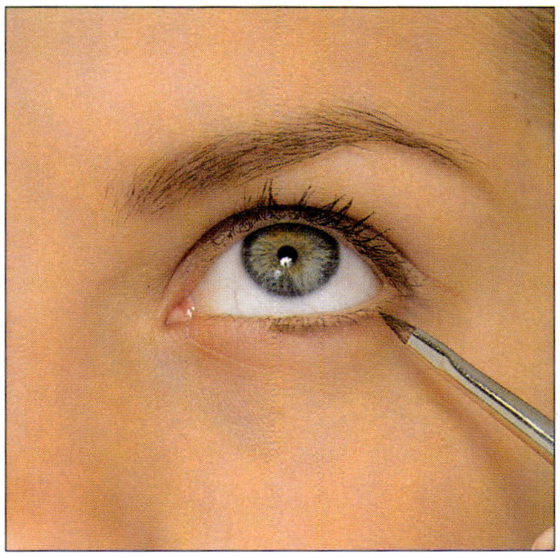

and to make an impact over the top of the eyelid, taking care to keep the shadow close to the eyelashes.

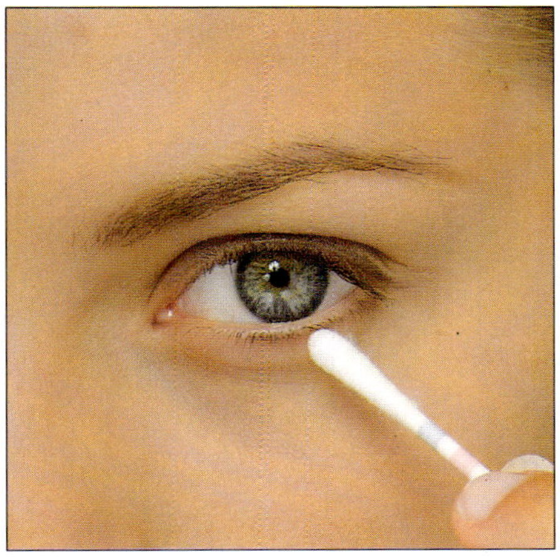

To create a softer, more modern effect simply sweep over the eyeshadow liner with a cotton bud (swab).

MASCARA MAGIC

If there's one item of make-up most women would take to a desert island, it's mascara. It's an invaluable way to create a fluttering fringe to your eyes – particularly if your lashes are fair. Most mascaras are applied with a spiral wand, as this makes them quick and easy to use. Some contain fibres to add extra length and thickness to your lashes. Opt for the waterproof variety to withstand tears, showers and swimming – but remember you'll need a suitable eye make-up remover to take it off as it clings more fiercely to your lashes than the other type.

The original block mascara is still quite popular with those who want to build up the thickness and length of their lashes gradually. Simply wet the brush with water before running the bristles over the mascara block and applying.

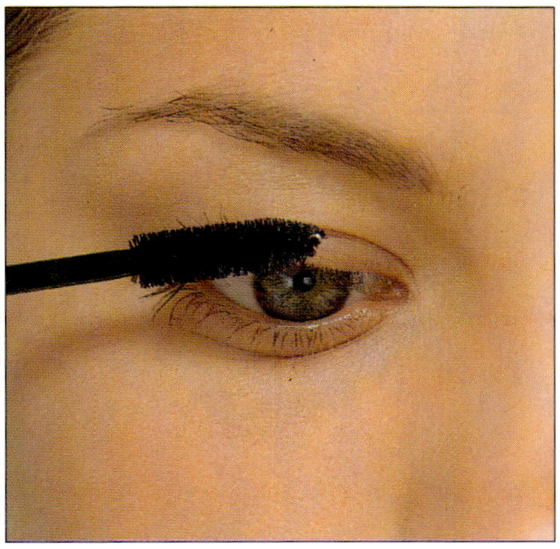

Applying mascara

Here are a few simple steps to perfect lashes. Start by applying mascara to your upper lashes first. Brush them downwards to start with, then brush your lashes upwards from underneath. Use a tiny zigzag movement to prevent mascara from clogging on your lashes.

Next, use the tip of the mascara wand to brush your lower lashes, using a gentle side-to-side technique. Take care to keep your hand steady whilst you are applying the mascara, and not to blink whilst the mascara is still wet.

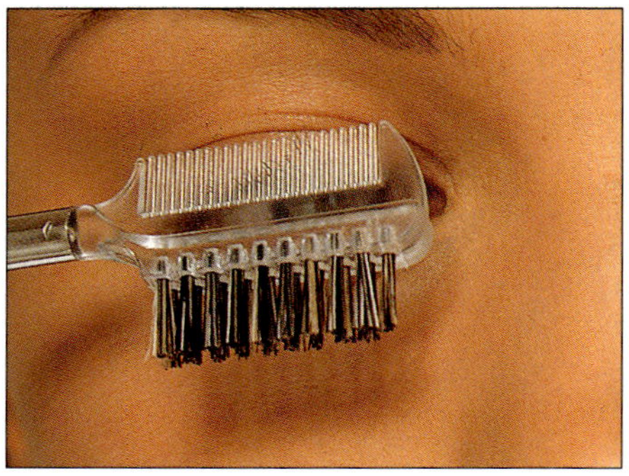

Comb through your lashes with an eyelash comb to remove any excess the wand has left behind, and to prevent your lashes from clumping together. For a more defined effect, repeat the two previous steps once or twice more, allowing each layer of mascara to dry for a few minutes before applying the next.

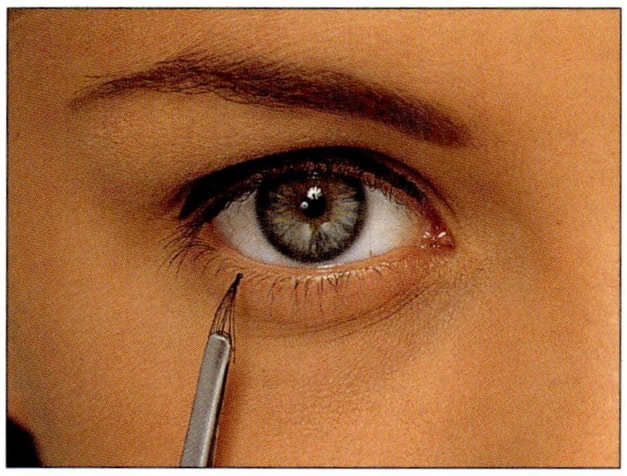

FALSE EYELASHES

These are great to try for party looks, although they can be tricky to apply. The strip lashes can look obvious unless you apply them perfectly. It's a better idea to use the individual lashes on the outer corners of your eyes. Dot the roots with a little glue, then use a pair of tweezers to place them exactly where you want them.

EYEING UP EYESHADOWS

Choose neutral colours to subtly enhance your looks, or play with a kaleidoscope of different shades.

Powder eyeshadows

The most popular type, these come in pressed cakes of powder either with a small brush or a sponge applicator. You can build up their density from barely-there to dramatic. Apply using a damp brush or sponge if you want a deep colour for an evening look.

Cream shadows

These are oil-based and come in little pots or compacts. They're applied either with a brush or your fingertips. They're a good choice for dry or older skins that need extra moisturizing.

Stick shadows

Wax-based, you smooth these onto your eyelids from the stick. Ensure they have a creamy texture before you buy them, so they won't drag at your skin.

Liquid shadows

Usually these come in a slim bottle with a sponge applicator. Look for the cream-to-powder ones that smooth on as a liquid and blend to a velvety powder finish.

Left: Beautiful eyes – naturally.
Below: Experiment with different coloured powder shadows.

BRUSH UP YOUR MAKE-UP

Even the most expensive make-up in the world won't look particularly great if it's applied carelessly and using your fingertips.

BASIC TOOLS

For a professional finish you need the right tools. This means investing in a set of good brushes and applicators. Here's your basic tool kit.

Make-up sponge

Have a wedge-shaped one, so you can use the finer edges to help blend in foundation round your nose and jawline, while the flatter edges are great for the cheeks, forehead and chin. However, if you prefer not to use a synthetic sponge try the small, natural ones instead.

Powder brush

Get used to using a powder brush each time you put make-up on. To prevent a caked or clogged finish to your face powder, use a large, soft brush to dust away any excess.

Blusher brush

Use to add a pretty glow to your skin with a light dusting of powder blusher. A blusher brush is slightly smaller than a powder brush to make it easier to control.

Eyeshadow brush

Smooth on any shade of eyeshadow with this brush.

Eyeshadow sponge

An sponge applicator is great for applying a sweep of pale eyeshadow that doesn't need much blending or applying highlighter to your brow bones.

All-in-one eyelash brush/comb

Great for combing through your lashes between coats of mascara for a clump-free finish. Flip the comb over and use the brush side to sweep your eyebrows into shape, or soften pencilled-in brows.

Lipbrush

Use to create a perfect outline for your lips and then use to fill in the shape with your lipstick.

Eyebrow tweezers

It is essential to have a good pair of tweezers for regularly tidying up the eyebrows.

Eyelash curlers

Once used, they'll soon become a beauty essential! Curlier eyelashes make a huge difference to the way your lashes look and help open up the eyes.

Below: Bring out the make-up artist in you with a good set of brushes.

EYE MAKE-UP MASTERCLASS

Now that you know where to start, you can experiment with more sophisticated eye make-up methods to create a variety of stunning looks. Here's a look you can try, using a wide range of techniques to create the ultimate in glamorous eye make-up.

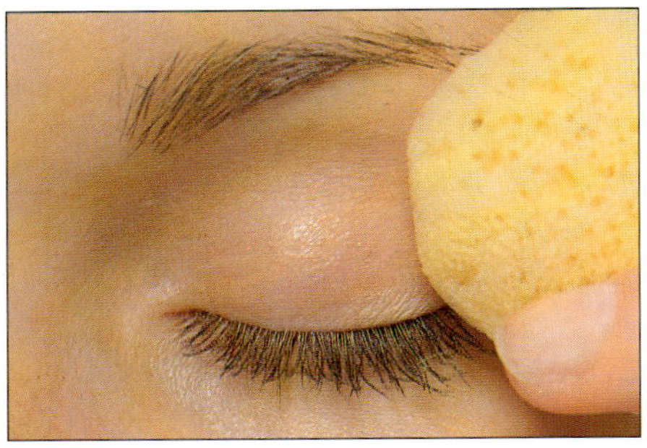

1 Smooth over your eyelids with foundation to create an even base on which to work, and to give your eye make-up something to cling to.

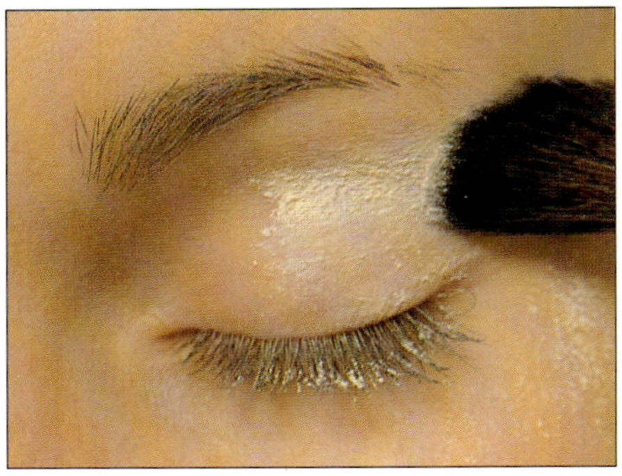

2 Sweep over your eyelids with a brush loaded with translucent face powder.

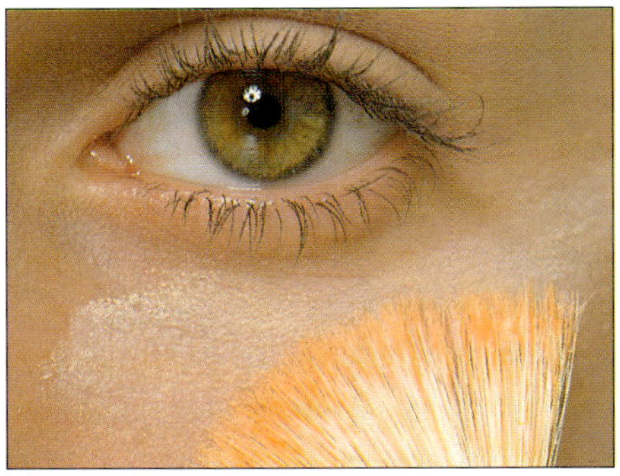

3 Dust a little translucent powder under your eyes to catch any flecks of fallen eyeshadow.

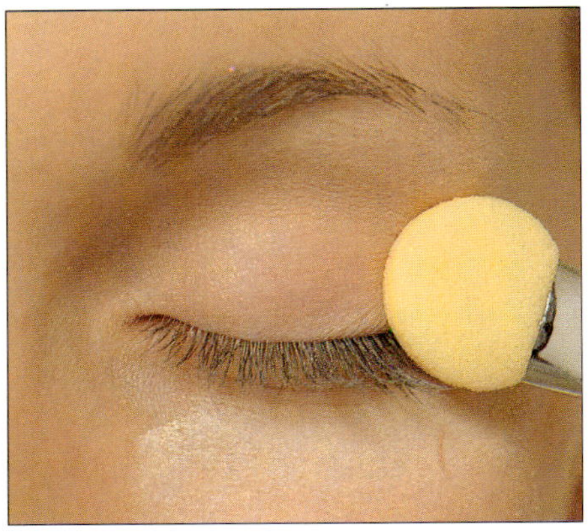

4 Use a sponge applicator to sweep a neutral ivory shade over your eyelids. Work it right up towards your eyebrows for a balanced overall effect.

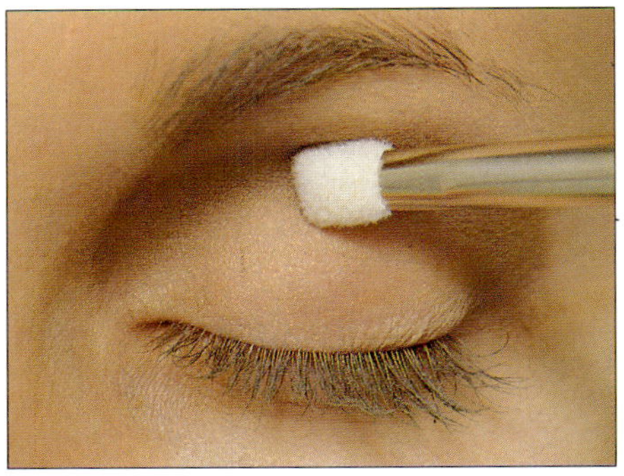

5 Smudge a brown eyeshadow into the socket line of your eyes, using a sponge applicator. If you find blending difficult, try using a slightly shimmery powder as these are easier to work in.

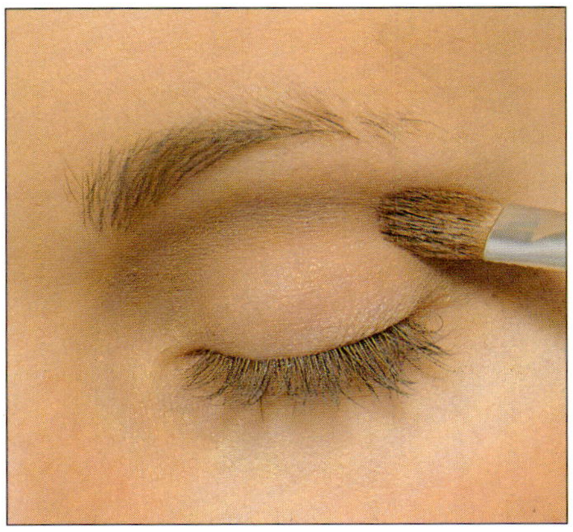

6 Use a brush to sweep over the top of the brown shadow as this will remove any harsh edges.

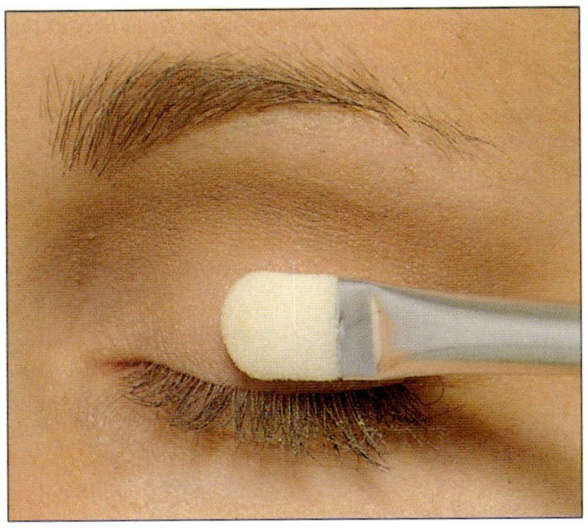

7 To create a perfectly blended finish, sweep some more ivory shadow over the edges of the brown eyeshadow using a sponge applicator.

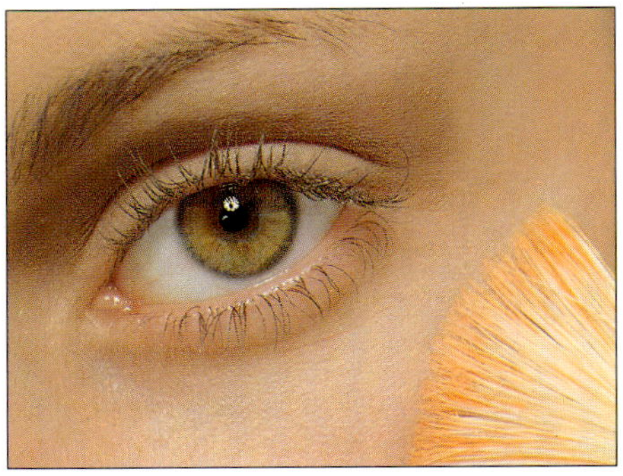

8 Now that you've completed your eyeshadow, flick away the powder from under your eyes.

9 Looking down into a mirror and keeping your hand steady, apply liquid eyeliner along your upper lashes.

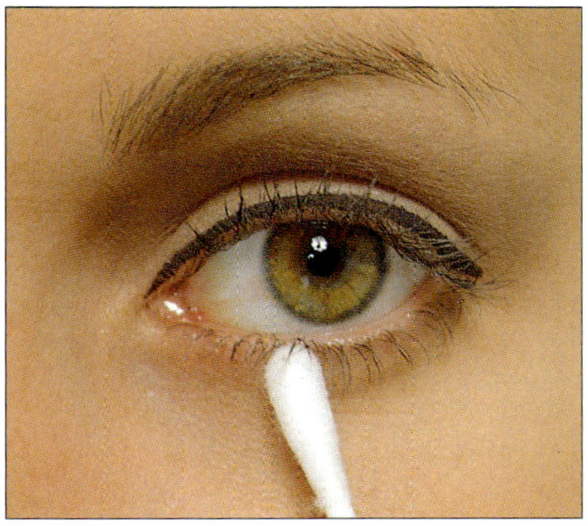

10 Use a clean cotton bud (swab) to work some brown eyeshadow under your lower lashes to add some subtle definition.

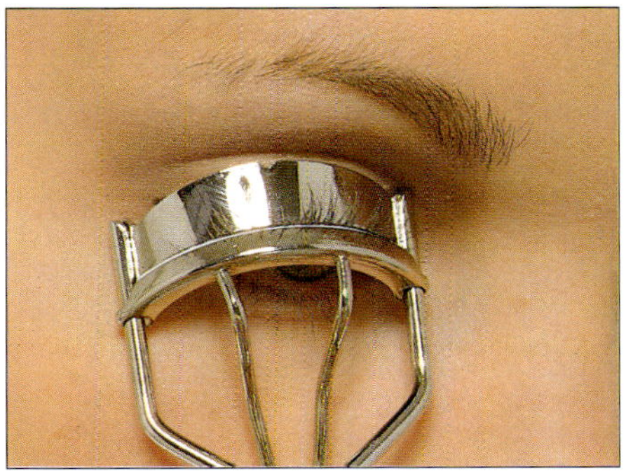

11 Squeeze your lashes with eyelash curlers to make them bend, before applying mascara. This will "open up" the eye area.

Above: For our main look here, we used a palette of ivory and blue eyeshadow, combined with black eyeliner and mascara. Take time to experiment with different colours to find a look that suits you and your colouring.

12 Apply mascara onto your upper lashes and use the tip of the mascara wand to coat your lower lashes.

13 Stroke your eyebrows with pencil to shape them and fill in any patches.

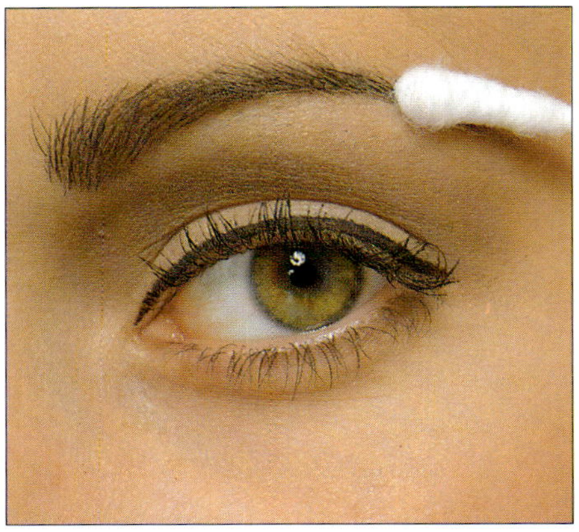

14 Smooth over the top with a cotton bud (swab) to soften the eyebrow pencil line.

LIP SERVICE

Lipstick has been around for about 5,000 years, and women have always loved it. Indeed, during the cosmetic shortages of the Second World War, British women said that lipstick was the item of make-up they missed the most. It's the easiest and quickest way to give your face a focus and give it an instant splash of colour.

A LICK OF COLOUR

Lipsticks in a bullet form are the most popular way to use lip colour. The more pigment a lipstick has, the longer it'll last on your lips. The best way to apply lipstick is with a lipbrush.

Above: A slick of colour will make you love your lips.
Right: A selection of lipstick colours is the key to creating different looks.

Another way of applying colour is with a lip gloss. These can be used alone to give your lips an attractive sheen, or over the top of lipstick to catch the light.

Lip liners are used to provide an outline to your lips before applying lipstick. You can also use them over your entire lip for a dark, matte effect. However, you may need to add a touch of lipsalve (balm) over the top to prevent drying out this delicate area of skin.

STEP-BY-STEP TO PERFECT LIPS

SPECIAL INGREDIENTS

Today's lipsticks offer more than just a pigment to give your lips colour. In just the same way as technology has been used in skin-care products, lipsticks often contain other ingredients to care for the delicate skin on your lips. Here are some that may be included in your lipstick.

- Vegetable wax to make your lipstick smooth on easily, and give a lovely sheen.
- Liposomes containing active moisturizing ingredients, to keep your lips soft.
- Chamomile to soothe and heal the skin on your lips.
- Shea butter to deep-moisturize your lips, especially in extremes of weather and the wind, which can have drastic effects.
- Silica to help give your lipstick a slightly matte effect.
- UV filters to protect your lips against the ageing effects of the sun's rays.
- Vitamin E to heal any cuts, and to protect your lips against the fine lines associated with ageing.

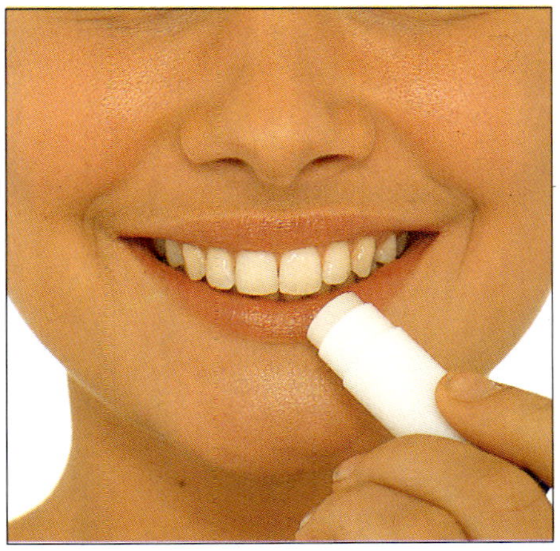

1 Ensure your lips are soft and supple by smoothing over some lipsalve (balm) before you start.

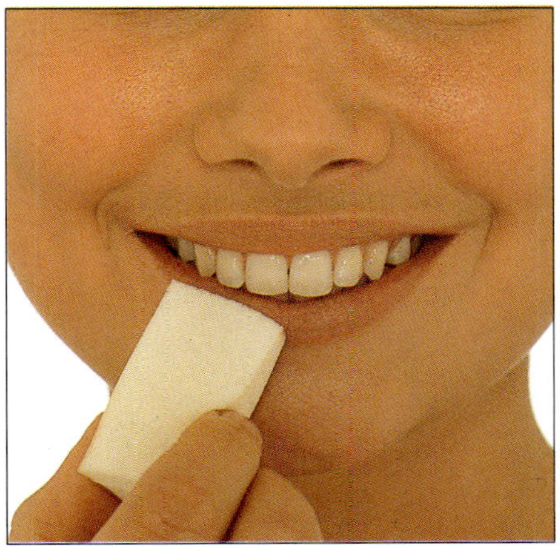

2 Prime your lips by smoothing them with foundation, using a make-up sponge so you reach every tiny crevice on the surface.

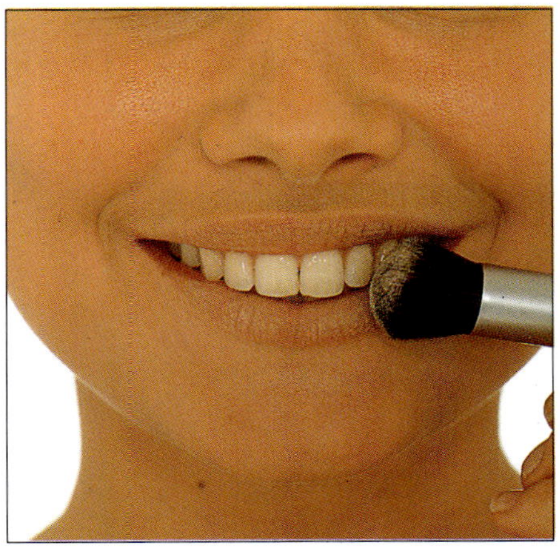

3 Dust over the top of the foundation with a light dusting of your usual face powder, to ensure your lipstick will stay put for longer.

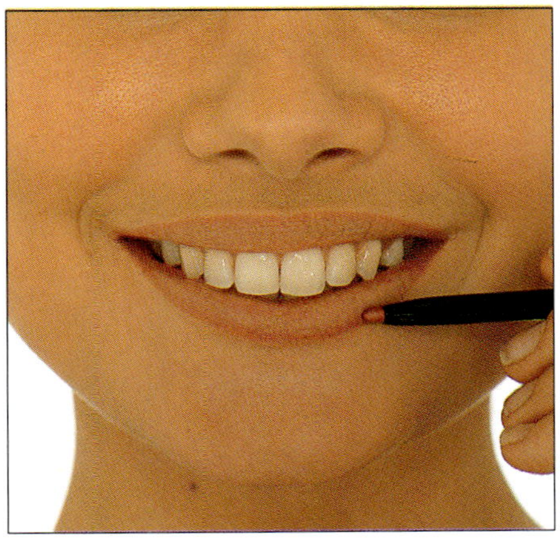

4 Rest your elbow on a firm surface and carefully draw an outline using a lip pencil. So it doesn't drag your skin, it may help to warm it slightly in your palm. Start by defining the Cupid's bow on the upper lip, then draw a neat outline on your lower lip. Finish by completing the edges of the outline to your upper lip.

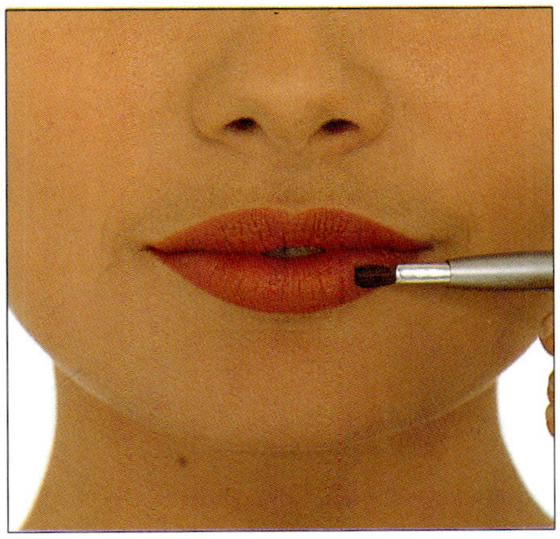

5 Use a lipbrush to fill in the outline with lipstick, ensuring you reach into every tiny crevice on the surface. Open your mouth to brush the colour into the corners of your lips.

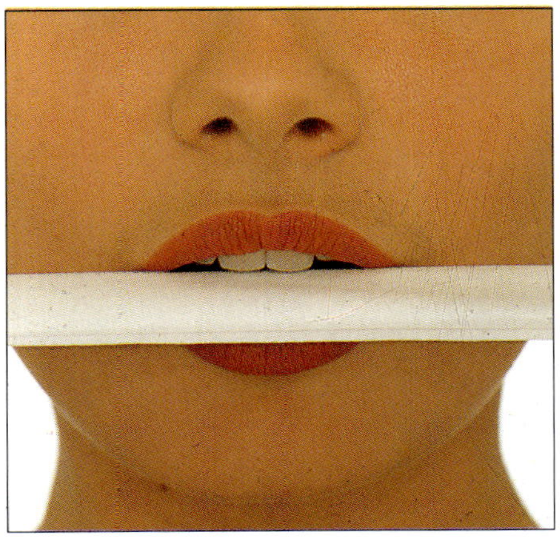

6 You'll make your lipstick last longer if you blot over the surface with a tissue. It'll also give an attractive, semi-matte finish to your lips.

COOL SKIN, BLONDE HAIR

With your porcelain complexion and pale hair, you should opt for baby pastel tones with sheer formulations and a hint of shimmer. This way you'll flatter your colouring with a light, fresh make-up look, without overpowering it.

THIS LOOK SUITS YOU IF...

- You have pale blonde to mousey or mid-blonde hair. It also suits women with white hair or steel-grey hair.
- Your eyes are blue, grey, hazel or green.
- You have pale skin, including whiter-than-white, ivory or a pinky "English rose" complexion.

TIPS

- If you're over 35, or unsure about wearing blue eyeshadow, swap it for a cool grey shade. This will create the same soft effect, but it's slightly more subtle.
- Shimmery eyeshadow can highlight crepey eyelids, so you may prefer to switch to a matte ivory shadow instead.

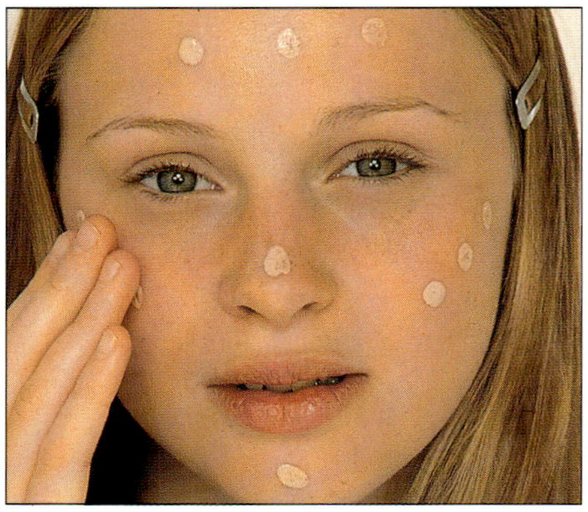

1 Your delicate skin doesn't need heavy coverage, so use a light tinted moisturizer. Dot it lightly onto your nose, cheeks, forehead and chin, then blend it in with your fingertips.

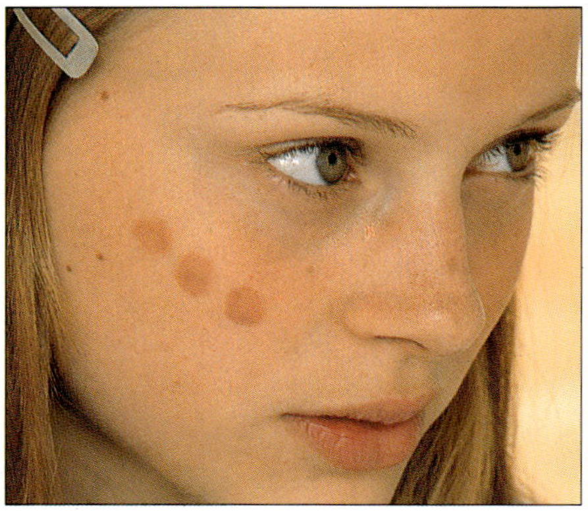

2 Cool pink, cream blusher will give a soft glow to your skin. Dot onto your cheeks, then blend in with your fingertips. You can either skip powder to leave your skin with a dewy glow, or dust a little over your face. However, use a gentle touch, as you want to let your natural skin-tone shine through.

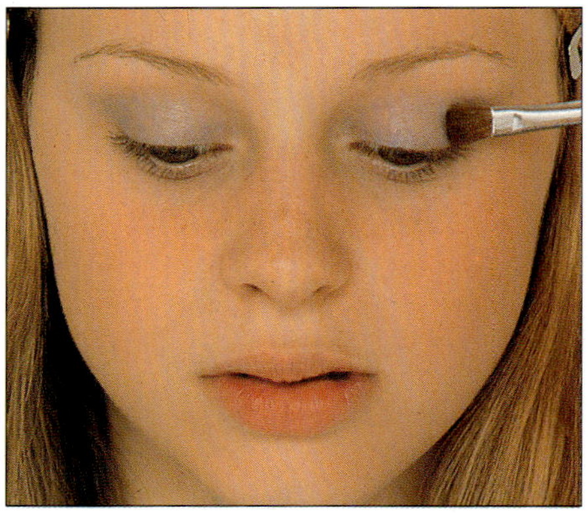

3 Take a baby blue eyeshadow onto an eyeshadow brush and sweep it evenly over your entire eyelid. Stroke the brush gently over your eyelid a few times until you've swept away any obvious edges to the eyeshadow. Also work a little colour under your lower lashes.

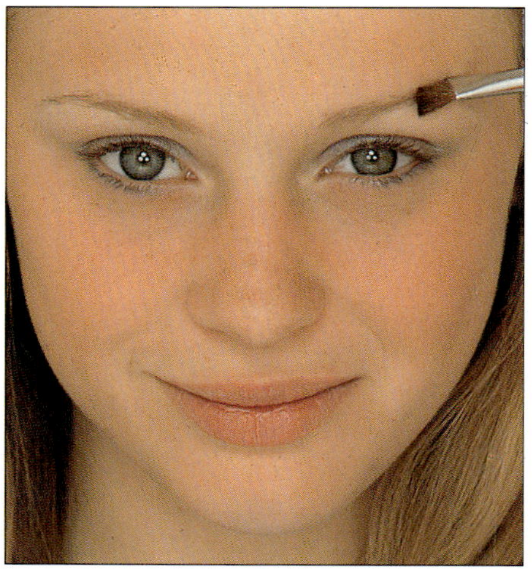

4 Sweep a shimmery ivory shadow from the crease of your eyelid up towards the brow bone. Finish with two coats of brown/black mascara.

5 Stroke your eyebrows into shape with an eyebrow brush. This will also flick away any powder that's got caught in the hairs.

6 Cool pink lipstick should be applied with a lipbrush. If you like, you can slick a little lipgloss or lip balm on top for a sexy shimmer.

WARM SKIN, BLONDE HAIR

Although you have a warm skin-tone, your overall look is quite delicate. This means you should opt for tawny, neutral shades of make-up, and apply them with a light touch so you enhance your basic colouring.

THIS LOOK SUITS YOU IF...

- You have golden, warm blonde or dark blonde hair. This look also suits women with greying hair that has warm or yellow undertones.
- Your eyes are brown, blue, hazel or green – it will work equally well.
- You have a warm skin-tone which can develop a light, golden tan.
- Your skin tone and blonde hair mean your overall look is quite delicate. If so, you need to choose make-up shades that are not too intense, like those here.

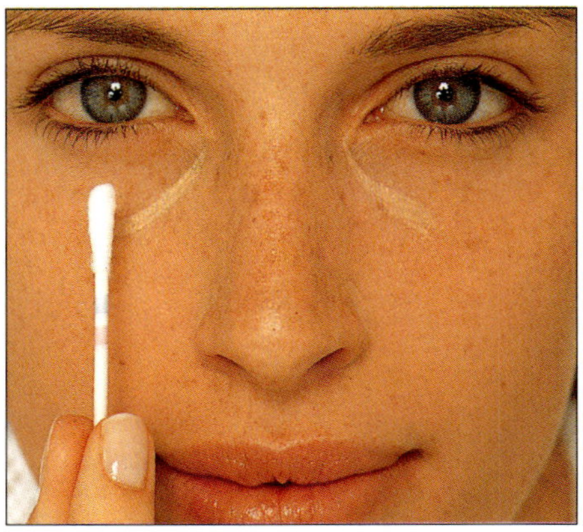

1 After applying a light, tinted moisturizer, stroke concealer onto problem areas. Blondes tend to have fine skin, often prone to surface thread veins. Cover these effectively with concealer, applied with a clean cotton bud (swab).

2 Dip a powder puff into loose powder and lightly press over the areas of your face that are prone to oiliness. This will absorb excess oil throughout the day, and leave your skin beautifully matte. Dust off any excess powder with a clean powder brush.

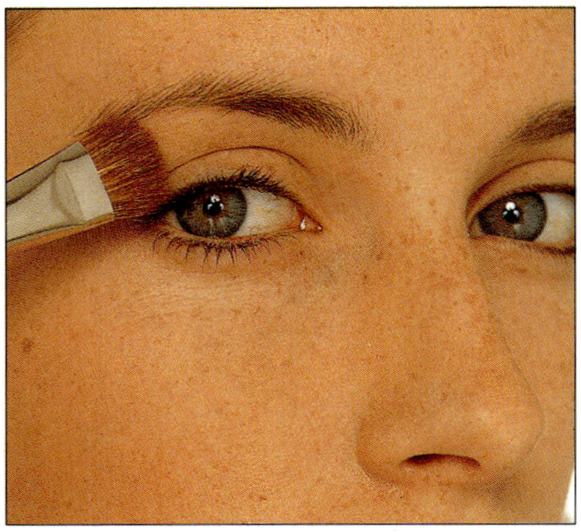

3 Sweep peach eyeshadow over your entire eyelid. It will blend with your natural skin-tone, but give a clean, wide-eyed look to your make-up.

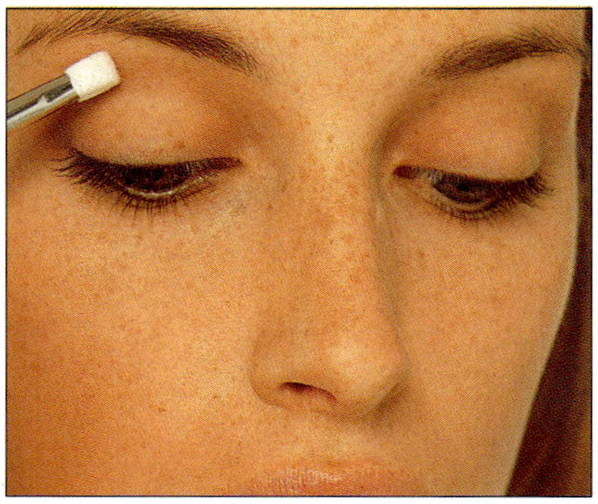

4 Use an eyeshadow brush to work a tiny amount of soft brown eyeshadow into the crease of your eyelid to create depth and definition to your eyes. Sweep it out towards the outer corner of your eyes as well.

5 Still using the same brown eyeshadow, work a little underneath your lower lashes. This gives a softer effect than traditional kohl pencil or eyeliner, and is particularly suitable for those with pale or blonde hair who often can't carry off very strong eye make-up. Finish with two coats of brown/black mascara.

6 Apply a barely-there shade of nude lipstick with a lipbrush. Then apply your tawny blusher, sweeping it a little at a time over your cheeks, forehead, and chin. You can even dust a little over the tip of your nose! The advantage of applying blusher after you've completed your make-up is that you can assess exactly how much you need.

COOL SKIN, DARK HAIR

Pale-skinned brunettes look fabulous with strong, cool shades of cosmetics. The density of colour provides a striking contrast to ivory skin-tones, while their coolness tones in beautifully with your natural beauty.

THIS LOOK SUITS YOU IF...

- You have medium brown to dark brown hair.
- Your eyes are brown, blue, hazel, grey or green.
- You have a cool, China doll skin-tone, that tans slowly in the sun.

Tips

- To stop your mascara from clogging wiggle the mascara wand from side to side as you pull it through your lashes.
- If you find cream blusher hard to apply you can opt for the powder variety, applying it after face powder.

1 Apply foundation or tinted moisturizer. If using foundation, it's likely you'll need the palest of shades. Blend in a few dots of tawny cream blusher. Finish with a dusting of loose powder.

2 Smudge a cool ivory shadow over your eyelids, right up to your eyebrows. Stroke over it with a cotton bud (swab) to blend it if you find it gathers in creases close to your upper eyelashes.

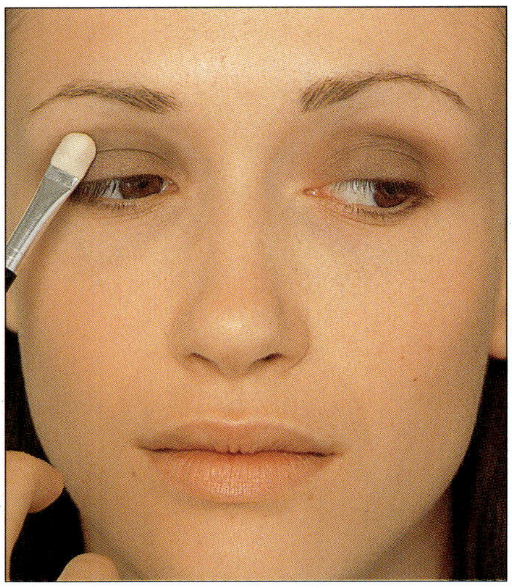

3 Add extra definition with a touch of taupe or khaki eyeshadow on your eyelids. This shade works beautifully on your cool colouring, and emphasizes the colour of your eyes really well.

4 Now move onto your eyelashes. You need to apply two thin coats of black mascara to create a wonderful frame to your eyes.

5 Slick your eyebrows into place with an eyebrow brush. If they tend to look untidy, hold them in place by spritzing the brush with a little hairspray first.

6 Choose a clear shade of berry lipstick to give your look a polished finish. Blot after one coat with a tissue, then re-apply for a longer-lasting finish.

WARM SKIN, DARK HAIR

Your skin-tone can carry off burnished browns, warm reds and earthy shades beautifully. They'll complement your complexion and emphasize your features.

THIS LOOK SUITS YOU IF...

- You have mid to dark brown hair.
- Your eyes are brown, dark blue, grey, hazel or green.
- You have a warm skin-tone that usually tans quite well. Even if it is pale in winter, your skin still has a yellow undertone.

Tip
Carry a powder compact with you during the day to blot break-through shine on nose, forehead and chin.

1 Dot liquid foundation onto your skin and blend in with a damp cosmetic sponge. Blend the colour into your neckline for a natural effect. Then apply concealer to any blemishes that need them.

2 Pat your face with translucent loose powder, then fluff off the excess with a large, soft brush.

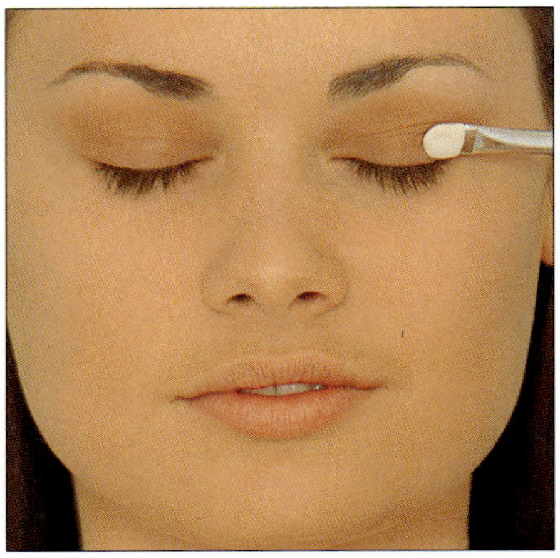

3 Use a sponge-tipped eyeshadow applicator to sweep a red-brown shadow over your entire eyelid. The advantage of the sponge over a brush is that it doesn't tend to flick colour around. Complete your eyes with two thin coats of mascara.

4 Your eyebrows need subtle emphasis for this look. Either pencil them in with soft strokes of brown eyebrow pencil, or use a brown eyeshadow for a softer effect. Whichever method you use, brush them with an eyebrow brush to blend the strokes and slick the hairs in place.

5 Opt for a warm, tawny brown shade of powder blusher, dusted over your cheeks and up towards your temples. As this colour is quite strong, you may need to tone it down a little afterwards by dusting lightly over the top with translucent loose powder.

6 A fiery red lipstick balances the overall look. Use a lipbrush to ensure you fill in every tiny crease and crevice on the lip surface – this will help your lipstick colour stay put for longer as well as create a perfect finish.

COOL SKIN, RED HAIR

Redheads with cool skin-tones often stick to wishy-washy colours, but you can experiment with brighter colours to contrast with your wonderful colouring. Greens give an exciting dimension to your eyes, and strong earthy shades supercharge your lips.

THIS LOOK SUITS YOU IF...

- You have strawberry-blonde or pale red hair, even if the colour has faded.
- Your eyes are blue, grey, hazel or green.
- You have pale skin, ranging from ivory to a pink-toned complexion.

Tip
If you've got freckles, don't fall into the trap of trying to cover them with a dark-toned foundation. Instead, match your foundation to your skin-tone to avoid a mask-like effect.

1 Apply foundation and concealer, then dot a peachy shade of cream blusher onto your cheekbones. Unlike powder blusher, you can blend the cream variety with your fingertips – as the warmth from your skin will help smooth it in evenly. Apply a little cream blusher at a time. Finish with a dusting of translucent powder.

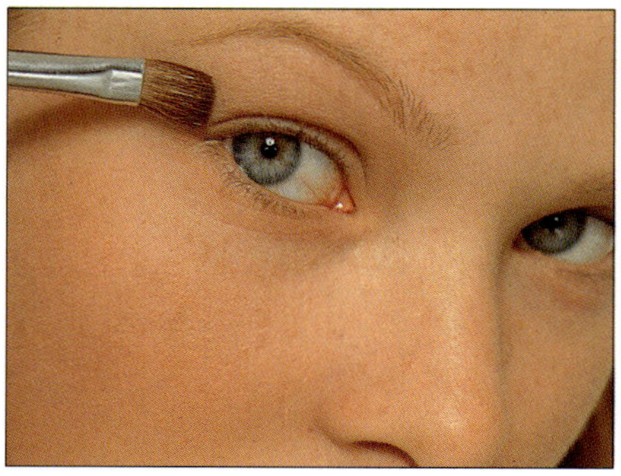

2 A neutral, peach-toned eyeshadow swept over your eyelids will emphasize your eye colour without fighting with it. Ensure you take care to work it close to your eyelashes, to create a balanced effect.

3 Redheads usually have fair eyebrows, so don't forget to emphasize them to create a frame to your eyes. Otherwise the rest of your make-up will look unbalanced as the focus will be placed on your forehead. Opt for a very pale eyebrow pencil, in a subtle grey-brown tone. Stroke it through your eyebrows, taking care to fill any bald spots. Then soften the lines by brushing through with an eyebrow comb.

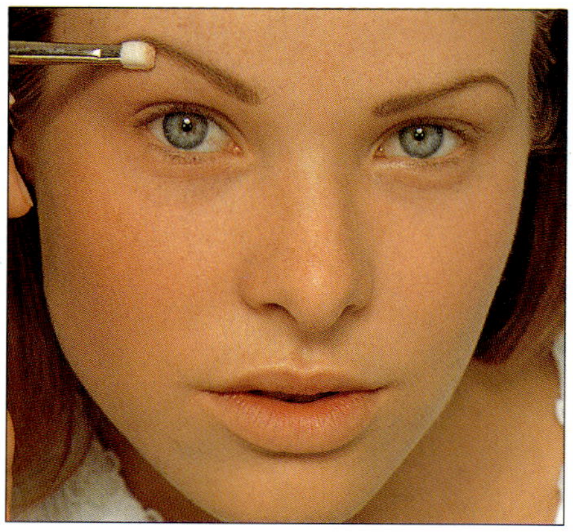

4 Brush a hint of gold, shimmery eyeshadow into the arch under your eyebrows to give your eyes an extra dimension and bring them subtly into focus. This is a particularly good way to bring out gold flecks or warmth in the iris of your eyes.

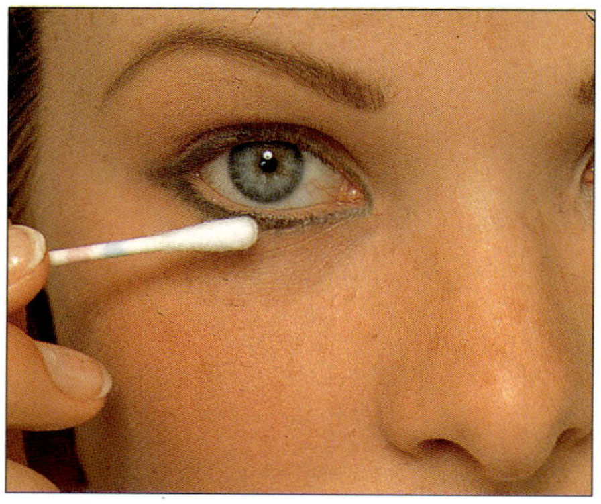

5 Green eyeliner looks wonderful on your eyes and colouring! Don't fall into the trap of just smudging it under your lower lashes as this will drag your features downwards. Instead, work it along your upper lashes and into the corners of your eyes as well. Once you've applied it, smudge over the top with a clean cotton bud (swab) to give a softer finish. It's also a good idea to brush a little translucent powder over the top to ensure it stays put. Complete your eyes with two good coats of brown mascara.

6 Burnished orange lipstick complements this look. Begin by outlining your lips with a toning lip liner to prevent the colour from bleeding. Then use a lipbrush to fill in with the lipstick.

WARM SKIN, RED HAIR

Your vibrant Pre-Raphaelite colouring is suited to bold shades of wine, purple and brown. These deep, blue-toned colours look fabulous with your warm skin and hair tones, and can make you look truly stunning.

THIS LOOK SUITS YOU IF...

- You have medium to dark red hair. This look may also suit brunettes who have a lot of red tones to their hair.
- Your eyes are blue, grey, hazel, brown or green.
- You have a medium to warm skin-tone.
- Your skin takes on a golden colour in the summer, although you're unlikely to get a deep tan. It's quite likely that you have freckles.

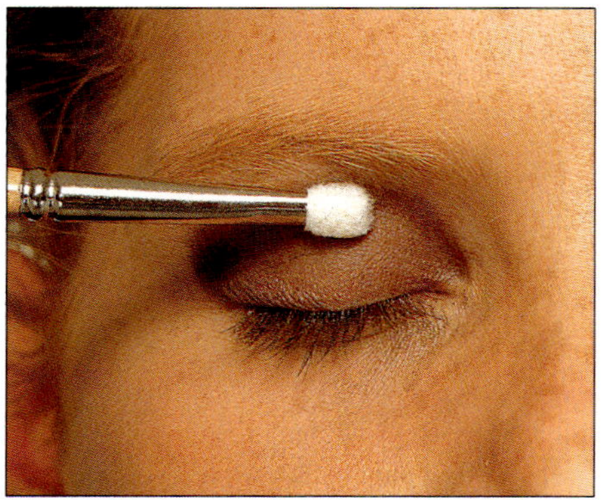

1 After applying foundation, concealer and powder, smooth a wine shade of shadow over your entire eyelid. Using a sponge-tipped eyeshadow applicator will give you more control when applying this colour. You may find it easier to blend in if you sweep some translucent powder over your eyelids first, to create a smooth base on which to work.

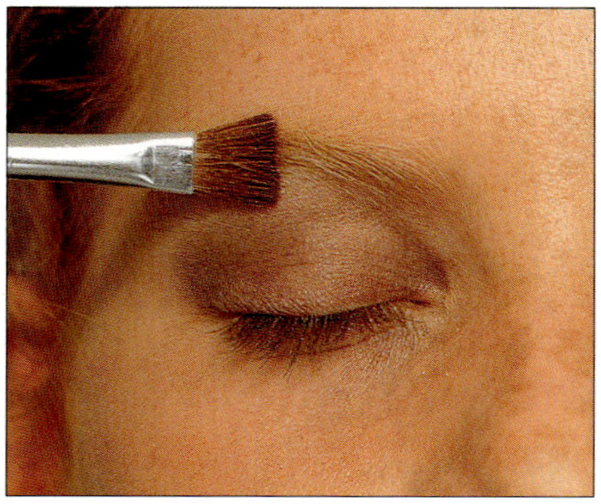

2 Use a pale mauve eyeshadow over your brow bone to balance your eye make-up. Blend it into the crease, to soften any harsh edges of the wine-toned eyeshadow. Take the time at this stage, for a professional-looking finish.

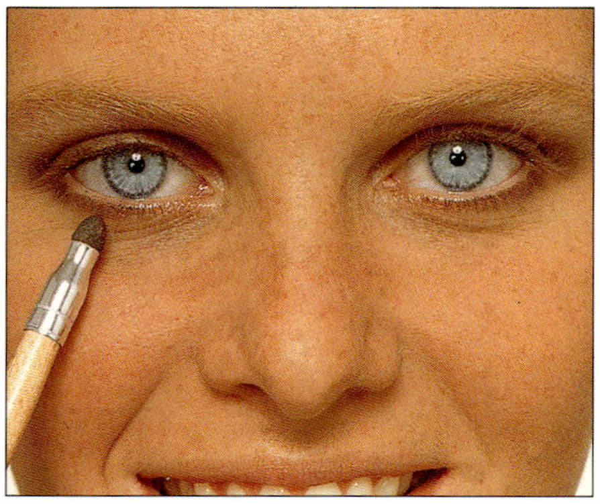

3 Smudge a little of the wine-toned eyeshadow under your lower lashes as well. This will give a modern look to your eye make-up, and give a softer effect than kohl pencil. Ensure you also work it into the outer corners of your eyes, sweeping it slightly upwards to give your eyes a lift. Then finish with two coats of brown mascara. Take care to take the mascara right to the roots of your lashes, especially if they're pale.

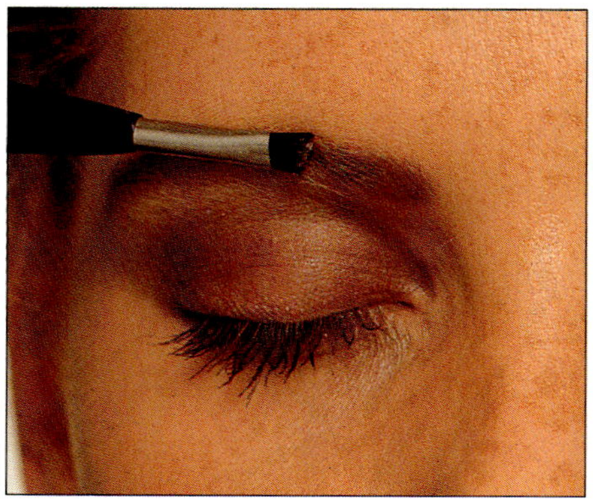

4 Use a soft brown eyeshadow on your eyebrows to give them subtle emphasis, using either a small brush, or a cotton bud (swab). Brush the eyebrows through afterwards with an eyebrow comb for a soft finish.

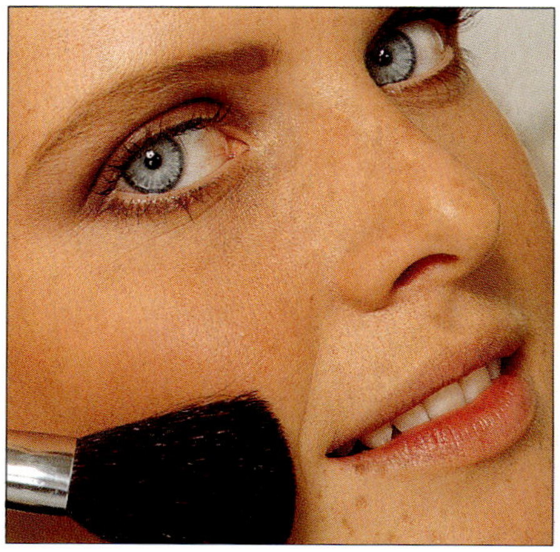

5 Choose a brown-toned blusher or bronzing powder to give your skin lots of warmth. Dust it on with a large blusher brush, blending it out towards your hairline for a natural glow. The key is to use a little at a time, increasing the intensity of colour as you go. It's best to avoid shimmery blushers, as these can sometimes give your skin a rather unnatural looking sheen.

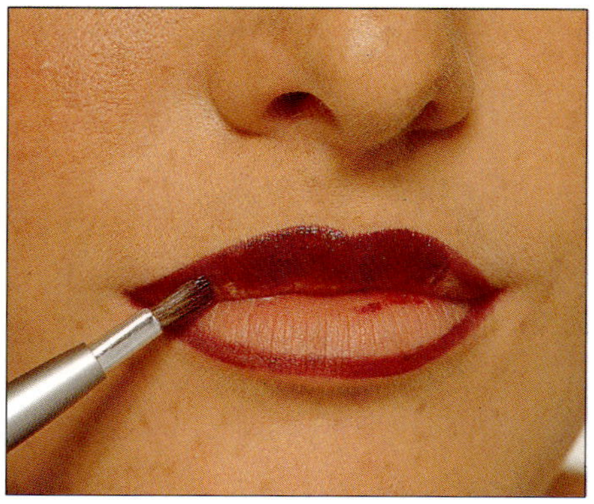

6 You can carry off a deep plum shade of lipstick, outlined with a toning lip pencil. This strong colour needs perfect application to look good, so apply two coats, blotting in between with a tissue. This will also ensure your lipstick stays put for ages, and avoids the need for constant retouching.

OLIVE SKIN, DARK HAIR

Your skin-tones are easy to complement with rich browns, oranges and a hint of gold or bronze. These rich shades define your features and work well on your wonderful skin-tones.

THIS LOOK SUITS YOU IF...

- You have dark brown to black hair.
- Your eyes are brown, hazel or green.
- Your olive skin tans beautifully, or you have Asian or Indian colouring.

TIP
To create a perfect lip line, stretch your mouth into an "O" shape and fill in the corners with your lip pencil.

1 Even out minor skin blemishes with a tinted moisturizer, blending it in with fingertips. If you need more coverage, opt for a liquid or cream foundation. Now apply a concealer and a light dusting of face powder.

2 After sweeping a golden shade of shadow across your entire eyelid, apply a darker bronze shade into the crease and then apply some under the lower lashes. This gives a wonderfully sultry look to your eyes.

3 Take a warm brown eyeliner, and work it along your upper and lower lashes for a strong look that you can carry off beautifully. If you find the effect too harsh, smudge with a clean cotton bud (swab). Apply two coats of black mascara.

4 A peach-brown powder blusher adds a sunkissed warmth to your cheeks. Apply just a little at a time, increasing the effect as you go.

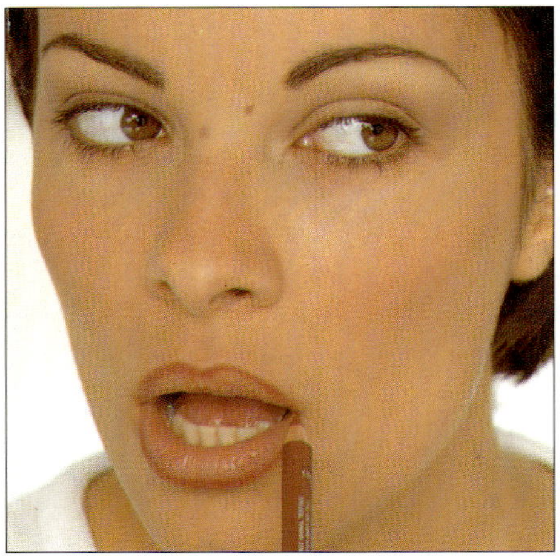

5 Outline your lips with an orange-brown lip pencil. Start at the Cupid's bow on the upper lip, and move outwards. Then complete the other side, and finish with the lower lip.

6 To complete the look fill in with a sunny orange shade of lipstick. If you like a glamorous, glossy finish, don't blot your lips with a tissue You can even add a dab of lip balm for extra shine if you wish. But if you like a semi-matte look, blot after one coat with a tissue, then re-apply your lipstick for a longer-lasting finish.

OLIVE SKIN, ORIENTAL COLOURING

Your black hair, and pale – but yellow-toned – skin are best complemented by soft, warm colours. These will define your looks and counteract any sallowness in your complexion.

THIS LOOK SUITS YOU IF...

- You have very dark brown to blue-black hair. It also works if you have grey flecks in your hair.
- Your eyes are hazel or brown.
- You have a pale to medium skin-tone. It does tan, although it has a tendency to look quite yellow.

TIP
Oriental eyelashes are often poker-straight and so you can really benefit from the use of eyelash curlers.

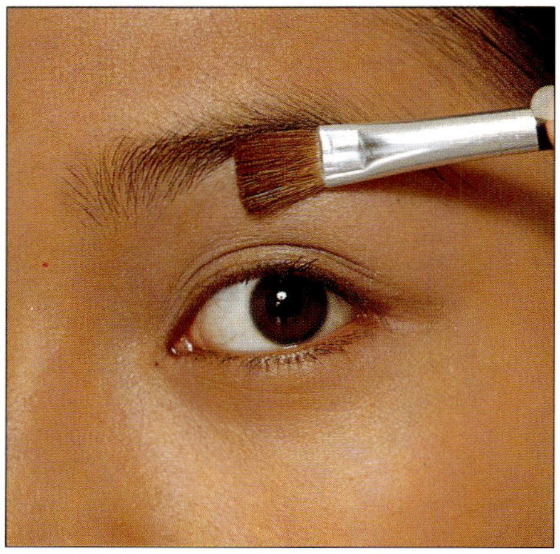

1 After applying foundation, concealer and powder, sweep some lilac eyeshadow over your eyelid. This pale colour is a better option than using darker eyeshadows near the eyes as they have a tendency to make them look deep-set, particularly as your eyelids tend to be quite small.

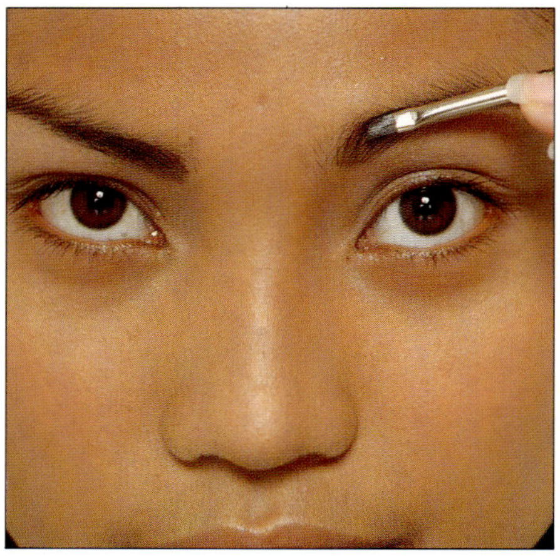

2 Lightly fill in your eyebrows with a dark brown eyeshadow or eyebrow pencil to provide a strong frame to your eyes. This will help balance the eyeliner which is going to be applied next.

3 A lick of blue-black eyeliner will emphasize your beautifully-shaped eyes, and help correct any droopiness. Slick it along the lower lashes and into the outer corners of your eyes to create balance. To prevent the overall look from seeming too harsh, use a cotton bud (swab) to soften the eyeliner slightly.

4 Place your eyelashes between the edges of a curler, and gently squeeze for a few seconds. Then apply two coats of black mascara.

5 A warm pink blusher gives a wonderful boost to your complexion, and brings out its natural glow. Dust it over the plumpest part of your cheeks.

6 A baby pink lipliner and lipstick bring your lips fashionably into focus. The cool blue-tone to this shade works wonderfully on your colouring.

BLACK HAIR, PALE BLACK SKIN

Try emphasizing your looks with earthy shades. Your gold or red-toned skin works wonderfully with beige, brown and copper colours.

THIS LOOK SUITS YOU IF...

- You have black hair with golden or reddish highlights. It also works if you have grey flecks in your hair.
- You have hazel or brown eyes.
- You have a black skin.

TIP
Look at cosmetic ranges especially designed for darker skins for your foundation and powder.

1 After applying foundation, dust on a translucent face powder, ensuring it perfectly matches your skin-tone to avoid a chalky looking complexion. Dust off the excess with a large powder brush, using downward strokes.

2 Use an eyeshadow brush to dust an ivory-toned eyeshadow over your entire eyelid, to create a contrast with your warm skin-tone.

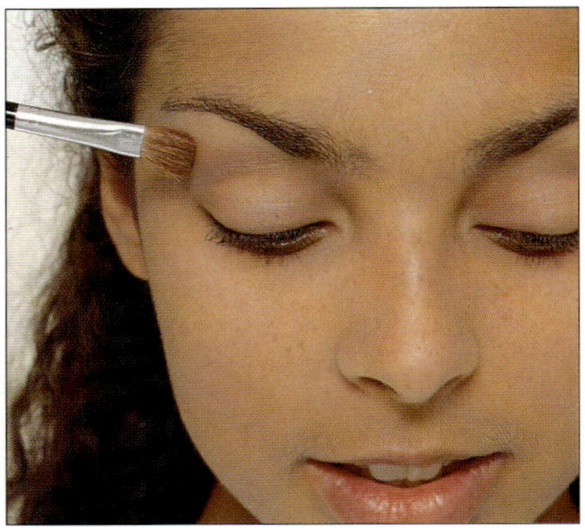

3 Smudge a deep-toned brown eyeshadow into the crease of your eyelid, blending it thoroughly. Also work a little of this colour into the outer corners, and underneath your lower lashes to make your eyes look really striking.

4 Black liquid eyeliner swept along your upper lashes will give a supermodel look to your eyes. A sponge-tipped applicator is easier to use than a brush. Apply the eyeliner whilst looking down into a mirror, as this stretches any creases out of your eyelid. Rest your elbow on a firm surface. Complete your eyes with two coats of black mascara.

5 Use a brown lipliner pencil to outline your lips. You can use an ordinary brown eyeliner pencil if this is the only thing you have to hand. Blend the line lightly into your lips, using a cotton bud (swab) for a softer effect.

6 A neutral pink-brown lipstick gives a natural looking sheen to your lips, and instantly updates your looks. Apply it with a lipbrush for an even finish.

BLACK HAIR, DEEP BLACK SKIN

You can experiment with endless colour possibilities as your dark eyes, hair and skin provide the perfect canvas on which to work. The key to success is to choose bold, deep colours as your skin demands these to achieve a wonderful glow.

THIS LOOK SUITS YOU IF...

- You have deep black hair, even if it has flecks of grey.
- You have dark hazel or brown eyes.
- You have a dark black skin.

TIP
While dramatic colours suit your skin-tone and colouring perfectly, be sure to apply them with a light touch to get a fresh, up-to-date look.

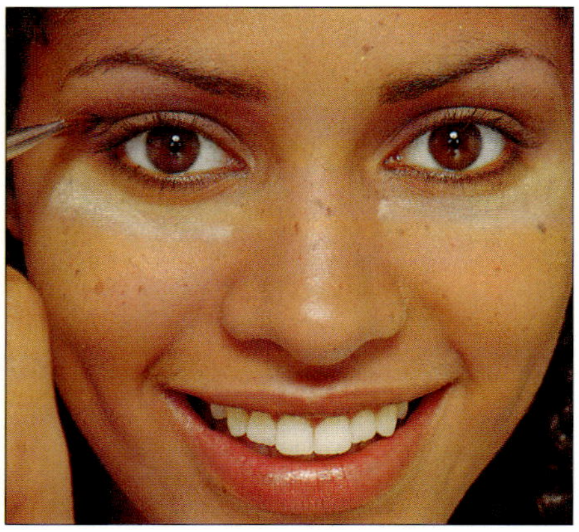

1 Take care to find a foundation that matches your skin-tone exactly. Apply it with a sponge so it blends in perfectly. Dampen the sponge with water first to give it extra "slip", and to prevent the sponge from absorbing too much pricey foundation. Blend in thoroughly along your jaw and hairline to avoid tide-marks. Finally, set with a light dusting of translucent loose powder.

2 Next, sweep a dark blackcurrant eyeshadow over your eyelids. Dust a little loose powder under your eyes first to catch any falling specks of this dark shade, and prevent it from ruining your completed foundation.

3 Apply a dark charcoal eyeshadow into the crease of your eyelid, using an eyeshadow brush. Only take a little colour at a time onto the brush to prevent it from spilling onto your eyelid. If necessary, tap the brush on the back of your hand first to shake away any excess.

4 Use an eyeliner brush to work some of this charcoal shade under your lower lashes – as this is the ideal colour to outline your eyes with. Hold the mirror slightly above your eyeliner so you can achieve an accurate liner effect. Finish with two coats of black mascara.

5 A tawny brown shade of blusher complements your skin beautifully. With a large round brush, dust it over the apple of your cheeks, working it lightly out towards your hairline.

6 After outlining your lips with a toning lip pencil, fill in with a dark plum shade of lipstick, using a lipbrush.

TAKE FIVE FOR NIGHT-TIME GLAMOUR

When you haven't got time to spare, but want to look presentable, try this quick routine for evening sophistication. This isn't the time to experiment with new ideas, so the key is to choose simple looks, applied with minimum of fuss when you're racing the clock... in other words, simple steps to a sexy look!

Five minutes to go...
The all-in-one foundation/powder formulations give your skin the medium coverage it needs for this look in half the normal time. Also, take it over your lips and eyelids as this will make the rest of your make-up easier to apply and ensure it lasts the whole evening.

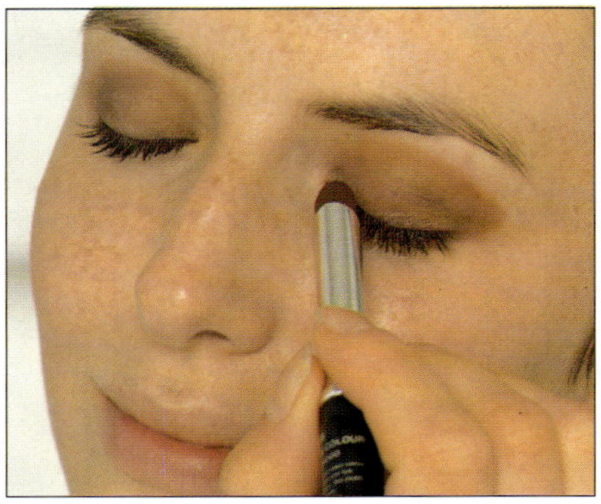

Four minutes to go...
Cream eyeshadow applied straight from the stick is quick and easy to apply. Opt for a brown shade as it'll bring out the colour of your eyes, and give them a sexy, sultry finish. Slick it over your entire eyelid, right up to the crease of the eye socket.

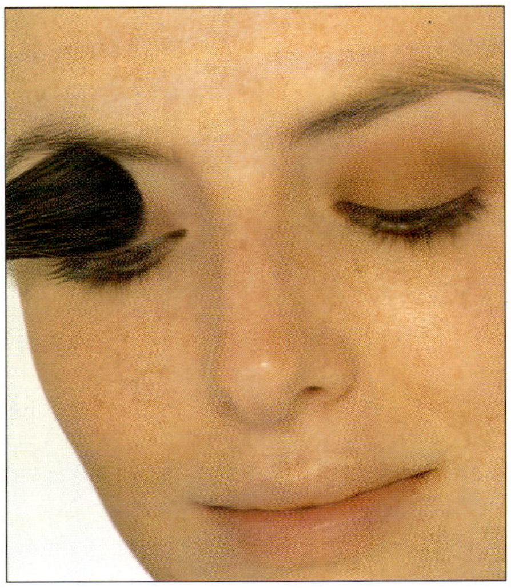

Three and a half minutes to go...
A swift way to blend in your eyeshadow is to brush over the top with translucent loose powder. This will tone down the colour and blend away any harsh edges.

Two and a half minutes to go...
Apply a coat of mascara to your lashes, taking care to colour your lower lashes as well as your upper ones. Use the tip of the mascara wand to coat the lower lashes, as this will prevent it from clogging on the hairs – and prevent you from spending valuable time having to use an eyelash comb.

One and a half minutes to go...
A warm berry red blusher will give your skin a fabulous flush. Apply it with a blusher brush, sweeping it from your cheeks up towards your eyes to give your face a lift.

Thirty seconds to go...
Choose a berry shade of lip gloss to add instant bold colour to your lips, sweeping it straight on with the sponge-tipped applicator. Cover your lower lip first, then press your lips together to transfer some of the colour onto your upper lip. Touch up any areas you've missed with the applicator, and you're ready to go!

Right: Six quick steps to a sexy look.

MAKE-UP TO LOOK YOUNGER!

If you haven't changed your make-up in years, it's a fair bet you're not making the most of your looks. Wearing out-of-fashion make-up is a sure way to add years to your appearance. Our simple make-up rules will help you break out of a beauty rut.

BEFORE YOU START

Avoid extremes of fashion and bright colours when you're over 40. While younger skins can just about get away with garish make-up, it'll simply emphasize fine lines and wrinkles on most women. Concentrate instead on flattering your looks with subtle colours. So, throw away those traffic-stopping blue eyeshadows and neon lipsticks!

If you haven't got a clue where to start, make an appointment for a free make-over at a local beauty counter. This way you'll be able to see which shades suit you, before you launch out and buy.

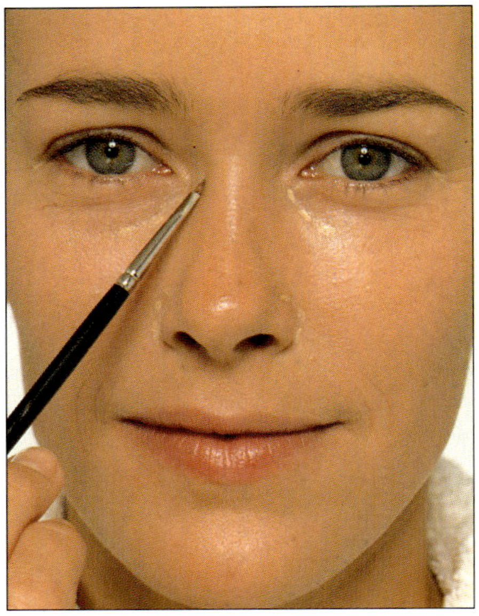

Simple steps to perfect skin

A dull, lifeless skin-tone can make you look, and feel, drab. The great news is, there are now foundations and concealers on the market specially designed to deal with this problem. Basically, the formulations contain hundreds of light-reflective particles and these bounce light away from your skin. This gives your skin the illusion of added vitality, and helps disguise problem areas such as fine lines and under-eye shadows.

And, the great news is that these light-reflective foundations and concealers are not just limited to expensive prestige beauty counters – these days, the price-conscious companies offer them too.

Apply your foundation with a damp sponge, blending away any harsh edges to avoid tell-tale tidemarks. This is the stage to apply concealer, dotting it onto under-eye shadows, blemishes and thread veins with a brush. Apply a tiny amount at a time, and blend thoroughly.

Add a youthful glow with blusher

Forget about adding colour to your skin with foundation – you'll be left with a mask effect, and "tidemarks" on your jawline. Instead, recreate a youthful bloom with a light touch of blusher. Remember though, to use half as much blusher and twice as much blending as you originally think! The cream variety of blusher is a good one to try, because it will give your skin a soft glow. Dot the blusher onto your skin, and blend with your fingertips.

Lightly set your foundation and blusher with translucent powder. A common mistake among many women is to be heavy-handed with face powder. Applying too much can make it settle into fine lines and wrinkles on your face, and emphasize them. Aim for a light touch, which will just blot out shine and set your make-up.

The best way to apply powder is only to blot the areas that need it, then brush away the excess with a large powder brush, stroking the brush downwards to prevent tiny particles catching in the fine hairs on your face.

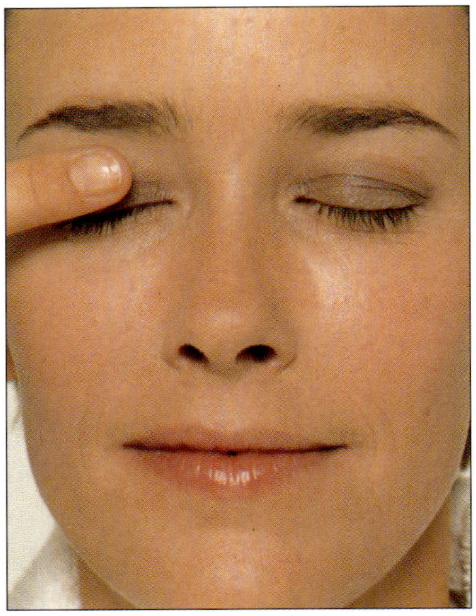

Be subtle with eyeshadow

Lots of women never perfect the technique of applying eyeshadow properly. Thankfully, now there's a new type of eyeshadow formulation that is a cinch to apply - cream-to-powder eyeshadow. It applies as a smooth cream, and dries quickly to a super-soft powder finish. Opt for a subtle shade, such as mid-brown, grey or taupe.

A good tip if your eyes look rather droopy is to blend eyeshadow upwards and outwards at the outer corners. Remember to blend it in well.

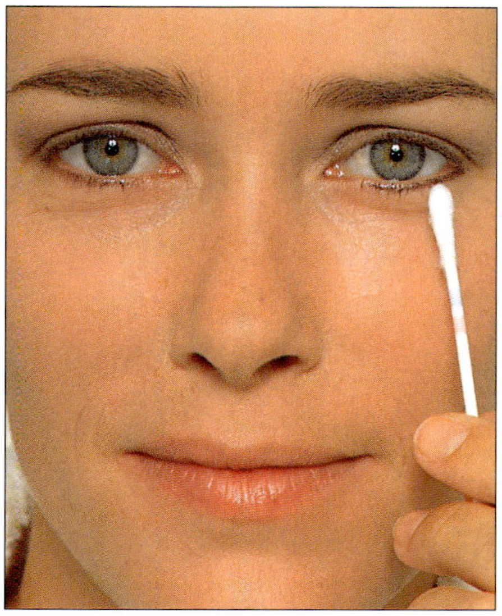

Give eyeliners a miss

Harsh lines of colour close to your eyes can be hard and unflattering. You'll emphasize your eyes much better if you smudge a little neutral-toned powder eyeshadow under your lower lashes with a clean cotton bud (swab).

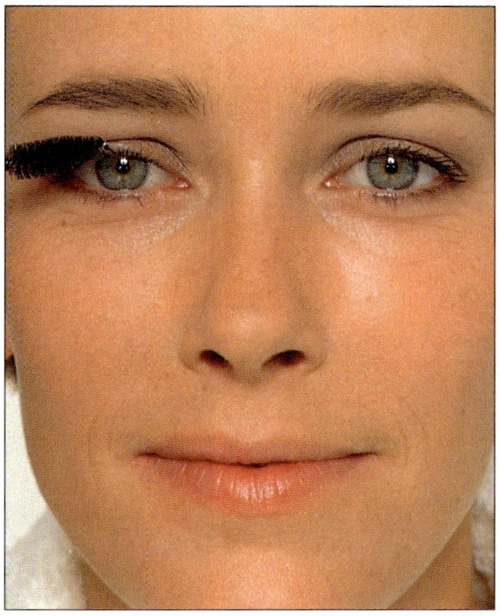

Above: Follow these six simple ideas to help you break out of a beauty rut.

Check your mascara colour

Most women's colouring fades slightly over the years. This means that the black mascara you're used to wearing can now look too obvious and harsh. So, try switching to a lighter shade for a more flattering effect. Apply two thin coats, allowing time for the first to dry thoroughly before you apply the second one.

Recreate your lip line

If your lip line has started to fade, and your lipstick tends to "bleed" into the lines around your mouth, try using a toning lipliner before you apply lipstick. Check it's firm enough to give a precise line, yet soft enough not to drag your skin. Apply by outlining your top lip first, working from the Cupid's bow outwards to each corner. Then outline your lower lip. Next dust your lips with loose powder to set the lipliner.

Finally, fill in your outline with a moisturizing lipstick. This will also help give a glossy shine to your lips which makes them look fuller. Apply with a lip-brush, blot with a tissue, then reapply for a longer-lasting finish.

CLASSIC CHIC

Whatever your age or colouring, this simple but highly effective classic look will always make a pleasing impact!

1 Apply a sheer all-in-one foundation-powder. This will give your skin the perfect coverage it needs to carry off strong lips, without clogging up your skin. Thick foundation is very much out of fashion these days. Natural-looking skin is much more attractive.

2 The eye make-up for this look is very understated. So, use an eyelash curler to open up your eyes and give them a fresh look.

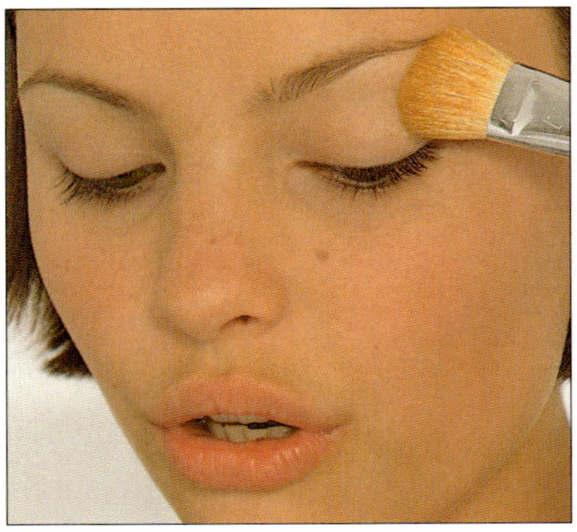

3 Sweep some pale ivory eyeshadow across your entire eyelid using a blender brush. Then complete your eyes with two thin coats of brown-black or black mascara.

4 Well-groomed eyebrows are essential. Brush them against the growth to remove any stray flecks of powder or foundation. Then lightly fill in any gaps with a toning eyeshadow. This gives a softer, more natural effect than pencil.

COLOUR CODING

Believe it or not, everyone can wear red lipstick. The key to success is to choose just the right shade for your colouring.

Colouring	Choose
Blonde hair, cool skin	If you're daring enough your can wear any bright red shade, such as crimson or fire engine red. Any bold shade will look really effective and striking on you.
Blonde hair, warm skin	Lovely pink-reds look wonderful with your colouring. They're delicate enough not to look too harsh, while the pinky undertones complement the warmth of your skin.
Dark hair, cool skin	Rich blue reds, such as wine, burgundy and blood-red look wonderful on your China doll features. The contrast of dark hair, pale skin and red lips is really stunning!
Dark hair, warm skin	Rich brick reds and ruby jewel-like shades. Their warmth is very flattering to your complexion, while the intensity of colour looks great against your hair.
Red hair, cool skin	Choose a delicate orange-red, a paler version of the one mentioned above. This will add a wonderful splash of colour without overpowering you.
Red hair, warm skin	Warm, fiery reds with brown undertones, to complement your rich hair colour and rosy skin.
Dark hair, olive skin	Rich red, with orange undertones will flatter your skin. Go for a bold colour, as you can carry it off.
Black hair, brown skin	Berry reds and burgundy reds look wonderful on your skin.

5 Your lips are the focus of this chic look. To ensure that you create a perfect outline, use a toning red lip pencil. Rest your elbow on a hard surface when using the pencil to prevent your hand from wobbling.

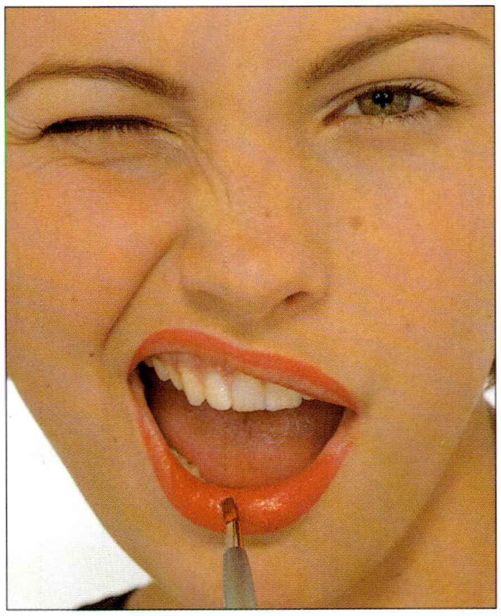

6 Use a lipbrush to fill in with a bold shade of red lipstick. Apply one coat, blot with a tissue, then reapply for a long-lasting finish.

Right: Make-up trends come and go, but red lipstick is always in fashion!

COUNTRY GIRL MAKE-UP

If you want a fresh, outdoor look, try this summery make-up – complete with fake freckles!

1 You need to avoid heavy foundations when you're outside, so tinted moisturizer is the perfect solution. It'll both nourish your skin and lightly cover any minor blemishes. Apply with your fingertips for ease.

2 If you already have freckles, don't try to hide them – they're perfect for a fresh-air look. If you don't have them, then fake them! Use an eyebrow pencil rather than an eyeliner pencil as it has a harder consistency and is less likely to melt on the skin. Use a mid-brown shade, and dot on the freckles, concentrating them on the nose and cheeks. Be extra creative, and apply different sizes of freckles for a realistic look.

3 To make your faux freckles look real, soften the edges with a clean cotton bud (swab). Then dust your skin with loose powder to set them in place.

4 A bronzing powder rather than a blusher will give your skin a sunkissed outdoor look. Choose one with minimum pearl or shimmer. Apply it to the plumpest part of your cheeks, where the sun would naturally catch your face. Dust the bronzing powder over your temples, too.

5 Swap to an eyeshadow blending brush to sweep some of the bronzing powder over your eyelids. Natural colours like brown work best for this look. Remove any harsh edges with a clean cotton bud (swab).

6 Keep mascara to a minimum. Choose a natural-looking brown or brown/black shade, and apply just one coat. The waterproof type is great for hot days and sudden downpours but remember you'll need a waterproof eye make-up remover, too.

7 Don't overpower the look with bold lipstick. Opt for a muted brown-pink shade that's close to your natural lipcolour or use a tinted lipgloss for a natural sheen.

Right: A light, fresh, outdoor look.

CITY CHIC MAKE-UP

This super-successful look is great for work and in the city. Simple, perfectly applied colours can help you put together a polished working image. This stylish, balanced look will make you feel really confident and will leave you to ready to get on with the more important things in your day!

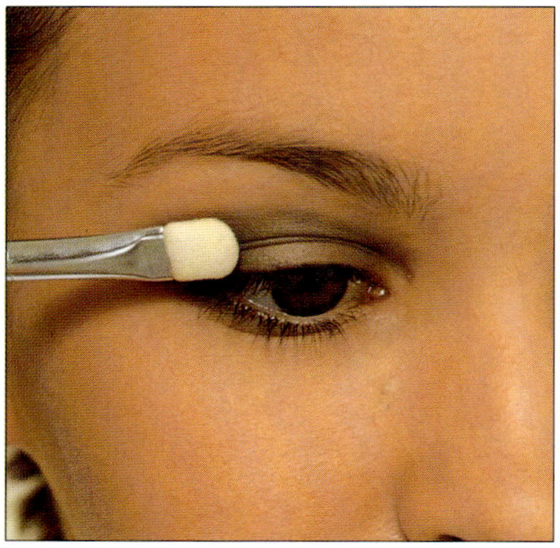

1 After applying a light foundation, and dusting your skin with powder to blot out shine, sweep your eyelids with a mid-grey eyeshadow. Use a matte powder formulation as this doesn't tend to crease as much during the day. Use a sponge-tipped applicator to make the eyeshadow easier to apply.

2 Use a beige highlighting eyeshadow over your brow bone to soften the edges of the grey shadow and to bring your eyes into focus. Take care not to leave flecks of powder in your eyebrow hairs – if necessary, flick them away with an eyebrow brush. Finish with two coats of mascara – blondes should use brown or brown-black mascara, while other colourings can opt for black.

3 Brush your eyebrows with brown eyeshadow to fill in any gaps. This helps to create a strong frame to your make-up look.

4 A soft pink shade of blusher will give your skin a rosy glow, and co-ordinate the rest of your make-up. And, it will give pale work-a-day faces an immediate lift!

5 Try soft blackcurrant shades as these can work beautifully on your lips, and make a welcome alternative to red lips. Start by using a lipliner to outline, ensuring you take it well into the outer corners. If you create any wobbly edges, whisk over the top with a clean cotton bud (swab) dipped in a little cleansing lotion. Then re-powder and try again!

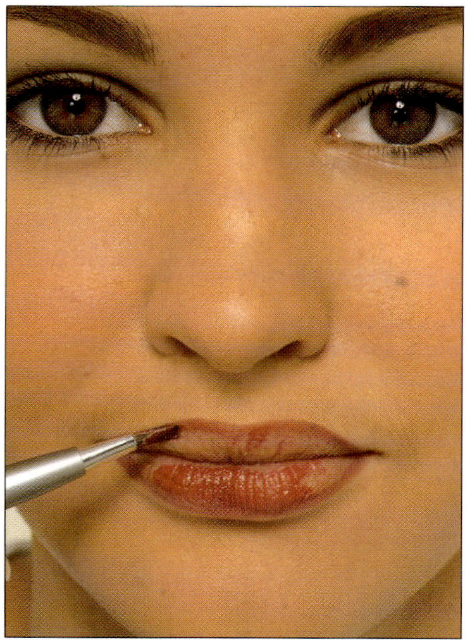

6 Fill in your lips with a matching shade of blackcurrant lipstick. Blot your lips with a tissue afterwards for a semi-matte finish that's perfect for a day at the office.

WORKING WOMAN BASICS

You need to bear some simple pointers in mind to ensure you look good right through from 9 'til 5 – and beyond! Here are some tips to bear in mind.

- Choose a clear, plastic make-up bag so you can find what you're looking for in an instant – it saves rummaging around!
- Buy a make-up mirror in its own case, so it's always dust and make-up free. Powder compacts tend to become covered by the make-up inside, and are usually too small to be particularly effective.
- Look out for retractable powder and lipbrushes, so you can simply twist them up and they're ready to use. It's unhygienic to use a brush which has bristles that are gathering dust and grime in the bottom of your make-up bag.
- Also carry a nail file for emergency tears or splits, and a small hairbrush and travel-size hairspray to keep your hair looking preened and polished, too.

Below: Clever make-up moves for a smart 9 'til 5 look.

GO FOR GLAMOUR!

If there's one time you want to make a special effort with your make-up and pull out all the stops, it's a big night out! We'll show you how to create this stunning look, which combines a mixture of dark and light tones.

1 This is a sophisticated look, with the focus very much on the eyes. Once you've applied foundation, concealer and powder, you're ready to start work on your eye make-up. Sweep a smoky dark brown eyeshadow over your entire eyelid and blend it carefully into the crease. A simple sponge applicator is less likely to flick colour away than a brush, but still take the precaution of sweeping a line of loose powder under your eyes to catch any falling specks of dark shadow.

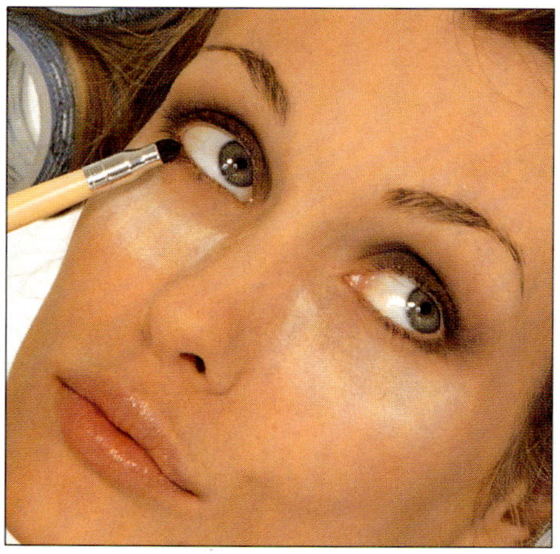

2 Apply a little of the same eyeshadow under your lower lashes to accentuate the shape of your eyes. This will give a balanced look to your eye make-up, and provide a smooth base on which to apply your eyeliner at the next stage. The emphasis is on glamour and impact!

3 Whereas black eyeliner is usually too severe for harsh daylight, it's perfect for this look, which is designed to be seen in softer, sexier light! Using a pencil, carefully draw a fine line above and below your eyelashes. If you find it hard to create a steady line, try drawing a series of tiny dots, then blend them together with a clean cotton bud (swab).

4 To contrast the dark, smoky look on your eyelids, sweep a pearlized ivory shadow over your brow bones for a wide-eyed look. Apply a little at a time, building up the effect gradually. Complete the look with two coats of black mascara.

Tip
Wind your hair round velcro rollers while applying your make-up. Then, all you do is remove them, run your fingers through your hair and you're ready to party!

5 Tawny blusher or a bronzing powder is ideal for this look, as this natural colour won't compete with the rest of your make-up. Sweep it over your cheekbones, blending away the edges into your hairline.

6 Keeping the lips neutral gives this look its real impact, and updates it. Opt for a pinkish-beige shade of lip pencil and smudge it over your entire mouth for a matte, understated effect.

Right: Smoky eyes and neutral lips make for a sexy, sultry look!

20 PROBLEM SOLVERS

Whether you've made a beauty mistake, have run out of a vital product or are stuck for inspiration on how to make the most of your looks, the following problem solvers are just what you need!

Problem 1
Polish remover has run out
If you want to re-paint your nails, but have run out of remover, try coating one nail at a time with a clear base coat. Leave to dry for a few seconds, then press a tissue over the nail and remove it at once – the base coat and coloured polish will come off in one quick move. Your nail is now ready for a fresh coat of colour.

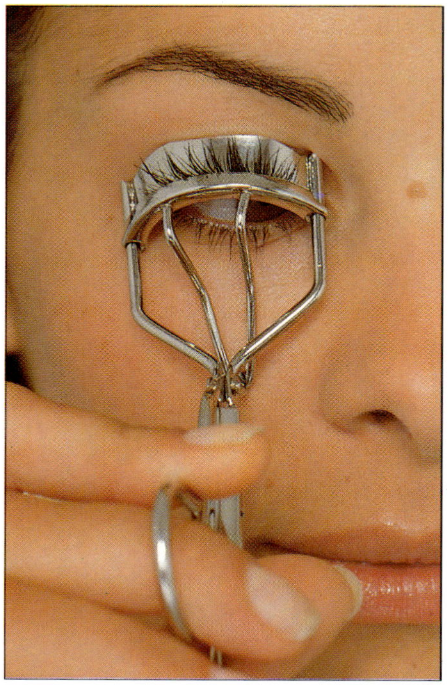

Problem 2
Poker-straight lashes
Do invest in a set of eyelash curlers, as they really make a difference to the way your eyes look. You'll never know how effective they are until you try them for the first time. Gently squeeze your lashes between their cushioned pad

Problem 3
Patchy powder
Provided you apply your powder with a light touch to freshly moisturized skin or on top of foundation that's applied with a clean sponge, it should look perfect. Check you're not making the common mistake of using the wrong colour powder for your skin. It needs to be matched closely to your natural skin-tone, as closely as your foundation. So, try dusting a sample of powder onto your skin in natural daylight before buying it, to make sure you've bought the perfect match for you.

Problem 4
Yellow nails
Yellow nails are usually caused by wearing dark-coloured nail polish without using a protective clear base coat, so wear one in future to prevent this from happening. You can also try switching to paler coloured polishes, as these contain lower levels of pigment that are less likely to stain your nails.

To cure yellow nails, rub them with lemon juice to remove the stains, then massage your hands and nails with hand cream to replenish the moisture levels. Try going polish free one day a week. If your problem recurs, consult your doctor to check that there's no underlying cause.

Problem 5
Flaky mascara
This usually means the mascara is too old and the oils that give it a creamy consistency have dried out. This can be made worse by pumping air into the dispenser when replacing the cap – so go gently. Replace your mascara every few months.

You can try to revive an old mascara by dropping it into a glass of warm water for a few minutes before applying it. If mascara flakes on your lashes, the only solution is to remove it thoroughly and to make a clean start.

Problem 6
A blemish appears
The immediate solution is to transform the blemish into a beauty mark! Start by calming down the blemish by dabbing it with a gentle astringent on a clean cotton bud (swab). This will help dry out excess oils from the skin and make the beauty mark stay in place for longer. To create your beauty mark dot over the top with an eyebrow pencil – this is better than using an eyeliner pencil as it has a drier texture and so is less likely to melt and smudge. Finally, set your beauty mark in place with a light dusting of loose powder.

Problem 7
Melting lipstick
If you're out and about, and your lipstick is starting to move in the heat, then dust over the top with a little loose powder. This will give it a slightly drier texture, to help it stay put for longer. A little loose powder will also create a lovely matte finish.

Problem 8
Smudged eyeliner
Tidy up the under-eye area by dipping a cotton bud (swab) into some eye make-up remover. Whisk it over the problem area to remove smudges, then re-powder. In future, remember to run a little loose powder over eyeliner to combat the smudging that occurs when the wax in the pencil melts.

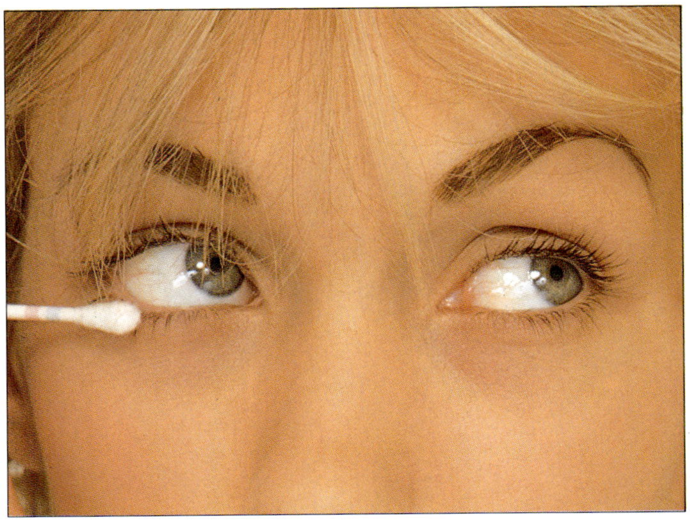

Problem 9

Red-toned skin or embarrassing blushes

A red skin colour can be toned down by smoothing your skin with a specialized green-tinted foundation. Apply with a light touch, just to the areas that really need it. The green pigment in the cream has the effect of cancelling out the red in your skin.

However, to avoid a ghostly glow, you'll need to apply a light coating of your ordinary foundation on top, and then set with a dusting of loose powder. This tip is also good for covering the occasional angry spot or blemish.

Problem 10

Foundation has turned orange

This tip sounds strange, but really works! Mix a spoonful of bicarbonate of soda into your loose face powder, then dust the powder mixture lightly over your skin before applying your foundation. The bicarbonate of soda will give your skin a slightly acid pH-balance to prevent it from turning orange.

Problem 11

Bleeding lipstick

Use lipliner to prevent your lipstick from bleeding into the fine lines around your mouth. Trace the lip outline, then apply lip colour with a brush. Choose a drier textured matte lipstick as they're less prone to bleed than moisturizing variety. Also, lightly powder over and around your lips before you start.

Problem 12

Disappearing foundation

If your foundation seems to sink into your skin on hot or damp days, then rethink how you apply it in the first place. The trick to help foundation last longer is to apply it to cool skin. Do this by holding a cold, damp facecloth onto your skin for a few moments, then apply your foundation.

You can also store your foundation in the refrigerator to ensure it's cool when it goes on. Apply the foundation with a damp sponge, not your fingers, as the natural oils from them will leave a streaky finish on your skin. Finally, set with a light dusting of loose powder.

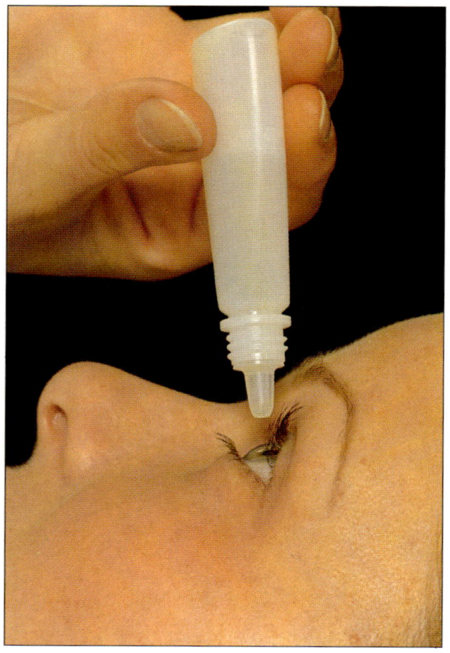

Problem 13

Bloodshot eyes

Red eyes are caused by the swelling of the tiny blood vessels on the eye surface, which can be caused by lack of sleep, excessive time in front of a computer, a smoky atmosphere or an infection. If it's a continual problem, consult your doctor, or ask your optician for an eyesight examination to ensure there's nothing to worry about.

Also, take care to avoid the source of the problem in future. On a temporary basis, you can use eye drops to bring the sparkle back to your eyes. These contain ingredients to reduce the swelling in the blood vessels that will decrease redness and cut down on dryness and itching.

Problem 14

Tidemarks of foundation

If you find obvious edges to your foundation on your chin, jawline or hairline, blend them away with a damp cosmetic sponge. Do this in natural daylight so you can check the finished effect. Powder as usual afterwards.

Problem 15

Unhealthy looking nails

Sometimes, however strong your nails are, their overall effect can be spoilt by clear or yellowing tips. However, you can immediately improve them by running a white manicure pencil underneath the free edges of nail to give them a cleaner appearance. Combine with a coat of clear polish for a fresh, natural nail look.

Problem 16

Yellow Teeth

First of all, consult your dentist or dental hygienist for regular check-ups and thorough cleaning to ensure your teeth are as white as possible. Take heart that yellow teeth tend to be stronger than their whiter counterparts! To make them look whiter, avoid coral or brown-based lipsticks as the warm colours will emphasize the yellow ones in your teeth. Clear pink or red shades will make them look much whiter in comparison.

Problem 17

Droopy eyes

To help lift the appearance of droopy eyes, sweep a light-toned eyeshadow all over your eyelid. Then apply a little eyeshadow with a clean cotton bud (swab) under your eyes, sweeping it slightly upwards. Apply extra coats of mascara on the lashes just above the iris of the eye to draw attention to the centre of your eye rather than the outer corners.

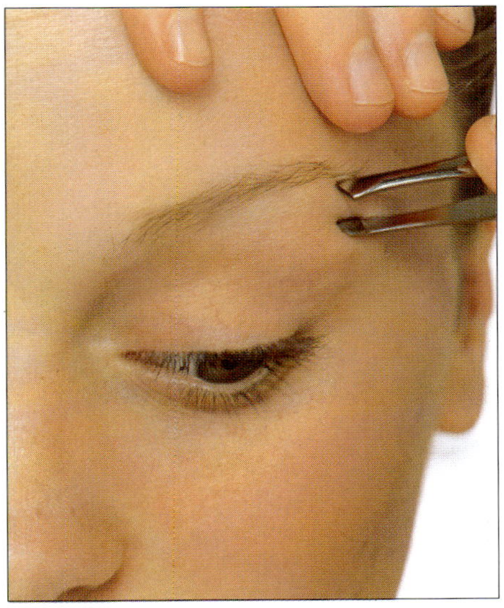

Problem 18

Straggly eyebrows

It's a fair bet you won't even notice your eyebrows until they look messy! Try tidying them with regular tweezing sessions. The ideal time is after a bath, when your pores will be open from the heat, so the hairs will be easier to remove. Before bedtime is also a great idea, so you don't have to face the day with reddened skin!

Quickly brush your brows into place, so you can see the natural shape. Then pluck one hair at a time, in the direction of growth. First remove the hairs between your brows, and then weed out the undereye area. Tweeze any stray hairs at the outer sides. As a general rule, don't pluck above the eyebrow area or you'll risk distorting the shape of your brows. The only exception is if there are hairs growing well above the natural browline.

Problem 19

Over-applied blusher

If you've forgotten the golden rule about building up your blusher slowly and gradually, you may need to tone down an over-enthusiastic application of colour. The quickest and easiest way is to dust a little loose powder over the top of the problem area, until you've reached a depth of blusher shade that you're happy with.

Problem 20

Sore ears from cheap earrings

If you can't bear to throw away cheap earrings that make your ears react, try coating the posts and back of the earrings with some hypo-allergenic clear nail polish. This will make them less likely to react with your sensitive skin. However, always give the skin on your ears time to heal up before wearing troublesome earrings again.

HANDS UP TO BEAUTIFUL NAILS

A little manual labour is all it takes to have hands to be proud of – rather than ones you want to hide!

LAYING THE FOUNDATIONS FOR HEALTHY NAILS

There's no point in slicking your nails with colour if they're not in good condition to start with. Following this advice will ensure they're ultra-tough.

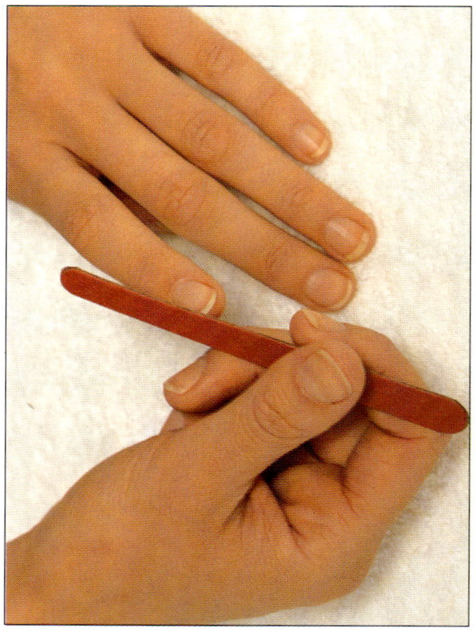

Filing know how

Keep your nails slightly square or oval – not pointed – to prevent them from breaking. Filing low into the corners and sides can weaken nails. File gently in one long stroke, from the side to the centre of the nail. The classic length that suits most hands is just over the fingertip.

Condition-plus

Smooth your nails every evening with a nourishing oil or conditioning cream. This helps seal moisture into your nails to prevent flaking and splitting. A tiny drop of olive oil is a great cheap alternative.

Cuticle care

Go carefully with tough or overgrown cuticles. Most manicurists are against cutting them with scissors, as this can lead to infection of the nail bed. Instead, soak your nails in warm soapy water to soften

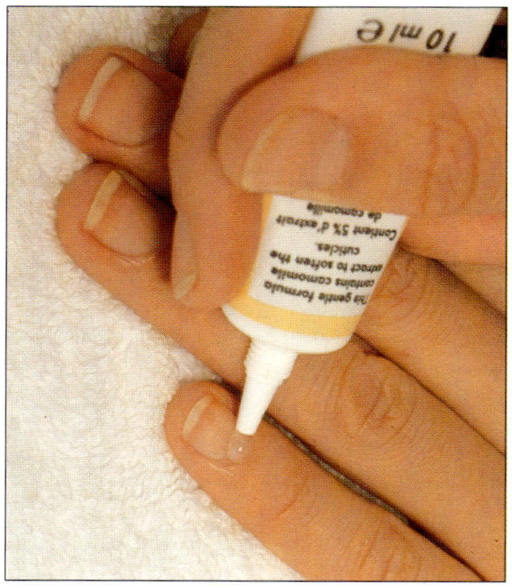

the cuticles. Then smooth them with a little cuticle softening cream or gel, before gently pushing them back with a manicure hoof stick or clean cotton bud (swab). You can then gently scrub away the flakes of dead skin that are still clinging to the nail bed.

Above: Give your nails a splash of colour for instant glamour.

POLISH UP YOUR FRENCH!

When it comes to nail trends, there's one look that never goes out of fashion, and that's the French manicure. It leaves your nails looking clean, fresh and healthy – and matches any make-up you happen to be wearing.

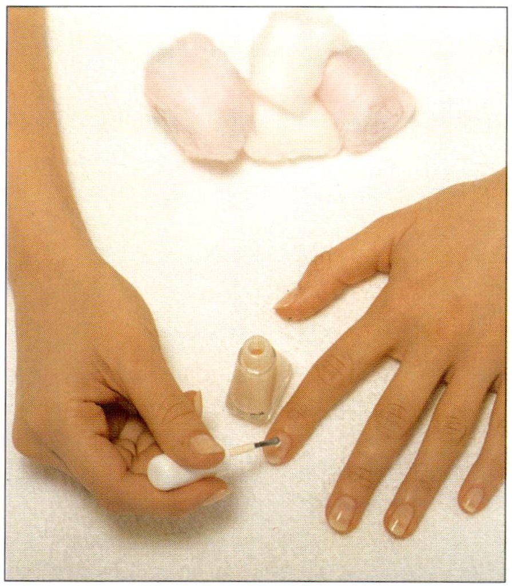

1 The basis of the French manicure is two coats of pale pink polish. Copy the professionals and do it in three strokes – one down the middle and one on each side. This prevents the polish from going lumpy and clogging, as you don't continuously have to work over the same area of nail. Apply two coats, giving each one plenty of time to dry. To turn a French manicure into an "American manicure", switch the pink polish for a beige one.

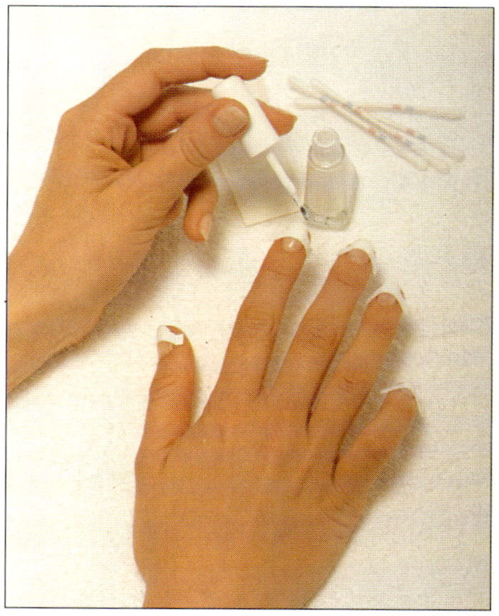

2 Now it's time to paint the tips of your nails with a white polish. If you find it difficult to paint them freehand, try using the stick-on nail guards that come with many French manicure sets. Simply press them onto the nail bed,

leaving the free edges of nail clear. Then apply the white polish, being careful not to overload the brush or the varnish will flow down it too quickly for you to control. Rest your hand on a firm surface to keep your hands steady and create a professional-looking finish.

3 Once the white tips of your nails are dry, paint on a clear top coat of polish to seal in the colour and create a chip-free finish.

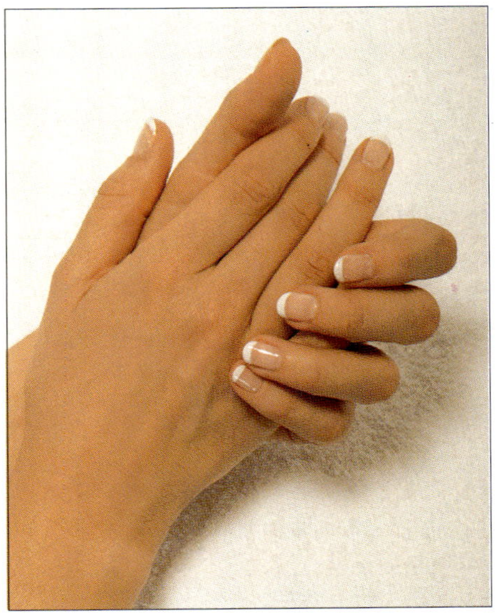

Above: French polish your nails to make them look clean and fresh.

COLOUR CODING

- If you have long, elegant fingers, you can carry off any shade of polish, including the dramatic deep reds, russets and burgundies.
- Short nails look their best with pale or beige-toned polish.
- Pale colours also suit broad nails. However, you can make them look slightly narrower by leaving a little space on the sides of each nail unpainted.
- If you love nude, barely-there shades for the daytime, but prefer something more exotic at night, try a pale pearlized polish – the shimmer will be caught by the evening light.
- If you find strong colours too bold on

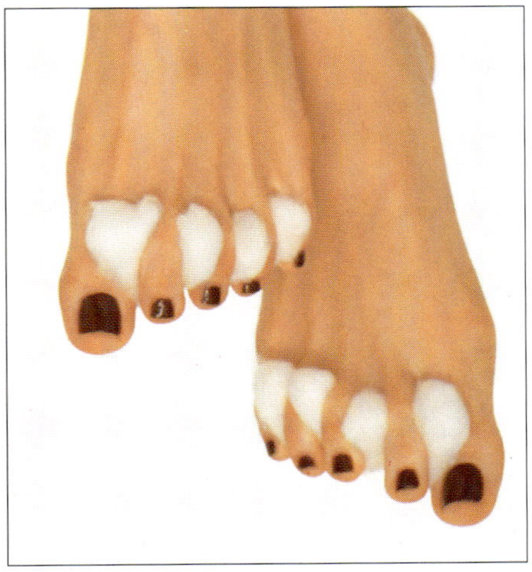

your hands, try painting your toenails instead. A glimpse of wonderful colour in open-toed shoes or on bare feet can look very sophisticated. You can create our model look by mixing a little dark red and black nail polish together before applying.
- Coral polish and pearlized formulations work wonderfully against a tanned skin.

TOP 10 NAIL TIPS

1 Avoid using acetone nail polish removers, as these can strip your nails of essential moisture. Choose the conditioning variety, instead.

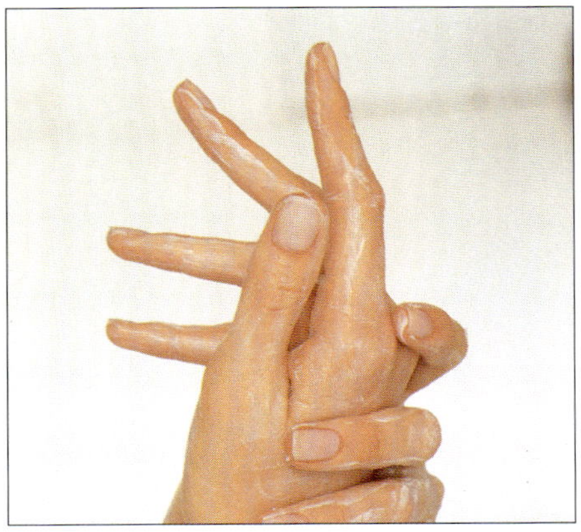

2 Apply hand cream every time you wash your hands. The oils in the cream will seal moisture into your nails.

3 The most common cause of soft nails is exposure to water, so wear rubber gloves when doing the dishes!

4 If you have very weak nails, try painting your base coat and nail polish under the tip of your nails to give them extra strength.

5 Dry wet nails in an instant by plunging them into ice cold water.

6 To repair a split nail, tear a little paper from a teabag or coffee filter paper and glue it over the tear with nail glue. Once it's dry, buff until smooth, and then apply your polish.

7 If you're planning to do some gardening or messy work, drag your nails over a bar of soap. The undersides of your nails will fill up with soap, which means dirt won't be able to get in.

8 Clean ink and stains from your fingertips, by using a toothbrush and toothpaste on the affected areas.

9 Never file your nails immediately after a bath, as this is when they're at their weakest and likely to split.

10 Use a cotton bud (swab) with a pointed end to clean under your nails – it's gentler than scrubbing with a nail brush.

50 FAST, EFFECTIVE BEAUTY TIPS

1 Brighten grey elbows by rubbing them with half a fresh lemon – it has a natural bleaching effect. Moisturize the skin afterwards to counteract the drying effects of the juice.

2 Turn foundation into a tinted moisturizer by mixing a few drops of it with a little moisturizer on the back of your hand before applying. It's the perfect blend for summer.

3 Carry a spray of mineral water in your handbag to freshen up your foundation while you're out and about.

4 Sleeping on your back helps stop wrinkles, according to recent research. It's certainly worth a try!

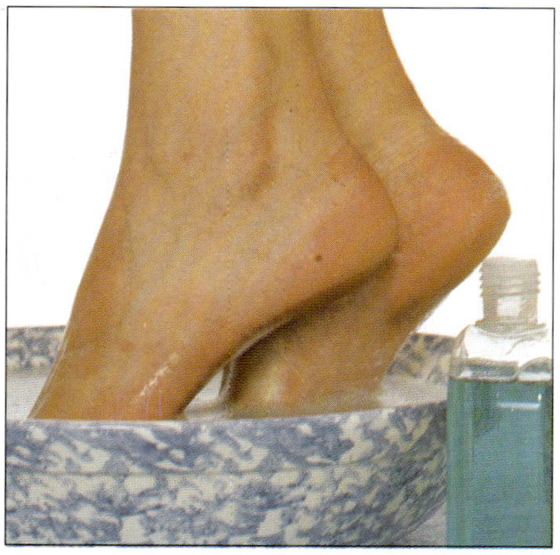

5 Dunk feet into a bowl containing warm water and 4 tablespoons of Epsom salts to help ease swollen ankles.

6 If you have very soft nails, file them while the polish is still on to prevent them from cracking.

7 If you find eyebrow tweezing painful, hold an ice cube over the area first to numb the area before you start.

8 Warm up your looks by dusting a little blusher over your temples, chin and the tip of your nose as well as your cheeks.

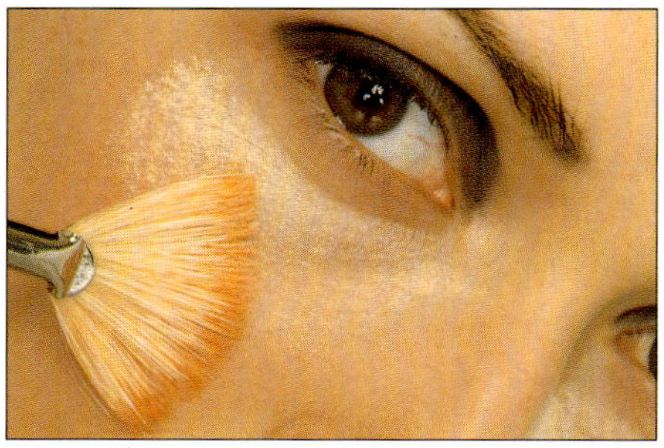

9 Sweep a little loose powder under your eyes when applying dark shades of eyeshadow to catch any falling specks and prevent them from staining your skin.

10 Make your lips look larger by wearing a bright, light lipstick. Make them appear smaller by wearing dark or more muted colours.

11 Soak nails in a bowl of olive oil once a week to strengthen them.

12 Keep your smile looking its best by changing your toothbrush as soon as the bristles begin to splay. This means at least every three months. You should brush for at least two minutes, both morning and evening.

13 If you don't have a specialized contouring product for your cheeks, simply use an ordinary face powder a couple of shades darker than your usual one to slim round cheeks.

14 Add a drop of witch hazel – available from all good pharmacists – to turn ordinary foundation into a medicated one – it'll work wonders on oily or blemish-prone skins.

15 Mascara your lashes before applying false ones to help them stick properly.

16 If you look tired, blend a little concealer just away from the outer corner of your eye – it makes you look as though you had a good night's sleep!

17 Go lightly with powder on wrinkles around the eyes – too much will settle into them and emphasize them.

18 If you haven't got time for a full make-up, but want to look great, paint on a bright red lipstick – it's a happy, glamorous colour which immediately brightens your face.

19 When plucking your eyebrows, coat the hairs you want to remove with concealer – it'll help you visualize exactly the shape of brow you're after.

20 Never apply your make-up before blow-drying your hair – the heat from the dryer can make you perspire and cause your make-up to smudge.

21 The colour of powder eyeshadow can be made to look more intense by dipping your eyeshadow brush in water first.

22 Keep lashes smooth and supple by brushing them with petroleum jelly before going to bed at night. It's also a good way to emphasize natural-looking lashes in the daytime.

23 Apply cream blusher in light downward movements, to prevent it from creasing and specks of colour from catching in the fine hairs on your face.

24 If mascara tends to clog on your lower lashes, try using a small thin brush to paint colour onto individual lashes.

25 Make sure you give moisturizer time to sink in before you start applying your make-up – it'll help your make-up go on more easily.

26 For eyes that really sparkle, try outlining them just inside your lower eyelashes with a soft white cosmetic pencil.
27 Lip gloss can look sophisticated if you apply just a dot in the centre of your lower lip.
28 Hide cracked or chipped nails under stick-on false ones.
29 If your eyeliner is too hard and drags your skin, hold it next to a light bulb for a few seconds before applying.
30 If you find your lashes clog with mascara, try rolling the brush in a tissue first to blot off the excess, leaving a light, manageable film on the bristles.
31 If you're unsure where to apply blusher, gently pinch your cheeks. If you like the effect, apply blusher in the same area – it'll look wonderfully natural.

32 To prevent lipstick from getting on your teeth, try this tip: after putting it on, put your finger in your mouth, purse your lips and pull it out.
33 Women who wear glasses need to take special advice on make-up. If you're near-sighted, your glasses will make your eyes look smaller. So, opt for brighter, bolder shadows and lots of mascara to ensure they don't disappear. If you're far-sighted, your lenses will make your eyes look bigger and your eye make-up more prominent. So, opt for more muted colours that won't seem so obvious.
34 For a long-lasting blush on sunny days or hot nights, apply both cream and powder blusher. Apply the cream formulation first, set with translucent powder then dust with a little powder blush.
35 Let your nails breathe by leaving a tiny gap at the base of the nail where the cuticle meets the nail – this is where the new nail cells are growing.
36 A little foundation lightly rubbed through your eyebrows and brushed through with an old toothbrush will instantly lighten them.
37 Coloured mascara can look super-effective if applied with a light hand. Start by coating your lashes with two coats of black mascara. Once the lashes are dry, slick a little coloured mascara – try blue, violet or green – onto the underside of your upper lashes. Each time you blink your eyelashes will reveal a dash of unexpected colour.
38 If you use hypo-allergenic make-up for your sensitive skin, remember to use hypo-allergenic nail polish, too – you constantly touch your face with your hands and can easily trigger a reaction.
39 Make over-prominent eyes appear smaller by applying a wide coat of liquid liner. The thicker the line, the smaller your eyes will look.
40 Calm down an angry red blemish by holding an ice cube over it for a few seconds and then apply your usual medicated concealer.
41 If you've run out of loose powder, use a light dusting of unperfumed talcum powder instead.
42 Use a little green eyeshadow on red eyelids to mask the ruddiness.
43 If you've run out of liquid eyeliner, dip a thin brush into your mascara and apply in the same way. It works perfectly.

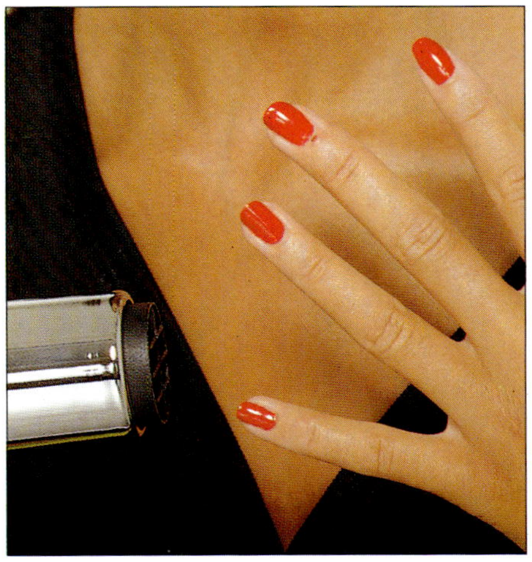

44 You can dry nail polish quickly by blasting nails with a cold jet of air from your hairdryer.
45 Use a toothpick or dental floss regularly to clean between your teeth.
46 Apply powder-foundation with a damp sponge for a thicker, more opaque coverage. Applied with a dry sponge, the effect will be sheerer.
47 Run your freshly sharpened eyeliner pencil across a tissue before use. This will round off any sharp edges and remove small particles of wood.
48 If you have hard-to-cover under-eye shadows, cover them with a light coat of blue cream eyeshadow before using your ordinary concealer. It really works.
49 Get together with a friend and make each other up – it's amazing how other people picture you – and it's a great way to find yourself a new look.
50 Remove excess mascara by placing a folded tissue between your upper and lower lashes and then blinking two or three times.

50 BEST BUDGET BEAUTY TIPS

1 Cottonwool (cotton) balls soak up liquids like toner, so dampen them with water first. Squeeze out the excess, then use as usual.
2 A drop of remover added to a bottle of dried-up nail polish will revive it in a few seconds. Shake well to encourage it to mix in thoroughly.
3 Stand a dried-up mascara in a glass of warm water to bring it back to life.
4 Keep new soaps from getting too soft by putting them in a warm cupboard until you need them. This helps dry the moisture out, which makes them harder and longer-lasting.
5 To get the last drop out of almost-empty bottles store them upside-down overnight. You'll reap the rewards the next morning.
6 Don't rip the cellophane cover off translucent powder – prick a few holes in it instead – it'll stop you spilling and wasting it.
7 Keep perfume strips from magazines in your bag for an instant freshen-up.
8 Sachets in magazines make ideal travel packs for weekends away.
9 If you've run out of blusher, dot a little pink lipstick on your cheeks and blend well with your fingertips.
10 Look out for "2 for the price of 1" special offers on your favourite products. Perhaps split the savings with a friend.
11 Turn ordinary mascara into the lash-lengthening variety by dusting eyelashes with a little translucent powder first.
12 Dust blusher over your eyelids as an instant subtle eyeshadow. It's quick to apply, and will give a balanced look to your make-up.
13 Rub a dab of petroleum jelly around the neck of a new nail polish bottle, and it should be easy to open for the entire life of the product.
14 A cheap way to boost the shine of dark hair is to rinse it with diluted vinegar. Blonde hair benefits from lemon juice. Both act by sealing down the outer cuticles of the hair, helping your hair reflect the light more effectively.
15 De-fuzz using a razor with replaceable blades – it works out much cheaper in the end than buying disposable razors.
16 Swap commercial face scrubs for a handful of oatmeal massaged directly onto your skin – it works really well.
17 Don't use too much toothpaste – it's the brushing action that gets teeth really clean. A pea-sized blob is enough.
18 Pick the largest sized products you can afford – it's much cheaper that way.
19 Don't just shop for beauty goodies in glitzy department stores and fancy pharmacies. These days, your local supermarket can offer a surprisingly good range.
20 If you're happy to forgo a fancy label, look out for great value own-label product ranges at leading drug store chains.
21 Sometimes you're just as well off with cheap alternatives. Opt for those when you can, and indulge yourself with the

products that are really worth it! For instance, buy cheap and cheerful lip liners, then show off with a fancy lipstick. As well as looking good, expensive lipsticks tend to contain more pigment than cheaper ones – which means they look better and last longer.

22 Buy cheap but effective body moisturizers instead of expensive fragranced ones. Then save your money to splash out on your favourite perfume.

23 It used to be that only the pricier ranges offered hi-tech products. However, these days more companies are offering state-of-the-art products – at budget prices. This means you'll get all the benefits without spending a fortune. For instance, there are now affordable skin creams that contain the anti-ageing alpha-hydroxy ingredients at a third or quarter of the price of prestige brands.

24 Many of the more expensive prestige make-up, skin-care and fragrance companies offer sample products at their counters. It's generally at the discretion of the consultant. However, it's always worth asking, especially if you're already buying something from them.

25 There's a great trend at the moment for 2-in-1 products. They're worth trying, because they can save you money – as you only buy one product instead of two. They include shower gels with added moisturizers, shower gels that also act as body scrubs and hair shampoos with built in conditioners.

26 If you want to indulge in some new make-up, then ask for a makeover at a cosmetic counter. It's the best way to see how the colours and formulations look on your skin before you buy anything – and can also mean you'll look great for an evening out!

27 Store your make-up and fragrance in a cool dark place to extend their life span.

28 One length hair with no layers is the easiest and cheapest hairstyle to maintain as it doesn't require as many visits to the hairdresser to keep it looking good.

29 Don't throw away an item of make-up just because the colour's not in fashion at the moment – you might like it again in a few months.

30 Make cheap nail polish last longer by sealing it with a clear top coat.

31 Pure glycerine is an extremely cheap and effective moisturizer when you don't have much to spend.

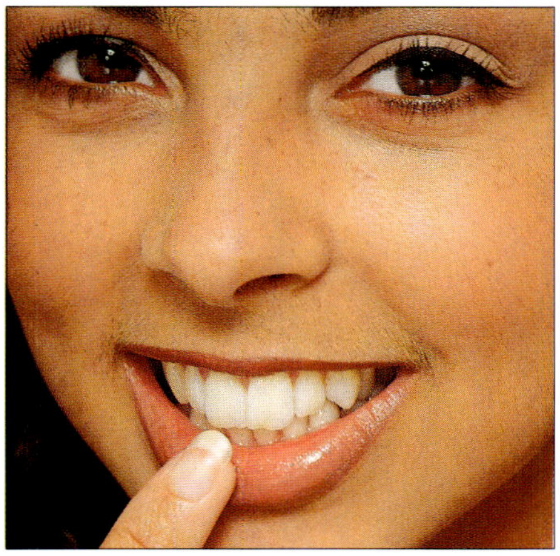

32 Turn lipstick into lip gloss with a coat of lip balm after applying colour.

33 Double up your lip liner to fill in your lips as well as outline them.

34 Prise eyeshadows out of their cases, and stick into an old paint-box or lid to create a make-up artist's colour palette. It's a sure way to ensure you use the products you've got because you can see them all at a glance.

35 Add a few drops of your favourite eau de toilette to some olive oil, and use as a scented bath oil as a cheap treat.

36 Neutral make-up colours are a better investment than brighter ones because they look great at any time, any place.

37 Eyeshadow doubles up as eyeliner, if applied with a cotton bud (swab). Dampen the end of the bud (swab) first for a more dramatic effect.

38 If you're choosing a new fragrance, buy the weaker and cheaper eau de toilette first before splashing out on the stronger and more expensive perfume strength.

39 Check out the model nights at your local hairdressers when trainee hairdressers will style your hair for a fraction of the normal price.

40 Mix different colour lipsticks on the back of your hand with a brush – to create new shades for free!

41 A drop of olive oil rubbed nightly into your nails will help them grow long and strong, and is cheaper than shop-bought manicure oils.

42 When you're out of toothpaste, brush with plain baking soda – it'll make them extra white, too.

43 Put your lip and eye pencils in the refrigerator before sharpening, as this means they're less likely to break – and you won't waste so much.

44 Make powder eyeshadows last longer and stay crease-free by dusting eyelids with translucent powder first. It'll absorb the oils from your skin, and keep your make-up looking fresh.

45 Sharpen dull eyebrow tweezers by rubbing sandpaper along the tips.

46 Add a drop of water to the last remains of a foundation to ensure you use every last dot.

47 Keep the plastic seals or paper discs that come with products and replace after each use. It helps prevent air from distributing in the product and bacteria breeding – which means your product stays fresh until the very end.

48 Spritz your hair lightly with water and re-blow dry to revive products already in the hair, and make your style look as good as new.

49 Add half a cup of baking soda to your bath water as a cheap and cheerful water softener in hard water areas.

50 Use an old clean toothbrush to slick unruly eyebrows into shape.

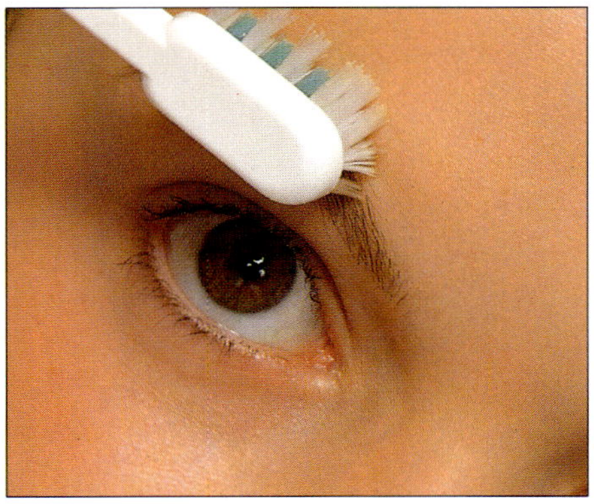

YOUR TOP 10 MAKE-UP QUESTIONS

1 Blush baby

Q *"Can I reshape my face using blusher?"*

A The best way to apply blusher is to smile, find the apples of your cheeks, and blend the colour upwards. For special occasions, try using your normal blusher – combined with a barely-there highlighter colour and a colour that is slightly darker than your usual blusher – to reshape your face. Check your face shape and try the following:

- **Slim a round face...** by blending your usual blusher upwards from your cheeks into your hairline. Then, highlight along your cheekbones, and use the shader in the hollows of your cheeks.
- **Soften a square-shaped face...** by concentrating your blusher in a circle on the rounded parts of your cheeks. Apply shader into the hollows of your cheeks, and also lightly on the square edges of your chin. Lightly dust highlighter onto the bridge of your nose and the tip of your chin.
- **Balance a heart-shaped face...** by dusting your blusher slightly lower than your cheekbones into the actual hollows of your cheeks. Dust some highlighter onto the tip of your chin, and apply shader to your temples, blending it well into your hairline.

2 24-hour lipstick

Q *"Is there any way to make my lipstick stay put all day?"*

A Unfortunately there's no such thing as a 24-hour lipstick, no matter what some cosmetic manufacturers claim! The longest lasting lipsticks are those with the thickest, driest textures, although this can mean they leave your lips feeling quite dry, especially if you use them day in, day out. However, you can look for lipstick sealers, which are clear gels that you paint over your lips after you've applied your lipstick. Once they're dry, these lipstick sealers help your lipstick stay put at least past your first cup of coffee of the day.

3 Over-plucked brows

Q *"I plucked my eyebrows very thin last year. Now I'd like to grow them back. How can I do it successfully?"*

A Choose a natural-looking brown eyeshadow. Then apply it lightly and evenly with a firm-bristled eyebrow brush, using short sharp strokes across the brow. As the hairs that grow back are often unruly, a light coat of clear mascara can be applied to help keep them in place.

Try to ignore the periodic fashions for highly plucked eyebrows. The fashions don't last for long – but eyebrows can take ages to grow back! It's better to stick with the eyebrow shape you were born with, concentrating on just removing stray hairs from underneath the arch and between the brows.

4 Covering birthmarks

Q *"Can you recommend something that will cover my birthmark, even when I go swimming?"*

A You need a specialized foundation that will give ultimate coverage, look opaque and be waterproof. Look for a specialized range of camouflage creams tailor-made to cover skin imperfections, such as scars and port wine stains, as well as birthmarks. Their formulation means that they're applied differently to ordinary foundations. They're applied with the fingertips using a "dab, pat" motion. They're available from specialized make-up suppliers, and some dermatologists.

5 Spider Veins

Q *" What can I do about the spider veins on my face?"*

A Spider or thread veins, known by their medical name as "telangiectases", are a very common beauty problem. An electrolysist qualified in diathermy or a dermatologist can treat them for you, by inserting a very fine needle into the vein. The heat from the needle coagulates the blood inside the vein, rendering it inactive. The number of treatments varies depending on the size of the area to be treated, and the number of spider veins you have. In the meantime, you can cover the veins with a light covering of concealer, applied with a fine brush and set with a dusting of loose powder.

6 Mascara matters

Q *"My mascara always seems to run onto my skin, and leave me with 'panda eyes'. What can I do?"*

A Obviously you should opt for the waterproof variety of mascara if you're prone to this problem, or you can "seal" your normal mascara with a coat of clear mascara. You should also try holding a piece of tissue just underneath your lower lashes while you're applying your mascara to prevent it from getting as far as your skin in the first place.

Alternatively, dip a cotton bud (swab) in eye make-up remover for fast touch-ups before the mascara has a moment to dry on your skin. Another, more long-term, solution is to regularly have your eyelashes permanently dyed at a reputable beauty salon.

7 Colour coding

Q *"Are there colours which some people can never wear?"*

A As a general rule, everyone can wear every colour. However, if you want to wear a particular colour, you should choose the particular shade of it very carefully. For instance, everyone can wear red lipstick, but in different shades. A pale-skinned blonde will suit a soft pink-red, whereas a warm-toned redhead will be able to carry off an orange-based fiery shade of the colour.

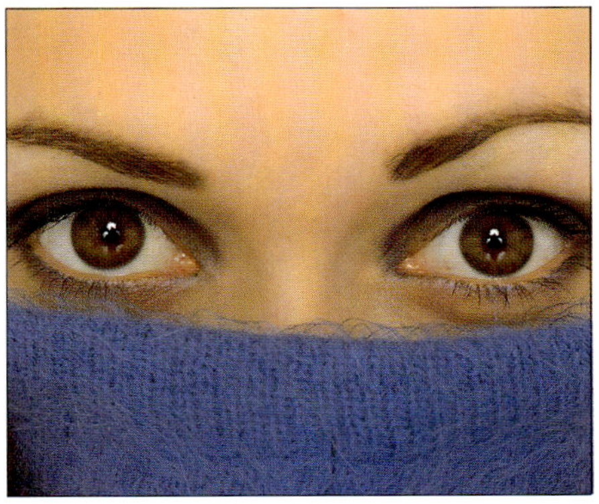

In the same way, a blue-eyed, cool-skinned blonde can carry off a pale pastel, baby blue eyeshadow, whereas her brunette colleague will look much better wearing a darker version to complement her skin-tone.

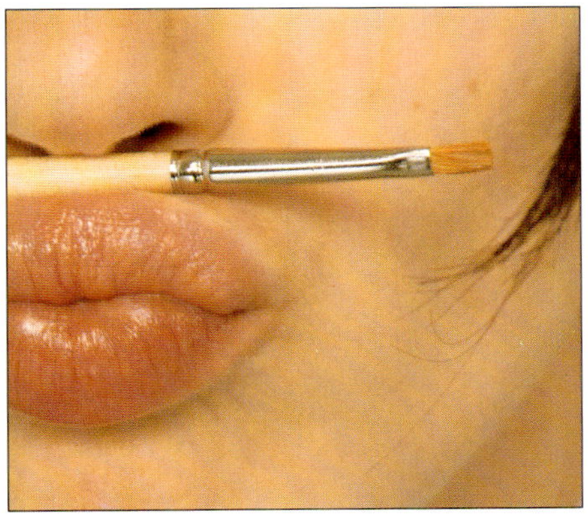

8 Smoother lips

Q *"Lipstick always looks awful on my mouth because my lips are so flaky, and it's impossible to create a smooth finish. Is there a solution to this problem?"*

A Slick your lips with petroleum jelly, and leave for 10 minutes to give it time to soften hard flakes of skin. Then cover your index finger with a damp flannel and gently massage your lips. This will remove the petroleum jelly and the flakes of dead skin at the same time.

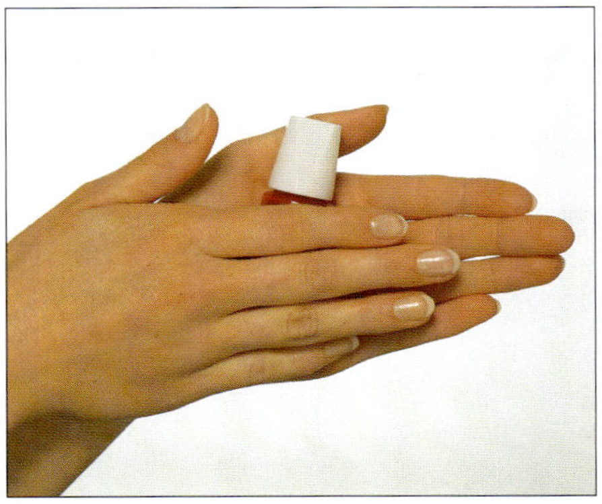

9 Problem polish

Q *"I always seem to be left with lots of bottles of nail varnish which I can't use, because they're either dried up, or full of bubbles which means they don't go on smoothly. What can I do?"*

A There are some simple solutions to your problem. Dried-up polish can be revived by stirring in a few drops of polish remover before using. You can help prevent it from thickening in the first place by storing it in the refrigerator, as the cold temperature will stem evaporation and thereby stop it changing in texture.

Bubbles of air in the polish will ruin its finish, as it won't create an even surface. You can prevent this by rolling the bottle between the palms of your hands to mix it up before using, rather than shaking it vigorously – as it's this which creates the bubbles in the first place.

10 The changing face of foundation

Q *"I have difficulty keeping up with the changing colour of my skin in the summer, as I gradually get a tan. It's so expensive constantly buying new foundations!"*

A Stick with the the colour that suits you when you're at your palest in the middle of winter. Then, also buy a small tube of dark foundation designed for black skins. Blend just a drop or two into your ordinary foundation on the back of your hand before applying to darken it to match your tan. This means you can change your foundation daily, without having to spend a fortune on different shades.

HAIRCARE AND STYLING

Beautiful, shining hair is a valuable asset. It can also be a versatile fashion accessory, to be coloured, curled, dressed up or smoothed down – all in a matter of minutes. However, too much attention combined with the effects of a poor diet, pollution, air-conditioning, and central heating can mean that your hair becomes the bane of your life rather than your crowning glory. A daily haircare routine and prompt treatment when problems do arise are therefore of vital importance in maintaining the natural beauty of healthy hair.

THE STRUCTURE OF HAIR

A human hair consists mainly of a protein called keratin. It also contains some moisture and the trace metals and minerals found in the rest of the body. The visible part of the hair, called the shaft, is composed of dead tissue: the only living part of the hair is its root, the dermal papilla, which lies snugly below the surface of the scalp in a tube-like depression known as the follicle. The dermal papilla is made up of cells that are fed by the bloodstream.

Each hair consists of three layers. The outer layer, or cuticle, is the hair's protective shield and has tiny overlapping scales, rather like tiles on a roof. When the cuticle scales lie flat and neatly overlap, the hair feels silky-soft and looks glossy. If, however, the cuticle scales have been physically or chemically damaged or broken the hair will be dull and brittle and will tangle easily.

Under the cuticle lies the cortex, which is made up of fibre-like cells that give hair its strength and elasticity. The cortex also contains the pigment called melanin, which gives hair its natural colour. At the centre of each hair is the medulla, consisting of very soft keratin cells interspersed with spaces. The actual function of the medulla is not known, but some authorities believe that it carries nutrients and other substances to the cortex and cuticle. This could explain why hair is affected so rapidly by changes in health.

Hair's natural shine is supplied by its own conditioner, sebum, an oil composed of waxes and fats and also containing a natural antiseptic that helps fight infection. Sebum is produced by the sebaceous glands present in the dermis. The glands are linked to the hair follicles and release sebum into them. As a lubricant sebum gives an excellent protective coating to the entire hair shaft, smoothing the cuticle scales and helping hair retain its natural moisture and elasticity. The smoother the surface of the cuticle, the more light will be reflected from the hair, and therefore the higher will be the gloss. This is why it is more difficult to obtain a sheen on curly hair than on straight hair.

HAIR STRUCTURE

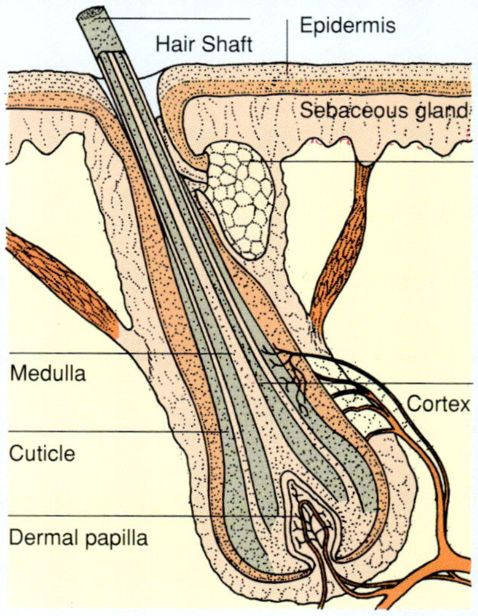

Cross-section of a human hair.

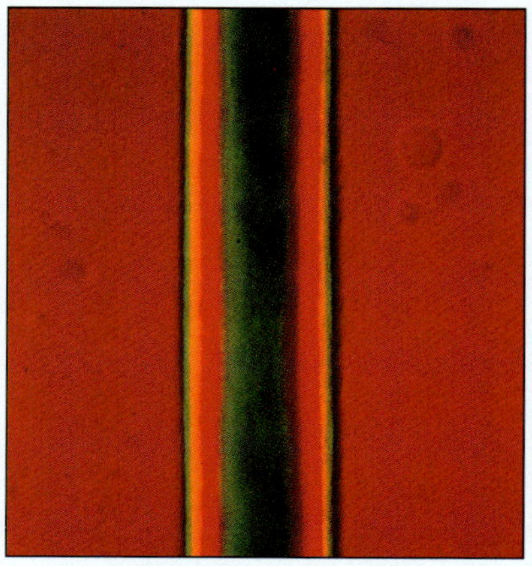

Centre and above: Pictures of a human hair magnified 200 times. A strand of hair in good condition is smooth, but if it has been damaged the outer layer is frayed and broken. Photographs courtesy of Redken Laboratories.

Under some circumstances, for example excessive hormonal activity, the sebaceous glands produce too much sebum, and the result is greasy hair. Conversely, if too little sebum is produced the hair will be dry.

THE GROWTH CYCLE

The only living part of hair is underneath the scalp – when the hair has grown through the scalp it is dead tissue. Hair goes through three stages of growth: the anagen phase when it actively grows; the catagen, or transitional phase when the hair stops growing but cellular activity continues in the papilla; and the telogen, or resting phase, when growth stops completely. During the telogen phase there is no further growth or activity at the papilla; eventually the old hair is pushed out by the new growth and the cycle begins again. The anagen phase continues for a period of two to four years, the catagen phase for only about 15-20 days, and the telogen phase for 90-120 days. At any given time, about 93 per cent of an individual's hair is in the anagen phase, 1 per cent is in the catagen phase, and 6 per cent is in the telogen phase. Scalp

FACT FILE

- Hair grows about 12 mm/½ in per month.
- A single strand lives for up to seven years.
- If a person never had their hair cut it would grow to a length of about 107 cm/42 in before falling out.
- Women have more hair than men.
- Hair grows faster in the summer and during sleep.
- Hair grows fastest between the ages of 16 and 24.
- Between the ages of 40 and 50 women tend to lose about 20 per cent of their hair.
- Hair becomes drier with age.

hair, which reacts to hormonal stimuli just like the hair on the rest of the body, is genetically programmed to repeat its growth cycle 24-25 times during the average person's lifetime.

THE IMPORTANCE OF DIET

What you eat is soon reflected in the health of your hair. Like the rest of the body, healthy, shining hair depends on a good diet to ensure it is supplied with all the necessary nutrients for sustained growth and health. Regular exercise is also important as it promotes good blood circulation, which in turn ensures that vital oxygen and nutrients are transported to the hair root via the blood. Poor eating habits and lack of exercise are soon reflected in the state of the hair; even a minor case of ill-health will usually make the hair look limp and lack-lustre.

An adequate supply of protein in the diet is essential. Good sources include lean meat, poultry, fish, cheese, and eggs as well as nuts, seeds, and pulses. Fish, seaweed, almonds, brazil nuts, yogurt, and cottage cheese all help to give hair strength and a natural shine.

Whole grain foods and those with natural oils are highly recommended for the formation of keratin, the major component of hair. Seeds are a rich source of vitamins and minerals as well as protein. Try to eat at least three pieces of fruit a day – it is packed with fibre, vitamins, and minerals. Avoid saturated fat, which is found in red meat, fried foods, and dairy products. Choose skimmed or semi-skimmed milk rather than the full-fat varieties, and low-fat cheese and yogurt instead of full-fat cheese and cream. Substitute vegetable oils such as sunflower, safflower, and olive oil for animal fats. These foods all provide nutrients that are essential for luxuriant hair.

If you eat a balanced diet with plenty of fresh ingredients you shouldn't need to take any supplementary vitamins to promote healthy hair growth.

PROMOTING HEALTHY HAIR

❍ Cut down on tea and coffee – they are powerful stimulants that act on the nervous, respiratory, and cardiovascular systems, increasing the excretion of water and important nutrients. They also hamper the absorption of minerals crucial for hair health. Drink mineral water (between six and eight glasses a day), herbal teas, and unsweetened fruit juice.

❍ Alcohol dilates blood vessels and so helps increase blood flow to the tissues. However, it is antagonistic to several minerals and vitamins that are vital for healthy hair. Limit yourself to an occasional drink.

❍ Regular exercise stimulates the circulatory system, encouraging a healthy blood supply to all cells and nourishing and helping to regenerate and repair.

❍ Some contraceptive pills deplete the B-complex vitamins and zinc. If you notice a change in your hair after starting to take the Pill, or changing brands, ask your family doctor or nutritionist for advice.

COLOUR

Hair colour is closely related to skin colour, which is governed by the same type of pigment, melanin. The number of melanin granules in the cortex of the hair, and the shape of the granules, determines a person's natural hair colour. In the majority of cases the melanin granules are elongated in shape. People who have a large number of elongated melanin granules in the cortex have black hair, those with slightly fewer elongated granules have brown hair, and people with even less will be blonde. In other people the melanin granules are spherical or oval in shape rather than elongated, and this makes the hair appear red.

Spherical or oval granules sometimes appear in combination with a moderate amount of the elongated ones, and then the person will have rich, reddish brown tinges. If, however, spherical granules occur in combination with a large number of elongated granules then the blackness of the hair will almost mask the redness, although it will still be present to give a subtle tinge to the hair and differentiate it from pure black.

Hair colour darkens with age, but at some stage in the middle years of life the pigment formation slows down and silvery-grey hairs begin to appear. Gradually, the production of melanin ceases, and all the hair becomes colourless – or what is generally termed grey.

When melanin granules are completely lacking from birth, as in albinos, the hair is pure white.

Hair colour is determined by the amount of pigment in the hair and the shape of the pigment granules. People with dark hair have a larger amount of pigment than people with blonde hair. In both brunettes and blondes the pigment granules are elongated in shape: red hair results from the presence of oval-shaped granules. Photograph courtesy of Silvikrin.

Right: Red hair looks attractive whether it is worn smooth or curly. To create movement in longer hair, mist with styling lotion and set on shapers. If each strand of hair is twisted before winding, you will achieve a more fulsome curl. Thick, straight hair can be left to dry naturally and just finished with a shine serum. By Patrick Cameron at Alan Paul, Wirral, England.

Below left: Brunettes look good with precision bobs that are cut to increase volume in the hair. By Yosh Toya, San Francisco, Photography Gen.

Below right: This naturally curly blonde hair has been quickly styled by scrunch-drying to achieve maximum volume. By Nicky Clarke, London, Photography Paul Cox.

STRANGE BELIEFS

The Ancient Greeks regarded blonde as the hair colour of gods and heroes, but they viewed people with red hair with suspicion, and believed that strangers, rogues, and redheads should be treated with contempt. The idea that redheads were untrustworthy, deceitful, and quick-tempered was widespread in many cultures. In the Christian tradition Judas, who betrayed Christ, was said to have red hair, and artists of the early Christian period and beyond portrayed him as a redhead.

TEXTURE AND TYPE

Hair with a very curly texture needs intensive moisturizing treatments to keep the spring in the curl. On this type of hair always use a wide-toothed comb, never a brush, which will make the hair frizz. Leave-in conditioners are good for curly hair as they help to give curl separation. To revitalize curls mist with water and scrunch with the hands.

ETHNIC DIFFERENCES

Scandinavians normally have thin, straight, baby-fine hair, and mid-Europeans hair that is neither too fine nor too coarse. People native to the Indian subcontinent have coarse textured tresses while Middle Eastern populations have strong hair. In general the further east you travel the coarser hair becomes. The hair of Chinese and Japanese people is very straight; that of Latin-speaking and North African peoples can be very frizzy and thick.

The texture of your hair is determined by the size and shape of the hair follicle, which is a genetic trait controlled by hormones and related to age and racial characteristics.

Whether hair is curly, wavy, or straight depends on two things: its shape as it grows out of the follicle and the distribution of keratin-producing cells at the roots. When viewed in cross section, straight hair tends to be round, wavy hair tends to be oval, and curly hair kidney-shaped. Straight hair is formed by roots that produce the same number of keratin cells all around the follicle. In curly hair however the production of keratin cells is uneven, so that at any given time there are more cells on one side of the oval-shaped follicle than on the other. Furthermore, the production of excess cells alternates between the sides. This causes the developing hair to grow first in one direction and then in the other. The result is curly hair.

The natural colour of the hair also affects the texture. Natural blondes have finer hair than brunettes while redheads have the thickest hair.

FACT FILE

❍ Healthy hair is highly elastic and can stretch 20 or 30 per cent before snapping.
❍ Chinese circus acrobats have been known to perform tricks while suspended by their hair.
❍ A human hair is stronger than copper wire of the same thickness.
❍ The combined strength of a headful of human hair is capable of supporting a weight equivalent to that of 99 people.

Generally speaking, hair can be divided into three categories: fine, medium, and coarse and thick. Fine hair can be strong or weak; however, because of its texture, all fine hair has the same characteristic – it lacks volume. As the name suggests, medium hair is neither too thick nor too thin, and is strong and elastic. Thick and coarse hair is abundant and heavy, with a tendency to grow outwards from the scalp as well as downwards. It often lacks elasticity and is frizzy.

A single head of hair may consist of several different textures. For example, fine hair is often found on the temples, and the hairline at the front and on the nape of the head, while the texture over the rest of the head may be medium or even coarse.

NORMAL, DRY, OR OILY?

Hair type is determined by the hair's natural condition – that is, by the amount of sebum the body produces. Treatment programmes such as perming, colouring, and heat styling will also have an effect on hair type. Natural hair types and those produced by applying various treatments are described below, together with advice on haircare where appropriate.

Dry hair looks dull, feels dry, tangles easily, and is difficult to comb or brush, particularly when it is wet. It is often

Thick straight hair can be made sleeker if you remember to always blow-dry downwards, which encourages the cuticles to lie flat and reflect the light. Photography courtesy of Braun.

Fine hair needs expert cutting to maximize the volume. Here gel spray was used to give lift at the roots and the hair was then blow-dried. By Taylor Ferguson, Glasgow, Scotland.

Normal hair responds well to regular brushing, smoothing, and polishing. By Antoinette Beenders at Trevor Sorbie, London, for Denman, Photography Simon Bottomley.

quite thick at the roots but thinner, and sometimes split, at the ends.

Causes Excessive shampooing, over-use of heat-styling equipment, misuse of colour or perms, damage from the sun, or harsh weather conditions. Each of these factors depletes the moisture content of hair, so that it loses its elasticity, bounce, and suppleness. Dryness can also be the result of a sebum deficiency on the hair's surface, caused by a decrease in or absence of sebaceous gland secretions.

Solutions Use a nourishing shampoo and an intensive conditioner (see page 18). Allow hair to dry naturally whenever possible.

Normal hair is neither greasy nor dry, has not been permed or coloured, holds its style, and looks good most of the time. Normal hair is ideally suited to the daily use of two-in-one conditioning shampoos. These are formulated to provide a two-stage process in one application. When the product is lathered into wet hair the shampoo removes dirt, grease, and styling products. At this stage the conditioner remains in the lather. As the hair is rinsed with more water, the grease and dirt are washed away. At the same time, the micro-fine conditioning droplets are released on to the hair leaving it shiny and easy to comb.

Greasy hair looks lank and oily and needs frequent washing.

Causes Overproduction of sebum as a result of hormone disturbances, stress, hot, humid atmosphere, excessive brushing, or constantly running hands through the hair, perspiration, or a diet rich in saturated fat. The hair becomes oily, sticky, and unmanageable in just a few days, or sometimes within hours.

Solutions Use a gentle, non-aggressive shampoo that also gives the hair volume. A light perm will lift the hair at the roots and limit the dispersal of sebum. Rethink your diet: reduce dairy fats and greasy foods. Try to eat plenty of fresh food, and drink six to eight glasses of water every day.

Combination hair is greasy at the roots but dry and sometimes split at the ends.

Causes Chemical treatments, using detergent-based shampoos too frequently, overexposure to sunlight, and overuse of heat-styling equipment. Such repeated abuse often provokes a reaction in sebum secretion at the roots and a partial alteration in the scales, which can no longer fulfil their protective role. The hair ends therefore become dry.

Solutions Use products that have only a gentle action on the hair. Excessive use of formulations for oily hair and those for dry hair may contribute to the problem. Ideally, use a product specially designed for combination hair. If this is not possible try using a shampoo for oily hair and finish by applying a conditioner only from the middle lengths to the ends of the hair.

Coloured or permed hair is very often more porous than untreated hair, so it needs gentle cleansers and good conditioners. Colour-care products help prevent fading by protecting the hair from damaging rays of sunlight. Specialist products for permed hair help maintain elasticity, giving longer-lasting results.

THE CUT

Before she had her hair cut, our model's long hair had natural movement but the weight was pulling the hair down and spoiling the shape. For her new style she wanted a shorter, more sophisticated look, and one that would be easy to maintain.

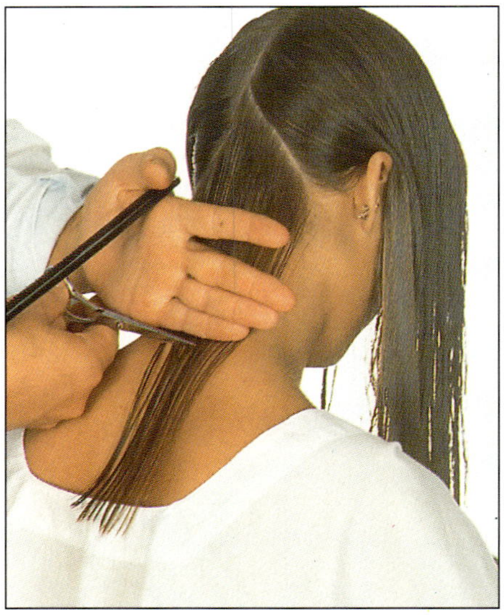

First the model's hair was shampooed, conditioned, and then combed through to remove any tangles. The stylist was then ready to start cutting. He began by sectioning off the front hair so that the hair at the back could be cut to the required length.

Next the front hair was combed forward and cut straight across at an angle. This ensured that when the model's hair was dry it would fall easily into shape.

Hair growth varies over different parts of the head. This is why your cut can appear to be out of shape very quickly. As a general rule, a short precision cut needs trimming every four weeks, a longer style every six to eight weeks. Even if you want to grow your hair long it is essential to have it trimmed regularly – at least every three months – to prevent splitting and keep the ends even.

Hairdressers use a variety of techniques and tools to make hair appear thicker, fuller, straighter, or curlier, whatever the desired effect. The techniques and tools they use are explained below.

Blunt cutting, in which the ends are cut straight across, is often used for hair of one length. The weight and fullness of the hair is distributed around the perimeter of the shape.

Clippers are used for close-cut styles and sometimes to finish off a cut. Shaved clipper cuts are popular with teenagers.

This heavily layered, graduated bob was cut close into the nape, and then the shape of the hair was emphasized by using a vegetable colour to give tone and shine. The hair was styled by blow-drying. By Trevor Sorbie, London.

The top hair was graduated to help build volume and lift into the style. This type of cut makes it possible for the hair to be styled either towards the face or towards the back.

To finish, the stylist scrunched the hair, using a blow-dryer and some mousse to encourage the formation of curls. On this type of style a diffuser fitted to the dryer will spread the airflow and give added movement to the hair. By Carlos Galico, Madrid.

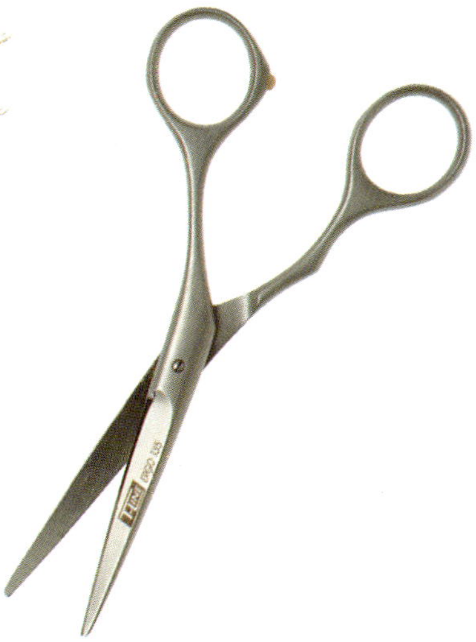

Scissors can be used to reduce the bulk in thick hair. Scissors by Wella Tondeo.

Graduated hair is cut at an angle to give fullness on top and blend the top hair into shorter lengths at the nape.
Layering the hair evenly distributes the weight and fullness, giving a round appearance to the style.
Slide cutting (also called slithering or feathering) thins the hair. Scissors are used in a sliding action, backwards and forwards along the hair length. This technique is often done when the hair is dry.
Razor cutting creates softness, tapering, and internal movement so that the hair moves more freely. It can also be used to shorten hair.
Thinning, either with thinning scissors or a razor, removes bulk and weight without affecting the overall length of the hair.

CLEVER CUTS

Fine, thin, flyaway hair can be given volume, bounce, and movement by blunt cutting. Mid-length hair can benefit from being lightly layered to give extra volume, while short, thin hair can be blunt cut and the edges graduated to give movement.

Some hairdressers razor cut fine hair to give a thicker and more voluminous effect. It is best not to let fine hair grow too long. As soon as it reaches the shoulders it tends to look wispy.

Thick and coarse hair can be controlled by reducing the weight to give more style and direction. Avoid very short styles because the hair will tend to stick out. Try a layered cut with movement.

Layering also helps achieve height and eliminate weight. On shorter styles the weight can be reduced with thinning scissors expertly used on the ends only.

Sometimes hair grows in different directions, which may cause styling problems. For example, a cow lick is normally found on the front hairline and occurs when the hair grows in a swirl, backwards and then forwards. Clever cutting can redistribute the weight and go some way to solving this problem. A double crown occurs when there are two pivots for natural hair at the top of the head, rather than the usual one. Styles with height at the crown are most suitable here.

To maximize the effect of a widow's peak the hair should be taken in the reverse direction to the growth. This gives the impression of a natural wave.

For this style the model's straight hair was cut so that it would swing back into shape with every movement of the head. The shine was improved by using a longer-lasting semi-permanent colour. By L'Oréal.

SHAMPOOING

Shampoos are available in different formulas to suit all hair types and conditions. Make sure you choose one that is right for your hair and use it as often as necessary to keep your hair clean. Rinse out the shampoo thoroughly. Photograph courtesy of Silvikrin.

Shampoos are designed to cleanse the hair and scalp, removing dirt and grime without stripping away too much of the natural sebum. They contain cleansing agents, perfume, preservatives, and conditioning agents that can coat the hair shaft to make the hair appear thicker. The conditioning agents smooth the cuticle scales so the hair doesn't tangle, and help eliminate static electricity from the hair when it dries.

THE pH FACTOR

The letters pH refer to the acid/alkaline level of a substance. It is calculated on a scale of 1 to 14. Numbers below 7 denote acidity, those over 7 alkalinity. Most shampoos range between a pH factor of 5 and 7; medicated varieties have a pH of about 7.3, which is near neutral.

Sebum has a pH factor of between 4.5 and 5.5, which is mildly acidic. Bacteria cannot survive in this pH, so it is important to maintain this protective layer in order to keep the skin, scalp, and hair in optimum condition.

Many shampoos are labelled "pH balanced", and this means they have the

SHAMPOO TIPS

❍ Use the correct shampoo (and not too much) for your hair type. If in doubt use the mildest shampoo you can buy.

❍ Don't wash your hair in washing-up liquid, soap, or other detergents; they are highly alkaline and will upset your hair's natural pH balance by stripping out the natural oils.

❍ Read the instructions first. Some shampoos need to be left on the scalp for a few minutes before rinsing.

❍ If you can, buy small sachets of shampoo to test which brand is most suitable for your hair.

❍ Never wash your hair in the bath; dirty bath water is not conducive to clean hair, and it is difficult to rinse properly without a shower attachment or separate jug.

❍ Always wash your brush and comb when you shampoo your hair.

❍ Change your shampoo every now and then; hair seems to develop a resistance to certain ingredients after a period of time.

❍ Don't throw away a shampoo that doesn't lather. The amount of suds are determined by the active level of detergent. Some shampoos have less suds than others but this has no effect on their cleansing ability. In fact, quite often, the more effective the product, the fewer the bubbles.

same acidity level as hair. Individuals with fragile, permed, or coloured hair should use a shampoo of this type. However, for strong hair in good condition a pH balanced shampoo is unnecessary, provided shampooing is followed by conditioning.

SHAMPOO SUCCESS

Always use a product formulated for your hair type – dry, normal, greasy, or chemically treated – and before shampooing brush your hair to free any tangles and loosen dirt and dead skin cells. Use lukewarm water, as hot water can be uncomfortable.

Wet the hair, then apply a small amount of shampoo and gently massage into the roots, using the pads of your fingertips; never use your nails. Pay special attention to the hairline area, places where make-up and dirt become trapped. Allow the lather to work its way to the ends of the hair. Don't rub vigorously or you will stretch the hair.

When you have finished shampooing rinse thoroughly until the water runs clean and clear. Repeat the process only if you think your hair needs it, again using only a small amount of shampoo. Finally, blot the hair with a towel to remove excess water before applying conditioner.

A head massage reduces scalp tension as well as promoting healthy hair growth. It is also a relaxing and pampering treatment that you can do yourself at home.

MASSAGING THE SCALP

Massage helps maintain a healthy scalp. It brings extra blood to the tissues, which enhances the delivery of nutrients and oxygen to the hair follicle. It also reduces scalp tension – which can contribute to hair loss – loosens dead skin cells, and helps redress the overproduction of sebum, which makes hair greasy.

You can give yourself a scalp massage at home. Use warm olive oil if the scalp is dry or tight. Try equal parts of witch hazel and mineral water if you have an oily scalp. For a normal scalp, use equal parts rose and mineral waters.

Begin the massage by gently rotating your scalp using the tips of your fingers. Start at the forehead, move to the sides, and work over the crown to the nape of the neck. Then place your fingertips firmly on the scalp without exerting too much pressure. Push the fingers together then pull them apart through the hair in a kneading motion, without lifting or moving them. When you have massaged for about a minute, move to the next section. Continue until your entire scalp and upper neck have been treated.

ELABORATE HAIR STYLES

In the 17th and 18th centuries hair washing was a biennial event. Fashionable women contrived towering heads of hair adorned with vegetables, fruit, feathers, and even vases of flowers. Many ladies sat up all night dozing in chairs rather than spoil their head pieces by lying in bed.

GETTING INTO CONDITION

Long hair needs a regular conditioning regime to keep it healthy and shiny. By Daniel Galvin, London, for L'Oréal Coiffure, Photography Iain Philpott.

In an ideal world a regular shampoo would be sufficient to guarantee a glossy head of hair. Unfortunately very few people are able to wash their hair and let the matter rest at that; most need some sort of help just to overcome the effects of modern living, not to mention the occasional problem that needs treatment. Here is a guide to the vast array of products available to get the hair in excellent condition.

THE CONDITIONERS

Glossy hair has cuticle scales that lie flat and neatly overlap, thus reflecting the light. Perming and colouring, rough handling, and heat styling all conspire to lift the cuticles, allowing moisture to be lost from the cortex and making hair dry, lack lustre, and prone to tangle. Severely damaged cuticles break off completely, which means that the hair gets thinner and eventually breaks.

To put the shine back into hair and restore its natural lustre it may be necessary to use a specific conditioner that meets the hair's requirements. Conditioners, with the exception of hot oils, should be applied to freshly shampooed hair that has been blotted dry with a towel to remove excess moisture.

Today there is a large, and sometimes confusing, number of conditioners on the market. The following list describes those which are widely available.

Basic conditioners coat the hair with a fine film, temporarily smoothing down the cuticle and making hair glossier and easier to manage. Leave for a few minutes before rinsing thoroughly.

Conditioning sprays are used prior to styling and form a protective barrier against the harmful effects of heat. They are also good for reducing static electricity on flyaway hair.

Hot oils give an intensive, deep nourishing treatment. To use, place the unopened tube in a cup of hot tap water and leave to heat for one minute. Next, wet the hair and towel it dry before twisting off the tube top. Massage the hot oil evenly into the scalp and throughout the hair for one to three minutes. For a more intensive treatment cover the head with a shower cap. To finish, rinse the hair and shampoo.

Intensive conditioners help hair to retain its natural moisture balance, replenishing it where necessary. Use this type if the hair is split, dry, frizzy, or difficult to manage. Distribute the conditioner evenly through the hair and then allow it to penetrate for two to five minutes, or longer if required. Rinse very thoroughly with lots of fresh water, lifting your hair from the scalp to ensure any residue is washed away.

Leave-in conditioners are designed to help retain moisture, reduce static, and add shine. They are especially good for fine hair as they avoid conditioner overload, which can cause lankness. Convenient and easy-to-use, they also provide a protective barrier against the effects of heat styling. Apply after shampooing but don't rinse off. These products are ideal for daily use.

Restructurants penetrate the cortex, helping to repair and strengthen the inner part of damaged hair. They are helpful if the hair is lank and limp and has lost its natural elasticity as a result of chemical treatments or physical damage.

Split end treatments/serums condition damaged hair. The best course of action for split ends is to have the ends trimmed, but this does not always solve the whole problem because the hair tends to break off and split at different levels. As an intermediate solution, split ends can be temporarily sealed using these specialist conditioners. They should be worked into the ends of newly washed hair so that they surround the hair with a microscopic film that leaves the hair shaft smoother.

Colour/perm conditioners are designed for chemically treated hair. After-colour products add a protective film around porous areas of the hair, preventing colour loss. After-perm products help stabilize the hair, thus keeping the bounce in the curl.

PROBLEMS AND SOLUTIONS

Split ends, dandruff, and dry, itchy scalp are common problems that can detract from otherwise healthy hair. In most cases such problems can be overcome by giving the appropriate treatment.

Dandruff consists of scaly particles with an oily sheen that lie close to the hair root. This condition should not be confused with a flaky scalp (see below).
Causes Poor diet, sluggish metabolism, stress, a hormonal imbalance, and sometimes infection. These conditions produce increased cell renewal on the scalp, which is often associated with an increase in sebum. The scales will absorb the excess oil, but if the problem is untreated it will become worse.
Solutions Rethink your diet and lifestyle. Learn relaxation techniques if the problem appears to be caused by stress. Brush the hair before shampooing and scrupulously wash combs and brushes. Always choose a mild shampoo with an antidandruff action that gently loosens scales and helps prevent new ones. Follow with a treatment lotion, massaged into the scalp using the fingertips. The treatment must be used regularly if it is to be effective. Avoid excessive use of heat stylers. If the dandruff persists, consult your family doctor or trichologist.

Flaky/itchy scalp produces tiny white pieces of dead skin that flake off the scalp and are usually first noticed on the shoulders. This condition can often be confused with dandruff but the two are not related. Sometimes the scalp is red or itchy and feels tense. The hair has a dull appearance.
Causes Hereditary traits, stress, insufficient rinsing of shampoo, lack of sebum, using a harsh shampoo, vitamin imbalance, pollution, air conditioning and central heating.
Solutions Choose a moisturizing shampoo and a conditioner with herbal extracts to help soothe and remoisturize the scalp.

PROFESSIONAL TIPS

❍ Blot hair to remove excess moisture before applying conditioner.
❍ Gently massage conditioner into the hair, or use a wide-toothed comb to distribute it evenly.
❍ Leave the conditioner on the hair for the time specified – check whether it is a "leave in" or "rinse out" variety.
❍ If necessary, rinse thoroughly.
❍ Treat wet hair with care; it is much more sensitive and vulnerable than when it is dry.
❍ Avoid rubbing, pulling, or stretching wet hair.

Leave-in conditioners that come in mousse formulations can be applied straight on to the hair from the container.

Use a styling comb with widely spaced teeth to distribute the conditioner from the roots to the ends of the hair. Do not rinse out, simply style and dry the hair as desired.

Above and right: Limp, fine hair can be transformed easily using a volumizing spray or thickening mousse before setting on large rollers. Make sure the hair is completely dry before removing rollers and lightly brushing the hair through. Hold with hairspray. By Nicky Clarke, London, Photography Paul Cox.

Fine hair tends to be limp, looks flat, and is difficult to style because it does not hold a style.
Causes The texture is hereditary, but the problem is often made worse by using too heavy a conditioner, which weighs the hair down. Excessive use of styling products can have the same effect.
Solutions Wash hair frequently with a mild cleanser and use a light conditioner. Volumizing shampoos can help give body, and soft perms will make hair appear thicker.

Frizzy hair results from the merest hint of rain or other air moisture being absorbed into the hair. It looks dry, lacks lustre, and is difficult to control.
Causes Can be inherited or caused by rough treatment, such as too much harsh brushing or pulling the hair into rubber bands.
Solutions When washing the hair massage the shampoo into the roots and allow the lather to work its way to the ends. Apply a conditioner from the mid-lengths of the hair to the ends, or use a leave-in conditioner. The hair is often best styled with a gel, which should be applied when the hair is wet. Alternatively, allow the hair to dry naturally and then style it using a wax or pomade. Serums can also help. These are silicone-based products that work by surrounding the cuticle with a transparent microscopic film, which leaves the hair shaft smoother. Serums effectively prevent moisture loss and inhibit the absorption of dampness from the surrounding air.

Split ends occur when the cuticle is damaged and the fibres of the cortex unravel. The hair is dry, brittle, and prone to tangling, and can split at the end or anywhere along the shaft.
Causes Over-perming or colouring, insufficient conditioning, or too much brushing or backcombing, especially with poor quality combs or brushes. Careless use of spiky rollers and hair pins, excessive heat styling and not having the hair trimmed regularly can also cause the problem.
Solutions Split ends can't be mended; the only long-term cure is to have them

snipped off. What is lost in the length will be gained in quality. It may help if you reduce the frequency with which you shampoo, as this in itself is stressful to hair and causes split ends to extend up the hair shaft. Never use a dryer too near the hair, or set it on too high a temperature. Minimize the use of heated appliances. Try conditioners and serums that are designed to temporarily seal split ends and give resistance to further splitting.

Product build-up is the residue of styling products and two-in-one shampoo formulation left on the hair shaft.

Causes When these residues combine with mineral deposits in the water a build-up occurs, preventing thorough cleansing and conditioning. The result is hair that is dull and lacks lustre; it is often difficult to perm or colour successfully because there is a barrier preventing the chemicals from penetrating the hair shaft. The colour can be patchy and the perm result uneven.

Solutions Use one of the stripping, chelating or clarifying shampoos, which are specially designed to remove product build-up. This is particularly important prior to perming or colouring.

Top left and above: Frizzy hair can be controlled using a moisturizing shampoo and conditioner. Style using a mousse designed for curly hair, which will help to eliminate tangles and reduce static. Finish with a few drops of serum to add a final touch of gloss. By Nicky Clarke, London, Photography Paul Cox.

Above left: Split ends can't be mended, just temporarily sealed. The only permanent cure is to have your hair trimmed regularly.

Natural ingredients such as herbs and essential oils can help you achieve beautifully conditioned hair. Here a hot oil treatment was applied to the model's hair to enhance its shine and condition. Natural oils that are suitable for applying to the hair and scalp include vegetable oils, but rosemary, ylang ylang, and lavender essential oils are fragrant alternatives. Use according to the manufacturer's directions. By Daniel Galvin, London.

NATURAL SOLUTIONS

Since time immemorial herbs and plants have been used to heal, pamper, and beautify. Many of these age-old haircare recipes still apply today. The following are a few you might like to try at home. Remember to use them immediately after you have made them: they won't keep.

Dandruff solution

Mix a few drops of oil of rosemary with 30 ml/2 tbsp of olive oil and rub well into the scalp at bedtime. Shampoo and rinse thoroughly in the morning.

Egg shampoo

In a blender mix together two small eggs with 50 g/2 oz of still mineral water and 15 ml/1 tbsp of cider vinegar or lemon juice. Blend for 30 seconds at low speed. Massage well into the scalp and rinse very thoroughly using lukewarm water (if the water is any hotter the egg will begin to set).

Herbal shampoo

Crush a few dried bay leaves with a rolling pin and mix with a handful of dried camomile flowers and one of rosemary. Place in a large jug and pour over 1 litre/1¾ pints of boiling water. Strain after 2-3 minutes and mix in 5 ml/1 tsp of soft or liquid soap. Apply to the hair, massaging well. Rinse thoroughly.

Hot oil

Any vegetable oil is suitable for conditioning. Just heat the oil until slightly warm. Rub a little into your scalp and then through every part of your hair, massaging gently as you go. Cover your head with a plastic shower cap for 20 minutes; the heat from your head will help the oil penetrate the hair shaft. Shampoo and rinse thoroughly.

Intensive conditioning treatment

Warm 15 ml/1 tbsp each of wheat germ and olive oil and massage into the scalp. Wrap a warm towel around the head and leave for 10 minutes. Then rinse with a basin of water to which you have added the juice of a lemon.

Hair tonic

Beat 150 ml/ 5 fl oz of natural yogurt with an egg; add 5 ml/1 tsp of sea kelp powder and 5 ml/1 tsp of finely grated lemon rind. Mix thoroughly and work into the hair. Cover your hair with a plastic shower cap and leave in place for 40 minutes. Shampoo and rinse.

Using essential oils

Pure aromatherapy oils can be used for hair care. The following recipes come from world-famous aromatherapist Robert Tisserand. The number of drops of oil, as listed, should be diluted in 30 ml/2 tbsp of vegetable oil, which will act as a carrier oil.

Dry hair: rosewood 9, sandalwood 6.

Oily hair: bergamot 9, lavender 6.

Dandruff: eucalyptus 9, rosemary 6.

Mix the required treatment and apply to dry or wet hair. Massage the scalp using the fingertips. Leave for two to five minutes. Shampoo and rinse thoroughly.

You can grow your own herbs or find them and other ingredients such as essential oil and henna in many health food shops and pharmacies. They are also available through specialist shops selling natural remedies and beauty products. Many hair treatments can be made safely, economically, and easily at home.

HAIR RINSES

Lemon juice added to the rinsing water will brighten blonde hair, while 30 ml/2 tbsp of cider vinegar will add gloss and body to any colour hair.

Other rinses (to be used after shampooing) can be made up to treat a variety of hair problems. First you must make an infusion by placing 30 ml/2 tbsp of the fresh herb in a china or glass bowl. Fresh herbs are best, but if you are using dried herbs remember they are stronger so you will need to halve the amount required for fresh herbs. Add 600 ml/1 pint boiling water, cover and leave to steep for three hours. The longer the herbs steep the stronger the infusion. Strain before using. Make infusions with the following herbs for the specific uses as listed:

- Southernwood to combat grease.
- Nettle to stimulate hair growth.
- Rosemary to prevent static.
- Lavender to soothe a tight scalp.

Make a parsley hair tonic (see picture right) by blending a large handful of parsley sprigs and 30 ml/2 tbsp water in a food processor until well puréed. Apply to the scalp, cover with a shower cap, and leave for an hour before rinsing thoroughly.

TIMES OF CHANGE

Hair goes through many different stages during a lifetime. Each stage brings with it different requirements in haircare. The most significant stages are described below, together with recommendations for promoting hair health during each phase.

BEGINNINGS: THE BABY AND CHILD

A baby's hair characteristics are determined from the very moment of conception. By the 16th week of pregnancy the foetus will be covered with lanugo, a downy body hair that is usually shed before birth. The first hair appears on the head at around 20 weeks gestation and it is at this time that the pigment melanin, which will determine the colour of the hair, is first produced.

A few weeks after birth the baby's original hair begins to fall out or is rubbed off. The new hair is quite different from the initial downy mass, so a baby born with blonde wispy curls might have dark straight hair by the age of six months.

Cradle cap, which appears as thick, yellow scales in patches over the scalp, causes many mothers concern. Cradle cap is the result of a natural build-up of skin cells. It is nothing to worry about and can be gently loosened by rubbing a little baby oil on to the scalp at night and washing it off in the morning. This may need to be repeated for several days until all the loose scales have been lifted and washed away.

Mothers often carefully trim their baby's hair as and when necessary, and it is not until the child is about two years of age that a visit to a hairdressing salon may be necessary. Children's hair is normally in beautiful condition and is best cut and styled simply.

At the onset of puberty young adults suddenly become much more interested in experimenting with their hair. This is when they may experience greasy hair and skin for the first time. A re-evaluation of the shampoos and conditioners currently in use is often necessary to keep hair looking good.

GROWING UP

A baby's hair is soft and downy at first but it takes on its individual characteristics within six months of birth.

The toddler's hair requires a simple cut. At this stage the child is usually taken for her first visit to a salon.

Young boys need a hair cut that is easily combed into shape. By Regis, Europe.

Bobs suit most girls and are perfect for straight hair, but need regular trims. By Regis, Europe.

HAIRCARE DURING PREGNANCY

During pregnancy the hair often looks its best. However after the birth, or after breast-feeding ceases, about 50 per cent of new mothers experience what appears to be excessive hair loss. This is related to the three stages of hair growth (see page 8). During pregnancy and breast-feeding, hormones keep the hair at the growing stage for longer than usual, so it appears thicker and fuller. Some time after the birth – usually about 12 weeks later – this hair enters the resting stage, at the end of which all the hair that has been in the resting phase is shed. What appears to have been excessive hair loss is therefore simply a postponement of a natural occurrence, a condition that is known as post-partum alopecia.

A more significant problem that may occur during pregnancy is caused by a depletion in the protein content of the hair. As a result the hair becomes drier and more brittle. Combat this by frequent use of an intensive conditioning treatment.

HAIR LOSS AND HRT

Medical opinion differs concerning the effect of Hormone Replacement Therapy (HRT) on the hair but it is generally accepted that in most cases it can be beneficial. However trichologists advise that if women have had permanent hair thinning prior to taking HRT the problem may be compounded. It is best to discuss this with your family doctor.

Avoid perming during pregnancy because the hair is in an altered state and the result can be unpredictable. However, a new colour can give your hair and your spirits a lift.

GROWING OLDER

With ageing the whole body slows down, including the hair follicles, which become less efficient and produce hairs that are finer in diameter and shorter in length. Such shrinkage is gradual and the hair begins to feel slightly thinner, with less volume and density. At the same time the sebaceous glands start to produce less sebum and the hair begins to lose its colour as the production of melanin decreases.

Blonde hair fades, brunettes lose their natural highlights, and redheads tone down to brownish shades. When melanin production stops altogether the new hair that grows is white, not grey as is commonly perceived. The production of melanin is governed by genetic factors, and the best indication of when an individual's hair will become white is the age at which their parents' hair lost its colour. Pigment, apart from giving hair its colour, also helps to soften and make each strand more flexible. This is why white hair tends to become wirier and coarser in texture.

Because the texture changes, the hair is inclined to pick up dust and smoke from the atmosphere, so it soon appears to be discoloured and dirty. This is particularly true for those who live in a town or spend time in smoky atmospheres. Cigarette smoke and natural gas from cookers discolour white hair and make it look yellow. Mineral deposits from chlorinated water can give white hair a greenish tinge. Chelating, clarifying, or purifying shampoos will help to strip this build-up from the hair.

To counteract dryness associated with ageing, use richer shampoos and conditioning products. As well as regular conditioning, weekly intensive treatments are essential to counteract moisture loss.

As women grow older the hair becomes thinner. A mid-length to short cut makes the hair less prone to droop. By Joseph and Jane Harling, Avon, England.

AS THE YEARS GO BY

Medium-textured hair that needs a lift can be given height on the crown with a root perm. By Paul Falltricks, Essex, England, for Clynol.

The hair has been cut to create more movement and softness. It was then scrunch-dried and finished with wax. By Regis, Europe.

Long hair was softened by feathering the sides and cutting a full fringe. A semi-permanent colour added gloss. By Nicky Clarke, London.

Fine grey hair was highlighted and then toned using a rinse before blow-drying with a round brush. By Essanelle Salons, Britain.

HOLIDAY HAIRCARE

Permed hair needs extra protection from the drying effects of sun, salt, chlorine, and wind. Use plenty of conditioner and always rinse your hair after swimming. Curl revitalizers help by putting moisture back and keeping curls bouncy. Photograph courtesy of Bain de Terre Spa Therapy.

More damage can be done to the hair during a two-week holiday in the sun than the damage accrued during the rest of the year. The ultraviolet rays or radiation (UVRs) from sunlight that can cause damage to the skin can also have an adverse effect on the hair, depleting the natural oils and removing moisture. Strong winds whip unprotected hair into a tangle, causing breakage and split ends. Chlorinated and salt water cause colour fading and result in drooping perms.

Permed and coloured hair, weakened by chemicals, lose moisture at a faster rate than untreated hair. White hair is particularly susceptible to the effects of the sun because it has lost its natural pigmentation (melanin), which to some degree helps to filter out harmful UVRs.

OUT IN THE MID-DAY SUN

Protecting the hair from the sun's harmful rays makes as much sense as protecting the skin. Wear a hat or a scarf on the beach or use a sun protective spray to shield the hair from the sun's harmful rays. After a swim, rinse the salt or chlorinated water thoroughly from the hair using plenty of fresh, clean water. If fresh water is not available take some with you in an empty soft drinks bottle or use bottled water.

Sun screen gels are available for the hair and these offer a good deal of protection. Comb the gel through your hair and leave on all day. Remember to reapply the gel after swimming. Alternatively, use a leave-in conditioner, choosing one that protects the hair against UVRs.

On windy or blustery days keep long hair tied back to prevent tangles. Long hair can also be braided when it is wet and the braid left in all day. When evening comes and you undo the braids you will have a cascade of rippling, pre-Raphaelite curls.

If your hair does get tangled by the wind, untangle it gently by using a

Above: Slick short hair back with gel. Leave the gel in all day, then rinse out and style your hair in the evening. Photograph courtesy of Bain de Terre Spa Therapy.

BEFORE YOU GO

❍ Any hair colouring you are planning should be done at least one week prior to your holiday. This will allow the colour to "soften" and allow time for some intensive conditioning on any dry ends.

❍ If you want to have a perm before your holiday, book the appointment at least three weeks before departure to allow your hair to settle. You will also have the opportunity to learn how best to manage your new style and help overcome any dryness.

❍ Remember to pack all your holiday hair needs – your favourite shampoos, conditioners, and styling products. And pack a selection of scarves and hair accessories. You will have more time to experiment on holiday.

❍ If possible take a travel dryer with dual voltage, and remember to pack an adaptor.

❍ Gas-powered stylers are convenient for holidays but remember they must be carried in the hold of the aircraft, not in your hand luggage. Refill cylinders are not allowed on aeroplanes, so fit a new cartridge before you go.

❍ Soft, bendy rollers are a good alternative to heated ones – they are also kinder to the hair.

❍ Have a trim before you go, but not a new style, as you won't want to worry about coping with a new look. Whatever you do, don't be tempted to have your hair cut abroad. Wait until you are back home and can visit your regular stylist.

Above: When the sun sets apply mousse to straightened hair and sleek back behind the ears, flicking the ends up. Then leave to dry naturally. By Jon Pereira-Santos, Montage Hair Company, Windsor, England. Photography Suzy Corby.

Left: Breezy beach days whip the hair into a tangle. Take time to remove knots and snarls with a wide-toothed comb. Longer hair can be braided or knotted into a neat bun at the nape to keep it in place and prevent damage. Photograph courtesy of Silvikrin.

Top: After swimming rinse the hair in clean, clear water and comb through with a wide-toothed comb. Use a sun protective gel with a UVR filter for maximum care. By Daniel Galvin, London.

Above: To keep the hair in place, clasp it into a pretty slide. Colourful accessories are great for the beach; take a selection to mix and match with your swimwear. By Daniel Galvin, London.

Opposite: To get separation on long curls mix a little conditioner with water and use a spray to mist the solution on to the hair. Scrunch the hair with your hands to create a casual look. Photograph courtesy of Bain de Terre Spa Therapy.

Opposite below: Pin fresh flowers in your hair for an alluring, feminine after-sun style. By Joseph and Jane Harling, Avon, England.

wide-toothed comb and work from the ends of the hair up towards the roots.

Keep your head and hair protected even when you are away from the beach. Wear a sun hat when shopping or sight-seeing, especially at mid-day. When the sun sets, shampoo and condition your hair and, if possible, let it dry naturally. Leave heat styling for those special nights out.

WINTER HAIRCARE

During the winter, and particularly on a winter break, your hair will be exposed to damaging conditions, such as harsh biting winds and the drying effects of low temperatures and central heating. Central heating draws moisture from the hair and scalp, which causes static. Extreme cold makes the hair brittle and dry, and wet weather spells disaster for a style, making curly hair frizz and straight hair limp.

Above left: Long hair that is lightly layered gives lift on the crown and movement in the ends. For this look, rough-dry the hair and mist with styling lotion before setting on large rollers. When the hair is completely dry, lightly brush through to create soft waves and curls. By Taylor Ferguson, Glasgow, Scotland.

Above: Short, naturally curly hair can be given a pretty style by drying it with a small round brush and working the hair upwards. By Andrew Collinge, Liverpool, and Harrods, London. Photography Iain Philpott.

These effects can be counteracted with a few simple measures. To reduce the drying effects of central heating, place large bowls of water near the radiators or use humidifiers. Use a more intensive conditioner on your hair in the winter to combat dryness caused by cold. In damp weather apply a mousse, gel, or hairspray; they are invaluable for keeping a style in place and giving some degree of protection.

ON THE PISTE

❍ The sun's rays are intensified by reflection from the snow, so hair needs extra protection in the form of a hair sunscreen.
❍ Wind, blasts of snow, and sunshine are a damaging combination for hair, so wear a hat whenever possible.
❍ In freezing temperatures hair picks up static electricity, making it flyaway and unmanageable. Calm the static by spraying your brush with hairspray before brushing your hair.
❍ With sudden temperature changes – from icy cold slopes to a warm hotel – and constantly changing headgear your hair may need daily shampooing. Use a mild shampoo and light conditioner.

COLOURING AND BLEACHING

Hair colorants have never been technically better; nowadays it is a simple matter to add a temporary tone and gloss to the hair or make a more permanent change. And there is a wide variety of home colouring products from which to choose.

THE CHOICE

Temporary colours are usually water-based and are applied to pre-shampooed, wet hair. They work by coating the outside, or cuticle layer, of the hair. The colour washes away in the next shampoo. Temporary colours are good for a quick, but fleeting, change or for counteracting discoloration in blonde or white hair. Colour setting lotions combine a colour that washes out with a strong setting lotion. They are similar to temporary colours and are perfect for adding tone to grey, white, or bleached hair.

Semi-permanent colours give a more noticeable effect that lasts for six to eight shampoos. They can only add, enrich, or darken hair colour, they cannot make it any lighter. Semi-permanent colours penetrate the cuticle and coat the outer edge of the cortex (the inner layer of the hair). The colour fades gradually and is ideal for those who want to experiment but don't want to commit themselves to a more permanent change.

Longer lasting semi-permanent colours remain in the hair for 12-20 shampoos and are perfect for blending in the first grey hairs. The colour penetrates even deeper into the cortex than in semi-permanent colours. This type is perfect for a more lasting change.

Permanent colours lighten or darken, and effectively cover white. The colour enters the cortex during the development time (around 30 minutes) after which oxygen in the developer swells the pigments in the colorant, and holds them in. The roots may need retouching every six weeks. When retouching it is important to colour only the new hair growth. If the new colour overlaps previously treated hair there will be a build-up of colour from the mid-lengths to the ends, which will make the hair more porous.

FACT FILE

- ❍ Colouring swells the hair shaft, making fine hair appear thicker.
- ❍ Because colour changes the porosity of the hair it can help combat greasiness.
- ❍ Rich tones reflect more light and give hair a thicker appearance.
- ❍ Highlights give fine hair extra texture and break up the heaviness of very thick hair.
- ❍ Too light a hair colour can make the hair appear thinner.

The model's fine hair was made to look thicker by working fine highlights of different tonal values throughout the hair. The feather cut was then styled forward and blow-dried into shape. A little wax was rubbed between the palms of the hands and applied to the hair with the fingertips to give further definition. By Nicky Clarke, London.

Above: These copper tones were achieved by applying a permanent tint; the volume of hair was then increased by using a hot air brush to style the hair away from the face. You can get the same effect by working on one section of the hair at a time. Finish with firm-hold hairspray. Photograph courtesy of BaByliss.

Below: Ash-blonde hair was tapered at the sides so that it feathered on to the face. Fine textured hair like this needs gentle styling to maintain it in good condition, especially after colouring, so regular conditioning treatments are essential. By Steven Carey, London.

Above: Here reddish hues were created with a longer-lasting semi-permanent colour that added deep tones and luminosity. The hair was blow-dried straight, pointing the nozzle of the dryer downwards in order to polish and encourage the shine. By Yosh Toya, San Francisco, Photography Gen.

Above: Russet tones were further emphasized by weaving a few lighter colours into the front hair. The hair was blow-dried with styling gel to get lift at the roots. By Daniel Galvin, London.

Left: The model's hair was lightened to achieve this soft shade of blonde. Remember, only lift your hair colour by one or two shades and don't forget that the roots will need retouching regularly. For this style the hair was graduated and blow-dried into shape. By Daniel Galvin, London.

A variety of herbs and other plants have been used in the past to colour hair, and many of them have remained popular to this day. The natural dyes provide a semi-permanent colour, although the results that can be achieved will vary. They depend on the quality of the raw ingredients combined with the natural colour of the hair and how porous it is. Many top hairdressers mix their own vegetable dyes using a a wide range of ingredients, as well as using commercial colours. By Daniel Galvin, London.

NATURAL COLOURING – HENNA

Vegetable colorants such as henna and camomile have been used since ancient times to colour hair, and henna was particularly popular with the Ancient Egyptians. Although henna is the most widely used natural dye, others can be extracted from a wide variety of plants, including marigold petals, cloves, rhubarb stalks, and even tea leaves. Natural dyes work in much the same way as semi-permanent colorants by staining the outside of the hair. However, results are variable and a residue is often left behind, making further colouring with permanent tints or bleaches inadvisable.

Henna enhances natural highlights making colour appear richer. It is available today as a powder, which is mixed with water to form a paste. The colour fades gradually but frequent applications will give a stronger, longer-lasting effect. The result that is achieved when using henna depends on the natural colour of the hair. On brunette or black hair it produces a lovely reddish glow, while lighter hair becomes a beautiful titian. Henna will not lighten, and it is not suitable for use on blonde hair. On hair that is more than 20 per cent grey, white, tinted, bleached, or highlighted, the resultant colour will be orange.

The longer the henna is left on the hair, the more intense the result. Timings vary from one to two hours, but some Indian women leave henna on the hair for 24 hours, anointing their heads with oil to keep the paste supple.

The condition of the hair being treated is another factor that effects the intensity. The ends of long hair are always slightly lighter than the roots because they are more exposed to the sun, and henna will emphasize this effect. The resulting colour will be darker on the roots to the mid-lengths and more vibrant from the mid-lengths to the ends.

It is always wise to test the henna you intend to use on a few loose hairs (the ones in your hairbrush will do),

noting the length of time it takes to produce the result you want.

Neutral henna can be used to add gloss and lustre to the hair without adding any colour. Mix the henna with water to a stiff paste. Stir in an egg yolk for extra conditioning, plus a little milk, which will help to keep the paste pliable. Apply to the hair and leave for an hour before rinsing thoroughly. Repeat every two to three months.

Above: Brunettes are very suitable candidates for having their hair coloured. Their hair can be considerably enriched and enhanced with a henna, which will produce brilliant depths and tones. By Wella Living Colours.

Above right: These vibrant red tones were achieved using a mixture of vegetable dyes and by working highlights of different tones through the hair. The hair was then styled by blow-drying. By Daniel Galvin, London.

CAMOMILE

Camomile has a gentle lightening effect on hair and is good for sun-streaking blonde and light brown hair. However, it takes several applications and a good deal of time to produce the desired effect. The advantage of camomile over chemical bleach is that it never gives a brassy or yellow tone. Best for blonde hair, it will also gently lighten red.

To make a camomile rinse to use after each shampoo, place 30 ml/2 tbsp of dried camomile flowers in 600 ml/1 pint of boiling water. Simmer for 15 minutes, strain and cool before use.

To obtain more positive results add 125 g/1 cup of dried camomile flowers to 300 ml/½ pint of boiling water and leave to steep for 15 minutes. Cool, simmer, and strain. Add the juice of a fresh lemon plus 30 ml/2 tbsp of a rich cream conditioner. Comb through the hair and leave to dry – in the sun, if possible. Finally, shampoo and condition your hair as usual.

DO'S AND DON'TS

❍ Do rinse henna paste thoroughly, or the hair and scalp will feel gritty.
❍ Don't expose hennaed hair to strong sunlight and always rinse salt and chlorine from the hair immediately after swimming.
❍ Do use a henna shampoo between colour applications to enhance the tone.
❍ Don't use shampoos and conditioners containing henna on blonde hair, grey hair, or hair that has been chemically treated.
❍ Do use the same henna product each time you apply henna.
❍ Don't use compound henna (one that has had metallic salts added); it can cause long-term hair colouring problems.

CHOOSING A NEW COLOUR

When choosing a colour a basic rule is to keep to one or two shades at each side of your original tone. It is probably best to try a temporary colorant first; if you like the result you can choose a semi-permanent or permanent colorant next time. If you want to be a platinum blonde and you are a natural brunette, you should seek the advice of a professional hairdresser.

There are two important points to remember when considering a colour change. First, only have a colour change if your hair is in good condition; dry, porous hair absorbs colour too rapidly, leading to a patchy result. Second, your make-up may need changing to suit your new colour.

SPECIAL TECHNIQUES

Hairdressers have devised an array of colouring methods to create different effects. These include:

Flying colours, in which a combination of colours is applied with combs and brushes to the middle lengths and tips of the hair.

Highlights/lowlights, where fine strands of hair are tinted or bleached lighter or darker, or colour is added just to give varying tones throughout the hair. This technique is sometimes called frosting or shimmering, particularly when bleach is used to give an overall lighter effect.

Slices, a technique in which assorted colours are applied through the hair to emphasize a cut and show movement.

COVERING WHITE HAIR

If you just want to cover a few white hairs use a temporary or semi-permanent colour that will last for six to eight weeks. Choose one that is similar to your natural colour. If the hair is brown, applying a warm brown colour will pick out the white areas and give lighter chestnut highlights. Alternatively, henna will give a glossy finish, and at the same time produce stunning red highlights. For salt and pepper hair – hair with a mixed amount of white with the natural colour – try a longer lasting semi-permanent colour. These last for up to 20 shampoos and also add shine.

When hair is completely white it can be covered with a permanent tint, but with this type of colorant it is necessary to update the colour every four to six weeks, a fact that should be taken into consideration before choosing this option. Those who prefer to stay with their natural shade of white can improve on the colour by using toning shampoos, conditioners, and styling products, which will remove any brassiness and add beautiful silvery tones.

CARING FOR COLOURED HAIR

Chlorinated and salt water, perspiration, and the weather all conspire to fade coloured hair, particularly red hair. However special products are available that will help counteract fading, such as those containing ultraviolet filters that protect coloured hair from the effects of the sun. Other protective measures include rinsing the hair after swimming and using a shampoo designed for coloured hair, followed by a separate conditioner. Gently blot the hair after shampooing – never rub it vigorously as this ruffles the cuticle and can result in colour "escaping". Finally, use an intensive conditioning treatment at least once a month.

BLEACHING

Strictly speaking, anything that lightens the hair bleaches it, but in the present context bleaching refers specifically to any treatment that removes colour from the hair – rather than adding colour, which is the purpose of permanent colorants. There are several different types of bleach on the market and they range from the mild brighteners that lift hair colour a couple of shades to the more powerful mixes that completely strip hair of its natural colour.

Bleaching is quite difficult to do and is best left to a professional hair-

Left: There is a wide range of natural tones to choose from when you are looking for a new hair colour.

Above: The alternative is to opt for more vibrant fashion shades. Colour swatches courtesy of L'Oréal Coiffure.

dresser. If misused it can be very harsh and drying on the hair. To get the best results make sure your hair is in optimum condition prior to bleaching. Once the hair has been bleached, regular intensive conditioning treatments are essential.

COLOUR CORRECTION

If you have been colouring your hair for some time and want to go back to your natural colour and tone consult a professional hairdresser. Hair that has been tinted darker than its normal shade will have to be colour-stripped with a bleach bath until the desired colour is achieved. Hair that has been bleached or highlighted will need to be re-pigmented and then tinted to match the original colour. For best results, all these processes must be carried out in a salon where the technicians have access to a variety of specialist products.

HELPFUL HINTS FOR HOME HAIR COLOURING

Always read the directions supplied with the product before you start, and follow them precisely. Make sure you do a strand and skin sensitivity test, as detailed in the directions.

If you are retouching the roots of tinted or bleached hair, apply new colour only to the regrowth area. Any overlap will result in uneven colour and porosity, which in turn will adversely affect the condition of your hair.

Don't colour your hair at home if the hair is split or visibly damaged, or if you have used bleach or any type of henna; you must allow previously treated hair to grow out before applying new colour. Avoid colouring your hair if you are taking prescribed drugs, as the chemical balance of your hair can alter. Check with your family doctor first.

If your hair has been permed consult a hairdresser before using a hair colorant. And if you are in any doubt about using a colour, always check with the manufacturer or consult a professional hair colourist.

FACT FILE

In the Middle Ages saffron and a mixture of sulphur, alum, and honey were used for bleaching and colouring hair. These concoctions were not always safe however, and in 1562 a certain Dr Marinello from Moderna, Italy, wrote a treatise warning of the possible and undesirable consequences of bleaching the hair. He warned: "The scalp could be seriously damaged and the hair be destroyed at the roots and fall out."

Top and above: Burnished Titian red tones give one of the most effective results when applied to natural brown hair. However reddish hues are particularly prone to fade so coloured hair should be protected from the sun. Specialist shampoos and conditioners should be used to help maintain colour. Photographs: top, Mark Hill for Wella; above, Zotos.

PERMANENT SOLUTIONS

Making straight hair curly is not a new idea. Women in Ancient Egypt coated their hair in mud, wound it around wooden rods and then used the heat from the sun to create the curls.

Waves that won't wash out are a more recent innovation. Modern perms were pioneered by A F Willat, who invented the "cold permanent wave" technique in 1934. Since then, improved formulations and ever more sophisticated techniques have made perms the most versatile styling option in hairdressing.

HOW THEY WORK

Perms work by breaking down inner structures (links) in your hair and re-forming them around a curler to give a new shape. Hair should be washed prior to perming as this causes the scales on the cuticles to rise gently, allowing the perming lotion to enter the hair shaft more quickly. The perming lotion alters the keratin and breaks down the sulphur bonds that link the fibre-like cells together in the inner layers of each hair. When these fibres have become loose, they can be formed into a new shape when the hair is stretched over a curler or a perming rod.

Once the curlers or rods are in place, more lotion is applied and the perm is left to develop to fix the new shape. The development time can vary according to the condition and texture of the hair. When the development is complete, the changed links in the hair are re-formed into their new shape by the application of a second chemical known as the neutralizer. The neutralizer contains an oxidizing agent that is effectively responsible for closing up the broken links and producing the wave or curl – permanently.

Specialist formulations enable your hairdresser to perm long hair while maintaining it in optimum condition. Here the hair was wound on to large rods to achieve a soft curl formation. Photograph courtesy of Clynol.

The type of curl that is produced depends on a number of factors. The size of the curler is perhaps the most important as this determines the size of the curl. Generally speaking the smaller the curler the smaller and therefore tighter the curl, whereas medium to large curlers tend to give a much looser effect. The strength of lotion used can also make a difference, as can the texture and type of hair. Hair in good condition takes a perm much better than hair in poor condition, and fine hair curls more easily than coarse hair.

After a perm it takes 48 hours for the keratin in the hair to harden naturally. During this time the hair is vulnerable to damage and must be treated with care. Resist shampooing, brushing, vigorous combing, blow-drying, or setting, any of which may cause the perm to drop.

Once hair has been permed it remains curly and shaped the way it has been formed, although new growth will be straight. As time goes by the curl can soften, and if the hair is long its weight may make the curl and the wave appear much looser.

HOME VERSUS SALON

Perming is such a delicate operation that many women prefer to leave it in the hands of experienced, professional hairdressers. The advantages of having hair permed in a salon are several. The hair is first analysed to see whether it is in fit condition to take a perm; coloured, out-of-condition, or over-processed hair may not be suitable. With a professional perm there is also a greater choice in the type of curl – different strengths of lotion and different winding techniques all give a range of curls that are not available in home perms.

Right: The model's thick hair was given a volume perm in order to produce a stunning style with the fullest look possible. By Kevin Murphy International for Clynol, Photography Martin Evening.

Above: Spiral perming gives a ringlet effect on long hair. It is important with hair of this length to re-perm only at the roots when the hair grows, or you may cause damage to previously permed hair. By Terence Renati, London and Melbourne.

POST PERM TIPS

❍ Don't wash newly permed hair for 48 hours after processing as any stress can cause curls to relax.
❍ Use shampoos and conditioners formulated for permed hair. They help retain the correct moisture balance and prolong the perm.
❍ Always use a wide-toothed comb and work from the ends upwards. Never brush the hair.
❍ Blot wet hair dry before styling to prevent stretching.
❍ Avoid using too much heat on permed hair. If possible, wash, condition, and leave to dry naturally.
❍ If your perm has lost its bounce, mist with water or try a curl reviver. These are designed to put instant volume and bounce into permed hair. They are also ideal for eliminating frizziness on naturally curly hair.
❍ Expect your perm to last three to six months, depending on the technique and lotion used.

DON'T DO IT YOURSELF IF...

❍ Your hair is very dry or damaged.
❍ You have bleached or highlighted your hair: it may be too fragile. If in doubt, check with your hairdresser.
❍ The traces of an old perm still remain in your hair.
❍ You suffer from a scalp disorder such as eczema or have broken, irritated skin.

HOME RULES

If you do use a perm at home, it is essential that you read and follow the instructions supplied with the product. Remember to do a test curl to check whether your hair is suitable, and check to make certain you have enough curlers. You will probably want to enlist the help of a friend, as it's impossible to curl the back sections of your own hair properly, so you'll need a helping hand.

Timing is crucial – don't be tempted to remove the lotion before the time given or leave it on longer than directed.

Above: Short, straight hair was root permed and then blow-dried into place. By Paul Falltrick, Falltricks, for Clynol.

Above: A soft perm gives volume to short hair. Set the hair on rollers to achieve the maximum amount of lift. By Regis, Europe. *Above right*: Tinted hair can also be permed if the correct formulation is chosen. Your stylist will advise you. By Regis, Europe. *Right*: To achieve the best spiral perm the hair needs to be lightly graduated. By Patrick Cameron for Alan Paul, Wirral, England.

SALON PERMS – THE CHOICES

Professional hairdressers can offer a number of different types of perm that are not available for home use:

Acid perms produce highly conditioned, flexible curls. They are ideally suited to hair that is fine, sensitive, fragile, damaged, or tinted, as they have a mildly acidic action that minimizes the risk of hair damage.

Alkaline perms give strong, firm curl results on normal and resistant hair.

Exothermic perms give bouncy, resilient curls. "Exothermic" refers to the gentle heat that is produced by the chemical reaction that occurs when the lotion is mixed. The heat allows the lotion to penetrate the hair cuticle, conditioning and strengthening the hair from inside as the lotion moulds the hair into its new shape.

PERMING TECHNIQUES

Any of the above types of perm can be used with different techniques to produce a number of results.

Body perms are very soft, loose perms created by using large curlers, or sometimes rollers. The result is added volume with a hint of wave and movement rather than curls.

Root perms add lift and volume to the root area only. They give height and fullness, and are therefore ideal for short hair that tends to go flat.

Pin curl perms give soft, natural waves and curls, which are achieved by perming small sections of hair that have been pinned into pre-formed curls.

Stack perms give curl and volume to one-length hair cuts by means of different sized curlers. The hair on top of the head is left unpermed while the middle and ends have curl and movement.

Spiral perms create romantic spiral curls, an effect that is produced by winding the hair around special long curlers. The mass of curls makes long hair look much thicker.

Spot perms give support only on the area to which they are applied. For example, if the hair needs lift the perm is applied just on the crown. They can also be used on the fringe or side areas around the face.

Weave perms involve perming certain sections of hair and leaving the rest straight to give a mixture of texture and natural looking body and bounce, particularly on areas around the face such as the fringe.

REGROWTH PROBLEM

When a perm is growing out the areas of new growth can be permed if a barrier is created between old and new growth. The barrier can be a special cream or a plastic protector, both of which effectively prevent the perming lotion and neutralizer from touching previously permed areas.

There are also products that facilitate re-perming an entire length of hair without damaging the structure. These more complex solutions are only available from salons.

To keep a full perm looking its best, shampoo, apply mousse, then blow-dry using a diffuser or set the hair on rollers. By L'Oréal.

BLACK HAIR

One of the most effective ways of styling very curly hair is to crop it close and short. With this type of cut you just need to shampoo, condition, and finish it with soft wax. By Macmillan, London.

Hair that has been straightened is blow-dried using a vent brush. Straightening irons could also be used to achieve a similarly smooth effect. By Richard M F Mendleson of David's Hair Designers, Maryland, USA.

Black hair is fragile yet difficult to control, therefore it needs specialist care and pampering if it is to look its best.

This type of hair is almost always curly, although the degree of wave varies enormously. As a general rule, black hair is brittle and has a tendency to split and break. This is because the sebaceous glands produce insufficient sebum to moisturize the hair. In addition, because the hair is tightly curled, the sebum is unable to travel downwards to condition it naturally. If the curl forms kinks, this makes the hair thinner, and therefore weaker, at each bend.

Other types of black hair can be very fine, making it difficult to style and hold a set.

To treat excessive dryness choose a specialist formulation that replaces the natural oils lacking in black hair. If the product is massaged in daily, or whenever necessary, the hair will become more manageable with improved condition and shine. It is also important to deep condition the hair regularly.

STRAIGHTENING THE HAIR

Straightening, or relaxing, is in fact perming in reverse. A hair straightener, also known as a chemical relaxer, is combed or worked through the hair to change the structure and to straighten it. The result is permanent, only disappearing as the hair grows. Chemical relaxers come in different strengths to suit different hair textures and styles.

PROFESSIONAL TIP

Hair needs to be strong and healthy to take any type of chemical treatment. To check hair strength and natural elasticity, pluck out a hair and hold it firmly between the fingers of both hands, then pull gently. If the hair breaks with hardly any stretching, it is weak and in poor condition, in which case all chemical treatments should be avoided.

Before: Long, thick natural hair can be totally transformed with the technique known as weaving. To do this the hair is corn-row braided and then weaves are sewn on to the braided base.

After: Once the weave has been sewn into place, the new hair is cut and styled as desired. The result of all this work is a completely different look. By Eugene at Xtension Masters, London.

They are particularly effective on longer styles as the weight of the hair helps to maintain the straightened look. If you do this at home get advice first, and make sure you use high quality branded products and follow the instructions precisely to get the best results.

DEMI PERMING

Very curly hair can also be tamed by perming. This enables tight curls to be replaced by larger, looser ones. Demi-perms are good for short hair, giving a more controlled, manageable shape; on long hair they produce a softer, bouncier look. The more advanced perms involve softening the hair by weaving it on to rollers and then neutralizing it so that the curls are permanently set into their new shape.

To prevent frizziness and maintain the definition of curls, special lotions called curl activators and moisturizing sprays can be used to revive and preserve the formation of curls.

As with all chemical treatments, relaxing and perming can be potentially harmful to the hair, removing natural moisture and leaving hair in a weakened state. For this reason it is advisable to get skilled professional help and advice.

HOT COMBS

Before chemical relaxers became available the most popular hair straightening method was "hot pressing". This involved putting a pre-heated iron comb through the hair to loosen the curls. Up-to-date versions, called thermal texturizers, are electric pressing combs, which work in a similar way to loosen and soften very curly hair.

COLOUR OPTIONS

Because of its natural dryness and porosity, black hair should be coloured with caution, preferably by a professional hairdresser. If the hair has been straightened, relaxed, or permed it may be too weak to colour successfully.

After straightening or relaxing, black hair can be styled smooth using blow-drying techniques. *Left*: The hair has been smoothed into curls. *Centre*: Here it has been flicked up at the ends and the fringe curved. *Right*: For this style it was piled into soft curls and given a fuller fringe. By Richard M F Mendleson, David's Hair Designers, Maryland, USA.

Techniques such as highlighting, lowlighting, or tipping the ends are best for this type of hair.

SPECIAL PROBLEMS

Traction hair loss is caused by braiding or weaving hair too tightly. If the hair is pulled too forcibly too often, it will disrupt the hair follicles, cause scar tissue to form and, ultimately, hair loss. To help prevent this, avoid braiding or pulling the hair into tight braids. Similar problems can also result from misusing perming and relaxing chemicals.

KEEPING BLACK HAIR BEAUTIFUL

❍ Use a wide-toothed afro comb for curly hair and a natural bristle brush for relaxed hair. Combing will help spread the natural oils through the hair, making it look shinier and healthier. Use intensive pre-shampoo treatments.
❍ Massage the scalp regularly to encourage oil production.
❍ Shampoo as often as you feel necessary but only lather once, using a small amount of shampoo. Rinse thoroughly. Towel-blot, don't rub hair.
❍ Once a month try a hot oil treatment, which will lubricate dry scalp conditions as well as moisturize brittle hair.
❍ If you have a delicate fringe or baby fine hair around the hairline (sometimes from breakage, sometimes an inherited trait), use a tiny round brush and a hairdryer to blend in this hair.
❍ Gels are good for moulding black hair into shape; choose non-greasy formulas that give hair a healthy sheen.
❍ If you use hot combs or curling tongs, make sure you shield the hair by using a protective product.
❍ For extra hold and added shine use a finishing spray.
❍ Braided hair needs a softening shampoo that maintains the moisture balance and helps eliminate a dry scalp.

CHOOSING A STYLE TO SUIT YOUR FACE

Make the most of your looks by choosing a style that maximizes your best features. The first feature you should consider is your face shape – is it round, oval, square, or long? If you are not sure what shape it is then the easiest way to find out is to scrape your hair back off your face. Stand squarely in front of a mirror and use a lipstick to trace the outline of your face on to the mirror. When you stand back you should be able to see into which of the following categories your face shape falls.

THE SQUARE FACE

The square face is angular with a broad forehead and a square jawline. To make the best of this shape, choose a hairstyle with long layers, preferably one with soft waves or curls, as these create a softness that detracts from the hard lines. The hair should be parted at the side of the head and any fringe combed away from the face.
Styles to avoid: Severe geometric cuts – they will only emphasize squareness; long bobs with heavy fringes; severe styles in which the hair is scraped off the face and parted down the centre.

THE ROUND FACE

On the round face the distance between the forehead and the chin is about equal to the distance between the cheeks. Choose a style with a short fringe, which lengthens the face, and a short cut, which makes the face look thinner.
Styles to avoid: Curly styles, because they emphasize the roundness; very full, long hair or styles that are scraped right back off the face.

THE OVAL FACE

The oval face has wide cheekbones that taper down into a small, often pointed, chin, and up to a fairly narrow forehead. This is regarded by many experts as the perfect face shape. If your face is oval in shape then you have the advantage of being able to wear any hairstyle you choose.

THE LONG FACE

The long face is characterized by a high forehead and long chin, and needs to be given the illusion of width. Soften the effect with short layers, or go for a bob with a fringe, which will create horizontal lines. Scrunch-dried or curly bobs balance a long face.
Styles to avoid: Styles without fringes, and long, straight, one-length cuts.

THE COMPLETE YOU

When choosing a new style you should also take into account your overall body shape. If you are a traditional pear-shape don't go for elfin styles; they will draw attention to the lower half of your body, making your hips look even wider. Petite women should avoid masses of very curly hair as this makes the head appear larger and out of proportion with the body.

IF YOU WEAR GLASSES . . .

Try to choose frames and a hairstyle that complement each other. Large spectacles could spoil a neat, feathery cut, and very fine frames could be overpowered by a large, voluminous style. Remember to take your glasses to the salon when having your hair restyled, so that your stylist can take their shape into consideration when deciding on the overall effect.

SPECIFIC PROBLEMS

- ❍ Prominent nose: incorporate softness into your style.
- ❍ Pointed chin: style hair with width at the jawline.
- ❍ Low forehead: choose a style with a wispy fringe, rather than one with a full fringe.
- ❍ High forehead: disguise with a fringe.
- ❍ Receding chin: select a style that comes just below chin level, with waves or curls.
- ❍ Uneven hairline: a fringe should conceal this problem.

Left: A wispy fringe stylishly disguises a low forehead. Hair by Sam Mcknight for Silvikrin. *Above*: A high forehead or uneven hairline can be hidden under a full fringe. Hair by Paul Falltrick, photography Iain Philpott. *Below*: Strong features benefit from a soft, full hairstyle. Hair by Jed Hamill of Graham Webb International for Clynol, Photography Ian Hooton.

STYLE GALLERY, SHORT HAIR

Short hair can be cut close, cropped, or layered in a variety of styles.

Fine, straight hair was lightly layered and cut close into the nape. A root perm provided extra volume at the crown of the head. The hair was then finger-dried using a styling mousse. By Yosh Toya, San Francisco, Photography Gen.

Naturally wavy hair was lightly layered to encourage movement. A wet-look gel was applied and the hair was combed into soft waves and side curls, then left to dry naturally. By Regis, Europe, Photography John Swannell.

Naturally wavy hair was cut into a one-length bob and taken behind the ears, using wet-look gel to give definition and accentuate the waves. By Regis, Europe, Photography John Swannell.

Far left: Thick hair was feather-cut into layers, with slightly longer lengths left at the nape. The hair was highlighted and then blow-dried into shape using a styling brush. *Left*: For a different look the hair was combed down over the ears. By Regis Europe, Photography John Swannell.

Left: Fine hair was softly layered and given an application of mousse, then the hair was ruffle-dried with the fingers to create just a little lift at the roots. *Right*: The same haircut was blow-dried forwards using a styling brush. By Regis, Europe, Photography John Swannell.

Medium-textured hair was cut into face-framing layers. Mousse was applied from the roots to the ends, then the hair was blow-dried forwards, using the fingers to rake through the hair from the back to the front. By Paul Falltrick, Falltricks, Essex, for Clynol, Photography Alistair Hughes.

A longer layered bob was blow-dried straight back from the face using a round brush to give height and a soft curl, then finished by smoothing with a few drops of serum, which gave added gloss. By Yosh Toya, San Francisco, Photography Gen.

Medium-textured hair was cut into layers of the same length, then blow-dried using a strong-hold mousse to get lift, and finished with a mist of firm-hold hairspray. By Daniel Galvin, London.

A short, urchin cut is good for all hair textures. Highlights give extra interest and add thickness to finer hair. By Nicky Clarke, London, Photography Paul Cox.

A short, feathery cut was set off with a straight, cropped fringe. For this style the hair can either be left to dry naturally, or blow-dried while ruffling with the fingers. By Anestis Kyprianou of Cobella, London, for Schwarzkopf, Photography Martin Evening.

Medium-textured hair was graduated to give this head-hugging cut. Mousse was applied from the roots to the ends, then the hair was blow-dried forwards from the crown. By Neville Daniel, London, for Lamaur.

Very curly, wiry hair was cropped close to the head, then dressed using just a little wax to give definition and separation. By Frank Hession, Dublin, Eire, for L'Oréal Coiffure.

This soft style is ideal for hair with more than a hint of natural wave; layering gives additional movement. After an application of a little mousse (styling gel would be equally suitable) the hair was left to dry naturally, occasionally running the fingers through to encourage curl. By Beverly Kyprianou of Cobella, London, for Schwarzkopf, Photography Martin Evening.

Thick hair was razor cut to give forward movement, then blow-dried for a few seconds with the dryer set on high heat, at the same time brushing in all directions to give extra movement. By John Frieda, London and New York.

A short cut was given extra interest by bleaching the hair honey-blonde. It was then blow-dried into shape and finished using wax to create separation. By Yosh Toya, San Francisco, Photography Gen.

One-length hair was parted at the side and slicked down with a wet-look gel to create this slick style. Pictures left to right by Joseph and Jane Harling, Avon, England, Photography Ruth Crafer.

Fine hair was softly layered and combed forwards. A little wax was rubbed between the palms and applied with the fingertips to strands of hair in order to achieve separation.

A thick, one-length bob was blow-dried very smooth from a side parting. The hair was misted with hairspray and smoothed with the hands to eliminate wisps.

Wispy, fine hair was given extra volume with a light perm, then blow-dried forwards. A semi-permanent colour gives this type of hair added depth.

Choppy layers give an uneven texture to this thick hair. The hair was blow-dried using mousse and a styling brush to create lift. By Alan Edwards for L'Oréal Coiffure.

A root perm helped to give lift at the crown on this short, layered look. Mousse was applied to give extra lift and the hair was blow-dried forwards from the crown. By Neville Daniel, London, Photography Will White.

Very straight hair was cut into a neat, face-framing shape, then blow-dried forwards. It was then finished with a mist of shine spray for added gloss. By Andrew Collinge, Liverpool, and Harrods, London, Photography Iain Philpott.

STYLE GALLERY, MID-LENGTH HAIR

Hair of medium length can be worn in a sleek bob or lightly layered to give versatility.

Layering gives this 70s inspired style a fresh look. The hair was misted with styling spray and rough-dried before finishing with a little gloss. By Trevor Sorbie, London, Photography Mark Havrilliak.

Above: Fine mid-length hair can be made to look thicker by blunt cutting just below ear level. This style can be roller-set and brushed through with a bristle brush to smooth, or simply blow-dried with a round brush. For L'Oréal.

Medium-textured hair was cut into a one-length bob. Styling spray was applied to partially dried hair, which was then wound on large rollers and heat set. After the rollers were removed the hair was brushed into shape. By Charles Worthington, Worthingtons, London, for L'Oréal Coiffure.

A longer, one-length, graduated bob is perfect for thick, straight hair. Add extra shine by using a longer-lasting semi-permanent colour. By Umberto Giannino, Kidderminster, England, for L'Oréal Coiffure.

A mid-length bleached bob was scrunch-dried with mousse to give a tousled look. Use a diffuser to encourage more volume. By Stuart Kirby of Eaton Hair Group, Portsmouth, for L'Oréal Coiffure.

A layered cut was permed to give lots of movement. The hair was scrunch-dried, with the head held forward to give maximum volume. By Anthony Mascolo, Toni & Guy, London, for L'Oréal Coiffure.

A bob was highlighted using a light, golden-blonde colour to give natural, warm lights, then styled and blow-dried using a soft sculpting spray. By Barbara Daley Hair Studio, Liverpool, England, for L'Oréal Coiffure.

A razor-cut bob gives graduation so the hair moves freely. The hair was coloured with a shade of mahogany to give more depth, and then blow-dried using mousse. For L'Oréal.

Left: Thick hair was cut into a bob, then sprayed with styling lotion before setting on large rollers. After drying, the hair was brushed through to give a smooth style that is full of volume. *Right:* The same cut was blow-dried smooth using a styling brush. By Mod Hair, France, for Schwarzkopf.

A smooth, graduated bob was cut long at the sides and shorter into the back. To add additional tone and shine use a longer-lasting semi-permanent colour, which also gives gloss. Blow-dry straight using a styling brush to smooth the ends under. For L'Oréal.

Left: Natural movement was encouraged by blunt cutting and leaving the hair to dry naturally. Alternatively, the hair could be dried using a flat diffuser attachment on the dryer. *Right*: The same style was sprayed with styling lotion and set on large rollers. When the rollers were removed the hair was ruffled through with the fingers, not brushed. By Regis, Europe, Photography John Swannell.

Thick, straight hair was heavily highlighted and cut into a blunt, short bob. Either blow-dry or leave to dry naturally. By Yosh Toya, San Francisco, Photography Gen.

Left: Wavy hair was cut in short layers. Layers encourage more curl and movement and give a soft, feminine style. The hair was dried using mousse and lifted with the fingers while drying to get height on the crown. By Cobella, London, for Schwarzkopf, Photography Martin Evening.

Left: A soft body perm gives volume to this one-length bob. The hair was gently dried using mousse for additional lift. By Yosh Toya, San Francisco, Photography Gen.

STYLE GALLERY, LONG HAIR

Long hair can be waved,
curled, or left to fall free.

Naturally wavy hair was roller-set and heat-dried before brushing through lightly. A similar look could be achieved with a soft perm. By Steven Carey, London.

After an application of styling spray the hair was set on large rollers. When dry the hair was combed to one side and allowed to fall into soft waves, with a tiny tendril pulled in front of one ear. By Neville Daniel, London, for Lamur.

Above: Long, straight hair was graduated at the sides to give interest. It was then shampooed and conditioned, and left to dry naturally. By Neville Daniel, London, for Lamaur.

A vegetable colour adds depth and makes hair appear even thicker. The hair was then simply styled by blow-drying. By Daniel Galvin, London.

Soft, undulating waves were achieved by tonging the hair, then lightly combing it through. Spray shine was applied to the finish. By Nicky Clarke, London.

Thick hair was cut with graduated sides and a heavy fringe to give this 60s look. The hair can be blow-dried smooth or left to dry naturally. By John Frieda, London and New York.

Setting lotion was applied to clean hair, which was set on large rollers and heat dried. When the hair was completely dry the rollers were removed and the hair gently back combed at the roots to give even more height and fullness. By Daniel Galvin, London.

Far left: The hair was shampooed and conditioned, then rough-dried before applying mousse and setting on heated rollers. The hair was then brushed through into soft waves. *Left*: This alternative style was achieved by tonging. It could also be set on shapers. For Silvikrin, London.

Left: A thick graduated cut was given maximum lift by spraying the roots with gel spray and backcombing lightly, then brushing over the top layers. By Daniel Galvin, London.

Naturally wavy hair was lightly layered, then set on large rollers. When the hair was dry it was brushed lightly to give broken up waves and curls. By Daniel Galvin, London.

The hair was sprayed with styling lotion and set on heated rollers. When it was dry a bristle brush was used to smooth it into waves. By Adam Lyons, Grays, Essex, England, for L'Oréal Coiffure.

Above: Coarse hair was rough-dried and then tonged all over before brushing through to give a soft movement. By Keith Harris for Braun.

Left: Long, straight hair was blunt-cut at the ends and simply styled from a centre parting. By Taylor Ferguson, Glasgow, Scotland.

Left: To give one-length hair extra body the head was tipped forwards and the hair misted with sculpting lotion. The roots were scrunched a little with the hands before straightening the head. By Paul Falltrick, Falltricks, Essex, England, for Clynol, Photography Alistair Hughes.

TAKE ONE GIRL

The following styles illustrate how one-length hair can be transformed using different styling techniques.

1 Soft waves were created with rollers.

2 The top hair was clipped up and the back hair tonged into tendrils.

3 High bunches were carefully secured and the hair crimped.

4 The top hair was secured on the crown. A band was wrapped with a small piece of hair and the length allowed to fall freely.

5 The hair was clipped back and two simple braids were worked at each side.

Hair by Taylor Ferguson, Glasgow, Scotland.

STYLE GALLERY, SPECIAL OCCASIONS

These styles will inspire you when you want to dress up long hair on those special occasions.

The hair was softly scooped into large curls and pinned in place. One tendril was left to fall free to soften the style. By Zotos International.

The foundation for this style came from a roller-set. The back hair was then formed into a French pleat and the top hair looped, curled and pinned into place. The side tendrils were allowed to fall free. Hair by Regis, Europe, Photography Mark York.

Very curly hair was simply twisted up at the back and secured with pins. Curls were allowed to fall down on one side to give a feminine look.
By Steven Carey, London, Photography Alistair Hughes.

The hair was secured in a very high ponytail on the crown, then divided into sections and looped into curls. If your hair isn't long enough for this style, you could use a hairpiece.
By Steven Carey, London, Photography Alistair Hughes.

Long hair was scooped up, but the essence of this style is to allow lots of strands to fall in soft curls around the face.
By Partners, London.

Vibrant blond and copper lights add brilliance to the hair. The front hair was sectioned off and the back hair secured in a high ponytail. The hair was then divided and coiled into loops before pinning in place. The front hair was smoothed over and secured at the back.
For Schwarzkopf.

A high ponytail forms the basis of this style. The hair was then looped into curls and pinned, and the fringe was combed to one side. Hair by Keith Harris for Braun.

THE SALON VISIT

London hairdresser Nicky Clarke always explains to his clients how to style their hair at home.

A professional cut is the basis of any style. Expert stylists evaluate your hair and lifestyle before they even pick up a pair of scissors. The best way to choose a salon is by personal recommendation. If a friend has a good haircut ask them for the name of their hairdresser. If this is not possible you will have to do some research.

See if there are any salons in your area that look promising. Remember that the exterior can be deceptive, so have a look at the interior as well. The salon should be clean and welcoming, with a style and ambience that appeals to you, and sales material that is new and fresh. The stylists should also reflect an image that you like.

THE FIRST VISIT

Once you have chosen a salon, make an appointment for a consultation. Wear clothes that reflect your lifestyle; for example, if you are a bank teller, don't wear a track-suit – you will give the stylist the wrong impression. Discuss your hair's idiosyncrasies and explain what you like and dislike about it. Spare a few minutes to discuss how you are going to manage the style between salon visits. If you want a wash-and-wear style that falls into place with the flick of a comb, say so. If you are prepared to spend 15 minutes a day scrunching a perm to perfection, then speak up.

Hairdressers are not mind readers: neither can they wave a magic wand. However they can, with technical expertise, make the most of any type of hair. Listen to what they offer, but never be coerced into something with which you don't feel happy. Good hairdressers translate fashion trends into what is right for you. Yet you must be realistic; if your hair is thick and curly it will never hang in a straight, shiny bob, no matter how good the cut.

TAKING NOTES

While you are having your hair done, watch how your stylist does your hair, how much mousse or gel they apply and how they dry your hair. A good haircut should need the minimum of styling products and drying to achieve the desired result. Ask for advice on how to achieve the same look at home.

As a general rule, you need to have your hair cut every six to eight weeks, and to have a tint or colour regrowth every four weeks; a highlight root application needs to be done at least every three months, and perms every four to six months.

TECHNICAL SKILL

With such a wide variety of perms and colours available in chemists' shops you may wonder why you should visit a salon to have your hair coloured or permed. Yet the fact is that what you are buying is expertise and artistry. At the salon the stylist will use techniques that can be varied to suit the individual's specific hair textures and solve specific problems. For example, colours can be blended and applied in various ways to achieve a wide range of effects; hair can be made to look thicker and glossier by colour shading; perms can be used to give body, not just curl; long hair can be spiral or corkscrew-permed for movement; and special products can be used to refresh colours and reactivate curls.

COMPLAINTS

If you are not satisfied with the service you have received, then complain. Ask to see the salon manager, explain the problem, and ask what they are prepared to do about it. You should expect an apology, but don't expect to be offered a refund. If your hair has been badly permed, don't accept any offer to have it re-permed. The remedy is to have a course of intensive conditioning treatments. Following this you should wait until the hair is in optimum condition before you have another perm or colour. If it is just a question of not liking the style, then that is a matter for discussion.

If you suffer serious damage, for example, an itchy burning scalp, blisters, cuts, hair breakage, or hair loss, then immediately seek advice from your family doctor or a trichologist. In the majority of cases remedial treatment should be prescribed and the damage minimized. If the practitioner feels that you have cause for complaint and compensation, then the practitioner should prepare a report giving full details and an analysis of the problem. However, remember that hair grows, blisters heal, and memories fade. So, act quickly and, if necessary, make certain you have some photographs taken to reinforce your claim.

IMAGING

Imaging, which is available in some salons, is a means of previewing yourself on a video screen wearing a range of haircuts and colours. It is invaluable for experimenting with different looks before making a commitment to a particular style. Developed in France, the system is designed to take the stress out of choosing a style.

Watch how your stylist dries your hair. Here Trevor Sorbie, London, lifts the front hair to create lift and movement.

STYLING TOOLS

The right tools not only make hairstyling more fun, but also makes it much easier. Brushes, combs, and pins are the basic tools of styling. The following is a guide to help you choose what is most suitable from the wide range that is available.

BRUSHES

Brushes are made of bristles (sometimes termed quills or pins), which may be natural hog bristle, plastic, nylon, or wire. The bristles are embedded in a wooden, plastic, or moulded rubber base and set in tufts or rows. This allows loose or shed hair to collect in the grooves without interfering with the action of the bristles. The spacing of the tufts plays an important role – generally, the wider the spacing between the rows of bristles the easier the brush will flow through the hair.

The role of brushing

Brushes help to remove tangles and knots and generally smooth the hair. The action of brushing from the roots to the ends removes dead skin cells and dirt, and encourages the cuticles to lie flat, thus reflecting the light. Brushing also stimulates the blood supply to the hair follicles, promoting healthy growth.

Natural bristles

Natural bristles are made of natural keratin (the same material as hair) and therefore create less friction and wear on the hair. They are good for grooming and polishing, and help to combat static on flyaway hair. However, they will not penetrate wet or thick hair and you must use a softer bristle brush for fine or thinning hair. In addition, the sharp ends can scratch the scalp.

FACT FILE

In the 17th century it was thought that brushing the hair would rid an individual of the vapours (fainting spells) and women were advised not to groom their hair in the evening, as it could lead to headaches the next day.
Hair brushes made from hog-bristle or hedgehog spines were first introduced in the late Middle Ages. With the invention of nylon in the 1930s designs changed, and now we can choose from an extensive range, each suitable for specific tasks.

CLEANING

All brushes should be cleaned by removing dead hairs and washing in warm, soapy water, then rinsing thoroughly. Natural bristle brushes should be placed bristle-side down and left to dry naturally. If you use a pneumatic brush with a rubber cushion base, block the air hole with a matchstick before washing.

Plastic, nylon, or wire bristles

All of these bristles are easily cleaned and heat resistant, so they are good for blow-drying. They are available in a variety of shapes and styles. Cushioned brushes give good flexibility, as they glide through the hair, preventing tugging and helping to remove knots. They are also non-static.

A major disadvantage is that the ends can be harsh, so try to choose bristles with rounded or ball tips.

TYPES OF BRUSH

Circular or radial brushes come in a variety of sizes and are circular or semi-circular in shape. These brushes have either mixed bristles for finishing, a rubber pad with nylon bristles, or metal pins for styling. They are used to tame and control naturally curly, permed, and wavy hair and are ideal for blow-drying. The diameter of the brush determines the resulting volume and movement, much the same way as rollers do.

Flat or half-round brushes are ideal for all aspects of wet or dry hairstyling and blow-drying. Normally they are made of nylon bristles in a rubber base. Some bases slide into position on to the plastic moulded handle. Rubber bases can be removed for cleaning and replacement bristles are sometimes available.

Pneumatic brushes have a domed rubber base with bristles set in tufts. They can be plastic, natural bristle, or both.

Vent brushes have vented hollow centres that allow the air flow from the dryer to pass through them. Special bristle, or pin, patterns are designed to lift and disentangle even wet hair. Vents and tunnel brush heads enable the air to circulate freely through both the brush and the hair so the hair dries faster.

TIPS

❍ Replace brushes and combs with damaged bristles or broken teeth; the sharp edges can damage your scalp.
❍ Keep your brushes and combs to yourself, never lend to other people.

COMBS

Choose good quality combs with saw-cut teeth. This means that each individual tooth is cut into the comb, so there are no sharp edges. Avoid cheap plastic combs that are made in a mould and so form lines down the centre of every tooth. They are sharp, and gradually scrape away the cuticles layers of the hair, causing damage and often breakage.

Use a wide-toothed comb for disentangling and combing conditioner through the hair. Fine tail-combs are for styling; Afro combs for curly hair; and styling combs for grooming.

PINS AND CLIPS

These are indispensable for sectioning and securing hair during setting, and for putting hair up. Most pins are available with untipped, plain ends, or cushion tipped ends. Non-reflective finishes are available, so the pins are less noticeable in the hair, and most are made of metal, plastic, or stainless steel. Colours include brown, black, grey, blonde, white, and silver.

Double-pronged clips are most frequently used for making pin or barrel curls. Grips give security to curls, French pleats, and all upswept styles. In North America they are known as "Bobbi" pins, in Britain as "Blendrites" and "Kirbis". To avoid discomfort, position grips in the hair so that the flat edge rests towards the scalp.

Heavy hairpins are made of strong metal and come either waved or straight. They are ideal for securing rollers and when putting hair up.

Fine hairpins are used for dressing hair. They are quite delicate and prone to bend out of shape, so they should only be used to secure small amounts of hair. These pins are easily concealed, especially if you use a matching colour. They are sometimes used to secure pin curls during setting, rather than using heavier clips, which can leave a mark.

Sectioning clips are clips with a single prong, and are longer in length than other clips. They are most often used for holding hair while working on another section, or securing pin curls.

Twisted pins are fashioned like a screw and are used to secure chignons and French pleats.

ROLLERS

Rollers vary in diameter, length, and the material from which they are made. Smooth rollers, that is, those without spikes or brushes, will give the sleekest finish, but are more difficult to put in. More popular are brush rollers, especially the self-fixing variety that do not need pins or clips.

TIPS

❍ The smaller the roller, the tighter the curl.
❍ Make sure you keep the tension even when winding.
❍ Try not to buckle the ends of the hair.

SHAPERS

Shapers were inspired by the principle of rag-rolling hair. Soft 'twist tie' shapers are made from pliable rubber, plastic, or cotton fabric and provide one of the more natural ways to curl hair. In the centre of each shaper is a tempered wire, which enables it to be bent into shape. The waves or curls that are produced are soft and bouncy and the technique is gentle enough for permed or tinted hair.

To use, section clean, dry hair and pull to a firm tension, 'trapping' the end in a shaper that you have previously doubled over. Roll down to the roots of the hair and fold over to secure. Leave in for 30-60 minutes without heat, or for 10-15 minutes if you apply heat. If you twist the hair before curling you will achieve a more voluminous style.

STYLE EASY

The combination of practice and the right styling product enables you to achieve a salon finish at home. The products listed below enable you to do it in style.

GELS

Gels come in varying degrees of viscosity, from a thick jelly to a liquid spray. They are sometimes called sculpting lotions and are used for precise styling. Use them to lift roots, tame wisps, create tendrils, calm static, heat set, and give structure to curls. Wet gel can be used for sculpting styles.

TIP
A gel can be revitalized the following day by running wet fingers through the hair, against the direction of the finished look.

HAIRSPRAY

Traditionally, hairspray was used to hold a style in place; today varying degrees of stiffness are available to suit all needs. Use hairspray to keep the hair in place, get curl definition when scrunching, and mist over rollers when setting.

Hairsprays are available in a variety of formulations, including light and firm holds. Photography by Silvikrin

TIPS
❍ A light application of spray on a hair brush can be used to tame flyaway ends.
❍ Use hairspray at the roots and tong or blow-dry the area to get immediate lift.

MOUSSE

Mousse is the most versatile styling product. It comes as a foam and can be used on wet or dry hair. Mousses contain conditioning agents and proteins to nurture and protect the hair. They are available in different strengths, designed to give soft to maximum holding power, and can be used to lift flat roots or smooth frizz. Use when blow-drying, scrunching, and diffuser drying.

TIPS
❍ Make sure you apply mousse from the roots to the ends, not just in a blob on the crown.
❍ Choose the right type for your hair. Normal is good for a great many styles, but if you want more holding power, don't just use more mousse as it can make hair dull; instead, choose a firm or maximum-hold product.

SERUMS

Serums, glossers, polishes, and shine sprays are made from oils or silicones, which improve shine and softness by forming a microscopic film on the surface of the hair. Formulations can vary from light and silky to heavier ones with a distinct oily feel. They also contain substances designed to smooth the cuticle, encouraging the tiny scales to lie flat and thus reflect the light and make the hair appear shiny. Use these products to improve the feel of the hair, to combat static, de-frizz, add shine and gloss, and temporarily repair split ends.

TIP
Don't use too much serum or you will make your hair greasy.

STYLING OR SETTING LOTIONS

Styling lotions contain flexible resins that form a film on the hair and aid setting, and protect the hair from heat damage. There are formulations for dry, coloured or sensitized hair; others give volume and additional shine. Use for roller-setting, scrunching, blow-drying, and natural drying.

TIP
If using a styling lotion for heat setting look out for formulations that offer thermal protection.

WAXES, POMADES, AND CREAMS

These products are made from natural waxes, such as carnauba (produced by a Brazilian palm tree), which are softened with other ingredients such as mineral oils and lanolin to make them pliable. Both soft and hard formulations are available. Some pomades contain vegetable wax and oil to give gloss and sheen. Other formulations produce foam and are water soluble, and leave no residue. Use for dressing the hair and for controlling frizz and static.

When applying mousse use a "handful", and make sure you distribute it evenly. By Clynol.

APPLIANCES

Heated styling appliances allow you to style your hair quickly, efficiently, and easily. A wide range of heated appliances is available.

AIR STYLERS

Airstylers combine the versatility of a hairdryer with the convenience of a styling wand. They operate on the same principle as a hairdryer, blowing warm air though the styler. Many stylers are available with a variety of clip-on options, including brushes, prongs, and tongs, some with retractable teeth. Use for creating soft waves and volume at the roots.

> **TIP**
>
> Apply a styling spray or lotion before air styling and style the hair while it is still damp.

CRIMPERS

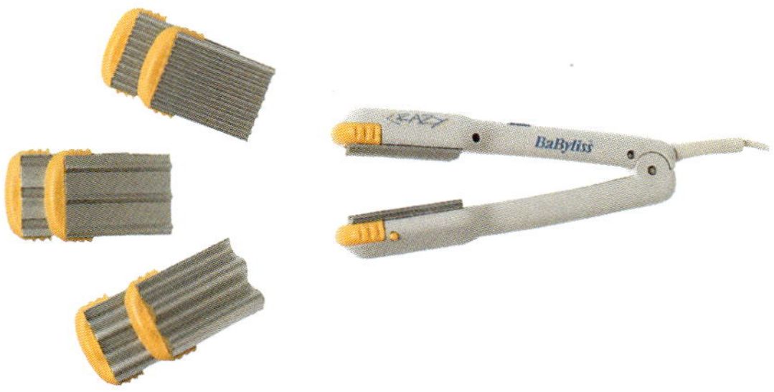

Crimpers consist of two ridged metal plates that produce uniform patterned crimps in straight lines in the hair. The hair must be straightened first, either by blow-drying or using flat irons. The crimper is then used to give waves or ripples. Some crimpers have reversible or dual-effect styling plates to give different effects. Use for special styling effects or to increase volume.

> **TIPS**
>
> ❍ Do not use on damaged, bleached, or over-stressed hair.
>
> ❍ Brushing crimped hair gives a softer result.

HAIRDRYERS

Choose a dryer that has a range of heat, speed settings so that the hair can be power-dried on high heat, finished on a lower heat, and then used with cool air to set the style. The life expectancy of a hairdryer averages between 200-300 hours. Use for blow-drying.

> **TIPS**
>
> ❍ Always point the airflow down the hair shaft to smooth the cuticle and encourage shine.
>
> ❍ Take care not to hold the dryer too near the scalp; it can cause burns.
>
> ❍ When you have finished blow-drying allow the hair to cool thoroughly, then check that the hair is completely dry. Warm hair often gives the illusion of dryness while it is, in fact, still damp.
>
> ❍ Never use a dryer without its filter in place – hair can easily be drawn into the machine.

The hairdryer is an essential piece of equipment, particularly when you need to dry your hair in a hurry. Photograph courtesy of BaByliss.

DIFFUSERS AND NOZZLES

Originally, diffusers were intended for drying curly hair slowly, in this way encouraging curl formation for scrunched styles. The diffuser serves to spread the airflow over the hair so the curls are not literally blown away. The prongs on the diffuser head also help to increase volume at the root and give lift. Diffusers with flat heads are designed for gentle drying without ruffling, and are more suitable for shorter styles. The newest type of diffuser has long, straight prongs which are designed to inject volume into straight hair while giving a smooth finish. Nozzles fit over the end of the barrel of the hairdryer and are used to give precise direction when styling.

HEATED ROLLERS

TIP
Ten minutes is enough time in which to achieve a heated roller-set.

Heated rollers are available in sets and normally comprise a selection of around 20 small, medium, and large rollers, with colour-coded clips to match. The early models came with spikes, which many women prefer because they have a good grip. New developments include ribbed rubber surfaces, which are designed to be kinder to the hair; curved barrel shapes that follow the form of the head, and clip fasteners are more recent innovations

The speed at which the rollers heat up varies, depending on the type of roller. PTC (positive temperature coefficient) element rollers heat up fastest because they have an element inside each roller, and the heat is transferred directly from the base to the roller. Wax-filled rollers take longer, around 15 minutes, but they retain their temperature over a longer period. All rollers cool down completely in 30 minutes.Use heated rollers for quick sets, to give curl and body. They are ideal for preparing long hair for dressing.

STATIC
Heat drying encourages static, causing hair to fly away. You can reduce static by lightly touching your hair, or mist your hair brush with spray to calm the hair down.

HOT BRUSHES

Hot brushes are easier to handle than tongs, and come in varying sizes for creating curls of different sizes. Wind down the length of the hair, hold for a few seconds until the heat has penetrated through the hair, then gently remove. Cordless hot brushes, which use butane cartridges or batteries to produce heat, are also available. Use for root lift, curl, and movement.

TIP
Take neat, methodical sections when working with a hot brush or the hair may tangle.

When using a hot brush make certain you follow the manufacturer's instructions carefully. Photograph courtesy BaByliss.

STRAIGHTENERS

Straighteners, or flat irons, are based on the same principle as crimpers but have flat plates to iron out frizz or curl. Use for "pressing" really curly hair.

TIPS

❍ Use a styling spray before heat straightening.
❍ Straighteners are designed for occasional, not daily, use, as they work at a high temperature, which can cause damage to the hair.

TONGS

Tongs consist of a barrel, or prong, and a depressor groove. The barrel is round: the depressor is curved to fit around the barrel when the tong is closed. The thickness of the barrel varies, and the size of the tong that is used depends on whether small, medium, or large curls are required.

TIPS

❍ Be careful when tonging white or bleached hair as it can discolour.
❍ Always use tongs on dry, not wet, hair.
❍ If curling right up to the roots, place a comb between the tongs and the scalp so the comb forms a barrier against the heat.
❍ Leave tonged curls to cool before styling.

TRAVEL DRYERS

Travel dryers are ideal for taking on holiday. They are usually miniature versions of standard dryers, and some are even available with their own small diffusers. Check that the dryer you buy has dual voltage and a travel case.

Keep holiday haircare to a minimum by making use of dual-purpose heated appliances. Don't forget to pack a universal plug when travelling to other countries. Photograph courtesy of Silvikrin.

SAFETY TIPS

❍ Equipment should be unplugged when not in use.
❍ Never use electric equipment with wet hands, and don't use near water.
❍ Only use one appliance for each socket outlet – adaptors may cause overload.
❍ The cord should not be wrapped tightly around the equipment; coil it loosely before storing.
❍ Tongs can be cleaned by wiping with a damp cloth; if necessary use a little methylated spirits to remove dirt.
❍ All electrical equipment should be checked periodically to ensure that leads and connections are in good order.
❍ Untwist the cord on the dryer from time to time.
❍ Clean filters regularly – a blocked filter means the dryer has to work harder and will eventually overheat and cut out. If the element overheats it can distort the dryer casing.

BLOW-DRYING

By following our step-by-step you can achieve the smoothest, sleekest blow-dry ever.

1 Shampoo and condition your hair.

5 Using your other hand, spread the mousse through the hair, distributing it evenly from the tips to the ends.

STYLING CHECKLIST

You will need:

- ✔ styling comb
- ✔ dryer
- ✔ mousse
- ✔ clip
- ✔ styling brush
- ✔ serum

2 Comb through with a wide-toothed comb to remove any tangles.

3 Partially dry your hair to remove excess moisture.

4 Apply a handful of mousse to the palm of your hand.

6 Divide your hair into two main sections by clipping the top and sides out of the way. Then, working on the hair that is left free and taking one small section at a time, hold the dryer in one hand and a styling brush in the other. Place the brush underneath the first section of hair, positioning it at the roots. Keeping the tension on the hair taut (but without undue stress), move the brush down towards the ends, directing the air flow from the dryer so that it follows the downwards movement of the brush.

7 Curve the brush under at the ends to achieve a slight bend. Concentrate on drying the root area first, repeatedly introducing the brush to the roots once it has moved down the length of the hair. Continue the movement until the first section of the hair is dry. Repeat step 6 until the whole of the back section is completely dry.

8 Release a section of hair from the top and dry it in the same manner. Continue in this way until you have dried all your hair. Finish by smoothing a few drops of serum through the hair to flatten any flyaway ends.

TIPS

- Use the highest heat or speed setting to remove excess moisture, then switch to medium to finish drying.
- Point the air flow downwards. This smoothes the cuticles and makes the hair shine.
- When blow-drying, make sure each section is completely dry before going on to the next.

FINGER DRYING

This is a quick method of drying and styling your hair. It relies on the heat released from your hands rather than the heat from a dryer. Finger drying is suitable for short to mid-length hair.

1 Shampoo and condition your hair, then spray with gel and comb through.

TIP

Finger-drying is the best way to dry damaged hair, or to encourage waves in naturally curly, short hair.

2 Run your fingers rapidly upwards and forwards, from the roots to the ends.

STYLING CHECKLIST

You will need:

✔ spray gel
✔ styling comb

3 Lift up the hair at the crown to get height at the roots.

4 Continue lifting as the hair dries. Use your fingertips to flatten the hair at the sides.

BARREL CURLS

One of the simplest sets is achieved by curling the hair around the fingers and then pinning the curl in place. Barrel curls create a soft set.

1 Shampoo and condition your hair; apply setting lotion and comb through from the roots to the ends. Take a small section of hair (about 25 mm/l in) and smooth it upwards.

2 Loop the hair into a large curl.

3 Clip in place.

STYLING CHECKLIST

You will need:

✔ setting lotion
✔ styling comb
✔ clips
✔ hood dryer (optional)

4 Continue to curl the rest of the hair in the same way.

5 Dry the hair with a hood dryer or allow it to dry naturally. Remove the clips. To achieve a tousled look rake your fingers through your hair. For a smoother finish use a hair brush.

ROLL-UP

STYLING CHECKLIST

You will need:
✔ styling spray
✔ tail comb
✔ self-fixing rollers or brush rollers and pins
✔ hand or hood dryer (optional)
✔ hairspray

A roller set forms the basis of many styles; it can be used to smooth hair, add waves or soft curls, or provide a foundation for an upswept style.

TIPS

❍ Use large diameter rollers for sleek, wavy looks, smaller rollers for curlier styles.
❍ Always use sections of equal width when setting the hair or you will get an uneven result.
❍ For maximum volume and control, let the hair cool completely before brushing through.
❍ A bristle brush will give a smoother finish to the style.
❍ If the finished set is too curly after brushing through, loosen the curl with a brush used with a hand dryer.
❍ To create extra volume and height use a fine-toothed comb to backcomb the roots.

1 Shampoo and condition your hair, then partially dry to remove excess moisture. Mist with a styling spray.

2 For a basic set, take a 50 mm/2 in section of hair (or a section the same width as your roller) from the centre front and comb it straight up, smoothing out any tangles.

3 Wrap the ends of the sectioned hair around the roller, taking care not to buckle the hair. Then wind the roller down firmly, towards the scalp, keeping the tension even.

4 Keep winding until the roller sits on the roots of the hair. Self-fixing rollers will stay in place on their own but if you are using brush rollers you will have to fasten them with a pin.

5 Continue around the whole head, always taking the same width of hair. Re-mist the hair with styling spray if it begins to dry out.

6 Leave the finished set to dry naturally, or dry it with a diffuser attachment on your hand dryer, or with a hood dryer. When using artificial heat sources allow the completely dry hair to become quite cool before you remove the rollers. Brush through the hair following the direction of the set. Mist the brush with hairspray and use to smooth any stray hairs.

SOFT SETTING

STYLING CHECKLIST

You will need:
✔ styling spray
✔ fabric rollers

Fabric rollers are the modern version of old-fashioned rags. Apart from being very easy to use they are kind to the hair and give a highly effective set.

1 Dampen the hair with styling spray, making sure you distribute it evenly from the roots to the ends.

5 Leave the completed set to dry naturally.

TIP
For even more volume, twist each section of hair lengthwise before winding it on to the fabric roller.

2 Using sections of hair about 25 mm/1 in wide, curl the end of the hair around a fabric roller and wind the roller down towards the scalp, taking care not to buckle the ends of the hair.

3 Continue winding the roller right down to the roots.

4 To fasten, simply bend each end of the fabric roller towards the centre. This grips the hair and holds it in place.

6 When the hair is dry, remove the rollers by unbending the ends and unwinding the hair.

7 When all the rollers have been removed the hair falls into firm corkscrew curls.

8 Working on one curl at a time, rake your fingers through the hair, teasing out each curl. The result will be a full, voluminous finish.

STYLE AND GO

TIP
Play with the direction of the waves to see which way they fall best. Draw the fingers upwards from the back of the neck and through the hair for extra lift. Finish with a light mist of hairspray.

Heated gas stylers with tong and brush attachments enable you to create lots of styles. Here we show you two different techniques, which give two different looks.

STYLING CHECKLIST

You will need:
✔ heated gas styler with brush and tong attachment
✔ styling lotion

1 Shampoo, condition, and dry your hair.

2 Take a section of hair about 50 mm/2 in square and apply some styling lotion. Using the brush attachment on the styler gently smooth the hair from the roots to the ends. Place the styler near the roots, twist the hair around the brush, and hold for a few seconds. Gently unravel the hair and hold without pulling.

3 Place the ends of the hair into the styler and wind halfway down the hair length.

4 Unwind and loop the hair into a barrel curl, securing with a clip. Repeat steps 2 to 4 until you have done the whole head. Remove the pins. Comb.

Use the tong attachment for a tousled look.

1 Shampoo, condition, and dry your hair.

2 Take a section of hair about 12 mm/ ½ in long and apply some styling lotion. Using the tong attachment on the styler, lift the depressor and keep it open. Slide the tongs on to the hair, just up from the roots. Holding the depressor open, wind the hair around the barrel, towards the face, ensuring the ends are smooth.

3 Continue wrapping the hair down the length of the barrel, taking care not to buckle the ends of the hair. Hold for a few seconds to allow the curl to form.

4 Release the depressor and allow the spiral curl to spring out. Repeat steps 2 to 3 until you have curled the whole head, then rake through the hair with your fingers for a softly tousled look.

STYLING TRICKS

❍ Always use heated gas stylers on dry hair, never on wet hair.
❍ Don't use mousse or gel when heat styling. Instead, try special heat-activated styling lotions and sprays. These are designed to help curls hold their shape without making the hair sticky or frizzy.
❍ Bobbed styles can be smoothed down and the ends of the hair tipped under using a heated gas styler. Just section the hair and smooth the tongs down the length, curving the ends. It is important to keep the tongs moving with a gentle sliding action, twisting the wrist and turning the barrel of the tongs under.
❍ Unruly fringes can be tamed by gently winding the fringe around the tong or styler and holding for a few seconds.

TIP

After tonging the hair, don't be tempted to brush your hair or you will lose the curl.

Hair by Keith Harris using Braun styling appliances, photography Iain Philpott

TONG AND TWIST

Tongs can also be used to smooth the hair and add just the right amount of movement.

1 Shampoo, condition, and dry your hair. Apply a mist of styling lotion. Never use mousse as it will stick to the tongs and bake into the hair. Divide off a small section of hair.

2 Press the depressor to open the tongs.

3 Wind the section of hair around the barrel of the tongs.

4 Release the depressor to hold the hair in place and wait a few seconds for the curl to form. Remove the tongs and leave the hair to cool while you work on the rest of the hair. Style by raking through with your fingers.

STYLING CHECKLIST

You will need:
✔ styling lotion
✔ tongs

TIP
Never use tongs on bleached hair. The high heat can damage the hair, causing brittleness and breakage.

AIRWAVES

Air styling makes use of gentle heat and combines it with the moisture in your hair to give a long lasting curl.

1 Shampoo and condition your hair. Mist with styling lotion.

2 Using the brush attachment on the styler, start drying the hair. Lift each section to allow the heat to dry the roots.

STYLING CHECKLIST

You will need:

✔ styling lotion
✔ air styler with brush and tong attachment

TIP

Switch your air styler to low speed for more controlled styling and finishing.

3 Clip on the tong attachment and continue shaping the hair by wrapping it around the tongs.

4 Repeat steps 2 and 3 until the whole head is curled and waved. When the hair is completely dry rake your fingers through it.

CURL CREATION

STYLING CHECKLIST

You will need:
✔ curl revitalizer
✔ wide toothed comb
✔ dryer with pronged diffuser attachment

A perm that is past its best can be revived using this diffuser drying technique.

1 The hair has the remains of a perm and is therefore flat at the roots with some curl from the mid-lengths to the ends.

2 Wash, condition, and towel dry your hair, then apply curl revitalizer to the damp hair.

5 Tip your head forwards, allowing the hair to sit in the diffuser cup. Do not pull the hair, simply squeeze curls gently into shape.

3 Use a wide-toothed comb and work from the roots to the ends to ensure the curl revitalizer is distributed evenly.

6 Repeat steps 4 and 5 until all the hair is dry.

4 Attach the diffuser to the dryer and dry the hair, allowing the hair to sit on the prongs of the diffuser. This action enables the warm air to circulate around the strands of hair, which encourages the formation of curls. To maximize the amount of curl, use your hands to "scrunch" up handfuls of hair.

TIP

This technique works equally well on naturally wavy or curly hair, giving separation and definition to curls and waves.

Hair by Trevor Sorbie, London.

SMOOTH AND STRAIGHT

STYLING CHECKLIST

You will need:
✔ comb
✔ dryer with diffuser attachment with long straight prongs

Volume can be added to long straight hair by using a dryer with a diffuser attachment that has long straight prongs.

1 Long thick hair often tangles easily and it is difficult to add volume and control.

2 Shampoo and condition your hair, then part it down the centre. Attach a diffuser with long prongs to your dryer and, as the hair dries, comb the prongs down the hair in a stroking movement. This will direct the airflow downwards, smoothing and separating the hair.

3 To create volume at the top and sides, slide the prongs through the hair to the roots at the crown, then gently rotate the diffuser. Repeat until you have achieved maximum volume.

Photograph courtesy of Braun. Appliance, Braun Supervolume.

INSTANT SET

Hair can be given lift, bounce, and movement with a quick set using heated rollers.

1 Shampoo and condition your hair. Apply mousse and blow-dry smooth. Heat the rollers according to the manufacturer's directions.

2 Wind sections of hair (about 50 mm/2 in wide) on to a roller, taking care not to buckle the ends of the hair. Use medium and small rollers at the front and sides, larger rollers on the crown.

STYLING CHECKLIST

You will need:

✔ mousse
✔ styling lotion
✔ heated rollers with clips

TIP

A heated roller set forms the foundation for many styles and is a simple way to restyle the hair

3 Wind the rollers down towards the root, making sure that the ends are tucked under smoothly. Keep the tension even. Secure each roller with the clip supplied. Mist your set hair with a styling lotion. Allow the rollers to cool completely and then remove them, taking care not to disturb the curl too much. To finish, loosen the curls by raking your fingers through them.

Hair by Trevor Sorbie, London.

DOUBLE-STRANDED BRAIDS

These clever braids have a fishbone pattern, which gives an unusual look.

STYLING CHECKLIST

Time: 10 minutes
Ease/difficulty: Needs practice
Hair type: Long and straight

You will need:
✔ styling comb
✔ covered bands
✔ coloured feathers
✔ two short lengths of fine leather

1 Part your hair in the centre and comb it straight.

2 Divide the hair on one side of your hair into two strands, then take a fine section from the back of the back strand and take it over to join the front strand, as shown.

3 Now take a fine section from the front of the front strand and cross it over to the back strand. Take a fine section from the back strand again and bring it over to join the front strand. Continue in this way; you will soon see the fishbone effect appear. Secure the ends with covered bands and add feathers, tying in place with fine leather. Repeat these three steps on the other side.

DRAGGED SIDE BRAIDS

Curly hair can be controlled, yet still allowed to flow free, by braiding at the sides and allowing the hair at the back to fall in a mass of curls.

1 Part your hair in the centre and divide off a large section at the side, combing it as flat as possible to the head.

2 Divide the section into three equal strands and hold them apart.

3 Begin to make a dragged braid by pulling the strands of hair towards your face and then braiding in the normal way, that is, taking the right strand over the centre strand, the left strand over the centre, and the right over the centre again, keeping the braid in the position shown.

4 Continue braiding to the end and secure the end with a covered band. Tuck the braid behind your ear and grip it in place, then make a second braid on the other side.

TIP

Encourage curls to form by spraying the hair with water and then scrunching with your hands.

STYLING CHECKLIST

Time: 5 minutes
Ease/difficulty: Easy
Hair type: Long and naturally curly or permed

You will need:
✔ styling comb
✔ covered bands
✔ hair grips

PONYTAIL STYLER

STYLING CHECKLIST

Time: 10-15 minutes, depending on experience
Ease/difficulty: Quite easy, but can be fiddly
Hair type: Long, straight, one length

You will need:
✔ covered band
✔ ponytail styler

A simple ponytail can be transformed easily and quickly using this clever styler.

TIP
To smooth any flyaway ends rub a few drops of serum between the palms of your hands and smooth over the hair.

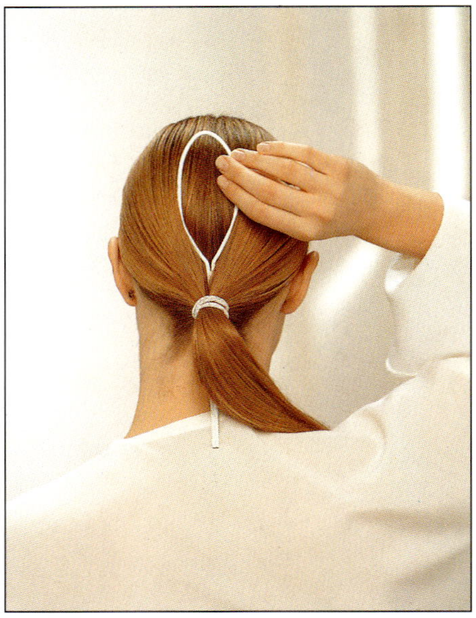

1 Clasp the hair into a ponytail and secure it with a covered band. Insert the styler as shown.

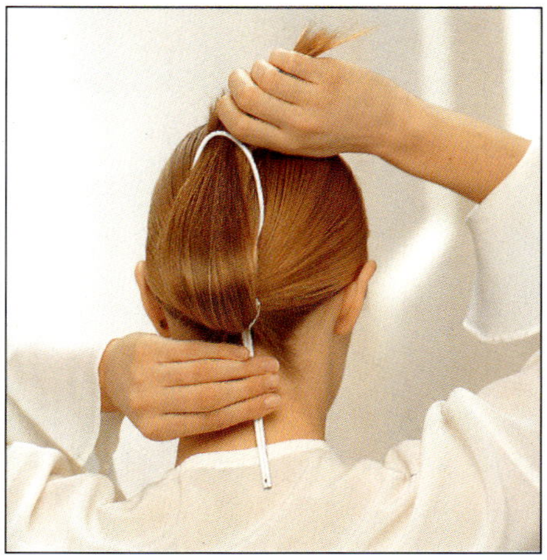

2 Thread the ponytail through the styler.

3 Begin to pull the styler down…

4 …continue pulling…

5 …so the ponytail pulls through…

6 …and emerges underneath.

7 Smooth the hair with your hand and insert the styler again, repeating steps 2 to 6 once more to give a neat and smooth, chignon loop.

TIP
The same technique can be used on wet hair as long as you apply gel first, combing it through evenly before styling.

CURLY STYLER

The ponytail styler can also be used to tame a mass of curls, creating a ponytail with a simple double twist.

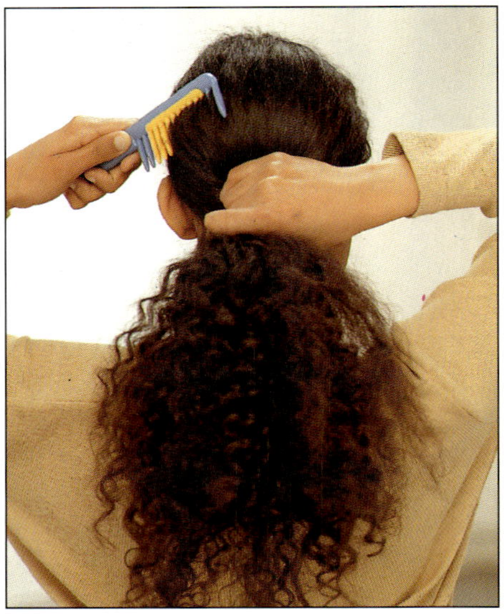

1 Use a comb with widely spaced teeth to smooth the hair back and into a ponytail. Secure with a covered band.

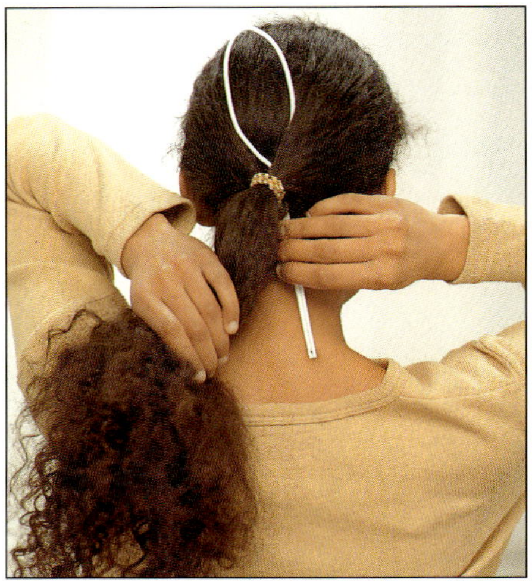

2 Insert the styler as shown.

3 Thread the ponytail through the styler.

Side view of finished style.

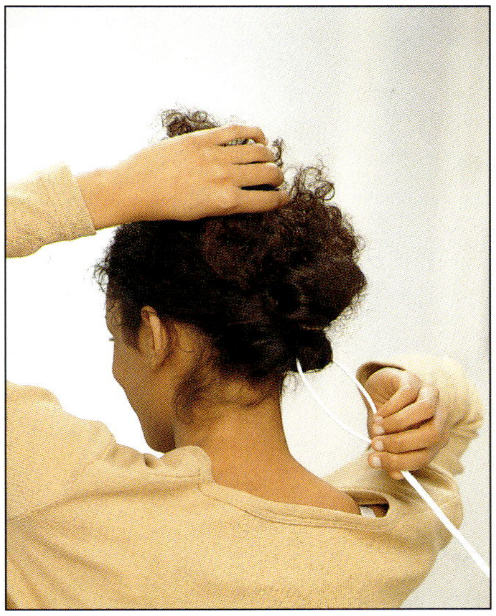

4 Begin to pull the styler down…

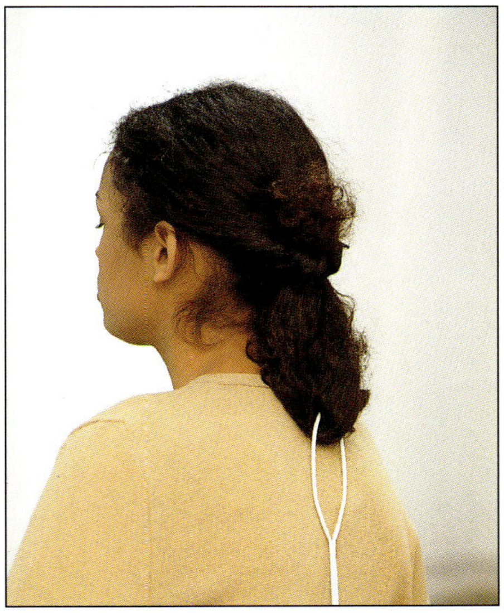

5 …continue pulling…

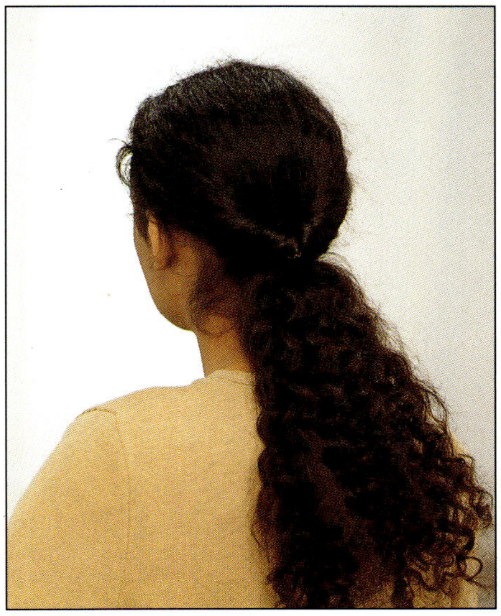

6 …so that the ponytail pulls through.

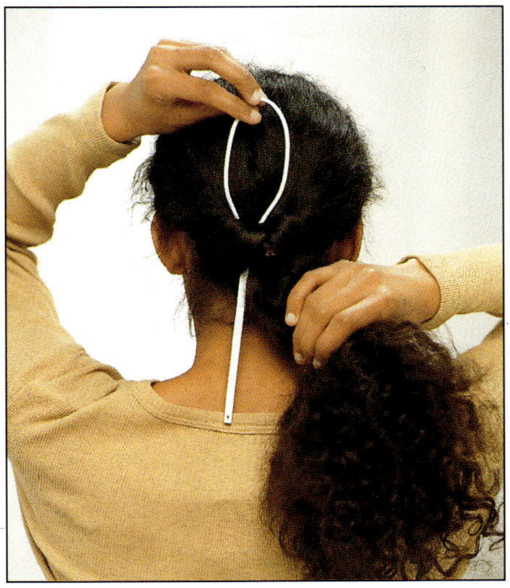

7 Repeat steps 3 to 6.

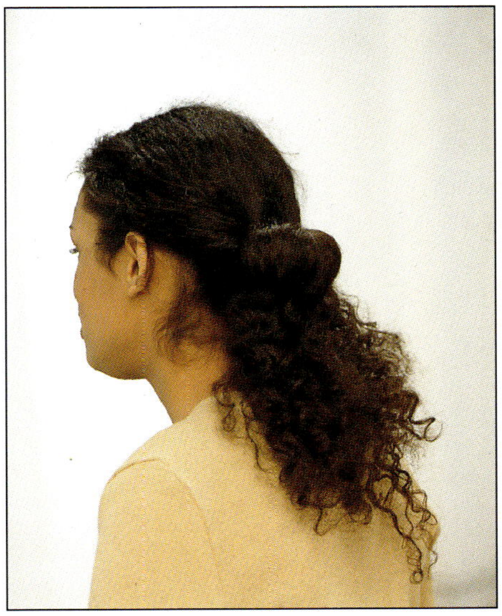

8 Apply a little mousse to your hands and use it to re-form the curls, scrunching to achieve a good shape.

STYLING CHECKLIST

Time: 5 minutes
Ease/difficulty: Easy
Hair type: Long and naturally curly or permed

You will need:
✔ widely spaced tooth comb
✔ covered band
✔ ponytail styler
✔ mousse

TIP

When inserting the styler through a pony tail, carefully move it from side to side in order to create enough room to pull the looped end of the styler through more easily.

TOP KNOT

Ring the changes on finely braided locks by adding bright cord and tying the hair in a top knot.

1 Bind the end of each braid with cord, tying in a knot to secure.

2 Cross the braids over one another. Pick up and hold the braids from the crown section in either hand, as shown

3 Tie in a knot.

4 Repeat step 3 so you have a double knot. Secure the knot with a decorative hair pin.

STYLING CHECKLIST

Time: 15 -20 minutes
Ease/difficulty: Easy
Hair type: Long, finely braided or braided hair extensions

You will need:
✔ length of colourful cord about 5 m/5 yd long
✔ decorative hair pin

CROWN BRAIDS

By braiding the crown hair and allowing the remaining hair to frame the face you can achieve an interesting contrast of textures.

1 Clip up the top hair on one side of your head, leaving the back hair free. Take a small section of hair at ear level and comb it straight.

TIP
The volume of the curls can be increased by tipping your head forwards, then applying styling spray and scrunching the hair lying underneath.

2 Start braiding quite tightly, doing one cross (right strand over centre, left over centre), and gradually bring more hair into the outside strands.

3 Continue in this way, taking the braid towards the back of the head.

4 Make another parting about 25 mm/1 in parallel to and above the previous braid, and repeat the process. Continue in this way until all the front hair has been braided. Scrunch the remaining hair into fulsome curls to increase the volume. Finally, add a decorative Alice band.

STYLING CHECKLIST

Time: 15 minutes
Ease/difficulty: Needs practice
Hair type: Mid-length to long and naturally curly or permed

You will need:
✔ large clip
✔ small covered bands
✔ Alice band

TWIST AND COIL

This style starts with a simple ponytail, is easy to do, and looks stunning.

1 Smooth the hair back and secure in a ponytail using a covered band.

2 Divide off a small section of hair and mist with shine spray for added gloss.

3 Holding the ends of a section, twist the hair until it rolls back on itself to form a coil.

4 Position the coil in a loop as shown and secure in place using hair pins. Continue in this manner until all the hair has been coiled. Decorate by intertwining with a strip of sequins.

STYLING CHECKLIST

Time: 10 minutes
Ease/difficulty: Easy
Hair type: Long, one length, straight hair

You will need:
✔ covered band
✔ pins
✔ hair pins
✔ shine spray
✔ 1 m/1 yd strip of sequins

CAMEO BRAID

A classic bun is given extra panache by encircling with a braid.

1 Smooth the hair into a ponytail, leaving one section of the hair free.

2 Place a bun ring over the ponytail.

3 Take approximately one third of the hair from the ponytail and wrap it around the bun ring, securing with pins. Repeat with the other two-thirds of hair.

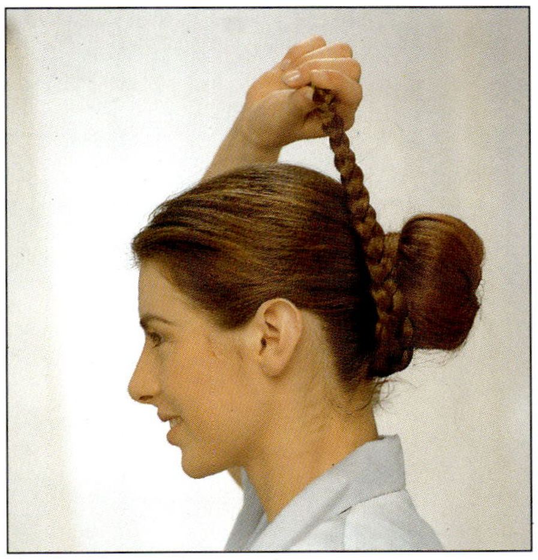

4 Braid the section of hair that was left out of the ponytail, right strand over centre strand, left over centre and so on, and wrap the braid around the base of the bun, then secure with pins.

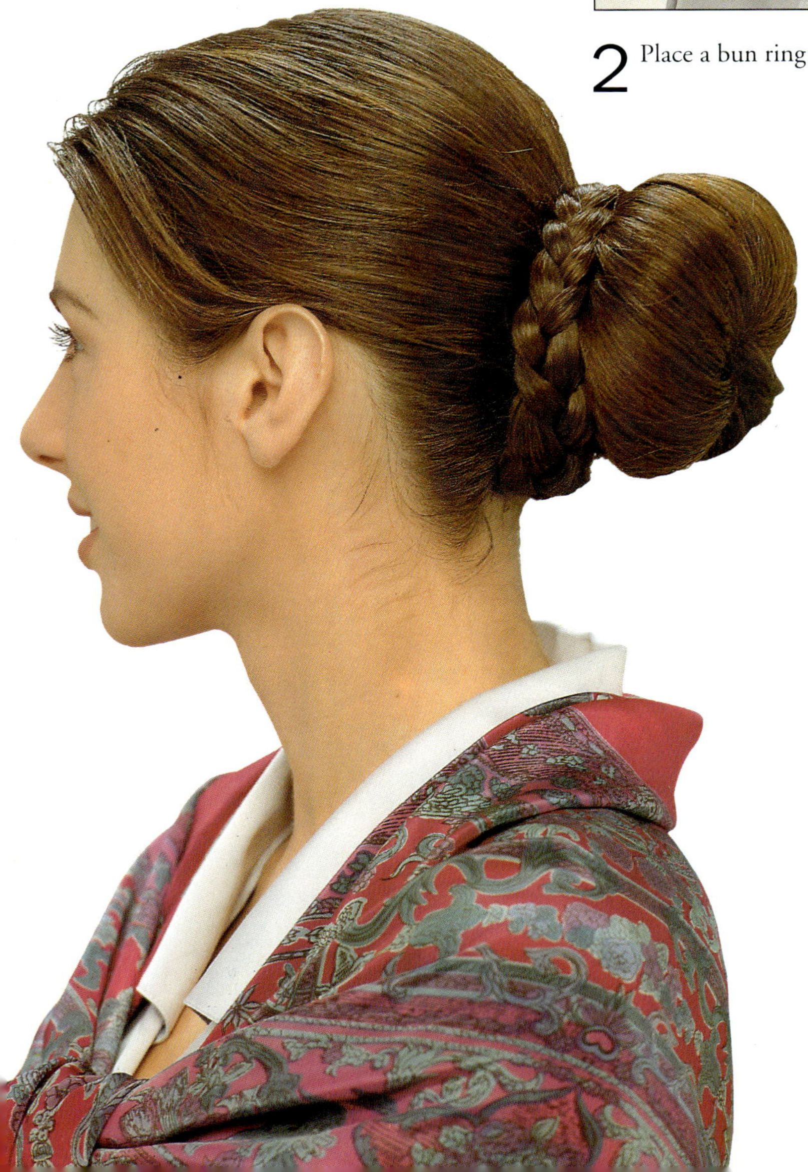

STYLING CHECKLIST

Time: 10 minutes.
Ease/difficulty: Needs practice
Hair type: Long and straight

You will need:
✔ covered band
✔ bun ring
✔ hair pins

BAND BRAID

STYLING CHECKLIST

Time: 5 minutes
Ease/difficulty: Easy
Hair type: Long, one length

You will need:
✔ brush
✔ covered band
✔ wax
✔ grips

A plain ponytail can be transformed by simply covering the band with a tiny braid.

1 Brush the hair back into a smooth, low ponytail, leaving a small section free for braiding. Smooth the reserved section with a little styling wax. Secure in place with a covered band.

2 Divide this section into three equal strands. Now, braid the hair in the normal way.

3 Take the braid and wrap it around the covered band . . .

4 . . . as many times as it goes. Finally, secure with a grip.

CLIP UP

Long, curly hair can sometimes be unruly. Here's an easy way to tame tresses but still keep the beauty of the length.

1 Rub a little wax between the palms of your hands, then work into the curls with the fingertips. This helps give the curl separation and shine.

2 Take two interlocking large curved combs and use them to push the crown hair up towards the centre.

3 Push the teeth of the combs together to fasten.

TIP
It's easier to disentangle curly hair if you use a comb with widely spaced teeth.

4 Repeat with two more combs at ear level to secure the back hair.

STYLING CHECKLIST

Time: 2 minutes
Ease/difficulty: Easy
Hair type: Mid-length to long, curly or straight

You will need:
✔ wax
✔ two sets of interlocking curved combs

DRAPED CHIGNON

This elegant style is perfect for that special evening out.

1 Part the hair in the centre from the forehead to the middle of the crown. Comb the side hair and scoop the back hair into a low ponytail using a covered band.

2 Loosely braid the ponytail – take the right strand over the centre strand, the left over the right, the right over the centre, and so on, continuing to the end. Secure the end with a small band, then tuck the end under and around in a loop and secure with grips.

3 Pick up the hair on the left side and comb it in a curve back to the ponytail loop.

4 Swirl this hair over and under the loop and secure with grips. Repeat steps 3 and 4 on the right side.

STYLING CHECKLIST

Time: 5-10 minutes
Ease/difficulty: Quite easy
Hair type: Long and straight

You will need:
✔ comb
✔ covered bands
✔ grips

TIP
Even long hair should be trimmed regularly, at least every two months, to keep it in good condition

CITY SLICKER

Transform your hair in minutes using gel to slick it into shape and add sheen.

1 Take a generous amount of gel and apply it to the hair from the roots to the ends.

2 Use a vent brush, a comb, or your fingers to distribute the gel evenly through the hair.

3 Comb the hair into shape using a styling comb to encourage movement.

TIP
Make sure you distribute the gel evenly all over your hair before styling.

4 Shape to form a quiff and sleek down the sides and back.

STYLING CHECKLIST

Time: 5 minutes
Ease/difficulty: Easy
Hair type: Short crops

You need:
✔ gel
✔ small vent brush
✔ styling comb

SIMPLE PLEAT

Curly hair that is neatly pleated gives a sophisticated style. The front is left full to soften the effect.

1 Divide off a section of hair at the front and leave it free. Smooth with a little serum. Take the remaining hair into one hand, as if you were going to make a ponytail.

2 Twist the hair tightly from left to right.

3 When the twist is taut, turn the hair upwards as shown to form a pleat. Use your other hand to help smooth the pleat and at the same time neaten the top by tucking in the ends.

4 Secure the pleat with hair scroos or pins. Take the reserved front section, bring it back and secure it at the top of the pleat, allowing the ends to fall free.

STYLING CHECKLIST

Time: 5 minutes
Ease/difficulty: Quite easy
Hair type: Shoulder length or longer, curly or straight

You will need:
✔ serum
✔ hair scroos or pins

LOOPED CURLS

Two ponytails form the basis of this elegant style.

1 Apply setting lotion to the ends of the hair only. This will give just the right amount of body and bounce to help form the curls. Set the hair on heated rollers. When the rollers are quite cool – about 10 minutes after completing the set – take them out and allow the hair to fall free.

2 Divide off the crown hair and secure it with hair pins in a high ponytail. Apply a few drops of serum to add gloss, and brush the hair through.

3 Place the remaining hair in a lower ponytail.

4 Divide each ponytail into sections about 25 mm/1 in wide, then comb and smooth each section into a looped curl and pin in place. Set with hairspray.

STYLING CHECKLIST

Time: 10-15 minutes.
Ease/difficulty: Needs practice.
Hair type: Mid-length to long

You will need:
✔ setting lotion
✔ heated rollers
✔ serum
✔ covered bands, hair pins

FRENCH PLEAT

Mid-length to long hair can be transformed into a classic, elegant French pleat in a matter of minutes.

1 Backcomb the hair all over.

2 Smooth your hair across to the centre back and form the centre of the pleat by criss-crossing hair grips in a row from the crown downwards, as shown.

3 Gently smooth the hair around from the other side, leaving the front section free, and tuck the ends under.

4 Secure with pins, then lightly comb the front section up and around to merge with the top of the pleat. Mist with hairspray to hold.

STYLING CHECKLIST

Time: 5-10 minutes.
Ease/difficulty: Quite easy
Hair type: Mid-length to long

You will need:
- ✔ comb
- ✔ hair grips
- ✔ pins
- ✔ hairspray

SHORT AND SPIKY

Short hair can be quickly styled using gel and wax to create a cheeky, fun look.

1 Work a generous amount of gel through your hair from the roots to the ends.

2 Dry your hair using a directional nozzle on your dryer; as you dry, lift sections of the hair to create height at the roots.

3 When the hair is dry, backcomb the crown to give additional height.

TIP
Gel can be re-activated by misting the hair with water and shaping it into style again.

4 To finish, rub a little wax between the palms of your hands, then apply it to the hair to give definition.

STYLING CHECKLIST

Time: 10 minutes
Ease/difficulty: Easy
Hair type: Short, layered and straight

You will need:
- ✔ gel
- ✔ hairdryer
- ✔ comb
- ✔ wax

EXERCISE AND DIET

Are you unfit and out of shape? You could blame your lifestyle for the state you are in. Today, everything is geared to make life as easy as possible. We do not have to walk up stairs because there is usually a lift to carry us, and we do not have to wash clothes by hand because most of us own a washing machine to do the work for us. Those of us who are office workers are amazingly inactive; we sit all day – in a car, bus, or train, or at a desk – and slump on a favourite chair in the evening. Do you want to improve your fitness but feel it would be too difficult? Getting in shape appears to be hard work and time-consuming, but it does not need to be. So, if you want a fitter, firmer and healthier body, follow the exercises and diet guidelines in this section – and get fit.

FITNESS AND EXERCISE

Fitness is the key to a healthy mind and body. It is based on stamina, strength, and suppleness – the three "S's"; better shape and self-esteem are two extra "S" bonuses. Being fit does not merely improve your physical prowess and grace, it also makes you feel better over-all. Most of us know that if we were fitter, we would have more confidence and greater zest for life. But although we are more health-conscious about our diet nowadays, regular exercise is still not a part of most people's daily lives. Surveys always draw the same conclusions as to the reasons for this: lack of time, energy, interest, and confidence. Becoming fit is neither as difficult nor as time-consuming as it may appear to be: you can get fit – and get a better body into the bargain – more quickly, easily and enjoyably than you may think.

HOW FIT DO YOU NEED TO BE?

There is no such thing as a standard fitness gauge – it all depends on your personal make-up and why you want to be fit: being robust enough to run a marathon, for example, is very different from honing the three "S's" to gain improved physical shape and health. For exercise to be of any help to you, though, it should boost your metabolism and improve your cardiovascular (heart and circulation) and respiratory (breathing) systems.

GOALS AND RECORD RESULTS

Finding a goal that will inspire you is one of the secrets of success. To achieve that goal, you must have a motive that matters enough to give you an iron will, such as improving your figure for a special event (for example, your wedding and honeymoon), buying yourself a longed-for figure-hugging dress, or simply boosting your fitness levels generally. Set the dead-

Swimming is an excellent way of keeping the whole body in good physical condition when done regularly and conscientiously.

WHY BOTHER WITH FITNESS?

Why are you reading this book? Are you fed up with having low self-confidence? Are you tired of running out of puff, being out of shape (obese, even) or always feeling under the weather? Do you often get colds, or suffer from bad pre-menstrual syndrome (PMS), stress, or sleepless nights? These are just a handful of the signs that could manifest themselves when you are unfit. So exercise is worth the effort, because when you are fitter, recurring problems such as these may ease or disappear.

Women are increasingly attracted to strenuous sports such as boxing that until recently were considered to be solely a male preserve.

Competitive team sports such as volleyball not only provide an opportunity to improve physical fitness, they are also highly enjoyable.

line and stick to it. Depending on what you want to achieve, a three-week plan is ideal because it is not too long and if you persevere (take it week by week or day by day – whichever you find easiest), you will see results. Be realistic: if your goals are too high you are more likely to fail; if they are too low, you will not have enough of a challenge.

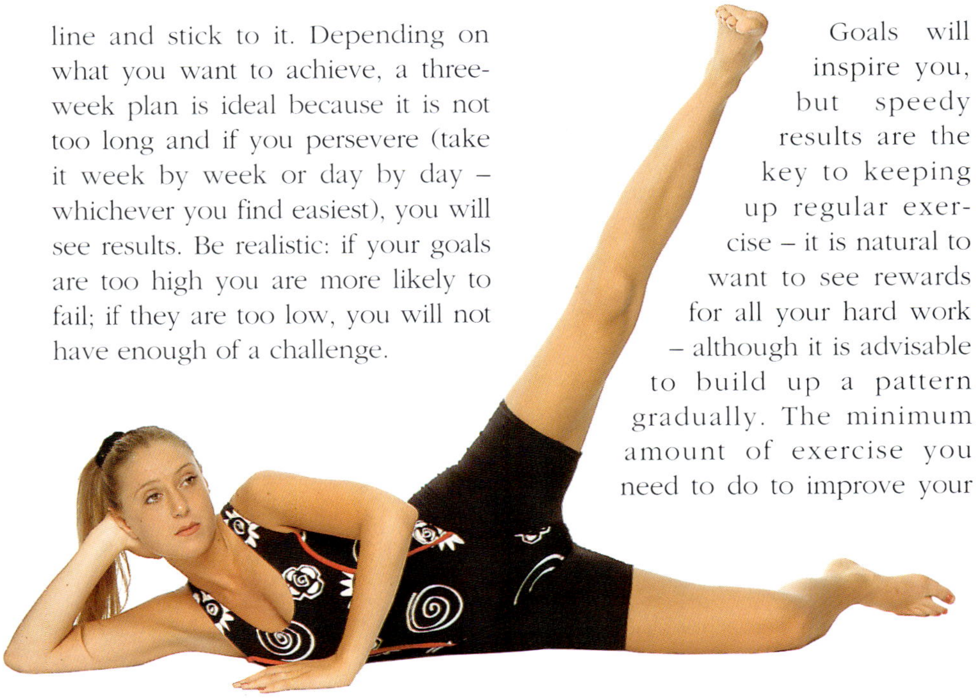

Goals will inspire you, but speedy results are the key to keeping up regular exercise – it is natural to want to see rewards for all your hard work – although it is advisable to build up a pattern gradually. The minimum amount of exercise you need to do to improve your personal fitness is 20 minutes 3 times a week – the "3 x 20" maxim. This means three bouts of exercise vigorous enough to make you fairly breathless (but not gasping for breath). So if you do the general fitness exercises outlined in this book 3 times a week for 20 minutes you will get fitter. If you want to see fast results, though, you need to add extra activities – such as a couple of games of tennis, swimming, or brisk walking – to your exercise quota, so that you are actually exercising six days a week.

Taking part in a team sport once a week is a good idea: not only will it make you fitter, slimmer, and happier, the competitive spirit will

also strengthen your resolve. Some sports need special skills but you do not have to be an athlete to do most of them.

CONTRA-INDICATIONS

Before taking up any form of rigorous exercise or training, you should consult your doctor – especially if any of the following conditions apply to you:

- ❍ diabetes or epilepsy
- ❍ over 35 years of age with a long history of inactivity
- ❍ cardiovascular or respiratory problems
- ❍ severe illness and ensuing medication
- ❍ chronic joint or back problems
- ❍ obesity
- ❍ pregnancy
- ❍ heavy drinking or smoking

WARMING UP AND COOLING DOWN

Warm-up activities are important as they prime you for exercise: they ease your muscles into action so that your muscles react more readily to activity; they also prepare you for a rise in heart rate and body temperature. Warm ups should be done slowly and rhythmically for 5–10 minutes (depending on age and personal fitness).

Be sure also to set time aside to cool down after exercising: keep walking or moving around slowly for 5 minutes. The cool-down period is important because it allows you to decrease gradually the amount of exercise. This avoids feelings of faintness that may be caused by the pooling of blood below the waist that occurs during vigorous exercise.

YOUR PULSE RATE

Monitoring your pulse rate allows you to keep a check on whether you are exercising adequately. The maximum heart rate for an adult is roughly 220 beats per minute minus your age in years. The ideal heart rate during exercise is in a target zone of 65-80 per cent of this figure. The aim of exercise is to get your heart rate to within a certain range. These are the ideal exercise heart rate ranges for the different ages:

Age	Pulse Range
20+	130–160
30+	124–152
40+	117–144

To find out your active pulse rate per minute, rest two fingers lightly on your pulse immediately after exercising, count the beats for 10 seconds and multiply by 6.

Hockey is a demanding sport that strengthens the legs, is beneficial to the heart and lungs, and significantly improves co-ordination.

A good many water sports demand strength, stamina, and a fine sense of balance. Wind surfing is no exception to the rule.

EXERCISES FOR GENERAL FITNESS

This exercise routine helps to improve over-all fitness and should take you roughly 30 minutes to complete. Aim to do it three times a week and try to do extra aerobic exercise – such as swimming, walking or cycling – on the other days (aerobic exercises include any activity that can be done rhythmically and continually and that boosts the efficient uptake of oxygen). To warm up your muscles before exercising, either spend two minutes running up and down the stairs, walking briskly, cycling, or doing the special warm-up exercises outlined below.

Think of warm-up exercises as a way of easing your body into increased activity. The movements should be slow and rhythmical, not sharp and jerky.

WARM-UP EXERCISES

Warm-up Exercise A

1 Stand upright with your feet apart and in line with your shoulders, with your arms hanging loosely at your sides and your shoulders down.

2 Bring your shoulders forwards.

3 Then raise them as high as you can.

4 Now move your shoulders back as far as possible. Finally, bring them back to the start position.

IMPORTANT NOTE

If you feel any pain – or experience anything other than the normal sensation of muscle fatigue – stop exercising. Quit if you feel dizzy too. Always work out at your own pace; and skip exercise if you are ill, have a virus or a raised temperature.

REPETITION GUIDE FOR GENERAL FITNESS EXERCISES

Toning Exercises	Repeats/Time Allowance
Warm-ups	5 minutes
Press-ups	10 repeats
Lying Flies	10 repeats
Reverse Curls	10 repeats
Sit-ups	10 repeats
Squats	10 repeats
Cool Downs	3–5 minutes
Aerobic Exercise	20–30 minutes

The recommended 10 repeats are for beginners – you should aim to repeat each exercise (from Warm-ups to Cool Downs) 15 times, or as often as is comfortable. Start by doing this set of exercises twice a week, work up to three times a week and combine it with some other form of exercise – ideally aerobics – for the time suggested above.

Warm-up Exercise B

1 Maintain an upright posture as in Exercise A. Tip your head forwards so that your chin is almost resting on your chest.

2 Raise your head, stretching and lengthening your neck as you return to the upright position. Repeat 4 times.

3 Now tip your head to the left, keeping your shoulders down. Bring it back to the centre and then stretch and lengthen your neck.

4 Repeat Step 3 but tip your head to the right side. Repeat 4 times on each side, remembering not to raise your shoulders.

5 Keep your head upright and turn so that you are looking over your left shoulder. Then face forwards again and stretch and lengthen your neck.

6 Now turn and look over your right shoulder. Face forwards again and stretch and lengthen your neck. Repeat Steps 5 and 6 four times, then do the whole sequence again twice.

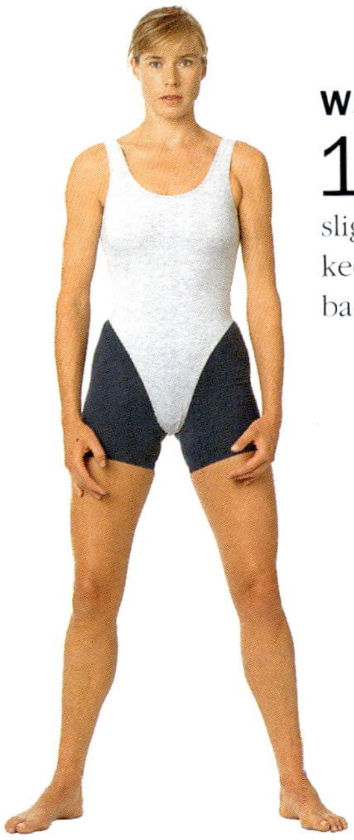

Warm-up Exercise C

1 Stand with your feet fairly wide apart; lean forwards slightly from your hips keeping your chest lifted and back straight.

2 Gently rotate and bend your left leg out from the hip until your knee is directly over your left foot and pointing in the same direction. Keep your right leg straight and your right foot pressed into the floor. You should feel a comfortable stretch in the inner thigh; if not, place your feet wider apart. Repeat 5 times, holding the position for 5 seconds; swap leg positions and repeat.

THE GENERAL EXERCISES

Chest Muscles: Press-ups

1 Place yourself on all fours with your knees directly under your hips, your hands beneath your shoulders with your fingers pointing forwards, your palms flat. Make sure your back is straight – that is, parallel with the ceiling – all the time. Achieve this by pulling your stomach in and tucking your pelvis under.

2 Steadily lower yourself – nose first – towards the floor . . .

3 . . . then raise yourself back to the starting position, breathing in as you go.

Upper Back Muscles:Lying Flies

1 Lie on your front on the floor with your hips down, and keep your body relaxed. Rest your forehead on the floor, your arms out on each side at right angles to your body, elbows bent.

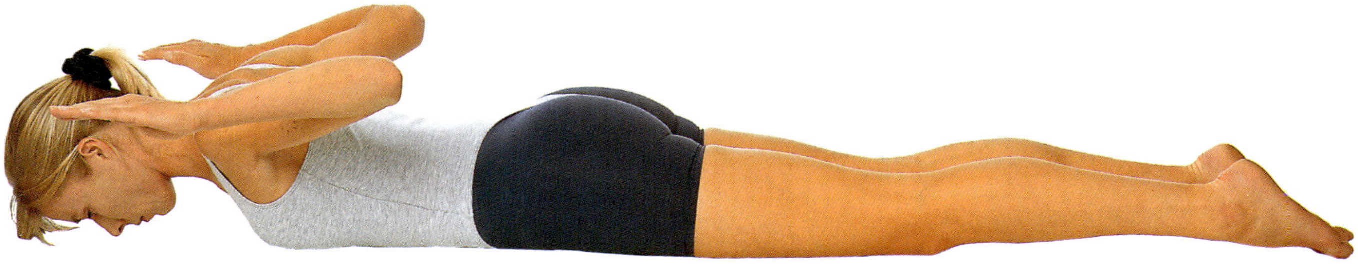

2 Keeping your elbow bent, steadily lift both arms, making sure they are parallel to the floor.

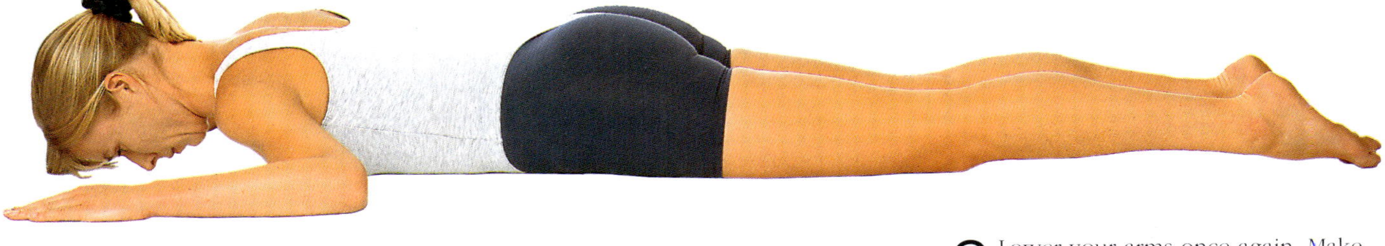

3 Lower your arms once again. Make sure you don't pull your elbows back; keep them in line with your shoulders and keep your hips and feet in contact with the floor all the time.

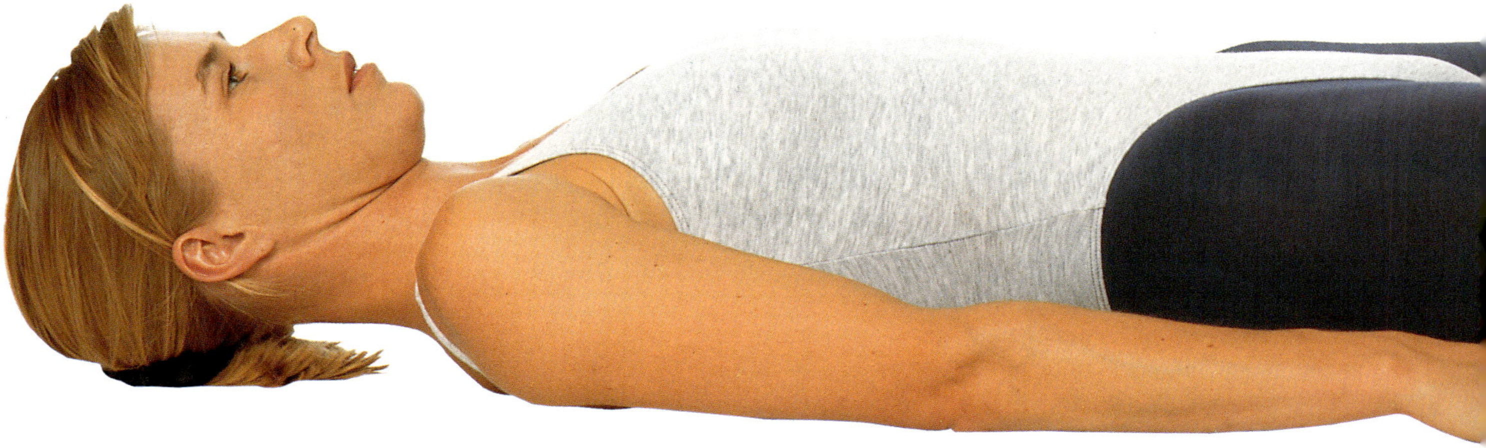

ABDOMINAL MUSCLES

When you do these exercises, keep your lower back pressed into the floor throughout and work slowly, with total control. In the Upper Abdominals exercise, lift your head and shoulders as one unit, never separately; roll up from the top of your head; imagine you are holding a peach between your chin and your chest and keep this gap constant throughout. Make sure your face muscles are relaxed all the time.

Lower Abdominals:Reverse Curls

1 Lie flat on your back on the floor, arms by your sides, palms flat on the floor beside you.

2 While keeping your arms and hands flat on the floor, bring your knees in towards your chest one at a time, and once there, keep both knees together in the bent position.

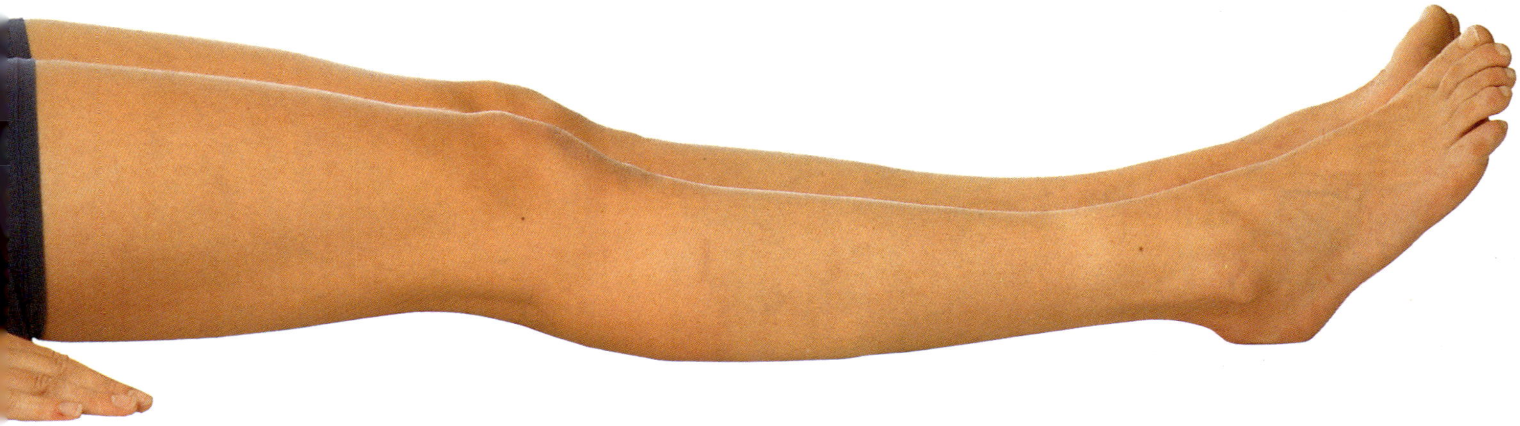

3 Breathe in and, keeping your spine firmly pressed into the floor, pull in your abdominal muscles while at the same time curling up your coxyx (tail bone) to bring your knees closer to your chest. Keep your feet relaxed throughout. Lower your body to the starting position, exhaling as you go down.

Upper Abdominals: Sit Ups

1 Lying flat on the floor with your arms by your side, palms flat on the floor, bend your knees and keep your feet flat on the floor a little distance apart in line with your hips.

2 Lift your head and shoulders – inhaling as you move up – and push your fingertips towards your knees keeping your arms straight.

3 Lower your body back to the starting position, exhaling as you go down; repeat the movement.

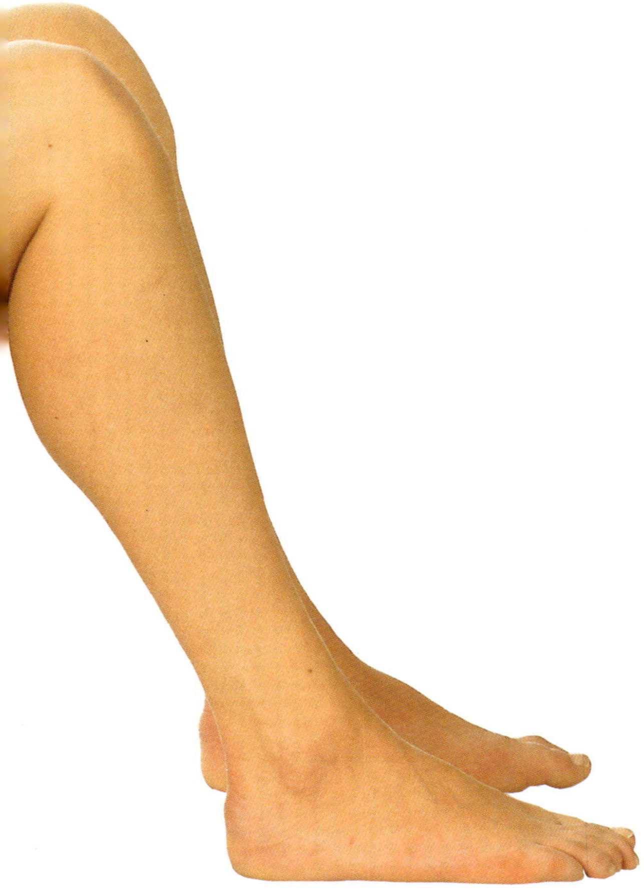

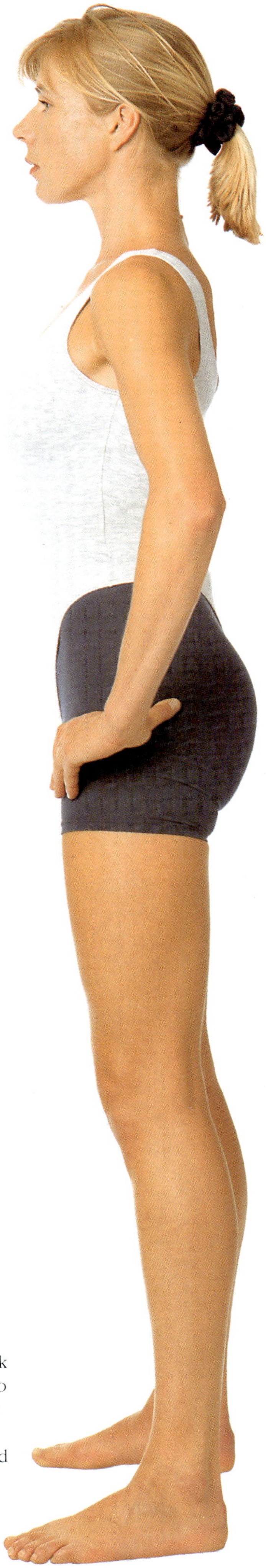

Leg Muscles:Squats

1 Stand up straight with your feet a little wider than shoulder-width apart. If you stand on tiptoe, this exercise tones your calf muscles and your quadriceps, the muscles on the front of your thighs; if you angle your toes slightly outwards while on tiptoe, it benefits your inner thighs.

2 Resting your hands on the front of your thighs and keeping your arms straight, steadily bend your legs to a squatting position, exhaling as you go down.

3 Then, inhale as you rise steadily back to the starting position. When you do this exercise, it is important to keep your back straight and your knees flexible. Don't let your knees bend further forward than your toes.

SPORTS ACTIVITIES

Team sports and work-outs at the gym are not only fun, they also give you the chance to add to your exercise quota for the week, and therefore reach your self-improvement goals that much faster. The benefits of taking part in specific sports and of working out are given here.

Badminton: aerobic; improves joint flexibility, stamina, leg and shoulder tone and strength; 30-40 minutes continuous play burns up around 200-800 calories.

Golf: improves arm, shoulder and leg tone, and strength (you walk four to five miles when you do a round of golf).

Jogging: aerobic; improves stamina, leg strength and tone; an hour's jogging burns up 200-350 calories. If you think that jogging or running will suit your new active way of life, take the standard precautions before you start: check with your doctor and, as with all aerobic exercise, increase the pace gradually; always wear the right trainers (and support bandages if your joints are weak).

HOUSEWORK TIME NEEDED TO BURN UP 100 CALORIES:

- ❍ Ironing: 50 minutes
- ❍ Sweeping the floor: 30 minutes
- ❍ Washing-up: 28 minutes
- ❍ Vacuuming: 40 minutes
- ❍ Polishing furniture: 52 minutes

DIETING COMBINED WITH EXERCISE

You will lose weight if you limit your food intake, but not as quickly or as evenly as you would if you combined a balanced weight-loss diet with regular exercise. Exercise increases your metabolism, and, if you want to lose weight more quickly, you need to exercise in conjunction with dieting.

MAKE EXERCISE EASY TO DO

Your body cannot "store" fitness, so once you have started, you have to keep exercising regularly. Make your routine flexible: if you think it is going to be hard to maintain, don't choose an activity that requires good weather or a long detour from your office or home.

Tennis: aerobic; boosts stamina and suppleness; strengthens and tones your shoulders, forearms, calves and thighs; play energetically (ideally twice a week) for an hour and you will burn up around 300-400 calories.

Brisk walking: aerobic; strengthens and tones your legs.

Cycling: aerobic; builds stamina; tones your legs.

Skipping: aerobic; boosts stamina, strength and leg tone. Start by doing 3 skipping sets for 30 seconds a time with a 5-minute

Golf is a sport that particularly benefits shoulders, arms, and legs. Playing a round involves a good deal of walking.

Judo is a body contact sport and one of the major martial arts. It requires a good deal of strength, agility, and physical courage.

GYM-BASED BENEFITS

Aerobics: specific aerobics classes combine exercise with constant movement for up to an hour; they are fast fat-burners and an ideal activity to do regularly if you are after speedy results.
Circuit, cross, resistance, or weight training: aerobic; increase stamina, strength and suppleness; an hour of circuit training burns up between 350-550 calories.
Step classes: aerobic; improves stamina; tones and strengthens your lower torso (bottom, thighs and calves); an hour-long class burns up between 500-800 calories.
Yoga: improves posture; tones, strengthens, and relaxes the body; loosens joints; an hour of yoga burns up about 200 calories.

break after each set; build up to skipping for 2 minutes with a 10-minute break and also increase the repetitions.
Rebounding: aerobic; bounding on a mini trampoline is a fun way to get fit at home.
Swimming: aerobic; swimming is one of the fastest (and best) ways to boost overall fitness, muscle tone, joint flexibility, and relaxation. Do 4 lengths of a 25 m/25 yard pool, rest for a minute and build endurance by reducing rest time and increasing swim time; within a fortnight you will be noticeably fitter and firmer; an hour's breaststroke burns between 500-800 calories.

HELP FOR PMS

Exercise is the last thing you feel like doing when you are pre-menstrual. But if you do push yourself now, you will feel more relaxed and relieve the symptoms. If you cannot face an aerobics class, go for a swim: this will ease pre-menstrual cramp and put you in a better mood.

Football: aerobic; improves stamina; strengthens and tones your legs; an hour's play burns up around 250-1000 calories.
Boxing: tones and strengthens your chest, shoulders, and arms; an hour's boxing burns up around 400-600 calories.
Volleyball: aerobic; improves stamina; tones and strengthens the whole body, especially your legs and arms; mobilizes joints; an hour's play burns up 200-600 calories.
Squash: as above; an hour's play burns up 400-1000 calories.

ARE EXPENSIVE TRAINERS A WASTE OF MONEY?

What you wear on your feet is crucial to your performance and to the benefits you will get from exercise. Good sports shops will give advice on the right trainers to wear for different activities, but cross-trainers – designed to be worn for most sports – are probably your best investment because they are good all-rounders. Bare feet (and something comfortable such as leggings and a T-shirt) are fine when you are doing the exercises outlined in this book.

BODY SHAPE

The shape of your body is unique; it is important to remember this because the basic skeletal and muscular form that you inherit is unchangeable. Features such as your height, foot size, shoulder width and the length and shape of your legs, nose, fingers and toes combine to produce a whole. Each person is an individual, with characteristics particular to their genetic make-up.

BODY BRACKETS

Although we come in a variety of shapes and sizes, the human body is cast from three basic moulds. Often, features from two or three of these body types are jumbled with our individual characteristics, but it is the more dominant features that slot us into one of the following groups: ectomorphs; mesomorphs, and endomorphs.

Ectomorphs are usually small- and slender-framed with long limbs, narrow shoulders, hips and joints. They have little muscle or body fat. Mesomorphs have medium to large – but compact – frames with broader shoulders, pelvic girdle and well-developed muscles. Endomorphs are naturally curvaceous, with more body fat than muscle, wider hips, shorter limbs and a lower centre of gravity than the other two body types.

SELF-IMAGE

If you are a bit on the tubby side, it can be annoying to hear someone who you think is poker-thin whining about being overweight. But there is a logic behind this that stems from self-image. Very few of us actually see ourselves as we really are. We tend to misjudge our bodies with sweeping claims to fatness, even when we have only a spot of excess flab around our midriff to show for it. And although it sounds amazing, the way we behave in everyday life (and think others see us) often tallies with our self-image. It's a vicious circle: we think that we don't measure up to the standard beauty ideal so our self-esteem dips, often so low that we feel that we will never have a better body. This in turn causes self-confidence to plummet further, we feel even worse, and so the vicious circle continues.

Taking control of your self-image brings enormous bonuses. And the faster you can do this, the greater the rewards, as speedy results boost your confidence more quickly. But before you undertake a scheme to get into better shape, you must work on your positive thinking: realize your potential by deciding on (and accepting) your body model, then use this as your goal. Forget conventional beauty ideals – you don't have to have mile-long legs to have a dynamite figure; what you already have – your basic shape – is great. It just needs perfecting, and that is something that everyone can do.

GOOD POSTURE

Even though it sounds like some pointless exercise from your schooldays, there is real wisdom in the old dictum "head up, shoulders back, bottom in". The difference that good posture makes to the look of our bodies is enormous, mainly because when we are standing properly our abdominal muscles are in their correct supporting role and the whole body is aligned so it looks leaner and taller. Good posture is also helpful to our mental and physical health; some alternative therapies (such as the Alexander Technique) are based on the principle of correct posture because it can ease back pain, stress, and even headaches.

Posture Exercise Stand in front of a mirror, try these exercises and see what they do for the shape of your body:

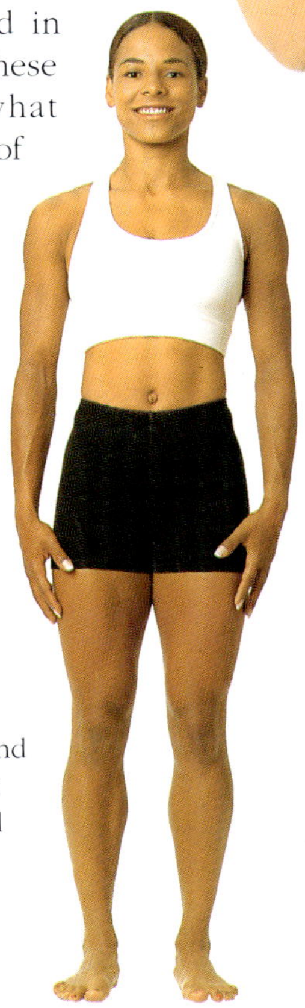

1 Do this exercise facing yourself first, then turn so you are sideways on:

- Lift your head up and lengthen your spine.
- Tuck in your chin and your bottom.
- Bring your shoulders back and down.

2 Now stand with your legs slightly apart.

- Check whether your weight is evenly spread.
- Keep your shoulders and hips level and your weight balanced between the heel and ball of each foot.

TROUBLE SPOTS

Very few people are able to say honestly that they are totally happy with their body. Everyone has at least one gripe – if it is not big feet, it is thin hair or knobbly knees. All these perceived "flaws" can be improved or disguised, but as anyone who has ever tried (and failed) to move the fat that sits on strategic points such as hips, thighs, stomachs, and buttocks knows, it is much easier to hide the flaws than to tackle them. Trouble spots such as these are notoriously stubborn to shift, but it is possible to alter your outline with a combination of diet and exercise.

COMMON PROBLEMS

Any of the following can be discouraging, but remember – each problem has a solution.

Slack stomachs Our stomachs become flabby when the abdominal muscles slacken; this usually happens through lack of exercise. Your abdomen extends from just under the bustline to the groin, and

The best way to assess your figure is to stand in front of a full-length mirror. Be honest with yourself, and look for areas that need improving.

FINDING AND IMPROVING YOUR TRUE FORM

Step 1: Confront Your Body
Go on, be brave. Strip to your underwear, stand in front of a mirror and have a good look at your body. Take your time and be tough but realistic. You may have disliked your thighs since you were 16 – and they will probably never be those of a supermodel – but if you look hard enough you might just find that they are not as bad as you have always thought they were, and that improving them is not going to be that hard after all.

Step 2: Put Your Complaints In Writing
Note down all the things that irk you (and that you can do something about) as well as those that you like or do not mind. Then go through your list of dislikes, ticking the things that you really want to do something about. Also, make a mental note to start appreciating your good points: the more you focus on them the less you will notice the not-so-good zones.

Step 3: Action Checklist
Now, add a set of action points under the problem zones you have listed. If you want to firm up your arms for that sleeveless sundress you have been unable to wear for a decade of summers, make notes like this:

Flabby Upper Arms
❍ Do Basic Exercises.
❍ Check Diet.
❍ Exfoliate/Moisturize.

Finally, add your goal(s) and your deadline to the top of the list and put it somewhere where you are going to see it frequently.

TWO QUICK THIGH-TONERS

If you do not have time to do a full exercise routine, grab 10 minutes in the morning and evening to warm up and do these two exercises.

❍ **Outer Thighs:** sit on the floor with your legs straight out in front and hold your arms out to the sides as shown left. Roll sideways on to your bottom – go right over on to your outer thigh and then roll right over on to the other thigh. Do this 20 times.

❍ **Inner Thighs:** stand upright and consciously tighten – and hold – your buttock muscles for a slow count of five. Repeat with your thigh muscles and then your calf muscles. You can do this while you are waiting for your bath to run, standing at the bus stop, and so on.

it is packed with muscles that criss-cross to form a wall to hold the abdominal contents in place – a bit like a corset. Exercise is not the only way to keep your stomach flat though: weight is also an important factor and the long-term answer is diet and exercise.

Thunder thighs Thighs – like bottoms and busts – are a great source of discontent, whether it is because they are too flabby, muscular, or skinny. You inherit the basic shape of your thighs, but that does not necessarily mean that you were born with the excess fat that may now be covering them. Thigh size and tone can certainly be altered with the right diet, correct body care and regular exercise. Sports such as cycling, skiing, tennis, squash, and riding (a great inner-muscle firmer) will tone your thighs, as will weight training for specific areas of the body.

Large bottoms There are three large muscles in our buttocks: *gluteus maximus, medius,* and *minimus.* These create the shape, but not the size, of our rear ends. It is the tone of these muscles and the fatty tissue around them that gives us the bottoms we have. The good news is that buttock muscles respond well to exercise, which means that any effort you put into bottom-toning exercises will be rewarded quite quickly. Locomotive exercises – such as fast walking, running upstairs, and jogging – are especially good bottom trimmers. Other exercises are given in the Basic Exercise Routines.

ANKLE EXERCISES

Whenever you remember – while sitting at your desk or relaxing in the evening – move your ankles around in a clockwise motion 10 times, then repeat anti-clockwise.

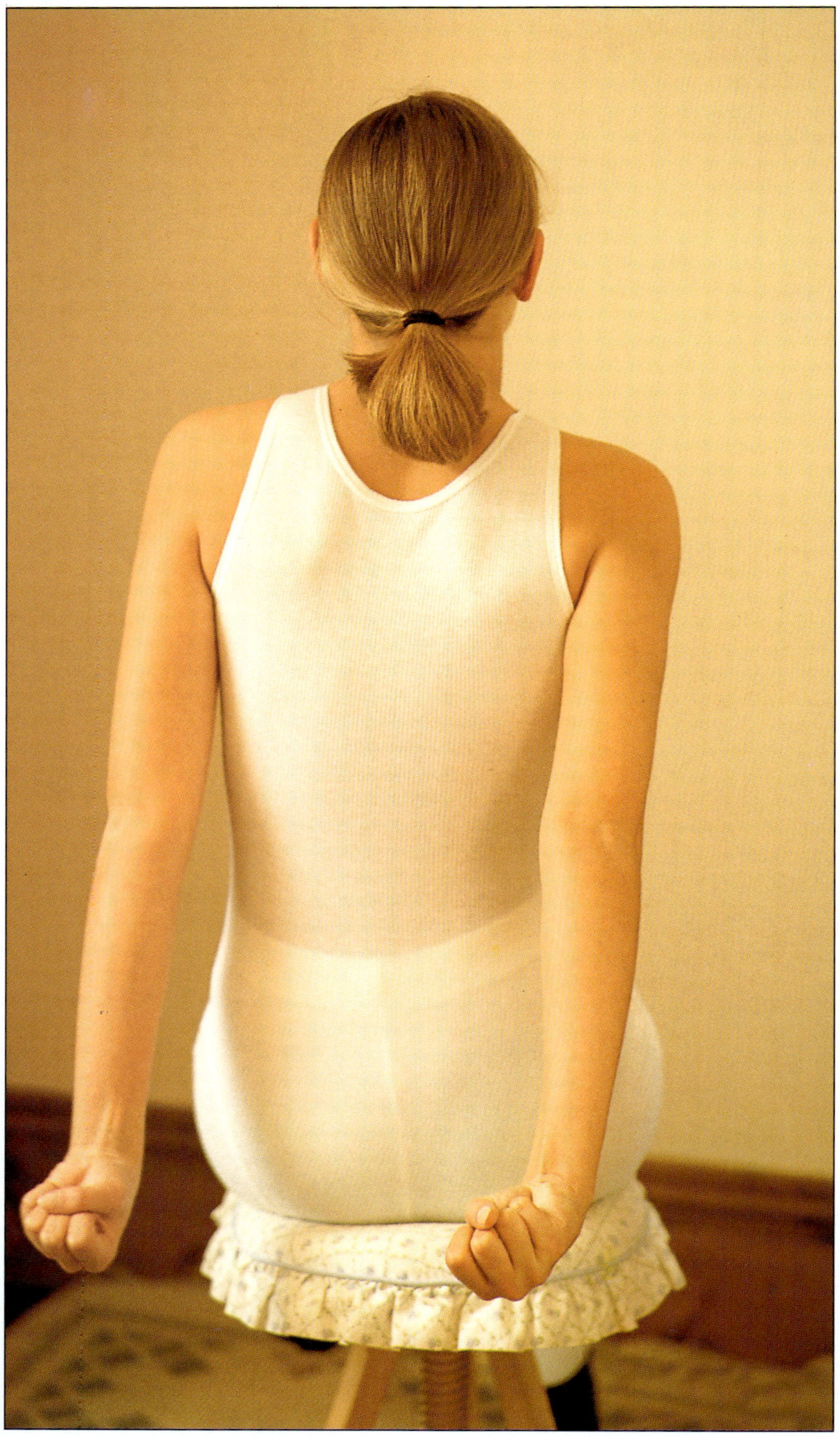

FLABBY ARM FIXER

To firm up flabby arms, add this exercise to your daily exercise routine, or spend five minutes doing it twice a day. Sit on a chair holding your hands in loose fists, and, with your arms extended out behind, make downwards punching movements backwards and forwards.

Slack upper arms Our arms do not really change shape much during our lives, unless we lose or gain a lot of weight. Muscle tone is the main problem, but, as in the case of thighs, exercise and specific weight training will tone up and re-shape flabby arms; very often, any changes in body shape that happen through exercise and diet are noticeable most quickly on your upper arms.

Droopy breasts Breast shape and size only really change when our weight swings dramatically, or during pregnancy, breast-feeding, menstruation, or if taking oral contraceptives. Gravity is the bust's worst enemy, especially if the breasts are not given proper support, because it literally drags the breasts down and slackens their tone. Although the breasts are supported by suspensory ligaments, they do not contain any muscle (the milk glands are buffered by protective fatty tissue) so you cannot noticeably reverse lost tone. However, if you exercise the pectoral muscles beneath your armpits you will give your breasts a firmer base and more uplift.

Thick ankles Trim and slender ankles that seem set to snap with every step are a great asset. But if you are not blessed with these, or if your ankles tend to become stiff and puffy from fluid retention, you need to master the art of deception and brush up on some ankle improving exercises.

Assess the flexibility of your ankles by sitting on a chair or stool with your feet on the floor and, while keeping your heel down pull the rest of your foot up as far as it will go: if the distance between your foot and the floor measures 12-15 cm/5-6 in your joint flexibility is good; if it is between 10-12 cm/4-5 in it is fair; and if it is less than that, your joint flexibility is poor.

The following exercises will help to improve the muscles that support your breasts.

1 Stand erect and bend your arms at the elbows, holding your arms horizontally in front of your chest, with your fingertips touching. Move your elbows back as far as they will go, with a firm, quick movement. Remember to keep your lower arms level, as shown. Return to the starting position and repeat as many times as you wish.

2 Resume the position you took in Step 1, but this time, as you move your elbows back, straighten your arms, so that you fling them behind you. Repeat several times.

3 Stand erect and hold your arms in front of your chest, with elbows bent. Grasp your left arm just above the wrist with your right hand, and your right arm just above the wrist with your left hand, as shown. Now pull on each arm, as if you were trying to pull your hands apart, but maintain a tight grip. Hold for a few seconds. Relax your hands and then repeat again several times.

4 Now raise your arms and hold them out in front of your mouth; repeat Step 3 in this higher position. If you wish, you can also do the exercise holding your arms out just in front of your waistline.

BASIC EXERCISE ROUTINE

Add these basic exercises to your general fitness routine to give special problem areas extra work, or do them on their own as an isolated routine. If you do them on their own, use the abdominal muscle exercises from the general fitness plan for your stomach – and remember to warm up first and cool down afterwards.

THIGH MUSCLES

Exercise A

1 Lie on your back on the floor with your arms resting straight out at right angles to your body and your feet apart in line with your hips.

2 Hold a cushion between your knees and, keeping your back pressed into the floor, press your knees together 10 times quickly, and 10 times slowly, keeping the cushion in place throughout.

3 Now repeat the same sequence again, holding a tennis or golf ball between your knees.

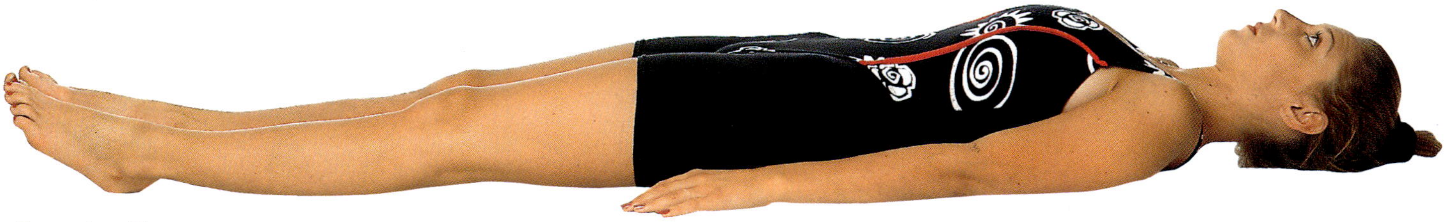

Exercise B

1 Lie on your back on the floor with your legs straight, and your lower back pressed to the floor. Put your arms along your sides, palms to the floor.

2 Stretch your arms out at right angles to your body. Bend your legs and bring your knees up to your chest.

3 Keeping your legs together, steadily straighten them so that they are pointing up towards the ceiling. Keep your feet relaxed.

4 Slowly open your legs out sideways – as wide as you can – then close them again. Repeat the exercise (Steps 2-4) 4 times. When you get used to the exercise, you can do it with small weights tied to your ankles.

Exercise C

1 Stand sideways on to a chair or table (lightly holding the edge to maintain your balance) with your shoulders down and relaxed, and with your knees bent and your feet facing forwards.

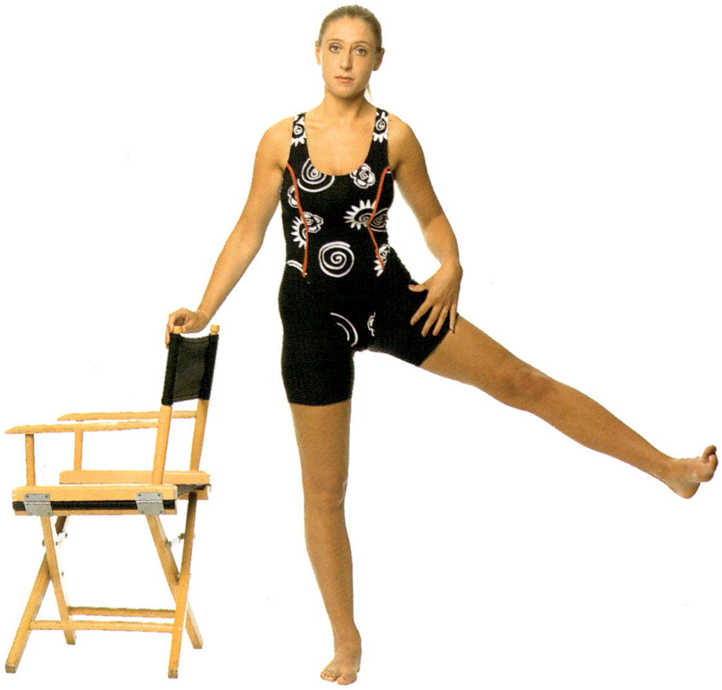

2 Lift your left hip slightly and slowly move your leg out and up (no higher than 45 degrees), keeping your foot and knee facing forwards. Make sure you do not let your body tilt – keep it as straight as possible. Carefully lower your leg. Repeat the whole exercise 10 times, then turn and repeat with the other leg.

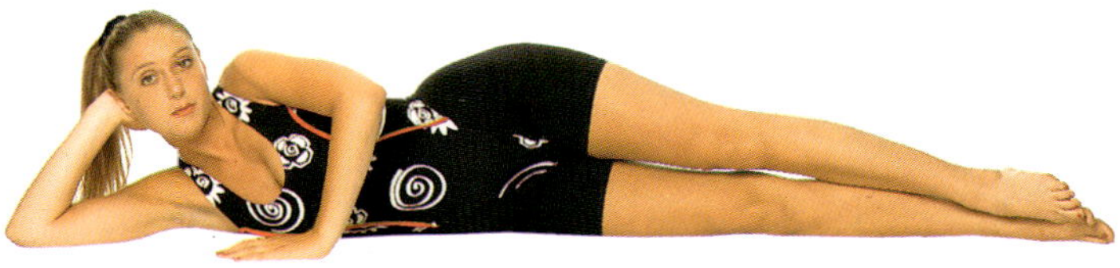

Exercise D

1 Lie on your right side on the floor with your legs out straight. Support your head with your right hand.

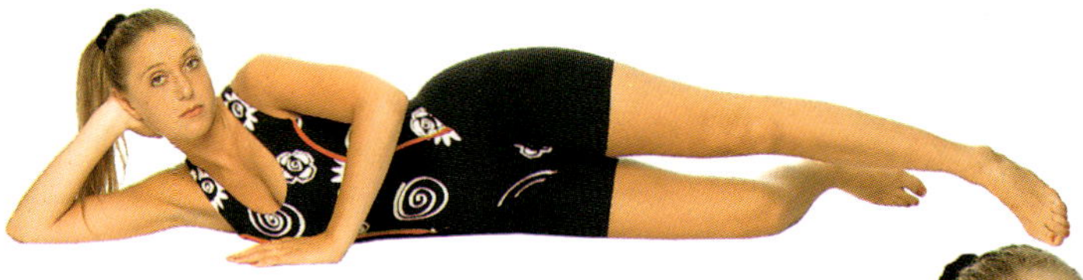

2 Bend your lower leg behind you to maintain balance and tilt your hips slightly towards the floor; your head, hips, knees, and feet should all be facing forwards. Balance yourself with your left hand on the floor in front of you.

3 Slowly lift your upper leg, then bring it down to touch the lower one; raise it again and repeat this action 6 times. Turn over and repeat Steps 1-3 on the other side.

ANKLES AND CALF MUSCLES

Exercise A

1 Sit up straight on a chair, with your knees together and heels on the floor and slightly apart, in line with your hips. Bring your big toes up (as high off the floor as possible) and roll your feet in towards each other.

2 Now tilt and move both feet down and outwards from the ankle, keeping your big toes raised as much as possible as you roll your feet on to their outer edges. Repeat 10 times.

Exercise B

1 Lie flat on your back on the floor with your legs straight.

2 Bring one leg up and hold it beneath the back of your thigh so that it is pulled towards your chest. Rotate your foot 10 times in a clockwise direction and 10 times anti-clockwise. Repeat with the other leg. Increase the number of repeats to 20 for each foot, working alternately in groups of 7.

BUTTOCK MUSCLES

Exercise A

1 Stand upright and lightly hold the back of a chair or the edge of a table with both hands to maintain your balance. Put your weight on your right leg and turn your left leg out from the hip.

2 Keeping your foot flexed, take your left leg back as far as you can without bending it at the knee, forcing the movement or over-arching your back. Repeat with the other leg. Repeat 5 times for each leg and gradually build up to 20 repetitions.

Exercise B

1 Lie on your back with your knees bent and your feet slightly apart, in line with your hips. Place your arms by your sides, palms flat on the floor.

2 Place your weight on your shoulders and upper back (not your neck), raise your bottom to a comfortable height and tighten your buttock muscles, keeping your feet flat on the floor and your arms by your sides. Hold for several seconds. Lower your bottom to the floor. Repeat 5 times, building up to 20 repetitions.

Exercise C

1 Kneel on all fours with your knees slightly apart, in line with your hips, but keeping them tucked right under your hips. Place your hands in front of you, a shoulder-width apart and facing forwards. Bend your elbows so that you are leaning on your forearms.

2 Keeping your foot flexed, push your left leg out straight behind you, keeping your back and hips parallel.

3 Bring your leg and foot down to the floor, keeping your foot flexed and your leg straight. Repeat Steps 2 and 3 twelve times. Return to the original position, then repeat the exercise with your other leg. Build up to 20 repetitions.

UPPER ARM MUSCLES

1 Stand upright with your feet slightly apart and your hands hanging loosely by your sides.

2 Lift your arms and make 5 small circles forwards and then backwards with both arms moving simultaneously. Aim to build up to 20 circles, and when you are used to the exercise, hold a can of beans in each hand and repeat. You can vary the exercise by bringing your arms around to the front and tracing the circles there as well.

BUST (PECTORAL) MUSCLES

Exercise A

1 Stand upright with your feet slightly apart in line with your shoulders. Keep your shoulders up, your back straight, and your bottom and stomach tucked in. Keep your legs slightly bent. Let your arms hang loosely by your sides.

2 Make a scissor movement across the front of your body (at waist-level) by crossing one hand over the other while holding your arms straight out in front.

3 Raise your arms to chest level and repeat the action.

4 Then repeat the action holding your arms at head level. Keep the scissor movements controlled as you swing; do 20 repetitions at each level.

Exercise B

1 Kneel on all fours as if you are about to do press-ups, with your legs raised at the back and your feet crossed. Your arms should be straight.

2 Bend your arms as you lower your body to the floor. Do this 10 times to begin with, and build up to 30 repetitions.

EXERCISE AND STRESS

We push ourselves at such a cracking pace these days that feeling stressed can, at times, almost become the normal way to feel. A bit of stress is quite useful because it helps to keep us on the ball, but being under prolonged pressure, and ignoring physical signs such as shaky hands, hyperventilation, and a fast heartbeat is not at all healthy. So if any of these sensations sound familiar to you, resolve to make time every day to relax your body and free your mind of problems.

DAILY RELAXATION TECHNIQUE

❍ Lie flat on the floor and shut your eyes. Take a deep breath and exhale twice, then breathe normally.
❍ Slacken your feet: let them go floppy, then relax your ankles, knees and thighs.
❍ Push your tummy out as far as you can, hold it there and then relax it completely, letting it move in and out freely while you breathe easily.
❍ Relax your shoulders, and then feel them drop back to the floor.
❍ Relax your facial muscles completely, then move the focus to your mind: force yourself to clear it – blank out and forget the day's problems – and enjoy emptying your head. All you should be thinking about now is whether your body is completely at ease; if you become aware of a tense muscle in your body, release it.
❍ Rest like this – blissfully relaxed – for a minimum of 10 minutes; when you have had enough, open your eyes and get up slowly.

HOW EXERCISE HELPS YOU TO RELAX

Exercise does not just tone your muscles, it also eases the muscular aches and pains that go hand-in-hand with stress; it also distracts your mind from the worries that make you tense. Regular exercise – and especially yoga – lifts your mood (remember how good you felt the last time you did some invigorating exercise?) and soothes your mind. As you become fitter, you will find that your ability to cope with mundane problems that crop up improves.

YOGA – A GOOD ROUTE TO RELAXATION

Yoga is an exercise technique and ancient doctrine based on achieving mind, body, and spiritual harmony. The belief is that when all these elements are in tune with each other, mental and physical health is at a peak. As well as improving joint mobility, suppleness, shape and self-image, yoga can dispel the headaches and tiredness brought on by stress and nervous tension. The practice involves many active principles, but the most popular ones that are used in Western teaching are as follows.

❍ **Asana, or postures:** These are held for several minutes at a time and, together with the correct breathing, perfected to give certain physical, spiritual, and emotional benefits before each new step is learned.

❍ **Pranayama:** This is deep, slow breathing which is done while sitting – either in a lotus position, or on a chair that allows your spine to stay straight.

❍ **Relaxation:** Up to 15 minutes is spent resting (usually lying flat on

INSTANT RELAXATION

Stand by an open window and take deep, steady breaths for a slow count of 10 or 12. Then hold your breath for about 10 seconds, releasing it with a long, low "aaah". (Do not try this more than twice or it might make you feel a bit dizzy or faint.)

Right: Complete relaxation is fundamental to yoga teaching
Opposite: Two yoga asanas.

the floor) after yoga to help your mind and body unwind and recharge. Yoga principles and postures are best learned with a teacher, rather than out of a book.

NECK AND SHOULDERS – TENSION FOCUS

Anyone who has ever been tied to their desk or hunched over a computer keyboard or typewriter for long periods without a break knows all about the discomfort that a stiff neck, back, and shoulder "knots" can cause. Our upper torso is usually the focal point for mental and physical stress, and the stiffness this causes can lead to headaches and back pain. One of the best ways to avoid and relieve this type of physical stress is to get up and walk around the room regularly, stretching and loosening your shoulders by circling them backwards and forwards as you go.

IMPROVING YOUR RESPIRATORY AWARENESS

Our emotional state is reflected by our breathing patterns. When we are under strain or nervous, we tend to either hyperventilate (over-breath) or inhale short, shallow breaths – a habit that you can only break when your attention is drawn to it. Take stock and examine the way you are breathing now: is your breathing pattern regular and steady? If not, take a couple of deep breaths and start again, this time making a conscious effort to breathe steady, equal, calm breaths.

RELAXATION CHECKLIST

If you find yourself becoming tense, grab 10 minutes at the end of each day to run through this progressive relaxation checklist.

❍ Check your body: tense every little bit of it, then consciously relax every part. Bunch your toes, then free them; clench your thigh and buttock muscles, then let them relax; pull in your stomach muscles and let them go; hunch your shoulders, then relax them; clench and relax your hands several times.

❍ Check your breathing pattern: inhale deeply and slowly, hold your breath for a couple of seconds, then release it again, letting your body flop as you exhale.

❍ Check your posture: sitting, standing and walking badly can also produce knots and tightness in the muscles in your back, neck, and shoulders.

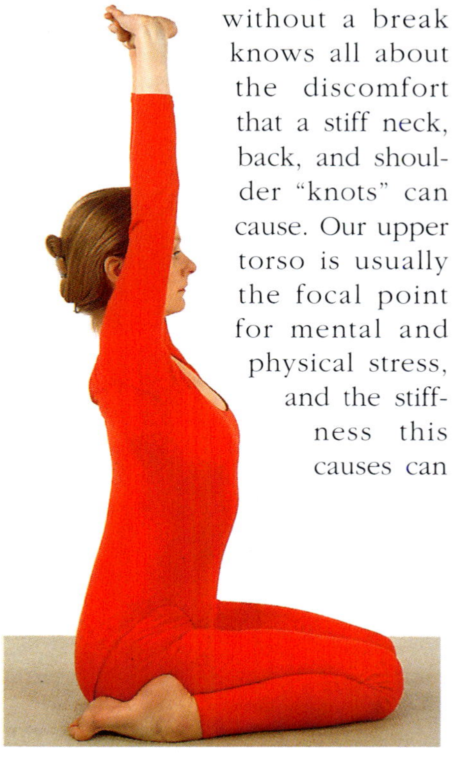

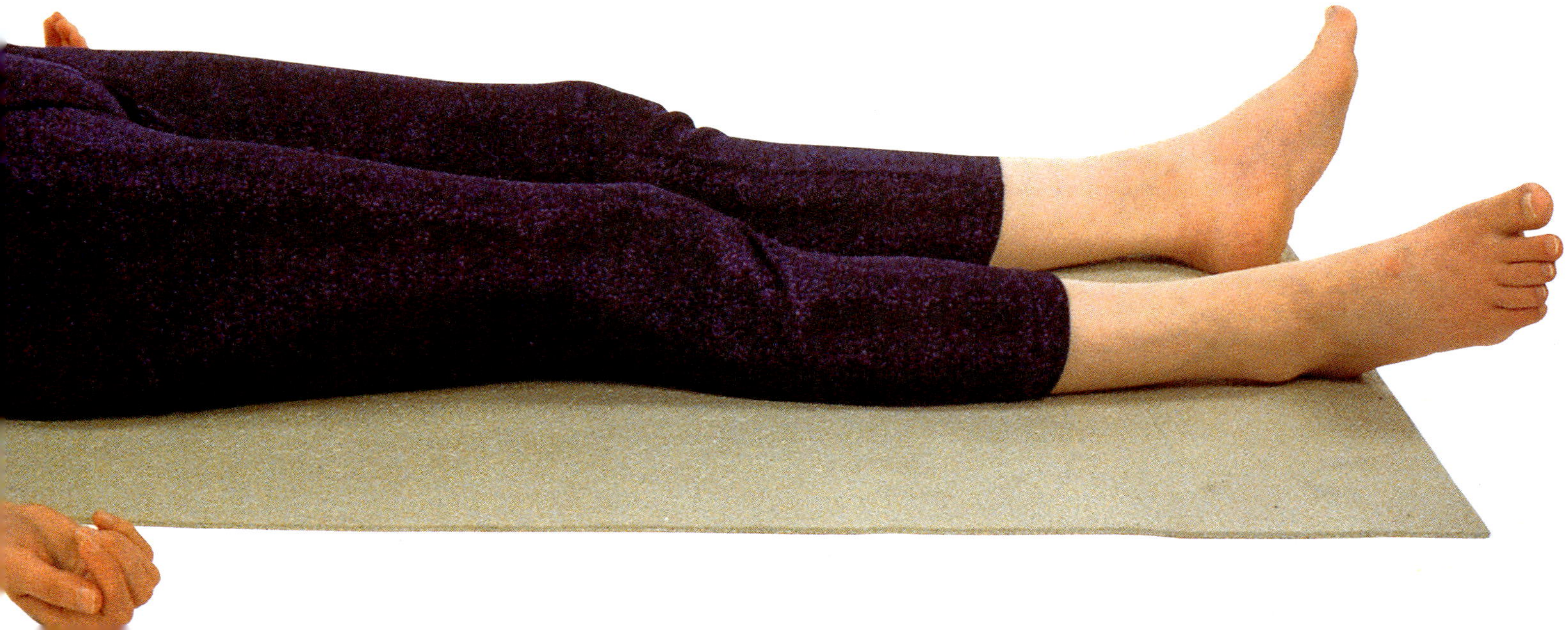

FACIAL EXERCISES: A QUICK FRESHENER AND TONER

Tension shows in your face when your features look drawn and your expressions frozen and rather set. A good laugh is the best way to relax a tense face, but this exercise routine also helps to liberate and tone the key muscles quickly; try it when you are sitting in the bath – not at the traffic lights.

1 Scrunch up your whole face for a few seconds so that your nose is wrinkled, your forehead furrowed, and your eyes and mouth are tightly closed.

2 Do the opposite: open your mouth and eyes as wide as you can (as if you are silently screaming) to release your throat muscles.

3 Close your mouth again, purse your lips, and push your mouth up to the left, then to the right.

4 Grin – as if from ear to ear – and open your eyes wide again.

5 Hold and repeat the grin, but this time, tuck in your chin to tighten your neck muscles.

DIET FOR LIFE

Eat monounsaturated fats such as olive oil, and polyunsaturates such as sunflower oil, in preference to butter and other saturated fats.

Starchy carbohydrates should make up about 50 per cent of the daily diet.

Balance is important to a healthy diet. The way we eat affects our well-being, so knowing how to choose a healthy combination of foods is the first step towards improving our eating habits and lifestyle.

FAT – FRIEND AND FOE

Eggs, butter, milk, and meat are a good source of energy, but we tend to eat too much fat which is why many of us are overweight: fat produces fat. Cut down on fat in your diet but do not cut it out completely: eat less fatty red meat and more fish and poultry; grill, bake, or stir-fry (using polyunsaturated and monounsaturated oils), eat eggs in moderation, and use semi-skimmed or skimmed milk instead of full-fat milk. Try to use margarine, or try switching to a reduced fat olive-oil spread instead of butter; if you like butter, reserve it for special occasions.

Saturated fats come mainly from animal products (milk, butter, cheese, and meat) and in excess are thought to contribute to raised cholesterol levels.

Polyunsaturated fats are found in vegetable oils such as sunflower, safflower, corn, and soya bean oils; they are also found in some fish oils and some nuts, and are said to help lower cholesterol levels.

Monounsaturated fats are found in olive and rapeseed oils; they are also said to lower cholesterol levels.

GRAINS, FRUIT, AND VEGETABLES

Eat plenty of wholegrain foods such as brown rice, wholemeal bread, wholemeal flour, and wholemeal pasta; they should form the bulk of a healthy diet. Also concentrate on eating lots of fresh fruit and vegetables: these are rich in carbohydrates, minerals, and vitamins. To obtain all of these nutrients, try to eat as many raw vegetables as possible.

SUGAR SWEET

Many of us tend to eat too much sugar so try cutting added sugar out of your diet completely for 21 days (your body will still obtain it naturally from certain vegetables and fruit) and see how you feel: even if you are not actively dieting you will probably find that you lose some weight. Craving sugary foods such as doughnuts and pastries when you are pre-menstrual is common in some women. One way of combating this is to eat little and often; snack on fruit with a high water content, such as watermelon and strawberries.

SALTY ISSUES

Even if you are not dieting you should eat less salt as it may lead to high blood pressure. There are some good low-sodium salts available, so use these instead of the real thing if you do need to season food with salt. Do not buy salted butter, avoid processed and smoked cheeses, add the barest minimum of salt (or none at all) to cooking water, and avoid processed foods.

FLUID INTAKE

Drink plenty of water: your body loses between 2-3 litres/3-5 pints of fluid every day, so drink no less than 1.5 litres/2½ pints of water daily. Once you get into the swing of it, consciously drinking water is an easy habit to maintain. Just keep some to hand and sip it slowly throughout the day.

HEALTHY DIET CHECKLIST

The healthy eating guidelines summarized here are not difficult to apply to a daily diet. Once you

FIBRE FACTS

Fibre is important to a healthy diet. Your body cannot digest it, so, in rather basic terms, it goes in and comes out, taking other waste with it. Fibrous foods include bread, rice, cereals, vegetables, fruit, and nuts. We should aim for about 30 g (just over 1 oz) of fibre a day. These are some examples of good fibre sources:

Good Sources	Average Portion	Grams of Fibre
wholemeal pasta	75 g/3 oz (uncooked)	9
baked beans	125 g/4 oz	8
frozen peas	75 g/3 oz	8
bran flakes	50 g/2 oz	7
muesli	50 g/2 oz	4-5
raspberries	100 g/3½ oz	6
blackberries	100 g/3½ oz	6
banana	average fruit	3.5
baked jacket potato	150 g/ 5 oz	3.5
brown rice	50 g/2 oz	3
cabbage	100 g/3½ oz	3
red kidney beans	40 g/1½ oz	3
wholemeal bread	1 large slice	3
high-fibre white bread	1 large slice	2
stewed prunes	6 fruit	2

Dairy products such as egg yolks, hard cheeses, and full fat milk contain high levels of fat. Choose low fat milks, cheeses, and yogurts.

Ideally, you should eat at least two portions of vegetables – fresh, frozen, or tinned – with your main meal.

have adopted them, they will become part of your daily routine so there is no reason why you cannot follow a healthy diet for the rest of your life.

❍ Eat lots of fresh fruit and vegetables, ideally five portions, or about 398 g/14 oz a day.
❍ Be wary of the amount of fat you eat.
❍ Try to eat half your daily food in the form of starchy carbohydrates such as potatoes, bread, pasta and rice.
❍ Replace refined flour with wholemeal flour.
❍ Eat more fibre-rich foods such as wholemeal bread and pasta, brown rice and pulses.
❍ Cut down on sugar.
❍ Cut down on salt.
❍ Drink lots of water; reduce coffee and tea. The caffeine they

VITAMIN VALUES

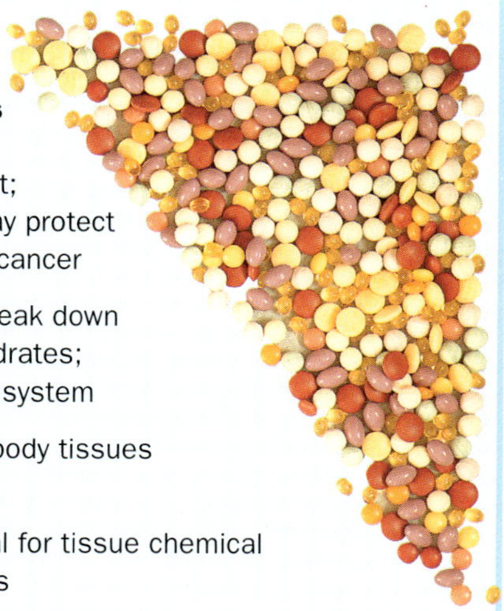

Vitamin	Sources include	Benefits
Vitamin A	liver (especially fish livers), egg yolk, fortified margarine, oily fish, oranges, apricots, carrots, tomatoes, melons, dark green leafy vegetables	eye sight; skin; may protect against cancer
Vitamin B_1	most foods – including wheatgerm and pulses, whole grains, brewer's yeast, nuts, fortified breakfast cereals	helps break down carbohydrates; nervous system
Vitamin B_2	brewer's yeast, liver, kidney, dairy produce, wheat bran, wheatgerm, eggs	repairs body tissues
Vitamin B_3	wheatgerm, whole grain cereals, meat, fish	essential for tissue chemical reactions
Vitamin B_6	avocados, liver, whole grains, egg yolk, lean meat, bananas, fish, potatoes	nervous system; skin; red blood cells
Vitamin B_{12}	liver, kidney, some fish (including shellfish), eggs, milk	healthy blood and nerves
Vitamin C	citrus fruits, potatoes, tomatoes, leafy greens	helps heal wounds, may fight colds, 'flu and infections; protects gums, keeps joints and ligaments in good working order
Vitamin D	fish liver oils, fatty fish, eggs, fortified margarine also synthesized by ultraviolet light	calcium deposits in bones
Vitamin E	vegetable oils, some vegetables, wheatgerm	cell growth; antioxidant
Vitamin K	most vegetables – especially leafy greens ones, liver	essential in production of some proteins

contain is stimulating, so try swapping them for herbal teas. If you cannot give up coffee switch to organic Arabica beans, which can be brewed instead of instant granular coffee – and limit yourself to two cups a day.

❍ Cut down on sugary canned drinks and particularly on alcohol intake. It is very important to cut down on alcohol if you drink more than 14 units a week (for a woman); 14 units is equivalent to 2 glasses of wine a day.

IDEAL WEEKLY FOOD QUOTA

Eat food from each of the four main food groups each day.

❍ Starchy foods, including bread, cereals, pasta, potatoes and rice.
❍ Dairy products (preferably low fat).
❍ Meat, fish, poultry, beans and lentils, nuts, and eggs.
❍ Vegetables and fruit.

Some authorities, such as the World Health Organization, recommend eating 5 portions a day from this group; this is thought to help prevent cancer.

Fresh fruit makes a healthy, low calorie snack food that is filling as well as delicious.

VALUABLE MINERALS

As well as vitamins, a wide variety of minerals are essential for good health, growth, and body functioning. Some, such as calcium and iron, are needed in quite large amounts, and for some people there is a real risk of deficiency if they do not eat a healthy diet.

Calcium: A regular supply of calcium is vital because bone tissue is constantly being broken down and rebuilt. A calcium-rich diet is particularly important during adolescence, pregnancy, breast-feeding, the menopause, and for the elderly. Smoking, lack of exercise, too much alcohol, high protein and high salt intakes all encourage calcium losses.

Iron: Only a fraction of the iron present in food is absorbed, although it is much more readily absorbed from red meat than from vegetable sources. Vitamin C also helps with absorption. Pregnant women, women who have heavy periods, and vegetarians should all be particularly careful about ensuring an adequate intake.

Trace elements: These include other essential minerals such as zinc, iodine, magnesium, and potassium. Although important, they are only needed in minute quantities. They are found in a wide variety of foods and deficiency is very rare.

Mineral	Sources	Essential for
Calcium	cheese, milk, yogurt, eggs, bread, nuts, pulses, fish with soft bones such as whitebait and tinned sardines, leafy green vegetables	healthy bones, teeth and nails; muscle and nerve function; blood clotting; milk production in nursing mothers
Iron	liver, red meat, oily fish,whole grain cereals,leafy green vegetables	makes haemoglobin, the pigment in red bloods cells that helps transport oxygen around the body

EATING FOR ENERGY

How often do you feel tired and lethargic? Does your energy dip dramatically in the afternoons making you feel dozy (even if you have not washed down a three-course lunch with a bottle of wine) and in need of 40 winks? If you life is regularly disrupted by fatigue and you want to take action, one of the wisest things to do is to look at your diet and, if necessary, change what you eat and how you eat it.

OFF TO A GOOD START

There is logic behind the saying "breakfast like a king, lunch like a prince and dine like a pauper." If you start the day with a substantial breakfast your body will be getting all the energy it needs early on.

CHANGING YOUR EATING HABITS

You are most likely to succeed in changing your diet if you eat regularly, in moderation, and slowly – and savour every mouthful. Although the bonuses of eating in a balanced way do not come instantly, if you take stock now and concentrate on eating the fresh foods suggested below, as well as avoiding high-fat, sugar-rich foods such as cakes, pastries, and salty snacks, you will probably notice a marked difference in your energy levels within a couple of weeks.

VITALITY FOODS FOR EXTRA ENERGY

A diet that makes you feel more energetic is based on natural, wholesome foods that are nutritious, rather than fatty and fast foods. If you want to boost your energy levels, stock up on fresh and dried fruits that are high in natural sugars such as pears, kiwi fruit, and apricots, vegetables such as peas, spinach, cabbage, and onions, and oily fish, poultry, and red meats such as game and lean beef. Eat nuts, brown rice, seeds, pulses, wheatgerm, whole-grains, and foods that contain minerals such as magnesium, phosphorus, and zinc, and water-soluble vitamins B and C. Use cold-pressed oils such as grapeseed, olive, sesame, sunflower, hazelnut, and walnut to dress salads; do not skip dairy foods but use milk and natural yogurt (preferably low fat); replace sliced white loaves with bread made from wholemeal flour.

Nutritionists and other health professionals recommend eating fresh fruit every day.

SUPER SQUEEZES AND SHAKES

Home-made fruit juices and milk- or yogurt-based drinks are energy-boosting alternatives to commercially prepared drinks, and are easy to prepare. Choose sweet fruits such as mango, banana, and apricots – these have a naturally high sugar content – switch on the juicer or liquidizer and drink them chilled. Here are two sparkling shakes to try:

1 mango
2 slices pineapple
1 banana
150 ml/5 fl oz semi-skimmed or skimmed milk or a small carton of natural low fat yogurt
2.5 ml/½ tsp honey (optional)

or:

a handful of raspberries and strawberries
2 apricots
100 ml/4 fl oz milk or natural low fat yogurt

DIET AND WEIGHT LOSS

People tackle weight loss in ways that suit their lifestyles. But the safest and best way to shift excess pounds is to combine regular exercise with a balanced calorie-controlled diet. What you eat when you are trying to take off weight should not be that different from a normal eating plan – except for the amount you consume. If you only have a small amount to lose and you cut your calorie intake by 1000 from the recommended 2300 calories per day, you will lose weight; if you are aiming to lose a significant amount, stick to 1200 calories a day and you will get there. Your basic weight loss ethos is less sugar and saturated fats, more fibre and starch; the calories you eat should come from foods that supply you with the right number of nutrients to keep your body functioning properly.

MIND OVER MATTER

Quick weight loss is inspiring, but it is important to think ahead too: you need to retrain your palate and eating habits and reassess your physical activity so that you can lose weight and stay slim. You cannot expect to achieve miracles in a few days, but you will see a difference within three or four weeks if you eat properly and exercise regularly. Losing weight successfully is like getting fitter: you need a horizon – or goal – ahead of you to help spur you on.

ABSOLUTELY AVOID

Chocolate, biscuits, doughnuts, fizzy drinks, cakes, ice cream, sugared cereals – in fact anything that contains refined sugar, it's just empty calories: a confectionary bar, for instance, has 230 calories and has absolutely no food value.

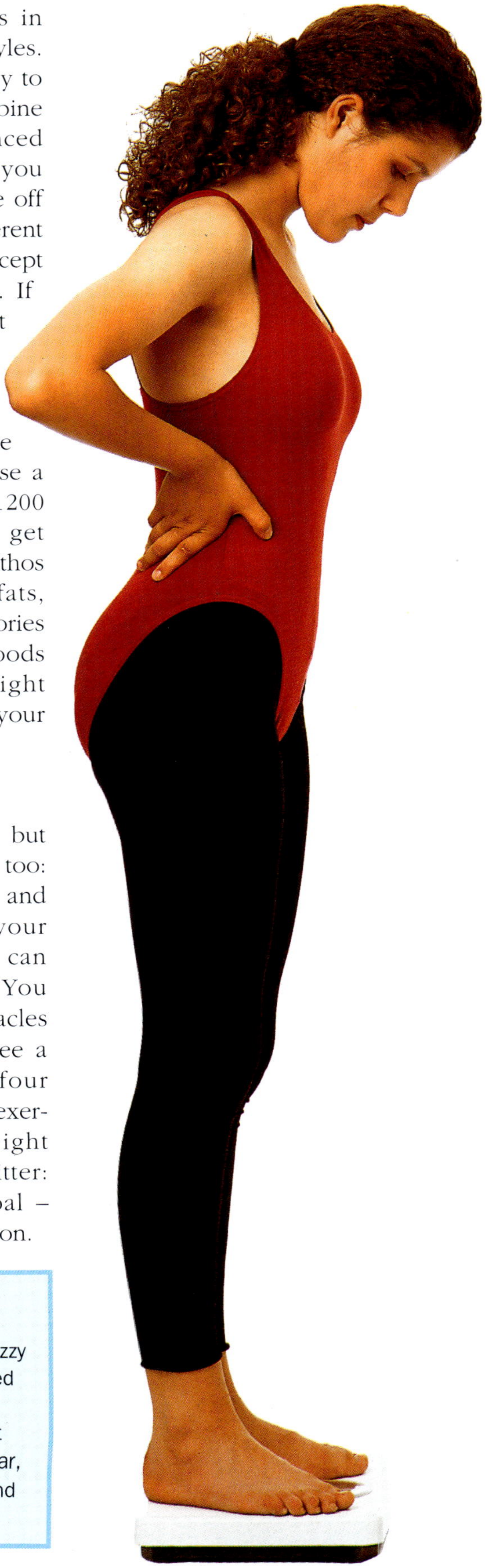

SLIMMERS' TIPS

- If you can, eat more at the start of the day to give you energy and time to burn off the calories.
- Eat little and often to stop hunger pangs.
- Drink lots of water.
- If you want to snack, keep a supply of raw fruit, vegetables, and raisins nearby.
- Don't be tempted to take slimming pills, diuretics, or laxatives to speed up weight loss; they upset the body's natural equilibrium – something that can take considerable time to rebalance.
- Exercise regularly; extra activity uses up calories, and this is essential to weight loss.
- Don't give up if you lapse: it is quite normal to veer off track every so often, and as long as you get back on course as soon as you can, all your hard work will not be ruined.

HOW MUCH WEIGHT CAN I LOSE?

To lose weight you have to eat fewer calories than your body burns up every day, but the amount varies from person to person. The exact amount depends on your personal composition – how much fat your body has, your metabolism, and the amount you weigh to begin with. As a rule of thumb though, the heavier you are when you start slimming, the more weight you are likely to lose within 21 days or a month. When you lose weight it comes off all areas of your body, but it can take longer to shift from certain areas, such as your arms and legs. This is where exercise is particularly helpful: working on specific trouble spots will encourage the weight to come off more quickly.

Left: Don't be tempted to weigh yourself too often – once every 10 days is enough.

MYTH-BREAKER: If I Stop Smoking Will I Gain Weight?

You may well put on a small amount of weight at first but if you are serious about getting fitter you have absolutely no choice but to kick smoking. Tobacco is toxic. If you are a smoker, stopping is the biggest leap you can make towards living a healthier lifestyle; if you are following a straightforward weight-loss diet and think that kicking the habit will make you pick at food all day, keep lots of raw vegetables and raisins on hand to munch on.

EATING OUT – AND STAYING ON COURSE

The problem of what to do when dieting and eating out is a tricky one. At the height of the 1980s' slimming boom, some restaurants offered specific diet options on their menus, but few give this kind of service now that dieting is less fashionable. The best way to get around the problem of dining out without lapsing – without drawing attention to yourself and still being able to enjoy yourself – is as follows:

❍ Order a salad starter.

❍ Skip bread or breadsticks, or eat a piece of bread without butter - it can be just as delicious.

MYTH-BREAKER: If I Skip Meals Will I Lose Weight More Quickly?

Do not be tempted to skip meals. Skipping meals makes you crave, overeat at the next meal, and it slows down your metabolism, which ultimately hinders weight loss.

Left: Keeping an accurate record of your measurements is one way of calculating weight loss.

A sandwich with fresh ingredients makes a healthy lunch – even for weight watchers.

❍ Drink one glass of wine, and lots of water.

❍ Choose a simple main course, something like grilled fish or chicken; avoid anything that is drenched in a rich sauce or in lots of butter.

❍ Choose a simple low fat dessert: a sorbet is ideal.

❍ Finish with herbal tea (peppermint is very refreshing and settles your stomach after eating); or, if you have to have a coffee, choose espresso or black coffee, not cappuccino.

GAUGING WEIGHT LOSS

You may choose to weigh yourself once a week first thing in the morning. Drawing up a goal chart to record any weight losses (and gains) may help to keep you inspired. Or, if you prefer, ignore the scales and just focus on how you feel by keeping a check on how your clothes feel. When tight clothes become more comfortable this is a sure sign that you are losing weight. Alternatively, you may prefer to keep a record of your measurements (bust, waist, and hips) and see how they alter over the 21-day period. Do whatever works for you, and when you have lost a little weight reward yourself with a special calorie-free treat such as a new lipstick, eyeshadow, or a manicure.

Nutritious, starchy foods such as pasta are not fattening if eaten with low fat sauces.

INDEX

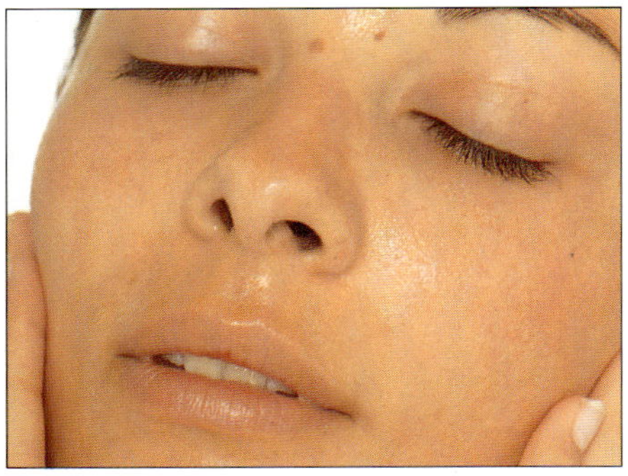